Regensburg zur Römerzeit

Karlheinz Dietz, Udo Osterhaus,
Sabine Rieckhoff-Pauli, Konrad Spindler

REGENSBURG zur RÖMERZEIT

Verlag Friedrich Pustet
Regensburg

Umschlagmotiv: Kopf eines behelmten jungen Mannes, wahrscheinlich des Kriegsgottes Mars, aus einheimischem Kalkstein. Der vordere Teil des Helmbusches ist abgebrochen, vom Rest der fast lebensgroßen Statue wurden nur Fragmente gefunden. Sie schmückte einst eine besonders reiche Grabstätte im Großen Gräberfeld an der Kumpfmühler Straße. Der Kopf gehört zu den schönsten Freiplastiken der Provinz Raetien. Anfang 3. Jahrhundert n. Chr. – Höhe 28,5 cm; MSR Inv.Nr. 1977, 276.
Foto: Wilkin Spitta, Zeitlarn.

CIP-Kurztitelaufnahme der Deutschen Bibliothek

Regensburg zur Römerzeit / Karlheinz Dietz ...
Regensburg : Pustet, 1979.
  ISBN 3-7917-0599-7
NE: Dietz, Karlheinz [Mitarb.]

ISBN 3-7917-0599-7
© 1979 by Verlag Friedrich Pustet Regensburg
Gesamtherstellung: Friedrich Pustet Regensburg
Printed in Germany 1979

Inhalt

Vorwort 7

Forschungsgeschichte 11
    Aventin: Anfänge in der Erforschung des römischen Regensburg 13
    Die ersten Ausgrabungen 17
    Das Triumvirat: Dahlem, Walderdorff und Steinmetz 23
    Moderne Denkmalpflege 29

Die Römer in Regensburg - Geschichte 35
    Eine Geschichte des römischen Regensburg? 37
    Im Vorzimmer des römischen Regensburg 40
    Keimzelle Kumpfmühl 54
    Die Legion kommt: die Germanenkriege unter Mark Aurel und Commodus 70
    Bedrohung des Reiches – die hohe Zeit der italischen Legion 93
    Römische Restsubstanz: Castra Regina 125
    Von der Antike zum Mittelalter: Ende und Anfang zugleich 155

Die Römer in Regensburg – Die Fundplätze 175
    Regensburg-Kumpfmühl: Kastell – Lagerdorf – Friedhof 177
    Das Legionslager Castra Regina 192
    Die Weststadt: Donausiedlung und canabae 230
    Großprüfening: Siedlung und Kastell gegenüber der Naabmündung .. 248
    Villa rustica 259
    Tempel und Heiligtümer 265

Römisches Leben – Die Funde 273
    Legion und Soldaten 275
    Waffen und Ausrüstung 289
    Handwerk, Handel und Gewerbe 308
    Geld 324
    Schrift 327

Freizeitgestaltung	330
Tischsitten	339
Mode und Schönheit	343
Der Tod	354

Reganesburc – Der Aufstieg zur bayerischen Herzogsstadt 373

Katalog ausgewählter Inschriften 385

Literaturverzeichnis 445

Namen- und Ortsregister 455

Sachregister 463

Bildnachweis 480

Vorwort

Zwei Wissenschaftszweige beschäftigen sich mit der römischen Vergangenheit unseres Landes: die Alte Geschichte und die provinzialrömische Archäologie. Jene schöpft vorwiegend aus Schriftquellen, diese verwertet in erster Linie Bodenzeugnisse. Das gemeinsame Ziel verbindet die beiden Fächer untrennbar miteinander. Es gilt, die Geschichte der römischen Provinzen nordwärts der Alpen zu erforschen, in unserem Falle noch spezieller: die römische Geschichte Regensburgs. Geschichte ist dabei universell gemeint: politische Geschichte, Militärgeschichte, Sozial-, Wirtschafts- und Besiedlungsgeschichte, Kultur- und Religionsgeschichte, die Geschichte des Handels und Verkehrs usw. Indes bleibt die Quellenbasis hier wie dort schmal. In der römischen Reichspolitik spielte Regensburg als ferne Grenzgarnison nur eine untergeordnete Rolle; fragte man seinerzeit in den Straßen Roms nach Castra Regina, kaum jemand hätte überhaupt den Namen je gehört. Entsprechend zeigt sich ihre Bedeutung in den antiken Schriften: ein paar Erwähnungen am Rande, mehr nicht. Damit allein wäre eine Geschichte des römischen Regensburg nicht zu schreiben.

Glücklicherweise tritt noch eine weitere maßgebliche Quellengattung hinzu: die Inschriften. Die Römer waren ein schreibfreudiges Volk. Ereignisse aller Art hielten sie in schriftlichen Texten fest, in der Regel wichtige auf Stein und Bronze, nichtige auf Ton und Holz. Die epigraphischen Zeugnisse, gleich ob sie in Regensburg oder außerhalb der Stadt zutage traten, beleuchten – wenn auch zumeist nur punktuell – zahlreiche höchst politische, aber auch höchst private Aspekte römischen Wirkens. Mit ihnen läßt sich das historische Netz schon erheblich dichter knüpfen.

Obliegt also dem Althistoriker die Ausdeutung der schriftlichen Hinterlassenschaft, so greift der Archäologe zum Spaten. Auch seine Arbeit ist nicht minder mühsam, gräbt er doch zum guten Teil im Müll der Geschichte. Weggeworfenes, Überflüssiges, Zerstörtes, Dinge, die nie mehr das Licht unserer Tage erblicken sollten, fallen in seine Hände. Wie oft müssen Tausende von Scherben gesichtet und sortiert werden, um lediglich eine einzige, geringfügige Aussage zu gewinnen. Nur mit zähem Einsatz und oft entsagungsvoller Geduld läßt sich das historische Bild weiter abrunden.

Was bisher erreicht wurde, will unser Buch über die Römerzeit in Regensburg aufzeigen.

Schon über 50 Jahre ist es her, seit Georg Steinmetz die bis heute letzte zusammenfassende Darstellung Regensburgs in römischer Zeit gab. Er widmete seine Schrift dem 1925 in unserer Stadt tagenden ›Gesamtverein der deutschen Geschichts- und Altertumsvereine‹. Der Anlaß, mit dem das Erscheinen des vorliegenden Buches verknüpft wird, ist ein anderer. Heuer feiert Regensburg die 1800. Wiederkehr des Jahres seiner ›Gründung‹. Natürlich wissen wir, daß die Besiedlungsgeschichte der Regensburger Bucht in wesentlich ältere Zeiten zurückreicht. Ja selbst die Römer hatten hier schon früher Niederlassungen bezogen. Doch ist man allenthalben übereingekommen, dasjenige Datum als Gründungsjahr zu bezeichnen, welches als frühestes urkundlich eindeutig und jahrgenau Bezug auf die jeweilige Ansiedlung nimmt. In Regensburg steht jenes Jahr 179 n. Chr. unauslöschlich auf einer Torinschrift des Lagers der 3. italischen Legion eingemeißelt. Die Berechtigung, gerade Bau und Fertigstellung des Legionslagers unter Kaiser Mark Aurel als Gründungsdatum aufzufassen, gilt um so mehr, als der Grundriß der Militärgarnison über die Jahrhunderte hinweg bis in unsere Tage hinein das Straßenbild der Regensburger Altstadt nachhaltig geprägt hat. Nur wenige deutsche Orte können auf ein solch stolzes Alter herabblicken. Die meisten Dörfer und Städte werden erst in den Urkunden des Mittelalters erwähnt.

Das nahende Jubiläum vor Augen, nahm der Pustet-Verlag über Prof. Dr. Walter Torbrügge Kontakt mit den Autoren auf. Wir griffen die Anregung, ein neues Buch über die Römer in Regensburg zu schreiben, zunächst mit Zögern auf. Hemmend wirkte sich in erster Linie der völlige Mangel an geeigneten Vorarbeiten aus; die Schwierigkeiten waren nicht zu übersehen, zumal wesentliche Forschungsergebnisse noch während der Manuskriptarbeiten vorgelegt wurden. Laufende Ausgrabungsmaßnahmen vermittelten ständig neue Detailkenntnisse. Sogar erst nach Abschluß des Manuskriptes überraschte uns die Entdeckung des bis dahin völlig unbekannten, ja nicht einmal vermuteten Kastells in Großprüfening.

Um überhaupt einen Überblick über die bislang geleistete Forschungsarbeit zu bekommen, mußten weit über 600 Veröffentlichungen – von der Zeitungsnotiz bis zum großformatigen Folianten – über Regensburger Römerfunde ausgewertet werden. Das gesamte im Museum befindliche Fundgut wurde gesichtet und nach Möglichkeit identifiziert. Dazu kam die Lektüre aller einschlägigen Ortsakten wie der jüngsten, noch unpublizierten Grabungsberichte. Zur Klärung offener Probleme war die Durchführung gezielter Sondiergrabungen unerläßlich. Die in diesem Buch verwendeten Planunterlagen mußten alle neu entworfen werden. Darüber hinaus erforderte die Einbindung der Regensburger Funde und Befunde in die allgemeine römische Historie und Kulturgeschichte ein umfangreiches Literaturstudium, das nur in Auswahl (S. 445–453) wiedergegeben werden konnte.

Die angesprochene Zweiteilung der Römerforschung kommt auch in unserem Buch zum Ausdruck. Der Darstellung aus historischer Sicht wird die archäologische Befunddeutung gegenübergestellt. Karlheinz Dietz verfaßte die Kapitel »Die Römer in Regensburg – Geschichte« (S. 35–174) und »Legion und Soldaten« (S. 275–288). Er erstellte auch den »Katalog ausgewählter Inschriften« (S. 385–443). Der Abschnitt »Die Fundplätze« (S. 175–272) basiert zu wesentlichen Teilen auf Grabungsunterlagen, die Udo Osterhaus einbrachte; die Textgestaltung wie auch die der übrigen Kapitel übernahmen Sabine Rieckhoff-Pauli, die zugleich den zugehörigen Bildteil zusammenstellte und kommentierte, und der Unterzeichnende. Dem aufmerksamen Leser wird nicht entgehen, daß auf diese Weise gewisse Wiederholungen unvermeidlich blieben. Andererseits ergaben sich durch die differenzierende Wertung aus historischer bzw. archäologischer Sicht oft unterschiedliche Standpunkte in der Betrachtung ein und desselben Problems. Die Schlußfolgerungen aus den unzureichenden Quellenbeständen liegen in ihren Schwerpunkten nicht selten auf verschiedenen Ebenen.

Die Erschließung bisher unbekannter oder unbeachteter Schrift- und Bodenurkunden und nicht zuletzt auch zukünftiges Ausgräberglück werden helfen müssen, derzeit abweichende Standpunkte einander näher zu führen.

Für vielfache Hilfe danken wir herzlich Dr. Hans-Jörg Kellner, Prof. Dr. Adolf Lippold, Dr. Ludwig Pauli, Dr. Wolfgang Pfeiffer, Prof. Dr. Kurt Reindel, Dr. Klaus Schwarz und Prof. Dr. Walter Torbrügge. Sie standen uns mit Rat und Tat zur Seite und überließen uns auch jederzeit bereitwillig ungedruckte Manuskripte, Abbildungsmaterial und sonstige Unterlagen. In ganz besonderem Maße danken wir Herrn Dr. Thomas Fischer, der uns seine ungedruckte Dissertation »Das Umland des römischen Regensburg« zur Verfügung stellte.

Besonders dankbar verzeichnen wir auch das große Engagement des Pustet-Verlages, der in jeder nur denkbaren Weise den Werdegang dieses Buches förderte. Weiter gilt unser Dank der Stadt Regensburg unter ihrem Oberbürgermeister Friedrich Viehbacher, die uns durch Vermittlung des Kulturdezernenten Dr. Bernd Meyer und Museumsdirektor Dr. Wolfgang Pfeiffer einen namhaften Druckkostenzuschuß zur Verfügung stellte.

Damit übergeben wir ein Buch der Öffentlichkeit, das sich vor allem an den interessierten Laien wendet, der etwas über die römische Vergangenheit Regensburgs erfahren will. Es würde uns aber auch freuen, wenn der Fachmann hin und wieder Nutzen aus ihm zöge. Daß bei der Fülle des zu bewältigenden Stoffes viele Fragen offen blieben, manches nur am Rande behandelt werden konnte, und sich gewiß auch da und dort ein Fehler eingeschlichen hat, möge uns der Leser nachsehen.

Konrad Spindler

Forschungsgeschichte

Aventin: Anfänge in der Erforschung des römischen Regensburg

Zu welchem Zeitpunkt in Regensburg die Beschäftigung mit römischen Denkmälern einsetzte, ist schwer festzulegen. Bereits im 13. Jahrhundert wurde an auffälliger Stelle an der Außenseite des ›Schwarzen Turmes‹ auf der Steinernen Brücke (erbaut zwischen 1135 und 1146) ein großer römischer Inschriftstein angebracht – ob mit Wissen um seine antike Herkunft oder nicht, ist allerdings unbekannt (Abb. 1). Eine weitere römische Inschrift gewann durch eigenartige Umstände in der Mitte des 14. Jahrhunderts Bedeutung, als ein Domherr namens Leutwein

Abb. 1: Ein Beispiel für die mittelalterliche und neuzeitliche Wiederverwendung römischer Inschriftblöcke und Grabmäler ist auf dieser Federzeichnung »Kaiser Heinrichs Thurm zu Regenspurg nach dem Bombardement 1809« zu sehen, die die Steinerne Brücke mit Blick nach Stadtamhof wiedergibt. Links oberhalb des Portales auf der linken Brückenseite thront zwischen zwei sitzenden menschlichen Figuren ein geflügelter Löwe, der ehemals »in dem 1785 abgebrochenen mittleren Turm der Steinernen Brücke« eingemauert war und ursprünglich ein römisches Grabmal bekrönte. Der Löwe befindet sich heute im Lapidarium des Museums Regensburg. – MSR, Graphische Sammlung.

Gamried – sei es in zufälliger, sei es in beabsichtigter Verkennung der ursprünglichen Bestimmung – den römischen Sarkophagdeckel der Aurelia, der »unvergleichlichen Gattin« eines gewissen Publius Aelius Silvanus, für das (allerdings leere) Grab der seligen Aurelia verwandte, der er damit in St. Emmeram eine Gedenkstätte schaffen wollte. Eine gewisse Aurelia war nämlich laut Überlieferung des Klosters St. Emmeram im 10. Jahrhundert von Frankreich nach Regensburg gekommen, um hier als eine *inclusa* ihr Leben zu verbringen: entsprechend der damaligen Auffassung von Frömmigkeit hatte sie sich einmauern lassen, um so, abgesehen von der Nahrung, die man ihr durch ein Loch in der Mauer zuschob, gänzlich isoliert von allen Menschen nur noch dem Gebet zu leben. Die wissentliche oder unwissentliche Mißdeutung des Gamried trug ihm den Spott des Aventin – von dem gleich die Rede sein wird – ein, der dafür aber wiederum einen Verweis des Klerus einstecken mußte.

Die Wertung römischer Antiquitäten als historische Urkunden beginnt in Regensburg, wie auch im übrigen Bayern, nämlich erst mit Johannes Turmair (1477–1534). Besser ist er unter dem Namen Aventinus bekannt, wie er sich nach humanistischer Mode in latinisierter Form nach seinem Geburtsort Abensberg nannte. Allerdings behandelten die Bürger seiner Heimatstadt den engagierten Humanisten recht schmählich, sperrten ihn sogar eine Zeitlang ins Gefängnis ein, worauf er später dem Ort den Rücken kehrte und sich in Regensburg niederließ. Hier nahm er »*fast 64 Jahre alt, ... durch einer alten Kupplerin Verhandlung eine Schwäbin zum Weib, die es ihm wie eine zweite Xanthippe recht sauer machte; sie gebar ihm einen Sohn und eine Tochter*«. Wenig später starb er und wurde in St. Emmeram begraben, wo der Grabstein mit seinem griesgrämigen Portrait noch heute zu sehen ist (Abb. 2).

Aventin schrieb eine »Bayrische Chronik«, das erste große Geschichtswerk in deutscher Sprache, das wegen seiner protestantischen Gesinnung allerdings erst 32 Jahre nach seinem Tode gedruckt wurde. Der ›Vater der bayerischen Geschichtsschreibung‹ kannte neun Regensburger Inschriften, die er bei seinen Stadtforschungen fand. Seine Auflistung ist deshalb so besonders wertvoll, weil von diesen Inschriften fünf inzwischen wieder verloren sind. Von den insgesamt neun haben wir diejenige am ›Schwarzen Turm‹ auf der Steinernen Brücke schon erwähnt; drei weitere waren seinerzeit sichtbar in der Alten Kapelle eingemauert, waren also schon zu einem unbekannten Zeitpunkt vor Aventin der Öffentlichkeit als kuriose Denkmäler zugänglich. Den inzwischen verschollenen Grabstein des Clodius Iustus sah Aventin im Niedermünster, den erwähnten Sarkophagdeckel der Aurelia im Kreuzgang von St. Emmeram und die restlichen drei Inschriftsteine in Regensburger Privathäusern (Nr. I 8).

In den folgenden anderthalb Jahrhunderten erfuhr die von Aventin so hoffnungsvoll eingeleitete wissenschaftliche Geschichtsschreibung allerdings keine wesent-

Vater der bayer. Geschichtsschreibung

Abb. 2: Der »Vater der bayerischen Geschichtsschreibung«, Johannes Turmair (1477–1534), genannt Aventinus. Grabstein aus dem Hof von St. Emmeram.

liche Bereicherung. Spätere Chronisten wie Petrus Apianus (1495–1552), Bartholomäus Amantius († 1556), Markus Welser (1558–1614), Johann Carl Paricius (1705–1760), Georg Heinrich Paricius (1675–1725), Anselm von Godin (1677–1742) u.a. hielten sich ehrfurchtsvoll an die Ausführungen des Altmeisters. Sie waren die typischen Schreibstubengelehrten ihrer Zeit und vermieden im Gegensatz zu Aventin die mühseligen Reisen im Lande, um die Denkmäler selbst in Augenschein zu nehmen.

Weihbischof Graf von Wartenberg

Gegen Ende des 16. Jahrhunderts wurde in Regensburg ein neuer Inschriftstein entdeckt, und zwar im Jahre 1594 am ›Weih-St.-Peters-Tor‹, dem ehemaligen Südtor des römischen Legionslagers. Schwung kam in die römische Forschung erst wieder in der zweiten Hälfte des 17. Jahrhunderts, als sich der Weihbischof Graf Albert Ernst von Wartenberg ihrer annahm. Er hat uns ein Manuskript mit allerdings teils recht abenteuerlichen Aufzeichnungen über seine Aufdeckung römi-

scher Altertümer hinterlassen: Im Jahre 1675 stieß er beim Neubau seiner Hauskapelle (jetzt Maria Läng am Domplatz 4 – Ecke Pfauengasse) auf Gebäudereste mit einer Apsis, die er dem Geist der Zeit entsprechend sogleich als unterirdische Kirche deutete, und sein Bericht verliert sich ins Fantastische, wenn im gleichen Zusammenhang von Gewölben, Katakomben und Märtyrern die Rede ist.
Die Krönung seiner Forschungen erlebte von Wartenberg, als er bei den Erdarbeiten nicht nur zwei Reliquienkästchen des zwölften Jahrhunderts fand, sondern auch das berühmte Goldglas mit einer Darstellung der Apostel Petrus und Paulus (S. 147).

Die ersten Ausgrabungen

Im 18. Jahrhundert erweiterte sich die Erforschung des römischen Regensburg allmählich, und es wurden erste Ansätze zu einer Betreuung der Denkmäler erkennbar. So fand Graf Wartenberg bei der Anlage seiner eigenen künftigen Gruft in der Georgs-Kapelle von St. Emmeram drei römische Sarkophage und einen Grabstein. Einen der Kalksteinsärge mit der Flavia Florina-Inschrift benutzte man mit Sinn fürs Praktische als Brunnentrog im Klostergarten, wo er allerdings im strengen Winter 1756 durch gefrorenes Wasser barst. Aber der damalige Prior und spätere Abt Frobenius rettete die Inschrift und mauerte sie im Kreuzgang ein. 1811 kam sie in den Antikensaal des Klosters, später in das Museum der Stadt, wo sie sich heute noch befindet.

In der Mitte des 18. Jahrhunderts ist die römische Forschung eng mit dem Namen des reichsstädtischen Syndikus Georg Gottlieb Plato, genannt Wild (1710–1770) verbunden, der uns ein im Besitz des Historischen Vereins für Oberpfalz und Regensburg befindliches Manuskript hinterlassen hat. In diesem berichtet er über die Aufdeckung zahlreicher römischer Altertümer, worunter sich auch die erste Notiz über ein Gräberfeld vor dem Südtor des Legionslagers findet. Danach stieß

Das erste Grab

man auf ein »*von Backsteinen verfertigtes Gebäude, so ohngefähr acht Schuh ins Gevierte hatte und oben mit einem Gesimse versehen war*«, in dem er »*von 29 Gefäßen Überbleibsel und goldenen Ring auch Haarnadel*« fand. Der Ring, der 1810 nach München kam und jetzt leider verschollen ist, trug die Inschrift SEVERINA (Abb. 3). Plato-Wild war auch der Entdecker eines zum Kastell Kumpfmühl gehörigen Gräberfeldes, das zuerst 1750 und dann in größerem Umfang 1760 aufgedeckt wurde, dessen Funde heute nur noch in den Aufzeichnungen des Ausgräbers vorliegen. Außerdem fertigte er den ersten Plan vom Legionslager an, der allerdings mehr oder weniger schematisch war. Immerhin hatte Plato-Wild mit eigenen Augen gesehen, wie ein Stück der Südmauer im Küchengarten des

Abb. 3: Goldener Fingerring mit Inschrift SEVERINA. Gefunden 1736 im Gräberfeld vor dem Südtor des Legionslagers; verschollen.

Obermünsters abgetragen worden war, und die Bedeutung erkannt, die dieser Zerstörung zukam.

Die Erforschung des römischen Regensburg war somit gegen Ende des 18. Jahrhunderts ein ganzes Stück weitergekommen: Der Verlauf der Legionslagermauer war jetzt im groben bekannt, dazu die Lage zweier Gräberfelder, und vor allem wurde das Sammeln und Deuten römischer Inschriften mit großem Erfolg betrieben.

Der von der Säkularisation geprägte Beginn des 19. Jahrhunderts wirkte sich in verschiedenster Hinsicht auch auf die römische Archäologie in Regensburg aus. Hier ist der ehemalige Benediktinerpater Bernhard Stark (1767–1839) zu nennen, der mit der Inventur derjenigen Kunstwerke, die aus konfisziertem kirchlichem Besitz nach München als Staatseigentum überführt werden sollten, beauftragt worden war. Weil sein Interesse besonders den Altertümern galt, führte er in öffentlichem Auftrage mehrere Grabungen durch und war der erste, der einen Teil des sogenannten ›Großen Gräberfeldes‹ an der Kumpfmühler (von der Regensburger Forschung als ›Via Augustana‹ bezeichneten) Straße untersuchte. Von diesem Gräberfeld, das als »römischer Begräbnisplatz« schon seit längerem bekannt war und von dem im Laufe der folgenden Jahre bis heute rund 6000 Bestattungen zutage kommen sollten, legte er im Bereich der jetzigen Kumpfmühler Straße 9–11 (etwa das Grundstück der Mittelbayerischen Zeitung) ca. 300 Gräber frei, deren Beigaben aber alle an das Königliche Antiquarium in München abgegeben werden mußten. Soweit sie heute noch vorhanden sind, befinden sie sich in der Prähistorischen Staatssammlung München. Stark fand 1808 auch den Grabstein des Claudius Donatus, Reitersoldat der 3. italischen Legion, und den des Flavius Amabilis in der Kleinen Emmeramer Breite (heute Bahnhofstraße), womit ein weiterer Nachweis für das Gräberfeld vor dem Südtor des Legionslagers erbracht war.

Ausgräber Bernhard Stark

1810 fiel der bereits erwähnte ›Schwarze Turm‹ auf der Steinernen Brücke wegen Baufälligkeit dem Abbruch zum Opfer; glücklicherweise wurde die an seiner Außenmauer eingelassene Inschrift geborgen. Auch als in den folgenden Jahren die 1809 durch die napoleonische Belagerung und Eroberung erheblich mitgenommenen Stadttore, das ›Weih-St.-Peters-Tor‹ (südliches Lagertor) und das ›Schwarze Burgtor‹ (östliches Lagertor), abgerissen werden mußten, kamen im römischen Kern dieser Bauten einige Grab- und Inschriftsteine zum Vorschein, die als Spolien (d.h. in zweiter Verwendung) im antiken Mauerwerk eingelassen waren.

Wissenschaftlich wurde das 19. Jahrhundert durch Pater Roman Zirngibl (1740–1816), Bibliothekar am fürstlichen Reichsstift St. Emmeram, eingeleitet, der 1813 seine »Erklärungen und Bemerkungen über einige in der Stadt Regensburg sich befindende Römische Steininschriften« veröffentlichte. In seinem Vor-

Roman Zirngibl

wort spiegelt sich das jetzt immer stärker werdende Interesse an archäologischen Ausgrabungen:
»*Der heutige Zeitgeist findet einen unersättlichen Geschmack in Aufsuchung Römischer Alterthümer. Man scheuet weder Kösten, noch Mühe, denselben nachzuspüren, sie aus der ungewissen Erde hervorzusuchen, sie zu reinigen, sie in den Kabineten aufzustellen, zu beschreiben, abzuzeichnen, und zu erklären.*«
Zirngibl berichtete unter anderem auch, daß »vor vier Jahren« (also 1809) der Graf von Sternberg in seinem botanischen Garten vor dem ›Weih-St.-Peters-Tor‹ am Eingang seines Sommerpalais vier römische Inschriften eingelassen habe, um sie – die sich bis dahin an ungedeckten Mauern in der Stadt befanden – vor den Unbilden der Witterung zu schützen. Hier spüren wir die ersten Ansätze einer fürsorglichen Denkmalpflege, zumal alle vier Steine bis heute erhalten geblieben sind.

Gründung des Histor. Vereins

Das in unserem Zusammenhang für Regensburg wichtigste Ereignis in der ersten Hälfte des 19. Jahrhunderts war die Gründung des Historischen Vereins. Wie in vielen anderen Landschaften des Königreiches Bayern wurde auch für die Oberpfalz mit Regensburg auf Anregung König Ludwig I. ein Geschichtsverein aus der Taufe gehoben. Sein Publikationsorgan, die »Verhandlungen des historischen Vereins für den Regenkreis«, später »für Oberpfalz und Regensburg«, bildete in der Folge bis heute die wichtigste Informationsquelle für alle Fortschritte in der Erforschung des römischen Regensburg. Schon der erste Vereinsvorsitzende, Christian Gottlieb Gumpelzhaimer (1766–1841), Großherzoglich Mecklenburg-Schwerinscher geheimer Legationsrat, veröffentlichte in den ersten Bänden mehrere Aufsätze über Skulpturen, Grabsteine und Kleinfunde, die zwischen 1832 und 1833 auf dem Großen Gräberfeld zutage gekommen waren. Berühmt wurde Gumpelzhaimer durch seine 1830–1838 erschienene Regensburger Chronik, die in Auszügen sogar noch 1976 eine Neuauflage erlebte. 1829 wurde im Zuge der systematischen Vermessung ganz Bayerns vom »Topographischen Bureau des königlich bayerischen Generalquartiermeister Stabs« ein Plan von Regensburg und seiner Umgebung hergestellt, den wir als Grundlage für unsere Kartenbeilage gewählt haben (s. Faltplan).

Die beiden ersten Jahrzehnte der Vereinsaktivität bis zur Mitte des Jahrhunderts waren geprägt von einem steten Fundzuwachs. Immer handelte es sich um Zufallsentdeckungen, die bei allen Arten von Bodeneingriffen erfolgten. Meist gelang es dem Verein, die Funde als Geschenk oder käuflich zu erwerben. Die regelmäßig in den Verhandlungen veröffentlichten Erwerbsberichte legen beredtes Zeugnis von den Bemühungen des interessierten Bürgertums ab, die jetzt in vollem Umfang als kostbare historische Denkmäler erkannten Bodenfunde zu sichern, zu bewahren und ihre Deutung zu versuchen. In den Sammlungen des Vereins wurde damit der Grundstock zum heutigen Städtischen Museum gelegt; kaum ein wesentlicher Fund ging für Regensburg verloren.

Von den Funden der dreißiger und vierziger Jahre sei nur kurz auf einige wichtige hingewiesen: 1832 wurde der erste als solcher erkannte Münzschatzfund, der zur Zeit der Alamanneneinfälle im 3. Jahrhundert n. Chr. vergraben worden war, an der Straße nach Burgweinting gefunden. 1836 kam die bis heute schönste bronzene Merkurstatuette aus ganz Raetien im römischen Gutshof bei Rogging zutage (Abb. 5). Kurz darauf wurde in der ›Neuen Residenz‹, jetzt Domplatz 6, ein Giebelrelief mit der Wölfin, die Romulus und Remus säugt, geborgen (Abb. 4). In diesen Jahren wurden auch immer wieder wichtige Einzelstücke im Großen Gräberfeld an der Kumpfmühler Straße gefunden, wie z. B. 1837 der Sarmannina-Grabstein (Abb. 147, Nr. I 29), eines der seltenen inschriftlichen Zeugnisse frühen Christentums aus Raetien, und ein Jahr später die beiden Reliefs mit Wirtshaus- bzw. Gastmahlszene (Abb. 112).

Mit dem Fundanfall nahmen auch die Publikationen zu. Der neue Vereinsvorsitzende Joseph Rudolph Schuegraf (1770–1861), der als bedeutender Historiker in die Stadtgeschichte Regensburgs einging, veröffentlichte 1841 das Giebelrelief mit der säugenden Wölfin, allerdings mehr aus nationaler Begeisterung für die Gründungsgeschichte Roms als für den Gegenstand selbst. Auch auswärtige Gelehrte

Der Merkur von Rogging

Joseph Rudolph Schuegraf

Abb. 4: Relief mit der römischen Wölfin aus einheimischem Kalkstein. Im dreieckigen oberen Feld die Wölfin, die mythische Ziehmutter der ausgesetzten neugeborenen Zwillinge Romulus (des sagenhaften Gründers Roms) und Remus. Das Tier hat den Kopf den Säuglingen zugewandt, die unter ihrem Bauch sitzen, einen Arm zu den Zitzen der Wölfin hochgereckt. Unter dem Giebelfeld ein Fries mit Efeuranken. Gefunden 1837 im Hof der »Neuen Residenz« am Domplatz. Der Giebel schmückte wahrscheinlich ein kleines Gebäude (Heiligtum?) im Legionslager. – Höhe 57 cm; MSR Inv. Nr. Lap. 119. CSIR 456.

Abb. 5: Bronzestatuette des Gottes Merkur mit Flügelhut, Umhang, Schlangenstab (Kerykeion), Köcher über der rechten Schulter, in der rechten Hand den Rest eines Geldsacks und an den Füßen Flügelschuhe. Gefunden 1836 in Rogging, Lkr. Regensburg-Süd. Die meisterhafte Statuette, die wohl aus dem Haushelligtum eines dortigen römischen Gutshofes stammt, ist das Spitzenerzeugnis einer italischen Werkstatt. – Höhe 13,8 cm; MSR Inv.Nr. A 2143.

beschäftigten sich mehr und mehr mit Regensburger Funden. Joseph von Hefner legte im Jahre 1849 den mittlerweile auf 35 Exemplare angewachsenen Bestand an römischen Inschriften neu vor. Freilich sind seine Arbeiten noch recht fehlerhaft: er deutete sogar die Grabinschrift des großen Orientalisten Albert Vidmannstaetter im Kreuzgang des Regensburger Doms als römischen Grabstein, da sie in Latein geschrieben war. Überhaupt war diese noch ganz im Zeichen der Romantik stehende Zeit in ihrer immer wieder weit über das Ziel hinausschießenden Begeisterung von zahlreichen, aber als solchen von ihr wohl kaum empfundenen Irrtümern geprägt. Exemplarisch gilt dies auch noch für die kleine Schrift des Stabsarztes Dr. Beck von 1896, der die Umgebung Regensburgs mit einem dichten Netz römischer Haupttheerstraßen, Nebenstraßen und »Rittwegen« überzog, obwohl selbst bis heute nur geringe Trassenspuren der römischen Route Regensburg-Augsburg im Gelände nachgewiesen sind.

Mit der im Zuge der Industrialisierung spürbar ansteigenden Bautätigkeit, die schließlich im Bau der Eisenbahnlinie gipfelte, wurden immer neue Fundstellen im Stadtgebiet angeschnitten und zerstört. So wurden anfangs der fünfziger Jahre auch Gräber östlich des Legionslagers entdeckt. Nachdem schon einige Brandgräber und ein Grabstein mit Inschrift von dort bekannt geworden waren, kamen zwischen 1851 und 1854 bei Alt St. Niklas (jetzt Straubinger Straße 42) weitere Grabmäler, verschiedene Statuenfragmente, darunter zwei Darstellungen einer Sphinx, Keramik, Lampen, Münzen und goldene Ringe zutage. Im Stadtgebiet innerhalb des Legionslagers (Fuchsengang 2) tauchte 1856 der Inschriftstein eines Arztes auf (Nr. I 26); 1864 wurde ein zweiter Münzschatz aus der Zeit der Alamanneneinfälle mit angeblich über 300 Münzen (von denen aber heute nur noch 56 Stück vorhanden sind) auf dem »Feld hinter der Zornschen Maschinenfabrik« (jetzt Ecke Landshuter-Sternbergstraße) entdeckt. 1867 kam in der Schottengasse das schöne Totenmahlrelief (Abb. 138) zutage, und im Jahr darauf wurde am Kohlenmarkt beim Neubau Forchhammer in der Nordwestecke des Legionslagers ein römischer Abwasserkanal von Joseph Dahlem erkannt.

Ein zweiter Münzschatz

Das Triumvirat:
Dahlem, Walderdorff und Steinmetz

Damit ist der Name desjenigen Mannes genannt, der zum eigentlichen Begründer der systematischen Römerforschung in Regensburg wurde und dessen Verdienste erst heutzutage richtig gewürdigt werden können (Abb. 6a).

Dahlem (1826–1900) war von Haus aus Theologe, gab aber wegen andauernder Kränklichkeit seinen Beruf vorzeitig auf und verließ bereits 1867 seine Schweinfurter Pfarrei, um nach Regensburg zu ziehen. Trotz seiner zarten Gesundheit entfaltete er hier eine archäologische Tätigkeit, die ihm oft das Äußerste an Einsatz und Strapazen abforderte: nur seinem persönlichen Einsatz ist die Sicherstellung zahlloser Funde und im Jahr 1873 die Rettung der Bauinschrift des Legionslagers (S. 148, Nr. I 1) zu verdanken. Im gleichen Jahr barg er bei einer kleinen Grabung im Lagerdorf des Kastells Kumpfmühl das erste Regensburger Militärdiplom (Nr. I 35). Seine größte Leistung für die Wissenschaft freilich sollte die Freilegung des Großen Gräberfeldes an der Kumpfmühler Straße werden, als in den Jahren 1872–74 der römische Friedhof beim Eisenbahnbau in einer Breite von nahezu 200 m durchschnitten wurde, wobei Tausende von Brand- und Körpergräbern gefährdet waren. Mit unglaublicher Vehemenz widmete sich der schmächtige Pfarrer der Rettung des Gräberfeldes. Um einen Eindruck von »der Aktivität dieses Mannes zu gewinnen, mußte man ihn im Geiste auf dem Arbeitsfelde begleiten«, wie Steinmetz in seinem Nachruf schreibt:

»*Bald galt es einen massiven Sarkophag, der ausgegraben war, bloßlegen zu lassen, bald wieder eine gebrechliche Glasurne sorgfältig der Erde zu entnehmen; hier waren die Überreste einer Feuerbestattung in einer Schale von feinster Terra sigillata beigesetzt; dann kam ein Plattengrab zum Vorschein, dort wieder ein Holzsarg, der zahllosen Urnen und Grablampen nicht zu gedenken; eine besonders angenehme Überraschung bereitete stets das nicht seltene Vorkommen von Inschriftsteinen. Mit großer Sorgfalt wurden auch wohlerhaltene Skelette und einzelne Schädel aus der Nekropole geborgen ... Vorzüglich dankenswert waren aber Dahlems Bemühungen der Kleinfunde; sobald eine Spur eines feineren zerbrechlichen Gegenstandes sich zeigte, unternahm er selbst die weitere Bloßlegung mit dem Pflanzenschäufelchen*«.

Nahezu auf sich allein gestellt hat Dahlem über 1000 Gräber als zusammengehörige Fundkomplexe geborgen, magaziniert und damit der Forschung einen unver-

Bauinschrift des Legionslagers

gleichlichen Schatz zur Verfügung gestellt, dem freilich ein unseliges Schicksal nicht erspart blieb. Denn später ging die Geschlossenheit der Grabinventare beim Umsortieren im Museum großenteils verloren. Darüber hinaus fertigte er, dem Verständnis seiner Zeit für die Notwendigkeit einer genauen Dokumentation weit voraus, einen vorzüglichen Plan des Gräberfeldes an. Dieser wurde dann mit einem von ihm zusammengestellten Plan der stadtrömischen Funde in seinem Museumsführer »Das mittelalterlich-römische Lapidarium und die vorgeschichtlich-römische Sammlung zu St. Ulrich in Regensburg«, der ersten wissenschaftlichen Monographie über das römische Regensburg, 1881 veröffentlicht (bis 1931 sechs Auflagen!). Ein weiteres Verdienst Dahlems war die 1879 übernommene Einrichtung dieser »vorgeschichtlich-römischen Sammlung« in der seit 50 Jahren leerstehenden frühgotischen Ulrichskirche, deren Kustos er auch für lange Jahre blieb. 1885 leitete er noch die erste Ausgrabung des Badegebäudes beim Kumpfmühler Kastell, und schließlich gelang es ihm, im Jahr 1892 den berühmten Hortfund, bestehend aus Teilen der Paradeausrüstung eines Reitersoldaten (Beinschiene und Augenschutzkorb für Pferde, Abb. 91 und 92), für das Museum zu gewinnen und in einem sorgfältigen Aufsatz zu veröffentlichen. Tragischerweise konnte Dahlem die Früchte seiner umfassenden Tätigkeit nicht mehr genießen. Als er endlich 1899 Ehrenmitglied des Historischen Vereins wurde, war er schon so krank, daß er seine Umwelt nicht mehr wahrnahm. Er starb am 1. Dezember 1900.

Man darf den Namen Dahlems nicht nennen, ohne zweier weiterer Gelehrter zu gedenken, die sich, jeder auf seine Art, ihre Verdienste bei der Erforschung des römischen Regensburg erwarben. Es waren dies Hugo Graf von Walderdorff (1828–1918) und Georg Steinmetz (1850–1945). Walderdorff (Abb. 6b) war der große Geschichtschreiber, der in seinem 1869 zum ersten Mal erschienenen Werk »Regensburg in seiner Vergangenheit und Gegenwart«, das bis 1896 vier Auflagen und 1977 den zweiten Nachdruck erlebte, einen maßgeblichen Beitrag zum römischen Regensburg leistete, da er den ersten detaillierten Plan des Legionslagers vorlegte. Walderdorffs Interessen waren breit gefächert und mehr universalgeschichtlich orientiert. Um so erstaunlicher war es, mit welchem Scharfblick und welch genauer Kenntnis er die römischen Befunde Regensburgs ausdeutete und, wenn Not am Mann war, sogar selbst die Leitung von Ausgrabungen übernahm. In seine Zeit fiel die Aufdeckung (1885) und Restaurierung (1887) der *porta praetoria* (Abb. 37), die Freilegung eines römischen Bauwerks in der Wollwirkergasse (1886), der Abschluß der Grabung am Badegebäude von Kumpfmühl (1897/1898) und schließlich die Untersuchung römischer Gebäude auf dem Alten Kornmarkt. Mit Hilfe seiner Hinweise konnte F. Haßelmann 1888 die Steinbrüche für die gewaltige Legionslagermauer bei Kapfelberg unweit Alkofen lokalisieren. Von 1899 bis 1906 publizierte Walderdorff alle neu in Regensburg gefundenen römischen

Museum in der Ulrichskirche

Aufdeckung der *porta praetoria*

a)

b)

c)

Abb. 6a: Joseph Dahlem, Pfarrer (1826–1900)
Privatgelehrter und Begründer der archäologischen Erforschung des römischen Regensburg. Verdienstvoller Ausgräber des Großen Gräberfeldes 1872/74, Entdecker der Gründungsinschrift von Castra Regina 1873.

Abb. 6b: Hugo Graf von Walderdorff (1828–1918)
Vorstand des Historischen Vereins von Regensburg 1868–1882 und 1905–1918.

Abb. 6c: Dr. h. c. Georg Steinmetz (1850–1945)
Kustos der Sammlungen des Historischen Vereins von Regensburg in der Ulrichskirche 1895–1936.

Inschriften, darunter auch den Altarstein für Volkanus (Nr. I 4), der 1899 auf dem Arnulfsplatz zutage gekommen war.

Georg Steinmetz (Abb. 6c), der dritte Mann in diesem eigentümlichen Triumvirat, löste 1895 den damals schon schwerkranken Dahlem als Museumskustos ab und hatte dieses Amt bis 1936 inne. Im Gegensatz zu den beiden anderen konnte er – von Beruf Konrektor – nur nebenamtlich tätig sein, und das, obwohl der Zuwachs an Funden während des ersten Baubooms der Gründerjahre, die nun ganz im Zeichen der Industrialisierung standen, rapide anstieg. Steinmetz bemühte sich redlich, dieser Fundmassen Herr zu werden und sie ansprechend zu veröffentlichen. Seine Notizen bilden nach wie vor eine wesentliche Grundlage, entbehren allerdings in vieler Hinsicht der notwendigen Genauigkeit. Besonders folgenreich war, daß er die von Dahlem sorgfältig getrennt gehaltenen Grabfunde durcheinandergebracht und damit die wissenschaftliche Auswertung sehr erschwert hat. Offensichtlich stand er ganz unter dem Eindruck einer allgemeinen Geringschätzung, mit der der Historische Verein (und vor allem Walderdorff!) Dahlems Aufzeichnungen damals noch betrachtete. Dahlems wissenschaftlicher Weitblick blieb allzulange unerkannt.

<small>Bauboom der Gründerjahre</small>

Aber auch in der täglichen Denkmalpflege nahm Steinmetz leider nicht die entscheidenden und unwiederbringlichen Chancen wahr, die sich ihm z.B. boten, als man 1895–1909 die Kanalisierung der Innenstadt durchführte, wobei laufend römische Befunde angeschnitten wurden. Hier hätte man bei sorgfältiger und systematischer Dokumentation einen neuen Einblick in die Ausdehnung, Art und Dauer der römischen Besiedlung gewinnen können. Tatsächlich aber wurde nicht eine einzige Mauer eingemessen und außer vereinzelten Fundbergungen nichts weiter unternommen.

In die Zeit der Steinmetzschen Tätigkeit fiel die Auffindung des sogenannten ›Aiax-Denkmals‹ (Abb. 139), Teil eines Pfeilergrabmales, eines besonders aufwendigen Grabmaltyps. 1899/1900 wurde ein Brandgrab am Hochweg geborgen, das zum erstenmal auf römische Befunde in Richtung Großprüfening aufmerksam machte. Zur gleichen Zeit fand man beim Neubau des Seminars zur Alten Kapelle (Am Frauenbergl/Salzburgergasse 1) einen römischen Türstock, der an gleicher Stelle am Gehsteig, nur ca. 5 m höher als ursprünglich, rekonstruiert wurde und heute noch dort zu besichtigen ist. Bei der Fundamentierung der Widerlager für den Eisernen Steg (Weißgerbergraben) stieß man 4 m unter dem Normalpegel der Donau auf einige römische Kleinfunde sowie mehrere, unregelmäßig gelagerte, große Quadersteine, die von einer römischen Schiffslände zeugen könnten. Vielleicht sind die für die Legionslager bestimmten Quader bei einem Schiffsunglück im römischen Hafen abgesunken. Im Großen Gräberfeld kamen jetzt vor allem nördlich der Eisenbahnbrücke Gräber, Grabsteine und Kleinfunde zutage, ohne daß allerdings Dahlems Plan entsprechend ergänzt worden wäre.

<small>Röm. Schiffslände</small>

Das Jahr 1905 war für die Erforschung der Legionslagermauer von Bedeutung. Erstens wurde bei der Installierung einer Kegelbahn in der Klarabrauerei ein Stück der Ostmauer aufgedeckt, und zum zweiten konnte die wohlerhaltene Nordostecke des Lagers freigelegt und anschließend konserviert werden.

1907 und 1909–13 erweiterte sich auch die Kenntnis der römischen Siedlung in Prüfening gegenüber der Naabmündung, wo außer Grundmauern, Gebäuderesten und Scherben auch eine bronzene Minervastatuette, ein tönerner Giebelaufsatz, ein damals sogenanntes ›Lichthäuschen‹ (Abb. 74) und ein »teilweise vergoldeter Helm« (letzterer leider sogleich verschleudert) geborgen wurden.

1909 wurde dann anläßlich des Neubaues des Verlags Habbel im Bereich der Zivilsiedlung des Kastells Kumpfmühl ein größeres römisches Gebäude, ein »Rasthaus«, freigelegt. Schließlich konnte in den Jahren unmittelbar vor und zu Beginn des ersten Weltkrieges auch noch die römische Villa von Burgweinting untersucht werden.

Außer den Aufsätzen Walderdorffs und Steinmetz' erschienen in den Jahrzehnten vom Ende des 19. Jahrhunderts bis zu Beginn des ersten Weltkrieges nur relativ wenige Publikationen über das römische Regensburg, die von größerer Bedeutung waren. Zu nennen ist hier der Aufsatz von Adalbert Ebner über die frühchristlichen Denkmäler in Regensburg und die Arbeiten von Heinrich Lamprecht 1903/04 und 1906, die einzigen zusammenfassenden Veröffentlichungen über das Große Gräberfeld bis zu seiner modernen Bearbeitung, die erst 1978 erschien! Leider richtete Lamprecht einige ungerechtfertigte Angriffe gegen Dahlems Grabungsmethoden, was aber auf das gespannte Verhältnis zwischen dem Historischen Verein und dem Pfarrer zurückzuführen war, der in den letzten Jahren seiner Krankheit angeblich Funde und Protokolle einbehalten hatte. Zu Lamprechts Entschuldigung muß man aber sagen, daß er seine Vorwürfe erst unter dem Druck von Walderdorff formulierte und diejenigen Funde, die er behandelte, kenntnisreich einordnete.

1908/09 gab Heinrich Ortner eine populärwissenschaftliche, zusammenfassende Übersicht über das römische Regensburg heraus, die aber nur unwesentlich über das hinausging, was Walderdorff in seiner vierten Auflage (1896) zum Thema beigetragen hatte. In einer mehr beiläufigen Notiz nahm Walther Barthel 1910/11 zur Datierung der steinernen Legionslagermauer Stellung und verlegte ihre Entstehung in die Zeit um 300 n. Chr. Diese irrige Ansicht prägte die Forschungsmeinung auf lange Zeit.

In den letzten Jahren des ersten Weltkrieges und in der Zeit danach gab es verständlicherweise kaum Fortschritte in der Römerforschung Regensburgs. Nur unbedeutende Fundmeldungen liegen vor, bis endlich Paul Reinecke, der 1908 das neugegründete Generalkonservatorium, das heutige Bayerische Landesamt für Denkmalpflege, übernommen hatte, im Jahre 1924/25 das so lange gesuchte Kastell von Kumpfmühl lokalisieren und unter Leitung von Alexander Langsdorff bis 1927/28 teiluntersuchen lassen konnte. Das zweite große Unternehmen in der Zeit zwischen den beiden Weltkriegen war die Entdeckung und Ausgrabung des Merkurtempels von Ziegetsdorf 1934/35, der bisher einzigen bekannten Tempelanlage in und um Regensburg.

1926 faßte Steinmetz die bisherigen Forschungsergebnisse zusammen und gab damit einen neuerlichen Überblick zum römischen Regensburg, freilich ohne Abbildungen, immerhin aber bis zum Erscheinen dieses Buches die letzte und darum vielbenutzte diesbezügliche Darstellung. Von Bedeutung ist aus jenen Jahren außerdem eine Studie von Adolf Schmetzer über das Legionslager, weil er aufgrund der kaiserlichen Urkunden von 1021 und 1052 erstmals den Verlauf der bereits im 10. Jahrhundert zerstörten Westmauer richtig erkannt hatte.

Kastell
Kumpfmühl

Moderne Denkmalpflege

Mit Richard Eckes (1909–1943) kam im Jahre 1936 der erste festangestellte, wissenschaftlich ausgebildete Prähistoriker nach Regensburg. Er übernahm von nun an die bisher immer ehrenamtlich vom Historischen Verein betriebene Museumsführung. Eckes Leistung war vor allem die Überführung der Museumsbestände aus der Ulrichskirche in die modernen Räumlichkeiten am Dachauplatz sowie der Aufbau ihrer Neuaufstellung.

Museum am Dachauplatz

Eckes fiel im Krieg, und das Museum blieb verwaist, bis die Stelle 1948 wieder mit Thea Elisabeth Haevernick besetzt wurde, der ab 1949 Armin Stroh im Amte folgte. Die Kriegs- und Nachkriegsjahre brachten zunächst verständlicherweise nur wenig neue Funde ein; der wichtigste aus jenen Jahren war 1950 der Liber Pater-Stein vom Weinweg (Nr. I 9). Als allerdings die hektische Bautätigkeit in den fünfziger Jahren begann, forderten das römische Regensburg und der große oberpfälzische Denkmalpflegebezirk äußersten Einsatz. Außer knappen Fundmeldungen und vereinzelten Notbergungen sind für die Stadt Regensburg besonders A. Strohs systematische Untersuchungen wichtig:

1950/51 führte er im Großen Gräberfeld an der Kumpfmühler Straße eine Grabung durch, in der zum erstenmal in diesem Bercich nach den Erkenntnissen der modernen Archäologie mit wissenschaftlich neuen Methoden Gräber freigelegt wurden. 1952 grub A. Stroh, bevor der Neubau des städtischen Altersheims begann, eine Anzahl von Kellern und Gruben in der Zivilsiedlung des Kastells Kumpfmühl aus, unter deren Funden besonders ein weiteres Militärdiplom und ein Amphorenstempel aus Spanien (Abb. 97) hervorzuheben sind.

Säulen Am Frauenbergl

1952/53 konnte er bei einer Grabung am Frauenbergl 4 die ersten Anhaltspunkte für den Zeitpunkt der Zerstörung und des Wiederaufbaus des Legionslagers gewinnen. Man fand zwei übereinanderstehende Säulenstümpfe, die bewiesen, daß hier das gleiche Gebäude zweimal neu errichtet worden war und zwar – nach Ausweis der Münzen – im Abstand von mehreren Jahrzehnten. Eine naturgetreue Rekonstruktion des anschaulichen Befundes ist mit Hilfe der originalen Säulenstümpfe im Museum maßstabsgerecht aufgestellt worden.

Noch viele weitere, von A. Stroh gesicherte Befunde ließen sich aufzählen, bis 1955 am Ernst-Reuter-Platz die Freilegung der Südostecke des Legionslagers begann; die Ausgrabung wurde mit Unterbrechungen bis 1961 durchgeführt. Es wurden dabei erstmalig die Konstruktion der Lagermauer, ein dieser Mauer vorgelagerter Spitzgraben und ein Mauereckturm freigelegt. Später (1962/63) wurde das einzigartige Denkmal restauriert und in eine Parkanlage einbezogen (Abb. 7). 1963 beobachtete Richard Strobel im Bereich Weißbräuhausgasse/Weiße Lilienstraße in einer Baugrube die Freilegung von Fundamenten eines großen Quaderbaus, einen der wenigen gesicherten Baubefunde im Innern des Legionslagers.

Von 1964–1968 leitete Klaus Schwarz, Landeskonservator am Bayerischen Landesamt für Denkmalpflege, die Grabung im Niedermünster. Nach der Grabung an der Südostecke des Legionslagers war dies das zweite moderne, großangelegte archäologische Unternehmen in Regensburg. Für die Römerzeit ergab es die ersten Nachweise von Truppenunterkünften des 2. und 3. Jahrhunderts. Noch interessanter waren aber die darüberliegenden Reste von Wohngebäuden (»Offizierswohnungen«) aus spätrömischer Zeit, den ersten derartigen Siedlungsspuren dieser Periode aus Regensburg, die in ganz Raetien zu den Seltenheiten gehören. Unter den vielen Kleinfunden (allein rund 500 römische Münzen!) ist besonders die germanische Keramik interessant. Nach Abschluß der Arbeiten wurde der für die bayerische Frühgeschichte so aufschlußreiche, aber auch unendlich komplizierte Grabungsbefund mit öffentlichen und privaten Zuschüssen vorbildlich konserviert und zur Besichtigung freigegeben.

<small>Ausgrabung Niedermünster</small>

1968 wurde Udo Osterhaus Leiter der Außenstelle Regensburg des Landesamtes für Denkmalpflege. Trotz der Tatsache, daß seit Beginn der systematischen Römerforschung durch J. Dahlem bald hundert Jahre verstrichen waren, waren noch viele Fragen offen geblieben. Sie ließen Günter Ulbert in seinen Referaten (1960 und 1965) zum Stand der Forschung im römischen Regensburg denn auch zweifeln, ob der Zeitpunkt zu einer zusammenfassenden Darstellung der römischen Geschichte Regensburgs schon gekommen sei. Doch die folgenden Jahre gaben mit zahlreichen Baubeobachtungen und mehreren Großgrabungen in schneller Folge wichtige neue Erkenntnisse:

1969 kamen unter dem jetzigen Fremdenverkehrsamt spätantike und frühmittelalterliche Körpergräber dicht beieinander zutage. Die einmalige Chance, in einer systematischen Flächengrabung zu klären, ob es sich hier um einen kontinuierlich belegten Begräbnisplatz handelte, und damit in der Erforschung des spätrömischen Regensburg ein neues Zeichen zu setzen, wurde leider durch die viel zu spät erfolgte Fundmeldung vertan.

1972 wurde in der Hauptstraße der östlichen Lagerhälfte, der *via principalis*, eine von Säulen getragene Wandelhalle *(porticus)* aufgedeckt (im Schaufenster der Rö-

<small>*porticus* an der *via principalis*</small>

Abb. 7: Die Südostecke der gewaltigen Quadermauer von Castra Regina nach ihrer Freilegung und Konservierung 1962/63 (Ernst-Reuter-Platz). Deutlich ist die vorspringende Sockellage zu erkennen und das darunterliegende Fundament aus Sandsteinblöcken.

mer-Apotheke Ecke Speicher-/Dreikronengasse ist die Basis einer solchen Säule mehrere Meter über ihrem ursprünglichen Platz ausgestellt). Für die Geschichte des Legionslagers war hier wiederum vor allem die gesicherte Abfolge mehrerer münzdatierter Bauphasen wichtig, die die Ergebnisse vom Frauenbergl bestätigten.

Bedauerlich ist, daß im gleichen Jahr beim Neubau des Kaufhauses Horten, Neupfarrplatz, nur geringe Untersuchungsmöglichkeiten gegeben waren. Immerhin konnten zwei Münzschätze geborgen und die Fortsetzung der Säulenreihe nachgewiesen werden. Was bei der brutalen Schnelligkeit, mit der diese modernen Ausschachtungsarbeiten heutzutage im Stadtgebiet vor sich gehen, zerstört wird – und zwar für immer –, ist unserer Zeit offenbar nicht klar. Um so dankbarer kann man sein, daß 1972 anläßlich des Baues eines Parkhauses am Dachauplatz eine gezielte Großgrabung möglich war. Die Ergebnisse waren entsprechend reichhaltig: eine an die Lagerinnenmauer angebaute Werkstatt *(fabrica)*, ein Wehrturm und frühmittelalterliche Adelsgräber kamen ans Licht. Anschließend konnte auch noch die Lagermauer auf über 60 m Länge konserviert werden.

Eine nächste größere Untersuchung fand 1974 in der römischen Zivilsiedlung von Kumpfmühl statt. Der ungewöhnliche Fund, der der Aufmerksamkeit eines Privatmannes zu verdanken ist: eine tönerne Schauspielermaske (S. 154). Schließlich wurden 1976/77 mit den Großgrabungen hinter dem Arnulfs- und auf dem Bismarckplatz zum erstenmal auch größere Wohnviertel der Zivilsiedlung westlich des Legionslagers erfaßt. Wichtigstes Ergebnis dieser Untersuchungen war der Nachweis, daß der Ursprung dieser Donausiedlung weiter zurückliegt als der des benachbarten mauerumwehrten Legionslagers. Am meisten Schlagzeilen machte der Fund eines neuen, gut erhaltenen Militärdiploms (Abb. 11).

An neueren wissenschaftlichen Untersuchungen zum römischen Regensburg sind vor allem die Bearbeitung der Dahlemschen Grabungen im Großen Gräberfeld (Siegmar von Schnurbein) und der römischen Funde aus dem südlichen Landkreis Regensburg (Thomas Fischer) in zwei Münchner Dissertationen zu nennen.

Fassen wir die Geschichte der römischen Forschung in Regensburg zusammen, lassen sich deutlich mehrere aufeinanderfolgende Abschnitte erkennen. Die frühe Epoche war noch ganz philologisch-antiquarisch orientiert. Mit Aventin setzte sie ein; die Stadtchronisten führten sie fort. Im Vordergrund der Betrachtungen standen immer einzelne Denkmäler, vor allem Inschriften, die als Beleg für die römische Vergangenheit Regensburgs herangezogen wurden. Ganz vereinzelt findet man Interessen wie diejenigen Plato-Wilds am Verlauf der Römermauer oder Grabungstätigkeiten wie unter Bernhard Stark.

Eine systematische Forschung begann erst 1872 mit der großangelegten Grabung im Großen Gräberfeld an der Kumpfmühler Straße durch Dahlem. Dieser Fortschritt war eine Frucht der Aktivität des »Historischen Vereins für Oberpfalz und

Zerstörung und Rettung

Arnulfs- und Bismarckplatz

Regensburg«, seit dessen Gründung schon über 40 Jahre vergangen waren. Diese neue wissenschaftliche Forschung, also die Beobachtung, Dokumentation und Ausdeutung nach Möglichkeit aller ans Licht kommenden römischen Funde und Befunde wurde vornehmlich von Dahlem, Walderdorff und Steinmetz getragen. Diese drei Männer prägten die Forschung bis zum Jahre 1936, als Steinmetz seinen bis dahin ehrenamtlichen Posten als Kustos der vorgeschichtlichen und römischen Sammlungen an Eckes abgab.

Mit Eckes setzte die dritte Periode der Forschung ein, in der nun der Staat die denkmalpflegerische Betreuung der Altertümer übernahm. Aber der Krieg vereitelte vorerst den Beginn moderner Forschungstätigkeit. Erst A. Stroh konnte 1955 den bislang letzten Abschnitt der Römerforschung in Regensburg mit der ersten planmäßigen Großgrabung an der Südostecke des Lagers der 3. italischen Legion einleiten. Er setzte damit den Maßstab auch für die folgenden Untersuchungen von U. Osterhaus, von denen als wichtigste die gezielten Flächengrabungen im Niedermünster (Leitung K. Schwarz), Parkhaus Dachauplatz, Arnulfs- und Bismarckplatz genannt seien.

Die Römer in Regensburg – Geschichte*

* Wenn künftig der Einfachheit halber von ›Regensburg‹ und von ›Regensburgern‹ gesprochen wird, möge man sich daran nicht stoßen. Gemeint sind regelmäßig der römische Vorläufer von Regensburg und dessen Bewohner, in der Antike z.T. vermutlich *Reginum* und *Reginenses* genannt, vgl. S. 102ff.

Eine Geschichte des römischen Regensburg?

Raum und Zeit

Welcher Regensburger, der heute auf einer der stets überlasteten Nord-Süd-Brücken die Donau überquert, denkt schon daran, daß das Übersetzen von einem Ufer auf das andere einmal das Verlassen oder den Eintritt in ein Weltreich bedeutet hatte? Dennoch war diese Tatsache für die Entwicklung und die Geschicke seiner Heimatstadt in ihrer Frühzeit für wenig mehr als drei Jahrhunderte römischer Herrschaft bestimmend: Damals war und blieb Regensburg immer Garnisonsstadt an der Grenze der bewohnten und zivilisierten Welt, des *orbis terrarum*, gelegen in einer Landschaft, von welcher man außer in Militärkreisen selbst unter den geographisch Gebildeteren der Mittelmeeranwohner noch im 4. nachchristlichen Jahrhundert teilweise abenteuerliche Vorstellungen hatte, und deren Klima – die anhaltenden Nebel und die relativ langen schneereichen Winter – einen an subtropische Verhältnisse Gewohnten schon beim bloßen Gedanken erschauern ließ. Freilich, wann die Römer von der fruchtbaren Bucht am nördlichsten Punkt des Donaulaufes offiziell Besitz ergriffen, ist bis heute ebensowenig genau anzugeben wie der Zeitpunkt, an dem ihre Truppen diesen Ort wieder räumten. Ungeachtet aller wissenschaftlichen Auseinandersetzungen kann man grob sagen: von der zweiten Hälfte des 1. bis in die erste Hälfte des 5. Jahrhunderts waren sie auch am Donauknie bei den Zuflüssen von Naab und Regen die Herren.

Die Rolle Regensburgs

Als Vindelicien (so hieß das Voralpenland etwa zwischen Iller und Inn in römischer Zeit) vor der Übermacht Roms im Jahre 15 v. Chr. die Waffen streckte, war die nach der Überlieferung 753 v. Chr. beginnende römische Königszeit, durch zeitweise etruskische Fremdherrschaft am Tiber geprägt, längst zur legendenumwobenen grauen Vorzeit geworden, hatte auch die vielgerühmte und idealisierte römische Republik – ihr Anfang liegt zwischen 510 und 470 – nach hundertjährigen Bürgerkriegen ihr Dasein ausgehaucht. Jetzt, seit 27 v. Chr., hatte Rom – einst Stadtstaat, dann Beherrscherin Italiens und endlich der gesamten Mittelmeerwelt – eine neue ›Verfassung‹ in Form eines auf außerordentliche ›republikanische‹ Machtbefugnisse und das Oberkommando über die Armee gestützten Kaisertums. Die Monarchie, nach der Ideologie ihres Begründers Augustus (27 v. Chr.–14 n. Chr.), der nur der »Erste unter Gleichen« *(primus inter pares* bzw. *princeps)* zu sein vorgab, von der Wissenschaft Prinzipat (seit 27 v. Chr.) genannt, und (seit etwa 285 n. Chr.) ihre absolutistische Weiterentwicklung, das sogenannte Domi-

nat (der wie ein Gott schon zu Lebzeiten verehrte Kaiser hieß jetzt *dominus* = Herr), bestimmten die römische Welt bis zur Absetzung des letzten Kaisers im Westen 476 (eine östliche Reichshälfte hatte, wesentlich verändert, im Byzantinischen Reich bis 1453 Bestand).
Als um 170 Roms Legionare sich bei Regensburg festsetzten, war die eigentliche Blütezeit des Imperium Romanum, das ja 247 n. Chr. bereits sein 1000jähriges Bestehen feiern konnte, schon vorüber, zeigten sich vielfach bereits erste Symptome des drohenden Niedergangs. Für das Verständnis und die historische Einordnung des römischen ›Regensburg‹ ist bedeutsam, daß der Ort seine beste Zeit im 3. Jahrhundert erlebte, als Kaisertum und Reich in eine materielle – politische, gesellschaftliche und wirtschaftliche –, nicht so sehr geistige Krise stürzten, und sich am Horizont bereits die Morgendämmerung einer neuen Welt abzeichnete.
Bei allem ehrenwerten Lokalpatriotismus werden zu hochgeschraubte Erwartungen durch diese Feststellungen rechtzeitig gedämpft. Römische Geschichte am Beispiel Regensburgs alleine studieren zu wollen wäre ebenso ›sinnvoll‹ wie das Orgelspiel auf zwei Tasten zu üben. Zu sehr ist der Bildausschnitt räumlich und zeitlich eingeengt, zu einseitig geartet das beobachtete Objekt, zu gering die verfügbare Überlieferungsbasis. Gewiß, für relativ kurze Zeit lag in Regensburg immerhin eine der circa 30 römischen Legionen in einer, Roms Größe und Macht den Barbaren stolz präsentierenden Trutzburg; zweifellos waren es diese Legionen, die in den Provinzen die Rolle des Trägers und Vermittlers römischer Kultur und ›städtischen‹ Lebens zuallererst spielten und so ihre Garnisonen ganz automatisch zu bedeutenden Vororten der überwachten Gebiete erhoben; keineswegs zu leugnen ist die bedeutende, ja beinahe übermächtige gesellschaftliche Rolle des Heeres gerade zur selben Zeit, als Regensburg, ganz bescheiden, ›römisch‹ erblühte. Dennoch, das Heer war eben nur e i n bedeutender gesellschaftlicher Faktor (die römische Geschichte erhielt zeitweise von der Gegensätzlichkeit zivil-militärisch geradezu ihre innere Spannung) und Provinz war Regensburg allemal, dazu noch ziemlich finstere: provinzial ist beinahe alles, was an archäologischem Fundgut zutage kommt. Das Leben war eben das typische Randdasein an der Grenze.
Auch auf die Gefahr hin, mancher Leser möge sich nun fragen, ob sich denn die Beschäftigung mit dem römischen Regensburg überhaupt lohne, ist noch eine Einschränkung nötig. So dunkel Anfang und Ende der römischen Herrschaft hier sind, was dazwischen liegt, wird auch nur in seltenen Glücksfällen etwas heller. Der relativ geringen Bedeutung des Ortes entspricht die vergleichsweise Kargheit des Quellenbestandes. In den literarischen Texten antiker Schriftsteller oder Historiker taucht der Name unserer Stadt nicht ein einziges Mal auf; lediglich eine Art ›Staatshandbuch‹ der spätesten Zeit *(Notitia dignitatum)*, eine Straßenkarte *(Itinerarium Antonini)* und eine Straßenbeschreibung *(Tabula Peutingeriana)* er-

Quellen und Möglichkeiten

wähnen ihn. Einiges, immer noch wenig genug, erfahren wir aus den Inschriften. Zahlenmäßig sind diese zwar durchaus beachtlich (einen Vergleich zu rheinländischen Römerstädten wie Mainz oder Köln können wir freilich auch hier nicht wagen), doch ist ihre Aussagekraft sehr begrenzt, weil es sich überwiegend um Grabsteine handelt. Weitere, sehr wichtige Quellen für die Stadtgeschichte sind natürlich auch die inschriftlosen archäologischen Funde und die Fundzusammenhänge. Nach den Fortschritten in der wissenschaftlichen Aufarbeitung während der letzten 20 Jahre (S. 29 ff.) steht nun noch die Auswertung der archäologischen Quellen aus dem Stadtbereich Regensburg an. Doch selbst wenn alle archäologischen Quellen einmal dem Historiker nutzbar sein werden, dürfte infolge des Fehlens einer breiten Basis *geschichtlicher* Tatsachen – Ergänzungen hierzu sind am ehesten aus neuen Inschriftfunden zu erwarten – mehr als ein Abstecken grober Entwicklungslinien wohl nie erreichbar sein.

Im Vorzimmer
des römischen Regensburg

Jubiläumsfeiern gibt es gewiß so lange wie die Geschichtsschreibung. Natürlich gedachten auch frühere Generationen in Regensburg ihrer Gründungszeit, und schon frühzeitig setzte hier das Bemühen ein, den eigenen Ursprung ›wissenschaftlich‹ zu untermauern. Auf diese Weise wurde – heute meist vergessen – der römische Kaiser Tiberius (14–37 n. Chr.) unser ›Stammvater‹. Folgendermaßen kam diese Legende zustande: Einer der über 50 mittelalterlichen Namen Regensburgs lautete Tiburnia. Kurzerhand hatten nämlich die ›Gelehrten‹ des 11. Jahrhunderts die in der Lebensbeschreibung des heiligen Severin fürs 5. Jahrhundert n. Chr. genannte Stadt *Tiburnia, quae est metropolis Norici*, also »Tiburnia (gemeint ist Teurnia im oberen Drautal Kärntens), die Hauptstadt Noricums« mit Regensburg identifiziert. Wußte man doch aus der Lebensbeschreibung des heiligen Emmeram (8. Jahrhundert n. Chr.), daß Regensburg die Metropolis Bavariae, die Hauptstadt Bayerns, sei; und da das Bayernland im Mittelalter weitgehend in die antike Provinz Noricum (im wesentlichen Österreich) hineinreichte, was lag näher, als Radaspona und Tiburnia gleichzusetzen? Nun hatte aber schon jede große römische Familie, die etwas auf sich hielt, zumindest irgendeinen berühmten Helden Trojas zum Ahnherrn, und nicht einmal die Germanenstämme wollten auf derartig angesehene Gründergestalten verzichten. Was Wunder, daß auch Regensburg einen konkreten Urahn brauchte. Da griffen die Mönche von St. Emmeram im 11. Jahrhundert eben auf Tiberius zurück: Tiburnia und Tiberius, das paßte nur zu gut! In einem gefälschten Papstprivileg, wodurch das Kloster angeblich im Jahr 798 aus dem bischöflichen Hoheitsanspruch ausgegliedert worden sein soll, liest man zum ersten Mal von »*der Stadt Tyburnia, die von Cäsar Augustus Tiberius erbaut, die nur gemeinhin Reganispurch genannt wurde*« (civitas Tyburnia, quae a Tiberio Caesare Augusto aedificata est; quae modo vulgo appellata est Reganispurch). Damit stellte sich die Ortschaft nicht nur unter den besonderen Schutz des einstigen Kaiserreiches; nach der rangmäßigen Aufwertung als Kaisergründung konnte sie sich mit Köln, Trier und Rom an Ansehen messen. Je mehr Kenntnisse dann die Humanisten von der Antike allgemein und speziell auch vom ›römischen Regensburg‹ wieder gewannen, um so mehr begab man sich, auf der Suche nach einem konkreten Gründungsjahr in den Schatten eines großen historischen Ereignisses. Schon zu Beginn des 16. Jahrhunderts schrieb Aventinus in

Tiberius und Regensburg

seiner ›Chronik‹: »*Und dreizehen jar vor Christi gepurt schickt er* (Augustus) *sein zwên stiefsün Tiberium und Drusum heraus an die Donau, die schluegen sich mit den landleuten, erschluegen ir fürsten, künig und herren, namen pêde land oberhalb und underhalb des Lechs vom Podensê pis an den In ein, besetzten die ganz Donau, mit römischen kriegsvolk. Tiberius nent die hauptstat Regenspurg nach im ›Augusta Tiberii‹*«. Auch wenn, wie wir heute wissen, an dieser Ansicht so manche Einzelheit nicht stimmt, wie z.B. der angebliche Name, die Rolle Regensburgs als Hauptstadt und auch das Datum der Eroberung, war die Folgerung, die Besiedlung am Nordknie der Donau sei im Zuge der Eroberung des Voralpenlandes (15 v. Chr.) erfolgt, insgesamt gesehen nur konsequent. Aus derselben Überlegung heraus prägte man 1588 und 1638 viereckige Münzen (Klippen) mit der Aufschrift: »*Regenspurc, erbaud 14 Jahre vor Christi Geburt.*« Freilich so folgerichtig und zwingend wie bisweilen in den Gehirnen und auf den Schreibtischen der damaligen Humanisten und Historiker pflegt sich geschichtliche Wirklichkeit nur in den seltensten Fällen zu entfalten. Auch in Sachen Regensburg tat sie dies bei weitem nicht!

Die Regensburger Bucht

Abgesehen davon hatten natürlich schon vor den Römern Menschen die Siedlungsgunst der Ebene am nördlichsten Punkt der Donau erkannt. Hier bilden die Ausläufer des Bayerischen Waldes im Nordosten, die teilweise über hundert Meter aufragenden Steilhöhen der Fränkischen Alb im Norden, Westen sowie Südwesten und die wellenförmigen Hügel des tertiären Donau-Isar-Landes im Südosten eine Bucht; ihre durch zwei Bäche gegliederte Terrasse am Südufer der Donau – die Westspitze der sich stromabwärts in rund 80 Kilometer Länge bis zu 15 Kilometer Breite wie ein Trichter erweiternden, äußerst fruchtbaren Flußebene (Dungau oder Gäuboden) – lud durch ihren lößbedeckten und waldlosen Boden und ihren hohen Grundwasserspiegel von jeher zur Besiedelung ein. Zusätzlich erreichte die Gegend, die ja nach Goethes »Italiänischer Reise« bekanntlich »eine Stadt herlocken« mußte, die nötige landschaftliche Auffälligkeit durch die plötzliche und endgültige Wendung der Donau um beinahe 120 Grad gerade in der Regensburger Bucht, wo im Abstand weniger Kilometer drei größere Nebenflüsse (Schwarze Laaber, Naab und Regen) in sie einmünden.

Schnittpunkt wichtiger Verkehrswege

Ähnlich wie die Königsstraßen im hohen Mittelalter lief bei Regensburg zweifelsfrei schon in vorgeschichtlicher Zeit eine Reihe von Verkehrswegen zusammen. Die südlichen davon haben auch die Römer beibehalten und ausgebaut. Vorrömisch ist sicher die Ost-West-Verbindung, welche, in der Flußebene südlich der Donau parallel zu dieser dahinziehend, in der Niederterrasse bei Regensburg etwa dem Hochweg und der Alten Straubinger Straße folgte. Dieser alte Fernweg wurde, wenigstens östlich von Passau, von den Römern im 3. Jahrhundert als »Straße dicht neben dem Donaufluß« *(via iuxta amnem Danuvium)* bezeichnet. Am Westende des Regensburger Beckens zweigte von ihm in der Höhe von Maria-

Ort ein bereits in keltischer Zeit bestehender Übergang über die Donau ab, dessen Fortsetzung jenseits des Flusses, wenigstens im Mittelalter, nicht etwa durch das Naabtal zog, sondern die Jurahochfläche erklimmend nach Nordwesten in Richtung Nürnberg führte. Eine zweite Möglichkeit, den Fluß zu überqueren, bestand offenbar schon bevor die Römer kamen in der Nähe des St. Oswald Kirchleins beim Eisernen Steg. Hier stieß ein von Süden, aus Bad Abbach über Ziegetsdorf und Kumpfmühl herankommender Fernweg an die Donau. Seine Verlängerung auf dem Nordufer durch den sogenannten Schelmengraben zog auf der Hochebene des fränkischen Jura weiter nach Kallmünz. Ob zwei andere wichtigere Straßenverbindungen auch schon vor dem Mittelalter bestanden haben, ist ungewiß: die eine lief südlich der Schwarzen-Laaber-Mündung über die Donau in das Gebiet der oberen Altmühl, die andere bei Donaustauf aus dem Donautal hinauf durch den Vorwald in Richtung Cham.

Die Rolle als (insgesamt natürlich auch nicht zu überschätzender) Verkehrsknoten beweist die günstige Lage der Regensburger Bucht. Sie ist Ausdruck ihrer Anziehungskraft seit frühesten Tagen. Bereits in der *Jüngeren Steinzeit* (Neolithikum, seit etwa 4500 v. Chr.) machten z.B. auf der Hochebene bei Burgweinting und Unterisling zuwandernde Bauern auf ihrem aus dem Südosten das Donautal aufwärts nach Westen führenden Weg Rast. Auch in der folgenden *Bronzezeit* (seit ca. 1800/1700 v. Chr.), der *Urnenfelderzeit* (seit ca. 1200 v. Chr.) und der *Hallstattzeit* (seit etwa 700 v. Chr.) beschränkte sich die Besiedelung nicht etwa auf einen Punkt in der Niederterrasse, sondern verteilte sich über die gesamte Ebene und ihre fruchtbaren Hochflächen über den Prallhängen. Während der *Latènezeit* (seit rund 500 v. Chr.) bestimmten keltische Einwanderer auch das Leben an der Regensburger Bucht.

In ihrer Spätphase im letzten vorchristlichen Jahrhundert – unmittelbar vor der römischen Eroberung des Voralpenlandes – konzentrierte sich die keltische Macht auf wenige *oppida*; so nennt man stadtähnliche, auf besondere Weise befestigte Siedlungen in meist gut geschützter Lage: Siedlungen von relativ gewaltigen Ausmaßen, mit einer sozial deutlich abgestuften Bevölkerung. Auch in Regensburg vermutete man ein solches Oppidum zur Erklärung des allerdings erst im 8. Jahrhundert n. Chr. überlieferten (S. 169) keltischen Namens *Radaspona*. Zunächst suchte man es auf den Ausläufern des tertiären Hügellandes bei Dechbetten, dann jenseits der Donau auf dem Dreifaltigkeitsberg und schließlich in der Gegend von Arnulfsplatz und Weißgerbergraben. In dieser Hinsicht ist durch die neueren Ausgrabungen und Forschungen heute mehr Nüchternheit eingekehrt. Der Name *Radaspona* wurde zum Teil abenteuerlich erklärt. Selbst seine jüngsten Deutungen sind kaum in jeder Hinsicht endgültig; danach wäre er etwa zu interpretieren: »*Stammsitz*« an der »*Stelle, wo der Boden abgekratzt wurde.*« Er muß ebensowenig wie in Straubing und in Passau, wo sich die keltischen Benennungen

Vorgeschichtliche Besiedelung

Radaspona

Sorviodurum und *Boiodurum* bis in römische Zeit halten konnten, auf die Existenz eines großen befestigten Oppidums hinweisen. Auch nach den kaum mehr als zehn bisher bekannten Spätlatène-Fundstellen im heutigen Stadtgebiet wird man eher eine bescheidene keltische Ansiedlung mit dörflichem Charakter annehmen. Zumindest in wirtschaftlicher Hinsicht wird diese vom nächstgelegenen Oppidum auf dem Michelsberg bei Kelheim *(Alkimoennis)* in Abhängigkeit gestanden haben. Als Bewohner kommen nach dem wenigen, was wir über die damaligen Macht-Verhältnisse wissen, eigentlich nur die Rucinaten, die den nördlichsten der vier Vindelicerstämme bildeten, in Frage.

Wer zerstörte Manching?

Während diese nördlich der Donau gelegene Stadt auf dem Michelsberg vielleicht noch bis in die frühe Kaiserzeit bestanden hat, wurde das gewaltsame Ende des großen Oppidums von Manching, mit seinem rund 7,5 Kilometer langen Ringwall und einer Fläche von etwa 380 Hektar die größte derartige Anlage nördlich der Alpen, früher regelmäßig mit der gleich zu schildernden römischen Eroberung des Voralpenlandes im Jahre 15 v. Chr., in jüngster Zeit aber mehr und mehr mit einer vorrömischen Katastrophe zusammengebracht. Die endgültige Klärung dieses wichtigen Problems steht noch aus. Bis heute ist archäologisch nicht sicher nachgewiesen, daß ein eventuelles Vordringen germanischer Siedler bis weit nach Südbayern hinein in den letzten Jahrzehnten v. Chr. die nötige Wucht besessen hätte, eine so große und gut geschützte Siedlung zu zerstören. Angesichts der spärlichen Bestattungs- und Siedlungsspuren der Spätlatènezeit im Voralpenland außerhalb Manchings, ist auch die Zerstörung durch innerkeltische Wirren nicht gerade besonders wahrscheinlich. Schließlich argumentiert gegen die Überlieferung und steht daher unter erhöhter Beweispflicht, wer eine Zerstörung von dritter Seite ausgerechnet dort annimmt, wo einmal am 1. August 15 v. Chr. ein schweres Gefecht der Römer mit den Einheimischen des Voralpenraumes schriftlich belegt ist, zum anderen eine gewaltsame Zerstörung des einzigartigen keltischen Machtzentrums in diesem Gebiet auch ungefähr in dieser Zeit unzweifelhaft feststeht.

Rom erobert das Voralpenland

Die Besetzung des schwäbisch-bayerischen Voralpenlandes durch die Römer wurde in einem kurzen Sommerfeldzug im Jahre 15 v. Chr. eingeleitet. Tiberius und Drusus, beide Stiefsöhne des Augustus, marschierten, der erste von Westen über die Nordschweiz – das erst in neuerer Zeit entdeckte Kastell Dangstetten über dem nördlichen Hochrhein wurde wohl damals angelegt – und den Bodensee bis an die Donauquellen vorstoßend, der andere nach Überqueren der Alpen am Brenner oder Reschenscheideck vom Osten, vom Inn her, in Süddeutschland ein und vereinigten ihre dann am 1. August in einer »schweren Schlacht« *(grave proelium)* siegreichen Heere. So umstritten die Einzelheiten dieses Feldzuges bis heute sind, so ungewiß ist vor allem auch die Frage nach der damit verbundenen Zielsetzung. Nahm man früher an, Rom habe das von den kriegerischen Alpenvölkern bedrohte Italien durch Gewinnung der Donaugrenze im Norden schützen wollen, so ist man seit etwa 30 Jahren vielfach der Meinung, lediglich die Kontrolle eines Landstreifens zwischen Iller und Lech als Aufmarschbasis für eine von langer Hand geplante Unterwerfung des großgermanischen Raumes bis an die Elbe sei beabsichtigt gewesen. Eine militärische Zangenbewegung vom Rhein nach Osten zur Unter- und Mittelelbe einer- und von der eben erreichten Donau zu den Elbquellen andererseits habe dieses Ziel verwirklichen sollen. Die äußerst schwierigen Zusammenhänge können hier nicht näher besprochen werden: Die bis heute herrschende Uneinigkeit, aber auch Ausweglosigkeit, wird durch die Feststellung deutlich genug veranschaulicht, daß die Planung dieser Großoffensive nach den einen bis in die 20er Jahre des 1. vorchristlichen Jahrhunderts zurückreichen müßte, nach anderen noch nicht einmal beim Feldzug eines Publius Silius Nerva im Alpengebiet im Jahre 16 v. Chr. vorausgesetzt werden dürfte. Schließlich wird auch neuerdings wieder (unter anderem aufgrund der Fundauswertung der Lager von Mainz und Vetera I, die, einen Plan vorausgesetzt, gewiß schon vor den in den Jahren 12–9 v. Chr. wirklich erfolgten römischen Offensiven vom Rhein aus errichtet worden wären) eine langfristige Planung insgesamt bezweifelt. Im übrigen faßte Augustus selbst seine außenpolitische Zielsetzung mit den Worten zusammen, er habe »*bei allen Provinzen des römischen Volkes, denen Völkerschaften benachbart waren, die nicht unserem Machtanspruch gehorchten, ... die Grenzen erweitert*«. Diesen Satz stellte er inhaltlich auch mit der Eingliederung der Alpenregion in Zusammenhang. Möglicherweise erfolgte die Eroberung des Voralpenlandes 15 v. Chr. wirklich nur deshalb, weil die keltische Bevölkerung hier nicht geneigt war, durch einen sogenannten Klientelvertrag Rom indirekt zu gehorchen. Die Feststellung, daß später – zumindest nachdem seit etwa 10 v. Chr. in Augsburg-Oberhausen eine (oder gar zwei) Legion(en) stationiert waren – das neu eroberte Gebiet, sei es als Aufmarsch- oder auch nur Versorgungsbasis in die Angriffskonzeption gegen Germanien miteinbezogen wurde, gibt für die Frage nach den Gründen und Ursachen des Sommerfeldzuges 15 v. Chr. nichts her, weil sie sich eigentlich von selbst versteht.

Bei aller Uneinigkeit im einzelnen wie in der Gesamtwertung, scheinen doch zwei unmittelbar und mittelbar mit dem Geschick Regensburgs verbundene Beobachtungen festzustehen:

1. Der römische Herrschaftsbereich konzentrierte sich nach 15 v. Chr. wesentlich auf den Landstrich zwischen Iller und Lech sowie auf die Verbindung zwischen Augsburg und Salzburg. Seit etwa 10 v. Chr. bis 16/17 n. Chr. lag in Augsburg-Oberhausen das militärische Zentrum des neu eroberten Gebietes. Außerdem überwachten kleinere Militärstationen an günstig gelegenen Punkten (wie am Lorenzberg bei Epfach) Straßen, Furten und Brücken und sicherten so Meldewesen und Nachschub.

Augsburg – militär. Zentrum

Der Nordosten der südbayerischen Region bis zur Donau blieb offenbar zunächst noch für mehrere Jahrzehnte außerhalb des eigentlichen Interessengebietes der Eroberer. Sicherlich machten römische Kundschafter frühzeitig auch das Regensburger Becken mit seinen Donauübergängen aus; nur gelehrte Spekulation ist es aber, wenn in der Forschung immer wieder geäußert wird, römische Vorstöße gegen die Germanen seien unter Augustus von Regensburg aus erfolgt – so der (bis heute in seinem Ausgangspunkt stark umstrittene) Elbfeldzug des Lucius Domitius Ahenobarbus kurz vor der Zeitenwende – oder hätten, wie der Zug des Gaius Sentius Saturninus 6 n. Chr., zumindest daran vorbeigeführt. Tatsächlich bleibt unser Gebiet noch beinahe für ein Jahrhundert im dunklen Vorzimmer der Geschichte.

Keltisches überlebt kaum

2. Anders als in den übrigen römischen Provinzen innerhalb des ehemals keltischen Kulturbereichs, wie östlich des Inns in Noricum und weiter westlich in Europa in Gallien und in den Rheinlanden, konnten im süddeutschen Voralpenland größere keltische Bevölkerungsteile ihre Eigenart unter der römischen Herrschaft nicht wahren. Ob nun infolge der besonderen Weise der Eroberung und der ihr unmittelbar folgenden, zwangsweisen Eingliederung der raetisch-vindelicischen Jungmannschaften in die römische Hilfstruppenarmee (unter gleichzeitiger Verlegung an entfernte Fronten) oder deshalb, weil – den Fall Manchings in vorrömischer Zeit einmal vorausgesetzt – schon die Römer nur noch auf schwache Reste der Vorbevölkerung stießen: mit der Ankunft Roms tritt in dieser Zone im ganzen gesehen ein Zivilisationswechsel ein. Lediglich abseits der römischen Machtballungen gelingt in geringem Umfang der archäologische Nachweis für den Fortbestand einheimischer Bestattungsart und Bekleidungssitte für die erste Hälfte des 1. Jahrhunderts n. Chr. Im Jahre 69 n. Chr. hat vielleicht noch ein nicht der römischen Armee einverleibter raetischer Landsturm existiert. Obgleich er auch vorwiegend aus Bewohnern der eigentlichen Alpenregion zusammengestellt gewesen sein könnte, belegen die vielen eindeutig keltischen Flußnamen, die sogar bis in unsere Tage überlebten (wie Naab, Abens, Donau usw.) eine gewisse Tradition auch im Voralpenland. Unter den Personennamen auf den römischen Inschriften Regensburgs finden sich noch im 2. und 3. nachchristlichen Jahrhundert eindeutig gallisch-keltische Bestandteile wie z. B. *Diveca* (Nr. I 24), *Ibliomarius* (Abb. 8, Nr. I 13), *Vindmarcia* (Nr. I 18); dabei ist aber schwer zu sagen, ob es sich jeweils um wirklich echte einheimische Benennungen handelt oder, wie im Falle des vermutlich aus Trier stammenden Ibliomarius, um Namen, die durch den Zuzug von Händlern und Soldaten aus den stärker ihre keltische Wesensart bewahrenden Provinzen nach Regensburg gelangten.

Germanien bleibt frei

Als der schon mehrfach genannte Tiberius (Abb. 9) nach langer Geduldsprobe endlich doch noch Kaiser wurde (14–37 n. Chr.), war das große außenpolitische Ziel seines Stiefvaters Augustus, die Reichsgrenze bis zur Elbe vorzuschieben,

Abb. 8: Weihinschrift (Nr. I 13) des Rheinländers (?) Ibliomarius Perpetus aus dem Merkurheiligtum von Ziegetsberg. – MSR L 144.

letztlich schon gescheitert. Der Aufstand der Bevölkerung im pannonischen (etwa ungarischen) Untertanenland (6–9 n. Chr.) hatte den gerade eingeleiteten römischen Zangenangriff gegen das Markomannenreich König Marbods in Böhmen vereitelt. Schließlich erreichte die römische Pechsträhne in der Niederlage des unvorsichtigen Feldherrn Varus im Teutoburgerwald gegen die Cherusker (9 n. Chr.) ihren Höhepunkt. Alle folgenden Versuche, in Großgermanien doch noch zu einem befriedigenden Abschluß zu gelangen, konnten den erfahrenen Militär Tiberius nicht über die Undurchführbarkeit der Elbgrenze hinwegtäuschen. Im Winter 16/17 berief er folgerichtig seinen Neffen Germanicus als Befehlshaber der Rheinarmee ab und ging damit nach rund dreißig Jahren wieder in die Defensive am Nordrand des Reiches zurück. So widersinnig es erscheint, der Triumph des Germanicus »über Cherusker, Chatten und Angrivarier« im Jahre 17 bildete, auch wenn der Anspruch offiziell damit keineswegs aufgegeben wurde, das Ende des kühnen Traums von einem römischen Germanien.

Da also Germanien von nun an für immer von der direkten Beherrschung durch das Weltreich frei blieb, eben das freie Germanien *(Germania libera)* blieb, war, wie manch andere Siedlung, auch Regensburg bereits noch vor seiner Gründung,

Abb. 9: 1 Kaiser Tiberius (14–37 n. Chr.) galt lange Zeit irrtümlich als Gründer Regensburgs.

2 Kaiser Claudius (41–54 n. Chr.) machte sich um den Ausbau der Provinz Raetien verdient.

3 Kaiser Vespasian (69–79 n. Chr.) verkürzte die Verbindung Raetiens zum Rheinland durch Ausbau und Befestigung der sog. Donausüdstraße. Er oder sein Sohn Domitian ließen das Hilfstruppenkastell in Kumpfmühl anlegen.

4 Unter Kaiser Domitian (81–96 n. Chr.) erfolgten erste Maßnahmen zur Anlegung einer starren Grenzlinie, des Limes. Gleichzeitig verlagerte sich das militärische Schwergewicht immer mehr vom Rhein zur Donau. (Münzvorlagen: Privatbesitz)

zum Los des Grenzorts verurteilt. Aufgrund seiner günstigen geographischen Lage wäre sonst der gewiß auch ohne militärische Notwendigkeit besiedelte Platz (erinnere: Goethe!) vielleicht schon in römischer Zeit wirtschaftlich und verkehrsmäßig zu einer ähnlichen Mittelpunktsrolle gelangt, die er rund tausend Jahre später wirklich erreichte. Aber das ist alles im letzten unhistorische Spekulation. Geschichte wiederholt sich nicht; nicht einmal theoretisch!

Weitaus unmittelbarer wirkte sich Roms Scheitern an Germanien auf die Geschicke des gesamten Voralpenlandes aus. Spätestens um 16/17 n. Chr. wurde(n) aus Augsburg-Oberhausen die Legion(en) abgezogen und weiter zurück in die Nordschweiz verlegt. Von nun an hatte der bayerisch-schwäbische Anteil des römischen Reiches für anderthalb Jahrhunderte keine legionare Besatzung mehr. Da aber gerade diese aus römischen Bürgern zusammengesetzten Truppen die Vermittler römischer Kultur waren, blieb unser Land wirtschaftlich, zivilisatorisch und kulturell sozusagen ›römische Diaspora‹. Hier dienten bis um 170 n. Chr. ausschließlich sogenannte Hilfstruppen – wesentlich kleinere Kavallerie- und Infanterietruppen –, deren Angehörige fast durchwegs nicht im Besitze des römischen Bürgerrechts, rechtlich nach dem damaligen Sprachgebrauch Peregrine, Fremde, waren (S. 59).

Etwa Hand in Hand mit dem Übergang zur Defensive wurde das Voralpenland, das militärisch und verwaltungsmäßig bislang nicht selbständig war, in eine römische Provinz verwandelt. Obwohl der zeitgenössische Historiker Velleius Paterculus Raetien und das Gebiet der Vindelicer ausdrücklich unter die von Kaiser Tiberius dem Reich hinzugefügten Provinzen zählt, ist man in der Forschung bis heute darüber uneins, ob es nicht doch erst unter Kaiser Caligula (37–41 n. Chr.) oder Claudius (41–54 n. Chr.) die neue Rechtsstellung erreichte (Abb. 9). Sicher ist, daß noch vor 47 der erste reguläre Statthalter im Amt war. Da das neue Untertanenland, wie gesagt, von keiner Legion bewacht wurde, sprach man ihm prokuratorischen Rang zu. Daher verwalteten nicht Senatoren, sondern hohe Berufsbeamte aus dem zweiten Adelsstand, dem römischen Ritterstand, mit einem Jahresgehalt von 200000 Sesterzen (ein gemeiner Soldat verdiente vergleichsweise nur 1200 Sesterzen) die neue Provinz, die in der Folgezeit kurz nur Raetien genannt wurde. Geographisch versteht man darunter das Gebiet südlich der Donau zwischen Bodensee und Inn einschließlich der Südostschweiz, Vorarlbergs und Tirols (Abb. 10). Hauptstadt wurde Augsburg; in ihrem Namen *Augusta Vindelicum* ging der alte Stammesname der Vindelicer auf. Sie erhielt in späterer Zeit sogar Stadtrecht, was für römische Provinzialgemeinden, mochten sie noch so bedeutend sein, durchaus keine Selbstverständlichkeit war (S. 105). Das Umland Augsburgs und überhaupt der südwestliche Teil der Provinz Raetien wurden zum Zentralbereich römischer Herrschaft wenigstens in der Anfangsphase. Alle wichtigen Fernverbindungen aus anderen Reichsteilen nach Raetien liefen letzt-

Raetien: »Römische Diaspora«

Prokuratorische Provinz

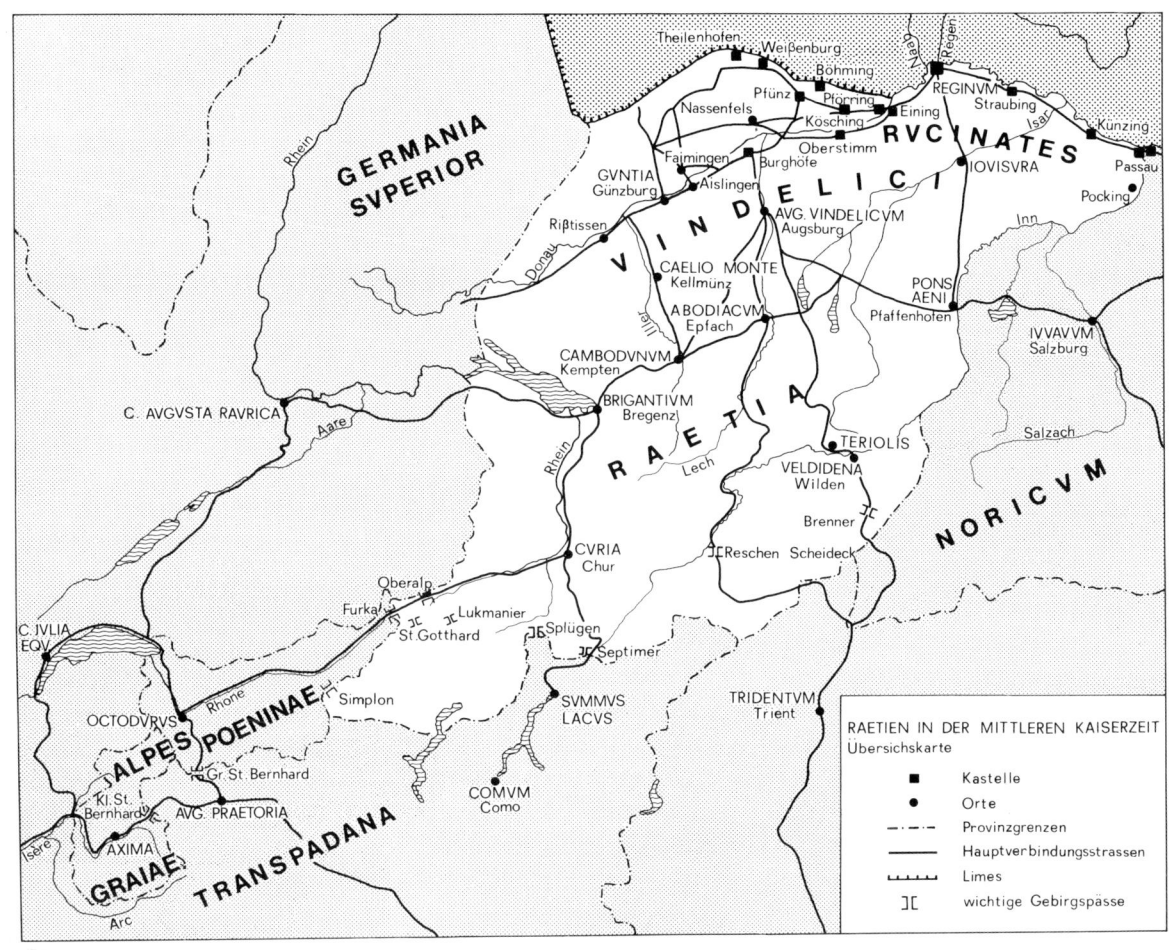

Abb. 10: (Kartengrundlage nach H.-J. Kellner)

lich nach Augsburg, auch die unter Kaiser Claudius um 46 n. Chr. angelegte große »claudische Straße« *(via Claudia Augusta),* die aus oberitalischen Gemeinden bis zum Donaufluß führte *(usque ad flumen Danuvium).*

War sofort nach dem Abzug der Legion(en) aus Raetien der Schutz des Landes vor allem Militärstationen im südwestdeutschen Binnenland bei Bregenz, Kempten, vielleicht auf dem Auerberg, auf dem Lorenzberg bei Epfach und in Gauting anvertraut, so verlagerten die Römer in den letzten Jahren des Kaisers Tiberius und unter seinen Nachfolgern ihre Stützpunkte langsam an die Donau. Mehr als ein halbes Dutzend kleiner Kastelle wurde damals, spätestens in der Frühzeit des Claudius, am Oberlauf dieses Flusses westlich der Lechmündung errichtet. Weiter östlich kennen wir außer dem Lager bei Oberstimm (unweit Ingolstadt) frühkaiserzeitliche Funde nur noch vom Frauenberg bei Weltenburg. Von hier aus scheint der Flußverlauf bis nach Linz *(Lentia)* in Noricum nicht in entsprechender Weise gesichert gewesen zu sein. Offenkundig fehlte im nordostbayerischen Voralpenland in der frühen römischen Kaiserzeit nicht nur die Entwicklung städtischen Lebens wie sie im Südwesten, besonders in Kempten *(Cambodunum),* verfolgbar ist, sondern auch jede größere Grenzsicherungsmaßnahme. Dementsprechend besitzen wir auch von archäologischer Seite, da angebliche Funde dieser Zeit sich offenbar nicht bestätigen, für die Mitte des 1. Jahrhunderts n. Chr. noch keinerlei Hinweise auf irgendwelches römisches Leben am Donauknie bei Regensburg.

Stützpunkte an der oberen Donau

Die Tatsache, daß die Römer die Donau bei und östlich von Regensburg auf einer Strecke von etwa 230 km erst relativ spät, am Ende des 1. Jahrhunderts n. Chr., zu einer befestigten Verteidigungslinie ausbauten, war gewiß vielschichtig begründet. Lediglich zwei wichtige Fragen seien hier angesprochen, nämlich: 1. nach den Grenzvorstellungen der frühen römischen Kaiserzeit, 2. nach der militärischen Bedrohung Ostraetiens.

1. Moderne, von fixen Linien ausgehende Raum- und Grenzvorstellungen sind den Römern nicht ohne weiteres zu unterstellen. In der frühen Kaiserzeit herrschte durchaus noch ein völlig dynamisches Grenzbild vor, das keineswegs immer die Erreichung natürlicher Grenzen wie Gebirge, Meere und Ströme zum erklärten Ziel hatte. Allein das schon (S. 44) zitierte außenpolitische Grundziel des Augustus barg in sich die Möglichkeit höchst eigenwilliger Grenzführung, wobei ein festabgestecktes Terrain römischen Untertanenlandes wohl nur in den selteneren Fällen gegeben war. Vielmehr gestaltete sich der Übergang zum Barbarenland zunächst fließend; schon deshalb, weil vor dem Reich ein Gürtel von vertraglich an Rom gebundenen ›befreundeten‹ Völkern lag. Diese Grundvorstellungen schließen natürlich nicht aus, daß, wo möglich oder nötig, natürliche Grenzlinien bevorzugt wurden. Im besonderen Maße galt dies für die großen Ströme Mitteleuropas, für Rhein und Donau. Nicht allein die Faszination, welche diese Flüsse auf die an Wasserarmut gewohnten Mittelmeerbewohner ausübten,

Dynamisches Grenzbild

vor allem die militärisch-strategische Überlegung, daß im Kriegsfalle nur die Römer über genügend technische Möglichkeiten verfügten, den Strom an jeder beliebigen Stelle auf einer Schiffsbrücke zu überqueren, dürfte von großer Wichtigkeit gewesen sein. Hinzu kommt die Bedeutung der Flüsse als billige, schnelle und kräftesparende Transportwege für Truppen und Truppenverpflegung, welche für die Donau schon für die Zeit des Augustus durch den Geographen Strabo belegt ist. Obwohl sich diese Feststellung vorwiegend auf den Unterlauf des Stromes beziehen wird, sollte man nicht vergessen, daß kleinere Schiffe schon von der Gegend um Ulm abwärts verkehren, also z.B. in der Nähe der Lechmündung auf der »claudischen Straße« herangebrachte Waren aufnehmen konnten. Die Benutzung des Flusses verlangte aber in weniger gefährdeten Gebieten noch nicht notgedrungen Schutzanlagen am Ufer.

Pufferzonen

2. Offenkundig schätzten die Römer den Nordosten Raetiens während des größten Teils des 1. nachchristlichen Jahrhunderts als wenig gefährdet ein. Seit der Aufgabe der Offensivpläne gegen Germanien normalisierte das Weltreich seine Beziehungen zu den unmittelbar nördlich seiner Grenzen lebenden Völkern durch die Aufnahme friedlicher Handelsbeziehungen und besonders durch den Abschluß zahlreicher sogenannter Klientelverträge. Dies war der Versuch, auf diplomatischer Basis indirekt zur Beherrschung der einzelnen Stämme zu gelangen. Diese konnte bis zur Einsetzung von rechenschaftspflichtigen germanischen Königen durch die römischen Kaiser reichen. Zumindest dienten diese ›internationalen‹ Verträge der Reichssicherheit, da dadurch die »unsichtbaren Grenzen« des Imperiums weit über seine offiziell gültigen hinausgeschoben wurden, indem die germanischen Anrainer gegen Tributzahlungen und römische Hilfeversprechen die Funktion eines lebenden Vor- und Bollwerks vor der Reichsgrenze übernahmen. Für Rom war die Schaffung solcher Pufferzonen zweifellos ein kräftesparendes und, weil die überlange Nordgrenze unmöglich von seinen Truppen alleine verteidigt werden konnte, auch notwendiges Verfahren. Es verdeutlicht den wahren Hintergrund des mehrfach angesprochenen außenpolitischen Grundgedankens des Kaisers Augustus: sobald vor der Grenze Stämme lagen, die Roms Anspruch auf Überlegenheit grundsätzlich anerkannten, also ›befreundet‹ waren, verzichtete man auf die Eroberung ihrer Stammesgebiete.

Hermunduren

Welche germanischen Völker nördlich der oberen Donau siedelten, ist bis heute nicht völlig geklärt. Sicher ist wenigstens der Stammesname der Hermunduren. Die Bestimmung ihrer Wohnsitze bereitet aber bereits wieder Schwierigkeiten. Die wenig genaue schriftliche Überlieferung wird durch Bodenfunde, deren Zuweisung an ein bestimmtes Volk immer mit großen Unsicherheiten belastet ist, nur in wenig befriedigender Weise ergänzt. Dennoch wird im allgemeinen dieser Stamm, der um die Zeitenwende in die Gebiete der nach Böhmen abgezogenen Markomannen einrückte, südlich des oberen und mittleren Mains gesucht, gelegentlich aber auch in die Gegend südlich von Nürnberg und in den Bereich des Rieses verpflanzt. An der Wende vom 1. zum 2. Jahrhundert n. Chr. waren die Hermunduren Muster an Romtreue, was Tacitus eigens hervorhebt: »*Deshalb haben sie allein unter den Germanen mit uns Handelsverkehr nicht nur am Ufer, sondern tief bis ins Innere und besonders in der so prächtigen Kolonie der Provinz Raetien* (= nach allgemeiner Ansicht Augsburg). *Überall und ohne Aufsicht überschreiten sie die Grenze. Während wir den übrigen Völkern nur unsere Waffen und Lager weisen, haben wir diesen unsere Häuser und Landgüter geöffnet, ohne daß sie Verlangen darnach zeigten.*«

In den Flußtälern von Naab und Regen sowie in der übrigen Oberpfalz wohnten nach Meinung der älteren Forschung die Naristen (oder Varisten). Diese Ansicht, hauptsächlich wieder auf unbestimmte Angaben bei Tacitus und sehr kunstvolle Deutungen alter Flußnamen gestützt, wird heute nur mehr vereinzelt vertreten. Vielmehr vermutet man jetzt die Naristen meist in Nordostböhmen, oder, was weit wahrscheinlicher ist, viel näher an der Donau nördlich von Oberösterreich oder Oberpannonien zwischen den Stämmen der Markomannen und Quaden. Dabei beruft man sich auf neu erschlossene Inschriften, vor allem aber auf das Fehlen germanischer Bodenfunde der beiden ersten nachchristlichen Jahrhunderte in der Oberpfalz.

Naristen in der Oberpfalz?

In diesen Zusammenhang gehört eine eigenartige Beobachtung im ›bayerischen‹ Vorfeld des einstigen Römerreiches: Innerhalb eines rund 100 bis 150 Kilometer breiten Gebiets vor der Reichsgrenze sind in nennenswertem Umfang bisher weder germanische Funde noch Hinweise auf römischen Export zutage getreten. Sofern die Frage nicht doch noch einer archäologischen Erklärung zugeführt werden kann, müßte man – vielleicht durch starke Bewaldung verursachte – weitgehende Siedlungsarmut in den Gebieten Mittel- und Oberfrankens sowie der Oberpfalz annehmen. So gesehen wäre das Voralpenland wirklich weniger gefährdet gewesen als die meisten anderen Gebiete hinter Rhein und Donau. Besonders gilt diese Feststellung eben auch für das Land südlich der Donau zwischen Regensburg und Passau. Denn ebenso wie der Westabschnitt der norischen Grenze von Passau bis Krems durch die bewaldeten Mittelgebirgszonen des Mühl- und Waldviertels wurde der Ostteil Raetiens durch die waldreichen Mittelgebirge des Bayerischen und Oberpfälzer Waldes sowie des Böhmerwaldes vor feindlicher Bedrohung weitgehend geschützt. Die Unwirtlichkeit dieser Waldberge, ihr rauhes Klima, der früh einsetzende Frost, die kalten und regenreichen Sommer und der lange, 50 bis 150 Tage bleibende Schnee mit meterhohen Verwehungen verhinderte eine stärkere Dauerbesiedlung nördlich und nordöstlich Regensburgs ohnehin. Daher dürfte auch die Ansicht, die Regensburger Bucht sei eine »von Natur gegebene Kontaktstelle zum freien Germanien« gewesen, gegenstandslos sein.

Bollwerk Bayer. Wald

Um so mehr als auch eine andere sich hartnäckig behauptende Meinung schon durch den Augenschein widerlegt wird: weder das Naab- noch das Regental waren für größere, den Römern gefährlich werdende Streitkräfte geeignete Aufmarschwege. Trotz der (S. 41 f.) erwähnten zahlreichen vorgeschichtlichen und mittelalterlichen Altstraßen- und Wegesysteme ist generell die Durchlässigkeit der nordostbayerischen Mittelgebirge nicht zu überschätzen. Der Hauptweg in das Pilsener Becken führte in West-Ost-Richtung weit nördlich von Regensburg durch die Tiefenzone im Hohen Oberpfälzer Wald bei Waidhaus mit einer Abzweigung bei Eslarn. Demgegenüber war die Nord-Süd-Verbindung von zweitrangiger Bedeutung: Nur vereinzelt wurde die Regensenke im Hinteren Bayerischen Wald seit der Jüngeren Steinzeit begangen. Stärker wird die Cham-Further-Senke als Durchgang schon sehr früh benutzt worden sein; aus Böhmen kommend gabelte sich der Weg in eine Westroute durch das Bodenwöhrer Tal und einen Südstrang über den Bayerischen Wald in Richtung Straubing. Da auch die Bedeutung des Nord-Süd-Passes im östlichen Bayerischen Wald mit Zielort Passau nicht zu hoch anzusetzen ist, kann man aufs Ganze gesehen von einer Sperrfunktion der nordostbayerischen Waldgebirge gegen die Donau sprechen.

Keimzelle Kumpfmühl (ca. 80–170 n. Chr.)

Die heftigen Bürgerkriege der Jahre 68–70 n. Chr., ausgelöst durch Absetzung und Selbstmord des Kaisers Nero (54–68), des letzten Sprosses der von Augustus abstammenden julisch-claudischen Dynastie, gingen auch an Raetien nicht spurlos vorüber. Damals wurde, so der römische Historiker Tacitus, das *arcanum imperii*, das Geheimnis der Thronergreifung, unter die Leute gebracht, daß man nämlich »*auch anderswo als in Rom Kaiser werden*« könne. Jetzt lag die Macht der römischen Soldaten offen zutage. In rascher Folge wurden in Spanien, am Niederrhein, in Rom und in Ägypten jeweils eigene Kaiser ausgerufen, die sich untereinander den Rang in blutigen Auseinandersetzungen streitig machten. Raetien, zum rheinländischen Kommandobereich gehörend, mußte den dortigen Thronanwärter, Aulus Vitellius, unterstützen. Da Noricum wie die übrigen Provinzen an der unteren Donau für den Erwählten der Ostarmee, Titus Flavius Vespasianus, Partei nahm, erwies sich der Inn wieder einmal als historische Scheidelinie. Während sich an seinen Ufern die Gegner zum Kampfe postiert hatten, keine Partei aber den Angriff wagte, entschied sich der Streit um den Thron endgültig zugunsten Vespasians auf einem Schlachtfeld in Oberitalien. Die innere Zerstrittenheit der Römer ausnützend, wurden inzwischen die an der Rheinmündung wohnenden germanischen Bataver – aufgewiegelt durch ihren ehemals als Kohortenpräfekt in römischen Diensten stehenden und von Rom persönlich enttäuschten Landsmann Gaius Iulius Civilis – aufständisch. Die rasch auf das Mittelrheingebiet und noch weiter südwärts ausgreifende Revolte mit dem Ziel eines gallisch-germanischen Sonderstaates konnte von den Generälen des neuen Kaisers Vespasian (69–79, Abb. 9) schnell und energisch niedergeschlagen werden. Offenbar im Zuge dieser Kämpfe wurden in Raetien mehrere kleine Kastelle an der oberen Donau und besonders die blühende Stadt Kempten zerstört: möglicherweise von den zur Unterstützung in die Rheinlande durch unsere Provinz ziehenden, immer noch feindseligen Truppen Noricums.

Vespasian und sein Sohn und Nachfolger Titus (79–81), nach ihrem Familiennamen Flavier genannt, mußten sich daher dem Wiederaufbau widmen. Durch ein anscheinend kleineres militärisches Unternehmen konnte im Jahr 74 das sogenannte Dekumatland *(decumates agri)*, das Gebiet zwischen Oberrhein, Bodensee und oberer Donau gewonnen werden. Durch den Bau einer vom Legionslager

Bürgerkriege nach Neros Tod

Flavischer Wiederaufbau

Straßburg *(Argentorate)* über Offenburg und durch den Schwarzwald nach Osten Richtung Augsburg führenden Straße konnte die Verbindung zwischen den Rheinlanden und Raetien wesentlich verkürzt werden. Nach und nach sicherte man diese neue Verkehrsader durch Kastelle. Etwa gleichzeitig wurden auch in Raetien neue Truppenlager angelegt: 77/78 Günzburg *(Guntia)*, 80 Kösching *(Germanicum)*, 79/81 Eining *(Abusina)*.

Bau des Kumpfmühler Lagers

Weitverbreiteter Ansicht zufolge soll jetzt ebenso wie das Kohortenlager in Straubing *(Sorviodurum)* auch jenes in Regensburg-Kumpfmühl (völlig grundlos nach dem angeblichen keltischen Oppidum immer *Radaspona* genannt) entstanden sein. Die endgültige Vorlage der Kleinfunde, insbesondere der Keramik aus Kumpfmühl und vom Bismarckplatz steht noch aus. Nach einer ersten Sichtung des Materials könnte nach Ansicht der Archäologen das römische Regensburg, gleichzeitig mit der Anlage der Kastelle in Künzing und Passau-Innstadt *(Boiodurum*, in Noricum), erst zwischen 90 und 100 gegründet worden sein.

Von der historischen Überlieferung her ist die Frage vorläufig nicht zu entscheiden, da sich b e i d e möglichen ›Gründungsdaten‹ Regensburgs gleichermaßen gut in den historischen Gesamtzusammenhang einordnen lassen. Eine Erbauung um 80 hätte eine konsequente Fortsetzung der neuen Anlagen von Günzburg, Kösching und Eining dargestellt. Erst nach der Eroberung des Dekumatlandes wurde der Ausbau der Donausüdstraße (S. 41) und ihre Nutzung als Verkehrs- und Marschweg sinnvoll. Vorher erreichte, wer vom Oberrhein an die untere Donau wollte, die Provinz Raetien in Höhe des Bodensees. Beinahe geradewegs nach Osten führte von hier aus die Hauptroute in geringer Entfernung vom Alpenrand über Kempten, Gauting, Pfaffenhofen, Seebruck und Salzburg nach Wels in Oberösterreich und erreichte etwas westlich von Linz erstmals die Donau. Die Benützung der Donausüdstraße hätte damals einen beträchtlichen Umweg dargestellt, der erst wegfiel als man von Straßburg über Rottweil an den Oberlauf der Donau gelangen konnte.

Einen unmittelbaren militärischen Anlaß für die Errichtung der ostraetischen Kastellkette kennen wir weder für das Ende der 70er noch für die 90er Jahre. Wir hören zwar im Bereich der pannonischen Provinz für die Jahre 91/92 vom Einfall der von Kaiser Domitian bereits 89 bekriegten suebischen Stämme der Markomannen und Quaden, von der Vernichtung einer römischen Legion, von einem Krieg gegen die Sueben *(bellum Suebicum)* und einem gegen die Jazygen *(bellum Sarmaticum)*, besitzen aber keine Hinweise dafür, daß Raetien, insbesondere der Osten, auch nur im geringsten von diesen Geschehnissen gefährdet oder berührt worden sei.

Domitians Grenzpolitik

Andererseits paßt die Annahme, die Schließung der Lücke zwischen Eining und Linz sei erst in der Zeit des Kaisers Domitian (81–96; Abb. 9) erfolgt, gut zu dem, was wir sonst von der Grenzpolitik dieses Herrschers wissen: Der jüngere Sohn

Vespasians und letzte Vertreter der flavischen Dynastie zeigte trotz seiner innenpolitischen Mißgriffe und Schwierigkeiten, die ihm schließlich sogar das Leben kosteten, ein gutes Gespür und viel Geschick in Fragen der Provinzialverwaltung und der Reichsverteidigung. So war er es, der, das Werk seines Vaters fortsetzend, im Zuge der Chattenkriege (83–85), den *sinus imperii*, die »Bucht des Reiches« zwischen Oberrhein, Oberdonau, Neckar und Untermain, und darüberhinaus die fruchtbare Wetterau zwischen Vogelsberg und Taunus nordöstlich von Frankfurt dem Imperium einverleibte. Doch die Chatten waren hartnäckige Gegner: in Verbindung mit ihnen und auf ihre Unterstützung bauend, ließ sich 89 der obergermanische Kommandeur Lucius Antonius Saturninus in Mainz zum Kaiser erheben. Obwohl Domitian selbst sofort aus Rom herbeieilte und von mehreren Seiten – auch aus Raetien – Truppen gegen Saturninus anmarschierten, wäre der Aufstand gewiß nicht so schnell zusammengeschlagen worden, hätte nicht der plötzlich beginnende Eisgang die Chatten gehindert, den Rhein zu überschreiten und dem verbündeten Römer zu Hilfe zu kommen.

Aus einer Notiz des Frontinus, eines hohen Offiziers der damaligen Zeit, wissen wir, daß der Kaiser den Krieg mit den Chatten, die nach germanischer Gewohnheit aus ihren Schlupfwinkeln in den Waldgebirgen vorstoßend, die römischen Truppen überfielen und sich sofort wieder in den Schutz der Wälder zurückzogen, gewann, indem er auf einer Länge von 120 römischen Meilen (180 Kilometer) *limites*, das sind schmale Schneisen, anlegen ließ. Obwohl das Wort ›Limes‹ hier noch nicht wie in späterer Zeit bis heute allgemein die römische »Reichsgrenze« kennzeichnet, verdeutlicht die Stelle doch den Auftakt zur Durchsetzung eines neuen militärisch-strategischen Prinzips im Umgang mit den Germanen. Noch unter Domitian wurde dieses weiterentwickelt: Verbunden mit der offiziellen Propaganda, durch den Sieg über die Chatten sei die Eroberung Germaniens endgültig abgeschlossen – auch die Umwandlung der rheinländischen Militärbezirke in die Provinzen Ober- und Niedergermanien sollte dies unterstreichen –, ging Rom ein für allemal zu einer statischen Grenzauffassung über, die in der Ziehung einer festen Grenzlinie ihren Ausdruck fand. Im Odenwald und entlang des mittleren Neckarlaufes rodete man einen als Postenweg gedachten Grenzpfad, der von Wachttürmen und in größeren Abständen von neu angelegten Grenzkastellen kontrolliert wurde. In Raetien wurde gleichzeitig die Donau nordwärts überschritten; zunächst auf der Schwäbischen Alb und wenig später noch weiter nördlich entstand um 90 unter Einbeziehung des fruchtbaren Riesgebiets eine Kette militärischer Lager, deren östlichste Glieder Gnotzheim, Weißenburg und Pfünz den Anschluß zu Kösching und Eining herstellten. Da diese Linie noch nicht mit einem Limes, wie in Obergermanien, versehen wurde, muß das Gebiet als weniger gefährdet gegolten haben. Dennoch mag der Übergang zur starren, linienförmigen Grenze im Zusammenwirken mit den Erfahrungen des Saturninusaufstandes, der

Starre Grenzlinie (Limes)

die manchmal zwar nur von besonderem Glück *(felicitas mira)* abhängige Scheidekraft größerer Flüsse wieder einmal eindringlich vor Augen geführt hatte, auch entscheidend für die Sicherung der Donaugrenze östlich von Eining – deren wichtigster Punkt offenbar nicht Regensburg, sondern das lange Zeit stärker besetzte Straubing bildete – gewesen sein. Eine unmittelbare Bedrohung muß weder bestanden haben, noch erwartet worden sein, um diese Maßnahmen zu rechtfertigen.

Vom Rhein zur Donau

Unter Kaiser Trajan (98–117), der außenpolitisch das Erbe Domitians aufnahm und fortsetzte, verlagerte sich das militärische Schwergewicht des Reiches mehr und mehr vom Rhein an die untere Donau. Außer den bereits erwähnten Auseinandersetzungen im Bereich der pannonischen Grenze am Ende des 1. Jahrhunderts war vor allem der ebenfalls schon unter Domitian verstärkt in Erscheinung getretene Konflikt Roms mit dem thrakischen Volksstamm der Daker für diese Veränderung der strategischen Gesamtlage verantwortlich. Trajans Dakerkriege (101–102 und 105–106) endeten mit einem vollständigen römischen Sieg und mit der Einrichtung der neuen Provinz *Dacia* (Siebenbürgen, Banat, Oltenien). In Raetien scheint es damals zu wesentlichen Veränderungen nicht mehr gekommen zu sein; in der Nähe Regensburgs wurden lediglich in Pförring und Theilenhofen neue Militäranlagen errichtet.

Hadrian in Raetien

Trajans spanischer Landsmann und Nachfolger, der griechenfreundliche Hadrian (117–138), prägte seiner Herrschaft einen unverwechselbaren Charakter unter anderem durch seine ausgedehnten Reisen auf. Die erste davon führte ihn 120/121 über Gallien und Obergermanien auch nach Raetien, wo er Augsburg, das sich fortan nach dem Familiennamen des Kaisers *municipium Aelium Augustum* nannte, den Rang eines Munizipiums und damit Stadtrecht verlieh. Anläßlich dieser Anwesenheit des Kaisers wurden für die Truppen der Provinz Münzen mit der Aufschrift EXERCITVS RAETICVS (= »das raetische Heer«) geprägt. Damit war auch die Regensburger Einheit angesprochen. Was Hadrian sonst noch für Raetien geleistet hat, ist umstritten. Der Umfang seiner Militärreformen wird häufig überschätzt. Selbst die meist mit seinem Namen verbundenen sogenannten nationalen *numeri* (jetzt besser ›Sonderhilfstruppen‹ genannt) hat er nicht neu geschaffen, bestenfalls neu organisiert. Auch an der raetischen Grenze wurden im 2. Jahrhundert solche Numeri – rund 130 Mann starke Kleinverbände für Aufklärungs- und Sicherungsaufgaben, die ihre Standlager direkt an der Grenze hatten – zur Unterstützung der regulären Hilfstruppen eingesetzt. Von Hadrians Verhältnis zum Limes behauptet seine um 400 entstandene Biographie: »... *er trennte in vielen Gegenden, in denen die Grenze gegen die Barbaren nicht durch Flüsse, sondern durch künstliche Sperren gebildet wird (non fluminibus sed limitibus diviruntur), die Barbaren vom Reichsgebiet durch ein System von großen Pfählen, die nach Art eines mauerähnlichen Geheges tief eingerammt und unter-*

einander verbunden wurden.« Die Stelle verdeutlicht gut den Vollzug der unter Domitian begonnenen Erstarrung der römischen Grenzverteidigung, die Abriegelung des Reichsgebiets, das alleine alles Gute und Wertvolle beherbergt. Freilich darf die Notiz nicht, wie früher bisweilen geschehen, mit dem obergermanischen und raetischen Limes in Verbindung gebracht werden, weil die Eichenholzpalisade am raetischen Limes nicht an der römischen Grenzlinie der Zeit Hadrians, sondern erst an der seines Nachfolgers archäologisch feststellbar ist.

Kaiser Antoninus Pius (138–161), ein rechtschaffener und milder Herrscher, verschrieb sich außenpolitisch ganz der Defensive. Nicht nur in Britannien verstärkte er den von Hadrian angelegten Grenzwall durch den Bau eines weiter nach Norden vorgeschobenen Erdwalls an der schmalsten Stelle der britischen Insel vom Firth of Forth zum Forth of Clyde. Auch in Obergermanien und Raetien galt seine Sorge dem Limes, den er schon in seiner frühen Herrschaftszeit verstärken und begradigen ließ. Die bisher aus Holz und Erde konstruierten Mauern, Tore und Türme der Grenzkastelle und die Wachtürme an der Palisade selbst wurden in Stein ausgebaut. Die Arbeiten im Neckar- und Odenwaldgebiet waren noch nicht abgeschlossen, als zwischen 140 und 160 die obergermanische Grenzlinie südlich des Mains um 20 bis 30 Kilometer ostwärts vorgeschoben und ein neuer, streckenweise schnurgerader Limesabschnitt zwischen Miltenberg am Main und Lorch an der Rems angelegt wurde. Die raetische Verteidigungslinie, besonders in ihrem westlichen Teil jetzt ebenfalls vorgeschoben – neue Kastelle entstanden in Schirenhof, Unterböbingen und Aalen –, schloß sich jetzt von Lorch ausgehend, direkt an die obergermanische an. Der den Frontverlauf unnötig verlängernde Winkel zwischen beiden Provinzen war dadurch zwar verkürzt, aber nicht beseitigt worden. Obschon auch die nunmehrige Lösung strategisch unbefriedigend war, kamen die Römer nie mehr zu einer besseren. Oft diskutiert und dennoch bis heute zufriedenstellend nicht erklärt ist dieser eigenartige Grenzverlauf: Wirtschaftliche Gründe – die Erzgebirge des Jura hätten eingeschlossen werden sollen – wurden ebenso genannt wie geographische – der raetische Limes laufe weithin parallel zum fränkischen Nadelwald – oder militärische: infolge von gelegentlichen Spannungen an der Grenze, Vorboten künftiger Kriege, habe man das schon länger römisch beeinflußte Vorfeld des alten Limes besetzt. Neuerdings wurde ein politischer Grund zur Diskussion gestellt: da die römischen Kaiser, um der Entstehung von Komplotten vorzubeugen, die Möglichkeiten zur Verständigung und Zusammenarbeit der Provinzstatthalter möglichst gering hielten, seien die Chefs der Verwaltung von Obergermanien und Raetien – zudem der erste ein ranghoher Senator, der zweite ›nur‹ ein Ritter war – offensichtlich nicht dazu ermutigt worden, eine logischere und zusammenhängendere Grenzlinie auszuarbeiten. Freilich ist in diesem Zusammenhang darauf hinzuweisen, daß der Limes niemals als Bollwerk gegen einen unmittelbar an der Grenze stehenden Feind, sondern als eine

Limesausbau

Machtkonstellation und strategische Lage widerspiegelnde Demarkationslinie geplant und geeignet war, die psychologisch abschreckend, militärisch bestenfalls als Frühwarnsystem wirksam werden konnte. Kaiser Antoninus Pius war es übrigens auch, der am östlichen Limesbogen die Holz-Erde-Kastelle Pfünz, Kösching, Pförring und Eining in Steinanlagen umbauen ließ. Vermutlich bekamen damals, als in Passau-Niedernburg (?) das Standlager der 9. Bataverkohorte – nach der Stammtruppe *Batavis* genannt – errichtet wurde, auch die Lager in Straubing und Regensburg-Kumpfmühl neue, widerstandsfähigere Mauern aus Stein. Dabei fand – wenigstens in Kumpfmühl – freilich keine Vergrößerung des bebauten Areals statt (S. 177).

Regensburgs Kumpfmühler Zeit

Bevor wir die weltpolitischen Ereignisse unter dem folgenden Kaiser Mark Aurel – für Regensburgs Vergangenheit wurden sie zum Markstein – näher betrachten, sind einige Überlegungen zur Bevölkerungsstruktur und zur Besatzung des Ortes während der vorangehenden, Regensburgs ›Kumpfmühler Zeit‹ angebracht. Gleichzeitig mit dem Militärlager (Abb. 23) auf dem die gesamte Talsohle beherrschenden Hangsporn der tertiären Hochterrasse unmittelbar südlich der heutigen Wolfgangskirche und der sich in direkter Nachbarschaft dieses Kastells entwickelnden Zivilsiedlung (S. 179 ff.) entstand, wie die jüngsten Ausgrabungen gelehrt haben, in der Niederung entlang der Süd-Nord-Straße in der Nähe des mutmaßlichen Donauübergangs bei St. Oswald eine weitere kleine, offenbar zivile Ansiedlung (S. 230 ff.). Um ungefähre Vorstellungen von der gesellschaftlichen Situation der Menschen, die unter diesen drei Bedingungen lebten, zu gewinnen, ist erneut der Einblick in größere Zusammenhänge nötig.

Gesellschaftliche Situation

Zur Zeit seiner größten Ausdehnung im Jahr 117 n. Chr. erstreckte sich das römische Weltreich von England bis nach Armenien und zum Iran, von Friesland bis Südägypten, von Nordrumänien bis Marokko (s. Vorsatz). Die beherrschte Fläche war mit 3,5 Millionen qkm fast fünfzigmal größer als das heutige Bayern und vierzehnmal größer als die Bundesrepublik. Dieses Riesenreich war, vom Stadtstaat Rom ausgehend, so (relativ) rasch entstanden, daß es völlig unmöglich gewesen wäre, die äußerst bunte, verschiedene Rassen, Völker, Sprachen, Religionen, Wirtschaftsweisen und Gesellschaftsstrukturen einschließende, nach neueren Schätzungen im 1. und 2. Jahrhundert n. Chr. 50–80 Millionen zählende Reichsbevölkerung gewaltlos in kurzer Zeit rechtlich und kulturell zu vereinheitlichen. Aber ein Reichsbürgerrecht widersprach der historisch bedingten, stadtstaatlich orientierten Grundauffassung der Römer, die jeden Neubürger zum Bürger der Stadt Rom und nicht des Imperiums machten. So stand lange einer schmalen Oberschicht aus römischen Bürgern *(cives Romani)* die Mehrheit jener Reichsbewohner gegenüber, die ohne römisches Bürgerrecht, ohne die *civitas Romana*, rechtlich als ›Fremde‹ *(peregrini)* behandelt wurden. Mitunter sind sogar exakte Zahlenverhältnisse überliefert: Beim Tode des ersten Kaisers Augustus (14

n. Chr.) registrierte man 4937000 römische Bürger (das sind nur 6 bis 10 Prozent der Reichsbevölkerung), wovon lediglich 836100 (also 1 bis 1,5 Prozent der Reichsbevölkerung) nicht in Italien lebten; und selbst diese wenigen ›Römer‹ in den Provinzen waren in der Regel Aussiedler aus Italien, oder sie gehörten zu ganz besonders vornehmen einheimischen Familien, die ihrer adeligen Herkunft, ihrer wirtschaftlichen Möglichkeiten und ihrer bildungsmäßigen Überlegenheit wegen die Oberschicht ihrer Völker und Stämme schon vor deren Unterwerfung durch die neuen Herren gestellt hatten. Auf diesen letztgenannten Personenkreis konzentrierte sich auch die sogenannte Bürgerrechtspolitik der Monarchen. Durch die ehrenvolle Verleihung der *civitas Romana* an einzelne Personen und ihre Familien oder auch an ganze Distrikte – natürlich erfolgte die Vergabe in vielerlei Formen, so gab es z.B. Vorstufen des Bürgerrechts, und nach regionalen Varianten, welche etwa allein schon die historischen Verschiedenheiten des griechischen Ostens vom lateinischen Westen erzwangen – wurde letztlich stets versucht, Wohlwollen, Mitarbeit, Macht und Einfluß der einheimischen Führungsschichten für die Siegermacht zu gewinnen und nutzbar zu machen. Dies allein war entscheidend, »*da die römische Regierung in einer unbestritten gültigen aristokratisch-plutokratischen Gesellschaftsordnung mit einer selbstbewußten breiten Masse der Völker als einer politischen Größe, wie sie erst sehr spät in der abendländischen Geschichte eine völlig andersartige wirtschaftliche und soziologische Entwicklung geschaffen hat, nicht zu rechnen brauchte*« (F. Vittinghoff). Infolgedessen wuchs die Zahl der römischen Bürger in der frühen Kaiserzeit zunächst äußerst langsam: 34 Jahre nach dem Tode des Augustus wurden 5984072 Römer gezählt. Das sind 1047072 mehr, woraus sich ein kläglicher Zuwachs von 30796 Bürgern pro Jahr errechnet. Rein statistisch gesehen hieße dies, höchstens 1 Neubürger auf 100 qkm jährlich! Erst Kaiser Caracalla erließ 212 n. Chr. die sogenannte *Constitutio Antoniniana* und erhob durch sie alle persönlich freien Reichsbewohner auch zu römischen Bürgern (S. 97 f.).

Bis dahin existierte für den einfachen Mann unter den ›Fremden‹ nur eine Möglichkeit, sich aus eigener Kraft den Status eines ›Bürgers von Rom‹ zu verdienen: der Eintritt in die Armee. Freilich blieben ihm die Legionen verschlossen, weil in ihnen nur dienen durfte, wer schon Bürger war. Die ›Fremden‹ hatten ihre eigenen Militärverbände, die insgesamt den Legionen zahlenmäßig ungefähr gleichkommenden Hilfstruppen *(auxilia)*. In Reiterabteilungen *(alae)* und Infanterieeinheiten *(cohortes)* zu 500 und 1000 Mann *(quingenariae* oder *milliariae)* gegliedert, waren sie mit den Legionen für die Reichsverteidigung hauptverantwortlich. Wie die Legionen, wurden auch die Hilfstruppen nach einem nicht immer konsequent befolgten Prinzip durchnumeriert und ganz unterschiedlich durch Zufügung von Stammesnamen, geographischen Namen, männlichen Eigennamen oder von militärtaktischen Besonderheiten gekennzeichnet. Ursprünglich wurden diese Ein-

Aus Fremden werden Bürger

heiten in neu eroberten Gebieten aus den jungen Männern der unterworfenen Bevölkerung aufgestellt – wie schon (S. 45) erwähnt, hatten die Römer auch raetische und vindelicische Alen und Kohorten gebildet – und an entfernten Punkten außerhalb des Rekrutierungslandes eingesetzt. Im Laufe des 2. Jahrhunderts setzte sich dann immer mehr die Ergänzung der Mannschaften aus der Bevölkerung der Provinz, in welcher der Standort lag, durch. Wer in den Auxilia 25 oder mehr Jahre gedient hatte, dem wurden mit der ehrenvollen Entlassung *(honesta missio)* seine bei der Einheit aufbewahrten Ersparnisse (die in die Begräbniskasse eingezahlten Gelder und von allen Geldgeschenken der Kaiser zwangsweise einbehaltene Hälfte) ausbezahlt; er empfing darüberhinaus eine einmalige, ein Mehrfaches eines Jahressoldes ausmachende Abfindung *(praemia militiae)* in Bargeld oder in Form einer Landzuweisung. Außerdem wurden ihm einige finanzielle und rechtliche Vergünstigungen *(immunitates)* gewährt. Das wichtigste aber war, er erhielt für sich und (sofern es sich um einen einfachen Soldaten handelte, freilich nur bis 140 n. Chr.) für seine Nachkommen das Bürgerrecht und außerdem selbst noch das ›Eherecht‹ *(ius conubii)*, durch welches eine bereits bestehende oder, sofern ein Hilfstruppensoldat bei seinem Abschied ledig war, eine beabsichtigte eheliche Verbindung mit einer ›Fremden‹ vor römischem Recht anerkannt wurde. Erst dies stellte sicher, daß auch die Kinder einer solchen ›Mischehe‹ römische Bürger waren. Von dieser langwierigen Aufstiegsmöglichkeit über den Dienst in Hilfstruppen machten nach einer modernen Rechnung bis zur Mitte des 2. Jahrhunderts n. Chr. über zwei Millionen ›Fremde‹ Gebrauch. Somit erwies sich dieser Weg für den einzelnen nicht nur als gangbar; für die Regierung wurde er ein wichtiges Instrument zur Loyalitätsbindung einfacher Bevölkerungsschichten an römische Lebensweise und Kultur.

Bürgerrecht

Über die praktischen Vorteile, römischer Bürger zu sein, wurde treffend bemerkt, daß sie in einem Staate, dem demokratische Formen fehlten, weniger politischer als in vielfacher Hinsicht materieller und sozialer Natur waren. Von jeher beinhaltete die *civitas Romana* Rechte *(iura)*, Privilegien *(honores)* und Pflichten *(munera)*. Um mit den unangenehmeren, den zuletzt genannten Konsequenzen zu beginnen: für den Neubürger war es nicht etwa damit getan, die Kommandosprache im Reich – Latein – zu beherrschen, er war vielmehr z.B. zensuspflichtig, d.h. er wurde nach seinem Vermögen geschätzt; außerdem unterlag er dem Abgabezwang von Steuern, von indirekten (Umsatz-, Sklavenverkaufssteuer) ebenso wie von direkten (Erbschaftssteuer, wenn man andere als nahe Verwandte beerbte, Binnenzölle). Da Steuerfreiheit also keineswegs mit dem Bürgerrecht verbunden war, sondern eigens vom Kaiser gewährt werden mußte, vergrößerte sich in der Regel die Belastung des Neubürgers, der ja rein rechtlich auch noch die Pflichten seiner alten Heimatgemeinde, deren Bürgerrecht er neben dem römischen behielt, zu tragen hatte. Dafür genoß er einige Standesprivilegien, so die Vorrechte auf drei Namen (Vorname, Familienname, Beiname) und auf die Kleidung des Römers, die Toga, die man freilich in der Kaiserzeit, zumal etwa in unseren Breiten, nur mehr zu festlichen Anlässen anlegte. Die entscheidenden Vorteile lagen auf dem Gebiete des Rechts. Für alle juristischen Geschäfte des römischen Bürgers, z.B. für Prozesse, waren die Formen des ›bürgerlichen Rechts‹ *(ius civile)* verbindlich. Besonders im privatrechtlichen Bereich wurde etwa die Gründung einer vor römischem Recht überhaupt bestehenden Familie, die Übernahme von Adoptionen und Vormundschaften, die Erstellung eines Testaments oder das Antreten von Erbschaften durch die Bürgerschaft überhaupt erst möglich. Darüber hinaus schützte, wie jeder in der Apostelgeschichte (22, 25–29) nachlesen kann, die Beteuerung »Ich bin römischer Bürger!« strafrechtlich davor, von niederen Verwaltungsbeamten oder Militärs gefesselt, geschlagen oder gar getötet zu werden: Ein Militärtribun in Jerusalem »*kam in Furcht, da er feststellte, daß Paulus ein römischer Bürger sei und er ihn hatte fesseln lassen.*« Schließlich blieb, obwohl sich die Unterschiede zwischen Bürgern und Fremden im Laufe der Zeit mehr und mehr verwischten (S. 98), die *civitas Romana* stets Bedingung für den sozialen Aufstieg, etwa gar in einen der obersten Reichsstände, in den Ritter- und Senatorenstand, aber auch schon, um auf lokaler Ebene in einer römischen Gemeinde *(municipium)* z.B. Bürgermeister werden zu wollen. Kurz, der Einheimische, der vor 212 n. Chr. die rechtliche und soziale Angleichung an die in die Provinzen zugezogenen römischen Veteranen, Handwerker, Händler, Geldverleiher, Gutsbesitzer und Verwaltungsbeamten erstrebte, mußte das Bürgerrecht erwerben.

Im Interesse ihrer Nachkommen und Frauen ließen sich viele Hilfstruppensoldaten, die durch den Einsatz von 25 Lebensjahren sauer verdienten Rechte auf zwei rechteckigen, 12–20 cm langen und 10–16 cm breiten Bronzeplatten – wir sprechen von Militärdiplomen – bestätigen und besiegeln. Diese Militärdiplome *(diplomata militaria)*, von denen durch die besondere Gunst der Überlieferung bis heute insgesamt etwa 275 ausgegraben wurden, sind für uns Quellen ersten Ranges, da wir ihnen eine Fülle wichtiger historischer Informationen entnehmen können, so z. B. Datierungshilfen wie die Namen der zur Ausstellungszeit der Urkunde in Rom amtierenden Konsuln; Namen von römischen Bürgern und ihrer Familienmitglieder; Namen von Provinzstatthaltern und von ihnen unterstellten Offizieren; Namen der in einer Provinz zum Zeitpunkt der Diplomvergabe stationierten Hilfstruppen sowie deren ethnische Zusammensetzung.

Aus Regensburg kennen wir bisher Fragmente von vier solchen Urkunden. Davon stammen zwei – erstaunlicherweise die offenbar jüngeren – aus der Zivilsiedlung des Kastells in Kumpfmühl, die anderen zwei aus dem Bereich des Bismarckplatzes, also aus dem Dorf an der Donau. Ein winziges Bruchstück aus Kumpfmühl – annähernd zwischen 150 und 170 datierbar – ist leider wenig aussagekräftig. Das zweite (Nr. I 35) gehörte einem Secco (oder Sicco), Sohn des Iulius (?), der im Jahr

Militärdiplome

166 als Reiter aus der 2. aquitanischen Kohorte (von der gleich noch die Rede sein wird) offenbar in Kumpfmühl entlassen wurde. Da Secco ein keltischer Kurzname ist, liegt die Versuchung nahe, den Veteranen tatsächlich für einen Aquitaner, also für einen aus südwestfranzösischem Gebiet südlich von Nantes und westlich von Clermont-Ferrand stammenden Mann zu halten. Leider ist dies keineswegs völlig sicher, weil der Name etwa auch im Gebiet um Laibach und in Pannonien mehrfach bezeugt ist. Im Jahr 153, so lehrt uns ein Militärdiplom aus der Erde vor der Dominikanerkirche, beendete ein Secundus, Sohn des Sasirus (oder Sasipus), seine 25jährige Dienstzeit als Gemeiner in der *ala II (= secunda) Flavia milliaria pia fidelis*, also der »2. flavischen (d.h. in der Zeit der Flavier, folglich zwischen 69 und 96, aufgestellten) tausend Mann starken Reitereinheit mit den Beinamen die Zuverlässige und Getreue«. Diese Truppe hatte spätestens um 150 ihren Standort von Heidenheim nach Aalen, am westlichen Abschnitt des raetischen Limes, verlegt. Vielleicht war Secundus mit seiner Frau Secunda, Tochter des Borus, nach Regensburg gekommen, um den Lebensabend zu genießen. Veteranen, die ihre Entlassungsentschädigung in Geld zugewiesen bekamen, kehrten entweder (in der Mitte des 2. Jahrhunderts freilich schon ziemlich selten) in ihre ursprüngliche Heimat zurück oder sie setzten sich in der Nähe ihres letzten Garnisonsorts zur Ruhe. Als Pensionisten gingen sie z.B. dem Dasein des Gutsbesitzers nach oder sie bekleideten örtliche Verwaltungsaufgaben. Meist hatten sie eigene Vereine und nicht selten eine starke Bindung zum Feuerwehrdienst. Insgesamt spielten sie im zivilen Leben dörflicher Gemeinden eine nicht unbeträchtliche Rolle. Wie seine Frau, scheint Secundus, den Namen der Väter zufolge, aus den keltischen Gebieten des römischen Reichs gekommen zu sein; vielleicht waren sie sogar einheimische Raeter.

Marcus Ulpius Fronto

Ein anderes Schicksal spiegelt ein jüngst auf dem Bismarckplatz gefundenes Militärdiplom wider (Abb. 11, Nr. I 34). Die Übersetzung des Urkundentexts lautet im wesentlichen folgendermaßen: »*Der Imperator Cäsar, Sohn des göttlichen Nerva, Traianus Augustus, Germanensieger, Dakersieger, Oberster Priester, mit Tribunengewalt zum achtzehnten Mal, Feldherr zum sechsten Mal, Konsul zum sechsten Mal, Vater des Vaterlandes, hat den unten namentlich aufgeführten Reitern und Fußsoldaten, die in den folgendermaßen heißenden vier (?) Alen und zwei Kohorten dienten:*« (es folgen die leider zum Teil nicht mehr lesbaren Namen der verschiedenen Truppen), »*die in Oberpannonien unter* (dem Statthalter) *Lucius Mini[cius Natalis] stehen, nach 25 oder mehr Dienstjahren, bei ehrenvollem Abschied, ihnen, ihren Kindern und Nachkommen das Bürgerrecht verliehen und das Recht zur* (legitimen) *Ehe mit den Frauen, die sie zu dem Zeitpunkt hatten, als ihnen das Bürgerrecht erteilt wurde, oder sofern ledige darunter sind, mit den Frauen, die sie später heiraten, sofern es sich nur um eine Frau handelt; am 17. Tag vor den Januarkalenden unter den Konsuln Gnäus Cornelius Urbicus und*

a)  b)

Abb. 11: a) Innenseite des Militärdiploms für den Bataver Marcus Ulpius Fronto, der 113 n. Chr. in Oberpannonien aus der 1. Bataverkohorte entlassen wurde. Die Urkunde wurde erst 1977 auf dem Bismarckplatz gefunden; s. Katalog I 34; MSR Inv. 1977, 128.
b) Innenseite des Militärdiploms von 113 n. Chr. In Zeile 4–6 ist Datierung, in Zeile 9 der Empfängername teilweise lesbar. (Photos: Helmut von Sperl)

Titus Sempronius Rufus. An den in der 1. Bataverkohorte – 1000 Mann stark, mit den Beinamen: aus römischen Bürgern und: die Zuverlässige und Getreue – unter dem Befehl des Tullius Secundus ehemals dienenden Fußsoldaten Marcus Ulpius Fronto, Sohn des Pero, einen Bataver, und dessen Frau Mattua, Tochter des Silvanus, eine Bataverin, und dessen Tochter Vagatra, dessen Tochter Sureia und dessen Tochter Sata (?). Überprüft und beglaubigt nach der Erztafel, die zu Rom angebracht ist.«

Rechnet man die Datumsangabe um, so ergibt sich der 16. Dezember 113 n. Chr. als Entlassungstag. Die Urkunde ist damit um fünfzig Jahre älter als die des Secundus. Da ihr einstiger Empfänger Marcus Ulpius Fronto 113 mindestens 25 Dienstjahre hinter sich hatte, war er spätestens 88 in die *cohors prima Batavorum milliaria*, die »1000 Mann zählende erste Bataverkohorte« (es gab deren mehrere; die neunte lag z.B. in *Batavis* = Passau), eingetreten. Seine Einheit holte sich damals also die Rekruten tatsächlich noch beim namengebenden Volk. Die vom Dichter Martial als blond-rothaarig geschilderten, als exzellente Schwimmer und Reiter von den Römern stets geschätzten und besonders häufig in der persönlichen Leibwache der Kaiser eingesetzten germanischen Batavern, bewohnten im Gebiet der Rheinmündung den Uferstreifen links des Rheins, besonders die durch die Flußarme gebildeten Inseln. Ihr Gebiet mit der Hauptstadt *Noviomagus* (Nimwegen) erstreckte sich von Nord nach Süd wenigstens zwischen Utrecht und Antwerpen, während in Ostholland noch heute der Landschaftsname Betuwe für die Flußmarsch zwischen den Deltaflüssen Lek und Waal an sie erinnert. Obwohl sie, so stark wie kein anderer Stamm für den Hilfstruppendienst herangezogen, für ihren Gehorsam und ihre mustergültige Romtreue bekannt waren, fielen sie 69 n. Chr. von Rom ab (S. 54). Fronto, Sohn des Pero, kann diesen furchtbaren Aufstand und seine Niederschlagung bestenfalls als kleines Kind miterlebt haben. Ob er schon Soldat war, als seine spätere Einheit um 85/86 mit der zweiten Legion, genannt »*Adiutrix*« (›die Unterstützerin‹), aus Britannien nach Pannonien (Burgenland mit Wiener Becken, Westungarn und Jugoslawien zwischen Drau und Save) versetzt wurde, ist gänzlich ungewiß. Hingegen ist ziemlich sicher, daß er als Fußsoldat mit seiner Einheit während des ersten Feldzuges gegen die Daker an die Front im Gebiet des heutigen Rumänien abkommandiert wurde (101–102). Vermutlich verblieb die Einheit zunächst in dieser Gegend und kämpfte dann beim entscheidenden, zweiten Dakerkrieg 105–106 erneut in vorderster Linie. In einem der beiden Feldzüge muß sich die Einheit durch Tapferkeit oder sonst wie besonders hervorgetan haben, da sie auf dem Diplom von 113, für uns übrigens erstmals, als ›Titularbürgerkohorte‹, d.h. mit dem vom Kaiser verliehenen Zusatz *c(ivium) R(omanorum)*, ›aus römischen Bürgern‹, belegt ist. Da aber bei der Ernennung zur Titularbürgerkohorte keineswegs alle Soldaten der Einheit, vielmehr nur jene, die sich tatsächlich im Einsatz durch ihre persönliche Leistung ausgewiesen hatten, mit dem Bürgerrecht beschenkt wurden, steht fest, daß der Bataver Fronto, des Pero Sohn, zu den so geehrten gehört haben muß. Denn sein Militärdiplom von 113 nennt ihn ja nicht nur Fronto (wie das Diplom von 153 dem Secundus, das von 166 dem Secco ausgestellt wurde), sondern eben *Marcus Ulpius* Fronto. Seit der Bürgerrechtsverleihung durfte Fronto Vornamen und Familiennamen des regierenden Kaisers *Marcus Ulpius* Traianus führen. Auch war er selbst jetzt Vollbürger – was er sich mit einem, dem Militärdiplom recht ähnlichen Civitätsdiplom hätte bestätigen lassen können –, doch seine ›fremde‹ Familie blieb von der ganz auf seine Person beschränkten Auszeichnung unberührt. Diese rechtlichen Mißstände fielen endgültig mit der ehrenvollen Entlassung aus der Armee im Jahr 113: jetzt war Mattua Frontos rechtmäßige Frau; Vagatra und ihre Schwestern waren Bürgerinnen des Weltreichs. Die 1. Bataverkohorte war nach den Dakerkriegen Trajans wieder in das jetzt zweigeteilte Pannonien zurückgekehrt. Sie wurde dem Heeresverband von Oberpannonien, also dem westlichen Teil der einstigen Gesamtprovinz, zugeteilt. Aus diesem Armeesprengel wurde Fronto auch entlassen. Was ihn selbst oder seine Nachkommen – für diese war die Urkunde ja von besonderer Wichtigkeit – mit dem Bismarckplatz einst verband, werden wir gewiß nie mehr erfahren; freilich ist durchaus nicht unwahrscheinlich, daß schon Fronto, wie ein halbes Jahrhundert später Secundus, als Veteran mit seiner Familie seine letzten Jahre in der Regensburger ›Donausiedlung‹ verbrachte. Als sein Militärdiplom bei der Zerstörung durch die Markomannen um 170 n. Chr. in den Boden kam, war es bereits ein Erbstück.

Nach allem bisher Gesagten lebte in den zivilen Niederlassungen Regensburgs während der beiden ersten Drittel des 2. Jahrhunderts offenbar ein buntes Völkchen aus Peregrinen und das römische Bürgerrecht besitzenden Veteranen, dem selbstverständlich, auch wenn dies bisher nicht eigens belegt ist, eine unbekannte Zahl von Sklaven dienstbar war. Die Besatzung des Ortes wurde in derselben Zeit ausschließlich von Nichtbürgerverbänden, also Hilfstruppen, gestellt. Nach jüngeren Berechnungen konnte ein Lager in der Größe des Kumpfmühlers (fast 2,2 Hektar) entweder eine 500 Mann starke, berittene Kohorte *(cohors quingenaria equitata)*, bestehend aus sechs Zenturien zu je mindestens 60 Fußsoldaten und vier Turmen zu je 30 Reitern, oder, weil die Reitereinheit der Pferdebestallungen wegen natürlich wesentlich mehr Raum benötigte als eine reine Fußtruppe, eine Doppelkohorte aus rund tausend Fußsoldaten *(cohors milliaria peditata)* beherbergen. Sechs verschiedene Hilfstruppen sind bisher in Regensburg belegt. Davon kommen natürlich nicht alle als Besatzung Kumpfmühls in Frage. Durch die jüngste Entdeckung des raummäßig vielleicht für einen Numerus (S. 57) oder eine andere Kleinabteilung geeigneten Kastells gegenüber der Naabmündung wird die Problematik in einer derzeit noch nicht überschaubaren Weise komplizierter. Die schon erwähnte, nur durch das Militärdiplom von 153 nachgewiesene *ala II*

Kumpfmühler Besatzung

Flavia (Gemina) milliaria pia fidelis hatte seit etwa 90 n. Chr. in Heidenheim ihre Garnison und dann ab circa 150 in Aalen. Eine solche Doppelala mit ihren über 1000 Mann Besatzung und 1098 Pferden – Dienstgrade besaßen zwei oder sogar drei Tiere – hätte übrigens ein Kastell von mindestens 5,2 ha benötigt.

Selbst für eine gewöhnliche Ala wie die *ala I (= prima) Flavia singularium civium Romanorum pia fidelis* (= »die 1. flavische ›Feldjäger‹-Ala aus römischen Bürgern, genannt die Zuverlässige und Getreue«) wäre das Kumpfmühler Lager noch um mindestens 1 ha zu klein gewesen. Nachdem diese Art Feldjäger zwischen 90 und 107, wie die eben genannte Doppelala, aus der Nachbarprovinz Obergermanien nach Raetien verlegt worden waren, lagen sie offenbar ununterbrochen wenigstens bis zur Jahrhundertmitte in Pförring. In Regensburg sind sie nur durch Ziegelstempel mit der Aufschrift AL(ae) I SING(ularium) faßbar (Abb. 25b, Nr. I 37), die in der Nähe des Domplatzes, im Kastell Kumpfmühl und außerhalb der Stadt in Richtung Prüfening gefunden wurden. Wenn überhaupt, dann lag offenbar nur ein Teil dieser Ala vorübergehend in Kumpfmühl. Andererseits bezeugen Ziegelstempel allein nicht zwingend die Anwesenheit einer Einheit. Zwar hatten wohl fast alle Hilfstruppen ihre eigenen Ziegeleien (S. 308f.), doch kann man sich lebhaft vorstellen, daß sie sich in Zeiten größeren und rascheren Bedarfs gegenseitig aushalfen. So kann aus irgendwelchen heute nicht mehr nachvollziehbaren Gründen das Ziegelmaterial alleine oder auch mit einem Bautrupp der Herstellereinheit vorübergehend in eine Nachbarkaserne gelangt sein. Als sicher darf diese Erklärung für einen jüngst in Kumpfmühl gefundenen Stempel der wohl in Künzing (bei Vilshofen) stationierten *cohors III Thracum civium Romanorum equitata bis torquata* (= »3. berittene Thrakerkohorte aus römischen Bürgern, zweimal ausgezeichnet«) gelten (Abb. 25c, Nr. I 38).

Da diese Ziegelstempel nur aus dem Fundzusammenhang heraus sicher datiert werden können, ist bis heute die Abfolge der regulären Belegung des Kumpfmühler Kastells nicht völlig geklärt. Auch dem folgenden Vorschlag kommt daher nicht mehr als Vorläufigkeit zu. Dennoch spricht, allen Einwänden zum Trotz, einiges dafür, daß die erste Besatzung die *cohors III (= tertia) Britannorum equitata*, die »3. berittene Britannerkohorte«, bildete. Sie, die bereits im Jahr 69 n. Chr. zum raetischen Heeresverband gehörte, ist von den noch nicht genannten in Regensburg vertretenen Hilfstruppen die einzige, die in den 80er und 90er Jahren des 1. Jahrhunderts sicher in Raetien stationiert war. Belegt ist sie durch eine Besitzeraufschrift (Abb. 92, Nr. I 31) auf einem Augenschutzkorb für ein Pferd aus einem Kumpfmühler Fund: *L. Veter (...) c(ohortis) III Br(itannorum)*. Durch die Niedermünstergrabung kennen wir eine Grabinschrift, die ein Decurio dieser Kohorte seiner Frau und seiner Tochter setzte (Nr. I 18). Auch die Dienstbezeichnung dieses Mannes beweist wieder, daß die Einheit beritten war. Daher wird die gleichzeitig mit dem Augenschutzkorb gefundene Beinschiene mit der Aufschrift

(Abb. 91, Nr. I 30) *Avitiani de(curionis)* derselben Einheit zuzuweisen sein. In späterer Zeit, seit etwa der Mitte des 2. Jahrhunderts, stand diese dann in Eining, wo sie bis zum Ende der römischen Besetzung des Voralpenlandes blieb.

Nach neuerer Ansicht könnte die nächste Besatzung Kumpfmühls die *cohors I (= prima) Flavia Canathenorum milliaria equitata sagittariorum* (also die »1. flavische Kanathenerkohorte, beritten, 1000 Mann stark und aus Bogenschützen bestehend«) gewesen sein (Abb. 25a, Nr. I 39). Nach Aussage der fast dreißig Militärdiplome aus Raetien, die für die Jahre zwischen 107 und 168 bekannt sind und uns zeigen, welche Truppen zu verschiedenen Zeitpunkten in unserer Provinz lagen, kamen die Kanathener – ausgehoben in Kanatha (heute Qanawāt), einer einst bedeutenden Stadt im syrischen Haurangebirge – um 125 nach Raetien. Möglicherweise, so wird argumentiert, standen sie bis um 140 in Regensburg. Während sie anschließend sicher in Straubing anwesend waren, habe in Kumpfmühl die *cohors II (= secunda) Aquitanorum equitata*, die »2. berittene Aquitanerkohorte«, ihre Nachfolge angetreten. Auch sie war erst zu Beginn des 2. Jahrhunderts, genauer zwischen 107 und 116, aus Obergermanien nach Raetien abkommandiert worden. Zu Recht gilt sie wohl als die letzte Besatzung Kumpfmühls, weil sie außer durch bestempelte Ziegel (Nr. I 40) auf dem schon erwähnten Militärdiplom des Secco vom Jahr 166 (Nr. I 35) hier nachgewiesen ist. Die vorgetragene Abfolge birgt in sich zumindest die eine Schwierigkeit, daß zwischen zwei normalen berittenen Kohorten eine doppelt so starke Fußtruppe das gleiche, vielleicht inzwischen in Stein ausgebaute, Lager besetzt haben soll. Folglich waren die Kanathener entweder nur zum Teil in Kumpfmühl untergebracht, oder sie waren gar nie auf Dauer hier eingesetzt, sondern nur zu Aufbau- und Umbauarbeiten aus dem benachbarten Straubing hierher abgestellt worden. Auch in Eining, Pförring, Kösching und Künzing scheinen sie tätig gewesen zu sein. In der Tat ist es nur einleuchtend, wenn vor allem die zahlenmäßig stärkste Einheit eines Verteidigungsabschnittes in Friedenszeiten die schwächeren Glieder der Kette bei Bauarbeiten unterstützt als umgekehrt.

Obschon also endgültige Klarheit über die Besatzung Kumpfmühls bis heute unmöglich ist, ist aus allem, was wir über den raetischen Heeresverband vor den Markomannenkriegen wissen, eine wichtige Erkenntnis zu ziehen: Regensburg spielte damals im gesamten Verteidigungssystem eine eher untergeordnete Rolle. Wesentlich bedeutendere Glieder der Lagerkette waren die Limeskastelle westlich von Regensburg, die teilweise wie Weißenburg, Kösching und Pförring mit einer Ala oder gar wie Aalen mit einer Doppelala besetzt waren. Auch donauabwärts sahen die Römer in Straubing und in Passau offenbar wichtigere militärische Punkte, weil dort um die Mitte des 2. Jahrhunderts jeweils eine berittene Doppelkohorte garnisoniert war.

Trotz seiner bestenfalls mittelmäßigen Wichtigkeit während der frühesten Besat-

Grenzgarnison zungsphase war Regensburg von Anfang an Garnisonsort an der Grenze. Von daher ergaben sich bestimmte Wesenszüge gleichsam von selbst. Der Altmeister der Regensburger Geschichtsforschung, Graf Hugo von Walderdorff, hat die spezielle Bedeutung von Grenzkastellen einst etwa folgendermaßen umrissen: erstens hatten sie vor feindlichen Einfällen zu schützen, zweitens den Römern als mögliche Ausfalltore zu dienen und schließlich in Friedenszeiten Stützpunkte des Handels mit den benachbarten Völkerschaften zu sein. Zweifellos ist diese Vorstellung im wesentlichen auch heute noch zutreffend. Freilich darf die strategische Bedeutung nicht zu punktuell gesehen werden, da der zu überwachende und notfalls zu verteidigende Abschnitt eine gewisse, insgesamt sicher über 30 km lange Strecke der Donaugrenze südwestlich und südöstlich des Standortes einschloß. Ob aber von Regensburg jemals eine größere Offensive ausging, ist völlig ungewiß. Natürlich wurden gelegentlich Spähtrupps *(exploratores)* über die Donau geschickt, und vielleicht fanden auch unbedeutende und schnell vergessene Scharmützel im Grenzvorland statt. Schließlich wird man hier auch den Handel mit den freien Germanen nicht überschätzen dürfen. Obwohl die ältere Lokalforschung gelegentlich die legendäre Bernsteinstraße durch die Oberpfalz ziehen ließ – in Wahrheit scheint sie den Weg nach Norden durch das Marchtal gefunden zu haben –, führte von Regensburg aus kein bedeutender römischer Fernhandelsweg nach Norden. Schon wegen der geringen Menschendichte am jenseitigen Ufer wird man in der hiesigen ›Donausiedlung‹ ähnliche Märkte, wie sie für die Städte am unteren Flußverlauf belegt sind, schwerlich erwarten. Die Bedeutung Regensburgs als Handelsstützpunkt, die freilich besonders für das späte 2. und 3. Jahrhundert aus dem Merkurheiligtum auf dem Ziegetsberg (S. 265 ff.), aus zahlreichen Merkurinschriften (Nr. 110 ff.) und Kleinplastiken dieses Gottes erhellt, beruhte zweifellos auf dem West-Ost-Handel, der besonders vom Transport gallisch-rheinländischer Waren an die untere Donau gekennzeichnet war. Daneben werden, auch wenn der Hafen immer noch nicht gefunden ist (aber S. 230), aus dem Hinterland herangebrachte Güter umgeschlagen und verschifft worden sein.

Die Legion kommt: die Germanenkriege unter Mark Aurel und Commodus (ca. 170–192 n. Chr.)

Kaiser Mark Aurel (161–180, Abb. 12) hatte an zwei Fronten Krieg zu führen. In Ermangelung eines mobilen Feldheeres, das er jederzeit von einem Punkt des Reiches zu einem anderen hätte schicken können, ohne dadurch eine Verteidigungslinie vorübergehend schwächen zu müssen, war er genötigt, beim Löschen des einen Brandherdes die offene Konfrontation am anderen auf diplomatischem Wege hinauszuzögern. Neben den aufreibenden Auseinandersetzungen im Osten des Imperiums mit den römischen Erz- und Erbfeinden, den Parthern, mit denen der Streit, wie schon so oft, hauptsächlich um den Einfluß auf das Vasallenkönigtum Armenien entfacht war, bekam das Reichszentrum damals die schlagkräftige Nähe von Mächten zu spüren, deren Gefährlichkeit man zwar seit langem kannte, denen man solche Vehemenz schwerlich noch zugetraut hätte. Dennoch wurde diese Bedrohung aus dem Norden plötzlich zur Gefahr Nummer eins: Während die Zwistigkeiten im Orient im Laufe der Jahrhunderte zu einem wenig eifrig geführten bis fast ganz erlahmten, nur selten sich zum heftigen Waffengang erweiternden Grabenkampf weitab von der Lebensmitte des Reiches eingependelt hatte, war ein Völkeransturm aus dem Norden von jeher das Schreckgespenst der Römer.

Die Ursachen des von den Römern gewiß bereits seit einiger Zeit beobachteten Gärungsprozesses im freien Germanien waren nach allgemeiner Ansicht Wanderbewegungen ostgermanischer Stämme, die von ihren Wohnsitzen an der Nord- und Ostsee in Richtung Süden aufgebrochen waren. Die Goten zogen anscheinend von der unteren Weichsel nach Südrußland und drängten die in den Gebieten Schlesiens, Böhmens, Mährens und Nordungarns ansässigen Germanenstämme nach Süden. Möglicherweise war die Wanderung auch dadurch verursacht worden, daß neue Stämme aus Dänemark und Skandinavien nach Süden drängten. Die wahren Gründe für die neue Landsuche werden wohl nie mehr sicher feststellbar sein. Diskutiert wurden Überbevölkerung, auch daraus resultierender Nahrungsmangel oder etwa auch bloß Unternehmungslust. Wie immer bei solchen Völkerstürmen werden vielerlei Komponenten eine Rolle gespielt haben. Die Folge war jedenfalls, daß im sechsten und siebten Jahrzehnt des 2. Jahrhunderts eine Vielzahl von keltischen, germanischen, pontisch-skythischen und dakischen Völkern an den Pforten des römischen Reiches energisch Einlaß forderte.

Zweifrontenkrieg

Vorboten der Völkerwanderung

Abb. 12: 1 Unter Kaiser Mark Aurel (161–180 n. Chr.) verlegten die Römer die neuausgehobene 3. italische Legion nach Regensburg. Das Lager dieser Truppe wurde 179 n. Chr. eingeweiht (vgl. Nr. I 1).

2 Kaiser Commodus (180–192 n. Chr.), unglücklich veranlagter Sohn des Kaisers Mark Aurel, wird auf der Regensburger ›Gründungsinschrift‹ (Nr. I 1) neben seinem Vater als Bauherr des Legionslagers genannt.

3 Kaiser Septimius Severus (193–211 n. Chr.) förderte vor allem die römische Armee. Die Soldaten erhielten von ihm eine Reihe von Vergünstigungen.

4 Kaiser Caracalla (211–217 n. Chr.) kämpfte gegen die Alamannen in Raetien und führte Teile der 3. italischen Legion in den Osten zum Partherkrieg. (Münzvorlagen: Privatbesitz)

In der sogenannten ›Völkertafel‹ verdeutlicht uns der Verfasser der Historia Augusta (er schrieb seine Biographien freilich erst Ende des 4. Jahrhunderts und zählt nicht gerade zu den Allerzuverlässigsten) die Unruhe dieser Jahre: »*Alle Völker von der Grenze Illyriens* (= der untere Donauraum) *bis nach Gallien hatten sich verschworen: Markomannen, Varisten, Hermunduren und Quaden, Sueben, Sarmaten, Lakringen und Buren, Wandalen, Viktualen, Sosiben, Sikoboten, Roxolanen, Bastarner, Halanen, Peukiner und Kostoboken. Es drohte auch ein parthischer und ein britannischer Krieg.*«

In welchem Umfang Raetien von diesen sogenannten Markomannenkriegen (165–175 und 177–180) betroffen wurde, ist aus den antiken Schriftstellern nicht einmal zu erahnen. Glücklicherweise kennen wir aus Inschriften die Laufbahnen einiger römischer Feldherrn, die damals mit unserem Gebiet in Berührung kamen; noch wichtiger sind aber die archäologischen Befunde in den Grenzkastellen. Freilich geben auch diese weniger im positiven Sinne Aufschluß als dadurch, daß Zerstörungsspuren fast überall fehlen. Wo dieser Mangel nicht die Folge schlechten Forschungsstandes ist, heißt dies eben, daß eine Verwüstung nicht stattgefunden hat. Natürlich ist es im Rahmen dieses Überblicks völlig unmöglich, die vielfältigen und verwickelten Geschehnisse der Markomannenkriege, deren zeitlicher Ablauf in besonderem Maße heftig umstritten ist, auch nur annähernd befriedigend darzustellen. Allerdings sollen diese nach einem der römischen Hauptgegner benannten Kämpfe angesichts ihrer Bedeutung für das Werden Regensburgs doch etwas ausführlicher zur Geltung kommen (vgl. Abb. 13 und 14).

Folgende Gesichtspunkte stehen hier im Mittelpunkt des Interesses:
1. die Umstände, welche zur Aushebung der 3. italischen Legion und zu ihrer endgültigen Stationierung am Regensburger Donauufer führten,
2. der historische Zusammenhang der Zerstörung des Kumpfmühler Kohortenlagers und der in seinem Schutze lebenden Zivilsiedlungen,
3. die Fragen, wie und warum in Regensburg überhaupt ein Legionslager gebaut wurden.

Nach unbedeutenden Feindseligkeiten mit den Chatten in Obergermanien und Nordwestraetien im Jahre 162 kommandierten die Römer von der sehr empfindlichen Rhein-Donaufront zunächst drei Legionen sowie Abteilungen von fast allen anderen Donaulegionen und zahlreiche Hilfstruppen in den Osten ab, wo es zum Waffengang mit den Parthern gekommen war. Trotz der Verstärkung gelang den fähigsten Generälen des Reiches dort erst im Winter 165 auf 166 der entscheidende Durchbruch, der zum raschen Friedensschluß führte.

Nicht zuletzt die infolge des Truppenabzugs entstandenen Lücken im römischen Verteidigungssystem an der Donau hatten die germanischen Klientelfürsten zu offenbar vorher nie in dieser Form geäußerten Forderungen ermutigt. Vermutlich wollten sie entweder mit ihren Stämmen in das Reich aufgenommen werden oder

Partherkrieg

Unruhe im Norden

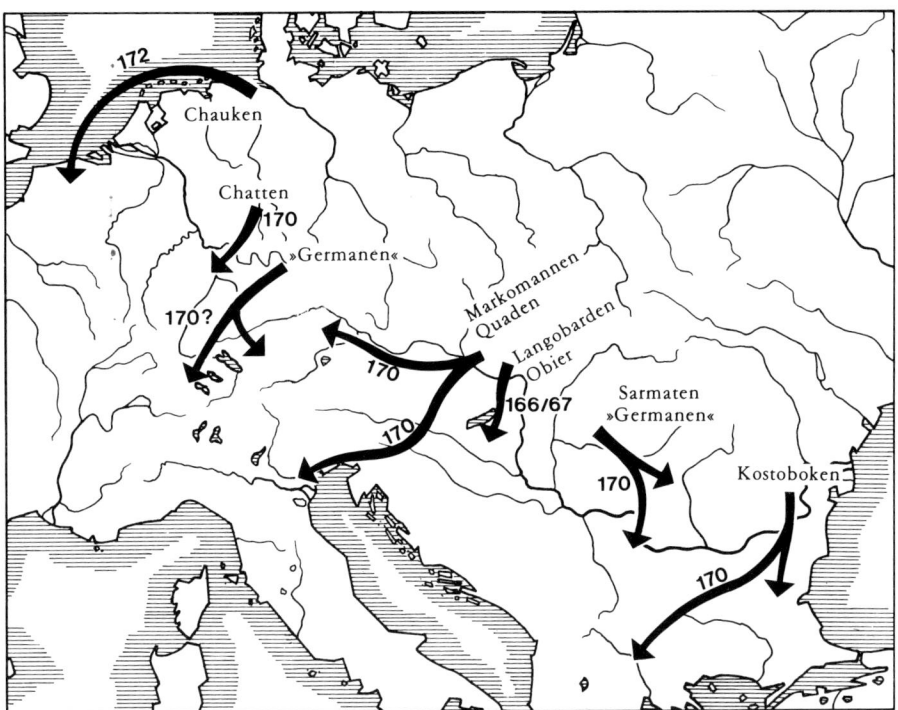

Abb. 13: Bedrohung der römischen Rhein-Donau-Front durch Germanen, Sarmaten und Kostoboken um das Jahr 170 n. Chr. (Nach H. W. Böhme)

sie wollten den Anschluß ihrer Wohngebiete an das Reich. Allein das diplomatische Geschick der römischen Statthalter ermöglichte einen Aufschub des bewaffneten Konflikts *(bellum suspensum)*.

Römische Offensivpläne

So rettend für den Augenblick diese Hinhaltetaktik war, sie enthob die Kaiser nicht der Notwendigkeit, eine die Spannungen rasch beseitigende Gegenoffensive zu planen. Dazu kehrten bis Anfang 167 die seinerzeit abgezogenen Heeresverbände in ihre alten Standlager zurück. Statthalterposten und sonstige Kommandostellen im Donauraum wurden, zum Teil mit im Partherkrieg bewährten Offizieren, um- oder gar neubesetzt.

Neue italische Legionen

Außerdem stellte man, was seit längerer Zeit nicht mehr geschehen war, zwei neue Legionen auf. So abseits diese Maßnahme zunächst von der Regensburger Geschichte zu liegen scheint, sollte sie letztendlich für 200 Folgejahre römischer Besatzung und zweifellos auch für die mittelalterliche Entwicklung unserer Stadt von richtungweisender Bedeutung werden.

Nach dem Gebiet, welches die ersten Rekruten lieferte, trug jede dieser Legionen den Beinamen *Italica*, »die Italische«. Da es bereits eine »italische« Legion gab, zählte man weiter und nannte die eine *legio II* (= *secunda* = »die zweite«) *Italica* und *legio III* (= *tertia* = »die dritte«) *Italica*. Außerdem führten diese beiden Legionen in Anspielung auf das Verhältnis der beiden Kaiser zueinander noch Ehrenbezeichnungen: Die zweite hieß *Pia*, »die Zuverlässige«, die dritte *Concors*, »die Einträchtige«.

Neue Legionen wurden anscheinend immer in Italien ausgehoben. Dabei war in der gesamten Kaiserzeit das bevorzugte Rekrutierungsgebiet seiner Bevölkerungsdichte wegen Oberitalien, besonders das Gebiet nördlich des Flusses Po, die *Transpadana* genannte Region. Von dort stammte tatsächlich der einzige Italiker, der uns bisher in der später in Regensburg stationierten italischen Legion bekannt wurde. Obwohl dies nicht über jeden Zweifel erhaben ist, spricht einiges dafür, daß dieser ›Feldwebel‹ Marcus Aurelius Manto aus Como *(Comum)* am gleichnamigen See Rekrut der ersten Stunde war. Das gleiche gilt vermutlich auch für den Zenturio Quintus Eniboudius Montanus, der in seiner mutmaßlichen Heimatstadt Cimella *(Cemenelum)* bei Nizza noch unter Mark Aurel zwei keltischen Gottheiten je einen Weihestein setzte. Ebenfalls in die Frühzeit gehören die meisten der immerhin elf bisher bekannten Italiker der zweiten Legion, welche in Oberitalien (Aquileia, Brescia und *Tarvisium* in Venetien, Cittanova und Pula in Istrien, Luni und Tortona in Ligurien) und in Mittelitalien (Fermo im Picenum, Amelia und Otricoli in Umbrien und Trivento in Samnium) beheimatet waren. Obgleich, wie gesagt, nicht alle Inschriften, welche uns diese Herkunftsorte verraten, sicher datierbar sind, verdeutlicht uns die Verteilung der Heimatgemeinden in etwa das Gebiet, das von der Aushebung betroffen war.

Der Eigenart der Römer, auf Ehren- und Grabinschriften hochgestellter Persönlichkeiten in der Regel auch deren vollständigen beruflichen Werdegang *(cursus honorum)* zu verzeichnen, verdanken wir die Kenntnis jener hohen Militärs, die mit der Aushebung *(dilectus)* der beiden neuen Legionen befaßt waren. Aus der Laufbahn des Marcus Claudius Fronto können wir zudem auch den Zeitpunkt der Aushebung ziemlich genau erschließen. Dieser hochdekorierte Offizier des Partherfeldzuges war einer Inschrift vom Trajansforum in Rom zufolge vermutlich noch im Jahr 165 und offenbar bereits im Rang eines ehemaligen Konsuls »beauftragt« worden, »die Jugend in Italien auszuheben« (*. . . missus ad iuventutem per Italiam legendam*). Die Leitung des Gesamtunternehmens lag wahrscheinlich bei Gnäus Iulius Verus, der schon 151 Konsul war und bereits in mehreren Provinzen wie Niedergermanien, Britannien und Syrien als Statthalter große Aufgaben bewältigt hatte. Seine erst seit etwa 25 Jahren bekannte Rolle lehrt uns eine afrikanische Inschrift des Ritters Tiberius Claudius Proculus Cornelianus, welche besagt, dieser Cornelianus habe mit Iulius Verus in Italien die Aushebung der Rekruten beider italischer Legionen durchgeführt: *proc(urator) . . . item ad dilectum cum Iulio Vero per Italiam tironum II (= utriusque) leg(ionis) Italicae*. Schließlich waren damals nach begründeten Vermutungen der neuesten Forschung mit Aulus

Aushebung

74

Iunius Pastor Caesennius Sospes und Gaius Aufidius Victorinus noch zwei weitere ehemalige Konsuln als Aushebungsoffiziere tätig. Die vergleichsweise große Zahl und der hohe Rang dieser Offiziere legt die Vermutung nahe, die Kaiser haben eine großangelegte Blitzrekrutierung angeordnet.

Die Eile hatte ihren Grund zweifellos in der drohenden Kriegsgefahr im Norden. Vermutlich sah man in der römischen Kommandozentrale ein, daß man schon 162, statt die Donaugrenze zu entblößen, neue Einheiten hätte schaffen sollen. Außerdem galt es, die Verluste im Osten und die neuerlichen, durch den Ausbruch einer Seuche verursachten Truppenverminderungen auszugleichen. Ob die Neuaufstellung von Legionen die dem Mark Aurel von der Historia Augusta zugeschriebene Absicht, zwei neue Provinzen *Marcomannia* und *Sarmatia* im freien Germanien zu errichten, belegen kann, ist in der jüngeren Forschung sehr umstritten. Dies ist wenig verwunderlich, weil der Plan der Provinzgründungen selbst nicht selten für unecht gehalten wird. Allerdings sollte man bei allem Für und Wider diese, alte Projekte in veränderter Weise wieder aufgreifenden Annexionsabsichten angesichts der fatalen strategischen Untauglichkeit des Donaulimes nicht ohne weiteres verwerfen, solange nicht eindeutige Gegenbeweise gefunden sind. Erwähnt sei wenigstens auch die eine Ansicht, das Provinzialisierungsprogramm der *Marcomannia* und *Sarmatia* sei – obgleich von den Quellen für die Jahre 175 und 180 noch behauptet – bereits durch den Ausbruch der kriegerischen Auseinandersetzungen 166/167 aufgegeben worden. Diese Meinung stützt sich nämlich auf die schon erwähnte, unbewiesene Annahme, die beiden neuen Legionen seien als künftige Besatzung für die beiden zu schaffenden Provinzen ausgehoben worden. Wie immer die Diskussion dieser Problematik im Ergebnis aussehen wird, fest steht, daß zum Zeitpunkt ihrer Rekrutierung keinesfalls geplant war, die 2. und 3. italische Legion an ihren späteren Standorten in Noricum und Raetien einzusetzen. Denn schon die ersten Aufgaben stärken die Ansicht, diese Truppen seien zunächst als »mobiles Heer« verwendet worden.

1. Kommandant der 3. Legion

Der erste Befehlshaber *(legatus legionis)* der 3. italischen Legion war um 166–168 Gaius Vettius Sabinianus Iulius Hospes, ein Mann, der vom einfachen ritterlichen Militärdienst bis zum höchstbezahlten senatorischen Statthalterposten in Afrika (um 190) aufsteigen konnte. Unter seinem Kommando hielt sich die Legion wohl noch in Oberitalien auf, gehörte aber, da Sabinianus erst den Rang eines gewesenen Prätors besaß, zu einem von einem ehemaligen Konsul geführten größeren Heeresverband. Alle Verhandlungskünste der römischen Diplomatie gelangten 166/167 mit einem Mal an ihre Grenzen, als 6000 Langobarden und Obier bei Oberpannonien, in kriegerischer Absicht, die Donaufront durchbrachen. Als Feldherrn nicht minder tüchtig denn als Diplomaten, trieben die betroffenen Abschnittskommandanten die Feinde rasch wieder zurück. Dennoch verlegten die Kaiser 168 ihr Hauptquartier nach *Aquileia* vor, um dem Krisenherd näher zu sein.

Zur Sicherung der leicht überquerbaren julisch-karnischen Alpen (Ostalpen), der empfindlichsten Stelle an der Nordgrenze Italiens, richteten sie zugleich ein Spezialkommando »zum Grenzschutz Italiens und der Alpen« ein, die *Praetentura Italiae et Alpium*. Zu dieser »vorgeschobenen Kriegszone« (nach jüngsten Forschungsergebnissen umfaßte sie das Gebiet von Ljubljana/*Emona* und südliche Teile der Provinzen Noricum und Pannonien) gehörten unter Quintus Antistius Adventus auch die beiden neuen Legionen. Welche Rolle sie zunächst spielten und wo sie garnisonierten, wissen wir nicht. Schwerlich hat die 3. Legion vorübergehend in Trient *(Tridentum)* kampiert (vgl. S. 99 f.), viel wahrscheinlicher stand sie in der Nähe ihrer Schwestereinheit und ähnlich wie diese in einem eilig errichteten, bisher noch nicht bekannten Lager. Die Legio II Italica bezog nämlich um diese Zeit (nach den einen bereits 168/169, nach anderen erst um 171) in Ločica bei Celje-Cilli *(Celeia)* ein etwa 23,3 ha großes Steinkastell. Kleinere, ungefähr 200 oder 300 Mann starke Abteilungen *(vexillationes)* beider Truppen errichteten im Jahr 170 beim Bau der Umfassungsmauer der bedeutenden dalmatinischen Hafenstadt Solin *(Salonae)* ein 200 römische Fuß (ca. 60 m) langes Teilstück.

Spezialeinsatz

Wie notwendig damals selbst der Schutz der von der Grenze weit entfernt liegenden Städte war, zeigte sich nur allzu schnell und deutlich. Zunächst mußte die nach einer Inspektionsreise der Kaiser durch die Donauprovinzen endgültig für 169 geplante römische Frühjahrsoffensive verschoben werden, weil eine schon gegen Ende des Partherkrieges in Syrien ausgebrochene und von den heimkehrenden Soldaten in den Westen mitgeschleppte Seuche wieder aufgeflackert war. Diese verheerende, von den Römern *lues* genannte Krankheit – Flecktyphus oder Pocken – hatte die römische Handlungsfähigkeit schon in den vergangenen Jahren erheblich beeinträchtigt. Ihr erneuter heftiger Ausbruch und darüberhinaus der überraschende Tod des Mitkaisers Lucius Verus (161–169) nach einem Schlaganfall zwangen zum Aufschub. Während es an vielen Stellen entlang der Grenze bereits zu kleineren Feindseligkeiten kam, und sich der Hauptschauplatz des Krieges in den unteren Donauraum, den Bereich der dakischen und mösischen Provinzen, verlagerte, konnte sich Kaiser Mark Aurel im Herbst 169 endlich an die Front begeben. Vom seither traditionellen kaiserlichen Winterquartier in Sirmium (Sremska Mitrovica an der Save) aus plante er für den kommenden Frühling erneut einen Großangriff.

Aufschub der Offensive

Diesem zuvorkommend durchbrachen jedoch die vereinigten Stämme der Markomannen und Quaden die Donaugrenze in Oberpannonien, schlugen die römischen Truppen vernichtend – angeblich fielen 20 000 römische Soldaten – und drängten sengend und plündernd quer durch die heimgesuchte Provinz. Nicht einmal die Truppen der Prätentur konnten ihren Vormarsch stoppen. Der Raubzug führte auf der alten Völkerstraße vorbei an Ljubljana nach Aquileja, das nicht nur bis vor kurzem Hauptquartier der obersten Heeresleitung des Imperiums war,

Großangriff aus dem Norden

76

sondern seiner günstigen Lage wegen eine der wichtigsten Handelsmetropolen des Reiches überhaupt, mit Sicherheit aber Hauptumschlagplatz des römischen Nordhandels. Doch die Mauern dieses Emporiums hielten dem germanischen Belagerungssturm mehrere Monate stand. Erbittert zogen die Angreifer weiter und legten etwas nördlich von Venedig das weniger trutzige Oderzo *(Opitergium)* in Schutt und Asche. Überall im Reich brannte es in diesem Jahre 170 lichterloh (Abb. 13). Die dakischen Kostoboken überschritten die Donau in ihrem untersten Lauf und erstürmten brandschatzend Griechenland. Sogar Eleusis, ein uralter Kultort 20 km westlich von Athen, wurde von ihnen heimgesucht. Auch die Chatten rührten sich wieder und verunsicherten den obergermanischen Limes. Zu allem Unheil fielen die Mauren aus Afrika über Südspanien her. Bei aller Not blieb die vordringlichste Aufgabe die Vertreibung der bereits Verona bedrohenden markomannisch-quadischen Völkerschaften. Mit Unterstützung des Ritters Publius Helvius Pertinax gelang es Tiberius Claudius Pompeianus, seit kurzem Schwiegersohn des Kaisers, die Hauptmacht dieser Angreifer vom Reichsboden zu vertreiben. Pertinax, der im Jahr 193 zu einem ebenso kurzen wie rühmlichen Kaisertum gelangen sollte (S. 93), wurde für diese Leistung in den Senatorenstand erhoben. Mit dem Rang eines gewesenen Praetors ausgezeichnet, erhielt er das Kommando über die in Ószöny *(Brigetio)* stationierte *legio prima Adiutrix*.

Lage in Raetien

In dieser Stellung »befreite er«, einer Notiz seiner Biographie in der Historia Augusta zufolge, »unverzüglich die Provinzen Raetien und Noricum von den Feinden« *(... statimque Raetias et Noricum ab hostibus vindicavit)*. Das Geschehen, das sich hinter dieser lapidaren Bemerkung verbirgt, wird erst richtig klar, wenn man sich erneut verdeutlicht, daß das Hauptanliegen der Feinde Roms die Aufnahme in das Reichsgebiet oder die Vorschiebung der römischen Macht über ihre Stammesgebiete hinaus war. Von Anfang der Spannungen an drohten die Markomannen *»und auch andere Völker, die dem Druck der nördlichen Barbaren hatten weichen müssen, mit einem Angriff ..., falls man ihnen nicht Einlaß gewähre (nisi reciperentur)«*. Da die römische Regierung diese Forderung zu erfüllen sich hartnäckig weigerte – der Mitte des 2. Jahrhunderts schreibende Historiker Appianus berichtet, er selbst habe Gesandtschaften der Barbaren in Rom gesehen, die ihre Stämme als Untertanen anboten, doch der Kaiser habe abgelehnt, weil sie für den Staat von keinem Nutzen gewesen wären –, versuchten sich die Völker den auf friedlichem Wege nicht gewährten Schutz und Platz gewaltsam zu nehmen. Der große Einfall der germanischen Allianz im Jahr 170 (andere Forscher datieren ihn auch auf 167, 169 oder 171) war also nicht nur ein Plünderungsfeldzug romfeindlicher Kampfverbände, sondern das Ein- und Vordringen ganzer Stammesgruppen. Teile davon werden donauaufwärts nach Noricum und Raetien gezogen sein, während sich der Hauptstoß gegen Italien wandte. Die Säuberungsaktion des Tiberius Claudius Pompeianus hatte nur den germanischen Kernverbänden gegolten. In Raetien und Noricum aber vagabundierten offenbar nach wie vor die nach geeignetem Siedelland suchenden Teilstämme.

Durch den germanischen Streifzug hatte die Provinzialbevölkerung zweifellos einiges zu leiden. Besitzende vergruben eilends ihre Ersparnisse, an die sie aus irgendwelchen Gründen später nie mehr herankamen. Vielleicht gelangte damals auch ein Schatz von sieben Goldmünzen *(aurei)* beim Regensburger Alumneum in die Erde (ähnlich wie bei den jetzt in Augsburg geborgenen 52 Goldstücken handelte es sich möglicherweise um versteckten Truppensold). Immer wieder erfolgten Angriffe der Germanen auf einzelne militärische Anlagen der Römer. Da die vorhandenen Besatzungen zu schwach waren, fielen mehrere Kastelle, wie Pfünz und Böhming und vermutlich Dambach, Weißenburg und Eining. Auch die Kumpfmühler Einheit setzte sich tapfer zur Wehr, hielt aber, wie die Zerstörungsschicht (S. 149) zeigt, dem Sturmlauf nicht stand. Damit scheint die *cohors II Aquitanorum* untergegangen zu sein. Jedenfalls ist sie in späterer Zeit nicht mehr belegt. Mit ihr fielen die Kumpfmühler Zivilsiedlung und das Dorf am Donauufer in Schutt und Asche. Der westliche Teil des raetischen Limes, aber auch Kastelle wie Pförring, Straubing, Steinkirchen, Künzing und Passau blieben unversehrt, vermutlich aber nur, weil sie gar nicht angegriffen wurden. Die Germanen zerstörten offenbar nicht alles Erreichbare. Vielmehr waren ihre, in ihrem Ausmaß gewiß auch vom Verhalten der römischen Grenztruppen mit abhängigen Übergriffe Dokumentation ihrer Macht und damit ihres Anspruchs auf Erfüllung ihres Landwunsches. Es war sicherlich keine leichte Aufgabe, jene zum Verbleib auf Reichsterritorium wild entschlossenen ›Barbaren‹, bei denen wie selbstverständlich auch die Frauen zu den Waffen griffen, über die Donau – gewiß bei Oberpannonien in ihre alten Wohnsitze – zurückzujagen. Zumindest waren dazu ansehnliche Streitkräfte nötig.

Pertinax hatte bei seinem Sondereinsatz neben Abteilungen seiner *legio I Adiutrix* und den noch einsatzfähigen raetischen und norischen Hilfstruppen gewiß noch weitere Soldaten unter seinem Kommando. Ansprechend, wenn auch nicht beweisbar ist die Vermutung, die 3. italische Legion und vielleicht auch Detachements der ›Zweiten‹ seien an dem Befreiungsfeldzug beteiligt gewesen. Feststehen dürfte, daß spätestens zur Zeit der Verlegung des kaiserlichen Kriegsstabes nach Deutsch-Altenburg *(Carnuntum* östlich von Wien), von wo aus die römischen Offensiven zwischen 172 und 174 geleitet wurden, auch die beiden italischen Legionen weiter nach Norden über die Alpen vorrückten.

Aus einer Ehreninschrift wissen wir seit etwa 25 Jahren, daß Marcus Valerius Maximianus, eine der interessantesten Offizierspersönlichkeiten der Markomannenkriege, als Präfekt einer Reitereinheit »*von Kaiser Antoninus Augustus öffentlich belobigt und mit einem Pferd, mit Phaleren* (= Orden) *und mit Waffen beschenkt wurde, weil er eigenhändig den Führer der Naristen, Valao, getötet*

Säuberungsaktion des Pertinax

Naristenfeldzug

hatte.« Die Kämpfe gegen die Naristen *(expeditio Naristarum),* während derer sich der Zweikampf zutrug, sollen (so noch kürzlich in der Forschung behauptet) südlich von Regensburg und gleichzeitig mit der Säuberungsaktion des Pertinax 171 stattgefunden haben (J. Dobiaš). Die Naristen haben aber kaum in der Oberpfalz gewohnt, sondern weiter östlich (S. 52). Darauf weisen auch der normale Standort der von Maximianus befehligten Einheit in Györ *(Arrabona)* bei *Brigetio,* und die Tatsache, daß der Optio (etwa Feldwebel) Aelius Septimus von der schon beim Unternehmen des Pertinax beteiligten *legio I Adiutrix* auf dem Naristenfeldzug gefallen ist: *. . . desideratus est [in expedit(ione) N]arist(arum).*

Getreide für Pannonien

Die Inschrift des Maximianus zeigt außerdem, daß der Kampf gegen die Naristen erst geraume Zeit nach der Reinigung Raetiens und Noricums stattgefunden haben kann. Maximianus hatte nämlich vor seiner Ruhmestat im Naristenkrieg einen Auftrag als Nachschuboffizier zu erfüllen gehabt, der ein helles Licht auch auf die Verhältnisse in den Provinzen am Oberlauf der Donau wirft. In seiner Inschrift lesen wir: *»von Kaiser Marcus Antoninus Augustus wurde er erwählt und an die Front des germanischen Feldzuges geschickt, um den Begleitschutz der Schiffe auf der Donau zu leiten, die zur Getreideversorgung beider pannonischer Armeen stromabwärts fuhren; dabei war er Vorgesetzter von abkommandierten Abteilungen der prätorischen Flotten von Misenum und Ravenna sowie der britannischen Flotte, ebenso von afrikanischen und maurischen Reitern, die eigens für die Aufklärungstätigkeit in Pannonien ausgesucht waren.«* Nach einer etwa zeitgleichen Beschreibung des Marschlagers des römischen Heeres (Pseudo-Hygin) darf man wohl die Zahl der unter Maximians Kommando stehenden maurischen Kavalleristen auf ungefähr 500 beziffern. Während die Marinesoldaten – nur sie, nicht etwa Schiffe werden die genannten Flotten geschickt haben – die Besatzung der Getreidekähne und der Patrouillenboote stellten, ritten die Afrikaner und Mauren auf dem linken Donauufer neben dem Transportverband her, um ihn vor Angriffen und Sabotageakten des Gegners zu schützen. Besonders auch nachts, wenn die Schiffe vor Anker gingen, war diese Eskorte auf dem feindlichen Ufer unentbehrlich: freilich – anders als die Mariner *(classici),* die auch allgemeine Pionierdienste wie die Beseitigung von Hindernissen im Fluß verrichteten – nur im Bereich der pannonischen Provinzen. Hier lag jetzt eindeutig der zentrale Kriegsschauplatz, hier befand sich, wie Cassius Dio, ein Historiker des 3. Jahrhunderts sagt, die »Operationsbasis« der Römer. Ganz offensichtlich hatte Pertinax ganze Arbeit geleistet, da die Donau bei Raetien und Noricum bereits wieder weitgehend risikolos zu befahren war. Die Transportkähne, die Maximianus begleitete, hatten ihre kriegswichtige Ladung – Getreide vornehmlich aus Gallien, der oberrheinischen Tiefebene, dem Ries und dem Dungau – gewiß so weit donauaufwärts aufgenommen, wie dies möglich war. Vom Straßenverlauf ausgehend, könnten sich z.B. Eining und Regensburg als Umschlagplätze angeboten haben.

Möglicherweise war das seit wenigen Jahren erst etwas besser bekannte, ca. 360 × 360 m (ca. 13 ha) messende Lager in der stark hochwassergefährdeten Flur Unterfeld, 1,2 Kilometer von dem ungefähr gleichzeitig mit Kumpfmühl zerstörten Auxiliarlager Eining entfernt, eine solche Nachschubbastion. Die eigenartig unregelmäßige Innenaufteilung scheint den Platz eher als einen fortifikatorisch gesicherten Stapelplatz denn als ein militärisches Standlager auszuweisen. Eine andere Ansicht glaubt freilich, hier wie in Alkofen (zwischen Saal und Bad Abbach), eine während des Lagerbaus in Regensburg von Legionsteilen (die ganze Legion brauchte mindestens 18 ha) vorübergehend belegte Frühstation der dritten Italischen gefunden zu haben. Ziegelstempel der Legion mit dem später fehlenden Beinamen CON(cors) aus Eining-Unterfeld weisen in der Tat in die früheste Zeit der Anwesenheit dieser Truppe in Raetien. Allerdings könnte man, beiden Ansichten gerecht werdend, auch daran denken, daß Abteilungen der Legion die Anlage erbauten und bewachten sowie durch die Heranschaffung, Hortung und den Umschlag des Getreides am Nachschub der pannonischen Heere mitwirkten. Mehr als Vermutungen sind freilich derzeit nicht möglich; hoffen wir daher auf weitere Erfolge der Archäologen!

Noch ein weiteres Argument läßt sich auf Umwegen für die Ansicht gewinnen, daß es in Raetien schon zu Beginn der 70er Jahre weitgehend friedlich zuging, und vermutlich bereits damals, aber keineswegs zu Kampfzwecken, die 3. italische Legion hier lag: man stelle sich die Größe ihres Lagers vor!

Der Steinbedarf und der zu bewältigende Bauaufwand war enorm hoch. Bei den derzeit bekannten Ausmaßen der Umwehrung (S. 192f.) waren mindestens 30000 Kubikmeter Quadersteine allein für das Aufgehende nötig. Vor etwa 50 Jahren hat man, von einer viel zu geringen Bedarfsmenge von 8000 Kubikmetern ausgehend, eine Bauzeit von zehn Jahren errechnet, weil der 23 km donauaufwärts gelegene römische Steinbruch von Kapfelberg höchstens zwei bis drei Kubikmeter Haustenie täglich habe liefern können. Deshalb folgerte man, das Lager des Mark Aurel sei nicht aus Quadern, sondern aus Bruchsteinen gemauert gewesen. Die Unhaltbarkeit dieser Ansicht haben uns die Archäologen auf verschiedenem Wege – durch Grabungen und den stilistischen Vergleich der Porta Praetoria mit der um 190 zu datierenden Porta Nigra in Trier – unzweifelhaft nachgewiesen. Da an der, wie sich zeigen wird (S. 88f.), 179 mit Toren und Türmen weitgehend fertigen Mauer in Regensburg unmöglich über dreißig Jahre gebaut worden ist, muß die obige Rechnung auch im Ansatz falsch sein. Der Fehler steckt in der Meinung, nur Kapfelberg sei als Steinbruch ausgebeutet worden. Geologische Bestimmungen ergaben, daß die mörtellose Bruchsteinstückung, das Mauerfundament, der Quadersockel und das aufgehende Mauerwerk selbst, vorwiegend aus Kreidesandsteinen der sogenannten Reinhausener Schichten oder, seltener, aus (cenomanen) Grünsandsteinen bestehen. Das, wenn man so will, ›Jubiläumslager‹ von 179 bot

Eining-Unterfeld

Regensburger Lagerbau

sich also äußerlich fast als eine reine Sandsteinfestung. Nur ihre Tore waren, so Gesteinsuntersuchungen an der Porta Praetoria, aus den im fränkischen Jura und auch südlich der Donau besonders zwischen Bad Abbach und Eining vorkommenden Diceraskalken (Malm oder Weißer Jura, im Volksmund Kelheimer Marmor genannt) erbaut. Mit diesem etwas haltbareren Stein führte man Ausbesserungsarbeiten am Quadersockel und an der Mauer selbst durch. Da die Gründungsinschrift des Lagers und gewiß 95 Prozent der Grabsteine, Altäre, Steininschriften, Skulpturen und ornamentalen Architekturteile aus dem gleichen Material bestehen, liegt die Annahme nahe, die schwerlich erst nach 179 errichteten Repräsentationsbauten (S. 201 f.) im Lagerinneren – die ersten Mannschaftsunterkünfte waren Holzbaracken (S. 200 f.) – und deren architektonische Schmuckteile seien aus Jurakalken verfertigt worden. Größere Türwölbungen errichtete man vielleicht schon damals aus dem wertvolleren Tuffstein, der vom etwa 100 Kilometer entfernten Neuburg a. D. herangeschafft werden mußte.

Zahlreiche Steinbrüche

Die Zahl der römischen Steinbrüche wird meist unterschätzt. Ähnlich wie die Mainzer Legio XXII Primigenia am Haardtrand, muß die Regensburger Legion entlang der Donau, jedenfalls von Eining bis Prüfening – sogar der Sparlberg, von dem römische Funde stammen, konnte nach seiner geologischen Beschaffenheit in Frage kommen – eine Kette von Brüchen ausgebeutet haben. In diesem Gebiete stehen sowohl die Malmkalke wie die Reinhauser Sandsteine neben- bzw. übereinander an. Die Auffindung römischer Brüche ist nicht nur der allgemeinen Datierungsproblematik von Brucharbeiten wegen, sondern vor allem dadurch erschwert, weil diese in ihrem eigenen, oft mehr als 50% betragenden Abfall erstickten; außerdem ist z.B. mit der Möglichkeit zu rechnen, daß sie in Mittelalter und Neuzeit weiterbenützt wurden.

Natürlich ist es sehr schwer, ja fast unmöglich, die Arbeitsleistung der römischen Steinbrüche zu bestimmen. Für den mittelgroßen Bruch der Mainzer Legion am Kriemhildenstuhl wurde berechnet, daß seine rund 20 000 m³ Gesamtergiebigkeit von vier Arbeitern bei 250 Arbeitstagen im Jahr in etwa 15 Jahren gebrochen worden sein könnte. Die wesentlichen Arbeitsgänge waren Abdecke, zeitraubendes Schroten (Aushauen schmaler Gräben), Abspalten durch das Einschlagen eiserner Keile in die Schalrinnen und Abkippen der Blöcke mit Brechstangen von der Basis her. Die nötige Bearbeitung an Ort und Stelle – die aus ihrer ursprünglichen Lage entfernten Rohblöcke wurden grob rechtwinkelig zubehauen (vorbossiert) – nahm noch einmal soviel Zeit in Anspruch. Anschließend wurden die Rohquader auf schlittenähnlichen Rutschen zu Tal gelassen. Steine bis zu zehn Tonnen hätten zwar noch auf Karren weggeschafft werden können, doch wird man den Fluß, wo es ging, als Transportweg bevorzugt haben (vielleicht weisen darauf auch die Steinquader, die bei der Oswaldkirche aus der Donau geborgen wurden, S. 230). Erst an der Baustelle selbst wurden die Rohlinge in ihre endgültige Form gebracht.

Fraglos boten die Hänge beiderseits der Donau südwestlich von Regensburg und die Flußterrasse am Nordknie in den siebziger Jahren des 2. Jahrhunderts den Anblick einer Großbaustelle. Wenn wir auch, wie gesagt, die genaue Arbeitsdauer nicht im entferntesten abschätzen können, werden wir mit einem Ansatz von fünf oder eher mehr Jahren kaum zu hoch greifen.

Die Gesamtleitung hatte stellvertretend für den obersten Bauherrn, den Kaiser, der jeweilige Statthalter, der seine Anweisungen vielleicht von sogenannten *frumentarii*, die eine Art kaiserliche Bauaufsichtsbeamte gewesen sein mochten, aus Rom empfing. Eine Fülle von Problemen logistischer, technologischer, organisatorischer und schließlich vor allem auch menschlicher Natur war von diesen Verantwortlichen zu meistern. Nur ein kleines Beispiel: zum Schroten an den Steinwänden der Brüche benötigte man, sollte die Arbeit stetig fortschreiten, ebensoviele Links- wie Rechtshänder. Überhaupt wurde für die aufreibende Arbeit im Steinbruch gewiß ein stattliches Potential von Arbeitern und Aufsehern buchstäblich verbraucht: Sklaven, Freigelassene, freie Lohnarbeiter, strafgefangene Kapitalverbrecher, vielleicht auch kriegsgefangene Germanen werden, wie dies für andere Gebiete bezeugt ist, eingesetzt worden sein. Natürlich kommandierte man, unter der Aufsicht eines Zenturios, nicht zuletzt auch Soldaten von ihren Einheiten in die Brüche ab. Unermüdlich waren Hammer und Meißel dort tätig, um den enormen Bedarf zu decken. Dabei mußte, dies nur noch zur Illustration der enormen Arbeitleistung, des großen Schuttanfalls wegen in den Brüchen mindestens die doppelte Steinmenge – also über 60 000 m³ – bewegt werden. Aus allen Himmelsrichtungen schaffte man Hau- und Bruchsteine, Kies, Lehm, Kalk und Pech, Holz, Ziegel, Dachsparren und Gips zur Baustelle, wo Architekten, Steinmetze, Maurer und Maler unermüdlich mit Hebekränen (Flaschenzügen) und Transportmaschinen tätig waren.

Bedenkt man noch die sonstigen Schwierigkeiten beim Lagerbau – z.B. Entwässerung, Aufschüttung und Planierung des vordem sumpfigen Bodens (S. 192) –, so spricht doch einiges für eine Verlegung der 3. italischen Legion nach Raetien noch während, zumindest aber unmittelbar nach der Mission des Pertinax. Vermutlich brachte gerade dieses Unternehmen die Einsicht der Notwendigkeit, in Raetien und Noricum je eine Legion auf Dauer zu stationieren, um die dortige Truppenmacht entscheidend zu stärken. Dann wäre nicht in erster Linie eine, von der Fachwelt meist unterstellte, offensivstrategische Absicht mit der Verlegung der Legion nach Regensburg verbunden gewesen – gegen sie spricht ja bis zu einem gewissen Grad schon die feste Vermauerung des Lagers –, und auch nicht so sehr der Schutz der Grenze selbst, sondern das Ziel, durch eine starke Truppenmacht einmal, auf welchem Wege immer, eingefallene Feinde wieder vom Reichsboden vertreiben und so auch das flache Land schützen zu können, ohne dazu die nur gering besetzten und in Raetien sowieso wenigen Auxiliarlager vorübergehend noch mehr

Wann kam die 3. Legion?

82

schwächen zu müssen. Diese Ansicht gewinnt zusätzlich an Wahrscheinlichkeit durch die grenzzentrale Lage beider neuen Standorte: Regensburg bot sich unter anderem schon dadurch an, daß es am nördlichsten Punkt der Donau lag, Albing-Lorch durch die deutliche Mittellage an einem Nebenfluß.

Gewiß spielten bei der Wahl des Standortes der raetischen Legion eine Reihe von zum Teil kaum mehr nachvollziehbaren Gründen eine Rolle. Den Wiederaufbau eines Lagers, gleich welcher Art, hatte schon der militärische Stolz der Römer erfordert. Über die allgemeine topographische Situation braucht hier nicht mehr gesprochen werden, weil sich daran im Vergleich zu Kumpfmühl wenig änderte. Die Ergreifung der Ebene für den Bau des Legionslagers war schon eine räumliche Notwendigkeit. Zudem war die Lokalität, da vom jenseitigen Ufer gut einsehbar, sehr geeignet, römische Macht und Schlagkraft eventuell nach außen hin eindringlich zu dokumentieren. Neben diesem psychologischen Aspekt, der aber vielleicht andernorts nachdrücklicher zu erreichen gewesen wäre, dürfte als Hauptgrund die Nähe der fruchtbaren Donauebene südöstlich des Lagers den Ausschlag gegeben haben. Die Versorgung einer über 6000 Mann starken Truppe war, zumal in einer Zeit, die noch nicht, wie im 3. Jahrhundert üblich, auch das Hinterland der Provinz dafür in größerem Umfang heranzog (S. 99 f.), ein schwerwiegendes Problem. Eine Einheit, die, wie die Regensburger, die Kornkammer vor der eigenen Haustüre hatte, konnte viel weniger leicht in Versorgungsschwierigkeiten geraten; zudem benötigte die Truppe auch Weidelandflächen für die Nutztiere usw. Schließlich war natürlich auch die relative Nähe ergiebiger Steinvorkommen von großer Bedeutung.

Ob zunächst mit der 3. auch die 2. italische Legion in unsere Provinz kam, wie man, mehr oder minder ausdrücklich, aus einem angeblichen Sonderkommando eines raetischen Statthalters zwischen 172 und 175 (er hieß vermutlich Caerellius Priscus) erschließen wollte, ist höchst ungewiß, ja nicht einmal besonders wahrscheinlich. Ziegelstempel der zweiten italischen Legion, gefunden in der Wollwirkergasse, auf dem Domplatz und auf dem Kornmarkt, weisen eher darauf hin, daß sich die Schwesterlegionen beim Bau ihrer Standlager gegenseitig geholfen haben, weil die Zeit drängte (die Bauplätze waren natürlich besonders gefährdet) oder weil es an Arbeitskräften mangelte. Die Problematik von Ziegelstempeln der dritten Legion in Lauriacum – man würde sie eher in Albing erwarten – ist bis heute nicht eindeutig geklärt.

Mit der Errichtung des Regensburger Lagers zusammenhängen könnte die in der Forschung als »Produktionsgruppe« bezeichnete Serie von Ziegelstempeln unserer Legion, die in Eining-Unterfeld, im Kohortenkastell und in der Zivilsiedlung Eining, in Alkofen, in Kumpfmühl und im Regensburger Lagerbereich gefunden wurde.

Eine wesentliche staatsrechtliche Veränderung brachte die Stationierung der Legion in Regensburg für die gesamte Provinz Raetien mit sich. Der senatorische Kommandant der Legion, der *legatus legionis III (= tertiae) Italicae*, war von nun an gleichzeitig der Statthalter der Provinz Raetien (eine entsprechende Regelung trat damals auch für Noricum in Kraft). Als solcher führte er die in den über 15 sogenannten ›kaiserlichen‹ Provinzen übliche Amtsbezeichnung *legatus Augusti pro praetore* mit dem Zusatz des Verwaltungsbereichs: *provinciae Raetiae*, also wörtlich »Gesandter des Kaisers mit prätorischer Befehlsgewalt der Provinz Raetien«. Anders als ein Statthalter *(proconsul)* der 10 sogenannten ›senatorischen‹ Provinzen (grob gesprochen waren seit 27 v. Chr. alle Provinzen mit Legionsbesatzung ›kaiserliche‹, ohne eine solche ›senatorische‹ oder wenn, wie Raetien vor 172 n. Chr. von Rittern verwaltet: ›prokuratorische‹), den der Senat durch Losung alljährlich neu bestimmte, wurde der Legat in einer ›kaiserlichen‹ Provinz, also auch in Raetien, als persönlicher Beauftragter des Kaisers von diesem ausgewählt, ernannt und mit Anweisungen (Mandaten) versehen. Auch die Dauer seiner Amtszeit war allein vom Willen des Monarchen abhängig; meistens betrug sie zwei bis drei Jahre. Der raetische Statthalter hatte in der Regel das Konsulat noch nicht, wohl aber die Prätur bekleidet; daher war er durchschnittlich 32 bis 40 Jahre alt. Als Zeichen seiner Amtsgewalt trugen ihm bei öffentlichen Auftritten fünf Liktoren ebensoviele Faszes (Rutenbündel, aus denen ein Beil hervorragte) voran, weshalb er sich salopp auch als *quinquefascalis*, als »ein mit fünf Faszes Ausgestatteter« bezeichnen konnte. Nicht nur oberster Befehlshaber der Legion, sondern des gesamten Militärs seiner Provinz, war er gleichzeitig noch Herr der Zivilverwaltung.

Diese hatte ihren Sitz offenbar in Augsburg *(Augusta Vindelicum)*, das daher in der Moderne stets als Hauptstadt Raetiens bezeichnet wird. Wie berechtigt diese Ansicht ist, zeigen die immerhin acht Statthalterinschriften der Zeit nach 172 aus Augsburg, während nur zwei solche aus Regensburg stammen. Auch sonst sind in unserem Stadtgebiet bisher in der Mehrzahl gewöhnliche Soldaten und Büroleute *(officiales)* der niederen Kanzleien des Militärtribuns und des Lagerpräfekten inschriftlich belegt. Wird man der Tatsache, daß in Augsburg ein entlassener Fahnenträger *(veteranus ex signifero)* und ein Adlerträger *(aquilifer)* der 3. italischen Legion bezeugt sind, noch wenig Gewicht beimessen, so beweisen die dortigen Schreibstubenkräfte im Prinzipalrang (ein *librarius consularis*, ein *exactus consularis*, dazu mindestens ein ehemaliger *beneficiarius consularis*) eindeutig, daß der Sitz der etwa 100 Personen starken Kanzlei des Statthalters *(officium consularis*; obwohl der raetische Legat rangmäßig nur ein *praetorius* = »ehemaliger Prätor« war, nennt er sich besonders im 3. Jahrhundert *consularis* d.h. wörtlich: »ehemaliger Konsul«, aber allgemein: »Statthalter«) nicht Regensburg, sondern Augsburg war. Darauf weist außerdem ein *optio praet<o>r[i]*, also ein Hilfsbeamter im Statthaltersitz *(praetorium)*, aber auch die drei bislang sicher in Augs-

Raetien wird senatorische Provinz

Augsburg als Verwaltungssitz

burg belegten Zenturionen der 3. italischen Legion werden in diesem Gebäude tätig gewesen sein (als *primi ordines?*). Zum Stab des Statthalters gehörten auch noch vom Kaiser bestellte ›Begleiter‹ *(comites)* oder ›Beisitzer‹ *(adsessores)*, die in besonderem Maße juristische Beistände und Berater waren. Den Kern des Officiums aber bildeten aus der Legion und den Hilfstruppen abkommandierte Soldaten, weshalb dann im 3. Jahrhundert alle Subalternbeamten *(officiales)*, die mittlerweile fest ›angestellt‹ waren *(perpetui sunt)*, kurz ›Soldaten‹ *(milites)* hießen. Außerdem stand dem Statthalter eine Leibwache aus etwa 240 Reitern *(equites singulares)* und ebensovielen Infanteristen *(pedites singulares)* zur Verfügung, die aus den Alen und Kohorten der Provinz zusammengestellt waren.

Eine Regensburger Grabinschrift für einen *duplarius procur(atoris)* könnte nahelegen, daß auch der Finanzprokurator Raetiens über eigene Gardesoldaten verfügte. Diesem Beamten aus dem Ritterstand – in Raetien ist er nach 172 direkt noch nicht belegt – unterstanden die Verwaltung der kaiserlichen Kasse, die Verpachtung des kaiserlichen Domänenbesitzes (auf solchen weisen wohl die mit FISCAL gestempelten Ziegeln aus Eining und Gögging), sowie die Überwachung der Auszahlung des Truppensolds bzw. der Naturallieferungen an die Truppe. Auch ein Amtssitz wird in Augsburg gewesen sein.

Roms Siege

Wenden wir uns nun wieder dem allgemeinen Kriegsverlauf zu. Seit den Säuberungsaktionen des Pompeianus und des Pertinax bestimmte nach jahrelanger Defensive der römische Angriff das Geschehen (Abb. 14). Einzelne Feldzüge und taktische Winkelzüge beider Seiten können hier natürlich nicht weiter verfolgt werden. Kurz die wichtigsten Ergebnisse: Den Siegen über die Quaden (172) – zweimal wurde das römische Heer nur durch ›Wunder‹ gerettet: einmal zermalmte der Blitz eine feindliche Belagerungsmaschine, das andere Mal war des Pertinax Heer, unter Hitze und Wassernot leidend, eingeschlossen, da verhalf ein plötzlicher Regen den Römern zum Erfolg – folgten solche über die Markomannen (173) sowie über die sarmatischen Jazygen. Regensburg spielte in diesen Kämpfen vermutlich keine Rolle: hier wurde nur gebaut!

Marcussäule und Regensburg

Freilich, um 1900 und mitunter in der Fachliteratur bis hinein in unsere Tage, glaubte man, ein archäologisches Zeugnis ersten Ranges der Erforschung der Regensburger Vergangenheit in dieser Zeit nutzbar machen zu können. Auf der insgesamt 42 m hohen, zwischen 180 und 193 n. Chr. aufgestellten sogenannten Marcussäule in Rom – heute noch, zwar schwer beschädigt und restauriert, auf der nach ihr benannten Piazza Colonna zu bewundern – sind in 116, spiralförmig sich an der Säule hochwindenden Reliefszenen Ereignisse aus den Markomannen-, Quaden- und Jazygenkriegen der Jahre 172 bis 175 dargestellt. Letzte Einigung ist bis heute nicht über die Streitfrage erzielt, ob die in carrarischen Marmor gehauene Bildfolge präzise den Ablauf der Kriegsgeschehnisse illustriert oder lediglich eine Auswahl typischer Ereignisse erzählt.

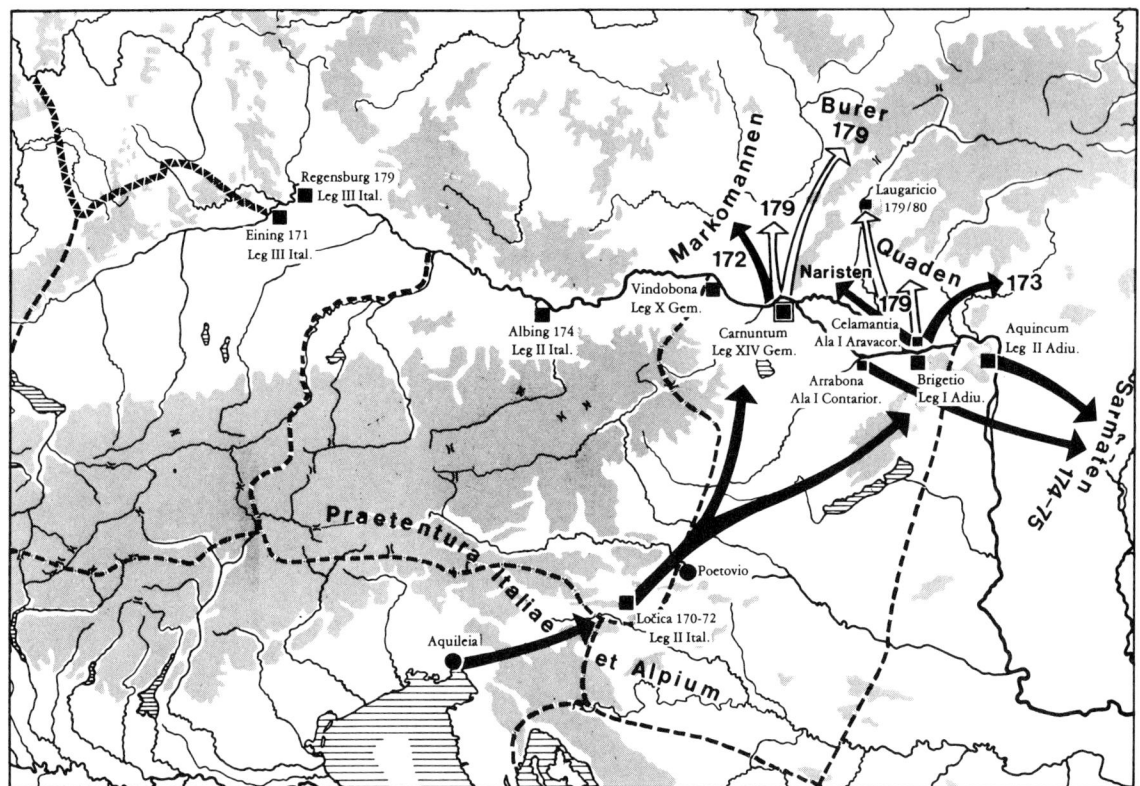

Abb. 14: Römische Gegenoffensiven nach dem Jahr 172 n. Chr. Ihr Schwergewicht lag deutlich im Bereich des heutigen Ungarn. Nach Raetien und Noricum wurde in den 70iger Jahren des 2. Jahrhunderts n. Chr. je eine italische Legion verlegt. Die 3. italische Legion stand damals zunächst in engen Verbindungen auch zu Eining-Unterfeld. (Nach H. W. Böhme)

Von ersterer Anschauung ausgehend wurde Szene 29, wo im Zusammenhang mit der Überschreitung eines Flusses durch die römischen Soldaten auf einer Schiffsbrücke und einem angeblichen Suovetaurilienopfer des Kaisers Mark Aurel auf einer Flußinsel das Tor eines anscheinend aus Quadern erbauten Lagers mit zwei Wachen davor sichtbar wird, mit Regensburg identifiziert. Der Kaiser sei 172 oder 173 bei Regensburg – dessen Lager aber erst 179 fertig wurde – in das Feindesland aufgebrochen, habe nach der Opferung von Schwein, Schaf und Stier, die ihre Beute davonschleppenden Markomannen geschlagen und schließlich das Naabtal aufwärts nach Böhmen hinein verfolgt. Auf Szene 34 wollte man deshalb gar noch die Überquerung der Naab auf Kähnen erkennen. All das ist sicher phantastisch. So ist z.B. bis heute kunstgeschichtlich ungeklärt, ob solche Quader immer Mauern von Standlagern aus Stein oder auch Wälle von Marschbefestigungen aus Gras- und Torfstücken darstellen, sofern nicht überhaupt nur künstlerische Phantasie sie schuf, oder ob sie ihre Existenz einer konventionellen Darstellungsweise römischer Anwesenheit an der Donau allgemein verdankten. Davon abgesehen, spricht die bisher vorgetragene historische Interpretation der Markomannenkriege völlig gegen die Annahme einer Offensive Roms von Regensburg aus – Carnuntum, wo erst allerjüngst eine Kaiserinschrift aus dem Jahr 172 gefunden wurde, ist als Ausgangsbasis viel wahrscheinlicher –, auch gegen die jüngste, etwas verändert vorgetragene Ansicht, Mark Aurel sei 173 das Tal der Gran aufwärts gegen die Quaden vorgedrungen, als gleichzeitig seine Generäle von Regensburg aus gegen die Markomannen zogen.

Friedensschluß 175

Im Jahr 175 kam es schließlich, nach neuen Unruhen der Quaden, zum Friedensschluß. Roms Feinde hatten einen 7,5 bis 15 km breiten Streifen am nördlichen und (in Ungarn) östlichen Donauufer als Niemandsland zu respektieren, sie hatten die gefangenen Römer auszuliefern und dem Weltreich aus ihren Stammesjugenden Hilfstruppen zu stellen; schließlich wurde ihnen der Besuch der Märkte in den römischen Grenzsiedlungen nur zu festgesetzten Terminen gestattet, außerdem der Besitz eigener Schiffe untersagt.

Der Kaiser wurde durch den Aufstand eines seiner fähigsten Generäle im Osten zum raschen Friedensschluß und zur Aufgabe etwaiger Pläne an der Donaufront genötigt, da er die Tragweite der Ereignisse im Orient nicht überschauen konnte: Dort nämlich ließ sich Ende April 175 der syrische Statthalter Avidius Cassius, wohl nicht im Zuge eines wohlorganisierten Komplotts einer Friedenspartei, welche die Kämpfe im Westen endlich beendet sehen wollte, sondern in der falschen Meinung, Kaiser Mark Aurel sei tot, zum Herrscher ausrufen. Schon Ende Juni 175 löste sich die Angelegenheit beinahe von selbst, da Cassius von seinen eigenen Soldaten umgebracht wurde.

Der Friede von 175 war nicht von Dauer. Bald nach der glanzvollen Triumphfeier der Kaiser 176 – inzwischen war Mark Aurels unmündiger Sohn Commodus zum

Mitherrscher ernannt worden – kam es erneut zu Feindseligkeiten, die unausweichlich zu einem neuen Waffengang führten. Raetien war von diesen, in den Quellen »zweiter Germanenkrieg« *(expeditio Germanica secunda)* benannten Auseinandersetzungen anscheinend so gut wie nicht betroffen. Nach einem Sieg des Prätorianerpräfekten Marcus Bassaeus Rufus (177) brachen die Kaiser im Jahr 178 selbst zum Kriegsschauplatz auf. Durch ein Feldzugsunternehmen des Tarrutienus Paternus im Frühjahr 179 und weitere Offensiven, die z.B. den bekannten Marcus Valerius Maximianus bis nach Trentschin ins Gebiet der Quaden führten, stießen die Römer im Laufe des Jahres 179 weit in das Feindesland vor und trafen dort offenbar Anstalten zu längerem Verweilen.

Zweiter Germanenkrieg

Die italische Legion konnte im gleichen Jahr ihr endgültiges Standlager in Regensburg einweihen. Zu diesem Anlaß werden sicher hochgestellte Persönlichkeiten in der Garnison verweilt haben. Stolz verkündet die Einweihung die sogenannte ›Gründungsinschrift‹ (S. 148, Nr. I 1). Darunter versteht man die Fragmente der Inschrift, die einst am Lagerosttor *(porta principalis dextra* S. 195) angebracht war. Mit Hilfe anderer Inschriften der damaligen Zeit ist der ursprüngliche Text zu rekonstruieren. Die wahrscheinlichste Ergänzung lautet in Übersetzung: »*Der Imperator Cäsar, des göttlichen Antoninus Pius Sohn, des göttlichen Verus, des größten Parthersiegers, Bruder, des göttlichen Hadrianus Enkel, des göttlichen Traianus, des Parthersiegers, Urenkel, des göttlichen Nerva Ururenkel Marcus Aurelius Antoninus Augustus, Germanensieger, Samatensieger, Oberster Priester, mit Tribunengewalt zum 36. Mal* (richtig wäre 34. Mal), *Feldherr zum neunten Mal, Konsul zum dritten Mal, Vater des Vaterlandes, und der Imperator Cäsar Marcus Aurelius Commodus Antoninus Augustus, der Sarmatensieger, der allergrößte Germanensieger, des Imperators Antoninus Sohn, des göttlichen Pius Enkel, des göttlichen Hadrianus Urenkel, des göttlichen Traianus, des Parthersiegers, Ururenkel, des göttlichen Nerva Urururenkel, mit Tribunengewalt zum vierten Mal, Feldherr zum zweiten Mal, Konsul zum zweiten Mal (Vater des Vaterlandes), haben die Mauer mit Toren und Türmen machen lassen durch die 3. italische Legion, die Einträchtige, unter der Leitung von Marcus Helvius Clemens Dextrianus, des kaiserlichen Legaten mit proprätorischer Gewalt (= des Statthalters).*«

Einweihung des Regensburger Lagers

Obwohl der größte Teil gar nicht erhalten ist, und trotz einiger Schreibfehler und Sonderheiten, läßt sich diese Inschrift aus folgenden Gründen in die erste Hälfte des Jahres 179 datieren. Im erhaltenen Teil des Textes (vgl. Nr. I 1) – auf ihn kommt es bei der Interpretation ja alleine an – heißt Kaiser Commodus nach dem Bruch in Zeile 4: [I]MP(erator) · II · CO(n)S(ul) · II · ; da Commodus aber erst am 1. Januar 179 sein zweites Konsulat angetreten hatte, können wir sagen, daß unsere Inschrift in die Zeit nach Neujahr 179 gehört. Andererseits wurde der römische Kaiser bei seiner Thronbesteigung mit dem Zuruf des Heeres: »*Impera-*

Gründungsinschrift

tor!« = »Feldherr!« begrüßt, ein Schauspiel, das nach jedem Sieg wiederholt wurde. In ihrer offiziellen Titulatur listeten die Regenten stolz die Zahl dieser Begrüßungen auf. Commodus wurde im Jahr 177 zum zweiten Mal als »Feldherr« bejubelt, zählte daher noch nach dem Januar 179: *Imperator II* = »Feldherr zum zweiten Mal«. Im gleichen Jahr führte, wie gesagt, der Ritter Tarrutienus Paternus ein Heer siegreich gegen Germanen, vermutlich die Markomannen. Da die Monarchen, gleichgültig wer immer die Schlacht entschied, formell den Oberbefehl führten, verbuchten sie auch die Lorbeeren für jeden militärischen Erfolg. Entsprechend wurden infolge des glorreichen Unternehmens ihres Feldherrn Tarrutienus Paternus die Kaiser Mark Aurel und Commodus abermals vom Heer als »Feldherrn« beklatscht. Commodus konnte sich deshalb noch im Laufe des Jahres 179 *Imperator III* = »Feldherr zum dritten Mal« nennen. Die Regensburger ›Gründungsinschrift‹ muß also vor dieser Weiterzählung entstanden sein.

Durch kombinatorischen Scharfsinn können wir den Zeitpunkt noch mehr, wie gesagt auf das frühe Jahr 179, einengen: Die Münzserien dieses Jahres hatten nämlich in acht Ausgaben für Commodus (und entsprechend natürlich auch für Mark Aurel) bereits die Feldherrnausrufungen weitergezählt, schrieben also bereits IMP(erator) · III, während nur ganze zwei Ausgaben den Stand der Regensburger Inschrift – IMP(erator) · II – wiedergaben.

Helvius Dextrianus

Noch ein Wort zu dem verewigten Senator, der das Regensburger Bauunternehmen mit der Erstellung von »Mauer mit Toren und Türmen« *(vallum cum portis et turribus)* zum Abschluß brachte. Von Marcus Helvius Clemens Dextrianus wissen wir nicht viel. Er könnte in Karthago in Nordafrika zu Hause gewesen sein, da von dort, freilich etwa ein halbes Jahrhundert später, ein Ritter namens Marcus Helvius Clemens stammte. Dextrianus war bereits im Jahr 181 von Aulus Spicius Cerialis als *legatus Augustorum pro praetore provinciae Raetiae*, als raetischer Statthalter und Kommandant der 3. italischen Legion, abgelöst. Seit wann er dieses Amt innehatte, ist ungewiß; eine neuere Untersuchung hält eine Amtszeit zwischen 177 und 180/181 für wahrscheinlich. Irgendwann in der Zeit zwischen 181 und 186 wurde er in Rom Konsul, bis er spätestens im zuletztgenannten Jahr in unserer westlichen Nachbarprovinz Obergermanien als Statthalter sogar Oberbefehlshaber über zwei Legionen wurde. Nach diesem amtlichen Aufenthalt in Mainz verlieren wir ihn aus dem Blick.

Marius Maximus

Übrigens wechselte etwa um die gleiche Zeit – theoretisch wäre sogar möglich, daß er Dextrianus begleitete – ein hoffnungsvoller junger Senator dienstlich von Regensburg nach Mainz über. Lucius Marius Maximus Perpetuus Aurelianus, der später bis in die zwanziger Jahre des 3. Jahrhunderts hinein noch eine großartige Karriere machen sollte, muß einer Inschrift aus Rom zufolge um 180 Militärtribun der 3. italischen Legion gewesen sein, bevor er, was durchaus ungewöhnlich war, in Mainz noch einmal dieselbe Stellung bei der dortigen 22. Legion bekleidete. Der junge Mann von etwa 20 Jahren hatte sich offenbar in Regensburg bewährt. Aber noch aus einem anderen Grund ist er für uns interessant, weil dieser Marius Maximus der erste nachgewiesene Historiker in Regensburg war. Aus einer reichen persönlichen Erfahrung schöpfend, verfaßte er Biographien römischer Kaiser für Leser, die offenbar besonders an Skandalgeschichten interessiert waren. Zum Leidwesen der Altertumswissenschaftler ist dieses Werk fast ganz verlorengegangen; wir kennen nur noch wenige Zitate aus späteren Benützern. Vielleicht hatte darin – wenigstens in der Lebensbeschreibung des Kaisers Pertinax (S. 77) – auch Regensburg eine kurze Erwähnung gefunden?

Entweder in *Vindobona* (Wien) oder, wie jetzt wahrscheinlich gemacht wurde, in *Bononia* bei Sirmium, holte sich am 17. März 180 die wiederauflebende parthische Seuche ihr prominentestes Opfer in Kaiser Mark Aurel selbst. Ob diesem seine »Selbstbetrachtungen« das eigene Ende erleichterten, so wie sie es anderen empfahlen? *»Daran denke, wenn du stirbst; dann wirst du leichter scheiden, wenn du bedenkst: Aus einem solchen Leben nehme ich Abschied, in dem meine eigenen Brüder, eben sie, für die ich so unsäglich gekämpft, gebetet, gesorgt habe, den Wunsch hegen, daß ich mich zurückziehe, weil sie davon irgendeine Erleichterung für sich hoffen!«*

Tod Mark Aurels

Eine Sorge wird den Kaiser noch auf dem Sterbelager bewegt haben: Mit den Hauptfeinden Roms, den Markomannen und den Quaden, war es zu keiner vertraglichen Friedensregelung gekommen. Der erst 19jährige Commodus (180–192, Abb. 12), als erster ›Purpurgeborener‹ auf dem Thron nunmehr alleiniger Herr über das Weltreich, war vor große Probleme gestellt. Ein rechtes Maß zwischen hochgestochenen Offensivplänen, imperialem Wunschdenken und verantwortungsbewußter Abschätzung der eigenen Möglichkeiten war schwer zu finden. Wie immer die Entscheidung ausfiele, Enttäuschungen würde sie nach sich ziehen. So haben die Befürworter der erbarmungslosen Unterwerfung der Feinde dem jungen Marcussohn schon in der Antike vorgeworfen, er habe das Vermächtnis des Vaters verraten und verkauft, die blutig bezahlten Errungenschaften der Kriegsjahre zu schnell aufgegeben und den Krieg »den Bedingungen der Feinde« überlassen. Durch aufmerksame Interpretation der Quellen rückte die neuere Forschung zu Recht von dieser zu negativen Beurteilung des neuen Kurses der römischen Außenpolitik ab; obgleich die Tatsache bestehen bleibt, daß seit dem März 180 die in ihrer jüngsten Entwicklung bis dahin höchstwahrscheinlich expansive Politik aufgegeben wurde: darauf weisen die vielen römischen Truppen im Feindesland nördlich der Grenze und Quellennotizen, die keineswegs mit dem Begriff ›Straffeldzug‹ genügend erklärt worden sind. Das Reich war finanziell, wirtschaftlich und auch personell ausgezehrt; allzulange tobte bereits der Krieg, der durch die erbarmungsloseste Epidemie des Altertums noch unerträglicher wurde; der überlebende Rest der Reichsbewohner hatte das Sterben satt; schon

Commodus schließt Frieden

unter Marcus waren Rufe nach einem Ende der kostspieligen und aufwendigen Feindseligkeiten laut geworden. Es kann sehr wohl sein, daß der Friede des Commodus auf die Dauer gesehen und wohl auch augenblicklich von einer realistischeren Beurteilung des Erreichbaren ausging als die Operationsvorstellungen seines Vaters; zu sehr waren diese beeinflußt von den Kommißköpfen, die, bei all ihren Verdiensten, in erster Linie auf die Demonstration der von ihnen repräsentierten römischen Streitmacht erpicht waren.

Vor seiner Rückkehr nach Rom am 22. Oktober 180 unternahm Commodus zur Vorbereitung von Friedensregelungen mehrere militärische Aktionen. An einer davon, an der gegen den Stamm der Buren, war auch eine Abteilung der Regensburger Legion beteiligt. Der Zenturio Flavius Vetulenus weihte aufgrund eines Gelübdes »zurückgekehrt aus dem burischen Feldzug« *(reversus ab expedit(ione) Burica ex voto posuit)* dem allerhöchsten Jupiter mit Beinamen Stator einen Dankaltar, der – auch wenn die Inschrift von Aventin im spätrömischen Burgus von Untersaal entdeckt wurde – wohl einst das Regensburger Hauptheiligtum zierte. Auch der ritterliche Militärtribun der 3. italischen Legion namens Caius Annius Flavianus aus der numidischen Stadt *Thamugadi* (Timgad), der von Commodus im »zweiten Germanischen Krieg« mit Orden *(dona militaria)* ausgezeichnet wurde, wird sich diese im gleichen Feldzug, der, wie Cassius Dio sagt, die Buren »erschöpfte«, verdient haben.

Die Friedensbedingungen, die anschließend mit den Buren, den Quaden und den ebenfalls ausgelaugten Markomannen ausgehandelt wurden, glichen weitgehend denen von 175: gegen jährliche Getreidelieferungen, Stellung von Truppenkontingenten, Auslieferung der Gefangenen und Überläufer, Überwachung des Marktverkehrs der Germanen auf dem Reichsboden durch einen Zenturio sowie Weiterbestand des als Niemandsland zu betrachtenden Grenzstreifens zog Rom seine Besatzung jenseits dieser Grenzzone hinter die Donau zurück. Somit hatte die erste Konfrontation der Weltbeherrscher mit der Völkerwanderung beiden Seiten außer blutigen Köpfen letztlich nichts als die Wiederherstellung des territorialen und, durch die Rückkehr zum Klientelsystem, auch des rechtlichen Status quo eingebracht.

Wiederaufbau

In den kriegsgeschädigten Gebieten des Reiches bestimmten in den Folgejahren Wiederaufbau des Zerstörten und Maßnahmen zur zusätzlichen Festigung und Sicherung der nördlichen Reichsgrenze das Leben. Auch in Raetien ging man daran, aus den Trümmern Neues aufzubauen. In Regensburg hatte ja noch Mark Aurel Ordnung schaffen können. Der von der 3. italischen Legion überwachte Grenzabschnitt war friedlich. Deshalb konnte schon 181 ein Zenturio der Regensburger Legion namens Iulius Iulinus auf Befehl des Statthalters Aulus Spicius Cerialis mit Mannschaften der Legion die Mauer *(vallum)* des Numeruskastells Böhming wiederaufziehen; die beiden Tore mit je zwei Türmen stellte daraufhin

Aelius Fortis, ein Kollege des Iulinus, mit Teilen der von ihm befehligten Breukerkohorte her. Die Regensburger Einheit wurde damals und in der Zukunft immer wieder, gewiß noch an vielen anderen Orten der Provinz, zu Bau- und Ausbesserungsarbeiten an militärischen, aber auch an zivilen Objekten, eingesetzt. Direkte Zeugnisse wie in Böhming, naturgemäß seltene Glücksfälle, fehlen, sieht man von der erwartungsgemäß großen Streuung der aufgefundenen gestempelten Ziegel ab. Im wesentlichen aus der Legionsziegelei Bad Abbach stammend (S. 309), Nr. I 41), wurden diese z.B. in den Lagern in Künzing und Straubing häufiger gefunden, vereinzelt aber auch im Limesgebiet und sogar westlich von Augsburg, bei Memmingen und bei Mindelheim. Natürlich hat die Hauptziegelei der Regensburger Legion, wie dies etwa auch bei den obergermanischen Truppen gleicher Gattung beobachtet wurde, den Bedarf umliegender militärischer Anlagen mit abgedeckt, und es wäre verkehrt, aus Ziegelstempeln gleich auf die Anwesenheit größerer Teile der Legion am Fundort zu schließen; dennoch werden die einen und anderen dieser begehrten Bauteile mit Bautrupps der Herstellereinheit an ihren Zielpunkt gelangt sein. In Friedenszeiten war es jedenfalls sinnvoller, Teile der Legion von ihren Standorten abzukommandieren, als die zahlenmäßig ohnehin viel schwächeren Hilfstruppenverbände für längere Zeit durch nichtmilitärische Aufgaben zu belasten.

Für das Jahr 188 ist ein »dritter Germanenfeldzug«, die *expeditio tertia Germanica*, inschriftlich belegt. Er hat Ostraetien ebensowenig berührt wie die etwa gleichzeitigen Unruhen in Obergermanien. Viel schlimmer beeinträchtigte die erst 189 erloschene Seuche das tägliche Leben. Wenn auch die Behauptung des im 5. Jahrhundert schreibenden Priesters Orosius, *»daß allenthalben ohne Bebauer und Bewohner verlassen daliegende Landgüter, Äcker und Städte sich in Ruinen und Waldungen verwandelten«*, zweifellos stark übertrieben ist, weil die *lues* in dieser christlich geprägten Vorstellung von Gottes Eingreifen in die Weltgeschichte die Strafe Roms für vorausgehende örtliche Christenverfolgung in Asien und Gallien war, so haben wir sichere Indizien, daß das Gebiet nördlich der Alpen stark betroffen war. Auf einer Grabinschrift, die bis Anfang des 19. Jahrhunderts in der Kirche von Eggstätt, wenig nördlich des Chiemsees, vermauert war, betrauerte ein Victorinus im Jahre 182 seine Eltern, seine Frau und seine Tochter, »die durch die Seuche dahingerafft wurden« *(qui per luem vita functi sunt)*. Möglicherweise hat damals auch in Regensburg die Krankheit ihre Opfer gefordert: Jedenfalls brachte man unlängst mit ihrem Wüten den Tod der drei »allerärmsten« Kinder des »unglücklichen Vaters« Vindelicius Surinus (Nr. I 28) zusammen, der etwa 40 Exemplaren von Ziegeln mit dem Stempelaufdruck M · VINDEL(ici) SVRINI aus Abbach, Alkofen, Eining, Sittling und Pförring zufolge Besitzer oder Pächter einer Privatziegelei in der Nähe Regensburgs war.

Bedrohung des Reiches – die hohe Zeit der 3. italischen Legion (193–284 n. Chr.)

Bürgerkriege
193–197

Die Turbulenz des Jahres 193 hat, wie alle Reichsbewohner, auch die damaligen ›Regensburger‹ bewegt. Der zunehmend seinen Lastern und Leidenschaften fröhnende Commodus kümmerte sich kaum noch um die hohe Politik, trat stattdessen, sich mehr und mehr als römischer Hercules *(Romanus Hercules)* und wie Jupiter als der »in allen Tugenden Hervorragendste« *(omnium virtutum exsuperantissimus)* fühlend, in der Arena als Gladiator oder Tierjäger auf. In der Silvesternacht des Jahres 192 wurde er bei einem Komplott seiner engsten Vertrauten und seiner Konkubine Marcia durch seinen freigelassenen Athleten Narcissus erwürgt. In Übereinstimmung mit den Prätorianern übertrug der Senat dem uns bereits bekannten Pertinax – er hatte mittlerweile alle Ehrenämter, die der Staat vergeben konnte, bekleidet – den Purpur. Doch schon nach drei Monaten waren die Gardisten ihres neuen Herrn überdrüssig: sie erschlugen ihn und verkauften kurzerhand den Thron an den meistbietenden Senator, an Marcus Didius Julianus. Dieser verlor Würde und Leben noch schneller als sein Vorgänger. Jetzt nämlich wurde offenbar, wer nach dem Kaiser die geheimen Herren im Reiche waren: Die Statthalter der mit drei Legionen ausgestatteten Provinzen Syrien, Pannonien und Britannien forderten die Herrschaft jeweils für sich. Der Afrikaner Lucius Septimius Severus (193–211, Abb. 12) setzte sich in diesem Thronstreit durch, gewiß auch deshalb, weil er als pannonischer Legat der Hauptstadt am nächsten war. Eilig von Carnuntum auf Rom marschiert, hatte er sich dem Senat als Zuchtmeister präsentiert; die Zentrale in seiner Hand – zum ersten Mal wurde Rom durch eine Legion überwacht – gelang es ihm mit viel taktischem und diplomatischem Geschick, zuletzt aber doch mit der Waffe, in über dreijährigen Bürgerkriegen seine beiden Kontrahenten – Gaius Pescennius Niger im Osten und Decimus Clodius Albinus im Westen – völlig auszuschalten. Eine bedeutende Rolle in diesem Kampf um die Alleinherrschaft zwischen 193 und 197 spielte die enorme Truppenmacht, auf die sich Severus berufen konnte. Schon 193 erklärten sich, mit Ausnahme der in Vindobona (Wien) gelegenen, alle übrigen 15 an Rhein und Donau stationierten Legionen für den neuen Herren. Aus Dankbarkeit und zur Belohnung ihrer Loyalität ließ dieser die einzelnen Einheiten preisende Silbermünzen prägen.
Auch der Regensburger Legion wurde eine solche Treuemünze zugedacht. Auf den Vorderseiten dieser Denare aus den Jahren 193/194 (Abb. 15) blickt der bär-

Abb. 15: Im Laufe der Bürgerkriege nach der Ermordung des Kaisers Commodus stand die Regensburger Legion auf der Seite des Siegers Septimius Severus. Gemeinsam mit anderen Einheiten wurde sie durch die Prägung einer eigenen Münze für ihre Treue belohnt. (Nach H.-J. Kellner)

tige Kaiser, mit dem Lorbeerzweig gekrönt, nach rechts; die Aufschrift lautet IMP(erator) CAE(sar) L(ucius) SEP(timius) SEV(erus) PERT(inax) AVG(ustus). Die Rückseiten zeigen die Umschrift LEG(io) III Ital(ica) und TR(ibunicia) POT(estate) CO(n)S(ul); im Feld ist der Legionsadler abgebildet (zugegeben, so wie er seinen gebogenen Schnabel aufreißt und die Flügel aufgeregt in die Luft streckt, ähnelt er eher einem vorwitzigen Papagei), flankiert wird er von je einer Manipelstandarte *(signum)*.

Die Rolle unserer Legion während der Bürgerkriege ist unbekannt. Nach verbreiteter Ansicht verdiente sich die 2. italische Legion, die um diese Zeit dabei war, ihr neues Lager in Lauriacum zu beziehen, damals den Beinamen *fidelis*, »die Getreue«: offenbar blieb sie dem Severus verbunden, obwohl gewisse Kreise Noricums mit dem Gegenkaiser Clodius Albinus sympathisierten. Für die raetische Schwester ist dieser Ehrenname bisher nicht sicher belegt. Allerdings gibt es einen, leider nicht völlig eindeutigen Hinweis darauf, daß vielleicht unter Tiberius Claudius Candidus mit dem illyrischen Heeresaufgebot Teile der raetischen Legion zum Kampf gegen Pescennius Niger in den Osten zogen: Vermutlich in der ägyptischen Hafen- und Millionenstadt Alexandria wurde zwischen 193 und 195 (oder 196) ein Denar geprägt, der auf der Vorderseite die Kaiserin mit den Aufschrift IVLIA DOMNA AVG(usta) zeigt und rückwärts die schon bekannte Darstellung des Adlers zwischen zwei Standarten sowie die Legende LEG(io) III ITALI(ca) TR · P · COS · aufweist. Immerhin gibt es in dieser Zeit Indizien für das Verweilen auch anderer Einheiten in Alexandrien, so für die pannonische *legio I Adiutrix*.

Das Gebiet Raetiens selbst war nur am Rande in das Bürgerkriegsgeschehen verwickelt. Wie im 3. Jahrhundert noch oft, wurde es Aufmarschbasis und Durchzugsgebiet der römischen Streitkräfte; dies besonders immer dann, wenn der Krisenherd in Gallien oder Germanien lag. Der britannische Statthalter Clodius

Regensburger in Ägypten

Aufmarsch in Raetien

Albinus hatte seit 193 mit Septimius Severus offiziell paktiert, ohne seine eigenen Ansprüche je ganz aufzugeben. Immerhin war er, damit Severus während der Niederringung des Niger im Osten den Rücken frei habe, zum Cäsar, also zum zweiten Mann im Staate, ernannt worden. Anfang 196 ließ er sich dann endgültig selbst zum Kaiser (*Augustus*) ausrufen, setzte aufs Festland über und gewann Gallien und Spanien für sich. Seine Kommandozentrale schlug er in Lyon *(Lugdunum)*, der Hauptstadt der drei gallischen Provinzen, auf. Bereits 195, also noch bevor die scheinbare Eintracht zwischen Albinus und Severus in die Brüche ging, hatte letzterer in weiser Voraussicht die Straßen in Raetien ausbauen lassen. Meilensäulen mit dem kaiserlichen Formular dieses Jahres fanden sich besonders an den wichtigen Fernwegen von Nordosten und Südosten nach Salzburg (*Iuvavum*), an der Straße Salzburg-Augsburg und an der Eining, Pförring, Kösching, Nassenfels berührenden Verbindung zwischen Regensburg und Augsburg. Weil dieselben Meilensteine – ein Fragment kam, dorthin verschleppt, bei Burgweinting zutage (Nr. I 33) – auch Namen und Titulatur des Kaisers Caracalla, des Sohnes und Nachfolgers von Septimius Severus, aus dem Jahr 215 verzeichnen, scheinen die Straßenarbeiten 195 nicht vollendet worden zu sein (S. 110). Vermutlich wurden sie abgebrochen, als sich die Heeresverbände des Severus im Laufe des Jahres 196 im Donauraum zum Aufbruch sammelten, »um«, wie es auf einer pannonischen Inschrift heißt, »die gallische Erhebung niederzudrücken«. Im Winter 196/197 marschierten die severischen Truppen in Gallien ein. Durch eine Schlacht bei Lyon im Februar 197 wurde der Herrschaft des Clodius Albinus ein Ende bereitet.

Septimius Severus und seine Reformen

Nach diesem »allerglücklichsten gallischen Feldzug« verfolgte und bestrafte Severus mit ganzer Härte die Anhänger seiner Gegner. Außenpolitisch konnte er sich in der Folgezeit ganz einem erfolgreichen Krieg gegen die Parther (197–202) und seit 208 einem Feldzug in Britannien widmen. Auf letzterem starb er 211. Seine angeblich letzten Worte zu seinen Söhnen: »Bleibt einig, bereichert die Soldaten, verachtet alle anderen!« zeichnen die Grundlinie seiner innenpolitischen Leistungen, wenn auch sehr einseitig. Septimius Severus gehörte zu den wenigen Kaisern, deren Maßnahmen das Leben weiter Kreise der Bevölkerung wirklich nachhaltend veränderten. Die Schlagworte Militarisierung, Bürokratisierung, soziale Verflachung und Gleichmacherei umreißen grob die Auswirkungen dieses Programms. Die Senatoren – längst nicht mehr nur Römer, sondern aus fast allen Teilen des Reiches stammende ›Geschöpfe‹ von Kaisers Gnaden, an Unterwürfigkeit ebenso wie an die eigene Bequemlichkeit gewöhnt und nicht selten durch oberflächliche kaiserliche Ehren- und Gunsterweise leicht zufriedenzustellen – wurden in ihren Rechten zwar nicht geschmälert (so wurden nach wie vor die meisten Provinzen, auch Raetien, von senatorischen Statthaltern geführt), doch stellte man ihnen in wachsender Zahl einflußreiche Beamte aus dem zweiten Stand gegenüber, ja im Laufe des folgenden Jahrhunderts mehr und mehr voran. Besonders die ritterlichen Berufsjuristen erlangten über das Kommando der kaiserlichen Leibgarde (Prätorianerpräfektur) übermächtigten Einfluß auf Kaiser und gleichermaßen auf Zivil- wie Militärverwaltung. Das hatte als eine erfreuliche Folge die Entwicklung von Rechtswesen und -wissenschaft zu einer geradezu klassischen Blüte. Hand in Hand damit ging aber auch eine dem Imperium Romanum bis dahin unbekannte Aufdringlichkeit und Eigenlebigkeit der staatlichen Organisation. Allein schon das Zahlenbild der ritterlichen Verwaltungsbeamten, der Prokuratoren des Kaisers, verdeutlicht die veränderte Situation: von 25 derartigen Posten unter dem ersten Kaiser, Augustus, wuchs die Stellenzahl auf 80 zu Beginn des 2. Jahrhunderts und schließlich auf 174 unter Septimius Severus. Ihrer sozialen Herkunft nach war diese festbesoldete und je nach Rang mit schmeichelhaften Ehrenprädikaten ausgezeichnete Ritterschicht sehr uneinheitlich: neben Offizieren schafften vorwiegend auch ehemalige Gemeindebeamte, aber auch einstige Freigelassene den Sprung nach oben. Die soziale Pyramide der römischen Gesellschaft wurde jetzt durchlässiger, soziale Mobilität, auch für die Provinzialen, in bisher ungeahntem Maße möglich.

Bei weitem die größten Aufstiegschancen hatte man in der Armee. Sie war zum Lieblingskind des Herrscherhauses geworden. Nicht von ungefähr! Trug schon seit Augustus das römische Kaisertum die Züge einer verkappten Militärmonarchie, so war spätestens seit 193 offenbar, daß – einer berühmten Formulierung folgend – das Heer den Kaiser machte. Zahlenmäßig wurde das Gesamtheer, nicht zuletzt durch die Schaffung einiger neuer Legionen, auf etwa 200 000 Mann verstärkt; aus Legionssoldaten wurde eine neue Leibgarde für den Kaiser aufgestellt, d.h. der Dienst in den Prätorianerkohorten war nicht mehr nur Privileg der Jugend Italiens: gewiß werden auch manche Regensburger Legionare nach Rom in diese Eliteeinheit abgegangen sein (freilich fehlt für diese Vermutung, anders als für die 2. italische Legion, bis heute jeder Beleg). Die enge Bindung der Soldaten an das Herrscherhaus, wie sie auch in den letzten Worten des Septimius Severus zum Ausdruck kommt, hat diesen eine Reihe von Vorteilen eingebracht.

An erster Stelle ist die Solderhöhung zu erwähnen: Bekam der einfache Legionssoldat am Ende des 1. Jahrhunderts n. Chr. noch 300 Denare pro Jahr, so unter Septimius Severus bereits 450 und unter dessen Sohn Caracalla gar 675 Denare.

Ein weiteres Zugeständnis der Obrigkeit bestand in der Gewährung des Rechts für die aktiven Soldaten, eine rechtsgültige Ehe schließen zu dürfen. Damit wurde freilich nicht so sehr etwas Neues geschaffen, vielmehr eine gesetzliche Ausnahmesituation beseitigt. Bei einem Rekrutenalter von rund zwanzig Jahren und fast einem Vierteljahrhundert Dienstzeit mußte das Eheverbot für Aktive zwangsweise zur wilden Ehe (Konkubinat) führen. Diese war daher bei älteren Offizieren und Soldaten der Hilfstruppen schon lange nicht nur verbreitet (S. 61), sondern auch von oben geduldet worden. Anderseits förderte natürlich die Ehelosigkeit

Lieblingskind – Armee

Solderhöhungen

Heiratserlaubnis

insgesamt gesehen Disziplin und Beweglichkeit, kurz die Einsatzfähigkeit der Truppe, die umgekehrt durch die enge Bindung an Standort und Familien stark leiden mußte. Die Offiziere konnten seit Septimius Severus außerhalb des Lagers bei ihren Angehörigen nächtigen, was stellenweise nicht nur innerhalb der Mannschaften eine Senkung der Moral, sondern auch das Anwachsen der sozialen Spannungen zwischen den Mannschaften und Offizieren sowie den jeweiligen Familien heraufbeschwören mußte. Natürlich wurde gleichzeitig der Anreiz, Karriere zu machen, noch größer. Andererseits veränderte sich, selbstverständlich in verschiedenem Ausmaß, auch das äußere Erscheinungsbild der zu den Garnisonen gehörigen Zivilsiedlungen (*vici* und *canabae*, S. 104ff.); diese wuchsen zahlenmäßig an, während die Armeeangehörigen durch legale Heiraten immer mehr mit der ansässigen und einheimischen Bevölkerung verschmolzen.

Wohlhabenheit

Fortschreitend wird in der Folgezeit aus dem Soldatenstand eine relativ einheitliche soziale Schicht, die, sich ihrer Bedeutung für das Reichswohl sehr bewußt, im gesellschaftlichen Leben an der Grenze durchwegs die Hauptrolle spielte. Ihre wachsende wirtschaftliche Wohlhabenheit, nicht zuletzt infolge häufiger Solderhöhungen und Geldgeschenke bei Thronwechsel – ein gefährlicher Anreiz zur Förderung der Instabilität – und sonstigen Staatsjubiläen, ermöglichte vereinsmäßige Zusammenschlüsse mit eigenen Vereinslokalen (selbstredend hielten sich die verschiedenen Dienstränge in der Regel auseinander). Die Zahl der Weihungen und Verschönerungsbauten durch Militärs nahm zu; auch in Regensburg, wo wir z.B. wissen, daß der Zenturio mit dem keltischen Namen Gaius Servandius Serotinus es sich leisten konnte, im Heiligtum von Ziegetsdorf »zu Ehren des göttlichen Kaiserhauses dem Gott Merkur und seiner Mutter Maia« ein großes reichgeschmücktes Standbild mit Inschrift zu setzen (Nr. I 12), der Optio (also der Stellvertreter eines Zenturios) Gaius Rufonius Placidus es ebendort sogar vermochte, den niedergebrannten Tempel für Merkur wieder aufbauen zu lassen (Nr. I 10). Des weiteren sorgte der Veteran Sullanius Albucius im Jahr 211 für die Wiederherstellung des Tempels für Mars und Victoria (Nr. I 7); 206 weihte ein Fahnenträger irgendetwas nicht mehr näher Bekanntes; ebenfalls ein Optio namens Salutaris stiftete »zu Ehren des göttlichen Kaiserhauses dem Gott Liber Pater« eine Inschrift und ließ am Heiligtum einen Umgang oder ein Schutzdach *(porticus)* anbringen (Abb. 16, Nr. I 9). Dies alles war nur in einer Zeit möglich, als die Unteroffiziere (die Principales) und Zenturionen vom Kaiser ermächtigt wurden, wie seit jeher die Angehörigen des zweiten Standes (die Ritter) einen goldenen Ring zu tragen. Damit kommt eine gesellschaftliche Anhebung dieser Unteroffiziersschicht zum Ausdruck, die als ein Reservoir für mögliche Aufsteiger in die sozialen Oberschichten des Reichs betrachtet wurde.

Im Jahr 212 oder wenig später wurden alle persönlich freien Bewohner des Reichs durch die *Constitutio Antoniniana* (also durch eine Verordnung des Kaisers Anto-

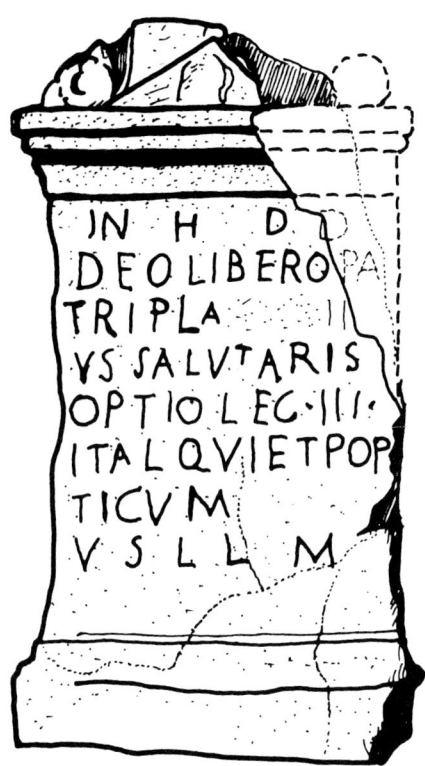

Abb. 16: Die zahlreichen Götterweihungen sind Ausdruck des Wohlstandes der Soldaten in der ersten Hälfte des 3. Jahrhunderts n. Chr. Hier eine Weihinschrift an den Gott Liber Pater, gestiftet von dem Optio (Zenturionenstellvertreter) Salutaris (Katalog I 9). Der Stein wurde 1950 am Weinweg gefunden. MSR Inv. L 164.

ninus = Caracalla) zu römischen Bürgern. Durch diese Massenbürgerrechtsverleihung (man munkelte, der Kaiser habe dadurch vor allem die Zahl der Erbschaftssteuerpflichtigen vielfach erhöhen wollen) wurde die einstige Unterscheidung zwischen Bürgern und Fremden (S. 59ff.) endgültig hinfällig, nachdem sie in der Realität schon länger von einer anderen in zunehmendem Maße verdrängt worden war.

Wichtig war jetzt, ob man zu den *honestiores*, zu »den Besseren«, oder zu den *humiliores*, zu »den Geringeren«, eben zu den einfachen Leuten, gehörte. Diese Trennung war vor allem in der Rechtssprechung von großer Bedeutung, weil man, je nachdem zu welcher Bevölkerungsschicht man zählte, für die gleiche Straftat höchst verschieden bestraft wurde. Dabei bildeten sehr unterschiedliche Gruppen »die Besseren«: Zu ihnen zählten nicht nur Senatoren und Ritter, auch die Stadträte der Gemeinden *(decuriones)*, die Freigelassenen des Kaiserhofes und schließlich sogar die Soldaten mit ihren Familien. Dennoch machten diese ›feinen Leute‹ nur einen Bruchteil der Gesamtbevölkerung aus, von der die große Masse, sofern sie nicht persönlich unfrei, also Sklaven, waren, zur Gruppe der *humiliores* gerechnet wurde. Diese breite Schicht, die noch am ehesten die Züge einer gesell-

Alle Freien werden Bürger

schaftlichen Klasse im modernen Wortsinne trug, war überall im Reich und gleichgültig welchen Beruf der einzelne ausübte, sozial und wirtschaftlich relativ schlecht gestellt. Auf ihrem Rücken ruhten im wesentlichen die Lasten des Staates.

Am obergermanisch-raetischen Limesabschnitt blieb es unter Septimius Severus offenbar ruhig. Baumaßnahmen an der Grenzbefestigung selbst waren unbedeutend im Vergleich zu den Bemühungen zur Förderung des Hinterlandes. Diesem Ziel dienten vor allem die Verbesserungsarbeiten am raetischen Straßennetz im Jahre 201. Besonders die Verbindungen Augsburg-Bregenz und Augsburg-Salzburg, aber auch Abschnitte der Straße Augsburg-Regensburg wurde in irgendeiner Weise ausgebaut.

Staatspost und Heeresverpflegung

Diese Fernstraßen dienten, von Wacht- und Signaltürmen geschützt, nicht wie unsere modernen Autobahnen und Bundesstraßen vorwiegend privatem Handels- und Reiseverkehr, sondern in erster Linie als Marsch-, Transport- und Versorgungswege des Heeres und zur Beförderung der Staatspost *(cursus publicus)*. Auch diese Institution der Reichspost, für deren Unterhalt (ein ständiger Streitpunkt) vorwiegend die Anwohner der großen Fernstraßen zu sorgen hatten, übermittelte nicht etwa Liebesbriefe oder Reklamesendungen, ihr oblag ausschließlich die Beförderung von Personen und Gütern im Interesse und Auftrag von Staat und Verwaltung; in ihren Kutschen reisten die einzelnen Beamten und die Gesandtschaften des Kaisers; ihre Kurierreiter überbrachten Botschaften und Depeschen der Zentrale; sie sorgte aber auch für die Verlegung der Soldaten und im 3. Jahrhundert sogar für die Zustellung der *annona militaris*, einer in Ansätzen wohl bereits seit Mark Aurel oder Commodus bestehenden Naturalabgabe der Provinzbevölkerung (vorwiegend Nordafrikas) zum Unterhalt der Truppen und Staatsbeamten. Je mehr das Grenzland des Reiches ins Schußfeld geriet und folglich die Eigenversorgung des Militärs aus zweierlei Gründen – überwiegender militärischer Einsatz und Gefahr der Erntevernichtung durch feindliche Überfälle – unsicher wurde, um so mehr mußte das Hinterland durch die Verbesserung der Nachschubmöglichkeiten zur Verproviantierung erschlossen werden.

Versorgungsstützpunkt Trient

Die oberitalische Stadt Trient *(Tridentum)* südlich des Alpenhauptkamms war ein hinterer Versorgungspunkt der 3. italischen Legion. Vermutlich in der Zeit um oder kurz nach 200 wurde hier nämlich ein Gaius Valerius Marianus geehrt, der sowohl in seinem Heimatort bereits alle Ehrenämter bekleidet hatte, als unter anderem auch *adlectus annon(ae) leg(ionis) III Italicae*, also »Einnehmer des Proviants der 3. italischen Legion« war. Man ist sich weitgehend einig, daß Marianus seine (außerordentliche) Aufgabe nicht als Soldat, eher als eine Art ritterlicher Prokurator im Dienste des Kaisers versah. Vermutlich gibt es noch einen weiteren Beleg für die Bedeutung Trients für die ›Regensburger‹: Auf einer anderen Inschrift aus diesem Ort pries in derselben Zeit der Ritter Tiberius Claudius Victor den Senatorenjüngling *(clarissimus iuvenis)* Gaius Iulius Ingenuus, weil dieser sich sehr um ihn verdient gemacht habe. Da Ingenuus trotz seiner jungen Jahre bereits Militärtribun unserer Legion (also höchster Offizier nach dem raetischen Statthalter) war, wird man kaum fehlgehen, auch seinen Freundesdienst für Victor irgendwie im Zusammenhang mit der Nahrungsmittelzufuhr für die Regensburger Truppe, mit der Futterlieferung für die Tiere, kurz mit der *annona militaris* zu sehen.

Entlang der römischen Reichsstraßen standen in gewissen Abständen immer wieder Poststationen *(mansiones)*, an denen Pferde und Wagen gewechselt wurden, oder die Reisenden übernachteten, bisweilen aber auch die *annona militaris* eingelagert werden konnte. Bei Kumpfmühl glauben die Archäologen eine solche Station ergraben zu haben (S. 191). In der Tat gibt es auch in der historischen Überlieferung einen deutlichen Hinweis auf so eine ›Raststätte‹ bei Regensburg:

Die *Tabula Peutingeriana* ist die 6,82 m lange und rund 34 cm breite farbige Kopie einer antiken Straßenkarte. Heute in der Österreichischen Nationalbibliothek aufbewahrt, gibt sie, in elf Segmenten (Abschnitten) die gesamte zur Entstehungszeit bekannte Welt wieder. Hatte man sie früher mit der 365/366 n. Chr. entstandenen Weltkarte eines Castorius identifizieren wollen, so geht man heute mit guten Gründen davon aus, daß die ›Urkarte‹ zu Beginn des 3. Jahrhunderts angefertigt, aber bis zu ihrer aus dem Ende des 4. oder dem Anfang des 5. Jahrhunderts stammenden letzten Fassung, immer wieder erweitert und umgearbeitet worden sei. Von dieser letzten antiken Redaktion wurde im 12. oder 13. Jahrhundert unsere Kopie angefertigt, die im 15. Jahrhundert (daher ihr Name) in den Besitz des Augsburger Humanisten Konrad Peutinger (1465–1547) überging. Somit spiegelt unser heutiges Exemplar eine nicht wesentlich veränderte Situation wie die antike Vorlage selbst wider; diese war nicht etwa aus Unkenntnis so in die Länge gezogen und stark verzerrt, sondern, weil sie schon in der Antike als praktische Karte gedacht war. Eingezeichnet sind nur die wichtigeren Landwege, wobei neuerdings nicht ganz ausgeschlossen wird, daß die Eintragung auf amtlicher Grundlage (vielleicht der Staatspost) erfolgte. Normale Stationen sind auf der Karte lediglich durch einen Haken in der sonst fast gerade gezeichneten Straße angezeigt. Daneben wird aber eine große Zahl von Orten durch kleine Zeichnungen hervorgehoben. Eine Untersuchung dieser sogenannten Vignetten zeigte, daß mehrere Symbole verwendet wurden: 429mal Doppeltürme, 44mal einzelne Häuser (Heiligtum mit Pilgerherberge?) und 52mal ein viereckiges Haus als Zeichen für Badeorte oder Hofgebäude *(aquae)*. All dies zeigte dem Benützer an, wo Etappenstationen, Rastorte oder Gästehäuser an den Straßen lagen, wobei die einzelnen Symbole wohl Rang und Qualität dieser Stationen unterschieden. Die Station bei Regensburg – *Regino* steht auf Segment 4 der Karte (Abb. 17) – ist mit

Regensburger Poststation

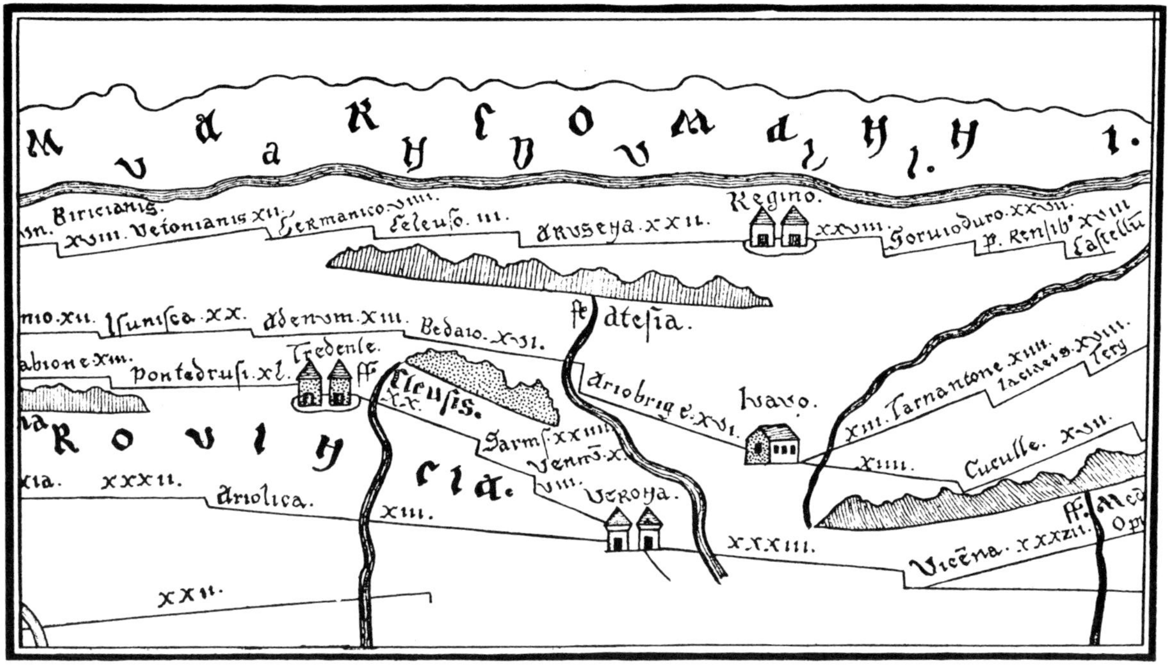

Abb. 17: Ausschnitt aus Segment 4 der *Tabula Peutingeriana,* einer 6,82 m langen und rund 34 cm breiten farbigen Kopie einer antiken Straßenkarte. Der Benutzbarkeit wegen ist die damals bekannte Welt sehr in die Länge gestreckt dargestellt. Eingezeichnet sind unter Angabe der jeweiligen Entfernungen die einzelnen Raststationen längs der Reichsstraßen. Der Eintrag *Reginum* am oberen Rand weist auf eine Poststation bei Regensburg.

Abb. 17a: Vignette der Regensburger Station auf der *Tabula Peutingeriana.* (Nach A. u. M. Levi)

einer Doppelturmvignette versehen. Diese häufigste Art der Kennzeichnung, die keineswegs etwa auf ein Stadttor, sondern auf die Vorderfront eines Gutshofes (davon gab es im Umkreis von ca. 20 km bei Regensburg rund hundert, S. 259 ff.) oder eines ähnlichen, damals auf dem Lande häufig zu findenden Gebäudetyps hinweisen soll, läßt 79 Varianten erkennen, die wiederum in vier Gruppen zusammenzufassen sind. Bei *Regino* liegt der Typ des mit einem Mauerstück verbundenen Turmpaares vor, wobei die Türme nicht etwa mit normalen Dächern versehen sind: Die Vorderansicht vermittelt vielmehr den Eindruck, als sei den Türmen je ein gleichsam auf einer Spitze stehendes Quadrat eingelassen (Abb. 17a). Dasselbe Zeichen findet sich auf der *Tabula Peutingeriana* nur noch am südlichen Endpunkt der claudischen Straße (S. 50) bei *Altinum* (Altino bei Venedig), wo möglicherweise eine ähnliche, einen ganz bestimmten Komfort bietende Etappenstation gestanden hat. *Regino* bezeichnet freilich nicht etwa die Station selbst, sondern die in ihrer Nähe liegende Ortschaft.

Die Anschauung, Mark Aurel habe die *Castra Regina* gegründet und fortan habe diese Lokalität dann ein für allemal so geheißen, so wie der Ort heute seit längerer Zeit unveränderlich eben Regensburg heißt, geht irrtümlicherweise von modernen Grundsätzen aus. Einmal angenommen, hier hätte sich tatsächlich in römischer Zeit schon eine zivile Gemeinde mit Stadtrecht befunden (vgl. S. 109), so wäre schon der unterschiedlichen Kennzeichnung von Städten in der Kaiserzeit als *municipium*, *colonia* oder *civitas* wegen eine Kombinationsvielfalt von Benennungen zu erwarten, welche durch die Gewohnheit, den Namen des Stadtrecht verleihenden Kaisers als Beinamen der Gemeinde anzuhängen, noch vergrößert worden wäre.

Römische Namen Regensburgs

Macht man sich, davon abgesehen, die Besiedlungsstruktur der Regensburger Bucht im Laufe der römischen Herrschaft klar, so erkennt man schnell, wie falsch die Erwartung eines einzigen Namens wäre. Allein von da her wären nämlich bis zu acht Benennungen, genausoviele wie Siedlungsobjekte, denkbar; im einzelnen Namen für:

1. eine eventuelle vorrömische Siedlung (entweder könnte ihr Name – *Radaspona*? – in der Kaiserzeit weitergelebt haben, oder erst damals wurde von den keltischen Elementen der Bevölkerung ein keltischer Name für die römische Örtlichkeit geprägt, S. 42 f.),
2. das Kumpfmühler Lager (und die dazugehörige Zivilsiedlung, S. 177 ff.),
3. die sogenannte ›Donausiedlung‹ während der ›Kumpfmühler Zeit‹ (S. 230 ff.),
4. das Legionslager der 3. italischen Legion (S. 192 ff.),
5. die zivile Ansiedlung westlich dieses Legionslagers (bisher immer *canabae* genannt, S. 233 ff.),
6. das Kleinkastell gegenüber der Naabmündung (S. 252 ff.),
7. die zivile Ortschaft neben diesem Kleinkastell (S. 248 ff.),

8. der mutmaßliche spätantike Zusammenschluß von ziviler und militärischer Besiedlung innerhalb des ehemaligen Legionslagers (S. 134f.).

»Legio« Angesichts dieser Fülle von Möglichkeiten wiegen Mangel und Mangelhaftigkeit unserer Überlieferung um so schwerer. Unumstößlich sicher kennen wir nur den Namen des Legionslagers in der Zeit um 215. Auf einem seit dem Ende des 18. Jahrhunderts bekannten Meilenstein aus dem Limesgebiet, genau aus Wolkertshofen bei Nassenfels, wird der einstige Standort durch zwei Entfernungsangaben gekennzeichnet. Diese lauten: *ab Aug(usta) m(ilia) p(assuum) XLV* und *a L(e)g(ione) m(ilia) p(assuum) LI*, also »von Augusta 45 römische Meilen« und »von der Legion 51 römische Meilen« (1 römische Meile = 1480 m). Auch auf dem Burgweintinger Meilenstein (Nr. I 33) sind – die Ziffern fehlen hier, da sie offenbar einst aufgemalt waren – dieselben Zielorte genannt, nur wird noch eindeutiger *a Leg(ione)* gezählt. Da *Aug(usta)* nur Augsburg sein kann, ist *Legio* nichts anderes als der Legionsstandort. Daraus folgt, daß das Lager der 3. Italischen zum Zeitpunkt der Steinsetzung (215) nur als *Legio* bezeichnet wurde. Ähnlich verfuhr man auch andernorts, z.B. in Nordwestspanien, wo noch heute der Standort der 7. Legion als *León* weiterlebt; auch Caer*leon* in Britannien und Leǧǧūn in Palästina waren ehemalige Legionsstandorte (von Truppennamen sind wohl auch Aalen von *ala*, Künzing = *Quintana* von einer fünften Kohorte abgeleitet usw.).

»Reginum« Daß dennoch bereits damals auch ein weiterer Name existierte, geht aus der *Tabula Peutingeriana* und dem sogenannten *Itinerarium provinciarum Antonini Augusti* (»Landwegebeschreibung des Kaiser Antoninus«) hervor, wo sich jeweils etwa an der Stelle des heutigen Regensburg die Eintragungen *Regino* finden. Nicht nur die Karte, die, wie eben gezeigt, eine Etappenstation nahe an einem Ort anzeigte, wird die Verhältnisse des beginnenden 3. Jahrhunderts wiedergeben, auch das Straßenverzeichnis, obwohl es seine endgültige Gestalt um 300 erhielt, scheint auf ältere Teile aus der Zeit des Kaisers Marcus Aurelius *Antoninus* Caracalla (212–217) zurückzugehen. Folglich wird anfangs des 3. Jahrhunderts eine (vermutlich zivile) Siedlung im Donaubogen – wohl nach dem alteuropäischen Flußnamen *Regana/Regina* = Regen – zumindest auch *Reginum* geheißen haben.

»Castra Regina« Der sich heute allgemein zur Bezeichnung des Legionslager eingebürgerte Name *Castra Regina* ist zwar nicht, wie auch schon vermutet wurde, eine Rekonstruktion der Humanistenzeit, er ist aber nur in der auf S. 127 näher besprochenen *Notitia dignitatum*, somit erst zu Beginn des 5. Jahrhunderts belegt. Folglich kann er durchaus eine sehr späte Bildung sein. Andererseits meint an einer zweiten Stelle im antoninischen Wegeverzeichnis unter der Straßenbenennung *a Ponte Aeni ad Castra m(ilia) p(assuum) CL*, also »von Pons Aeni (= Pfaffenhofen am Inn) bis zu den Castra 150 römische Meilen« *Castra* nach verbreiteter Ansicht ebenfalls Regensburg, womit wie mit *Legio* eine zweite völlig neutrale Bezeichnung vorhanden wäre. Eine der vier Handschriften, durch welche uns das *Itinerarium* überliefert ist, enthält hier die seltsam sinnlose Wendung *ad ein Castra*, die vielleicht zu *ad <R>e<g>in<a> Castra* zu verbessern ist. Somit bleiben zwei Möglichkeiten, daß entweder (m.E. wahrscheinlicher, vgl. S. 134f.) auch die Beschreibung der über Pfaffenhofen nach Regensburg kommenden Straße erst Zusatz aus später Zeit ist oder aber in der Tat die Lokalität *Legio* mitunter (nach einem Zivilort *Reginum* in der Nachbarschaft?) *Regina Castra* genannt wurde.

Für die Namensform *Reginum* besitzen wir in der Tat noch einen weiteren Hinweis auf einem Inschriftbruchstück aus Rom, dem kleinen Rest einer Soldatenliste irgendeiner hauptstädtischen Einheit, auf dem nicht nur Abkömmlinge aus Städten des unteren Donauraums wie *Pautalia* und *Philippopolis* (in Bulgarien) aufgeführt sind, sondern einer *d(omo) Regino* angibt, also »zu Hause in Reginum«, worunter eigentlich nur die Regensburger Zivilsiedlung gemeint sein kann.

Die Frage nach der rechtlichen Stellung der Zivilsiedlungen beim Lager der 3. italischen Legion ist ein bis heute ungelöstes Problem. Archäologisch steht zwar eine Vorstadt westlich der Festung fest (S. 233 ff.), weshalb im ersten Moment der übliche Befund vorzuliegen scheint. Diese erst in der zweiten Hälfte des 3. Jahrhunderts an Bedeutung verlierenden Lagervorstädte, die in Britannien, am Rhein und an der Donau sich den Kastellen, manchmal auch auf mehreren Seiten, anschmiegten, hießen in der Antike *canabae legionis*, was frei etwa mit »der zur Legion gehörige Händlerbezirk« wiederzugeben wäre. Ursprünglich Holzbuden, später in Stein umgebaut (S. 234), verdankten diese Canabae »ihre Existenz und ihr Aufblühen ausschließlich der militärischen Garnison« (F. Vittinghoff); die dort angesiedelten Handwerker, Kaufleute, Wirte usw. hatten an der rund 6000 Mann starken Legion einen guten Abnehmerkreis. Während das Lager und das dazugehörende Nutzland, das *territorium legionis* – seine Größe wurde jüngst mit völlig unzureichenden Argumenten auf eine Ost-West-Ausdehnung von etwa 13 km und eine Nord-Süd-Erstreckung von ca. 4 km, also auf rund 5200 ha geschätzt, während es die neueren Forschungen von Th. Fischer etwa mit dem Landkreis Regensburg-Süd gleichsetzen (S. 259 ff.) –, seit Septimius Severus alle fünf Jahre ›inventarisiert‹ wurde *(lustrum primipili)*, waren die Canabae davon ausgenommen wie überhaupt eine direkte rechtliche Überwachung der Lagervorstädte durch die Legionskommandanten nicht existiert zu haben scheint. Dennoch wurden diese Canabae nur selten mit Stadtrecht ausgezeichnet, sondern hatten um 200 meist den Status einer ›Quasi-Gemeinde‹: Eine Mischung aus privatrechtlicher Korporation und Gemeinde, wurden ihre Aufgaben häufig durch eine Vereinigung der »Veteranen und (übrigen) römischen Bürger« wahrgenommen, die einen Dekurionenrat *(ordo decurionum)* hatte, woraus alljährlich zwei »Meister« *(magistri)* und daneben noch Quästoren oder Aedilen gewählt wurden.

Neben diesen Canabae entwickelte sich in einer Entfernung von rund 1,5 bis

Händlerbezirk (Canabae)

Dorf (Vicus)

2,5 km häufig noch eine weitere zivile Siedlung, der sogenannte *vicus*, vielleicht, um ein zu starkes Ausufern des bebauten Gebiets direkt vor den Mauern des Lagers zu verhindern. Fast durchwegs erhielten nun nicht die Canabae, sondern diese Vici im Laufe der Zeit Stadtrecht. Im gesamten Donauraum und in Dakien befanden sich im 3. Jahrhundert bei den Standorten der Legionen auch Städte römischen Rechts; auch neben unserer Schwestergarnison Lorch *(Lauriacum)* hat, trotz jüngster Einwände, eine zivile Ansiedlung um 214 das Munizipalrecht erhalten. Kann Regensburg angesichts dieses Befunds leer ausgegangen sein? – Durchaus! Einmal lag es ohnehin in einer Provinz, die möglicherweise nicht so wie andere vollständig in Selbstverwaltungsbezirke und Staatsland aufgeteilt war und daher besonderer Verwaltungsformen bedurfte, zum anderen kannten die Römer eine feste Regel bei der Vergabe des Stadtrechts nicht. Nie zuteil wurde dieses z.B. den Canabae von Bonn, Straßburg und Mainz trotz der großen Bedeutung der jeweiligen Legionslager. Andererseits wurden bei *Apulum* (Alba Iulia) in Dakien beide Gemeinden neben der Legion zu Städten.

Nun liegen in Regensburg die Dinge vom Siedlungsbefund her in vielfacher Hinsicht noch komplizierter, weil an eben der Stelle, wo in der Zeit nach der Gründung der Legion die Canabae zu erwarten wären, schon vor dem Bau der Befestigung eine zivile Ansiedlung archäologisch erwiesen ist (S. 230ff.). Man kann daher mit gutem Gewissen sagen, daß sich hier die Anlage des Lagers nach einer zivilen Siedlung orientierte und nicht umgekehrt. Konsequenterweise folgt daraus, daß die Siedlung westlich des Regensburger Lagers streng rechtlich gesehen keine Canabae war. Den Vicus hätte man bis vor kurzem in der, noch weitgehend unerforschten, zivilen Niederlassung gegenüber der Naabmündung in Prüfening vermuten können. Seit man dort aber von der Existenz eines (jedenfalls zweiphasigen) Kleinkastells weiß, das offenbar zeitgleich mit der Legion existierte (S. 252ff.), ist auch hier wieder ein völliges Abweichen von sonstigen Verhältnissen festzustellen. Eines zeigt sich jedenfalls ganz klar, daß die Siedlungsverhältnisse im Donaubogen weit vielschichtiger und komplizierter waren als man dies bisher meist annahm. Entsprechend problematischer waren gewiß auch die örtlichen Rechtsverhältnisse.

Aedil Aurelius Artissius

Leider hilft in dieser fast trostlosen Situation auch eine bekannte Regensburger Weihinschrift (Abb. 53, Nr. I 4) nicht weiter, die 1899 auf dem Arnulfsplatz, keineswegs unbedingt an ihrem ursprünglichen Standort, gefunden wurde. Es folgt der Text in Übersetzung, wobei die nicht eindeutig verständlichen Partien im Originalwortlaut beibehalten sind: »*Dem Volkanus geweiht. Aur(elius) Artissius AEDIL TERRITOR CONTR ETKR hat auf eigene Kosten* (diesen Altar) *gemacht; sein Gelübde erfüllte er gern und freudig für erwiesene Wohltat; gesetzt an den 10. Kalenden des September als Orfitus Konsul war.*«

Für die Auflösung der nach dem Namen *Artissius* zu erwartenden Berufsbezeichnung wurden mehrere Varianten vorgeschlagen, von denen einige freilich schnell erledigt waren. Von Anfang an unhaltbar war die Meinung, der Titel *aedil(is)* sei von den folgenden Worten zu trennen, und diese seien *territor(io) contr(ario) e(pitectali) t(ermino) k(ardinis) r(ecti)* zu lesen, das soviel bedeuten solle wie »auf dem freien Platz gegenüber dem hauptsächlichsten Grenzstein der geraden (von Ost nach West streichenden) Richtung (des römischen Lagers)«. Die von den Findern zuerst vorgeschlagene Ergänzung lautete dagegen: *aedil(is) territor(ii) contr(arii) et k(astrorum) R(eginorum)*, also »Aedil des jenseitigen Gebiets und der Kastra Regina« (die Schreibweise mit K ist nicht ungewöhnlich). Da es aber auf dem anderen Ufer der Donau bei Regensburg kein »jenseitiges Territorium«, also keinen Brückenkopf wie bei Mainz oder Budapest gegeben zu haben scheint – weder der Weinbau bei Winzer ist als römisch zu erweisen, noch ist der Name Weichs etwa Hinweis auf ein römisches Dorf (das Wort *vicus* = »Dorf« kommt ja auch im Mittelalter noch vor) –, wurde diese Ansicht bald aufgegeben. Jetzt las man *territor(ii) contr(ibuti)*, also insgesamt »Aedil des *zugewiesenen* Gebiets und der Kastra Regina«, bis schließlich um 1915 auch der Schlußteil verändert wurde, zugunsten einer seither fast allgemein akzeptierten und meist gar nicht mehr in Frage gestellten Lesung: *aedil(is) territor(ii) contr(ibuti) et k(anabarum) R(eginensium)*, also »Aedil des zugewiesenen Gebiets und der *Canabae der Reginenser*«.

Die Interpretationen verselbständigten sich, und es wurde ohne neue Argumente zunehmend gewisser, daß der Aedil Artissius die Weihung am Tag des Vulkans, am 23. August, 178 aus Dankbarkeit dafür gesetzt habe, daß die Errichtung der Canabae »ohne Brandschaden« vonstatten gegangen sei. Davon steht freilich in der Inschrift so gut wie nichts! Ja, auch die Jahresdatierung ist alles andere als sicher, da es immerhin eine stattliche Reihe von Konsuln mit dem Beinamen *Orfitus* gegeben hat. Belegt sind uns als sogenannte ›ordentliche Konsuln‹ (sie hießen *consules ordinarii*, weil sie am 1. Januar das jetzt in der Regel nur noch für etwa zwei Monate vergebene Konsulat antraten) Orfiti in den Jahren 51, 110, 149, 165, 172, 178 und 270. Es ist aber keinesfalls ganz auszuschließen, daß auch ein ›nachgewählter Konsul‹ *(consul suffectus* hieß jeder Konsul, der nicht an Neujahr, sondern während des Jahres sein Amt antrat) auf der Regensburger Inschrift angesprochen ist: die Zahl der nachgewählten Konsuln dürfte insgesamt etwa fünf Mal so groß gewesen sein als die der ordentlichen Konsuln, und auch die Zahl der ›nachgewählten‹ Orfiti war gewiß nicht kleiner als die der ordentlichen; belegt haben wir aber nur je einen für die Zeit kurz vor 95 und vielleicht fürs Jahr 197, sodann wieder fürs 4. Jahrhundert. Angesichts dieser Häufung von Orfiti ist es lediglich eine vom Gründungsdatum des Legionslagers (179) ausgehende Vermutung, daß die Inschrift des Artissius im Jahr 178 gesetzt worden sei. In jüngerer Zeit wurde ohnehin darauf verwiesen, daß die Canabae schon während des Baus des Lagers nötig gewesen seien, deshalb datierte man auf 172.

Problematische Doppelfunktion

Freilich wäre sowohl bei einer Steinsetzung 178 wie 172 verwunderlich, daß ein jedenfalls irgendwie mit öffentlichen Angelegenheiten beschäftigter Mann seine Inschrift nur nach einem Konsul hätte datieren lassen (in der Regel nannte man das gerade in Rom amtierende Konsulpaar), obwohl erst kürzlich, 165 und 172, Konsuln namens Orfitus im Amt waren: seine Datierung wäre zwangsläufig schon für die Zeitgenossen nicht mehr eindeutig gewesen. Folglich ist die Zeit der Weihung nicht sicher anzugeben, auch wenn einiges dafür spricht, daß sie frühestens am Ende des 2. Jahrhunderts gesetzt wurde.

Im übrigen schließt der Wortlaut der Inschrift die Vermutung eher aus, es habe sich um einen offiziellen Einweihungsakt der Canabae oder um Ähnliches gehandelt. Weihungen und Opfer für den Gott *Vulcanus*, der »die zerstörende und vernichtende Macht des Feuers« verkörperte, waren generell in Italien und den Provinzen häufig: Anlaß war meistens die Bitte um Schutz vor Bränden oder der Dank für Hilfe bei ihrer Abwehr. Wenn in der Tat häufig lokale Beamte diese Weihungen vollzogen, so wohl deshalb, »weil zu ihren Obliegenheiten auch das Feuerlöschwesen gehörte« (G. Wissowa). Angesichts der Tatsache, daß es bei der damaligen Bauweise, zumal bei schlechten Witterungsverhältnissen, viel öfter als heute zu verheerenden Bränden kam, wäre eher an ein solches Motiv für die Altarsetzung des Artissius zu denken. (Noch im mittelalterlichen Regensburg, worüber wir etwas besser Bescheid wissen, brannte es oft; einige willkürlich herausgegriffene Jahre seien aufgezählt, in denen es zu heftigen Schadensfeuern kam: 890, 906, 908, 963, 964, 1002, 1046, 1048, 1062, 1073, 1130, 1132, 1152, 1157, 1174, 1203 usw.) Ebensogut könnte aber des Artissius eigenes Haus gebrannt haben oder vom Feuer verschont worden sein, und vieles andere mehr. Denn die Angabe seines Berufes erfolgte aus denselben Gründen aus denen z.B. Soldaten ihren Dienstgrad verzeichneten; die Wendung »auf eigene Kosten« weist auch auf keinen offiziellen Anlaß, weil sonst etwa auch ein Regensburger Sarkophag, auf dem eine ähnliche Formulierung zu lesen ist, einen solchen voraussetzen würde; und schließlich spricht das erwähnte Gelübde, bei all seiner Formelhaftigkeit, für einen privaten Entschluß zur Altarweihung.

Zu guter Letzt ist nicht einmal die Amtsbezeichnung des Aurelius Artissius – seinem Beinamen nach übrigens von keltischer (einheimischer?) Abkunft – in der heute allgemein angenommenen Form »Aedil des zugewiesenen Gebiets und der Canabae der Reginenser« sicher, da ja, wie erwähnt, rechtlich gesehen Canabae beim Lager der 3. italischen Legion nicht bestanden haben können. Zumindest der Interpretationsspielraum der offenkundig doppelten Aufgabe des Artissius ist außerordentlich groß. Normalerweise war der Aedil ein Beamter, dem die Bauaufsicht, die Überwachung der Bäder, die Marktpolizei, generell die Straßenaufsicht, die Durchführung von Spielen und sogar die Getreideversorgung anvertraut sein konnte.

Deshalb glaubte man meistens, Artissius habe die (Bau)Aufsicht über das Gebiet der Legion (= *territorium contributum*) und über die Lagervorstadt, die *canabae*, geführt. Es gibt aber auch andere Erklärungsversuche aus neuerer Zeit, von denen wenigstens einige hier verkürzt wiedergegeben seien. Einer geht von der Annahme einer neuen Blüte des Kumpfmühler Lagerdorfes nach der Errichtung der Legion aus; dann wäre Artissius vielleicht Kommissar zur Aussonderung des Territoriums »der *canabae* aus dem früheren Gebiet des – älteren – Lagerdorfes« von Kumpfmühl (= *territorium contributum?*) gewesen (A. Radnoti). Dagegen lautet ein anderer Interpretationsvorschlag der Doppelfunktion unseres Aedilen dahingehend, Artissius sei als Amtsträger der Canabae von der Legion »für irgendeine nicht näher zu bestimmende ›administrative‹ Tätigkeit« auf dem Territorium der Legion (= *territorium contributum*) herangezogen worden (F. Vittinghoff). Ein dritter Lösungsansatz beruht auf der Beobachtung, daß auch die Canabae ein eigenes Gebiet (= *territorium contributum*) besitzen konnten; dieses sei ihnen von der Legion bei »formeller Aufrechterhaltung der militärischen Ansprüche« übergeben worden (A. Mócsy). In diesem Fall könnte das Territorium, das den »sich bei den Canabae der Legion aufhaltenden Veteranen und (übrigen) römischen Bürgern« (*veterani et cives Romani consistentes ad canabas legionis*) übergeben (kontribuiert) war, verglichen werden mit dem bei Straßburg (in Königshofen, ca. 2,5 km von der Legion entfernt) gefundenen »Dorf der Canabae« *(vicus canabarum),* das von den »zur Canabae gehörenden Dorfbewohnern« *(vicani canabenses)* bevölkert war. »Dorfbewohner« sind in der Tat vielleicht auch in Regensburg belegt, da eine 1899 in der Obermünsterstraße aus der Erde gekommene Inschrift (Nr. 15) in Zeile 2 [o]B SAL(utem) VIC(anorum), also »für das Heil der Dorfbewohner« aufgelöst werden könnte, obgleich – und dies verdeutlicht anschaulich die mangelnde Eindeutigkeit unserer Quellen – auch hier eine ganz andere Ergänzung zu [conla]BSA L(ucius) VIC(torinius) = »verfallen, Lucius Victorinius« möglich ist.

Abschließend sei lediglich noch erwähnt, daß der Begriff der *contributio* (wörtlich »die Vereinigung mehrerer Gegenstände zu einem Ganzen«) im strengen juristischen Sprachgebrauch der Römer die Verschmelzung zweier oder mehrerer selbständiger (autonomer) Gemeinden zu einer einzigen bedeutet. Nach der Zusammenlegung nimmt gleichsam die ›Hauptgemeinde‹ in Rechtssprechung und Verwaltung die Aufgaben der kontribuierten Gemeinde(n) mit wahr, wobei gleichzeitig die Bewohner der letzteren, die in den bekannten Fällen meist schon vor der Kontribution römische Bürger waren, den rechtlichen Status der Bewohner der ›Hauptgemeinde‹ übernahmen. Ob auch auf dem Regensburger Vulkansaltar dieser Begriff im strengen Sinn angewendet wurde, bleibt vorerst fraglich, vor allem, weil die maßgebliche moderne Untersuchung über diesen Rechtsbegriff, die freilich die Artissius-Weihung überging, zu dem Ergebnis ge-

Alamanneneinfall

langte, daß in der Antike in den Gebieten, in denen, wie z.B. in Raetien, die Rechtsform der Stadt weniger häufig als in den südlicheren Teilen des Imperiums war, bislang auch die Kontribution nicht nachgewiesen sei; wobei zudem die Kontribution eine Verwaltungsmaßnahme der frühen römischen Kaiserzeit, vorwiegend des 1. Jahrhunderts n. Chr., gewesen sei. Beide Feststellungen sind allerdings durch Neufunde jederzeit umstoßbar. Deshalb sollten sich die zuständigen Fachleute doch noch einmal darüber Gedanken machen, wie die Regensburger Vulkansweihung zu deuten wäre, sofern die Wendung *territorium contributum* auf die juristisch fest verankerte Kontribution hinweisen würde. Mußte dann Artissius, »Aedil des kontribuierten Gebiets und des KR« nicht doch auch Beamter einer selbständigen (autonomen) Gemeinde, auf welche die Buchstaben KR anspielen, gewesen sein?

Schon im zweiten Jahrzehnt wurde der Friede der Provinzen an der oberen Donau unterbrochen durch das Auftauchen vorher unbekannter germanischer Stammesgebilde vor der Reichsgrenze. Neue, später so geläufig werdende Feindesnamen dringen nun nach und nach in das römische Bewußtsein. Als erste rührten sich die suebischen Alamannen. Dieser vermutlich erst Ende des 2. Jahrhunderts vielleicht aus Teilen der Semnonen und Hermunduren entstandene, westgermanische Stammesverband tauchte um 210 im Gebiet zwischen Main und Lahn auf. Wanderungen der Langobarden, Burgunder und Wenden hatten ihn zum Ausweichen nach Südwesten genötigt. Dies machte ihn von nun an für immer zu einem der Hauptfeinde Roms.

»Sieg« Caracallas

Die Unruhe am Limes scheint 213 so stark geworden zu sein, daß sich Kaiser Caracalla (211–217; Abb. 12), nach dem Tode des Septimius Severus und, seit er seinen Bruder Geta in den Armen der gemeinsamen Mutter im Jahr 212 erdolcht hatte, Alleinherrscher, genötigt sah, selbst an die Front zu reisen. Deshalb kam die Sakralbruderschaft der Arvalen in Rom zum Opfer zusammen; in ihrem noch erhaltenen Protokoll heißt es: »*Am 11. August kamen auf dem Capitol vor der Cella der Himmelskönigin Iuno die Arvalbrüder zusammen, weil unser Herrscher, der heiligste und gnädige Marcus Aurelius Antoninus Augustus, der oberste Priester, über den Limes Raetiens zur Vernichtung der Feinde* (das Gebiet) *der Barbaren betreten wird, auf daß dies Vorhaben ihm erfolgreich und glücklich ausgehe; und sie brachten das Opfer dar . . .*«. Über den Kriegsverlauf wissen wir nicht viel; wir hören lediglich von einer Niederlage der Alamannen am Main; aber über den Aufenthalt des Kaisers im Norden lesen wir allgemeines in (den byzantinischen Exzerpten) der ›Römischen Geschichte‹ des Zeitgenossen Cassius Dio: »*Wenn Antoninus auf seinem Feldzug gegen die Alamannen irgendwo einen zur Anlage von Gebäuden geeigneten Platz sah, befahl er: ›Hier soll ein Kastell gebaut werden! Hier soll eine Stadt gegründet werden!‹ Und er gab den Orten Benennungen nach seinem Namen, ohne daß die einheimischen Benennungen ge-*

ändert wurden.« Aber Caracalla, den »*die Zaubersprüche der Feinde verrückt und irre gemacht*« hatten, »*erkaufte . . . den Sieg oder was so aussah, mit Geld.*« Am 6. Oktober des gleichen Jahres opferten daher die Arvalen in Rom schon wieder, jetzt »*wegen des Heiles und des Sieges des Imperator Cäsar Marcus Aurellius Antoninus über die Germanen*«. Nach verbreiteter Ansicht kam der Kaiser damals auch in die Nähe Regensburgs, nach Eining, wo einige Inschriften an das Ereignis erinnern. Ob Ihre Majestät geruhte, auch die Garnison Regensburgs zu besichtigen, ist ungewiß. Dagegen ist ziemlich sicher, daß die 3. italische Legion fast vollständig in den Krieg gezogen ist, zu dem doch sogar Abteilungen aus dem unteren Donauraum und Ägypten herbeigeführt wurden.

Diese auswärtigen Formationen befehligte während des Krieges ein Senator namens Gaius Octavius Appius Suetrius Sabinus, ein persönlicher Vertrauter des Kaisers, der nach Abschluß des Feldzuges offenbar nur für wenige Monate Statthalter Raetiens wurde. Mit gutem Grund nimmt man an, diese angesehene Persönlichkeit habe »Maßnahmen zur Beseitigung etwaiger Kriegsschäden und den weiteren Ausbau der Limeslinie einleiten« sollen (H.-J. Kellner). Vermutlich unter Caracalla (nach anderer Ansicht aber bereits unter Commodus) erfolgte am ehesten als Konsequenz der kriegerischen Einfälle der Alamannen die Verstärkung der gesamten betroffenen Limeslinie; in Obergermanien wurde hinter der bestehenden Holzpalisade eine zusätzliche Sicherung durch Wall und Graben angelegt, während in Raetien auf 166 km Länge die Palisade durch eine rund 1,2 m breite und 3 m hohe Steinmauer (»Teufelsmauer«) ersetzt wurde.

Die »Teufelsmauer«

Im Jahr 215 wurde schließlich im Namen des Kaisers erneut das Straßensystem der raetischen Provinz weiter ausgebaut. Dabei errichtete man Meilensteine, auf denen dem Monarchen höchst schmeichelhafte Beinamen zuerkannt werden: »dem tapfersten Kaiser, dem glücklichsten Herrscher, dem allergnädigsten Herrn« *(fortissimo Augusto, felicissimo principi, domino indulgentissimo)*. Das war gleichsam Propaganda vor jedermann, der an einer solchen Säule vorbeikam. Durch den schon erwähnten Meilenstein aus Burgweinting (Nr. I 33) wissen wir, daß auch in der Nähe der Regensburger Legion solcherart die Werbetrommel für den Regenten gerührt wurde.

Straßen treiben Propaganda

Mittlerweile waren Abteilungen der dritten Italiker längst mit dem Kaiser unterwegs in den Osten des Reichs zur Auseinandersetzung mit den Parthern. Somit offenbarte sich schon unter Caracalla das Soldatenlos in vollem Umfang, das sich im Laufe des 3. Jahrhunderts noch oft wiederholen sollte: Stand der Feind einmal nicht direkt vor der eigenen Türe – immerhin wurde Regensburg in diesem Jahrhundert zweimal schwer zerstört –, so hieß es für viele an einen anderen Kriegsschauplatz ziehen. In den Herzen zurück blieb die Angst um Männer und Väter, die ihr Leben in weiter Ferne, in Syrien, am Unterlauf der Donau oder in Nordafrika für den Bestand des Imperiums riskieren mußten; Abschied, Sehnsucht,

Leben in Angst

Heimweh, gespannte Erwartung, Trauer um die Gefallenen oder Wiedersehensfreude: diese Gefühle bestimmten den Alltag unserer römischen Vorgänger in der Krisenzeit des römischen Reiches.

Zunächst finden wir im Jahr 214 den Herrscher und ›Regensburger‹ Legionare in der Provinz Dakien. Dort konnte offenbar ein Einfall des dakischen Stammes der Carpen erfolgreich zurückgeschlagen werden. Die Legion führte damals (wie übrigens die in Eining stationierte Cohors III Brittanorum schon im Jahr 212) den Kaiserbeinamen *Antoniniana*. Dies belegt eine Ehreninschrift für den Statthalter der drei dakischen Provinzen *(tres Daciae)* Lucius Marius Perpetuus – ein Bruder des ehemaligen Militärtribuns unserer Legion (S. 89 f.) – in der dakischen Hauptgarnisonsstadt *Apulum* (heute Alba Iulia), die der Zenturio der *legio III Italica* Marcus Ulpius Caius damals setzte. Ohne Zweifel wurde auch die am gleichen Ort gefundene Weihinschrift des Zenturios Ulpius Vitalis in dieser Zeit errichtet.

Der Zug des Kaisers führte 215 über die Balkanhalbinsel durch fast ganz Kleinasien an die syrische Front. Die Rolle der Regensburger Soldaten auf diesem Orientfeldzug, durch den sich der Kaiser als zweiter Alexander der Große erweisen wollte, der ihm in Wahrheit im April 217 den Tod durch Mörderhand brachte, ist unbekannt. Wieder einmal bangten die daheimgebliebenen Familien um ihre Ernährer. So manches Hoffen war vergeblich. Der Überlieferungszufall hat ein Beispiel stellvertretend für ähnliche Schicksale erhalten: Bereits auf dem Hinmarsch 215 – das sogenannte *Itinerarium Antonini* nennt, wenn auch mit dem spätantiken Namen Heraclea, in der Tat den Todesort – oder auf dem Rückweg 218/219 starb erst 36jährig der Soldat der 3. italischen Legion Equester Paulus auf unbekannte Weise unterwegs. Nach 16 Dienstjahren fand er sein Grab in der thrakischen Stadt Perinthus (heute Eregli) an der Propontis (Marmarameer), weniger als 100 km westlich von Byzanz (Istanbul). Sein Erbe, wohl ein Mitstreiter, setzte ihm einen schmuckvollen Grabstein in dort üblicher Form: Der nach Art des Kaisers barttragende Paulus steht vor dem Betrachter, bekleidet mit einer gegürteten Ärmeltunika, dem Soldatenumhang *(sagum)* und Schuhen; an der linken Hüfte hängt sein Schwert; in der Rechten hält er einen ovalen Buckelschild, in der Linken eine Rolle, vielleicht sein Testament (Abb. 18).

Licht vom Osten

Der Einfluß des Ostens wurde auch in unseren Breiten unter den Severern immer spürbarer. Schon irgendwann zwischen 204 und 207 war Gaius Iulius Alexius Avitus Alexianus Statthalter Raetiens und somit Kommandant der Regensburger Legion. Bereits er, nahe verwandt, vielleicht gar Bruder oder Vetter der Kaiserin Iulia Domna, weihte in Augsburg dem *Deus patrius Sol Elagabal* ein Denkmal; seinem heimatlichen Sonnengott mit dem Beinamen Elagabal also, der ein Dezennium später, als sich ein römischer Kaiser dessen Beinamen zulegte, zum Staatsgott erklärt wurde. Unter Kaiser Elagabal (218–222) verdeutlicht der Name [Dio]nysius des neuen Herren über Legion und Provinz erneut, wie sehr der Osten nun

Abb. 18: Grabstein des Equester Paulus, der als Soldat der 3. italischen Legion, erst 36jährig, auf einem Orientfeldzug um 215 unterwegs in Perinthus am Marmarameer starb. (Nach E. Kalinka; vgl. CIL 3, 14207, 6)

auf den Westen ausgriff. Zunehmend gewannen auch hier, von Kaufleuten und Soldaten eingeführt, Religionen und Kulte östlicher Prägung Einfluß. Darüber später mehr (S. 117).

Unter dem jugendlichen Kaiser Severus Alexander (222–235, Abb. 19), der zeitlebens vom Rockzipfel seiner Mutter nicht loskam, meinte zwar der Senat in Rom, einer Zeit scheinbarer Wiedererstarkung entgegenzugehen, das Reich insgesamt aber war aufs höchste bedroht. Alexanders Versuch, die Herrschaft in die Hände des Prätorianerpräfekten Ulpian zu legen, scheiterte schon nach einem Jahr, als dieser von seinen eigenen Prätorianern ermordet wurde (223). An verschiedenen Orten des Reiches meuterten die Soldaten, kam es zu Einfällen einheimischer Barbarenstämme und zu Usurpationen. Am schwerwiegendsten war die Ablösung der parthischen Dynastie auf dem Thron des Perserreichs durch die wesentlich kampfentschlossenere Familie der Sassaniden (224). Die uralten Konflikte an der Euphratgrenze flammten infolgedessen verstärkt wieder auf. Der Kaiser mußte zu einem großangelegten Krieg im Osten rüsten. Ob wiederum Abteilungen der 3. italischen Legion abkommandiert wurden, wissen wir nicht. Zwar wurde dem Kaiser Severus Alexander in Regensburg von vielen Soldaten (53 Namen sind noch erhalten) eine Ehreninschrift auf einer Marmortafel gestiftet, aber der Zu-

Krieg im Osten

stand des davon übriggebliebenen Restes läßt eine exakte Interpretation nicht mehr zu (S. 389, Nr. I 2). Obgleich nicht unwahrscheinlich, ist ja nicht einmal sicher, daß es sich um eine Weihung an Mars und Victoria handelte; noch weniger gewiß aber sind immer wieder zu lesende Vermutungen, der Stein sei von einem Verpflegungstrupp (aus Legionaren) bei seiner Rückkehr aus dem Perserkrieg (in sein Standlager), als gar der Monarch selbst in Regensburg verweilte, gesetzt worden. Den meisten Rückhalt besitzt von alledem noch die Ansicht, die Soldaten hätten einer Versorgungskolonne angehört, obschon auch sie nur auf fragwürdigen, durch keine vergleichbaren und sicheren Belege gestützten Ergänzungen beruht.

Krieg im Westen

Während der Kaiser im Osten wenig glücklich kämpfte (231–233), empfing er, wie der zeitgenössische Historiker Herodian erzählt, Hiobsbotschaften: »*die Germanen hätten Rhein und Donau überschritten, verwüsteten das römische Reich und griffen an den Flußufern Lager, Städte und Dörfer mit großer Streitmacht an; in nicht geringer Gefahr seien die illyrischen Völker, die an Italien angrenzen und ihm benachbart sind. Daher bedürfe es seiner persönlichen Gegenwart und des gesamten Heeres, das mit ihm sei.*« Was Herodian im Anschluß daran bemerkt, ist so charakteristisch für die Lage der Soldaten des 3. Jahrhunderts, daß es hier zitiert sei, auch wenn – wie gesagt – in der geschilderten Situation ›Regensburger‹ vielleicht ausnahmsweise einmal nicht betroffen waren. »*Diese Nachrichten erschreckten den Alexander und betrafen die aus Illyrien stammenden Soldaten schwer, die sich von zweifachem Unglück heimgesucht fühlten, einmal von ihren Leiden im Kampf gegen die Perser, und dann von dem, was jeder einzelne über den Untergang seiner Angehörigen durch die Germanen erfuhr.*«

Die meisten Kenntnisse über den Alamanneneinfall von 233 leiten die Wissenschaftler aus der Kartierung der Münzschätze, aber auch anderer Verwahrfunde, wie der Bronze-, Silber- und Eisendepots in Manching, Dambach und Straubing, ab. Wenngleich die Methode nicht unproblematisch ist – sicher wurde nicht jeder Schatz aus Furcht vor einem Germaneneinfall vergraben, z.B. wird ja Diebesgut heute noch versteckt; außerdem blühte gerade in wirtschaftlich schlechteren Zeiten das Räuber- und Bandenunwesen allüberall im römischen Weltreich; die Überlieferung vieler Münzschätze ist mangelhaft; die Umlaufszeit der Münzen in den verschiedenen Reichsteilen ist zu berücksichtigen; Aussagen sind nur bei einer großen Zahl ähnlich gelagerter Horte, also bei ›Schatzfundhorizonten‹ möglich –, bietet sie häufig die einzige Möglichkeit, Umfang und Stoßrichtung der feindlichen Zerstörungszüge annähernd zu bestimmen. Danach trafen im Jahr 233 die Einbrüche besonders den obergermanischen und den westraetischen Limes sowie das jeweilige Grenzhinterland, das Dekumatland, das Allgäu um Bregenz und die damals völlig zerstörte Stadt Kempten. Vor dem Alpenrheintal scheinen die Germanen aber umgekehrt zu sein. Am raetischen Limesbogen kam es allem An-

Abb. 19: 1 Der Kinderkaiser Severus Alexander (222–235 n. Chr.) hatte gegen die Sassaniden und die Alamannen zu kämpfen. Ob Regensburg 233 n. Chr. zerstört wurde, ist fraglich.

2 Ebenfalls jugendlichen Alters war Kaiser Gordian III. (238–244 n. Chr.). Vielleicht wurde das Regensburger Legionslager erst während seines Aufenthaltes im Osten erstmals zerstört.

3 Kaiser Diokletian (284–305 n. Chr.) gab durch zahlreiche Reformen und Reformversuche dem römischen Weltreich ein völlig neues Gesicht. Möglicherweise baute er das Regensburger Legionslager nach seiner zweiten Zerstörung um.

4 Kaiser Theodosius der Große (379–395 n. Chr.) erhob das Christentum zur Staatsreligion. In seiner Zeit war Regensburgs Schutz hauptsächlich germanischen Söldnern anvertraut. (Münzvorlagen: Privatbesitz)

schein nach ebenfalls zu Verheerungen: Münzschätze bei Dambach, Pförring, Eining und Kirchmatting (bei Straubing) legen dies nahe. Ausgrabungen in Pfünz zeigten, daß die römischen Wachen vom germanischen Überfall überrascht, nicht einmal mehr den Griff zu ihren Schilden schaffen, bevor sie der tödliche Hieb niederstreckte.

Erneuter Alamannenüberfall

Die herrschende Meinung, auch Regensburg und Umgebung seien 233 in großem Umfang zerstört worden – zwei Münzen des Severus Alexander, gefunden neben den unteren Säulenresten am Frauenbergl, galten als Beweis dafür ebenso wie die archäologischen Befunde im Gutshof von Burgweinting sowie im Merkurheiligtum in Ziegetsdorf – muß nach der gewissenhaften Materialsammlung und Sichtung der neuen archäologischen Dissertation des Regensburgers Thomas Fischer offenbar ernsthaft in Zweifel gezogen werden. Der wirklich schwere Schlag kam danach jedenfalls für das Legionsumland erst in den vierziger Jahren des 3. Jahrhunderts. Auch wenn die kritische archäologische Bearbeitung des eigentlichen Lagerbereichs noch aussteht: es ist unvorstellbar, daß das ungeschützte freie Land außerhalb der Mauern erst ein Jahrzehnt nach der Verteidigungsanlage selbst gefallen wäre. In der Tat scheint auch der epigraphische Befund die Ansicht zu stützen, daß das Leben in Regensburg 233 nicht wesentlich beeinträchtigt wurde. Wenn schon die erwähnte Weihung der Soldaten an Severus Alexander (Abb. 19, Nr. I 2) nicht sicher in die Zeit nach der Rückkehr des Kaisers aus dem Osten datiert werden kann, so kennen wir vom 25. Juli 240 eine andere Weihinschrift (Nr. I 8), welche besagt, daß der Legionsreiter Aurelius Pervincianus zu Ehren des göttlichen Kaiserhauses dem allerhöchsten und besten Jupiter einen Altar errichten ließ. Darin wurde die Wendung ARAM · ALT · mit Recht zu *aram alt(eram)*, »einen zweiten Altar«, aufgelöst. Folglich stand die Weihinschrift einst in einem größeren heiligen Bezirk: vielleicht sogar im Fahnenheiligtum der Legion?

Konterschlag und Dolchstoß

Das verehrte Kaiserhaus war allerdings zum Zeitpunkt der Steinsetzung nicht mehr das des jugendlichen Severus Alexander. Dieser war 235 während der Vorbereitung zum Germanenkrieg am Rhein – vielleicht bei Mainz – von Maximinus, seiner Herkunft gemäß später ›Thrax‹ (»der Thraker«) genannt, ermordet worden. Maximinus war ein typischer Offizier der damaligen Zeit; er hatte sich von der Pike auf im Heer bis zu höheren ritterlichen Kommandostellen hochgedient. Mit ganzer Seele auch als Kaiser Soldat, scheint er die nötigen Führungsqualitäten und militärischen Kenntnisse besessen zu haben, um mit den germanischen Gegnern fertig zu werden. Schon nach ersten, für die Römer siegreichen Kämpfen – dabei kam es, vielleicht irgendwo in Süddeutschland, zu einer spektakulären ›Schlacht im Moor‹ – konnte im Bereich des obergermanischen Grenzabschnitts mit neuen Befestigungsarbeiten begonnen werden. Vermutlich 235/236 bezog der Kaiser im obergermanisch-raetischen Limesgebiet Winterlager (selbstredend wurde, wie immer grundlos, auch dieses schon einmal in der Regensburger Gegend vermutet). Im Herbst des Folgejahres marschierte Maximinus mit großem Aufgebot – bisher sind nur Legionare der 2., nicht aber der 3. Italischen im Verband belegt – an die untere Donau, wo er gegen Sarmaten und Daker bereits Erfolge errungen hatte und zu neuen Schlägen ausholte, als im Frühjahr 238 die, unter der materiellen Belastung des fernen Krieges stöhnenden Kernländer des Reiches (Afrika und Italien) mit dem schnell gemeinsame Sache machenden römischen Senat ihn, den ohnehin ›unrömischen‹ Soldatenkaiser, absetzten und für vogelfrei erklärten. Wieder blutiger Bürgerkrieg! Sechs Kaiser und einen Cäsar sah damals das Imperium in einem Jahr!

Übrig blieb, nachdem sich die Männer gegenseitig aus dem Weg geräumt hatten, wieder ein dreizehnjähriger Knabe: Gordian III. (238–244, Abb. 19). Nicht nur ein vom Bruderkampf innerlich noch aufgewühltes Reich hatte er zu führen, vielgestaltig waren die außenpolitischen Probleme: Nordafrika erschütterten Unruhen eingeborener berberischer und maurischer Stämme; an der unteren Donau – einer neuen Front – waren Goten und Carpen, die sich nach Abzug Maximins gegen seine inneren Feinde in Richtung Italien auf Plünderungszügen ins Reich vorgewagt hatten, nur durch Tributzahlungen zu beschwichtigen; das Neupersische Reich wurde zusehends dreister in seinen Ansprüchen und gefährlicher durch seine bewaffneten Übergriffe sowie die Okkupation von römischen Bastionen und Städten. Die Belastung im Osten wurde so bedrohlich, daß wieder einmal auch die Legionen des Westheeres mobilisiert werden mußten. 242 brach der Kaiser mit einem gewaltigen Heer zum Krieg in den Orient auf. Mit unterschiedlichem Glück wurde gekämpft, bis auf nicht völlig geklärte Weise der Monarch Anfang 244 starb.

Der Beiname *Gordiana*, den die 3. italische Legion auf einer Bregenzer Inschrift führt, könnte ein Hinweis darauf sein, daß auch Regensburger Formationen sich im Kampf gegen die Sassaniden bewährten. Die Germanen haben vielleicht, wie so oft den Moment der gegnerischen Schwäche als Folge der Truppenverlegungen ausnützend, zwischen 242 und 245 Ostraetien und Westnoricum heimgesucht. Dabei scheinen den Münzschätzen und sonstigen archäologischen Befunden zufolge, mit der Garnison Regensburg und seinem Umland auch Gunzenhausen, Kösching, Straubing, Künzing und die zivile Ansiedlung von Pocking überrannt worden zu sein. Das Ende für den obergermanisch-raetischen Limes war aber damit noch nicht gekommen! Zwar gibt es nach 240 aus Raetien selbst nur noch ganz wenige inschriftliche Zeugnisse – 250 hören wir wieder von Straßenbauten im südlichen Teil der Provinz *(via Decia)* und aus der Zeit nach 253 stammt auch eine Inschrift aus Augsburg –, aber in Obergermanien wurde im Jahrzehnt zwischen 240 und 250 noch einmal rege gebaut.

Während auch im Regensburger Legionslager und auf seinem Umland auf den zerstörten und planierten Gebäuden neue erstanden, dabei – archäologische Beob-

Ein Kinderkaiser gegen Persien

Fällt Regensburg?

1000 Jahre Rom

achtungen Am Frauenbergl lehren es (S. 213) – intakte Säulen neben die Stümpfe der alten gesetzt wurden, feierte das von vielen Seiten bedrängte Imperium Romanum unter Kaiser Philippus (244–249), dem Sohn eines Araberscheichs, sein tausendjähriges Bestehen (247). Aber bereits das Jahr 1001 bescherte wieder heftige innere Unruhen. Gegen Philippus ließen sich mehrere Generäle zu Kaisern erheben, und kennzeichnend für die Unzufriedenheit der Truppen und die Verhältnisse war, daß der Feldherr Decius 249 selbst zum Herrscher erhoben wurde, als er eigentlich für Philippus den Usurpator Pacatianus (248–249) erledigen sollte. Unter dem Araber Philippus hat vielleicht ein Fahnenträger unserer Legion – ein Aurelius Flavianus nennt sich *signifer leg(ionis) III p(iae) f(idelis)*, also »Fahnenträger der 3. Legion, genannt die Zuverlässige und Getreue«; er könnte daher theoretisch auch von einer anderen als der 3. italischen Legion gestammt haben – in Aquileia gemeinsam mit weiteren Soldaten dem »unbesiegten Gott Mithras« *(Deo invicto Mithrae)* ein Opfer gebracht.

Gott Mithras

Der Vormarsch dieses unbesiegten, persisch-kleinasiatischen Lichtgottes Mithras war längst unaufhaltsam geworden. Schon seit der Mitte des 1. Jahrhunderts n. Chr. drang seine Verehrung durch die Vermittlung von Händlern und Soldaten immer weiter nach Westen vor. Große Verbreitung gewann er besonders in der Krisenzeit des Imperiums im 3. Jahrhundert. Jetzt, da alles in Bewegung geraten war, da sogar das stets für unbezwingbar gehaltene Reich in sich zusammenzustürzen schien; da die im Kaiserkult verehrte Allgewalt der Monarchie immer mehr Schwächen zeigte; da die Herrscher gewechselt wurden wie die Hemden; da die allzeit geringschätzig behandelten Barbaren ihre überlegene Kraft an der Grenze tagtäglich unter Beweis stellten; da materielle Werte nichts mehr galten, weil sich die wirtschaftliche Lage von Tag zu Tag verschlechterte, der Nachschub mit Versorgungsgütern aus dem Reichsinnern nicht mehr reibungslos funktionierte; jetzt, da auch dem Letzten bewußt wurde, daß Leben ein tägliches Risiko darstellte, jetzt trat die Vergänglichkeit des Menschen überdeutlich vor aller Augen. Folge waren die philosophisch-theologische Abkehr von allem Irdischen, die Flucht aus der diesseitigen in eine bessere jenseitige Welt nach dem Tode, der Verzicht auf den Staat, auf die res publica. All dies förderte die Ausbreitung der östlichen Mysterienreligionen, zu denen der Mithraskult, aber auch das Christentum gehörte. Die Lehre der Mithrasanhänger war sehr umfangreich und hatte in manchen Punkten Ähnlichkeit mit der der Christen. Verwandtschaft war etwa hinsichtlich der strengen hierarchischen Gliederung der Priesterschaft, und in den Kulthandlungen gegeben, wie Taufe, Konfirmation und mystisches Mahl. Am Ende steht bei beiden die Wiederauferstehung der Menschen und das ewige Leben aller Guten.

Decius (249–251) war nach Maximinus der zweite der sogenannten ›Illyrischen Kaiser‹, die aus dem Gebiet Ungarns und des Balkans stammend, über die Offizierslaufbahn zur höchsten Machtstellung im Reiche gelangten. Sehr am Bestand des Reiches interessiert, gaben diese reinen Soldatenkaiser nicht nur in militärischer Hinsicht ihr Letztes. Decius versuchte durch die Rückbesinnung und Rückkehr zu den Formen der altrömischen Tradition und durch die Aufwertung der alten Gottheiten sowie durch die Stärkung des Kaiserkults ein Einheitsband gegen die auseinanderstrebenden Tendenzen zu schaffen. Eine Maßnahme dieser Politik war die Verfolgung des Christentums als eine die Interesselosigkeit am Staat fördernde geistige Kraft. Ob es in Regensburg damals schon Christen gab, ist nicht zu sagen (S. 137); jedenfalls hat ein in der Regel ins 3. Jahrhundert datiertes beschriftetes Amulett aus einem Grab des großen Friedhofs nicht zwingend mit diesem Glauben zu tun, da es vielmehr Ausdruck des antiken Aberglaubens ist (Abb. 142, Nr. I 45). Der Verfolger Decius fiel schon 251 in der Schlacht gegen die Goten.

Allg. Christenverfolgung

Zwei Jahre später wurde Raetien zum Schauplatz einer Kaiserausrufung. »*Die Soldaten*«, so berichtet der Senator Aurelius Victor über hundert Jahre später, »*die sich, von überall her zusammengezogen, in Raetien eines bevorstehenden Krieges wegen aufhielten, übertrugen dem Licinius Valerianus die Herrschaft.*« Licinius Valerianus war nämlich von Kaiser Trebonianus Gallus (251–253) beauftragt worden, gegen den im Frühjahr 253 nach einem Sieg über die Goten zum Herrscher proklamierten niedermösischen Statthalter Aemilianus ein Heer aufzustellen, als er selbst putschte. Vermutlich spielte sich der Vorfall bei Regensburg, beim einzigen größeren Lager unserer Provinz ab. Dies ist um so wahrscheinlicher, weil Valerian (253–260) bei seiner Thronerhebung nicht etwa normaler Statthalter der raetischen Provinz war, sondern wie Eutrop (ein Zeitgenosse Victors) schreibt, »*in Raetien und Noricum befehligte*«, also ein Sonderkommando besaß. Daher wird die Annahme zu Recht bestehen, daß die *legio III Italica* »gewiß einen Teil, vielleicht den Kern« seiner Kaisermacher bildete (E. Ritterling).

Regensburger Kaisermacher

Unmittelbar nach der Proklamation zog er nach Italien, um dem bisherigen Herrscher die Krone endgültig abzuringen. Eine zusätzliche Entblößung der Nordgrenze erfolgte schon 254, als erneut germanische und wohl auch raetische Truppenkontingente nach Osten versetzt wurden, wo die Sassaniden bis nach Syrien und Kleinasien (die heutige Türkei) vorgedrungen waren. Die nur konsequente Folge waren neuerliche Einbrüche der Germanen über den Limes. Während dadurch der obergermanische Grenzabschnitt offenbar schon weitgehend verloren ging, wurde Raetien von diesen Übergriffen nur teilweise, z.B. bei Weißenburg und im Landkreis Günzburg, betroffen.

Truppenabzug und Germaneneinfall

Auch in der Folgezeit hatte der Sohn und Mitkaiser Valerians namens Gallienus (253–268) im Reichswesten schwere Belastungsproben zu bestehen, da jetzt mit den Franken völlig neue Gegner die Reichsgrenze am Niederrhein verunsicherten. In dieser Zeit höchster Bewährung in Ost und West während der 50er Jahre des

3. Jahrhunderts wird Valerius Claudius Quintus, ein ehemaliger Primuspilus (= ranghöchster Zenturio) der zweiten italischen Legion, als Unterführer mit dem Titel *dux* Teile der dritten Legion dieses Beinamens zu irgendeinem inneren oder äußeren Krieg geführt haben.

Limesfall (259/260)

Der Leidensweg des Reiches wurde immer schlimmer. Ein Tiefstand war in den Jahren 259/260 erreicht: Während Valerian in die Gefangenschaft des persischen Großkönigs Schapur I. geriet und von dort nie mehr zurückkehrte – eine noch keinem Kaiser zuteil gewordene Schmach –, verlor der Sohn im Westen den obergermanisch-raetischen Limes vollends an die Alamannen. Noch nach 256/257 wurde im Grenzgebiet eine Inschrift gesetzt, und dennoch galt schon kurze Zeit später wenigstens für das Gebiet nördlich der Donau, was ein Lobredner einige Jahrzehnte später in rhetorischer Übertreibung so formulierte: »unter Kaiser Gallienus ... ging Raetien verloren, Noricum und Pannonien wurden verwüstet« *(sub principe Gallieno ... Raetia amissa, Noricum Pannoniaeque vastatae ...)*. Mit Niederbieber war das nördlichste Kastell des Limes gefallen; das große Lager am anderen Ende dieser Befestigungslinie, Regensburg, könnte zwei Münzschätzen zufolge (S. 123) zwar in Mitleidenschaft gezogen worden sein, insgesamt scheint es den Ansturm, dessen Hauptstoß die Westschweiz traf und der die Feinde durch das Alpenrheintal bis nach Oberitalien führte, überstanden zu haben.

Gefahr für das Imperium

In den 60er Jahren war also Raetien nördlich der Donau bereits aufgegeben. Eine germanische Landnahme südlich des Flusses konnte zwar noch verhindert werden, weiter westlich in Obergermanien mußte aber das Dekumatland – zuletzt gewonnen, zuerst verloren – weitgehend aufgegeben werden. Die Reichsgrenze orientierte sich bei Raetien von jetzt an an den Flüssen Rhein, Iller und Donau. Dieser neue Limesverlauf wurde dann am Ende des 3. Jahrhunderts durch die Anlage kleinerer Kastelle und Beobachtungstürme ausgebaut. Schon vorher zog sich die schutzsuchende Bevölkerung mancherorts aus ihren alten Städten und Wohnorten zurück in befestigte Höhensiedlungen, die vom Gelände her schwer zugänglich waren und möglichst abseits der großen Verkehrsadern lagen (wie es um die Regensburger Zivilbevölkerung damals stand, wissen wir nicht). Die Situation des Reiches wurde immer fataler. Sie schilderte zu Beginn des 5. Jahrhunderts der Presbyter Orosius eindringlich: »*Germanen gelangten, nachdem sie durch die Alpen, Raetien und ganz Italien gezogen waren, bis nach Ravenna. Die Gallien durchstreifenden Alamannen gingen sogar nach Italien hinüber. Griechenland, Makedonien, Pontus und Asien wurden durch eine Überschwemmung der Goten zerstört. Das jenseits der Donau gelegene Dakien ging für immer verloren. Quaden und Sarmaten verwüsteten Pannonien. Die jenseits des Rheins wohnenden Germanen bemächtigten sich nach völliger Ausplünderung Spaniens. Die Parther nahmen Mesopotamien mit Gewalt weg und rissen Syrien an sich.*«

Im Rheinland bahnte sich 260 obendrein die Abspaltung eines ganzen Reichsteiles an. Nach längerer Belagerung zog in Köln Postumus, ein General des Gallienus, der sich zum Kaiser (259–268) gemacht hatte, ein, tötete den Sohn des Gallienus und legte damit den Grundstein für das sogenannte ›Gallische Sonderreich‹, das erst 274 zerschlagen werden konnte. Sehr schnell wurde die Herrschaft des Postumus nicht nur in Niedergermanien anerkannt, sondern auch in den verbliebenen Resten der oberen germanischen Provinz, in den vier gallischen Reichsssprengeln und sogar in England und Spanien. Dessen nicht genug, erreichte nach der Gefangennahme Valerians Odaenathus, Fürst der zum Imperium gehörenden Karawanenstadt Palmyra in Syrien, immer mehr die Stellung eines unabhängigen Herrschers, die so sehr an Bedeutung wuchs, daß schließlich seine Witwe Zenobia 270 die Selbständigkeit des Reiches von Palmyra auszurufen wagte. [*Selbständige Teilreiche*]

Unter Kaiser Gallienus kam es zu einer Reform der Provinzial- und Militärverwaltung insofern, als von nun an das Kommando über die Legionen und die wichtigen Grenzprovinzen mehr und mehr erfahrenen Berufsoffizieren aus dem Ritterstand übertragen wurde, ohne daß dabei freilich Senatoren grundsätzlich von diesen Posten ausgeschlossen wurden. Auch Raetien blieb zumindest formal über Gallienus hinaus zunächst noch in der Hand der senatorischen Verwaltung, da noch 281 der amtierende Statthalter aus dem Ritterstand sich *v(ir) p(erfectissimus)* und *a(gens) v(ices) p(raesidis) prov(inciae) Raet(iae)*, also »Hochwohlgeboren« und »Stellvertreter des Präses (hier eindeutig = des senatorischen Statthalters) der Provinz Raetien« nennt. Eine weitere einschneidende und richtungsweisende Maßnahme des Gallienus war die Aufstellung einer beweglichen, aus Abteilungen verschiedener Legionen gebildeten Reiterreserve, welche nicht mehr an der Grenze fest stationiert, sondern nach Gutdünken und Notwendigkeit überall einsetzbar war. [*Reformversuche*]

Für die Entstehungsgeschichte dieser Kampftruppe haben wir möglicherweise bedeutsame Quellenzeugnisse in Münzen (Antoninianen) des Gallienus, die auf den Rückseiten die Namen von insgesamt 17 Legionen und der Prätorianerkohorten tragen. Auch die Regensburger Legion war, wie 193, wieder unter den Geehrten. Der Storch, ihr Fahnenbild, erscheint mit der Umschrift LEG(io) III ITAL(ica) VI (= sextum) P(ia) VI F(idelis) bzw. VII (= septimum) P(ia) VII F(idelis), also »die 3. Italische Legion zum sechsten (bzw. siebten) Mal die Zuverlässige, zum sechsten bzw. siebten) Mal die Getreue« (Abb. 20). Der genaue historische Hintergrund dieser Prägungen ist in der Forschung sehr umstritten. Während gelegentlich gemutmaßt wurde, die genannten Truppen seien aus Dankbarkeit für eine mögliche Hilfe bei der Niederwerfung der Thronräuber Ingenuus in Pannonien (260) und Regalianus im unteren Donauraum (260) durch diese Münzserien geehrt worden, geht eine neuere Ansicht andere Wege: Diese Doppeldenare seien nicht jeweils für die gesamte Legion geprägt worden, sondern lediglich für einzelne Abteilungen derselben, die in die bewegliche Einsatzreserve abkommandiert [*Reiterreserve und Treuemünzen*]

120

Abb. 20: Treuemünze für die 3. italische Legion aus der Zeit um 260 n. Chr. Der genaue Anlaß für die Verleihung durch Kaiser Gallienus (253–268 n. Chr.) ist umstritten. Das Fahnenbild der 3. italischen Legion war der Storch, offenbar als Sinnbild der *Concordia* (»Eintracht«): in ihrer Frühzeit führte die Legion in der Tat den Beinamen *Concors* (»die Einträchtige«). (Nach J. v. Kolb)

worden und in Oberitalien um 260 an zwei Siegen des Gallienus über Germanen beteiligt gewesen seien: Die Feier der achten Treueprägung galt nämlich nicht mehr den einzelnen Legionen, vielmehr der »Treue des Heeres« *(Fides Exercitus VIII)*, welches nun vielleicht schon aus den einzelnen Legionsabteilungen zu einer neuen Bewegungstruppe zusammengewachsen war. Sofern diese Interpretation richtig ist, wäre auch eine Reiterabteilung der Regensburger Legion am Grundstock dieser neuen Heeresformation, die in den folgenden zwei Jahrhunderten in weiterentwickelter Form, eine große Rolle spielen sollte (S. 130 f.), beteiligt gewesen.

Raetisches Intermezzo

Im Jahrzehnt zwischen 260 und 270, in dem das Reich auseinanderzufallen schien, war Raetien, weil es sich nicht dem Gallischen Sonderreich anschloß, sondern romtreu blieb, wohl Dauerkriegsschauplatz und (ähnlich wie 193) Aufmarschbasis geworden. Insbesondere spielte es beim Ende des Kaisers Gallienus im Jahr 268 eine wichtige Rolle: Dort, wo die Familie der Licinier (Valerian und Gallienus) zur Regierung kam, leitete sich ihr Sturz ein: Der aus Dakien stammende General Aureolus, der für Gallienus schon mehrfach Revolten erfolgreich niedergeschlagen hatte – so die des Ingenuus und des Macrianus (260/261) im Osten – stellte sich 268 endlich doch offen auf die Seite des Postumus und ließ sich, »als er in Raetien Legionen befehligte« (so wiederum Aurelius Victor), zum Kaiser küren. Auch er marschierte sofort nach Italien. In Mailand wurde er von Gallienus belagert; doch dieser fiel einer Verschwörung seiner Offiziere zum Opfer. Der neue Herr, Claudius II. (268–270), konnte auch Aureolus endgültig niederzwingen.

Aurelian

Der Abzug des Aureolus hatte die Alamannen erneut zum Einfall nach Oberitalien ermutigt; am Gardasee wurden sie noch 268 von Claudius besiegt. Dieser tüchtige Feldherr und Kaiser erzielte auch beachtliche Erfolge über die im unteren Donauraum eingedrungenen Goten – er wurde daher in den Geschichtsbüchern meist als Claudius Gothicus geführt –, starb aber schon Anfang 270 an der Pest. Sein

Nachfolger Aurelianus, ebenfalls ein illyrischer Haudegen, konnte durch die Auflösung des palmyrenischen (272) und des gallischen Sonderreiches (274) die Reichseinheit wieder zurückgewinnen. Durch wirtschaftliche und administrative Maßnahmen versuchte er obendrein, seinen Ruf als »Wiederhersteller des Erdkreises« *(restitutor orbis)* zu rechtfertigen. Demselben Ziel galt das Bemühen, dem Reich durch die Einführung einer neuen Staatsreligion, einer neuen Schutzgottheit – das Vertrauen in die Macht der altrömischen Götter war dahin – in Gestalt des »Unbesiegten Sonnengottes« *(Sol invictus)* einen geistigen Zusammenhalt zu bieten.

Kaum hatte Aurelian in Pannonien die eingedrungenen Vandalen zum Frieden gezwungen, mußte er noch 270 oder 271 gegen die Juthungen (ein suebischer Teilstamm, der damals vielleicht in Nordwestbayern ansässig war) ziehen, die durch das Alpenrheintal bis nach Oberitalien vorgedrungen waren. Erst am Flusse Ticinus in der Nähe von Pavia konnte er sie schlagen und zur Umkehr bewegen. An der Donau erteilte er ihnen, nach Aussage einiger Quellen, eine weitere Lektion. Ob und wie sehr von diesen Einfällen unser Gebiet in Mitleidenschaft gezogen wurde, ist nicht mehr feststellbar.

Im Entscheidungskampf gegen die Kaiserin Zenobia und ihr Reich von Palmyra 271/272, standen nach dem um 500 schreibenden Historiker Zosimus neben Einheiten aus dem unteren Donauraum auch »*das aus norischen und raetischen Truppen bestehende keltische Kriegsheer*« – gemeint sind zweifellos Spezialkommandos *(vexillationes)* der 2. und 3. italischen Legionen – im Armeeaufgebot Aurelians. Es wäre denkbar, daß die Verlegung von Regensburger Abteilungen in den Osten erneut für irgendwelche Feinde – da Alamannen und Juthungen wohl noch zu schwach waren, dachte man gelegentlich an die Burgunder – Signal zum Angriff auf Nordostraetien wurde. Immerhin beteuert nämlich die, freilich nicht immer zuverlässige Historia Augusta an zwei Stellen, daß der Kaiser kurz vor seiner Ermordung auf dem Balkan (275) eine Expedition in dieses Gebiet unternommen habe: »er befreite die Vindelicer von der Bedrängnis durch die Barbaren« (*Vindelicos obsidione barbarica liberavit*) heißt es einmal, und an einer anderen Stelle lobt Aurelians vom Senat gewählter Nachfolger Kaiser Tacitus (275-276) die Ruhmestaten des Getöteten in einer Senatsrede: »Jener hat den Vindelikern das Joch der barbarischen Knechtschaft beseitigt« (*ille Vindelicis iugum barbaricae servitutis amovit*). Näheres hören wir nicht. Völlig ungewiß ist, ob die standortferne Tätigkeit eines *Ingenu[us]*, der nach einer sehr kühnen Ergänzung einer, dem Kaiser Aurelian in Lauriacum geweihten Inschrift möglicherweise als Zenturio der 3. italischen Legion gleichzeitig als *regi[onarius]* bei Augsburg einen Polizeiposten betreute, mit diesen Vorfällen in Verbindung gestanden hat.

Es ist keineswegs auszuschließen, daß im Zusammenhang mit dieser »barbarischen Bedrängnis« Vindeliciens (wir erinnern uns, so hieß das Gebiet Nordost-

Zweite Zerstörung Regensburgs

raetiens) auch Regensburg zum zweiten Mal im 3. Jahrhundert zerstört wurde. Brannten doch auch Zivilstadt und Garnison in Lauriacum um 270 weitgehend nieder. In Regensburg, lehren die Archäologen (S. 215 f.), müssen irgendwann in der zweiten Hälfte dieses Jahrhunderts zumindest große Teile des Lagers niedergebrannt sein. Da man auf dem Frauenbergl in der entsprechenden Zerstörungsschicht neben einer Münze des Kaisers Gallienus (253–268) eine verbrannte des Aurelian fand, kann das Feuer frühestens nach 270 ausgebrochen sein; dieser Befund erfuhr seine Bestätigung durch die Ausgrabungen an der Ecke Dreikronengasse, weil hier ebenfalls in einer Brandschicht je eine Münze (Antoninian) der Kaiser Gallienus, Claudius II. (268–270) und Aurelian zutage kamen. Schließlich können auch die schon erwähnten, um 259/260 endenden Münzschätze – zwei aus dem Stadtgebiet und einer aus Pfakofen südlich der Stadt – durchaus erst nach 270 vergraben worden sein. Freilich ist unschwer zu erkennen, daß der archäologische Befund mit dem Jahr 270 lediglich den Zeitpunkt benennt, n a c h welchem die Zerstörung in Regensburg stattgefunden hat (in diesem Fall ist das Jahr 270 Terminus post quem). Eine Verwüstung nach Kaiser Aurelian wird dadurch natürlich nicht ausgeschlossen.

Tatsächlich ist gut möglich, daß erst die Überfälle der Burgunder und Vandalen auf Raetien wenige Jahre später auch das Lager gegenüber der Regenmündung empfindlich trafen. Kaiser Probus (276–282), wiederum ein tatkräftiger Illyrer auf dem Thron, konnte dieser Germanenallianz in den Jahren 278/279, vielleicht nachdem er eigens 16000 Rekruten ausgehoben hatte, vermutlich am Lech eine schwere Niederlage beibringen. Nach der Historia Augusta »*ließ er Raetien derart friedlich zurück, daß er dort nicht einmal den Gedanken an irgendeine gewaltsame Störung übrig ließ*«. Auf diesen glorreichen Sieg spielt eine Augsburger Inschrift aus dem Jahr 281 an, die der »Stellvertreter des Präses der Provinz« *(agens vices praesidis provinciae Raetiae,* S. 120) dem Probus weihte als »dem Wiederhersteller der Provinzen und öffentlichen Bauten, dem weit vorausblickenden, alle vorherigen Kaiser an Tapferkeit sehr überragenden« *([restitutori pr]ovinciarum et operum [publicorum, providen]tissimo ac super omnes [retro principes for]tissimo).*

Putsch in Regensburg

Die darin gewiß auch zum Ausdruck kommende kaiserliche Selbsteinschätzung hinderte freilich die raetischen Truppen nicht, schon ein Jahr nach Setzung dieser Inschrift gemeinsam mit der norischen Legion – wie man sieht, operierten die militärischen Schwestern in der Tat häufig gemeinsam – wieder ›Kaisermachen‹ zu spielen und gegen Probus dessen Prätorianerpräfekten Carus (282–283) auf den Schild zu erheben. Probus wurde ermordet, angeblich auch deshalb, weil die Soldaten – inzwischen allem Zivilen abhold – zu sehr mit nichtmilitärischen Aufgaben, wie Entwässerungsarbeiten, Flußkorrekturen, Brücken- und Tempelbauten betraut wurden. Carus aber, der Kandidat unserer Truppen, und seine Söhne Carinus (283–285) und Numerianus (283–284) erlangten deshalb eine gewisse Bedeutung, weil sie die letzten Kaiser jener Epoche waren, die wir, etwas unglücklich, das Prinzipat zu nennen pflegen.

Bevor allerdings näher auf die staatsrechtlichen Veränderungen unter den Folgekaisern des ›Dominats‹ eingegangen wird, sei kurz noch eine dritte Möglichkeit angesprochen, bei welcher Regensburg zerstört worden sein kann. Von archäologischer Seite wird auf eine Ballung von Münzschätzen, einen Schatzfundhorizont (S. 113; vgl. Abb. 45), um das Jahr 288 hingewiesen. Damals war der Herrscher im westlichen Reichteil namens Maximianus (286–305) gerade mit den Franken und dem in Britannien zum Gegenkaiser ausgerufenen Carausius (287–294) beschäftigt, als der Oberkaiser Diocletianus in Raetien einen Feldzug gegen die Alamannen startete, obwohl er eigentlich Chef des Ostens war. Dies allein weist in der Tat auf militärische Bedrängnis des Reiches an diesem Punkt deutlich genug hin. Die Annahme, daß die Münzschätze aus diesem Jahr eines Einfalls von Germanen wegen unter die Erde kamen, somit Diokletians Unternehmen lediglich ein militärischer Gegenschlag gewesen sei, hat ziemlich viel für sich. Da aber außer Münzhorten aus München-Lochhausen, Peissenberg (?), Bregenz und drei weiteren aus dem Alpenrheintal auch einer aus Großberg bei Regensburg stammt, könnte unser Legionslager auch erst damals zerstört worden sein. In diesem Fall wäre der Wortlaut der Augsburger Inschrift, die Diokletian im Jahr 290 als »weitvorausschauenden Kaiser«, als »Lenker des Erdkreises und Herren«, als »Gründer des ewigen Friedens« (*providentissimo principi, rectori orbis ac domino, fundatori pacis aeterni*) feierte, nicht nur leere Formel gewesen.

Neue Zeit – alter Feind

124

Römische Restsubstanz: Castra Regina

Reformen Dioketians

Diokletian (Abb. 19), aus einfachsten Verhältnissen Dalmatiens zum Kaiserthron gelangt (284–305), nahm entschlossener als seine Vorgänger die Existenzprobleme des römischen Reiches in Angriff und wurde dadurch zum großen Reformer der damaligen Welt. Den Wandlungsprozeß, den er, stets nur bereits vorhandene Ansätze konsequent zu Ende führend, einleitete und den Konstantin der Große (306–337) entschieden fortsetzte (nicht selten ist es unmöglich, genau zu sagen, was das Werk des einen oder des anderen Kaisers war), sicherte dem aufs ärgste bedrohten Imperium Romanum im Westen den Bestand immerhin für fast noch 200 Jahre, im Osten sogar, wenn auch in der weiterentwickelten Form des sogenannten Byzantinismus bis zur Eroberung von Byzanz (Istanbul) durch die Türken (1453), das gesamte Mittelalter hindurch. Häufig machen wir Europäer uns nicht klar genug, daß das oströmische Kaisertum formell sein Ende erst am Beginn der Neuzeit gefunden hat, und das mittelalterliche Abendland auf manchen Gebieten durch Kontakt, Rivalität und Auseinandersetzung mit diesem ›Restbestand‹ römischen Daseins vielerlei Impulse empfing. Dem Ostreich gegenüber verfiel der Westen des römischen Imperiums erstaunlich schnell. Wichtige Etappen dieses Auflösungsprozesses, der in dem mündete, was wir Frühmittelalter nennen (eine genaue Grenzziehung zur Spätantike ist unmöglich), waren schon den Zeitgenossen einschneidende Erlebnisse wie die Niederlage der Römer gegen die Goten bei Adrianopel 378, die Eroberung Roms durch die Germanen 410, die Absetzung des letzten weströmischen Kaisers 476. Nicht wieder rückgängig zu machen waren auch die germanischen Reichsbildungen auf römischem Boden während des 5. Jahrhunderts, ein Vorgang, der schließlich nach dem Scheitern aller Rückeroberungspläne durch den oströmischen Kaiser Justinian I. (527–565) mit dem Einmarsch der Langobarden in Italien 568 einen vorläufigen Abschluß fand. Beschleunigt und verstärkt wurde die Verdünnung des weströmischen Erbes – in den germanischen Reichen herrschte ja meist eine relativ schmale germanische Oberschicht über die große Masse von Romanen – dann im Laufe des 7. Jahrhunderts durch das Vordringen des Islams nach Westen, das vor allem auch die wirtschaftliche Einheitlichkeit des Mittelmeerraumes endgültig sprengte.

Die Reformen Diokletians und Konstantins zielten im letzten auf Normierung, Vereinfachung und Dezentralisierung aller Bereiche. Ein weiterer wichtiger Gesichtspunkt war die bedingungslose Trennung der zivilen von der militärischen Verwaltung, die in Rom seit den Anfängen, wenigstens in den höchsten Befehlsstellen, immer in Personalunion vollzogen worden war. Die Verkleinerung der Verwaltungseinheiten bedingte ein rapides Anschwellen des streng hierarchischen, nach Kompetenzbereichen strikt abgegrenzten Beamtenapparates; so wurde aus dem Staat immer hauptsächlicher ein Beamtenregiment mit einem durchorganisierten System von Überwachungen und Zwängen. Aus dem Bürger Roms wurde ein Untertan, dem Gehorsam und Steuerpflicht oberste Tugenden sein mußten, dem ansonsten wenig Handlungsspielraum verblieb. Drückend lastete auf der Bevölkerung die erbliche Berufsbindung, welche beispielsweise die Ratsherrn der Gemeinden, die ohnehin schwer litten, weil sie für das gesamte Steueraufkommen ihrer Orte mit dem eigenen Vermögen zu haften hatten, zwangsweise zu Amt und Würden verpflichtete; welche Handwerker und Kaufleute an ihre Berufsverbände *(collegia)* und freie Pachtbauern *(coloni)* an ihre Scholle band. Zu alledem kam ein ausgeklügeltes, auch von unten nach oben bestens funktionierendes Spitzelsystem mit einer regelrechten Geheimpolizei *(agentes in rebus)* und rücksichtslose Formen der Eintreibung von Steuern und Naturalabgaben. Die Folge dieser rigorosen Maßnahmen waren die Flucht aus den zermürbenden Verhältnissen in allen Bereichen der Gesellschaft, das Veröden verlassener Äcker, ein blühendes Räuberunwesen in den Provinzen und nicht zuletzt häufige Aufstände im Reich wohnender einheimischer Volksstämme. Dabei waren die außenpolitischen Schwierigkeiten keineswegs geringer geworden: nach wie vor blieben Sassaniden und Germanen über die Grenze drängende Feinde. Während zur Abwendung dieser Gefahren das Heer auf über 400 000 Mann erhöht, somit das alltägliche Leben noch mehr militarisiert wurde, entzogen sich die Kaiser noch stärker ihren Untertanen, indem sie sich vergöttlichen ließen. Ausdruck dieser neuen Herrscherauffassung war ein strenges, an orientalischen Vorbildern orientiertes Hofzeremoniell, für das z.B. der Fußfall vor dem Monarchen, die Proskynese, typisch war.

Um den endlosen Thronstreitigkeiten und Usurpationen ein Ende zu bereiten, ernannte Diokletian im Jahr 286 seinen Landsmann und Freund, den Haudegen Maximianus zum Mitkaiser *(Augustus)* und übergab ihm das Westreich. Vollends von seinen Vorgängern wich er aber dann durch die, freilich aus einer momentanen militärischen Notlage heraus entstandene, Schaffung der sogenannten Tetrarchie im Jahre 293 ab: Die beiden Kaiser *(Augusti)* erhoben durch Adoption zwei weitere nicht blutsverwandte Männer zu Thronfolgern und Mitregenten *(Caesares)*: für den Osten Galerius und für den Westen Constantius I. Chlorus (den Vater des späteren Kaisers Konstantin). Somit gab es im Osten wie im Westen je einen ›Oberkaiser‹ mit dem üblichen Titel *Augustus* und je einen nachfolgeberechtigten ›Unterkaiser‹, *Caesar* genannt. Bereits bei seiner ersten Bewährungs-

Scheitern der Tetrarchie

probe versagte das System der Viererherrschaft, als die lange geplante freiwillige Abdankung der ›Oberkaiser‹ Diokletian und Maximian im Jahr 305 sehr schnell heftige Thronrivalitäten verursachte.

Konstantin Unter anderem meldeten jetzt auch die Kaisersöhne ihre Ansprüche auf die Herrschaft an. Endgültiger Sieger in diesen Wirren wurde nach langer Auseinandersetzung Konstantin I. (der Große, 306–337), der nach dem Tod seines Vaters Constantius in England vom Heer zum Kaiser ausgerufen worden war. Nach seinem sprichwörtlichen Sieg bei Rom an der Milvischen Brücke im Jahr 312 über Maxentius (dem Sohn Maximians), der von Italien aus seit 306 Teile des Westens beherrschte – Raetien lag schwerlich in seinem Einflußgebiet –, blieb als Konkurrent im wesentlichen nur noch der grobschlächtige Licinius als Herrscher im Osten (308–324), bis auch er 324 in zwei Schlachten von Konstantin ausgeschaltet wurde.

Notitia dignitatum Für die Geschichte des 4. Jahrhunderts sind unsere Quellen allgemein noch dürftiger als für die vorangehende Zeit. So wird z.B. nicht nur in Regensburg die Zahl der Inschriften – Traditionsträger ersten Ranges – im Laufe des 3. Jahrhunderts immer kleiner. Über die Geschicke unseres Ortes, seiner Besatzung und geringen zivilen Bevölkerung in der spätrömischen Zeit wissen wir folglich sehr wenig Sicheres. Lediglich die allgemeinen Zeitumstände lassen hie und da Rückschlüsse auf *Castra Regina*, wie der Name jetzt zweifelsfrei lautet, zu. Die politisch-militärische Ordnung des Reiches und auch Raetiens läßt sich fast nur nach einer höchst problematischen Schrift schlecht und recht rekonstruieren, nach dem »Verzeichnis aller Ämter, sowohl der zivilen wie der militärischen in den westlichen Reichsteilen« *(Notitia dignitatum omnium, tam civilium quam militarium, in partibus Occidentis)*, von den Wissenschaftlern kurz *Notitia dignitatum* genannt. Ursprünglich für den täglichen Dienstgebrauch bestimmt, führten Verzeichnisse dieser Art die Gliederung des Reiches im einzelnen auf, ihrem Range nach sodann auch die zivilen und militärischen Dienststellen und -stellungen, bis hinab zum Personalstand der einzelnen Behörden; ergänzend wird beschrieben, welche Truppen und Standorte zu den einzelnen Kommandobereichen gehörten. Leider enthält dieses um 430 entstandene ›Staatshandbuch‹ auch sehr viele nachweisbar veraltete Angaben. Offenbar wurden nicht alle Abschnitte gleichermaßen auf dem laufenden gehalten. Deshalb ist es sehr schwierig, die einzelnen Zeitschichten, die in der Notitia übereinandergeraten sind, wieder zu trennen. Für Raetien, so wird immer wieder vermutet, spiegele diese Quelle einen im Vergleich zu ihrer letzten Redaktion geradezu ›altertümlichen‹ Stand, vielleicht den um 375 wider (vgl. aber S. 156).

Das Reich war im 4. Jahrhundert, entsprechend der diokletianischen Kaiserordnung, in vier große Präfekturen aufgeteilt (Abb. 21); so benannt nach dem obersten Beamten, dem Prätorianerpräfekten *(praefectus praetorio)*, der mit großen

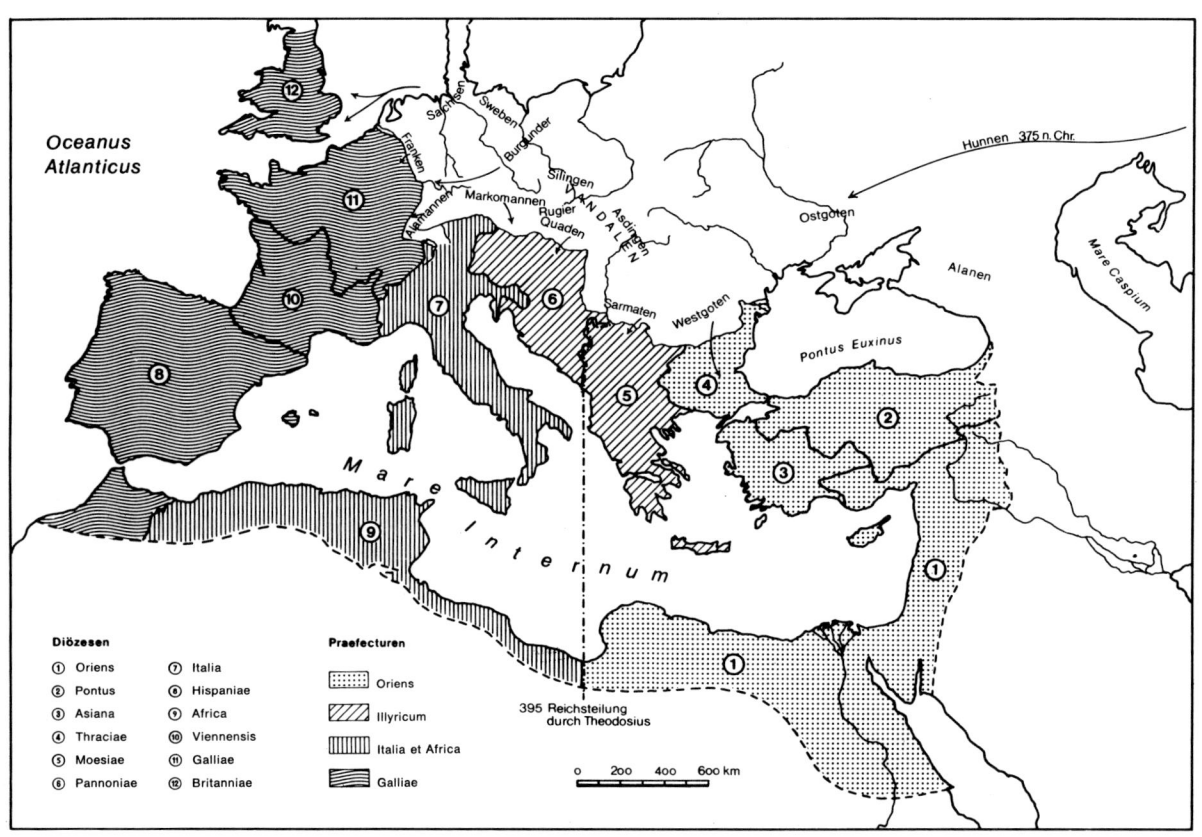

Abb. 21: Das Imperium Romanum nach der Reichsreform Kaiser Diokletians (284–305 n. Chr.) und der Einrichtung der vier Reichspräfekturen im Jahr 318 durch Konstantin den Großen (306–337 n. Chr.). (Nach Westermanns Atlas und Ph. Filtzinger)

Neue Reichseinteilung

Machtbefugnissen ausgestattet, in Stellvertretung des jeweiligen Kaisers waltete. Jedes Verwaltungsviertel hatte eine eigene Hauptstadt: die Präfektur *Oriens* (Türkei, Syrien und Ägypten) in Nikomedien in der Nordwesttürkei, *Illyricum* (Balkan und untere Donauprovinzen) in Sirmium, *Italia* (Voralpenland, Italien, Nordafrika und Nordwestbalkan; an ihrem nördlichsten Punkt lag Regensburg) in Mailand *(Mediolanum)* und schließlich *Galliae* (Rheinland, Frankreich, Spanien und England) in Trier *(Augusta Treverorum)*. Die Stadt Rom, die bezeichnenderweise je mehr sie niedersank, sich selbst um so mehr als *urbs aeterna*, als »ewige Stadt«, feierte, war zwar lange Zeit immer noch die offizielle Reichshauptstadt, verlor aber zunehmend ihre einst zentrale Bedeutung, zumal nachdem sich Kaiser Konstantin 330 eine eigene Hauptstadt, ein zweites Rom namens Konstantinopel (heute Istanbul), hatte errichten lassen. Die Zahl der Provinzen, die flächenmäßig wesentlich verkleinert und damit überschaubarer wurden, erhöhte man im Jahr 297 von bislang 57 auf etwa 100 (nach 400 rund 120). Unterschiedlich viele davon wurden in sehr verschieden große Diözesen (= Distrikte; mit unseren Bistümern hatten sie nur den Namen gemein) zusammengefaßt. Diese ursprünglich zwölf (später siebzehn) Mittelinstanzen leitete je ein *vicarius*, also ein Vize des Prätorianerpräfekten. Die Provinzstatthalter bekamen nach Ranghöhe verschiedene Titel, die (in absteigender Reihung) *consulares, proconsules, correctores* und *praesides* lauteten.

Zivilverwaltung

Raetien lag in spätrömischer Zeit nicht nur weiterhin an der Nordgrenze des Reiches, hier stießen außerdem drei der vier großen Verwaltungsbezirke des Imperiums zusammen: Während unsere Provinz zur italischen Präfektur gehörte, war das Gebiet östlich des Inns Teil der illyrischen, die Provinz *Sequania* (später *Maxima Sequanorum*) westlich von Raetien Teil der gallischen Präfektur.

Im Laufe des 4. Jahrhunderts wurde Raetien in zwei Provinzen geteilt. Diese Verkleinerung des Verwaltungsgebiets erfolgte offenbar nach 297, weil das ›Veroneser Provinzenverzeichnis‹, das den Zustand des Reiches nach der Reichsreform in diesem Jahr spiegelt, immer noch nur *ein* Raetien nennt. Sicher vollzogen war sie andererseits um 370. Das »erste Raetien« *(Raetia prima)* trennte vom »zweiten Raetien« *(Raetia secunda)* eine der Linie Isny, Arlberg, Münstertal, Stilfserjoch folgende Nordsüdgrenze. Beide Verwaltungseinheiten gehörten, wie gesagt, zur Präfektur Italien und innerhalb derer, gemeinsam mit den Provinzen Venetien-Istrien, Ämilien, Ligurien sowie den Cottischen Alpen, zur Diözese *Italia annonaria*, welcher ein Vicarius mit Sitz in Mailand *(Mediolanum)* vorstand. Jede der beiden raetischen Provinzen wurde von einem eigenen Zivilbeamten mit dem Titel *praeses* verwaltet, wovon der eine vermutlich in Chur, der andere wohl in Augsburg saß. In spätrömischer Zeit bildete also Regensburg den nördlichsten Punkt sowohl der Provinz *Raetia secunda* wie der Diözese *Italia annonaria* und der Präfektur *Italia*.

Grenztruppen

In militärischer Hinsicht lag die Sache etwas schwieriger. Auf diesem Sektor sind spätestens seit Konstantins Heeresreformen zweierlei Truppenarten streng auseinanderzuhalten: 1. Die Grenzeinheiten *(limitanei* oder *riparienses)*, die wie bisher an feste Standorte gebunden waren, wurden auch nach Formation und taktischer Gliederung (Legionen, Alen und Kohorten) weitgehend gemäß früherer Weise beibehalten. In der Hauptsache aus angesiedelten Veteranen bestehend, die nebenher auch Landwirtschaft betrieben, hatten sie strategisch gesehen freilich nur mehr die Bedeutung lokaler Milizen. Das militärische Oberkommando über die Grenztruppen des Westreichs (also auch Raetiens) lag laut Notitia dignitatum beim ranghöchsten Soldaten dieses Reichsteils, der im Laufe der Zeit verschiedene Titel und Kompetenzbereiche innehatte und je nach dem »Meister beider Waffengattungen« *(magister militum utriusque militiae)* oder »(am Hof) gegenwärtiger Oberbefehlshaber der Infanterie« *(magister peditum praesentalis)* hieß und nach ca. 370 mit »Durchlaucht« *(vir illustris)* angesprochen wurde; ihm unterstand der »Grenzabschnittsgeneral« *(dux limitis)* mit dem Titel »General der ersten und zweiten raetischen Provinz« *(dux provinciae Raetiae primae et secundae)* mit dem Rangprädikat einer »Exzellenz« *(vir spectabilis)*. Ebenfalls aus dem ›Staatshandbuch‹ erfahren wir die ungefähre Zusammensetzung der raetischen Grenztruppen und die Verteilung ihrer Standorte. Danach unterstanden dem Kommando des raetischen Generals im wesentlichen neben drei Gardereitereien *(equites stablesiani)*, drei Alen und sieben Kohorten sowie einem Numerus von Bodenseeschiffern ein größeres Kontingent nicht näher bekannter *milites Ursarienses* und schließlich fünf Abteilungen der dritten italischen Legion, von denen gleich näher die Rede sein wird. Von den Alen und Kohorten waren nur die drei in Eining, Künzing und Passau stationierten sicher ältere Einheiten, die übrigen wurden ihrer nach den Kaisern gewählten Beinamen *Valeria* oder *Herculea* wegen vermutlich erst von *Valerius* Diocletianus oder Maximianus *Herculius* neu geschaffen. Die Hilfstruppen, die früher im Limesgebiet links der Donau stationiert waren, sind entweder im Zuge der Kämpfe des 3. Jahrhunderts untergegangen oder von Diokletian ersetzt worden.

Feldtruppen

2. Neben diesen Grenztruppen gab es noch eine stattliche bewegliche Einsatzreserve. Diese nicht standortgebundenen Verbände konnten von ihren meist an Schnittpunkten der großen Militärfernwege im Inneren des Reiches gelegenen Garnisonen je nach augenblicklichem Bedarf im jeweiligen Kommandobereich verschoben werden. Rangmäßig war dieses mobile, im 4. Jahrhundert stetig vergrößerte Feldheer gegliedert in Hof- oder Gardetruppen *(palatini)* und Linienregimenter *(comitatenses)* und nach ihrer taktischen Bedeutung in 500 Mann starke Reitereinheiten *(vexillationes)*, 1000 Mann zählende Legionen *(legiones)* sowie Hilfstruppen *(auxilia)* zu ebenso je 500 Mann. Schließlich kennt man noch als »unechte Linientruppen« *(pseudocomitatenses)* bezeichnete Einheiten, die ihrem

Wesen nach umstritten sind; nicht unwahrscheinlich ist, daß sie zwar wie die Grenzarmee am Limes stationiert waren, aber nominell dem Feldheer zugerechnet wurden. Den Oberbefehl über die gesamte schlagkräftige Bewegungsarmee teilten sich nach Konstantin (auch hier gab es verschiedene Entwicklungsstufen), je nachdem ob es sich eben um Fuß- oder Reiterverbände handelte, der »gegenwärtige Meister des Fußvolkes« *(magister peditum praesentalis)* und der »gegenwärtige Meister der Reiterei« *(magister equitum praesentalis)*. Leider wissen wir bis heute nicht, welchem Kommandobereich die sich in der Regel in Raetien aufhaltenden Teile des Feldheeres angehörten. Dem »General Raetiens« konnten sie schon ihrer Versetzbarkeit wegen nicht unterstanden haben. Möglich wäre eine Zuweisung zur Heeresregion Italien und damit, weil Italien keine Regionalbefehlshaber hatte, die unmittelbare Unterordnung unter die in Italien ja anwesenden Ober(Präsental-)heermeister; andererseits ist insbesondere für die Zeit um 400 eine Unterstellung unter den »Befehlshaber von Illyricum« *(comes Illyrici)*, einen sehr bedeutenden Regionalkommandanten, der aber kein selbständiges, sondern als Stellvertreter nur ein von den Präsentalheermeistern abgeleitetes Befehlsmandat hatte, wahrscheinlich. Einige der ›Feldtruppen Raetiens‹, wie man verkürzend sagen könnte, werden gewiß in der Notitia dignitatum erwähnt; aber des eben angesprochenen Dilemmas wegen ist es bislang unmöglich, sie zu erkennen.

Getrennte Verwaltung

Auf dem militärischen Sektor erfolgte also keine territoriale Teilung der raetischen Provinz, sondern eine taktische Umstrukturierung. Die dauernde Einrichtung von Grenzducaten und, damit zusammenhängend, die strenge Scheidung zwischen ziviler und militärischer Gewalt ist unter Diokletian nur vereinzelt und gebietsweise sehr unterschiedlich durchgeführt worden. Dieser Kaiser sah seine Aufgabe mehr in der Sicherung des Limes durch die Erneuerung und den Ausbau von Befestigungen sowie in der Verstärkung des Grenzheeres durch die Neuschaffung von ca. 25 Grenzlegionen (vielleicht bekam, wie unten S. 133 f. dargelegt wird, auch Raetien eine neue Legion). Während er die bewegliche Einsatzreiterei des Gallienus sogar wieder auflöste, machte Konstantin schon in seiner frühen Regierungszeit aus dem Feldheer eine stehende Einrichtung, deren Schlagkraft zusätzlich durch die verstärkte Aufnahme von Germanen in den römischen Dienst – ein Phänomen, das durchaus schon in den ersten drei Jahrhunderten n. Chr. beobachtbar ist – vergrößert wurde. Daß tatsächlich, auch in Raetien, nicht schon Diokletian die zivile von der militärischen Gewalt durch die Einführung eines Generals Raetiens *(dux Raetiae)* getrennt haben wird, legt eine Inschrift aus Eschenz *(Tasgaetium)* und vielleicht eine weitere aus Winterthur *(Vitudurum)* nahe, wonach noch im Jahr 294 der inzwischen endgültig aus dem Ritterstand genommene Statthalter *(praeses)* unserer Provinz, und ganz im Gegensatz zur Praxis der späteren Zeit nicht etwa der General *(dux)*, für die Durchführung militärischer Bauten verantwortlich zeichnete. Entsprechend ist in einem Gesetz vom Jahr 290 allgemein im Zusammenhang mit militärischen Angelegenheiten ebenfalls nicht vom General *(dux)*, sondern vom Legionspräfekt *(praefectus legionis)* und vom Statthalter *(praeses)* die Rede. Dieselben Beamten finden sich übrigens auf einer Inschrift aus Regensburg (Nr. I 3) vereint, die, obwohl undatiert, dem Zusammenhang nach in die Zeit kurz vor 300 gehören muß. Sie wurde gesetzt durch einen namentlich unbekannten ritterlichen Statthalter des noch ungeteilten Raetien, *v(ir) p(erfectissimus) p(raeses) p(rovinciae) R(aetiae)* nennt er sich, gemeinsam mit einem Secundinus, der Präfekt einer Legion *(praefectus legionis)* war. Ähnlich wie seit Kaiser Gallienus die senatorischen Statthalter immer mehr durch ritterliche Beamte abgelöst wurden, übernahm, weil, wie in Raetien, sehr oft der senatorische Statthalter gleichzeitig Legionskommandant war, an Stelle des einstigen senatorischen Legionskommandanten *(legatus legionis)* der frühere Legionspräfekt die Führung der Legion. In der erwähnten Regensburger Inschrift nennt sich Secundinus »Präfekt derselben Legion«. Leider ist der obere Teil der Weihinschrift abgebrochen, so daß offen bleiben muß, ob (was durchaus wahrscheinlich ist) wirklich die 3. italische Legion »dieselbe« Legion war; sicher aber ist des Wortes »derselben« *(eiusdem)* wegen, daß im verlorenen Teil des Textes schon von einer Legion die Rede war, daß also auf dem Regensburger Weihestein wie auf dem Gesetz aus dem Jahr 290 der Zivilstatthalter noch oberster Chef in Militärangelegenheiten war.

Die strikte Trennung von Grenz- und Feldheer wirkte sich auch auf die Besatzung Regensburgs im 4. Jahrhundert aus. Der eben erwähnte Secundinus scheint, da er sich »Präfekt der Legion« *(praefectus legionis)* ohne nähere Kennzeichnung derselben nennen konnte, noch eine vollständige Legion geführt zu haben. Um 300, vermutlich aber ebenfalls erst unter Konstantin, wurde die dritte Legion in mindestens sechs Abteilungen gespalten. Nach dem ›Staatshandbuch‹ stand die überwiegende Zahl davon unter dem raetischen General, also im Grenzheer:

»*Ein Präfekt der dritten italischen Legion, des oberen Teils, zu Castra Regina* (Regensburg), *jetzt zu Vallatum* (Manching).

Ein Präfekt der dritten italischen Legion, des oberen Teils für die erste Uferstrecke (Donau zwischen Iller und Lech?), *zu Submuntorium* (Burghöfe).

Ein Präfekt der dritten italischen Legion, der Vorhut für den mittleren Abschnitt von Vemania (Isny) *bis Cassiliacum, zu Cambodunum* (Kempten).

Ein Präfekt der dritten italischen Legion, der Abteilung zur Sicherung der Heereszufuhr, in Foetibus (Füssen).

Ein Präfekt der dritten italischen Legion, der Abteilung zur Sicherung der Heereszufuhr, in Teriolis (Zirl bei Innsbruck)«.

(Im Originaltext:
Praefectus legionis tertiae Italicae partis superioris, Castra Regina, nunc Vallato.

Rolle der 3. ital. Legion

Praefectus legionis tertiae Italicae partis superioris deputatae ripae primae, Submuntorio.
Praefectus legionis tertiae Italicae pro parte media praetendentis a Vimania Cassiliacum usque, Cambidano.
Praefectus legionis tertiae Italicae transvectioni specierum deputatae, Foetibus.
Praefectus legionis tertiae Italicae transvectioni specierum deputatae, Teriolis.)
Um diese Stelle richtig verstehen zu können, sind einige Überlegungen nötig. Zunächst ist festzustellen, daß die Gesamtstärke der jetzt aufgeteilten Legion vermutlich, wenigstens auf dem Papier, bei rund 6000 Mann belassen wurde; während neu geschaffene Legionen, wie erwähnt, nur noch 1000 Mann zählten, verkleinerte man die aus der früheren Kaiserzeit übernommenen Legionen durch Aufteilung in einzelne Sonderkommandos. In der Zeit vor Diokletian hätte man diese schlicht *vexillationes* genannt (vgl. S. 76); da so jetzt ausschließlich die Reitereinheiten des Feldheeres hießen, verwendete man Umschreibungen wie »oberer Teil (der Legion)« *(pars [legionis] superior)* oder »Abteilung« *(deputatus).* Wie in der Vergangenheit eine jede *vexillatio* von einem *praepositus* kommandiert wurde, so wird jetzt jede Sonderabteilung der Legion von einem Präfekten befehligt. Die Annahme, diese Teileinheiten (von der sechsten ist gleich noch zu reden) der alten Legion seien einheitlich etwa 1000 Mann stark gewesen, ist nicht abgesichert und, vergleicht man die Verhältnisse anderer spätrömischer Provinzen wie z.B. Ufernoricum, gewiß nicht besonders wahrscheinlich. Eine besondere Rolle spielte die 3. italische Legion im 4. Jahrhundert also nicht mehr. Im Hinterland wurde sie vorwiegend zur Überwachung der Nachschubwege aus Italien eingesetzt, ansonsten zum Schutze der Iller-Donau-Front im Rahmen der zweitrangigen Grenzarmeen.

Nach einer neueren Theorie wäre sie seit Diokletian für längere Zeit nicht einmal mehr die einzige Legion in diesem Heer Raetiens gewesen. Ein geradezu starr befolgtes Prinzip der diokletianisch-konstantinischen Heeresverfassung war nämlich die Bestückung jeder verteidigungsbedürftigen Provinz mit zwei Legionen. Diese Regel wäre nach der Notitia dignitatum zwar in den übrigen Donauprovinzen durchgeführt gewesen, nicht aber in dem sogar von zwei Seiten – von Norden und Westen – gefährdeten Raetien. Dies allein ist schon auffällig genug. Nun hat aber ein sechster Teil der 3. italischen Legion, von seiner Muttertruppe in Regensburg gelöst, nicht etwa an anderer Stelle in der raetischen Grenzmiliz (etwa ein fehlender »unterer Teil«) gekämpft, sondern die Aufnahme ins Feldheer geschafft, wo er als eigene comitatensische *legio III Italica* beziehungsweise als »Soldaten der dritten (Legion)«, als *Tertiani*, in der Notitia dignitatum zum Heeresbezirk *Illyricum* gehörig aufgeführt wird. Auch in der Bewegungsarmee traten Legionen in der Regel paarweise auf: die Tertianer hatten gleichsam als ›siamesischen Zwilling‹ eine comitatensische *legio III Herculea*, die ihrem Beinamen zufolge durch

Maximianus *Herculius* (286–305) aufgestellt wurde. Da eigentlich auch sie im Grenzheer eine Muttereinheit gehabt haben mußte, nahm man an, eine solche (vielleicht in Kellmünz stationierte) habe zwar ursprünglich existiert, sei aber noch vor der Abfassung der Notitia dignitatum bereits wieder verschwunden, vermutlich im Kampf untergegangen.

Wie gesagt, auch dies ist vorläufig nur eine Theorie. Soviel aber steht fest, daß Regensburg seit ca. 300 nicht mehr wie vorher eine der etwa 30 Elitetruppen des Reiches, also eine der Legionen des alten Stils, beherbergte, sondern – sofern nicht außerdem pseudocomitatensische Truppen des Feldheeres (dazu unten S. 144 f. ausführlicher) – lediglich einen militärisch eher unbedeutenden Restverband der 3. italischen Legion von unbekannter Mannschaftsstärke.

Für die jedenfalls verkleinerte Besatzung war natürlich weniger Raum nötig als für die Gesamtlegion. Deshalb vermutete man schon vor über 50 Jahren, in Regensburg habe sich das Militär im 4. Jahrhundert in das Nordosteck des Legionslagers zurückgezogen. Zur Trennung von der nun vermutlich im übrigen Lagerbereich (vielleicht in den vom Militär aufgegebenen Baracken) wohnenden Zivilbevölkerung sei durch Einziehung zweier Abschnittsmauern (im Westen in Höhe des Römerturms, im Süden entlang der Nordseite der ehemaligen *via principalis*) ein eigenes Kleinkastell, das sogenannte ›Binnenkastell‹, errichtet worden. Regelrechte Beweise für diese Annahmen gibt es bisher offenbar auch von archäologischer Seite nicht. Freilich ist entgegen anderslautenden Meinungen auch eine überzeugende archäologische Widerlegung der Existenz eines Binnenkastells bis heute nicht geglückt. Wir wissen ja nicht einmal sicher, ob die großen Baulichkeiten am Kornmarkt (S. 216) und die, laut Münzfunden angeblich um 340 nördlich an die alten Mannschaftsbaracken angebauten, sogenannten ›Offizierswohnungen‹ (Abb. 47) wirklich militärischen Zwecken dienten. Schließlich und endlich ist nicht auszuschließen, daß die Suche nach einem ›Binnenkastell‹ der oben kurz beschriebenen Viereckform und Größe nichts als die Jagd nach einem Phantom ist, weil ein möglicherweise einst vorhandenes Kleinkastell ganz anders ausgesehen hat. Somit enden wir auch hier bei Vermutungen, die vorerst nur von Analogieschlüssen, also von Vergleichen mit den Verhältnissen andernorts, leben. Muß noch betont werden, daß diese natürlich zu nichts verpflichten?

Freilich wurde in der Spätantike sehr häufig – als Beispiel sei besonders Straßburg *(Argentorate)* genannt – aus der Mauer eines Legionslagers eine ›Stadt‹mauer. Dementsprechend sind Abschnittskastelle in größeren Lagern oder sonstigen Ummauerungen andernorts durchaus zahlreich nachgewiesen; nicht nur im nahen Eining, auch in Orten wie Windisch *(Vindonissa)*, London, Palmyra oder Damaskus und in weiteren Gemeinden in fernen Reichsteilen, wie in Mauretanien, Arabien und in der heutigen Türkei. In London und in Palmyra schloß die Stadtmauer ein Lager ein, das früher außerhalb gelegen war. Aber ähnlich wie in Eining und

Binnenkastell

Vindonissa wurde dort die Garnison von der Zivilbevölkerung ebenfalls durch Quermauern isoliert.

Castra Regina

Auch in Gallien und Germanien wurden häufig die städtischen Siedlungen *(civitates)* verkleinert, und neben ihnen entstanden zahlreiche ummauerte Ortschaften mit einem eigenen Gebiet *(territorium)*, aber ohne Stadtrecht. Solche Orte heißen in der *Notitia Galliarum*, einem aus der Zeit um 400 stammenden »(Orts)Verzeichnis der gallischen Provinzen«, in der Regel *castra* = »Lager«. In welchem Rechtsverhältnis sie zu den Städten standen, bleibt unklar. Wie in der Nachbarprovinz Maxima Sequanorum, der heutigen Schweiz, ein *castrum Vindonissense* an Stelle des früheren *Vindonissa*, ein *castrum Ebrodunense* an Stelle des *Eburodunum* (Yverdon) zu finden war, so könnte Regensburg zum *castrum Reginense* geworden sein, das nach dem anderen Sprachgebrauch der Notitia dignitatum, die *castrum* stets in der Mehrzahl *castra* = »die Lager« verwendete, *castra Regina* hieß.

Bauherr Diokletian?

Wann nun aber das Legionslager gegenüber der Regenmündung zum Castrum umgebaut wurde, ist wiederum nicht genau zu sagen: mit Sicherheit erfolgte die Maßnahme nach der zweiten Zerstörung Regensburgs im 3. Jahrhundert zwischen 270 und 290. Vielleicht war der Auftraggeber für die Wiederaufbaumaßnahmen – die Flickungen der defekten Mauerteile, die Vermauerung je einer Durchfahrt der Tore (S. 197 ff.) etc. – Kaiser Diokletian, der ja offenbar auch sonst im Jahrzehnt zwischen 290 und 300 am Rhein-Iller-Donau-Limes, in dessen Kette auch Regensburg Glied war, rege bauen ließ. Immerhin haben wir aus etwa dieser Zeit die schon oben S. 132 besprochene, von den beiden ranghöchsten Funktionären der Provinz gesetzte Inschrift in Regensburg (Nr. I 3). Natürlich könnte die Abkapselung des Militärs im Lagerbereich frühestens nach der Zerschlagung der Gesamtlegion erfolgt sein. Sofern diese aber wirklich erst durch Konstantin vorgenommen wurde, müßte man wohl für die Zeit um 300 mehrfache Veränderungen in der Innenstruktur des Regensburger Lagers annehmen. Über das Schicksal der Zivilsiedlung westlich des Lagers und der Prüfeninger Niederlassung läßt sich noch weniger sagen. Es gibt geringfügige Indizien dafür, daß auch im 4. Jahrhundert das Leben in der Ansiedlung gegenüber der Naabmündung nicht völlig erloschen ist.

Scheinbarer Siedlungsbruch

Das Legionslager scheint, in welcher Form immer, kontinuierlich belegt gewesen zu sein. Die Münzfunde aus der Zeit zwischen ca. 280 und 320 sind zwar verhältnismäßig gering, doch dies ist an anderen Orten nördlich der Alpen (verfolgbar z.B. in Augsburg, wo immerhin der *praepositus thesaurorum*, der Staatsschatzchef, der zweiten raetischen Provinz seinen Sitz hatte, oder im Tempelbezirk im Altbachtal bei Trier, also bei einer der Reichshauptstädte der damaligen Zeit) nicht anders. Die Ursache dafür liegt nicht nur in der Schwächung der geregelten Wirtschaftsformen infolge der Germaneneinfälle des späten 3. Jahrhunderts, sondern in der allgemein höchst beklagenswerten und unsicheren wirtschaftlichen Verfassung des damaligen Römerreiches.

Im einzelnen sind die mit der damaligen Währung zusammenhängenden Probleme sehr vielschichtig; ihre Behandlung würde ein ausgesprochenes Spezialistentum voraussetzen, weshalb hier nur ganz grobe Grundlinien aufgezeigt seien. Der stets zu Experimenten aufgelegte Diokletian versuchte mehrmals das ökonomische Chaos in Landwirtschaft, Handel und Finanzen zu beseitigen, doch seine Reformansätze erreichten eher das Gegenteil. Veränderungen im Währungssystem erschwerten teilweise den Geldverkehr; das sogenannte Höchstpreisedikt vom Jahr 301, das alle Preise, Löhne und Gebühren verbindlich festschrieb, stürzte das Reich in eine noch tiefere wirtschaftliche und finanzielle Krise, weil jetzt die Waren in die dunklen Kanäle des Schwarzmarktes verschwanden.

Konstantin wurde, insbesondere in der Zeit seiner Alleinherrschaft nach dem Sieg über Licinius (324), durch mehrere Reformen auch Herr der finanzpolitischen Situation: Die zu Propagandazwecken, speziell aber zur Bezahlung der Truppen höchst wichtige Goldwährung gelangte zu einer nie dagewesenen Bedeutung auf der Grundlage des neuen, etwa 4,5 g schweren *Solidus* (= »der Gediegene«, vergleiche unser »Sold«); aber auch die Kupferprägung konnte wenigstens etwas stabilisiert werden. Obschon die Inflation damit keineswegs endgültig gestoppt war, legten doch erst diese Maßnahmen den Grund für ein langsames Wiedererstarken von Wirtschaft und Wohlstand im Reich. Daran hatte(n) in verschiedenem Maße auch die raetische(n) Provinz(en) Anteil, die seit der Anlage des Rhein-Iller-Donau-Limes und auch infolge seiner stetigen Verstärkung in der ersten Hälfte des 4. Jahrhunderts unseres Wissens offenbar eine längere Friedenszeit erleben durfte(n). Auch wenn es am Rhein und in Gallien unter Konstantin immer wieder zu mehr oder minder wichtigen Auseinandersetzungen mit Franken und Alamannen gekommen ist, scheint wenigstens Ostraetien nicht direkt davon betroffen gewesen zu sein.

In eben diesen Jahrzehnten trat das Christentum seinen Siegeszug an. Freilich begann dieser mit der furchtbarsten Verfolgung. Diokletian, selbst unerschütterlicher Anhänger des Mithras und der Astrologie, versuchte auf der Grundlage der traditionellen römischen Religion die Glaubenseinheit des Reiches zu verwirklichen. Daher wurden 302 in einer Säuberungswelle die Christen aus Verwaltung und Heer vertrieben und seit 303 allgemein verfolgt. Der Kirchenhistoriker Eusebius († 339) beschreibt die Situation. Allenthalben wurde *»ein kaiserlicher Erlaß angeschlagen ..., der befahl, die Kirchen bis auf den Grund niederzureißen und die Schriften zu verbrennen, und verfügte, daß Inhaber von Ehrenstellungen die bürgerlichen Rechte und Bedienstete, sofern sie im Bekenntnis des Christentums verharrten, die Freiheit verlieren sollten ... Bald darauf erschien ein zweiter Erlaß, wonach alle Vorsteher allerorts zuerst in Fesseln gelegt und dann auf jede*

Wirtschaftslage

Sieg des Christentums

Weise zum Opfern gezwungen werden sollten.« Viele, die das Opfer verweigerten, wurden hingerichtet. Dennoch konnte der Widerstand der zahlenmäßig freilich immer noch relativ kleinen christlichen Gemeinden, die sich in den über vierzig Jahren seit der letzten Verfolgung unter Kaiser Valerian überall im Reich entwickelt hatten, nicht gebrochen werden.

Daher sahen sich die Kaiser schon 311 und neuerdings 313 im sogenannten ›Mailänder Edikt‹ gehalten, die Religionsfreiheit auch auf die Christen auszuweiten. Somit war aus der verbotenen Religion *(religio illicita)* eine erlaubte, eine *religio licita*, freilich noch keineswegs etwa Staatsreligion geworden (S. 146).

In Kaiser Konstantin, der sich zwar erst 337 auf dem Sterbebett taufen ließ und gegenüber seiner nächsten Umgebung alles andere als christlich verhielt, hatten die Christen zudem einen besonderen Förderer gefunden. Er rühmte sich, den Maxentius 312 *instinctu divinitatis*, also »auf Eingebung der Gottheit«, besiegt zu haben; allgemein bekannt ist die Vision Konstantins vor der Schlacht an der Milvischen Brücke, bei der er über der Sonne ein strahlendes Kreuz gesehen habe mit der Aufschrift »Durch dieses Zeichen siege!« In der Folgezeit förderte Konstantin das Christentum nicht nur durch Kirchenbauten, etwa in Bethlehem, Jerusalem und Rom; er führte unter anderem den Sonntag *(dies solis)* als staatlichen Ruhetag ein, legte die Feier der Geburt des Herrn *(natalis domini)* auf den Tag der Geburt des Mithras, auf den 25. Dezember, fest; ja 325 berief und leitete er in Nicaea das erste allgemeine (ökumenische) Konzil der Kirche. Freilich hatte die neue Freiheit sofort Zwistigkeiten unter den Klerikern offen ausbrechen lassen. So stritt man schon auf dem ersten Konzil um ein theologisches Problem, das, wenn man so will, an zwei griechischen Buchstaben hing: Der alexandrinische Presbyter Arius († 336) war mit seiner Lehre zum Konfliktgegenstand geworden, da er entgegen der auch noch heute gültigen Lehrmeinung behauptete, Christus sei nicht »wesenseins« (griechisch homoúsios), sondern nur »wesensähnlich« (hómoios) mit dem Vater gewesen. Die stark nachwirkende Auseinandersetzung wurde von weltgeschichtlichem Belang, nicht nur, weil lange Zeit ungewiß war, für welche theologische Richtung sich die Reichsspitze entscheiden würde, sondern vor allem, weil der Arianismus noch weit ins Mittelalter fortwirkte, da die Germanen den christlichen Glauben zunächst in dieser Form kennenlernten und sich aneigneten.

Christen in Regensburg

Wann das Christentum in Regensburg zuerst Fuß gefaßt hat, ist nicht genau zu sagen. Die in neuerer Zeit geäußerte Vermutung, die hier vielleicht einmal untergebrachte Kanathenerkohorte habe den Glauben an Jesus aus dem Osten mitgebracht, ist wenig wahrscheinlich, weil deren Stationierung, wenn überhaupt, dann in die Zeit vor 170 gefallen ist. So früh ist aber mit Christen in den Nordprovinzen des Reiches kaum zu rechnen. Richtig dürfte dagegen sein, daß wie allgemein für die Verbreitung der östlichen Mysterienreligionen (S. 117) auch für das Eindrin-

gen des Christentums in Regensburg der rege Personenaustausch besonders im
3. Jahrhundert, infolge von Handel und Verkehr, aber auch infolge der häufigen
Versetzungen der Truppen, verantwortlich war. Immer wieder liest man, daß es
auch in Regensburg schon vereinzelt Christen gegeben habe, als seit 303 die Anhänger dieser Religion verfolgt wurden. Dabei wird zum einen auf die nächsten
größeren Orte Augsburg und Lorch verwiesen, wo trotz aller Legendenbildung
Martyrien während dieser Verfolgungen kaum zu bestreiten sind. Nach der Legende wurde in der raetischen Provinzhauptstadt die mütterlicherseits aus Zypern
stammende Afra, die sich vordem ihr Geld als leichtes Mädchen verdient hatte, auf
einer Lechinsel für ihren Glauben verbrannt, während in Lauriacum der heilige
Florian, seines Zeichens Bürovorsteher des Statthalters, aus demselben Grunde in
die Fluten des Flusses Enns gestürzt wurde.

Ein weiteres Indiz sieht man mitunter in dem aus Regensburg stammenden ältesten inschriftlichen Zeugnis des Christentums in Raetien (Abb. 147, Nr. I 29):
Auf einer 1839 im Bereich des Großen Gräberfelds gefundenen Grabplatte
sind neben dem sogenannten monogrammatischen Kreuz ⳩ (eine Verbindung der beiden Anfangsbuchstaben des griechischen Christus-Namens) die apokalyptischen Buchstaben Alpha und Omega (Christus ist der Anfang und das
Ende, Schöpfer und Vollender von allem) inmitten der ersten Zeile der Aufschrift
zu lesen: »*Zum seligen Gedenken für Sarmannina, die in Frieden ruht, den Martyrern vereint.*« Die Wendung »den Martyrern vereint« *(martiribus sociata)*
wurde in der Forschung nicht einheitlich gedeutet.

So wurde nicht ausgeschlossen, daß Sarmannina selbst als Martyrerin starb; aber
dies ist sehr unwahrscheinlich, weil der Stein unmöglich an den Beginn des
4. Jahrhunderts gehört (es sind freilich durchaus auch noch nach 313 örtliche
Übergriffe auf Christen denkbar).

Dagegen scheint es aufgrund ähnlicher Formulierungen auf Inschriften anderer
Orte durchaus möglich zu sein, daß der Text nur ganz allgemein besagen wollte,
Sarmannina sei in die Gemeinschaft der Heiligen, in den Himmel, aufgenommen
worden.

Am wahrscheinlichsten ist aber nach wie vor ein Begräbnis bei Martyrern, eine
depositio ad martyres. Schon in spätrömischer Zeit errichteten die Christen an den
Bestattungsorten ihrer Blutzeugen *(martyres,* erst im 5. Jahrhundert *sancti =*
Heilige) Kirchen, Altäre oder sonstige Kultstätten *(memoriae)*. Die dort in der Regel vom Volk spontan geübte Heiligenverehrung führte unter anderem auch dazu,
daß es als eine besondere Auszeichnung und Gnade galt, in der Nähe der sterblichen Überreste von Martyrern beerdigt zu werden. Vielfach ist dieser Brauch belegt, z.B. in Augsburg, wo eine solche Gedächtnisstätte auf dem spätrömischen
Friedhof nicht nur im Jahre 565 literarisch überliefert ist, sondern jetzt auch glänzend archäologische Bestätigung gefunden hat. Eine ähnliche Situation wäre dem

Sarmannina

Wortlaut unserer Inschrift nach vermutlich in Regensburg anzunehmen; wie Sarmannina war nämlich z.B. ein vierjähriges Mädchen in Köln im 5. oder 6. Jahrhundert »vereint den Martyrern« – *sociata m(artyribu)s*. Gefunden wurde diese Inschrift bei der Kirche St. Gereon, also an einer Stelle, wo offenbar wirklich ein Martyrer (eben Gereon) von der sagenhaften »Thebaischen Legion« verehrt wurde.

Im Falle Regensburgs wurde freilich von berufener Seite schon vor längerer Zeit darauf verwiesen, daß die *martyres*, bei denen Sarmannina bestattet wurde, nicht zwingend richtige Martyrergräber gewesen sein mußten; vielmehr könne es sich auch um Reliquien gehandelt haben, die aus irgendeiner anderen Gemeinde hierhergebracht wurden.

Somit muß letztlich also offen bleiben, ob es in Regensburg in der diokletianischen Christenverfolgung zu Martyrien kam oder nicht. Zeitlich gehört die Sarmannina-Inschrift übrigens wohl in das späte 4. oder das frühe 5. Jahrhundert; darauf weisen die erwähnte entwickeltere Form des Christogramms, die Verwendung von A und Ω, schließlich auch die Tatsache, daß die Verstorbene einen bislang sonst kaum mehr belegten Namen trug, der den Sprachwissenschaftlern zufolge germanischen Ursprungs ist. Somit war der erste sichere Christ in Regensburg nicht etwa ein Römer, sondern vielleicht sogar eine Germanin!

Weitere frühchristliche Zeugnisse?

Weitere inschriftliche Zeugnisse für frühes Christentum in Raetien sind übrigens sehr selten. Außer einem Ring aus Eining wäre nur noch ein Bruchstück einer Militärinschrift aus Augsburg zu nennen. Gelegentlich deutete man zwar auch die Aufschrift zweier Regensburger Fingerringe als christlich, jedoch *ut(ere) f(elix)* = »Trage ihn glücklich!« war in Wahrheit schon eine heidnische Allerweltswidmung. Eindeutig christlich sind hingegen die Fragmente zweier Goldgläser, von denen das besser erhaltene die auch durch Namen gekennzeichneten Apostelfürsten Petrus und Paulus bartlos und in der Haltung sitzender Philosophen zeigt (S. 147, Nr. I 46); dies erlaubt, das Glas in die zweite Hälfte des 4. Jahrhunderts zu datieren. Ende des 17. Jahrhunderts will Weihbischof Albert Ernst Graf von Wartenberg die Gläser bei Martyrergräbern unterhalb der Maria Läng Kapelle am Regensburger Domplatz ausgegraben haben.

Sie passen aber stilistisch so wenig in unser Gebiet – vorwiegend und massenhaft waren sie im spätrömischen Italien verbreitet –, daß man wohl eher damit rechnen muß, der als sehr fromm und seelsorgerisch bis zum letzten aufopfernd, geistig aber als nicht gerade sehr rege beschriebene Graf sei in jungen Jahren so sehr durch seinen römischen Studienaufenthalt geprägt worden, daß er in seiner Heimat nicht nur um jeden Preis Katakomben finden wollte, sondern zur Untermauerung ihres christlichen Charakters eine Reihe ›christlicher‹ Ziegelstempel ersann und darüber hinaus die Goldgläser, vielleicht römische Souvenirs, der Regensburger Erde zuschrieb.

Von Feindseligkeiten der Germanen gegen Rom hören wir erst wieder mehr seit der Jahrhundertmitte; gewiß nicht zuletzt auch deshalb, weil wir für die Zeit von 353 bis 378 in dem Geschichtswerk des aus Syrien stammenden, zeitweilig als Offizier im römischen Heere dienenden Ammianus Marcellinus – der letzte große Historiker Roms – eine ausgezeichnete Quelle zur Verfügung haben. Den Moment der Schwäche nach der Ermordung des Westkaisers und jüngsten Konstantinsohnes Constans (337–350) durch den Usurpator Magnentius (350–351) nützten die Franken und die lentiensischen (im Lenzgau nördlich des Bodensees ansässigen) Alamannen zu Überfällen auf Reichsgebiet aus.

Während diese bis 355 dauernden Auseinandersetzungen offenbar nur die südwestlichen Teile Raetiens betrafen, wurde 357 auch das Gebiet zwischen Iller und Inn heimgesucht. In diesem Jahr, als der Cäsar Julian bei Straßburg die Alamannen unter Chnodomar empfindlich schlagen konnte, drangen die Juthungen ins Voralpenland ein. Ammianus Marcellinus schreibt: »... *die Juthungen, ein dem italischen Gebiet benachbarter Stamm der Alamannen, verwüsteten unter Nichtachtung des Friedens und Vertrags, den sie auf ihre Bitten hin erhalten hatten, Raetien und richteten solche Verwirrung an, daß sie sogar gegen ihre Gewohnheit Städte zu belagern versuchten (Raetias turbulente vastabant adeo, ut etiam oppidorum temptarent obsidia praeter solitum). Sie zu vertreiben wurde mit einer starken Streitmacht Barbatio ausgesandt, der ... zum Befehlshaber des Fußvolkes befördert worden war. Er war ein Feigling, verfügte aber über großen Redefluß. Da sich der Eifer der Truppen außerordentlich gesteigert hatte, machte er viele von jenen in heftigen Kämpfen nieder.*«

Nach weitverbreiteter Ansicht soll bei diesem kriegerischen Einfall auch Castra Regina zerstört worden sein (S. 217f.). Drei Münzschätze (einer vom Domplatz und zwei unvollständige und sehr problematische von der Grabung am Kaufhaus Horten) bestätigen angeblich den zitierten Bericht Ammians ebenso wie Horte bei Eining, Vilsbiburg und Salzburg. Genau genommen steht bei Ammian kein Wort davon, daß die Juthungen bei ihren Belagerungen erfolgreich gewesen wären. Von Regensburg ist natürlich ausdrücklich schon gar nicht die Rede. Vielmehr sind es Städte *(oppida)*, nicht militärische Lager *(castra)*, denen die germanische Aufmerksamkeit gilt. Was darunter genau zu verstehen ist, bleibt ebenso offen wie die Antwort auf die Frage, wo diese »Städte« genauer zu suchen seien (etwa an der Donau oder anderswo). Zwingend bewiesen scheint nach den bisherigen Belegen die Zerstörung Regensburgs im Jahr 357 keineswegs zu sein.

Vielleicht kommt in diesem Zusammenhang einer Münze des Kaisers Valens (364–378) eine größere Bedeutung zu, die 1972 an der Ecke Speichergasse/Dreikronengasse mit einer weiteren des Kaisers Claudius II. (268–270) gefunden wurde. Nach dem Grabungsbericht lag sie auf einem Laufhorizont, oberhalb dessen eine Brandschicht und darüber wiederum eine Ziegelschuttschicht vom Dach

Germanenkriege

Juthungen in Raetien

Fiel Castra Regina nach 364?

der Säulenhalle der einstigen Lagerhauptstraße *(via principalis)* festgestellt wurden. Diesen Befund als richtig vorausgesetzt, könnte die Verheerung der Castra Regina erst nach 364 stattgefunden haben.

Julian der Abtrünnige

In diesem Fall wären sie noch nicht zerstört gewesen, als Kaiser Julian (360–363) an ihnen im Sommer 361 vorbeifuhr (daß er hier an Land gegangen sei, ist nicht besonders wahrscheinlich). Der Philosoph Julian, seiner entschiedenen antichristlichen Haltung wegen »der Abtrünnige« (Apostata) genannt, war ein Jahr zuvor von meuternden Soldaten in Paris auf den Schild erhoben worden. Da ein Waffengang unausweichlich schien, setzte er seine Armee gegen seinen Vetter Constantius II. (337–361), einen Sohn Konstantins, der nach der Ausschaltung seiner Brüder seit 353 Alleinherrscher im Gesamtreich war, in Bewegung. Wiederum lesen wir einen Bericht Ammians: »*Als er [Julian] an die Stelle gekommen war, von der aus der Strom, wie er erfahren hatte, schiffbar war [Ulm?], bestieg er die Kähne, die der Zufall ihm in großer Anzahl im günstigen Augenblick in die Hände spielte; soweit es möglich war, eilte er heimlich auf dem Fluß dahin, aus dem Grunde unbemerkt, weil er geduldig und tapfer, ohne eine feinere Speise zu benötigen . . . außerhalb der Städte und Truppenlager (oppida et castra) vorüberfuhr.*«
Zur Schlacht kam es nicht mehr, da Constantius noch im Orient auf dem Marsch nach Westen verstarb. Doch auch Julians Herrschaft währte nicht lange: Im Kampf gegen die Perser ereilte ihn schon zwei Jahre später der Heldentod.

Valentinian und der Limes

Der Thron gelangte nach einem kurzen Intermezzo 364 in die Hände zweier aus niederen Verhältnissen stammender Brüder, deren Wiege in Pannonien gestanden hatte. Der fähigere Valentinian I. (364–375) übernahm die kaiserliche Macht im Westen, Valens (364–378) im Osten des Imperiums. Natürlich waren auch nach Julians Erfolgen die Germanenprobleme nicht annähernd beseitigt. Immer wieder hatte Valentinian Schwierigkeiten, besonders mit Alamannen und Burgundern, die, von der römischen Diplomatie verleitet, sich sogar gegenseitig bekriegten. Theodosius, einer der tüchtigsten Generäle des Reiches und Vater des späteren, gleichnamigen Kaisers, führte 370 von Raetien ausgehend ein erfolgreiches Unternehmen gegen die Alamannen. Von einer direkten Gefährdung Ostraetiens, die mit einer Zerstörung Regensburgs in den Jahren nach 364 in Verbindung gebracht werden könnten, lesen wir in unseren Quellen zwar nichts, doch wäre es grundsätzlich falsch, in ihnen den Niederschlag eines jeden kriegerischen Ereignisses zu erwarten.

Feststeht, daß Valentinian seine ganze Kraft der Verstärkung der Reichsgrenze im Norden widmete; von der Nordsee bis nach Raetien und sogar noch in Pannonien wurde eine große Zahl von Wachttürmen und Kleinfestungen, in der Fachsprache *burgi* genannt, erneuert, umgebaut oder überhaupt erst errichtet (Abb. 22). So ein Burgus – keineswegs nach einem einheitlichen Prinzip immer rechteckig angelegt, sondern vielförmig jeweils dem Gelände angepaßt – hatte im Durchschnitt

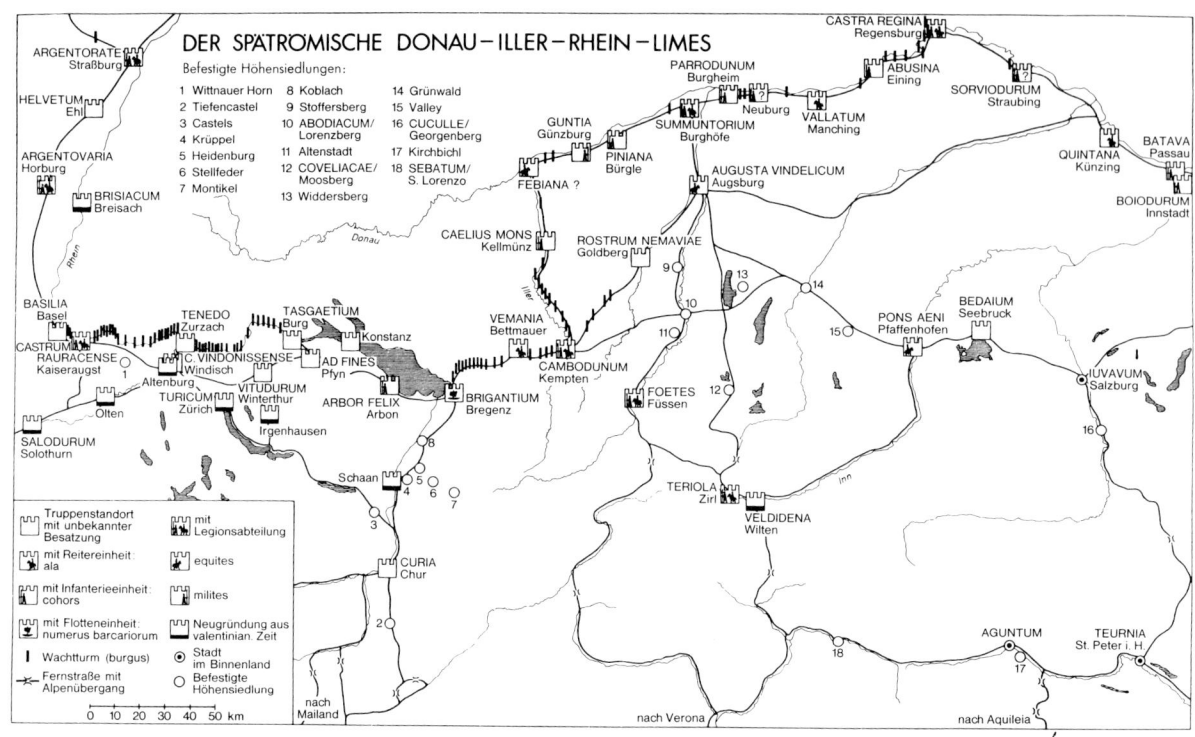

Abb. 22: Als Donau-Iller-Rhein-Limes bezeichnet man die spätrömische Grenzbefestigung entlang der genannten Flüsse. Diese Kette von relativ eng benachbarten Wachtürmen *(burgi)* und Kleinkastellen wurde bereits Ende des 3. Jahrhunderts angelegt, besonders aber durch Kaiser Valentinian I. (364–375 n. Chr.) ausgebaut. (Nach J. Garbsch und Ph. Filtzinger)

eine Seitenlänge von nur 11 bis 13 Metern und konnte in relativ kurzer Zeit (einmal ist von 48 Tagen die Rede) und offenbar ohne großen Kostenaufwand gebaut werden. Besetzt war er durchschnittlich mit 15 bis 20 Mann. Auch in Raetien wurden ziemlich sicher unter Valentinian I. Burgi am Grenzabschnitt zwischen Bregenz und Kellmünz, vielleicht aber auch an der Donau zwischen der Illermündung und Straubing, besonders zwischen Eining und Regensburg angelegt. Erst jüngst entdeckte man wieder eine größere spätrömische Befestigungsanlage auf dem Frauenberg bei Weltenburg. Der uns noch näher liegende Burgus bei Untersaal hatte quadratischen Grundriß und vier abgerundete Ecktürme. Mit einer Seitenlänge von 21 Metern war er flächenmäßig über doppelt so groß wie normale Anlagen seiner Art. Vermutlich wurde hier in Magazinen Nachschub für die umliegenden Türme gelagert.

Hauptzweck dieses auf kleinste Verteidigungseinheiten reduzierten Grenzsicherungssystems war neben der Überwachung des Handels vorwiegend das Funktionieren einer raschen Nachrichtenübermittlung und die Abwehr kleinerer germanischer Räuber- und Plündererbanden. Das Eindringen zahlenmäßig stärkerer Germanenstämme war auf diesem Wege nie und nimmer zu verhindern. Hierzu bedurfte es kampfkräftiger, beweglicher Truppen, deren Unterbringung eine größere Fläche voraussetzte. Die Besetzung einer größeren Befestigung wie Regensburg (selbst das sogenannte ›Binnenkastell‹ hätte noch eine Fläche von 2,43 Hektar gehabt) ausschließlich mit Grenztruppen mußte sich zwangsläufig als wenig sinnvoll erweisen, da strategisch gesehen solche Großanlagen vom Feind leicht zu umgehen waren. Sie erzwangen geradezu die Einquartierung beweglicher Truppen und des zentralen Nachschubs.

Abzug der 3. ital. Legion?

So gesehen braucht es uns nicht zu wundern, wenn wir aus der schon (S. 132f.) zitierten Stelle der Notitia dignitatum erfahren, daß im Laufe des 4. Jahrhunderts die letzten Reste der Legio III Italica aus Castra Regina nach Vallatum versetzt wurden, und danach gegenüber der Regenmündung offenbar keine Grenztruppen mehr lagen. Vallatum – bis heute nicht genau lokalisiert – wird übrigens in der Gegend von Manching vermutet, da hier schon immer eine wichtige Nord-Süd-Verbindung über die Donau geführt hatte. Aufgrund der spärlichen archäologischen Funde der spätrömischen Zeit in Manching schließt man nicht aus, daß die vorrömische Mauer für den Bau eines vielleicht unter Valentinian gegründeten oder renovierten Kleinkastells Vallatum teilweise abgetragen wurde. Aber leider ist hier bisher ebensowenig Gewißheit zu erlangen, wie in der Frage, wann genau die dritten Italiker Castra Regina, ihr altes Stammlager, endgültig verlassen mußten. Die Situation in Regensburg läßt sich nach den neuen Grabungsergebnissen etwa wie folgt beschreiben:

Nach der Zerstörung 357 oder später verblieb ein großer Teil des einstigen Lagerbereichs in ruinösem Zustand. Nur im Nordosten des ehemaligen Legionslagers ging das Leben weiter. Die exakten Grenzen des wiederaufgebauten Bezirks kennen wir zwar noch nicht, doch erstreckte sich dieser nach Süden wenigstens bis zur Dreikronengasse, also zumindest bis zur alten Lagerhauptstraße. Eindeutig als militärisch anzusprechende Funde dieser Zeit fehlen offenbar; dennoch folgerte man aus dem sich – anders als etwa im nahen Eining – in den beiden letzten Jahrzehnten des 4. Jahrhunderts verdichtenden Münzvorkommen, daß nach wie vor in Regensburg noch Soldaten stationiert gewesen seien. Schon die ältere Forschung hatte an eine vollständige militärische Entblößung von Castra Regina, selbst nach dem Abzug der Legio III Italica nach Vallatum, nicht glauben mögen. Sie nahm vielmehr an, von nun an hätten unbedeutende, in der Notitia dignitatum nicht mehr verzeichnete Einheiten niederen Ranges hier gelegen. In der Tat könnte eine Reihe rätselhafter Ziegelstempel in diesem Sinne erklärt werden. An erster Stelle sind hier rund 25 bislang in Regensburg, Prüfening, Burgweinting, Eining und Bad Abbach gefundene Ziegelstempel in die Diskussion gebracht worden, die trotz ihrer verschiedenen Texte (LEC L MR COS, L MAR COS, LEG · L · M · C, LEG L MR, LEC IIII MR und ähnlich, Nr. I 42) durchaus ein und dieselbe Sache ansprechen müssen. Eine neuere Untersuchung bringt sie, gewiß nicht ohne gute Gründe, mit den *Martenses*, einer der achtzehn pseudocomitatensischen Legionen unter dem Heermeister des Westens, in Verbindung und löst daher LEG(ionis) L(anciariorum) MAR(tensium) CO(n)S(tantis) bzw. LEC(ionis) IIII M(a)R(tensium) auf. Zu bedenken wäre, ob man nicht COS lieber zu CO(n)S(tantia), wie bei der pseudocomitatensischen Legio Prima Flavia Gallicana Constantia, oder ähnlich erweitern sollte. Theoretisch ließe sich bei MAR COS auch an eine Auflösung zu MARCO(manni) S(eniores) denken, da eine solche Einheit in der Notitia dignitatum erwähnt wird. Aber einmal spricht gegen diese Vermutung der Punkt zwischen M und C auf einem Stempeltyp, zum anderen die Tatsache, daß diese Markomannentruppe zu den vornehmeren Truppen des Feldheeres *(auxilia palatina)* gehörte und daher absolut nichts an der Grenze zu suchen oder gar zu bauen hatte.

In einem Fall wäre sogar möglich, LEG IIII MR zu LEG III I(talica) MR zu ergänzen, dann würde sich freilich die dritte italische Legion selbst hinter den geheimnisvollen Stempeln verbergen. In der Tat scheint es hierfür weitere Hinweise zu geben. Obwohl in der Notitia dignitatum fehlend, kennen wir aus unserer inschriftlichen Überlieferung ein Sonderkommando, vielleicht zu Bauzwecken, der *legio II Italica* mit dem Titel *milites auxiliares Lauriacenses* also etwa »Hilfssoldaten aus Lauriacum«. Es stempelte seine Ziegel mit der Aufschrift LEG(ionis) II ITAL(icae) A(uxiliarium) L(auriacensium). Ganz ähnliche Stempel kamen mehrfach auch in der Regensburger Innenstadt zum Vorschein, so daß man annehmen darf, daß auch in der spätrömischen Zeit die Lorcher Einheit den Kontakt zur Regensburger noch nicht ganz verloren hatte. Entsprechend müßte man freilich nach

Auflösungsmöglichkeiten der MAR COS-Stempelgruppe Ausschau halten. Vielleicht sollte man am Naheliegenden nicht vorbeigehen; eine gewiß der Diskussion werten Ergänzung wäre LEG(ionis) L(ibunariorum) M(ilitum) A(uxiliarium) R(eginensium) oder R(ipensium?) CO(n)S(tantinianorum). Zugegeben, der Titel der Einheit wäre zwar sehr ausführlich und enthielte in gewisser Hinsicht eine doppelte Aussage, da nämlich *milites auxiliares* im Sprachgebrauch der Notitia nichts anderes als *milites liburnarii* sind; insofern aber könnte hier z.B. die prägnante Stempelform LEG · L · M · C durch die Auflösung LEG(ionis) L(iburnariorum) M(ilitum) C(onstantinianorum) Klarheit verschaffen.

In mindestens sechs Exemplaren aus Regensburg und Bad Abbach liegt eine Stempelaufschrift LEG · T · IIII A vor, die nach Ansicht des Spezialisten LEG · T · II ITA gelesen werden sollte. Als Erklärung bietet sich LEG(io) T(ungrecanorum) II ITA(lica) an; eine Truppe dieses Namens könnte eine Schwestereinheit der *legio II Italica Divitensium*, eine im Feldheer selbständig gewordene Truppe der 2. italischen Legion, gewesen sein. Leider ist auch über ihren eventuellen Aufenthalt nichts Gewisses bekannt.

Germanische Söldner

Obwohl aus dem Ziegelmaterial keine endgültigen Beweise abzuleiten sind, wird man am ehesten eine pseudocomitatensische Truppe (S. 130f.) nach dem Abzug der 3. italischen Legion in Regensburg vermuten. Eine solche Einheit des Feldheeres müßte ja auch gar nicht unbedingt eigene Ziegel hergestellt haben. Vielleicht bauten in Regensburg weiterhin aus Vallatum abkommandierte limitane Abteilungen der 3. italischen Legion. Dann wäre mit dem Abzug der alten Stammeinheit unser Ort gegen die ältere Forschung nicht militärisch ab-, eher aufgewertet worden. Der stärkere germanische Fundeinschlag ab dem Ende des 4. Jahrhunderts, wie er angeblich unter dem Niedermünster feststellbar ist, wäre damit sehr gut vereinbar, weil die Germanisierung des Heeres in dieser Spätzeit generell schon sehr starke Formen angenommen hatte und gerade bei den viel angeseheneren Truppen des Bewegungsheeres eine besonders ausgeprägte Erscheinung war. Immerhin galt in dieser Zeit eine Einheit um so mehr, je unrömischer sie zusammengesetzt war. Nicht nur Mauren, Berber, Sarmaten, Armenier und andere ›Ausländer‹ dienten bereitwillig im römischen Heer, Franken, Goten, Alamannen und sonstige Germanen gelangten mittlerweile bereits zu allerhöchsten Kommandostellen.

So waren, wie eigentümlich dies immer klingt, germanische Söldner Roms Hauptstütze im Kampfe gegen die ins Imperium drängenden Germanen. Diese forderten immer wieder, in größeren Verbänden als Verbündete ins Reich aufgenommen zu werden. Den Westgoten unter Fritigern, die teilweise durch den Gotenbischof Ulfilas bereits das arianische Christentum angenommen hatten, wurde 376 von den Römern tatsächlich gestattet, sich in großer Zahl im unteren Donauraum anzusiedeln.

Doch schon sehr bald kam es zu ernsthaften Spannungen mit den Hausherren, die schließlich einen Krieg unvermeidlich machten. Durch diesen sank das Reich auf einen bislang nicht gekannten Tiefstand herab: Die Folge der Niederlage des voreiligen Kaisers Valens gegen mindestens 20000 Westgoten bei Adrianopel auf dem Balkan (29.8.378) waren verheerend. Da Valens in der Schlacht blieb, lag das Schicksal des Reiches in den Händen des neunzehnjährigen Gratian (367–383), der gleichzeitig Vormund seines erst sieben Jahre zählenden Bruders Valentinian II. (375–392) war. Durch Alamannen, Franken, Goten und Perser wurde das Imperium bedroht, bedrängt oder überflutet; Hungersnöte und Pest verschärften die Lage, die Gratian nötigte, den 32jährigen Theodosius zum Mitkaiser im Osten zu ernennen.

Dadurch gelangte die oberste Reichsgewalt noch einmal in die Hände eines tatkräftigen Mannes, der schon bald nach seinem Tode von der Kirche den Beinamen »der Große« erhielt: Kaiser Theodosius I. (379–395, Abb. 19) verdiente sich diese Ehrung vor allem, weil er 392 die Ausübung jeden heidnischen Götterkults verboten und damit das Christentum zur allein rechtmäßigen Religion im römischen Staate, also faktisch zur Staatsreligion erhoben hatte. Im Rahmen der Reichspolitik setzte seine Regierung einen weiteren wichtigen Markstein, weil er, als Folge der Schlacht von Adrianopel, 382 erstmals einen Barbarenstamm – die Goten – als Föderaten, also vertragsmäßig unter Wahrung ihrer Eigenstaatlichkeit gegen Leistung von Waffenhilfe, auf römischem Reichsgebiet ansiedeln mußte. Schließlich besiegelte er die Reichsteilung, indem er bei seinem Tode seinen Söhnen Honorius (395–423) den Westen und Arkadius (395–408) den Osten hinterließ. Reichsverweser und Vormund des elfjährigen Honorius wurde – Kennzeichen der starken germanischen Unterwanderung des römischen Imperiums – Stilicho, väterlicherseits ein Vandale. Im römischen Dienst groß geworden, war dieser – wie eben viele Germanen seiner Zeit – zu hohen Generalsposten aufgestiegen, 391 Heermeister und nach dem Tode des Theodosius, dessen Nichte und Adoptivtochter Serena er geheiratet hatte, sogar Oberbefehlshaber des gesamten Westreichs geworden. Zunächst erneuerte er in den Jahren 396 und 398 seit kurzem bestehende Verträge mit Alamannen und Franken. Die scheinbare Ruhe an der Nordgrenze war nicht von Dauer!

Verheerende Niederlage Roms

Kaiser Theodosius I.

Boden eines Goldglases mit der Darstellung der Apostel Petrus und Paulus. Angeblich von Weihbischof Graf Albert Ernst von Wartenberg 1675 beim Neubau seiner Hauskapelle (jetzt Maria Läng am Domplatz) gefunden, aber wahrscheinlich erst im Mittelalter über den Reliquienhandel nach Bayern geraten. 2. Hälfte 4. Jahrhundert n. Chr. – Durchmesser 9 cm; Prähistorische Staatssammlung München IV 1197. Katalog I 46.

Bauinschrift des Legionslagers Castra Regina von 179 n. Chr. Die beiden etwas über 3 m langen und über 3 Tonnen schweren Kalksteinblöcke, die in zweiter Verwendung in die Fundamente des östlichen Lagertores eingebaut waren, wurden 1873 hier entdeckt. Aus der Inschrift geht hervor, daß unter Kaiser Mark Aurel und seinem Sohn Commodus »die Mauer mit Toren und Türmen« errichtet worden ist. – Ursprüngliche Länge ca. 8 m. MSR Inv. Nr. Lap. 1. Katalog I 1.

Schnitt durch die römischen Siedlungsschichten unter dem Bismarckplatz mit dem Zerstörungshorizont aus der Zeit des Markomanneneinfalls um 170 n. Chr. Deutlich hebt sich die schwarze Brandschicht der Holzhäuser von dem darüberliegenden Schutt der Ziegeldächer ab. – Ausgrabung des Landesamtes für Denkmalpflege 1976/77 in der Donausiedlung und den *canabae* westlich des Legionslagers.

Doppelhenkelglas mit weißer ▷
Schlangenfadenauflage vom Großen
Gräberfeld. 3. Jahrhundert n. Chr. – Höhe
11,6 cm; MSR Inv. Nr. A 1976.

◁ Die leuchtend rote, metallisch glänzende Terra Sigillata (der Name ist modern, die antike Bezeichnung unbekannt) war das beliebte, wenn auch nicht ganz billige Tafelgeschirr. Neben glatten Näpfen und Tellern schätzte man reliefgeschmückte Trinkbecher und Auftrageschüsseln, die mit Tieren, Göttern, Jagdbildern oder erotischen Szenen verziert waren. Die abgebildeten Stücke stammen aus süd- und mittelfranzösischen Werkstätten und wurden in Regensburg-Kumpfmühl gefunden. Ende 1. und 1. Hälfte 2. Jahrhundert n. Chr. – Höhe der »Waffentanzschüssel« im Hintergrund 11,5 cm; MSR Inv. Nr. A 2148. Im Vordergrund von links nach rechts MSR Inv. Nr. 1952, 25. 1951, 140. A 3501.

◁ Viele Gebrauchsgüter des gehobenen Lebensstandards wie tönerne Öllampen (links), feine Keramik (Mitte) und kostbare Gläser (rechts) wurden in römischer Zeit nach Regensburg importiert. Ihre genaue Herkunft ist meist nur sehr schwer zu ermitteln. Die ›Spruchbecher‹ (Mitte) aus glänzend schwarzem Ton, so benannt nach den aufgemalten Trinksprüchen, kamen wohl aus dem Trierer Raum. *Vinum tolle* – »Trinke Wein!« stand auf dem Regensburger Becher. – Öllampe: Fundort Großes Gräberfeld; 1. Hälfte 3. Jahrhundert n. Chr.; Länge 16 cm; MSR Inv. Nr. A 1678. – ›Spruchbecher‹: Fundort Zivilsiedlung Großprüfening; Mitte 3. Jahrhundert n. Chr.; Höhe ca. 15 cm; MSR Inv. Nr. A 2243. – Glaskännchen mit aufgelegten Glasfäden: Fundort Großes Gräberfeld; 3. Jahrhundert n. Chr.; Höhe 13,3 cm; MSR Inv. Nr. A 1817.

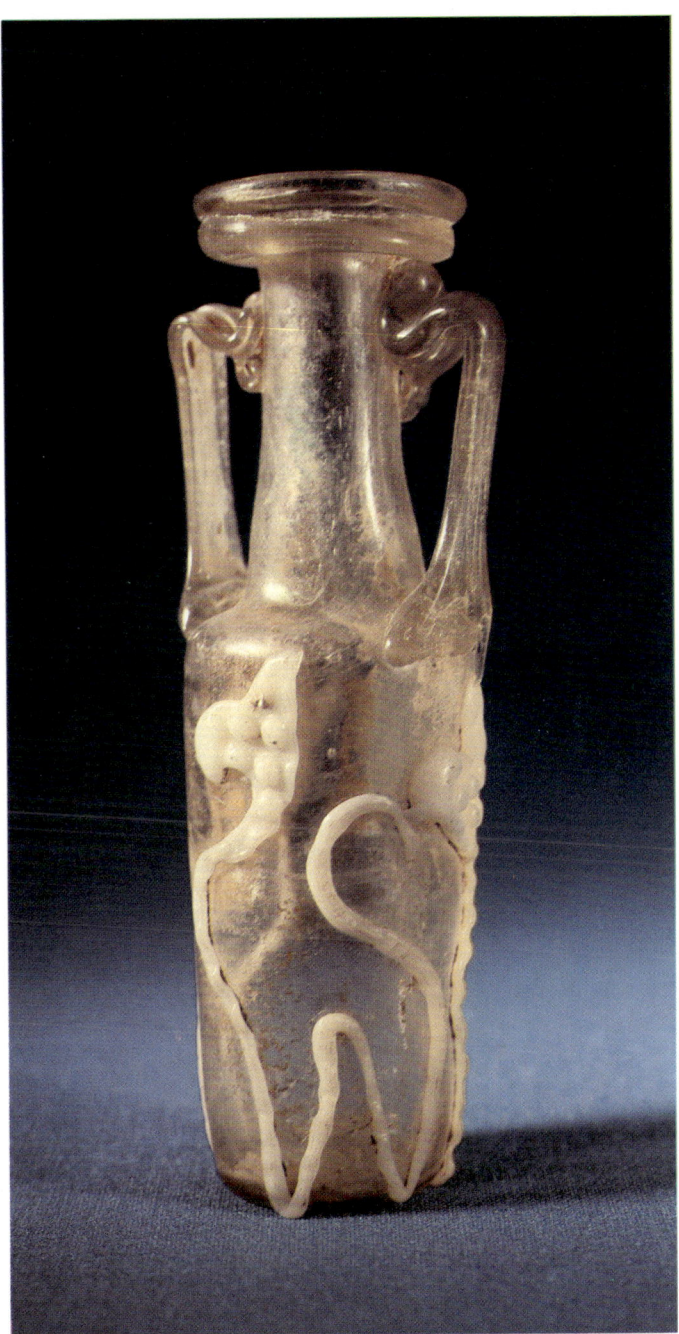

Ärztliches Instrumentarium mit Augensalbenstempel aus Stein und bronzener Pinzette, Spachtel und Sonde. Die Rezepte, die auf dem viereckigen Stein in Spiegelschrift eingeritzt waren, wurden in die verordneten Salben eingedrückt, die in festem Zustand verkauft und erst durch Erwärmung flüssig gemacht wurden. – Stempel: Fundort Großes Gräberfeld; Seitenlänge 5,6 cm; MSR Inv. Nr. A 1995. Katalog I 32 – Pinzette: Fundort Kastell Regensburg-Kumpfmühl; Länge 13,8 cm; MSR Inv. A 1470. – Spachtel: Fundort Zivilsiedlung Großprüfening; Länge noch 9,2 cm; MSR Inv. Nr. A 2227. – Sonde: Fundort Regensburg; Länge 10,4 cm; MSR Inv. Nr. A 3580.

Rechts oben: Römischer Goldschmuck aus Regensburg und Umgebung: Siegelring mit eingelegtem geschnittenem Stein (Gemme) aus dem Badegebäude des Kastells Regensburg-Kumpfmühl; Mitte 2. Jahrhundert; Durchmesser 2,1 cm; MSR Inv. Nr. A 3594. – Ohrring mit eingelegtem Bergkristall aus einem Brandgrab von Mangolding, Lkr. Regensburg-Süd; 1. Hälfte 3. Jahrhundert; Länge 2,5 cm; Privatbesitz. – Halskette aus einem Körpergrab des Großen Gräberfeldes; Ende 3.–1. Hälfte 4. Jahrhundert; Länge 44,8 cm; MSR Inv. Nr. 1956, 57.

Bronzene, silberne oder bunt emaillierte Broschen *(fibulae)* schmückten die Kleidung und hielten gleichzeitig den Stoff nach Art der Sicherheitsnadeln zusammen. – Oben: Fundort Alkofen, Lkr. Kelheim; 2. Jahrhundert; Durchmesser 3,6 cm; MSR Inv. Nr. A 3902. – Links: Fundort Regensburg-Pürkelgut *(villa rustica)*; 1. Hälfte 3. Jahrhundert; Länge 4,3 cm; MSR Inv. Nr. A 3586. – Rechts: Fundort Großes Gräberfeld, Anfang 4. Jahrhundert; Länge 6,1 cm; MSR Inv. Nr. A 3581.

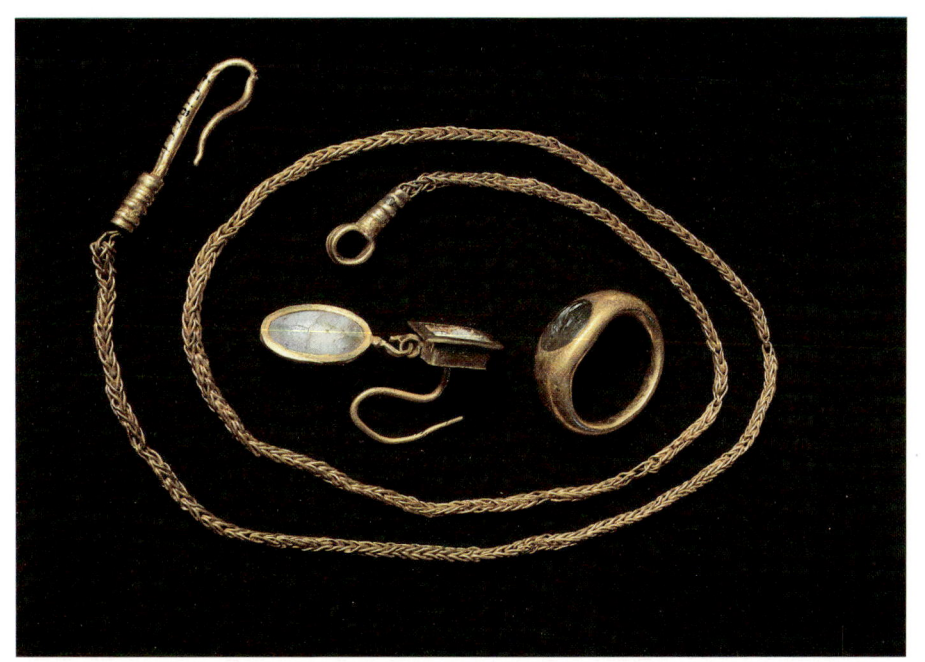

Von der Antike zum Mittelalter: Ende und Anfang zugleich

◁ Tönerne Maske eines Schauspielers, ursprünglich weiß bemalt, durch Feuereinwirkung leicht geschwärzt. Nase, linkes Auge und linke Stirnhälfte teilweise ausgebrochen. Deutlich sind noch die 4 Löcher zu sehen, mit deren Hilfe die Maske vor dem Gesicht festgebunden wurde. Gefunden im Lagerdorf des Kastells Regensburg-Kumpfmühl. – Höhe 22,3 cm; MSR. Leihgabe aus Privatbesitz.

Um 400 ziehen Vandalen (Silingen?) von Pannonien die Uferstraße entlang donauaufwärts. Ihrem weiteren Vordringen entgegenzutreten, werden die Truppen Italiens nach Norden ins Voralpenland geschickt. Während also Raetien die Streitkräfte des Mutterlandes beschäftigt – so unser einziger Gewährsmann, der wohl aus Alexandria in Ägypten stammende Dichter Claudian in einem Stilichos Gotenkrieg preisenden Gedicht –, fällt im Spätherbst 401 Alarich, König der Westgoten und bis vor kurzem illyrischer Heermeister im Dienste des Arkadius, mit Kind und Kegel in Oberitalien ein, belagert wieder einmal Aquileia und schließlich den Kaiserhof in Mailand. Dem Winter trotzend, eilt Stilicho, der angeblich allein den Mut noch nicht verloren hat, über den Splügen nach Raetien, da jetzt die wilden Stämme ihre (offenbar mittlerweile erzwungenen) Verträge im Stich gelassen hatten, und nachdem sie vom Unglück Italiens hörten, »die vindelikischen Landstriche und die norischen Gebiete besetzten« *(Vindelicos saltus et Norica rura tenebant)*. Sehr rasch schafft der Reichsverweser, anscheinend die alten Bindungen erneuernd und einen Teil der vagabundierenden Barbaren in Sold nehmend, im Norden wieder Ordnung. Eilends führt sein Marsch über den Brenner zurück nach Süden. Zur Vertreibung der westgotischen Eindringlinge und zur Entsetzung Mailands strömen, wie die Herde zu ihrem rufenden Hirten, die Truppen aus verschiedenen Richtungen zu ihrem Oberbefehlshaber: aus den Rheinlanden wird Militär abgezogen und sogar aus Britannien eine Legion nach Italien beordert. So verstärkt gelingt es Stilicho, die Goten Alarichs Ostern 402 bei Pollentia und im Folgejahr bei Verona zu schlagen, zum Abzug und in erneute Vertragsabhängigkeit zu zwingen.

Rückzug unter Stilicho?

Nach weit verbreiteter Ansicht führte Stilicho 401/402 auch raetische Truppen nach Italien weg, eine Maßnahme, die in der Forschung nicht selten als systematische Räumung des Voralpenlandes durch das römische Heer betrachtet wurde. Bei Claudian steht davon freilich kein Wort, ja streng genommen ist nicht einmal von der Abkommandierung raetischer Truppen, geschweige denn einer raetischen Legion, die Rede, wenn der Dichter (frei übersetzt) sagt: »herbeieilte die benachbarte Wehrschar, die sich bei der Verteidigung Raetiens, bereichert durch vandalische Beute (= ? verstärkt durch vandalische Zwangssöldner), bewährt hatte« *(Adcurrit vicina manus, quam Raetia nuper / Vandalicis auctam spoliis defensa probavit)*.

Gewiß ist die Annahme, in der höchsten Bedrohung Italiens seien auch aus dem raetischen Grenzheer Abteilungen zu Hilfe geholt worden (vielleicht war die angebliche britannische »Legion« Claudians in Wahrheit die nach wie vor in Eining stationierte britannische Kohorte), sehr ansprechend; aber selbst wenn sie zutrifft, haftete an einem solchen Einsatz, wie zu Recht betont wurde, angesichts der engen verwaltungsmäßigen und militärischen Bindung Raetiens an Italien nichts Ungewöhnliches. Außerdem ist nicht einzusehen, warum eventuelle Kontingente nicht, wie so oft, auch jetzt wieder an ihre alten Standorte zurückgekehrt sein sollten.

Gegen eine stillschweigende und friedliche Abziehung der römischen Truppen aus Raetien – also auch aus Regensburg – zu Beginn des 5. Jahrhunderts spricht weiterhin (wenigstens auf den ersten Blick) die Nachricht, Kaiser Honorius habe 409 einem Generidus befohlen, alle Völker in Dalmatien anzuführen, ihn aber gleichzeitig zum Befehlshaber (Strategós) über die ernannt, welche das obere Pannonien, Noricum und Raetien bis an die Alpen bewachten. Leider ist auch diese Notiz nicht eindeutig genug; möglicherweise kommen im Titel dieses Generals zum Teil Wunschvorstellungen der westlichen Zentralregierung zum Ausdruck, die den tatsächlichen Verlust von Gebieten, wie der *Pannonia prima* (?), nicht wahrhaben wollten. Neuerdings wurde – mit dem Wortlaut der antiken Quelle freilich nicht voll vereinbar – Generidus als *comes Illyrici* (S. 131) betrachtet, der als Kommandant des illyrischen Feldheeres auch die wenigen mobilen Truppen Raetiens befehligt habe.

Leider beweist auch die schon mehrfach erwähnte Notitia dignitatum keineswegs sicher, daß noch bis in die 30er Jahre des 5. Jahrhunderts in Raetien das Verteidigungssystem in der dort aufgeführten Weise funktioniert habe. Dieses gewissermaßen statistische Übersichtswerk ist, wie gesagt (S. 127), redaktionell viel zu uneinheitlich und an manchen Stellen nachweislich voll von Widersprüchen, d.h. es spiegelt für ein und dieselbe Provinz militärische Gegebenheiten verschiedener Zeitstellungen wider. Obwohl gerade auch in der jüngsten Forschung wieder die Ansicht vertreten wurde, die Arbeitskopie des Handbuchs für den Westteil des Reiches *(pars Occientis)* sei seit etwa 398 benutzt worden und zeige vor allem die militärischen Verhältnisse unter Stilicho, mit Modifikationen nach dessen Tod 408, sie sei in der Folgezeit in beachtenswerter Weise auf den wirklichen Stand gebracht und erst um 430 endgültig preisgegeben worden, ist das ganze Problem noch zu weit von einer endgültigen Lösung entfernt, um sichere Rückschlüsse zu gestatten. Im ganzen gesehen spricht aber die Notitia dignitatum wohl eher für den Fortbestand auch raetischer Grenztruppen nach Stilicho als dagegen.

Die Numismatiker (Münzkundler) haben freilich immer wieder eingewandt, der Rückzug des offiziellen Rom aus dem Voralpenland und die militärische Preisgabe des Iller-Donau-Limes müsse schon deshalb kurz vor 400 begonnen und um 400

Das Problem mit den Münzen

abgeschlossen worden sein, weil um diese Zeit der reguläre Geldumlauf und -verkehr auch in unserem Gebiet zusammengebrochen sei. Das Argument ist immer noch gültig, obwohl es sich in den letzten zwanzig Jahren zeigte, daß hier ein gewichtiger Schluß aus dem Fehlen einer Überlieferung oder eines Befundes – der Fachmann spricht von einem Argument e silentio – gezogen wurde: Immerhin mußte infolge der archäologischen Neuentdeckungen das ursprünglich für das Ende des geregelten Geldumlaufs erschlossene Datum 383 um etwa zwanzig Jahre nach oben verschoben werden; für das raetische Flachland ebenso wie für die (ihrer starken, auch bei einem Abzug des Militärs weiter am Ort ansässigen Zivilbevölkerung wegen) immer schon als Sonderfälle betrachteten Metropolen Augsburg und Regensburg. Gerade für Castra Regina erwies sich, wie sehr sorgfältig durchgeführte Plangrabungen an einer größeren Fläche in dieser Hinsicht das Gesamtbild verändern können: Kannte man für den Zeitraum von 378–408 (Theodosius I. bis Arkadius) im Jahre 1957 ganze sieben im Regensburger Stadtgebiet verstreut gefundene Münzen, so kamen aus Niedermünster immerhin mindestens 112 solche Exemplare zutage. Allerdings – dies muß man nach wie vor zugestehen – bricht auch im Nordosteck des Regensburger Lagers nach unserem derzeitigen Kenntnisstand die Münzreihe vor oder um 402 ab: Schon die große Zahl der den Ostkaiser Arkadius darstellenden Münzen (unter Niedermünster 31) gegenüber den wenigen Geprägen des Monarchen im Westen, Honorius (nur 12), legt ein Ende des Münzumlaufes in den frühen Jahren des letzteren nahe; entscheidend dürften aber – obwohl es eine Reihe von Kupferstücken gibt, die allgemein der Zeit vor 408 zuweisbar sind – die zahlreichen Münzen aus der Zeit zwischen 394 und 402 sein.

Müssen aber mit dem Abbruch des Geldverkehrs auch die Soldaten Roms ihre Standorte verlassen haben? Wo doch generell seit dem Ende des 4. Jahrhunderts die Münzprägung im Reich ständig geringer wurde, folglich kupferne Scheidemünzen, wenigstens in den Nordprovinzen, kaum mehr in Umlauf kamen (so findet sich z.B. auch unter den vielen tausend Münzen der sicher bis um 430 bedeutsamen Hauptstadt Trier keine einzige, die sicher nach 408 zu datieren ist); Silbergeld gab es ohnehin fast nicht mehr und Goldstücke – die Solidi (S. 136) – werden schon deshalb kaum gefunden, weil sie, tausendmal so viel wert als das kupferne Kleingeld, wohlbehütet und daher entsprechend seltener verloren wurden. Aus antiken Gesetzen wissen wir, daß spätestens seit 423 oder 439 die staatlichen Beamten wieder in Gold bezahlt wurden.

Gleiches galt gewiß auch für die Soldaten, die ja schon in den früheren Jahrhunderten, als die Währung noch gesünder war, Geldgeschenke der Kaiser *(donativa)* meist in Goldmünzen empfingen. Die hauptsächliche Entlöhnung der Soldaten bestand in der Spätantike aus der Annona, der Deckung des jährlichen Bedarfs an Lebensmitteln, Kleidung und Brennholz sowie gegebenenfalls Stroh für die Pferde *(capita).* Die ordentliche Besoldung *(stipendium)* scheint immer geringer geworden zu sein; vor allem die Donative, mehr oder minder unregelmäßige Geldgeschenke in Solidi, waren nunmehr als finanzielle Zulage üblich. Daß es in der Tat sogar noch in den 70er Jahren des 5. Jahrhunderts aus öffentlichen Mitteln bezahltes Militär gegeben hat, lehrt die Lebensbeschreibung des heiligen Severin (die uns weiter unten [S. 162] noch näher beschäftigen wird). Dort steht nämlich: »*Zu der(selben) Zeit, zu der das römische Reich noch bestand, wurden in vielen Städten Soldaten zur Bewachung der Grenze mit öffentlichen Geldern (publicis stipendiis) unterhalten. Als diese Regelung ein Ende fand, lösten sich diese Militärtruppen zugleich mit dem Grenzverteidigungssystem (limes) auf, nur die Abteilung in Batavis* [Passau-Altstadt] *hielt noch so gut es ging aus. Von dieser hatten sich einige Mann nach Italien aufgemacht, um für ihre Kameraden den letzten Sold (extremum stipendium) zu holen; doch auf dem Weg wurden sie von den Barbaren umgebracht . . .*« Der Wortlaut dieser Stelle schließt es aus, daß sich in Passau (Niedernburg?) damals, wie vermutet wurde, nur noch eine »Art Selbstschutzformation« befunden habe. Die kleine Abteilung empfand sich noch in Severins Zeit als eine vom Mutterland Italien unterhaltene reguläre Verteidigungseinheit Roms, die ihren Anspruch auf säumigen Sold nicht einmal durch den Zusammenbruch des weströmischen Kaisertums im Jahr 476 – nur darauf spielt, wie jetzt zu Recht betont wurde, die Formulierung »zu der Zeit, zu der das römische Reich noch bestand« *(per id tempus, quo Romanum constabat imperium)*, an (S. 162 f.) – verloren hatte. Bleibt zu erwähnen, daß trotz dieser klaren Aussage noch 1970 (die Auswertung der neuesten Grabungen ist abzuwarten) weder aus Passau-Altstadt noch aus Passau-Innstadt Münzen aus der Zeit nach 375 bekannt waren!

Aus der zitierten Stelle der Severinsvita erfahren wir auch, daß es noch bis zum Ende des römischen Reiches (im Westen) aus staatlichen Mitteln unterhaltene militärische Verbände und einen Limes in Raetien und Noricum, bestimmt also auch noch ein *römisches* Regensburg, gab. Auch deshalb muß das Schwinden des Kupfergeldes um 400 eine andere Ursache als den Abzug des Militärs gehabt haben: In den Jahren nach 410 gelangte der westliche Reichsteil ziemlich unvermittelt in den Sog einer wirtschaftlichen Regression. Das Steueraufkommen der Provinzen wurde im selben Maße geringer, in dem die finanzielle Belastung des Staates durch den überhöhten Verteidigungsaufwand wuchs.

Daher war das Fehlen von Kleingeld in den nördlichen Randprovinzen wohl eher die Folge des Zusammenbruchs eines geordneten, auf Handel und vor allem auf einer planmäßigen Nutzung der ländlichen Produktionsformen beruhenden Wirtschaftssystems. Ursache war wohl der verständliche Rückzug der wohlhabenden Oberschichten der Provinzen, die allein ihrer Reichtümer wegen von den durchziehenden Horden in besonderem Maße gefährdet waren.

Wirtschaftszusammenbruch

Flucht der Reichen

Wirtschaftlich war der spätrömische Staat geprägt von der führenden sozialen Schicht weniger aristokratischer Großgrundbesitzer, die die große Masse der halbfreien Kleinbauern mehr und mehr in ihre Abhängigkeit brachte. Auch wenn im Reichsnorden des anderen Klimas und der schweren Böden wegen die Verhältnisse gewiß etwas anders lagen als in den gut bekannten Gebieten Nordafrikas und Südgalliens – wo noch um die Mitte des 5. Jahrhunderts wirtschaftlicher und agrarischer Reichtum bezeugt ist –, wird niemand leugnen, daß auch hier die Gesellschaftsstruktur im wesentlichen dieselben Züge trug wie in den Zentren des Westreichs.

Die Ost-West-Wanderung der Barbaren zu Beginn des 5. Jahrhunderts – bald nach den Unruhen 401 muß Raetien erneut vom Durchzug der vandalischen Hasdingen betroffen worden sein, die dann unter ihrem König Godigisel Silvester 406 mit Alanen und Sueben im Gebiete von Mainz den Rhein überschritten und ihren furchtbaren Marsch durch Gallien bis nach Spanien und Afrika fortsetzten – verschärfte die ökonomische Situation. Raub, Plünderung, Brandschatzung der Güter, Vernichtung oder Beschlagnahme der Ernten, Wegführung der ohnehin wenigen technisch einigermaßen geschulten Spezialisten ließen Investitionen in Gebieten mit überdies relativ geringer Bevölkerung und schwacher Produktionskraft immer weniger lohnend erscheinen, zumal wenn die Gefahr für Leib und Leben der Begüterten von Tag zu Tag bedrohlichere Ausmaße annahm. Deren fluchtartiger Wegzug beziehungsweise ihre abrupte Interessenabkehr warf die Nordprovinzen teilweise in vorwirtschaftliche Verhältnisse zurück und verurteilte sie für die römische Zentralregierung zur ökonomischen Bedeutungslosigkeit; dies verdeutlicht prägnant die Äußerung Alarichs, der von Honorius die beiden (Raetien an Wohlhabenheit stets überlegenen) norischen Provinzen als Siedlungsgebiet für seine Westgoten forderte, weil diese ohnehin ständig von Einfällen bedroht seien und für die Staatskasse wenig Steuern einbrächten. Der vorübergehenden ökonomischen Bedeutungslosigkeit eines Gebietes folgt aber keineswegs zwanghaft seine militärische Preisgabe, noch weniger der rechtliche Verzicht darauf.

Folglich wurde das archäologisch festgestellte Ende der Friedhöfe des raetischen Flachlandes um 400 beziehungsweise das Abbrechen der Grabbeigabensitte – nicht notwendig eine Folge der fortschreitenden Christianisierung im Anschluß an das oben erwähnte Verbot des Heidentums durch Kaiser Theodosius I. – völlig zu Recht mit dem Abzug der wohlhabenden romanisierten Bevölkerungsschicht aus den Nordprovinzen erklärt. Diese Vornehmen verfügten allein über genügend Reichtum zur Bestattung mit Beigaben, während der zurückgebliebene Rest der bisher abhängigen Bauern – der zwar in den alltäglichen Situationen und Fertigkeiten durchaus ›romanisch‹ fühlte, dachte und handelte – froh sein konnte, wenn er zu Lebzeiten eine ordentliche Bestattung vorbereiten und sicherstellen konnte.

In ergreifender Weise schildert der Patriarch von Konstantinopel Johannes Chrysostomos das Los dieser armen Bauern in der zweiten Hälfte des 4. Jahrhunderts: »Wenn einer prüfen will, wie die Landbesitzer mit den elenden und beklagenswerten Bauern umgehen, wird er sehen, daß sie grausamer als Barbaren sind. Sie lassen sie bei unzureichender Ernährung ihr ganzes Leben lang rackern und legen ihnen dabei noch ständige unerträgliche Zahlungen und mühevolle Dienste auf. Sie gebrauchen ihre Körper wie Esel und Maultiere, ja eher noch wie Steine, lassen sie nicht einen Augenblick verschnaufen, fordern von ihnen dasselbe, gleichgültig ob das Land Ertrag bringt oder nicht, und räumen ihnen keinen Nachlaß ein. Was ist wohl erbarmenswerter als dies: wenn sie den ganzen Winter hindurch gearbeitet haben und von Frost, Regen und Nachtwachen entkräftet sind, kehren sie mit leeren Händen heim, ja als Bettler; doch mehr noch als vor dem Hunger und Mißerfolg haben sie Angst vor den Quälereien der Aufseher, vor den Schikanen, Forderungen und Zwangsmaßnahmen.« Natürlich ist dies die Sprache eines großen Predigers, der zudem vor allem Verhältnisse des Ostreichs anprangert, aber sehr viel anders waren die Dinge auch im Westen nicht. Nach der Lektüre solcher Worte liegt klar auf der Hand: Für die Kleinbauern gab es Beigabensitte nicht einmal im wirtschaftlich noch besser situierten 4. Jahrhundert; folglich sind ihre Gräber nicht datierbar. So verbergen sich wie auf den römischen Friedhöfen Flachlandraetiens wohl auch auf denen Regensburgs – die datierbaren Funde des sogenannten Großen Gräberfelds, brechen im mittleren Drittel des 4. Jahrhunderts ab und setzen erst wieder in der ersten Hälfte des 6. Jahrhunderts ein – unter den vielen beigabenlosen Gräbern jene der Unterschichten sowohl des 4. wie des 5. Jahrhunderts. So paradox die Feststellung auch klingen mag, sie hat viel Wahrscheinlichkeit: Das Fortleben der Tradition, gewährleistet von einer breiten Schicht güterloser ›Romanen‹, muß gerade dort gesucht werden, wo es archäologisch nie und nimmer faßbar wird: in Armengräbern. Dagegen sind aus Siedlungen durchaus eindeutig in die Zeit nach 400 gehörende materielle Überreste bekannt geworden: So vom Bürgle bei Gundremmingen, vom Lorenzberg bei Epfach, vom Frauenberg bei Weltenburg und auch aus dem spätrömischen Kastell Vemania (Isny). In jüngster Zeit vor allem auch aus Regensburg. Davon später!
In den Jahren 429 bis 431 – die Vandalen erreichten um diese Zeit gerade Nordafrika – kämpfte der ›letzte Römer‹, der rührige Heermeister *(magister militum utriusque militiae)* des Westreichs Aetius, in Raetien und Noricum mehrfach gegen eingedrungene Juthungen. Gleichzeitig waren offenbar die ›einheimischen‹ Vindelicer und Noricer aufständisch geworden, weil der römische Chronist sie vorwurfsvoll als ›rebellantes‹ bezeichnete; Ursache und Art ihrer Unzufriedenheit erfahren wir nicht. Dabei ist aber durchaus wahrscheinlich, daß die infolge der germanischen Wanderbewegungen und durch den wachsenden Steuerdruck von seiten Roms seit vielen Jahrzehnten ausgelaugte und restlos verarmte Bevölke-

Aetius in Raetien

rung lieber eine barbarische Herrschaft als die nur noch formell recht und schlecht am Leben gehaltene römische zu ertragen gewillt war. Das Vorgehen des Aetius verdeutlicht andererseits ganz bestimmt, daß selbst zu Beginn des zweiten Viertels des 5. Jahrhunderts eine regelrechte germanische Landnahme des raetischen Flachlandes noch nicht erfolgt war und ihr Versuch von Rom auch noch nicht hingenommen wurde.

Hunnen und Alamannen

Die folgenden Jahrzehnte standen ›weltpolitisch‹ im Zeichen der Hunnen. Vor langer Zeit aus dem zentralen Asien aufgebrochen, hatten diese Reiternomaden im Jahr 375 den Don überschritten und waren weiter westwärts vorgedrungen; dabei schoben sie zahlreiche germanische Stämme vor sich her, ja sehr viele davon brachten sie sogar unter ihre Botmäßigkeit. Unter ihrem König Attila (434–453), beherrschten sie weitgehend das Gebiet nördlich der Donau vom Rhein bis zur Wolga, wobei ihr Stammeszentrum im Donau-Theiß-Tiefland (Alföld) lag. Jahrelang hatte Aetius mit Attila paktiert; beispielsweise hatte er sich der hunnischen Streitkraft zur Vernichtung des Burgunderreichs am Rhein zwischen 435 und 437 bedient (übrigens der historische Hintergrund des Nibelungenlieds). Wie so oft, kam es zur Entzweiung einer Frau wegen! Da Honoria, die Schwester des Kaisers Valentinian III., dem Attila versagt wurde, fiel er 451 in Gallien ein. Dort wurde er aber mit tüchtiger westgotischer Unterstützung von Aetius in der Schlacht auf den katalaunischen Feldern (bei Châlons-sur-Marne) besiegt. Faktisch bedeutete dies die Brechung der hunnischen Übermacht; das Ende des Riesenreiches folgte dem Tod Attilas in seiner Hochzeitsnacht 453 auf dem Fuß. Ob Raetien vom Zug Attilas aus dem heutigen Ungarn nach Westeuropa berührt wurde, ist ebensowenig sicher zu sagen, wie, ob Raetien vordem jemals unter hunnischem Einfluß gestanden hat.

Unumstößlich gewiß ist dagegen, daß unser Gebiet bald nach der Ermordung des Aetius durch Valentinian (454) in den Einflußbereich der Alamannen geriet, die zunehmend weiter nach Osten vordrangen.

Westroms letzte Jahre

Um diese Zeit beschleunigte sich der Auflösungsprozeß des römischen Reiches im Westen immer mehr. Ein Reichsgebiet nach dem anderen war bereits an die germanischen Eindringlinge abgetreten worden. So waren um 450 schon Teile Spaniens und Südgalliens an die Westgoten und ihr Reich von *Tolosa* (Toulouse) verloren. Pannonien war seit 433/434 weitgehend hunnisch, Afrika seit 442 endgültig vandalisch; gleichzeitig löste sich Britannien aus dem Verband. Als 455 der nie zu wirklicher Selbständigkeit gelangte Kaiser Valentinian III. dem Mordanschlag eines Aetius-Anhängers zum Opfer fiel, war im Westen nach rund 90 Jahren auch die valentinianisch-theodosianische Dynastie an ihr Ende gekommen. Noch im gleichen Jahr hatte die Hauptstadt Rom vierzehn Tage lang plündernde Vandalenhorden innerhalb ihrer Mauern. In den folgenden letzten zwanzig Jahren seines Bestandes wurde nunmehr Westroms Schicksal weitgehend vom Heermeister und

›Kaisermacher‹ Rikimer, einem Abkömmling der suebischen und westgotischen Königsgeschlechter, bestimmt. Mehr oder minder von seiner Gunst abhängig, regierten in rascher Folge fünf Monarchen. Einer von ihnen, Majorian (457–461), bemühte sich noch einmal in vielfacher Weise, besonders durch die Neugestaltung des Steuerwesens, das Weiterleben des Imperium Romanum abzusichern; unter anderem besiegte er unmittelbar vor seinem Kaisertum 457 bis nach Oberitalien vordringende Alamannen im Tessin. Die erwähnte Ostausbreitung dieses Stammes setzte wohl massiv um dieselbe Zeit ein.

Von diesem Ausgreifen sind wir etwas besser unterrichtet dank der Lebensbeschreibung des heiligen Severin. Dieser fromme Mann wurde in der Zeit des Zusammenbruchs für Ostraetien und Ufernoricum gleichsam ein Ersatz für die niedersinkende oder ausfallende weltliche Macht. Beratend, helfend und vermittelnd stand er durch Ermahnungen, Warnungen, Prophezeiungen und Wundertaten der Bevölkerung nicht nur seelsorgerisch, sondern auch zur Bewältigung ganz alltäglicher, auch materieller Bedürfnisse bei. Eugippius, einer seiner Mönche, verfaßte im Castellum Lucullanum bei Neapel 511 seine Lebensbeschreibung. Natürlich stehen in dieser Biographie nicht so sehr die geschichtlichen Ereignisse und Zusammenhänge im Vordergrund der Darstellung wie die Person des Heiligen selbst. Um so mehr sind für uns jene Einzelheiten und Nachrichten wichtig, die für die Handlung und die Schilderung der verehrungswürdigen Persönlichkeit eher unwesentlich waren, weil sie weniger der Gefahr der Legendenbildung ausgesetzt waren.

Sogar der Zeitpunkt des endgültigen Abzugs der militärischen Besatzung und der weitgehenden, aber sicher keineswegs vollständigen Räumung Regensburgs durch die ›Romanen‹ ist dank dieser Quelle indirekt faßbar. Rufen wir uns noch einmal den bereits (S. 158) zitierten Wortlaut aus dem zwanzigsten Kapitel der Vita ins Gedächtnis zurück: »Zu der(selben) Zeit, zu der *das römische Reich* noch bestand«, habe es in vielen Städten noch offizielle Grenzsoldaten gegeben, die sich wie die Grenze selbst, erst nach Einstellung der Unterhaltszahlungen aufgelöst hätten. Zwar ist der Ausdruck *Romanum imperium* des lateinischen Originaltexts so doppeldeutig, daß auch die dem Sinne nach weit unbestimmtere Übersetzung »zu der(selben) Zeit, zu der *die römische Herrschaft* noch bestand« möglich wäre, dennoch wird – auch darauf wurde bereits verwiesen – Eugippius mit seiner Formulierung auf das formelle Ende des (west)römischen Reiches am 4. September 476, das nach seiner Darstellung den endgültigen Zusammenbruch des raetischen Grenzwehrsystems, mithin auch die Auflassung Regensburgs nach sich gezogen hatte, angespielt haben.

Damals schlug nämlich der Skire Odoaker den Patrizius und Heermeister Orestes – ein aus Pannonien stammender ehemaliger Schreiber Attilas – bei *Placentia* (Piacenza). Kurzerhand setzte er anschließend den erst sechsjährigen Romulus

Der hl. Severin

Räumung Regensburgs

Westroms Ende

Augustus (seiner Jugend wegen *Augustulus* genannt), den sein Vater Orestes 475 nach der Vertreibung des letzten auch von Ostrom anerkannten Westkaisers Julius Nepos (474–480) zum Kaiser gemacht hatte, ab und verbannte ihn auf das (später von Eugippius und seinen Mitbrüdern bewohnte) Castellum Lucullanum.

Odoaker (476–493) ließ sich von seinen Truppen zum König ausrufen und forderte – dem oströmischen Kaiser mitteilend, der Westen benötige von nun an keinen Kaiser mehr – für sich die auch gewährte Würde eines Patrizius. Obgleich die Frage, wie sehr die Zeitgenossen diesen, in unseren Schulbüchern als Untergang des weströmischen Reiches geführten Vorgang als Ereignis von epochemachender Bedeutung registrierten, umstritten ist, steht doch fest, daß außer Eugippius auch andere damit den Zusammenbruch des Imperiums für besiegelt sahen. Unklar ist andererseits wieder, ob Odoaker Raetien weiterhin wenigstens rechtlich als Teil seines Reiches beansprucht hat. Damals hatten nämlich Alamannen und Thüringer längst auch den östlichen Teil dieser Provinz heimgesucht.

Alamannen – Herren Raetiens

Es ist wiederum die *Vita sancti Severini*, die uns lehrt, daß das raetische Flachland offenbar bereits vom Stamm des alamannischen Königs Gibuld kontrolliert wurde. Severin sehr verehrend, versprach dieser, »er werde nach sorgfältiger Durchsuchung der gesamten Provinz *(cum diligenter provinciam peragraverit)*, die dortigen Gefangenen allesamt zurückschicken«. Um dieses Zugeständnis zu erreichen, hatte der Heilige dem Barbarenherrscher einen Diakon namens Amantius nachgesandt, der aber zunächst nicht vorgelassen wurde, obwohl »er vor dem Doppeltor viele Tage wachsam aushielt« *(pro foribus excubans multis diebus)*. Verzagt trat er den Heimweg an, als ihm eine Erscheinung von der Gestalt Severins die Rückkehr »zur königlichen Pforte« *(ad ianuam regis)* gebot. Völlig zu Recht schloß man aus diesen Formulierungen, daß Gibuld bereits eine feste Residenz im Lande hatte. Aus naheliegenden Gründen dachte man an die gewaltigen Römerreste Regensburgs. Leider ist diese Möglichkeit alles andere als beweisbar und nicht einmal besonders wahrscheinlich, weil Gibulds Herrschaftszentrum wohl viel weiter im Westen Süddeutschlands gelegen haben wird.

Immerhin wird aber auch diese Erzählung in die Jahre um 476 gehören. Daß Regensburg mit dem Imperium Romanum in diesem Jahr fiel oder wenigstens um diese Zeit aufgelassen wurde, ist völlig unabhängig von dem bereits geschilderten Gedankengang auf Umwegen zu erschließen. Als Gibuld auch Ostraetien verunsicherte, lebten nach Eugippius nämlich nur mehr in Künzing *(Quintanis)* und in Passau-Altstadt *(Batavis)* Romanen in größerer Zahl, Soldaten gar nur mehr am letztgenannten Ort. Doch auch das Schicksal dieser letzten Zufluchtsstätten in Raetien war schon besiegelt. Infolge der »unaufhörlichen Einfälle der Alamannen« *(creberrimis Alamannorum incursionibus)* räumten die Bewohner von Quintanis ihre Heimat und zogen nach Batavis weiter, dem aber seinerseits Severin den baldigen Untergang vorausgesagt hatte: »*Es naht die Stunde, da diese Stadt verödet und von den Bewohnern verlassen zurückbleiben wird, wie die übrigen oberen Kastelle.*« (*tempus ... huius oppidi propinquavit, ut desertum sicut cetera superiora castella cultore destitutum remaneat.*) Zu den erwähnten »übrigen oberen Kastellen« muß ohne Zweifel auch Regensburg gehört haben; denn nachdem auf Severins Rat hin schließlich auch Passau aufgegeben war, heißt es noch einmal: »*Nach dem Untergang der Städte am Oberlauf der Donau (post excidium oppidorum in superiore parte Danuvii) war also alles Volk, das den Warnungen des heiligen Severin gehorcht hatte, in die Stadt Lauriacum hinabgezogen.*« Bald sei aber, wiederum auf Severins Geheiß, wegen der drängenden Germanen auch Lorch verlassen worden und der endgültige Rückzug nach *Favianis* (Mautern gegenüber von Krems, nicht etwa Wien), dem Orte an dem Severin sein Stammkloster hatte, erfolgt. Damals nun erhielt Severin von König Odoaker einen »freundschaftlichen Brief«, worin sich dieser für die Erfüllung einer Prophezeiung aus dem Jahr 469 kenntlich zeigen wollte: »*er erinnerte sich jener Vorhersage, in der ihm der Heilige deutlich zu erkennen gegeben hatte, er werde dereinst einmal König sein*«. Da dieser Brief nur nach dem Sommer 476, nach der Absetzung des Romulus Augustulus, und vor 482, Severins Tod, abgeschickt worden sein kann, fiel der Oberlauf der Donau, mithin auch Regensburg, kurz vorher, also um 476. Archäologisch hat man im Nordosteck des Legionslagers keinerlei Brandspuren an den spätrömischen Gebäuden festgestellt (S. 219). Dies und der Zustand der Gesamtanlage im 7. Jahrhundert legen eine friedliche Räumung wie im Falle Künzings und Passaus nahe. Gewiß werden nicht alle Bewohner mit der offiziellen Abwanderung der ›Romanen‹ nach Osten den Ort verlassen haben.

Die Alten, besonders Seßhafte oder auch nur Furchtlose und Abenteurer harrten in geringer Zahl allen Widrigkeiten zum Trotz gewiß weiterhin hier aus: Sofern sie nicht bei späteren Überfällen ums Leben kamen oder in die Gefangenschaft abgeschleppt wurden, werden sie zu Tributpflichtigen *(tributicii)* der germanischen Herren dies- oder jenseits der Donau geworden sein. Das Leben hatte ja schon solange man sich erinnern konnte – wir müssen uns immer wieder klar machen, daß sich uns die Vergangenheit gleichsam im Zeitraffer bietet – die frühere, heute gedanklich mit der Vorstellung ›römisch‹ zusammengebrachte Lebensqualität eingebüßt. Wohlstand, kulturelle und zivilisatorische Höhe waren nur mehr aus den Erzählungen der Großeltern bekannt. Der Alltag war bescheiden und einfach geworden, der Nachschub aus den Kernländern des Reiches in seinem früheren Umfang längst zusammengebrochen und fast ganz versandet. Dies wird ein wesentlicher Grund sein, daß jetzt – wie wiederum die Grabungen unter dem Niedermünster lehren (S. 219) - alte, komplizierte Fußbodenheizungen nicht mehr Instand gesetzt werden konnten, weil es beispielsweise an geeignetem Ziegelmaterial zum Ausbessern der Schadstellen fehlte. Man ging daher wenigstens

Die Unentwegten

im Nordosteck des Lagers zur einfacheren Methode des offenen Feuers auf dem Estrich über. Die Gebrauchsgüter nahmen viel einfachere Formen an, waren viel schlichter und zweckmäßiger geworden, je mehr sich die Bewohnerschaft genötigt sah, Waren auch aus dem Norden und insgesamt von germanischen Nachbarn, die teilweise mitten unter ihnen lebten, zu beziehen.

Thüringer Einfluß

Gegen Ende des 5. Jahrhunderts war das Voralpenland also zumindest faktisch von römischer Herrschaft frei. Fraglich ist dagegen, wie gesagt, ob die germanischen Rechtsnachfolger des Weltreichs ihrerseits noch rechtliche Ansprüche auf das Gebiet bis zur Donau erhoben haben. Bei Odoaker ist dies wohl schon deshalb nicht besonders wahrscheinlich, weil er 488 sogar die Räumung von Ufernoricum anordnete (auch Severins Leichnam wurde von den rückziehenden Romanen mit nach Italien geführt), obwohl er 487/488 durch seinen Bruder Onoulf die dort siedelnden germanischen Rugier entscheidend besiegt hatte. Freilich bewog um diese Zeit der oströmische Kaiser Zeno bereits den Ostgotenführer Theoderich – den sagenhaften Dietrich von Bern –, samt seinem Volk in Italien einzufallen, einmal, weil er den lästigen Germanen loswerden wollte, zum anderen, weil Odoaker oppositionelle Strömungen in Byzanz unterstützte. Während in den Folgejahren der Kampf um Italien zwischen Odoaker und Theoderich im vollen Gange war (489–493), scheinen die Alamannen ihre schon früher einsetzende Westwendung fortgesetzt zu haben, bis sie schließlich 496/497 vom fränkischen König, dem Merowinger Chlodovechus (Chlodwig, 482–511), besiegt wurden.

Das Schicksal Raetiens bleibt um diese Zeit weiterhin dunkel. Möglicherweise verstärkte sich im Nordteil der einstigen Provinzgebiete gerade damals der sicher seit längerem bestehende Einfluß des Thüringerreiches. Dieser Nachfolgestamm der Hermunduren taucht um 400 zum erstenmal in den Quellen auf; er hatte sich wohl kurz zuvor aus verschiedenen germanischen Völkern gebildet. Ein anonymer Geograph des 7. Jahrhunderts vermeldet in seiner in Ravenna entstandenen Kosmographie (Weltbeschreibung), daß *»die Heimat der Toringi sehr viele Flüsse durchziehen, unter anderem auch die Bac* (= Naab) *und Reganus* (= Regen) *genannten, die in die Donau münden«.* Zweifellos folgte der ravennatische Geograph einer älteren Quelle, weil zu seinen Lebzeiten das Thüringerreich längst (seit 531) unter die Franken und Sachsen aufgeteilt war. Folglich werden die Thüringer Ende des 5. und Anfang des 6. Jahrhunderts ihren Einfluß bis in die südliche Oberpfalz ausgeweitet haben. Auch die Regensburger Restbevölkerung wird damals in den Bannkreis ihrer Macht gelangt sein. Vielleicht finden die Keramikfunde aus dem Bereich der Niedermünsterkirche, die Parallelen zu Waren der Elbgermanen des 4. und 5. Jahrhunderts aufweisen, ihre Erklärung teilweise (S. 145) durch die Nachbarschaft der Thüringer, die, wie wiederum Eugippius bestätigt, gelegentlich auch zu Plünderungszügen über die Donau kamen und feste Plätze wie z.B. Passau zerstörten.

Bischof Lupus?

Nach einer neueren Untersuchung soll in Regensburg um 490 ein christlicher Bischof namens Lupus bei einem Angriff der Barbaren den Martertod gestorben sein. Ein sehr alter Kastenaltar im sogenannten ›Alten Dom‹, also in der Stephanskapelle im Domkreuzgang (in unmittelbarer Nähe der Porta Praetoria), soll die Confessio (das Martyrergrab unterhalb eines Altars) des Lupus gewesen sein. Zeugnis des Bekennertods dieses Bischofs ist eine Notiz, die sich der Regensburger Domherr Laurentius Hochwart († 1570) aus einer von ihm eingesehenen, heute nicht mehr vorhandenen Passauer Handschrift gemacht hat: »*Zur Zeit des Kaisers Zeno [474–491] wurden der Erzbischof von Passau Theodorus und von Ratispona Lupus, ihrer Herkunft nach Römer* (Romanen?), *von ungläubigen Bavaren ermordet.*« *(Tempore Zenonis imperatoris archiepiscopus Pataviae Theodorus et Ratisponensis Lupus natione Romani ab infidelibus bavaris caesi sunt.)* Leider befriedigt diese Aussage in sprachlicher Hinsicht ebensowenig wie sie andererseits besondere historische Wahrscheinlichkeit nicht für sich beanspruchen kann. Haben wir doch in dieser Zeit, wenn überhaupt wieder mit größeren Bevölkerungszahlen in den erst kürzlich aufgegebenen Orten am Donauoberlauf zu rechnen ist, im kirchlichen Bereich schwerlich sehr viel andere Verhältnissen anzunehmen als sie in der Vita Severini für die Lebzeit dieses Heiligen, also bis 482, geschildert sind. Damals gab es in den Siedlungen *(castella* oder *oppida)* wie Quintanis (und vor seiner Räumung gewiß auch in Regensburg) mehrere Priester *(presbyteri),* Diakone *(diacones)* und Subdiakone *(subdiacones)* sowie andere niedere Kleriker; Bischöfe einzelner raetischer Ortschaften werden, anders als etwa für Lorch, nicht erwähnt. Die Rede ist vielmehr von einem heiligen Valentinus, »einstmals Bischof von Raetien« *(Raetiarum quondam episcopus),* dessen Amtssitz aber nicht genannt wird. Mithin ist völlig ungewiß, ob Regensburg damals überhaupt schon einen Bischof hatte. Warum aber sollen ausgerechnet zu derselben Zeit, als sogar Ufernoricum von den Mönchen Severins verlassen wurde, in Passau und Regensburg Bischöfe residiert haben? Zumal man im Text Hochwarts *bavaris* zu *barbaris* (also statt »von Bayern« zu »von Barbaren«) korrigieren müßte, weil Lupus um 490 kaum schon von Bayern umgebracht worden sein kann.

Theoderich

Der Ostgotenkönig Theoderich (474–526) hatte nach zweijähriger Belagerung Ravennas (die Rabenschlacht des germanischen Heldenlieds) am 25. März 493 den ahnungslosen Odoaker eigenhändig umgebracht und auf diese Weise den Konflikt beseitigt. Seit 497 war er auch von Byzanz als Gotenkönig und Vertreter des oströmischen Kaisers in Italien anerkannt.

Obwohl wir wissen, daß dieser sich vielfach römisch gebärdende Germane, der stets um eine Koexistenz seiner Ostgoten mit den Römern bemüht war, auf seiner Tafel nicht nur die Rheinanke, sondern auch den Karpfen aus der Donau liebte, ist dennoch höchst umstritten, ob die Donau als die offiziell beanspruchte Grenze seines ostgotischen Reiches galt, ob also die ehemalige Provinz *Raetia secunda* noch von ihm kontrolliertes Reichsgebiet war. Zwischen 507 und 511 bestallte Theoderich zwar noch einen *dux Raetiarum Servatus*; doch leider kann dieser Amtstitel trotz der Mehrzahl *Raetiarum* nach dem Sprachgebrauch der spätrömischen Zeit nicht nur mit »General beider Raetien«, sondern auch in der Einzahlform »General Raetiens« übersetzt werden. Somit war Servatus möglicherweise nur Befehlshaber der ersten raetischen Provinz. Daß er gar seinen Amtssitz in Regensburg gehabt habe, wie man häufig vermutete, ist reine Spekulation. Vielleicht war das Voralpenland um 500 zum Zufluchtsort der von Chlodovechus geschlagenen und sich unter eine Art ostgotische Schutzherrschaft begebenden Alamannen geworden, so daß der gelegentlich vorkommende ostgotische Fundbestand in den Gräbern nördlich der Alpen damit erklärt werden könnte, daß die *Raetia secunda* wenigstens ostgotisches Interessengebiet gewesen sei.

Bündnisse

Wer damals außerdem in Ostraetien und Ufernoricum politisch den Ton angab, läßt sich nur indirekt erschließen. Die Rugier, ein mit den Goten verwandter Stamm, die zur Zeit Severins hier die Hauptrolle gespielt und nach seinem Tode südwärts vorzudringen versucht hatten, waren nach der Niederlage gegen Odoaker (S. 165), sich den Goten anschließend, in Italien eingefallen. Ihr freigewordenes Gebiet besetzten vorübergehend die Langobarden, die aber bald ins Pester Becken abzogen und den Herulern, den eigentlichen Herren der Lage in den nördlichen Donauprovinzen, tributpflichtig wurden. Durch die Adoption des Herulerkönigs Rudolf, seines Waffenbruders, verstand es Theoderich, sich auch hier die Oberhoheit zu sichern.

Als freilich zwischen 505 und 508 die Herulermacht durch die Langobarden gebrochen wurde, muß Theoderich eine neue Regelung gefunden haben, Einfluß auf Ostraetien und Ufernoricum zu gewinnen. Durch die Verheiratung seiner Nichte Amalaberga mit dem Thüringerkönig Herminafried stellte er 510 engere Beziehungen zwischen Italien und dem Reich an der Elbe her.

Die Bayern kommen

Den dazwischen liegenden Raum kann er nicht herrschaftsleer belassen haben. Unter seiner Patenschaft werden damals kleinere Verbände militärisch tüchtiger ›Männer aus Baja‹, aus dem thüringischen Machtbereich in Böhmen kommend, in das Land nördlich der Alpen vorgedrungen sein und es durch ihre Stärke verstanden haben, die Bildung des Bayernstammes einzuleiten. Die wissenschaftliche Diskussion um die Herkunft der Bayern – ebenso alt wie interessant – dauert immer noch an. Es dürfte nur wenige historische Problemstellungen geben, die so wie diese seit Generationen mit ungebrochenem Eifer stets von neuem erörtert und dabei nicht selten auch zum Tummelplatz gelehrter Phantasien wurden. Lange Zeit stellte man sich die Einwanderung der Bayern, lateinisch der *Baiovarii*, als einen gewaltigen Völkerschub vor; hauptsächlich von sprachlichen Deutungen des Stammesnamens ausgehend, wurde die Urheimat dieses Volkes in Böhmen – *Boioheim*, das von den *Baianoi* bewohnte Land *Baias* am Schwarzen Meer, am

Fuß der Karpaten oder an der Unterelbe usw. gesucht; die Bayern selbst betrachtete man als Nachkommen der (letztmals im 5. Jahrhundert genannten) Markomannen oder der Alamannen, der Goten, der Langobarden, der Quaden oder der Sueben. Obschon bis heute, selbst durch die Bemühungen der Archäologie, die Herkunftsfrage noch keiner allgemein anerkannten Lösung zugeführt werden konnte, besteht jetzt wenigstens weitgehende Einigkeit darin, daß nicht ein ganzer Stamm, sondern, wie erwähnt, über Jahrzehnte hinweg nur einzelne Gruppen eingewandert seien. Sie hätten es zustandegebracht, mit der bereits ansässigen Mischbevölkerung – Kelten, Romanen, Germanen, Illyrer usw. – in einem langwierigen Prozeß einen neuen Stamm zu bilden, dem sie auch ihren Namen geben konnten.

So unbemerkt von den zeitgenössischen Chronisten die ›Landnahme‹ der Bayern erfolgte, um die Mitte des 6. Jahrhunderts waren sie voll da: Damals nannte Jordanes in seiner Gotengeschichte als Nachbarn der *Suavi*, also der Schwaben, wohlklingende Namen: Westlich saßen die Franken, nördlich die Thüringer, südlich die Burgunder und östlich die Bayern. Jetzt, wo Rhein und Donau aus der Sicht Italiens bereits *barbarici amnes*, »barbarische Flüsse«, waren, bildete der Lech sicher die Grenze zwischen dem alamannischen und dem bayerischen Einflußgebiet (die alten römischen Provinzgrenzen spielten folglich schon keine Rolle mehr): als nämlich zwischen 565 und 570 der Italiker Venantius Fortunatus, der etwa dreißig Jahre später als Bischof von Poitiers (in Frankreich) starb, durch die Lande reiste, um christliche Heiligengräber zu verehren, gelangte er – wie er uns schriftlich überliefert – auch zur letzten Ruhestätte der heiligen Afra (S. 138) nach Augsburg, »wo Wertach und Lech fließen«. Die Beschreibung des Weitermarsches in Richtung Inn beginnt er mit den Worten: »Wenn der Weg dann offen ist, und dir der Bayer nicht entgegentritt...«

Der trutzige Bayer hat offenbar auch in Regensburg bald Fuß gefaßt. Freilich ist keineswegs so gewiß wie noch vor fünfzig Jahren behauptet, daß die angeblich über die Pässe des Bayerischen Waldes einwandernden *Baiuvarii* schnurstracks auf Regensburg gestoßen seien, und dort ihre Hauptstadt eingerichtet hätten. Sicheres erfahren wir zunächst nicht. Seit dem Jahr 537 lag das Voralpenland im Machtgebiet des fränkischen (merowingischen) Königs Theudebert I. (536–540), der behauptete, sein Reich erstrecke sich von Norditalien bis zum nördlichen Ozean, von Pannonien bis Gallien (also von Ungarn bis Frankreich).

In Bayern regierten als erstes herzogliches Geschlecht die Agilolfinger, die Verzweigungen bei den Thüringern, Langobarden und Franken besaßen. Nach verbreiteter Ansicht soll nun schon sehr früh der Herzog *(dux)*, vielleicht bereits Garibald I. (– ca. 592) mit Frau Walderada und Kindern, in Regensburg seinen Stammsitz gehabt haben. Obwohl für diese Annahme, wie gesagt, jeder Quellenbeleg fehlt, scheint die herrschende Meinung (man spricht von einer *communis*

Agilolfingische Residenz

opinio) doch nicht so in der Luft zu hängen, wie man nach ihren Gegnern vermuten könnte: Erst neuerdings nannte man »die Ansicht, daß das früheste baierische Stammesgebiet in der altbaierischen Landschaft mit Regensburg als Herrschaftsmittelpunkt zu suchen sei« lediglich einen »allgemein anerkannte(n) Gemeinplatz«. Demgegenüber wurde erneut der Grabungsbefund unter der Niedermünsterkirche strapaziert: Hier stellten nämlich die Archäologen fest, daß beim Abbruch der spätrömischen Gebäude das Gelände fast 90 Zentimeter hoch systematisch aufplaniert wurde; die Steine ebnete man nicht mit ein, sondern schaffte sie weg: ein deutliches Zeichen für Baumaßnahmen an einem anderen Ort (S. 375 f.). Da aufgrund der Funde aus dieser Planierschicht sich der Vorgang wahrscheinlich Anfang oder Mitte des 6. Jahrhunderts ereignete, ist man versucht, an bauliche Aktivitäten der neuen Landesherrn zu denken und dahinter »die Einrichtung eines zentralen Herzogshofes zu sehen«. Zwingend ist dieses Argument aber gewiß nicht. Ebensogut sind solche Umbau-Maßnahmen beispielsweise denkbar, wenn Regensburg zunächst, wie auch schon einmal vermutet wurde, in der Hand des bayerischen Adelsgeschlechts der Hahhilinga gewesen und erst kurz vor Ende des 7. Jahrhunderts an die Herzöge selbst übergegangen wäre.

Arbeo von Freising

Spätestens dann nämlich war Regensburg wirklich Vorort Bayerns. Bischof Arbeo von Freising (ca. 723– ca. 783) belegt dies zum ersten Mal in seiner vor 768 entstandenen Lebensbeschreibung des heiligen Emmeram *(Haimbram)*, der als fränkischer Missionsbischof zwischen 660 und 670 aus Poitiers nach Regensburg in die Hofstatt des Bayernherzogs Theodo gekommen war, um 685/690 nach Marterungen (angeblich durch den Herzogssohn Landpert) starb und in Regensburg bestattet wurde.

In Kapitel 4 schreibt Arbeo: Dem Donaufluß folgend gelangte der heilige Emmeram in das Gebiet der Bayern *(in partibus Baiuvariorum)*, genauer »*zur Stadt Radaspona, die, aus behauenen Steinen erbaut, Hauptstadt und Festung dieses Stammes geworden war.*« *(ad Radasponam pervenit urbem, qui ex sectis lapidibus constructa, in metropolim huius gentis in arce decreverat.)* Weiter fährt Arbeo im 6. Kapitel fort: »*Die Stadt, von der wir sprachen, Regensburg war uneinnehmbar, aus Quadersteinen erbaut, wurde hoch überragt von mächtigen Türmen und war überreich an Brunnen. Ihren nördlichen Teil bespült die Donau auf ihrem geraden Lauf gegen Osten.*« *(Urbs, ut praediximus, Radaspona inexpugnabilis, quadris aedificata lapidibus, turrium exaltata magnitudine, puteis habundans. Cuius septentrionalem partem Danubius suo rigore contra ortum suo cursu infunditur fluenta.)* Außerdem ist noch einmal von unserer Stadt die Rede im 42. Kapitel. Ein aus der Gefangenschaft entronnener Pilger gelangt schließlich zum Ziel seiner fünfzehntägigen Reise: »*mit müden Gliedern ... stand er auf dem Berge oberhalb der Weinpflanzungen ..., zwischen Donau und Regen, wo sie zusammenfließen. Von diesem Gipfel* [Dreifaltigkeitsberg!] *erblickte er die*

Kirche von Gottes heiligem Martyrer [= St. Emmeram] *und die weit ausgedehnte, mit Mauern und Turmbauten bewehrte Stadt. Als er sie erkannte, pries er Gott, und stieg den Pfad zu dem Anlegeplatz am Fluß hinab. Es war aber ein Sonntag, zu dessen feierlichem Meßgottesdienst die Einwohner mit großer Andacht zur Kirche des heiligen Martyrers gingen. Ihrem Zuge schloß sich der fromme alte Mann unbemerkt an, und als sie an den Anlegeplatz* [bei Stadtamhof!] *kamen, stieg er auf das Schiff, setzte nach dem schutzgewährenden Hafen auf der Stadtseite (ad portum salubrem plagae urbis) über den Strom und ging weiter bis zur Kirche von Gottes heiligem Martyrer«.* Diese wenigen Worte erweisen jetzt unsere Stadt unumstößlich als Metropole, als Hauptort der Bayern, sie beinhalten aber ganz nebenbei auch ihre erste Beschreibung (was wir früher von ihrem Aussehen wußten, verdanken wir ausschließlich der Archäologie). Darin werden Zeichen der Wandlung nicht weniger deutlich als Zeichen der Stabilisierung.

Die Frage, wo, wie, und auf welche Weise in welchem Umfang welches antike Kultur- und Zivilisationsgut die Wucht der Völkerwanderung überleben und so ins Mittelalter überdauern konnte, wird in der Forschung unseres Jahrhunderts als sogenannte Kontinuitätsfrage eifrig diskutiert. Die Antwort fällt natürlich regional sehr unterschiedlich aus, allein schon deshalb, weil in einst stärker von römischer Zivilisation und Lebensart geprägten Provinzen (wie in den gallischen oder rheinländischen) die Chance für das Überleben des ›Romanischen‹ (noch heute bezeichnen wir Französisch, Italienisch oder Spanisch als romanische Sprachen) weitaus größer war als in den weniger romanisierten Reichsgebieten wie Raetien. Daneben spielten aber noch viele andere Gesichtspunkte eine Rolle, z.B. ob eine römische Siedlung gewaltsam zerstört, oder, so wie wohl Regensburg, vom offiziellen Rom friedlich geräumt wurde.

Wie immer, wenn es ums bloße Überleben geht, hatte auch damals das Notwendige vor dem Willkommenen, das Nützliche vor dem Schönen, das Praktische vor dem Geistreichen Vorrang mit Absolutheitsanspruch gewonnen. Deshalb bestand antikes Gut in erster Linie auf der materiell fest verankerten Ebene des alltäglichen Lebens weiter. Tausenderlei Gerät, Handgriffe und Fähigkeiten des einfachen Daseins – von der Almwirtschaft über den Wein- und Bergbau zur Salzgewinnung – vererbten sich auch jetzt von Generation zu Generation. Vielfach entlarven noch die heutigen Bezeichnungen dafür den römischen Ursprung (so ist Senner z.B. lateinisch *senior,* oder Käse = *caseus*). Auch Organisationsform und Name der frühmittelalterlichen Gutshöfe *(villae publicae)* mögen von den römischen Landgütern *(villae rusticae)* übernommen worden sein. Besonders dort aber hörte das Leben nie völlig auf, wo feste Mauern weit mehr Schutz boten als das offene, flache Land. So blieb mit dem Ausharren einer ›romanischen‹ Restbevölkerung auch die Erinnerung wach an vordeutsche Fluß- und Flurnamen und an römische Bezeich-

Von der Antike zum Mittelalter

nungen für Siedlungen wie *Batavis* = Passau, *Guntia* = Günzburg. Auch der spätrömische Name *Castra Regina* bewährte sich offenbar lange neben der wiederauflebenden keltischen Form *Radaspona*, da er in seiner deutschen Übersetzung als *Reganesburg* sich schließlich zur heutigen Form entwickelte.

Auch auf einer höheren Ebene des persönlichen wie des gesellschaftlichen Daseins wird Kontinuität immer wieder gesucht. Ja, man darf sagen, daß die eigentlichen Probleme in Fragen liegen wie: Überlebte so etwas wie eine ›Stadt‹ Regensburg ins Mittelalter? Baute die neue Verwaltung des Staates auf den vorgefundenen Resten der alten auf? Gab es ortsansässige Kräfte, die für den Weiterbestand der Kenntnis von Lesen und Schreiben als Grundlage kultureller Entwicklung und für die Aufrechterhaltung des christlichen Glaubens sorgten?

Siedlungskontinuität

Archäologisch ist Siedlungskontinuität freilich auch in unserer Stadt, die als Paradebeispiel für ungebrochenen Übergang von der Antike zum Mittelalter im Voralpenland immer wieder genannt wird, bis heute noch nicht nachgewiesen: Oberhalb der schon erwähnten Planierschicht aus dem beginnenden 6. Jahrhundert stellten die Archäologen eine über mindestens 100 Jahre hinweg entstandene Humusschicht im Bereich der Niedermünsterkirche fest. Nach den älteren Grabungsberichten scheint diese schwarze Erde sogar noch unter dem Dom festgestellt worden zu sein. Die geologische Untersuchung dieser Humusschicht hat nun ergeben, daß im Nordosteck des einstigen Lagers für lange Zeit Gras oder Getreide wuchs oder sogar Vieh weidete. Offenbar sehr früh wurde aber rund siebzig Meter westlich der Lagerostmauer aus 25 Zentimeter dicken Baumstämmen eine Nord-Süd verlaufende Palisadenwand angelegt, deren Bestimmung noch ebenso ungeklärt ist wie ihre Erstreckung nach Süden (S. 376).

Als ein Hauptindiz für Siedlungskontinuität in Regensburg wird häufig und immer wieder die angebliche Weiterbelegung des großen Gräberfeldes angeführt. Tatsächlich aber fehlen, wie bereits erwähnt, datierbare Grabbeigaben aus dem 5. Jahrhundert völlig; erst in der ersten Hälfte des folgenden Jahrhunderts sind wieder Bestattungen durch Beigaben faßbar. Umgekehrt folgt daraus freilich keineswegs zwingend das Fehlen einer durchgehenden Benützung des Friedhofs in den Übergangszeiten vom Altertum zum Mittelalter; auch nicht, daß die germanische Besitznahme Regensburgs erst nach 500 erfolgt sei. Aus den geringen Grabfunden des 6. und 7. Jahrhunderts läßt sich bis heute nicht sagen, wie die damalige Bevölkerung zusammengesetzt war, ob man also wirklich vom Weiterleben einer stadtähnlichen Siedlung sprechen kann. Neben dem großen Gräberfeld nördlich von Kumpfmühl bildeten sich jetzt andere, leider nur sehr lückenhaft bekannte Friedhöfe, so am Nordwesteck des Legionslagers, bei St. Emmeram und besonders am Weinweg (S. 376f.). Auch auf dem Bismarckplatz wurde damals offenbar bestattet wie eine gleichfalls in diese Jahrhunderte datierte Grablege eines vielleicht adeligen Herrn mit seinen nach der Sitte der Zeit geköpften Pferden (nur die Skelette von diesen wurden freilich gefunden) zeigen kann (S. 378 f.). Das große Gräberfeld wurde nachweislich noch bis um 650 belegt; dann scheint es aufgegeben worden zu sein, da sowohl am Weinweg wie sonst in Bayern noch bis um 700 die Grabbeigabensitte sich erhalten konnte.

Vielfach erörtert ist die Frage einer römisch-bayerischen Fiskalfolge. Von Einzelbeobachtungen ausgehend, gelangten einige Historiker zu der allgemeinen Behauptung, die bayerischen Herzöge hätten, zwar nicht lückenlos, aber doch in größerem Umfang, einstigen römischen Staatsbesitz, speziell ehemalige Militärlager und das ihnen gehörige Umland in Besitz genommen. Im Falle Regensburgs hielt man einen Beweis dieser Ansicht sogar lange für überflüssig. Freilich, so interessant die Beobachtung und auch die im Denkansatz gewiß richtige Fragestellung ist, so schwierig gestaltet sich der Nachweis im einzelnen. Die Zahl der Skeptiker war daher nie gering. Urteile über den Erfolg neuester Lösungsversuche muß Berufeneren überlassen werden. Nur eine allgemeinere Bemerkung sei angebracht: Vor der Diskussion, ob etwa das Legionsumland bei Regensburg in herzoglichen und später königlichen Besitz übernommen worden sei oder nicht, müßte ja wohl erst einmal geklärt sein, ob in spätrömischer Zeit – allenfalls damals gültige Verhältnisse wären für eine Besitznachfolge von Belang gewesen – die Größe dieses Staatslandes noch mit der, im übrigen immer noch nicht sicher erwiesenen, der früheren Zeit übereinstimmte.

Röm. – bay. Fiskalfolge

In diesen Problemzusammenhang gehört die Frage nach der Lage der agilolfingischen Pfalz. Leider herrscht auch hier wenig Klarheit, ist bis zum heutigen Tag ihre bauliche Substanz nicht nachgewiesen. Ebenso ist offen, ob in den Principia (S. 201 f.), also dem Hauptgebäude des römischen Legionslagers, ein Vorläufer dieser Pfalz gesehen werden darf, oder ob etwa die gewaltigen spätrömischen Mauern, die man am Alten Kornmarkt gefunden hat (S. 216), irgendwie weiterbenutzt wurden. Da andererseits, wie erwähnt (S. 134), ein spätrömisches Kleinkastell im Nordostviertel des Legionslagers nicht wahrscheinlich ist, scheidet auch die früher geäußerte Annahme aus, das Gebiet dieses ›Binnenkastells‹ habe den späteren Pfalzbereich gebildet. Neuerdings sucht man den bayerischen Herzogshof südlich der Niedermünsterkirche, genauer noch südlich der Mohrenapotheke im Bereich des Alten Kornmarkts, und zwar zwischen der Ostmauer des Lagers und der bereits angesprochenen Holzpalisade. Gewißheit könnten nur Ausgrabungen bringen!

Herzogspfalz

Auch in der Erforschung der frühmittelalterlichen Kirchen Regensburgs harren – obwohl auch hier gerade in der jüngsten Zeit wieder viel gearbeitet wurde – noch viele Probleme einer Lösung. Ob es bereits im 6. Jahrhundert – vielleicht bei der Alten Kapelle oder in der Nähe der östlichen Lagermauer im Gebiet des Dachauplatzes, keinesfalls beim Niedermünster – eine Pfalzkapelle gegeben hat ist ebenso ungewiß wie die Existenz einer Pfalz in dieser Zeit selbst. Die älteste, bei Arbeo schriftlich erwähnte Kirche hieß St. Georg. In ihr wurde Ende des 7. Jahrhunderts der heilige Emmeram beerdigt und verehrt. Man erinnerte daran, daß sie außerhalb der Mauern *(extra muros)* lag wie die antiken Begräbniskirchen (Cömeterialkirchen), in Rom z.B. ›St. Paul vor den Mauern‹. Daher vermutete man in dieser St. Georgs-Kirche, auch der Nähe zum großen Gräberfeld wegen, einen spätrömischen, nicht erst frühmittelalterlichen Bau. Doch leider ließen sich zwei, in der heutigen Emmeramskirche tatsächlich gefundene, vielleicht antike Säulen allen Bemühungen zum Trotz nicht als an ihrem ursprünglichen Ort (der Archäologe sagt *in situ*) gefunden erweisen (S. 377f.). Vor 700 wurde auf der planierten Fläche im Nordosteck des einstigen Lagers ein zweites christliches Gotteshaus errichtet, in dem der um 700 verstorbene südfranzösische Wanderbischof Erhard – wie Emmeram einer der Bischöfe ohne Stammsitz und Sprengel, »welche missionierend vielleicht als Vorsteher einer kleinen Mönchs- oder Klerikergemeinschaft am Herzogshof« – bestattet wurde. An dieser Stelle wurde dann um 745 der erste Bau der heutigen Niedermünsterkirche angelegt. Jetzt, seitdem der »Apostel der Deutschen«, Bischof Bonifatius (ca. 672–754) im Zuge seiner Missionstätigkeit und Kirchenordnung 739 in Bayern neben Salzburg, Freising und Passau auch Regensburg zu einem kirchenrechtlich verankerten Sitz eines ordentlich geweihten Bischofs erhoben hatte, wurde anscheinend auch der erste Bau von St. Peter, also der erste Vorläufer des Domes, in Angriff genommen. Das Christentum ist seither aus der Stadtgeschichte nicht mehr wegzudenken. So wird man im Falle Regensburgs (wie auch andernorts nicht selten) zwei Hauptphasen der Christianisierung vermerken: Die erste spätrömische (erinnert sei an Sarmannina und den heiligen Severin) hat durch den offiziellen Rückzug Roms ihre Wirksamkeit so sehr eingebüßt, daß erst eine eigene Missionswelle ein starrköpfiges Heidentum im Bayernland brechen mußte, um den Glauben an Jesus zu bleibender Geltung bringen zu können. Einzelne Mitglieder des herzoglichen Hauses waren zwar offenbar bereits Ende des 6. Jahrhunderts Katholiken. Nichtsdestoweniger reichen die Quellenbelege nicht für die kürzlich vorgetragene Annahme einer frühen Kapelle des Zenokults in Regensburg aus: diese sei nicht mit der 1615 bei St. Emmeram abgerissenen, um 800 entstandenen Zenokapelle, sondern mit der direkt an der Römermauer gelegenen Erhardi-Krypta identisch. Den Zenokult, so wird kühn vermutet, habe vielleicht die Herzogstochter Theodolinde, die 589 den Langobardenkönig Authari ehelichte, in ihrer Heimatstadt eingeführt.

Ausgrabungen um 850

Schließlich sei ein weiterer früher Kirchenbau erwähnt, der auch noch für das heutige Stadtbild von Bedeutung ist. Über die Anlegung seiner, der Jungfrau Maria geweihten und 875 erstmals sicher bezeugten Pfalzkapelle (= Alte Kapelle) heißt es von König Ludwig dem Deutschen (817–876) bei dem St. Gallener Mönch Notker dem Stammler: »*Er errichtete zu Frankfurt und Regensburg neue Gotteshäuser in Form bewundernswerter Bauten. Und da dort wegen der Größe des Ge-*

bäudes die sonstigen Steine nicht ausreichten, ließ er die Stadtmauern niederreißen«. *(Oratoria nova ad Franconvurt et Reganesburg admirabili opere construxit. Cumque ibi propter magnitudine, fabricae alii lapides non sufficerent, muris urbis destrui fecit.)* »In deren Höhlungen fand er soviel Gold bei alten Gebeinen, daß er nicht nur diese Basilika damit ausschmückte, sondern sogar Bücher ... mit Einbanddeckeln aus dem gleichen Material beinahe fingerdick bedeckte.« Da die Römer nie innerhalb der Mauern bestatteten, vermutet man sicher zu Recht, Ludwig habe Gräber von agilolfingischen Herzögen ausgebeutet. Vor wenigen Jahren entdeckte man in der Tat leere Gräber in der Römermauer unter dem Parkhaus auf dem Dachauplatz (S. 379). Wenn dies wirklich die »Höhlungen« sind, von denen Notker spricht, so wurden sie bereits zweimal entdeckt. Ludwig der Deutsche hätte also Abbrechungsarbeiten auf dem Dachauplatz durchführen lassen. Wie immer die Wahrheit aussieht, der Bericht des St. Gallener Mönchs schildert uns nicht nur ›archäologisches‹ Finderglück in Regensburg vor über tausend Jahren, er illustriert gleichzeitig auch, wie die Herren des Mittelalters Roms steinerne Hinterlassenschaft Stück um Stück ihren Zwecken nutzbar machten und damit immer mehr vernichteten.

Konnte hier aus Altem Neues geschaffen werden, so lag dies anders in der Frage von Verwaltung und Herrschaft. Hier mußten die Agilolfinger Eigenes leisten. Dabei brachten sie es zu einem geschriebenen Gesetz, das mehrfach überarbeitet und ergänzt worden ist: Aus der Mitte des 8. Jahrhunderts stammt die endgültige, uns vorliegende Fassung dieses »Bayerischen Gesetzes« *(lex Baiuvariorum).* An einer Stelle heißt es darin: »*Bei Instandsetzung der Herrenhäuser, Ställe, Heuschober, Kornhäuser und Zäune sollen sie* [die Hörigen und Knechte der Kirche] *ein angemessenes Entgelt (?) empfangen, und wenn es notwendig ist, sollen sie einen Neubau errichten. Zum Kalkofen, wenn er nahe gelegen ist, sollen 50 Mann Holz und Steine zurichten, liegt er weit ab, dann sollen es 100 Mann schaffen und den Kalk selbst in die Stadt oder in den Hof, wo er benötigt wird, führen.*« Bei dem Gedanken, wie viele seiner geliebten Urkunden damals zum Zwecke der Substanzumwandlung den Weg zum Kalkofen gefunden, den Charakter eines schriftlichen Dokuments eingebüßt und als gebrannter Kalk geendet haben werden, blutet dem Erforscher römischer Inschriften das Herz. Gewiß hatten die Bedürfnisse der damals Lebenden Vorrang, und der Phantasielust moderner Historiker (einschließlich des Verfassers) war es bestimmt nicht weiter abträglich, daß Römisches bestenfalls noch materiellen Wert besaß, zu einer Zeit, da die Stadt am nördlichsten Wendepunkt der Donau ihrer eigentlichen ›Hochzeit‹, die sie zur Stadt der Könige und Reichstage erheben sollte, entgegenging.

Antike im Kalkofen

Die Römer in Regensburg –
Die Fundplätze

Regensburg-Kumpfmühl:
Kastell – Lagerdorf – Friedhof

Die Ausgrabungen – Das erste Regensburger Militärdiplom – Welche Truppen lagen hier? – Ein beachtliches Badegebäude – Wie funktionierte eine römische Fußbodenheizung? – Prachtbauten, *tabernae*, Fachwerkhäuser – Versteckte Paraderüstung – *terra sigillata* als Zeitmesser – Dramatisches Ende

Entdeckung des Lagers

Im Gegensatz zum Legionslager, dessen Existenz den Regensburgern in irgendeiner Weise wahrscheinlich immer gegenwärtig war, und sei es auch nur im Bewußtsein ihres römischen Ursprungs, war das Kastell in Kumpfmühl wohl schon in der Spätantike dem Vergessen anheimgefallen. Erst im 18. Jahrhundert wurde man durch die Grabungen Plato-Wilds im zugehörigen Gräberfeld darauf aufmerksam. Und trotzdem dauerte es noch einmal gut 160 Jahre, bis man das Lager selbst fand. Erst bei einer Grabung des Historischen Vereins unter Leitung des Landesamtes für Denkmalpflege 1924/25 gelang es, die Lage des Kastells genau zu ermitteln. Zwar konnten damals keine großen Flächen untersucht, sondern lediglich schmale Suchgräben gezogen werden, aber einige Aussagen lassen sich dennoch machen:

Das nord-südlich orientierte Kastell (Abb. 23 Nr. 1) hatte wie üblich einen rechtwinkligen Grundriß mit abgerundeten Ecken und war 160 m lang und 137 m breit. An der Westseite stellte man Spuren von zwei Holzpfosten fest. Sie waren der einzige, wenn auch eindeutige Beweis für eine Holz-Erde-Befestigung, die im allgemeinen allen Steinbauten voranging. Aber auch der Steinausbau, der in der 1. Hälfte des 2. Jahrhunderts erfolgt sein muß, ließ sich nur noch im Fundament der Umfassungsmauer nachweisen. Diese Mauer, die in der Regel 2 m stark war, hatte selbst an der am besten erhaltenen Stelle nur noch eine Höhe von 40 cm. Die Wehrhaftigkeit der ganzen Anlage läßt sich daher am eindrücklichsten an dem der Mauer vorgelagerten 10–12 m breiten und etwa 3,5 m tiefen Spitzgraben ablesen. Schließlich wurde von der Befestigung noch der Grundriß des Westtores mit zwei rechteckigen Tortürmen freigelegt. Daß sie auf dem Plan ungleich groß erscheinen, liegt wohl daran, daß die Ausgräber verschiedene Bauphasen dokumentierten (Abb. 24). Dagegen ließ sich von der typischen Innenbebauung: Stabsgebäude, Wohnhaus des Lagerkommandanten, Baracken, Lazarett, Vorratsspeicher, Gefängnis, Werkstätten usw. auf Grund ungünstiger Grabungsbedingungen nichts mehr feststellen. Sämtliches Baumaterial war offensichtlich bereits von den Römern systematisch ausgebrochen und bei der Errichtung des Legionslagers wiederverwendet worden. Die restliche Zerstörung der Kulturschichten besorgte dann im Laufe der Jahrhunderte der Pflug, soweit nicht schon Wind und Wetter sie abgetragen hatten.

Das Kastell Kumpfmühl ist auf Grund seiner Größe (rund 2,2 ha) ein Auxiliarlager, d.h. von Hilfstruppen besetzt gewesen. Solche Hilfstruppen waren zunächst *peregrini* (d.h. »Fremde«, wie die Römer die Provinzbevölkerung ohne römisches Bürgerrecht nannten, ohne sich in ihrer wenig kritischen Selbsteinschätzung bewußt zu werden, daß sie ja selbst die »Fremden« in den Provinzen waren) und unterschieden sich damit von den Legionären, die auch in materieller Hinsicht bevorzugt wurden. Diese erhielten etwa dreimal so viel Tagessold und bekamen bei ihrer Entlassung nach 25 Dienstjahren eine Abfindung in Geld oder Landbesitz. Damit konnten sie sich eine neue Existenz, z.B. als Gutsbesitzer, aufbauen. Um den Angehörigen der Hilfstruppen nach ihrer Entlassung die Eingliederung in die Gesellschaft ebenfalls zu erleichtern, wurde ihnen seit der Mitte des 1. Jahrhunderts n. Chr. stattdessen das Bürgerrecht für sich und ihre Familie verliehen, was in einem sogenannten Militärdiplom bestätigt wurde. Das erste derartige Diplom aus Regensburg wurde 1873 im Lagerdorf von Kumpfmühl gefunden (Nr. I 35). Ein gewisser SECCO hatte demnach zuletzt in Kumpfmühl gedient und sich nach seiner »ehrenhaften Entlassung« im Jahr 166 n. Chr. ebenda niedergelassen. Vielleicht hatte seine (bis dahin illegitime) Frau dort schon seit einiger Zeit gewohnt und gearbeitet. Mit dem Diplom wurde ein solches Verhältnis dann als Ehe anerkannt und die Kinder somit als legale Erben. Auf diese Weise schritt die Romanisierung schnell fort.

Erstes Militärdiplom

Die sogenannten Hilfstruppen der »Fremden« setzten sich zu Beginn der Kaiserzeit vorwiegend aus der Jugend der von Rom unterworfenen Völker zusammen, die in ihrer nationalen Tracht und Bewaffnung kämpften. Es gab Infanterie- und Kavallerieeinheiten *(cohors* und *ala)* mit einer Truppenstärke von rund 500 Mann. Sie wurden bei der Aushebung fortlaufend numeriert, erhielten aber je nach ihrem Herkunftsland oder ihrer Waffengattung einen charakterisierenden Beinamen. Die in Regensburg inschriftlich belegten Truppen stammten demnach aus Südfrankreich, Syrien, England und Bulgarien. Außer zwei Alen sind vier Kohorten bekannt, die aber je auch eine Reiterabteilung umfaßten. Solche gemischten Verbände aus Infanterie und Kavallerie waren nichts Ungewöhnliches.

Besatzung

Wir kennen die Besatzung des Kastells Kumpfmühl vor allem durch die Ziegelstempel. Alle Einheiten betrieben eine Militärziegelei, die ihre Produkte mit einem Kürzel kennzeichnete. Derartige Ziegel fanden sich in Kumpfmühl und in der Donausiedlung (Abb. 25).

Allerdings ist nicht immer sicher, ob diese Ziegelstempel wirklich beweisen, daß eine Einheit auch in voller Größe in Regensburg stationiert war. Möglicherweise hatte das Nachbarkastell nur ein abkommandiertes Hilfstrüppchen geschickt, oder die Ziegel kamen überhaupt von dort als auswärtige Lieferung.

Dies letztere gilt sicher für einen Stempel der *cohors Thracum civium Romanorum equitata bis torquata* (= berittene thrakische Cohorte aus römischen Bürgern, zweimal ausgezeichnet), die mit Sicherheit in Künzing (Ldkr. Deggendorf) stationiert war. Andererseits beweist ein neugefundener Grabstein eines Angehörigen der *cohors III Britanorum* (der 3. berittenen Kohorte aus Britannien), der in Regensburg begraben wurde, sowie die gleichlautende Besitzerinschrift auf dem Augenschutzkorb eines Pferdes (Nr. I 31), daß diese Einheit wohl wirklich hier anwesend war. Obwohl man den Truppenbestand Raetiens so gut wie kaum einer anderen Provinz kennt, ist die Stationierung im einzelnen immer noch recht unsicher.

Zivile Siedlung

In unmittelbarer Nachbarschaft des Kastells Kumpfmühl breitete sich eine zivile Siedlung aus, das Lagerdorf oder der *vicus*, der den Bedürfnissen der Garnison diente. In der Regel entstanden solche *vici* zunächst als Straßendörfer mit je einer Häuserzeile rechts und links entlang der aus den Lagertoren hinausführenden Straßen, auf denen sich der Hauptverkehr abspielte. Eine solche Situation ist auch in Kumpfmühl gegeben. Leider ist nur ein geringer Teil der zivilen Siedlung durch systematische Grabungen gut überschaubar; für die meisten Bereiche liegen nur ungenaue Fundmeldungen vor.

Nördlich des Kastells lag gleich linker Hand ein beachtliches Badegebäude (Abb. 23 Nr. 2 und Abb. 26). Es wurde relativ früh (1897/98) unter Leitung von Hugo Graf von Walderdorff ausgegraben und ist für diese Zeit außerordentlich gut dokumentiert worden. Das insgesamt 54 m auf 33 m große Gebäude ließ mehrere Bauphasen erkennen, die nicht nur der Verbesserung, sondern in erster Linie wohl der Erweiterung der Anlage dienten, um einem wachsenden Andrang Herr zu werden; denn das Bad wurde sicher nicht nur von den Soldaten, sondern ebenso von der Zivilbevölkerung besucht. Darauf weist auch der hohe Anteil der aufgefundenen Schmuckstücke hin (z.B. Finger- und Armringe, Haarnadeln und Anhänger).

Die Römer besuchten öffentliche Bäder nicht nur der Hygiene wegen, sondern sahen in ihnen eine gesellige Einrichtung, in der man sich unterhalten und entspannen konnte, ähnlich etwa unserer Sauna heutzutage. Es gab Auskleideräume, Schwitzbäder, Warm- und Kaltwasserbäder und zusätzlich überdachte Säulenhallen zum Spazierengehen oder offene Höfe, in denen Sport getrieben wurde – ›Fitness-Center‹ würde man so etwas heute nennen. Letzterem entspricht im Kumpfmühler Bad vielleicht die Halle (17).

Röm. Fußbodenheizung

Die Bedeutung aller übrigen Räume läßt sich nicht genau bestimmen, aber die warmen und heißen Bäder befanden sich mit Sicherheit in den beheizten Bereichen (3.5.12). Diese Heizungsanlagen funktionierten nach dem System römischer Fußbodenheizung (= Hypokaustheizung): Die Fußböden ruhten auf kleinen Pfeilern aus Ziegelplatten oder Kalkstein, und hinter den verputzten Wänden waren durchlöcherte Hohlziegel eingemauert. In einem außerhalb gelegenen Heizraum (6) wurde in einem Schürkanal mit Holzkohle (um eine schnelle Verrußung zu vermeiden) ein Feuer unterhalten, das die Luft zwischen den Pfeilern erwärmte, die dann in den Hohlziegeln der Zwischenwände hochstieg. Auf diese Weise wurden die Räume von allen Seiten gleichmäßig erhitzt. Zusätzlich wurde im Heizraum Wasser heißgemacht, mit dem man separate Badewannen (Nische in 3) füllte. Eine Besonderheit des Kumpfmühler Bades ist seine große Schwimmhalle (14), deren 10 m × 9 m großes Becken (15) ihm eine gewisse Exklusivität verleiht. Zum geselligen Teil gehörte auch die mehrsitzige Latrine (16), die man gemeinsam besuchte und in der man das Gespräch fortführen konnte. Ansonsten war man eher prüde, denn Männer und Frauen badeten üblicherweise getrennt.

Unterirdische Heizanlagen (angeblich um 80 v. Chr. von einem römischen Austernzüchter erfunden) finden sich in den nördlicher gelegenen Provinzen in allen besseren Wohnhäusern – anders hätten die hitzegewohnten Südländer das Leben hier wohl kaum ertragen. Eine solche Fußbodenheizung gab es sicher auch in dem 1975/76 östlich des Kastells ausgegrabenen ›Apsidenbau‹ (Abb. 23 Nr. 4 und Abb. 27, rechts), dessen Deutung bisher noch nicht befriedigend gelungen ist. Die etwas verschoben liegende, vielleicht ehemals beheizte halbrunde Nische (5 – eines Badetraktes?) und die beiden Pfeilerfundamente (6) vor der Westwand lassen auf einen größeren Bau mit beachtlicher Höhe schließen (Abb. 28). Möglicherweise stand hier das Wohnhaus eines höheren Offiziers, dem es erlaubt war, außerhalb der Kaserne zu wohnen.

Offizierswohnung?

Schon 1974 war neben dem »Apsidengebäude« ein gänzlich anders konstruierter Gebäudetyp (Abb. 23 Nr. 4 und Abb. 28, links) freigelegt worden, ein einfaches, langschmales Haus von rund 22 m Länge und 12 m Breite. Sein Eingang war von einer offenen Säulenhalle *(porticus)* überdacht gewesen, von der sich noch die vier Pfeilerfundamente fanden. Gleich vorne rechts des Eingangs führten Stufen in den Keller (1). Ein solcher Grundriß ist typisch für die Häuser der römischen Straßendörfer, und es wird hier entweder ein Handwerksbetrieb oder eine Kneipe gestanden haben. Beispiele für derartige Verkaufsläden *(tabernae)* kennen wir z.B. aus Pompei. In dem zur Straße offenen Teil konnte sowohl für jedermann sichtbar die Arbeit getan, die fertigen Produkte unter dem Vordach ausgestellt, als auch den Vorübergehenden lauthals angepriesen werden (der Ladenbesitzer war zumeist auch der Hersteller). Oder es gab dort einen Ausschank, die Gäste konnten unter dem Vordach sitzen, und der Rauch aus der rußigen Küche, in der Würste oder Fleisch gebraten wurden, konnte durch den Eingang abziehen – Kamine gab es nämlich oft nicht. Der hintere Teil des Gebäudes oder das zweite Geschoß dienten als Wohntrakt. Diese *tabernae* waren in Regensburg entweder ganz aus Kalksteinen aufgemauert, die mit einem dauerhaften Mörtel, dem der beigefügte Ziegelkleinschlag die typische rosa Farbe verlieh, gebunden wurden; oder es handelte

Kneipe?

sich um Fachwerkhäuser, die nur auf einem Bruchsteinsockel standen, der etwa einen halben Meter tief fundamentiert war. Diese Fundamente bestanden stets aus zwei oder drei schräg gegeneinander verlegten Lagen *(opus spicatum)*. Bei den Fußböden begnügte man sich mit festgestampftem Lehm, seltener belegte man ihn mit Ziegelplatten, und nur im späten 2. und 3. Jahrhundert wurde er öfters mit einem Estrich aus Kalkmörtel abgedichtet.

Die Bebauung des *vicus* erfolgte weder in einem Zuge noch blieb sie sich immer gleich. Ein Hinweis darauf war der Abwassergraben (4), der – offensichtlich vom Kastell hergeleitet – vor der Errichtung der *taberna* hier vorbeigeflossen und unter der Vorhalle noch streckenweise erhalten war. Er war irgendwann mit Abfällen zugefüllt worden und enthielt zahlreiche Scherben von Tongefäßen. Rätselhaft blieb der Fund eines vollständig erhaltenen schlichten Kruges von 25 cm Höhe, in den eine Weihinschrift für Merkur eingeritzt worden war (Abb. 29, Nr. I 48).

Werkstätten

Außerdem lagen im Graben Schmelztiegel (Abb. 67) und ähnliches Gegenstände, die aus einer Gießerei oder Schmiede stammten, Werkstätten, die zum üblichen Bild eines Lagerdorfes gehörten.

An dieser Stelle sind auch zwei Brennöfen und eine kleine (private?) Ziegelei zu nennen, die ganz im Südosten lagen (Abb. 23 Nr. 12–14). Betriebe dieser Art wurden immer an den Rand oder auch nach außerhalb der eigentlichen Wohnbereiche verwiesen, weil sie eine Feuergefahr bildeten. Um dem lästigen Rauch und Qualm zu entgehen, richtete man sich bei der Wahl der Himmelsrichtung nach dem vorherrschenden Wind, der im Donautal im allgemeinen von Westen kommt. Deshalb liegen auch die Handwerksbetriebe in Großprüfening (S. 250) und die des Legionslagers (vgl. die Töpferei in Beilage 1) im Osten der Siedlungen.

Die Lage dieser Öfen ist daher ein Gradmesser für die Größe des Kumpfmühler *vicus*, der demnach eine Ost-West-Ausdehnung von etwa 500 m hatte und auch annähernd so lang war. Das entspricht durchaus den für diese Zeit in Raetien und den benachbarten Provinzen bekannten Verhältnissen.

Südlich der Hauptstraße, die das Osttor mit der Kumpfmühler Straße verband, gab es keine solche Prachtbauten wie das ›Apsidengebäude‹ mehr. In den Grabungen 1951/52 beim Neubau des Altersheimes, Kumpfmühler Straße 50–52 (Abb. 23 Nr. 11), wurde zwar eine dichte Besiedlung erfaßt, hauptsächlich zahlreiche Gruben, darunter vier bretterverschalte Keller, aber ausschließlich von Holzhäusern.

Zerstörungsspuren

Unter den Funden fielen besonders die zum Teil zerbrochenen Waffenteile auf: Lanzenspitzen, Bolzenpfeile, Panzerschuppen und Schildrandbeschläge. Auch andernorts im *vicus* tauchten immer wieder Fundstücke auf, die nur als Zeugnisse eines heftigen Kampfes gedeutet werden können. Hier ist vor allem die kostbare silberfarbene Wangenklappe eines Reiterhelmes (Abb. 30) zu nennen, die im Schutt eines im Brand zusammengestürzten Gebäudes lag (Abb. 23 Nr. 3). Mehrere solcher Brandschichten in Kastell und *vicus* belegen eine Zerstörung, die aller Wahrscheinlichkeit nach wegen des Abbrechens der Münzreihe mit Mark Aurel und dem historisch belegten Einfall der Markomannen nach Raetien um 170 n. Chr. in Verbindung gebracht werden kann. Man darf sich den Untergang der Siedlung wohl recht dramatisch vorstellen: Die Tatsache, daß später kein Haus wieder aufgebaut wurde, muß bedeuten, daß die Truppe, die entweder völlig überrascht wurde oder stärkemäßig gänzlich unterlegen war, nicht verhindern konnte, daß die Germanen alles in Brand steckten und die Zivilbevölkerung vernichteten oder in die Wälder vertrieben.

Manch einer hat vielleicht noch, bevor er floh, versucht, sein wertvollstes Hab und Gut zu vergraben, in der Hoffnung, es später, wenn die Gefahr vorüber war, wieder bergen zu können. Ein solcher Versteckfund wurde im Jahr 1892 südlich des Kastells entdeckt. (Abb. 23 Nr. 15). Er bestand aus der berühmten Beinschiene (Abb. 91) und dem Augenschutzkorb (Abb. 92), die beide zur Paradeausrüstung eines Reiters gehört hatten. Denkbar wäre freilich auch, daß ein Germane hier seine Beute versteckt hatte – in jedem Falle ist es weder dem einen noch dem anderen gelungen, seinen Schatz wieder zu heben.

Versteckte Paraderüstung

Weniger sensationell, aber für die Interpretation des ganzen Kumpfmühler Fundkomplexes von höchster Wichtigkeit ist die bisher gefundene Keramik, dabei vor allem die *terra sigillata*, das feine römische Tafelgeschirr mit dem glänzend roten Überzug (S. 150). Besonders die reliefverzierten Gefäße unterlagen einem so raschen Wechsel des Geschmacks, daß sich auch kleinste Scherben zeitlich bestimmen lassen. Aus dem ganzen Kumpfmühler Bereich liegen bisher als früheste Ware späte südfranzösische Produkte vom Ende des 1. und Anfang des 2. Jahrhunderts vor (aus La Graufesenque und Banassac). Die überwiegende Menge stammt aus Mittelfrankreich, aus Lezoux bei Clermont-Ferrand, dem Hauptlieferanten für Regensburg vor den Markomannenkriegen. Die letzten Lieferungen kamen bereits aus Rheinzabern bei Speyer, das dann ununterbrochen bis zum Alamanneneinfall in der Mitte des 3. Jahrhunderts ganz Raetien versorgte. Die ältesten Gefäße dieser Werkstätten, die später nur noch lieblose Massenware fertigten, sind noch sehr sorgfältig gearbeitet und stehen an Qualität den französischen Fabrikaten nicht nach. Ein schönes Beispiel dafür ist die gestempelte *Cobnertus*-Schüssel aus Kumpfmühl (Abb. 31).

Keramik als Zeitmesser

Einer Erwähnung bedürfen in diesem Zusammenhang noch die beiden vielfach unterteilten Gebäude östlich des Kastells (Abb. 23 Nr. 3 und Abb. 32). Es handelt sich um relativ luxuriös ausgestattete Räumlichkeiten mit gepflasterten Böden, gemörtelten Estrichen und Heizungen. Die *terra sigillata*, die hier gefunden wurde, schließt Funde aus der Zeit nach den Markomannenkriegen ein. Das bedeutet, daß hier auch zu einer Zeit, als Kumpfmühl ansonsten zerstört und verlassen lag, Menschen ein- und ausgingen. Auf Grund der isolierten Lage hat man die Gebäude deshalb bisher als Rasthaus gedeutet, wo man die Pferde wechseln

Rasthaus?

Drei Friedhöfe

und übernachten konnte, bevor man in Richtung Augsburg oder Straubing aufbrach.

Zum Kumpfmühler Kastell gehörten vermutlich drei kleine Friedhöfe. Der erste wurde bereits Mitte des 18. Jahrhunderts von Plato-Wild untersucht. Er liegt offensichtlich an der Stelle (Abb. 23 Nr. 20), wo die südliche Ausfallstraße aus dem Lager (heute Bischof-Wittmann-Straße) auf die Verlängerung der Kumpfmühler Straße, der Fernstraße nach Augsburg, traf. Nach dem Manuskript des Ausgräbers handelte es sich ausschließlich um Brandgräber. Die Funde sind heute leider verschollen.

Ein zweites Gräberfeld (Abb. 23 Nr. 15) lag an der Ecke Karthauser/Kumpfmühler Straße. Die ersten Bestattungen wurden 1891 dort entdeckt, als in den Thurn und Taxischen Gärten neue Gewächshäuser angelegt wurden. Kurz darauf kam dort auch der Versteckfund mit der Beinschiene zu Tage, weshalb man ihn irrigerweise zuerst für einen Grabfund hielt. Da auch römische Ziegel und Bauschutt von diesem Bereich stammen, wurde das Gräberfeld entweder eines Tages überbaut, oder es stand hier einst ein separater Gutshof, dessen Besitzer sich einen eigenen kleinen Familienfriedhof angelegt hatten.

Das dritte Gräberfeld (Abb. 23 Nr. 21) befand sich an der Kumpfmühler Straße. In Höhe des Anwesens Nr. 40 beobachtete Steinmetz 1932/33 mehrere Brandgräber, darunter auch südfranzösische *terra sigillata*, die in die Frühphase des Kastells gehört. Die nächsten Gräber an der Kumpfmühler Straße wurden erst etwa 100 m nördlicher beim Neubau des Hauses Nr. 30 gefunden und gehören schon zum Großen Gräberfeld, das von der Besatzung des Legionslagers angelegt worden ist (Abb. 23 Nr. 10).

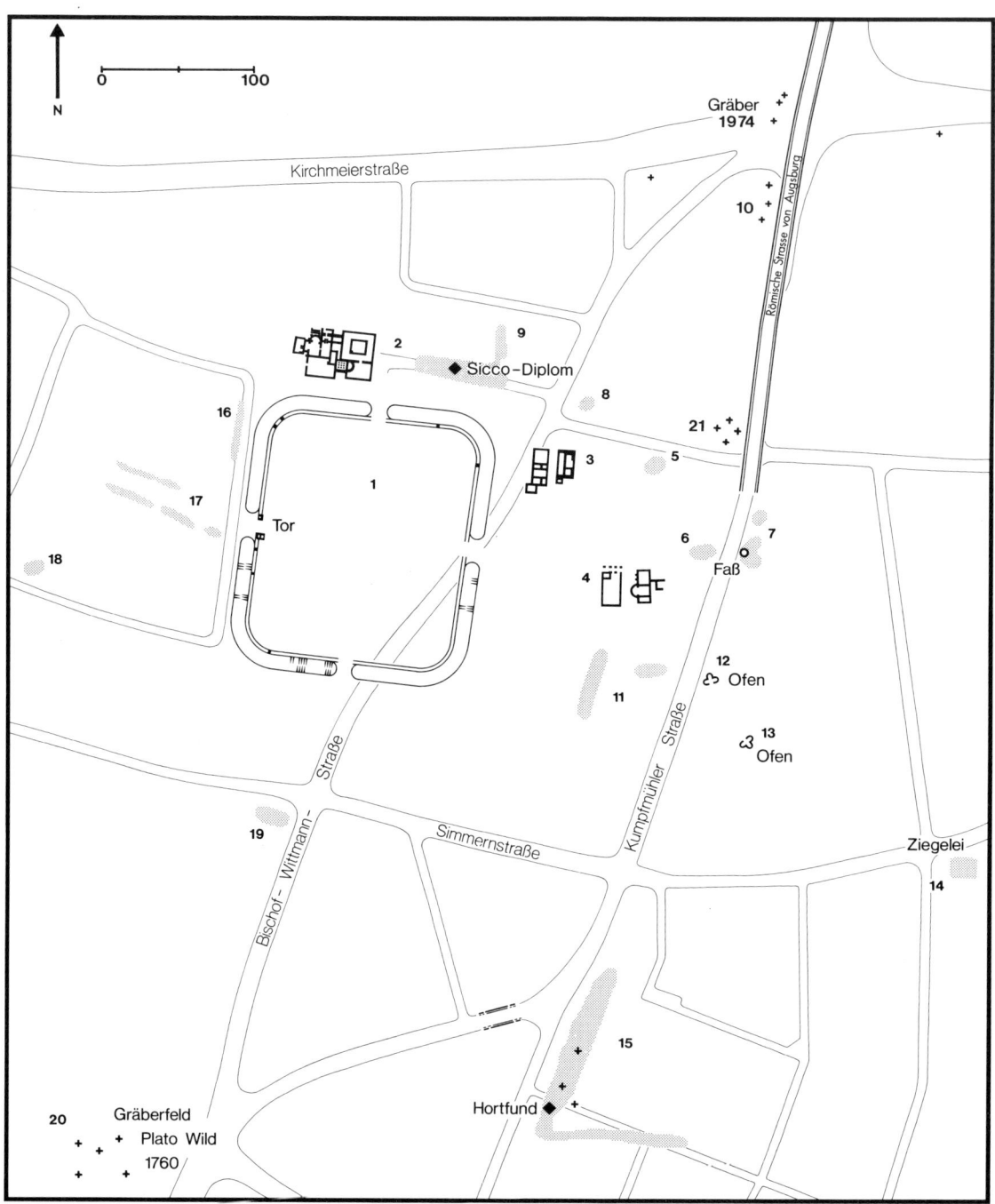

Abb. 24: Kastell Regensburg-Kumpfmühl, Westtor. Die Bilder zeigen die durch eine Trennmauer in zwei Kammern gegliederten Fundamente des südlichen Torturms. Die Pfostenschlitze in den Mauern weisen auf einen aus Holz gefertigten Oberbau hin.

◁ Abb. 23: Kastell Regensburg-Kumpfmühl mit Lagerdorf *(vicus)* und Gräberfeldern. Ausgegrabene Gebäude sind schwarz eingetragen, sonstige Bebauungsspuren (Holzbauten, Gruben, Bauschutt) durch Raster dargestellt, Gräberfunde durch Kreuze gekennzeichnet: 1 Kastell; 2 Badegebäude; 3 römische Gebäude aus der Zeit nach der Zerstörung des Kastells (Rasthaus?); 4 Laden oder Schenke *(taberna)* und Wohnhaus (sogenanntes »Apsidengebäude«); 5–9. 11. 16–19 Bebauungsspuren; 10 Ende des zum Legionslager gehörenden Gräberfeldes an der Kumpfmühler Straße, wo 1974 der Kalksteinkopf des Mars (Titelbild) gefunden wurde; 12–14 Handwerksbetriebe; 15 Bebauungsspuren, Gräber und Hortfund mit Beinschiene Abb. 91 und Augenschutzkorb Abb. 92; 20–21 zum Kastell gehörige Grabfelder.

Abb. 25a: Ziegelstempel der *cohors I (= prima) Canathenorum* der 1. Canathenerkohorte, eingebrannt auf einer quadratischen Platte mit einer Seitenlänge von 26,5 cm und einer Stärke von 7 cm. Quadratische Ziegelplatten *(laterculi)* unterschiedlicher Größe wurden vorzugsweise als Fliesen zum Belegen von Fußböden oder zum Bau der Pfeiler von Fußbodenheizungen verwendet. Gefunden im Kastell Kumpfmühl. – MSR Inv. Nr. A 4051. Katalog I 39.

Abb. 25b: Ziegelstempel der *ala I (= prima) singularium*, der 1. ›Feldjäger‹-Reitereinheit, aus Großprüfening. – Größe 26×26×7 cm; MSR Inv. Nr. A 4052. Katalog I 37.

Abb. 25c: Ziegelstempel der *cohors tertia Thracum civium Romanorum equitata bis torquata,* der 3. Thrakerkohorte aus römischen Bürgern, beritten und zweimal ausgezeichnet. Gefunden im Lagerdorf des Kastells Kumpfmühl. – Länge 10 cm; MSR Inv. Nr. 1977, 261. Katalog I 38.

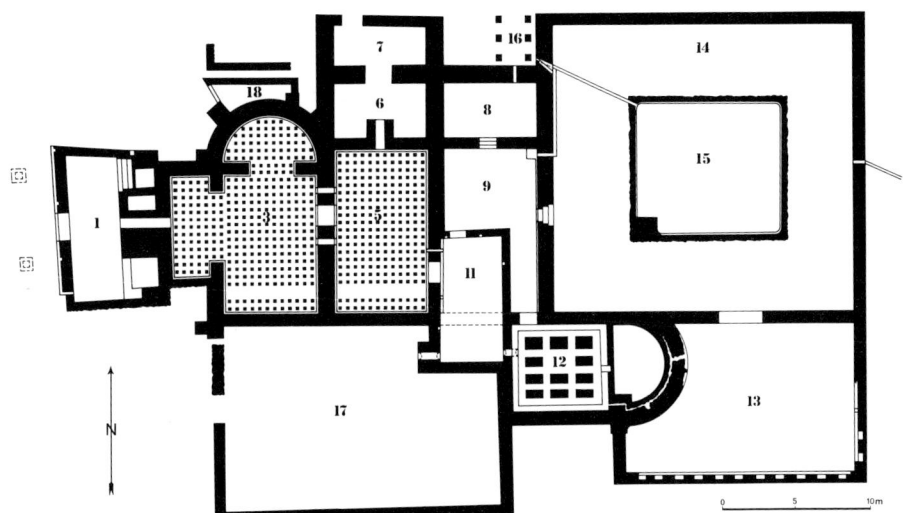

Abb. 26: Plan des Badegebäudes nördlich vom Kastell Regensburg-Kumpfmühl.
1 Eingang; 3. 5. 12 beheizte Baderäume; 6 Heizraum mit Schürkanal *(praefurnium)*;
15 Schwimmbecken; 16 Latrine.

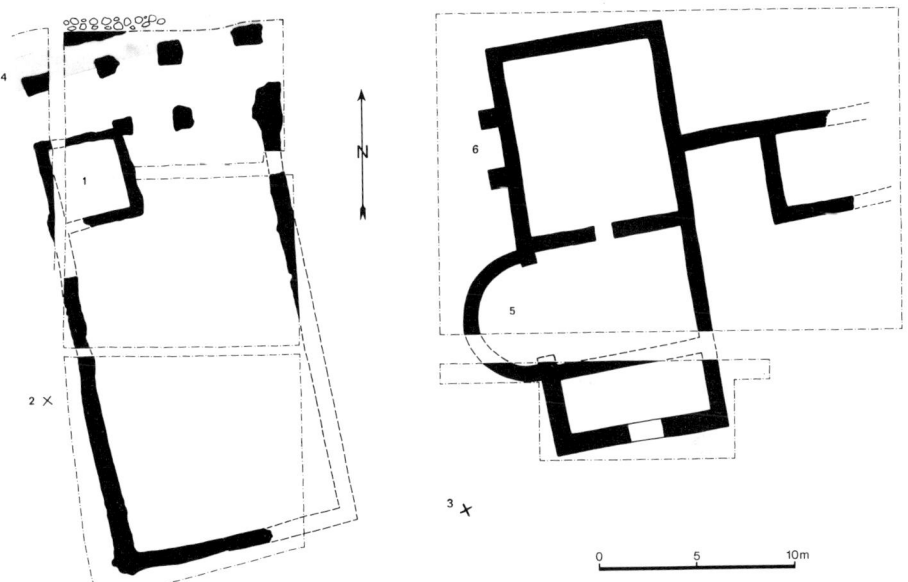

Abb. 27: Lagerdorf des Kastells Regensburg-Kumpfmühl. Auf dem Plan links Laden oder Schenke *(taberna)* und rechts vornehmes Wohnhaus (sog. »Apsidengebäude«):
1 Keller; 2 Fundort der tönernen Schauspielermaske S. 154; 3 Fundort der Wangenklappe eines Reiterhelms Abb. 30; 4 Abwasserkanal, der vor Errichtung der *taberna* hier vorbeifloß; 5 Nische, die wohl ehemals beheizt war; 6 Pfeilerfundamente.

Abb. 28: Lagerdorf des Kastells Regensburg-Kumpfmühl, sog. »Apsidengebäude«.
Östlich des Kastells wurden die Fundamente eines vornehmen Wohnhauses freigelegt.
Grabung des Landesamtes für Denkmalpflege 1975.

Abb. 29: Tonkrug mit Ritzinschrift: »Eine Donata bittet den Gott Mercurius, ihr allzeit glückbringend zu sein« (Katalog I 48). Aus dem Abwassergraben im Lagerdorf des Kastells Regensburg-Kumpfmühl. – Höhe 25, 4 cm; MSR Inv. Nr. 1977, 274.

Abb. 31: Ausschnitt aus einem reliefverzierten Terra Sigillata-Gefäß des Töpfers COBNERTUS aus Rheinzabern bei Speyer. Sigillata wurde immer nur in wenigen zentralen Werkstätten hergestellt, zunächst in Italien, später in den Provinzen. Die Reliefgefäße wurden aus einem Negativmodell gedreht, in das verschiedene Punzen eingedrückt worden waren – in diesem Falle auch eine, die den Namen des Töpfers trug. Mitte 2. Jahrhundert n. Chr. Aus dem Kastell Regensburg-Kumpfmühl. – Höhe 17,5 cm. MSR Inv.Nr. A 3476.

◁ Abb. 30: Linke Wangenklappe eines Prunkhelmes mit eingearbeitetem Ohr und Darstellung der Göttin Minerva, kenntlich an dem Helm mit Federbusch, einer Lanzenspitze unterhalb des Gesichtes, und dem ovalen Schild auf der Brust. Der das Kinn schützende Teil der Wangenklappe ist abgebrochen. Das aus Bronze getriebene und mit einer silberfarbenen Metallegierung überzogene Stück lag im Brandschutt eines Gebäudes im Lagerdorf des Kastells Regensburg-Kumpfmühl. Vor 170 n. Chr. – Höhe 17 cm. MSR Inv.Nr. 1977, 278.

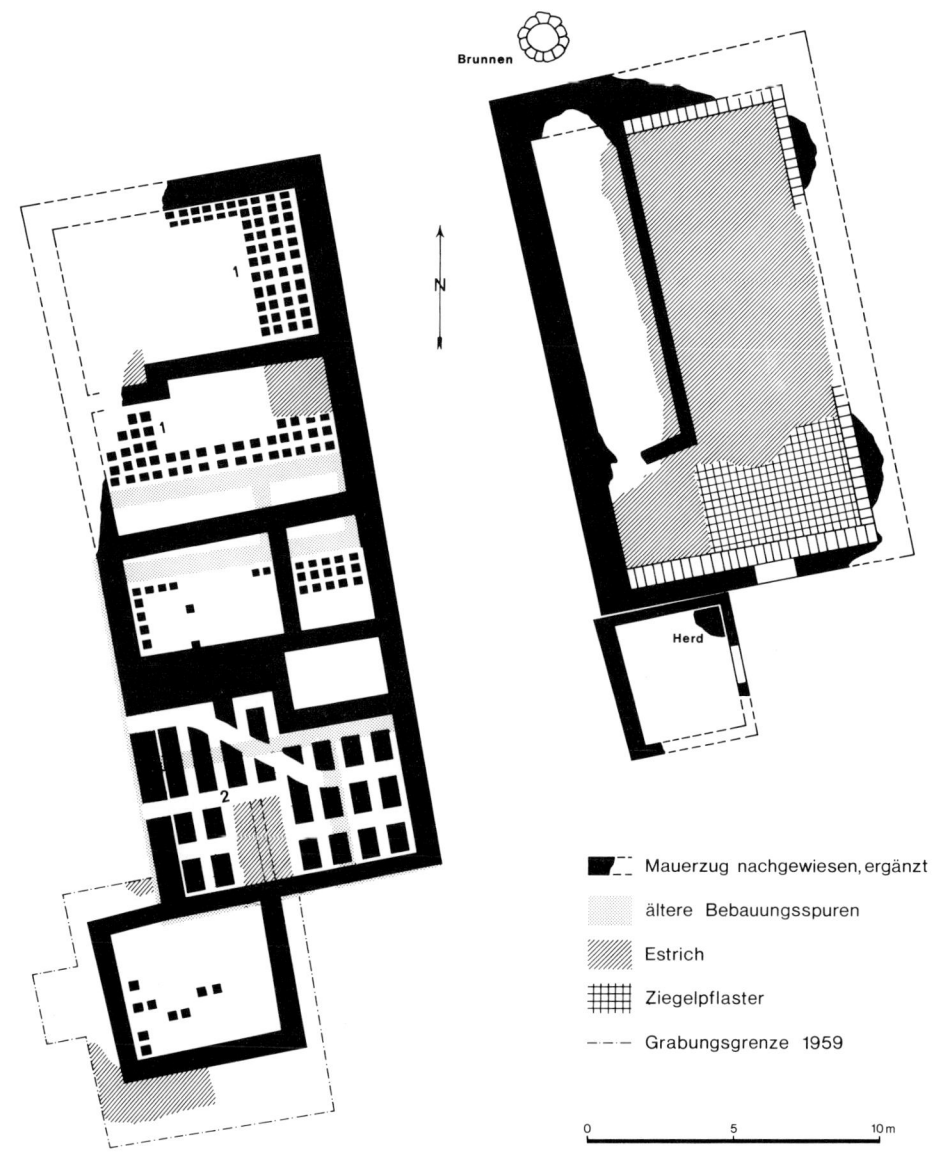

Abb. 32: Regensburg-Kumpfmühl, Gebäude aus der Zeit nach der Zerstörung des Kastells (Rasthaus?). 1 Fußbodenheizung der älteren Bauphase aus Ziegelpfeilern; 2 Fußbodenheizung der jüngeren Bauphase aus acht Bruchsteinmauerzügen mit Zuglöchern.

Das Legionslager Castra Regina

Platzwahl – 2000 Meter Mauer und 30 Türme – Römische Baukräne – Wahrzeichen des römischen Regensburg, die *porta praetoria* – Baracken und Paläste – Grabung auf dem Alten Kornmarkt – Werkstätten und Wasserversorgung – Das Große Gräberfeld – Das Südgräberfeld – Das angebliche ›Ostgräberfeld‹ – Die Römerstraßen – Zerstörung und Untergang

Durch den glücklichen Fund der Bauinschrift (S. 148, Nr. I 1) wissen wir, daß die Festung der italischen Legion »mit Toren und Türmen« im Jahre 179 n. Chr. fertiggestellt war. Als Standort für das Legionslager, immerhin etwa elfmal so groß wie das Auxiliarkastell, wählte man einen Platz unmittelbar gegenüber der Regenmündung am Südufer der Donau, die heute knapp 100 m nördlich der Lagermauer entlangfließt. Ursprünglich freilich verlief die Uferlinie noch mindestens 20 m weiter südlich. Die Macht des römischen Reiches demonstrierte sich somit unmittelbar vor Augen der Germanen vom gegenüberliegenden Ufer in steinerner Monumentalität. Daß der Platzwahl eine symbolische Bedeutung zukommt, geht aus dem Umstand hervor, daß der Standort keineswegs der günstigste war. Die Beobachtungen bei den Ausgrabungen am Neupfarrplatz und in der Gesandtenstraße lassen nämlich darauf schließen, daß die römischen Legionare in diesem Bereich ein welliges, wohl sumpfiges, von Tümpeln oder langsam fließendem Wasser durchzogenes Gelände angetroffen haben. Mit Hilfe von Entwässerungsgräben versuchte man zunächst, es trockenzulegen. Da dies aber nicht genügte, wurde in einem nächsten Arbeitsgang das Gelände mit Kies bis zu 1,10 m aufgeschüttet und planiert. Erst von dieser Höhe an konnte die erste Bauphase des Lagers nachgewiesen werden.

Symbolische Platzwahl

Bei der Orientierung des Lagers richtete man sich ganz bewußt nach dem Straßennetz der von den Germanen niedergebrannten Donausiedlung. Wir erkennen dies daran, daß die Verlängerung der *via principalis* (der west-östlichen Lagerhauptstraße, heute Gesandtenstraße) genau im rechten Winkel auf die von Kumpfmühl zum Fluß hinunterführende Hauptstraße des *vicus* stößt. Diese Bezugnahme ist so auffällig, daß sie sich am besten mit dem Beschluß erklären läßt, gleichzeitig mit dem Lager auch die *canabae*, die Lagervorstadt für den Troß, auf den Trümmern des *vicus* zu errichten.

Das im üblichen Rechteckschema mit abgerundeten Ecken erbaute Lager (Abb. 33) ist etwa 540 m lang und 450 m breit. Das entspricht ziemlich genau 360 auf 300 römischen *passus* (Doppelschritten) und einem Flächeninhalt von rund 24,6 Hektar. Der Festungsmauer vorgelagert ist ein schmaler Spitzgraben, 6–7 m breit und 2,50–3 m tief. Vor dem Spitzgraben der östlichen Lagermauer wurde bisher ein-

Zwei Festungsgräben

mal auch ein Sohlgraben (mit U-förmigem Querschnitt), etwa 16 m breit und ebenfalls 3 m tief, angetroffen. Weil er aber keine Funde – Münzen oder Scherben – enthielt, ließ er sich nicht datieren. Vielleicht stammt er erst aus spätantiker Zeit, möglicherweise sogar erst aus dem Mittelalter. Der Name der Bachgasse, die ja parallel zur Westmauer verläuft, mag noch an diesen Sohlgraben, der spätestens im Mittelalter Wasser führte, erinnern.

Vor den vier Lagertoren gab es jeweils Grabenbrücken. Daß – wie auf dem Plan angegeben – auch vor der Nordseite des Lagers ein Grabensystem bestand, ist denkbar, aber nicht zwingend. Archäologische Anhaltspunkte gibt es dafür bisher nicht. Vielleicht bildete an dieser Stelle die Donau den natürlichen Schutz.

Von den römischen Bauwerken in Regensburg haben sich nur Reste der Legionslagermauer sichtbar erhalten. Während diese heute größtenteils in den Kellern der Häuser versteckt oder streckenweise mehrere Meter unter mittelalterlichem Schutt begraben liegen, so daß sie nur in mühsamer Ausgrabungstätigkeit wieder ans Licht geholt werden können, standen sie noch im 8. Jahrhundert so frei, daß sie auf die damaligen Zeitgenossen wie eh und je als uneinnehmbare Festung wirkten. So berichtet der Freisinger Bischof Arbeo in seiner Lebensbeschreibung des Heiligen Emmeram in einer sehr lebendigen Schilderung – sicherlich aus eigener Anschauung –, daß »*Radaspona . . . in expugnatione difficilis, lapidibus quadris edificata et turrium magnitudine sublimis*«, daß also Regensburg schwer zu erobern sei, da es aus Quadersteinen errichtet und mit himmelhoch strebenden Türmen versehen sei.

Natürlich mußte in unruhigen Zeiten die Mauer immer wieder ausgebessert werden, Breschen waren zu flicken und baufällige Partien zu sichern. Andererseits verwandte man in friedlichen Zeiten ihre Steine auch gern für andere Zwecke: So ließ etwa im Jahre 830 n. Chr. Ludwig der Deutsche Teile der Stadtmauer niederreißen, weil er für den Bau seiner Pfalzkapelle Steine benötigte. Aber bis ins 10. Jahrhundert hinein diente allein die Lagermauer der 3. italischen Legion zur Sicherung der Stadt. Dann befahl Herzog Arnulf zwischen 917 und 919 die Einbeziehung der westlichen Vorstadt in die städtische Fortifikation. Dazu wurden wesentliche Teile der Westfront des ehemaligen Legionslagers mitsamt ihrem Lagertor, der *porta principalis sinistra*, abgerissen. Freilich müssen auch gewisse Abschnitte der Westmauer noch mindestens bis in das 11. Jahrhundert hinein aufrecht gestanden haben, denn eine Grundstücksaufmessung vom Jahre 1052 im Bereich des Obermünsterklosters nimmt deutlich Bezug auf sie.

Zu Beginn des 14. Jahrhunderts wurde es notwendig, auch die Ostenvorstadt in die Befestigung miteinzubeziehen, so daß damit auch die Ostfront des Legionslagers ihre Aufgabe als Stadtmauer verlor. Sie durfte daher von den Nonnen des St. Clara-Klosters (heute Parkhaus Dachauplatz) überbaut werden, wie eine Urkunde des Stadtmagistrats von 1329 vermeldet. Aber große Abschnitte der römi-

schen Mauern blieben trotzdem erhalten, da sie bereits vielfältig in öffentliche und private Bauten einbezogen waren. Und da sie mehr und mehr im Boden der allmählich auf ihrem eigenen Schutt hochwachsenden mittelalterlichen Stadt versanken, konnten sie sich bis heute oft noch mehrere Meter hoch erhalten.
Die Lagermauer ist das einzige römische Monument, auf das die mittelalterlichen Quellen immer wieder Bezug nehmen. Das Haupttor, die *porta praetoria*, hieß nun, weil über der Donau gelegen, das ›Wassertor‹ – so schon in einer Urkunde von 932 (›porta aquarum‹). Dieser Name ging erst in der Mitte des 17. Jahrhunderts verloren, als das Tor durch Verbauung in das bischöfliche Brauhaus einbezogen wurde. Aber gerade dadurch blieb es als einziges römisches Bauwerk von dieser Größe in Süddeutschland bis heute erhalten. Das östliche Lagertor, die *porta principalis dextra*, hieß im Mittelalter das ›Schwarze Burgtor‹, da der Kalkstein, den die Römer verwandten, sich im Laufe der Zeit dunkel verfärbte. Die *porta decumana*, das ehemalige Südtor, wurde nach einem am Rande der Stadt gelegenen Kirchlein nun ›Weih-St. Peters-Tor‹ genannt.
Einzig und allein dieser Einbeziehung der Lagermauer und ihrer Tore in die mittelalterliche Stadtentwicklung und -planung verdanken wir also ihre heutige, im Vergleich mit anderen in Deutschland gelegenen Römerstädten bemerkenswert gute Erhaltung und keineswegs irgendeinem frühen antiquarischen Interesse. Dieses beschränkte sich gemäß der Rolle, die die Philologie seit der Renaissance spielte, bis ins 19. Jahrhundert vorwiegend auf die Inschriften.
Eine seltene Ausnahme war die Aufmerksamkeit, die Plato-Wild der Römermauer in der Mitte des 18. Jahrhunderts schenkte. Gewisse Mängel aber, dem Forschungsstand seiner Zeit entsprechend, enthielt auch sein Lagerplan, von dem Walderdorff gut 100 Jahre später ironisch bemerkte, daß er »*wenigstens insoweit zutrifft, als er derselben* (der Römermauer) *die Gestalt eines Vierecks, wenn auch eines Quadrates gab*«.

Die Mauer im Mittelalter

1869 veröffentlichte Walderdorff den ersten detaillierten Plan der Lagermauer, soweit sie sich obertägig oder in den Kellern der Häuser noch feststellen ließ. Die Nord-, Ost- und Südmauer waren gut zu verfolgen, aber der ursprüngliche Verlauf der Westmauer, die ja schon im 10. Jahrhundert abgerissen worden war, blieb problematisch. Sie wurde meist zu weit westlich gesucht. Erst Adolf Schmetzer rekonstruierte ihren Verlauf 1933 richtig, indem er die Grundstücksgrößenangaben in den kaiserlichen Schenkungsdiplomen von 1021 und 1052 auf den Stadtplan übertrug. Bei einer Grabung auf dem Kohlenmarkt 1975 zeichnete sich denn auch der der römischen Mauer vorgelagerte Spitzgraben im Profil ab (Abb. 33 Nr. 18), so daß Schmetzers Rekonstruktion nun auch archäologisch gesichert war. Das westliche Lagertor, die *porta principalis sinistra*, muß sich daher in der Gegend des Eintritts der Gesandtenstraße in den Neupfarrplatz befunden haben.
Die Fundamente der Südmauer, die noch bis in die Neuzeit als Stadtbefestigung

gedient hatte, sind im Garten des Obermünsters, längs des Petersweges und des Fuchsengangs mehrfach festgestellt worden. Häufig lagen in den Baugruben dieser Gegend einzelne Kalksteinquader ohne architektonischen Verband lose herum. Von diesen Quadern wurden einige in das Haus Ecke Petersweg/Fröhliche Türkenstraße sichtbar eingemauert. Die Rekonstruktion kennzeichnet aber den Verlauf der Römermauer nicht richtig, da diese ein beträchtliches Stück weiter nördlich verlief. Das südliche Lagertor, die *porta decumana*, das ›Weih-St. Peters-Tor‹, wurde erst bei der Belagerung durch Napoleon 1809 so zerstört, daß es in den folgenden Jahren abgerissen werden mußte. Aber ein Kellerraum in der Fröhlichen Türkenstraße besteht noch ganz aus antikem Mauerwerk, bei ihm handelt es sich vermutlich um das Untergeschoß des östlichen Flankenturms der *porta decumana*.

Die Tore

Daß man sich alle vier Lagertore wie die *porta praetoria* mit halbrunden Türmen vorstellen darf, könnte eine Zeichnung des 1809 zerstörten St. Clara-Klosters aus dem 18. Jahrhundert belegen. Auf beiden Ansichten zeigt sich die Apsis der kleinen Kapelle ›Zum nackten Herrgott‹ genau an der Stelle, an der wir den südlichen Flankenturm des Osttores vermuten müssen (Abb. 34). Dieses Tor, die *porta principalis dextra*, ist in der Forschung vor allem durch die 1873 in ihren Fundamenten entdeckte Bauinschrift von 179 n. Chr. berühmt geworden. Es ist das Verdienst J. Dahlems, die Ausschachtungsarbeiten anläßlich des Neubaus der Karmelitenbrauerei überwacht und die Gründungsurkunde vor dem Zerschlagen- und neuerlichem Verbautwerden gerettet zu haben. Aber obwohl Dahlem eine Skizze der Fundsituation anfertigte, ist es unmöglich, aus seinen spärlichen Notizen einen verläßlichen Torgrundriß zu rekonstruieren. Der einzige Anhaltspunkt bleibt vorläufig die Zeichnung aus dem 18. Jahrhundert.

Die Ostmauer des Lagers ist am besten erhalten, weil sie, wie erwähnt, schon im 14. Jahrhundert überbaut worden ist. Beim Bau des Parkhauses am Dachauplatz kam sie wieder zum Vorschein und konnte glücklicherweise auf einer Länge von 60 m und bis zu einer Höhe von rund 5 m freigelegt und restauriert werden (Abb. 33 Nr. 5). Weitere Abschnitte der Mauer sind in den Kellern der Karmelitenbrauerei und in der Klarenangerschule sichtbar. Auch das mittelalterliche Mauerstück am Königshof enthält an seiner nordöstlichen Ecke noch einen römischen Quader in ursprünglicher Lage, und die Industrie- und Handelskammer ruht ebenfalls auf römischen Fundamenten (Martin-Luther-Straße 12). Frei sichtbar sind der nördliche Abschnitt der Ostmauer von der Pfluggasse bis zur Nordostecke und vor allem die Südostecke am Ernst-Reuter-Platz (Abb. 33 Nr. 10).

Mauerbau

Durch die Grabungen an der Südostecke (1955/61) – den bis dahin ersten im Bereich der Mauer – wurde endlich ihre Konstruktion klar (Abb. 35): Demnach hatten die Römer zunächst einen 2,50 m breiten und 1,50 m tiefen Fundamentgraben

bis auf den gewachsenen Fels ausgehoben. Diesen Graben hatte man dann mit einem 70 cm hohen Bruchsteinfundament aufgefüllt, auf die als weiteres Fundament eine doppelte Lage ziemlich flacher Sandsteinblöcke gesetzt wurde. Erst auf diesen liegt der etwa 70–90 cm hohe Mauersockel als unterste sichtbare Reihe der Quadermauer auf. Auf dem oben abgeschrägten Sockel, der heute noch an vielen Stellen deutlich zu sehen ist, wurde dann die ein bis zwei Steine (etwa 1,80 m) tiefe Außenschale der Lagermauer aus unvermörtelten und stattdessen sorgfältig behauenen und aneinandergefugten Kalk- und Sandsteinquadern errichtet. An der Südostecke war diese Schale an der Südseite noch 4,80 m hoch erhalten (die Ostflanke ist größtenteils modern wieder aufgebaut – vgl. Abb. 7).
Die innere Mauerseite war mit dem *agger*, einer Erdrampe von 10–11 m unterer Breite hinterschüttet. Dieser *agger* war mit Rasenstücken abgedeckt, um sein Abrutschen bei Regen zu verhindern. Bei den Grabungen in der Erhardigasse 1977 wurde er mehrfach durchschnitten. Dabei konnte man sehen, daß in regelmäßigen Abständen und immer in Höhe einer Quaderreihe weiße Bänder aus Kalksteinsplittern durch den Lehmboden liefen. Offensichtlich handelte es sich hierbei um ›Werkhorizonte‹, d.h. Arbeitsflächen, auf denen die Quader ihre letzte feine Zuarbeitung erfuhren, bis sie fugenlos aneinander paßten. *Agger* und Mauer wuchsen also gemeinsam in die Höhe. Die Quader wurden aber sicherlich nicht den ständig schräger werdenden rutschigen Erdwall hinauftransportiert, sondern mit Hebekränen und Flaschenzügen von oben herabgelassen, wie es das im Museum der Stadt Regensburg aufgestellte Modell veranschaulicht. Die Methode, die zentnerschweren Blöcke anzuheben, war denkbar einfach und wurde noch bei der Restaurierung der Mauer von der Regensburger Dombauhütte angewendet: An einem mit einem Flaschenzug ausgestatteten Kran hing ein sogenannter Wolf, eine eiserne Halterung, deren beide Arme sich beim Anheben der Last in den ›Wolfslöchern‹ verkeilten. Da diese genau zentral in den Quadern angebracht waren, ließen sich die Steine leicht hin- und herdirigieren. An vielen Stellen der Mauer sind heute diese Wolfslöcher noch zu sehen – ein Umstand, der beweist, daß die betreffenden Quader nicht an ihrem ursprünglichen Platz stehen, sondern in zweiter Verwendung verbaut worden sind.
Auf Grund der Grabungsergebnisse im Parkhaus Dachauplatz (S. 205) und der Konstruktion der *porta praetoria* (S. 200) müssen Quaderschale und Erdwall (ohne die 1,50–2 m darüberragenden Zinnen) etwa 7,40 m hoch gewesen sein. Wenn man daraufhin überschlägt, wieviel Kubikmeter Erde für den *agger* notwendig waren, zeigt sich, daß Spitzgraben und Fundamentgraben der Mauer zusammen nur ein Drittel der erforderlichen Menge liefern konnten. Angesichts dessen gewinnt die Vermutung, daß der Sohlgraben doch schon von Anfang an zum Lager gehörte, wieder an Wahrscheinlichkeit.
Über die Lage und das Aussehen der Mauertürme, von denen die Bauinschrift

Die Türme

spricht, hatte lange Zeit Ungewißheit geherrscht. Erst seit der Freilegung des im Bogen der Südostecke eingelassenen Turmes und mehrerer Zwischentürme an der Pfluggasse (1965), bei der Grabung Dachauplatz (1972) und in der Erhardigasse (1977) (Abb. 33 Nr. 7. 8) ließ sich das gesamte Verteidigungssystem rekonstruieren. Demnach haben alle Türme einen quadratischen Grundriß von 8 m Seitenlänge gehabt. Das sind genau 27 römische Fuß. Während die Ecktürme 4 Fuß vor die Mauer ragten (an dem Fundament vor der Südostecke noch zu sehen), waren die Zwischentürme so an die Lagerinnenwand angebaut, daß sie sich außen nicht von der Mauer abhoben (Abb. 36). Wenn man über dem Wehrgang noch ein weiteres Stockwerk annimmt, werden die Türme mindestens 11 m hoch gewesen sein, die Zinnen nicht mitgerechnet.

Insgesamt besaß das Lager der 3. italischen Legion außer den acht Tor- und den vier Ecktürmen noch 18 Mauertürme. Es sind dies dieselben 30 Türme, die noch im 8. Jahrhundert den Freisinger Bischof Arbeo so nachhaltig beeindruckt haben.

Neben diesen technischen Details war das wichtigste Ergebnis der Grabung an der Südostecke die Erkenntnis, daß tatsächlich schon die älteste Mauer des Legionslagers aus Quadern errichtet worden war. Dies war lange Zeit für unmöglich gehalten worden, doch von einem Vorgängerbau fanden sich weder Spuren in Holz- noch in Steintechnik.

Natürlich hat diese erste Quadermauer im Laufe der Zeit – ohne daß man im einzelnen sagen könnte zu welchem Zeitpunkt, aber auf jeden Fall nicht nur unter den Römern – zahlreiche Reparaturen und Umbauten erfahren, die ihr heutiges Aussehen bestimmen. Eine große Zerstörung könnte beim Alamanneneinfall in den achtziger Jahren des 3. Jahrhunderts stattgefunden haben. Beim anschließenden Wiederaufbau ist vielleicht auch die eine Hälfte der ursprünglich doppeltorigen *porta praetoria* zugemauert worden und die Bauinschrift in die Fundamente des Osttores geraten. Bei der Reparatur der Mauer ging man wenig sorgfältig vor, man flickte sie eilig mit den herausgefallenen Steinen, so daß da und dort die Wolfslöcher in die Schauseite gerieten, und die flüchtige Zusammenstückelung mit zerschlagenen Grabmälern und Architekturteilen verrät, daß es offenbar nicht mehr auf Repräsentation, sondern nur noch auf die rasche Verteidigungsbereitschaft ankam. Zu guter Letzt ist natürlich zu bedenken, daß auch bei der modernen Restaurierung Steine bewegt werden mußten – von den mittelalterlichen und neuzeitlichen ausgebrochenen und wieder zugemauerten Kellern und Fenstern (z.B. einer Kegelbahn) gar nicht zu reden. Trotzdem beeindruckt die Legionslagermauer, so viele Hände inzwischen an ihr gewirkt haben, auch heute noch durch ihre Mächtigkeit.

porta praetoria

Der besterhaltene Teil der Festung ist aber zweifellos die *porta praetoria* (Abb. 37). Wie erwähnt, diente sie noch bis ins 17. Jahrhundert unter dem Namen ›Wassertor‹ als Zugang zur Innenstadt. 1649 wurde sie in das bischöfliche Brauhaus (heute Bischofshof) mit eingebaut. Danach geriet sie in Vergessenheit, und ihre beachtlichen Reste kamen erst 1885 beim Abbruch des einst vorgebauten Schlafhauses der Brauburschen wieder ans Tageslicht. Zwei Jahre später wurden die gesamten noch erhaltenen Teile mit einer Zuwendung in Höhe von 25.000 Goldmark freigelegt und konserviert. Da sie nach der *Porta nigra* in Trier das einzige noch leidlich erhaltene römische Tor nördlich der Alpen ist, erregte sie natürlich das lebhafte Interesse der Fachgelehrten. Als erster berichtete Josef Fink bereits im Jahr 1885 über die Aufdeckung und veröffentlichte zugleich einen Grundrißplan, der aber im wesentlichen Detail – die Anzahl der Tordurchfahrten betreffend – falsch ist. Trotzdem wurde dieser Plan in alle Publikationen übernommen, ohne jemals überprüft worden zu sein. Und obwohl wegen der Enge der Straße ›Unter den Schwibbögen‹ das Tor nur aus einer sehr schiefwinkligen Perspektive heraus zu fotografieren ist, unterblieb auch eine maßstabsgerechte zeichnerische Vorlage, wenn man einmal von der Skizze bei H. Ortner 1908/09 absehen will.

Erst anläßlich einer Baugrubenbeobachtung 1971 durch das Landesamt für Denkmalpflege ist die Konstruktion des römischen Nordtores erkannt worden (Abb. 38). Demnach handelte es sich ursprünglich um eine *doppeltorige* Einfahrt, die von zwei halbrund vorspringenden Türmen flankiert wurde. Erhalten ist – von der Donau her gesehen – davon heute noch der linke 11,50 m hohe Turm, die rechte Durchfahrt und 7 m weiter rechts von dieser eine fünf Lagen hohe Quaderreihe. Diese Blöcke sind die Fortsetzung der Lagermauer im Anschluß an den nicht mehr aufrecht stehenden rechten Turm, dessen Fundament aber 1971 entdeckt wurde. Überraschenderweise lag dieses Fundament genau neben dem noch intakten Tor, so daß sich die eigenartige Situation einer einzigen seitlichen Durchfahrt ergeben hätte, wenn man dem Problem nicht von der anderen Seite her auf die Spur gekommen wäre. Glücklicherweise und vorausschauend hatte man nämlich 1887 bei der Konservierung der *porta* das Fundament in ihrem Mittelbereich in einer kleinen Besichtigungskammer zugänglich erhalten (der Einstieg liegt unter dem eisernen Deckel des heutigen Gehsteigs). Dort fand eine Nachuntersuchung statt, und es stellte sich heraus – was zu Ende des vorigen Jahrhunderts übersehen worden war –, daß es sich bei dem Fundament um den Unterbau eines *Pfeilers* handelte. Seitdem weiß man, daß die *porta praetoria* und wahrscheinlich auch die übrigen drei Lagertore eine doppeltorige Einfahrt hatten.

Ob das linke Tor schon nach den Zerstörungen in den achtziger Jahren, wie oben vorgeschlagen, oder erst im 4. Jahrhundert oder sogar erst im Mittelalter zugemauert worden ist, läßt sich bisher nicht beantworten. Aber mit Sicherheit kann

Ein Doppeltor

hypokaustierter Räume; ein aus Bruchsteinen aufgewölbter großer Kanal; zwei weitere kleinere, mit Mörtel wasserdicht ausgekleidete Kanäle von etwas über und unter einem halben Meter Durchmesser; eine Schlammgrube (Kloake?); ein gemauerter halbkreisförmiger Wasserbehälter, offensichtlich ein Abwasserbecken, das an das Kanalsystem angeschlossen war. Schon Walderdorff war die Ähnlichkeit der Befunde mit denjenigen vom Badegebäude in Kumpfmühl aufgefallen, da er aber jenes hartnäckig als Wohnbau bezeichnete, tat er am Kornmarkt natürlich das gleiche. Die Deutung dieses ersten Baues als ›praetorium‹, als Palast des Kommandanten, der aber – wie bereits erwähnt – immer links neben oder hinter den *principia* stand, ist von der Lage her ganz unwahrscheinlich. Stattdessen ist auf das Legionslager von Lauriacum hinzuweisen, wo sich an gleicher Stelle eine große Thermenanlage befand. Die von Walderdorff beschriebene Hypokaustanlage in Verbindung mit Kanalisation könnte sehr gut zur Ausstattung eines Militärbades passen. Ebenfalls auf ein solches Badegebäude dürfte das 1964 in einer Baugrube angeschnittene Wasserbecken (Abb. 33 Nr. 16) hinweisen.

Die Therme wurde offenbar gründlich zerstört. Als man an den Wiederaufbau ging, hatte man entweder keinen Bedarf oder keinen Platz mehr für derartigen Luxus. Die Ruinen der Therme wurden abgerissen, soweit die Mauern noch standen, um Steine für den Nachfolgebau zu gewinnen. Nur die unter Fußbodenniveau liegenden Einrichtungen wie Hypokausten und Kanäle blieben erhalten. Die Kanäle füllte man mit Schutt zu, wie überhaupt die gesamte Fläche mit dem Schutt aus nicht wiederverwendbaren Baumaterialien 1 m hoch aufplaniert wurde. Die Kloake wurde mit einer 80 cm dicken Steinschicht abgedeckt. Dann errichtete man einen neuen mehrräumigen, vornehm ausgestatteten Bau mit ornamentierten Ziegelfußböden, Kalksteinfliesen auf Böden und als Wandverkleidung, Fußboden- und Wandheizungen, Holzsäulen, Wandmalerei und einem monumentalen steinernen Portal. Zur Datierung dieser Bauabfolge gibt es nicht viele Anhaltspunkte, weil für Walderdorff die Scherben leider »ohne besonderen Belang« waren. Immerhin beschreibt er ein Keramikfragment »von graulicher Farbe mit dem bekannten Zierrat in Form eines Omega« aus der Tiefe der Kloake. Dabei muß es sich um ein Bruchstück der sogenannten ›raetischen Ware‹ und zwar in ihrer frühen Ausformung handeln. Man kann die Benutzung der Thermen daher mit Sicherheit der Lagerfrühzeit zuweisen. Die Münzreihe beginnt mit zwei Prägungen des Probus (276–282), bricht dann ab und setzt mit 11 Stücken aus constantinischer Zeit (306–361) wieder intensiv ein. Dieses Spektrum ist den übrigen Befunden im Lager so ähnlich, wie noch gezeigt werden wird (S. 214), daß man für die Zerstörung des Bades wohl auch einen Alamanneneinfall in den achtziger Jahren verantwortlich machen kann. In dem luxuriösen Bau aus der 1. Hälfte des 4. Jahrhunderts könnte man daher tatsächlich den Sitz des Präfekten vermuten, der zusammen mit 1000 Mann in dieser Zeit in der Nordostecke des Lagers garnisoniert haben muß – was auch erklären würde, warum man für eine Therme keinen Platz mehr hatte. Das weitere Schicksal des von Walderdorff als ›*praetorium*‹ bezeichneten Baues soll im letzten Kapitel noch einmal zur Sprache kommen (S. 373). An dieser Stelle sei nur noch bemerkt, daß die Bezeichnung ›*praetorium*‹, die in der Literatur zuweilen immer noch auftaucht, insofern unglücklich ist, als das *praetorium*, der Palast des Kommandanten der *legio III Italica* in voller Stärke, wie oben erwähnt, hinter den *principia* im Bereich Weißbräuhausgasse/Weiße-Lilien Straße zu suchen ist. Ob der Präfekt im 4. Jahrhundert noch ein eigenes *praetorium* besaß oder dieses nicht vielmehr mit den Verwaltungsgebäuden *(principia)* kombiniert wurde, läßt sich mangels gleichartiger Quellen nicht sagen. Auf Grund der zentralen Lage und der wohnlichen Ausstattung des Gebäudes vom Kornmarkt möchte man das letztere annehmen und sollte es daher besser als ›spätantike *principia*‹ bezeichnen.

Walderdorff hat auch in der Nähe des Frauenbergl gegraben (Abb. 33 Nr. 4 a), allerdings ist es ihm nicht gelungen, zusammenhängende Grundrisse herauszufinden. Aus seiner Beschreibung geht nur hervor, daß auch hier mehrere Bauperioden übereinander lagen. Da auch wieder ein Kanal erwähnt wird, kann man annehmen, daß in der ersten Phase hier Teile der Thermen standen. Das Bad in Lauriacum ist ebenso groß, weil dort die eigentlich in diesem Bereich zu erwartenden Offizierswohnungen fehlen. Daß sie auch in Castra Regina fehlen können, ist angesichts der Tatsache, daß selbst die Hauptleute außerhalb des Lagers wohnen durften, nicht von der Hand zu weisen.

Wandelhallen

Ungefähr 5000 Mann einer Legion gehörten zu den einfachen Rekruten der Kampftruppe, die in den oben beschriebenen Mannschaftsbaracken untergebracht waren. Ihnen standen, im Gegensatz zu den Spezialisten und Unteroffizieren, keine Aufenthaltsräume zur Verfügung, so daß sie ihre Freizeit auf den Lagerstraßen und -plätzen verbringen mußten, wenn sie das Lager nicht verlassen konnten. Deswegen war es nicht nur das Bedürfnis nach Repräsentation, sondern auch eine menschenfreundliche Einrichtung, zu beiden Seiten der vier Lagerhauptstraßen überdachte Säulenhallen (Abb. 33 Nr. 6) errichten zu lassen zum Schutz für die Legionare vor allzuviel Sonne oder Regen. Bei den Grabungen unter der heutigen Dompost, am Frauenbergl, im Bereich Kaufhaus Horten und an der Ecke Speicher-/Dreikronengasse wurden immer wieder Säulenstümpfe in mehreren Metern Tiefe an ihrem ursprünglichen Platz angetroffen. Die Säulen hatten einen Abstand von 5 m und trugen ein Ziegeldach. Jede Säulenhalle *(porticus)* war etwa 4 m breit, die Straße selbst 8 m, so daß der Abstand zwischen den einander gegenüberliegenden Häuserfronten rund 16 m betrug! Einen Eindruck dieser Prachtstraßen vermittelt die Rekonstruktion einer solchen *porticus* vor dem Städtischen Museum; und gegenüber ist im Schaufenster der Römer-Apotheke eine Säulenbasis fast 5 m über ihrem ursprünglichen Standort zu besichtigen.

fabrica

Wichtig für den reibungslosen Ablauf des Lagerbetriebes war eine Schmiede. Zwar gab es auch außerhalb der Lager in den *canabae* Handwerksbetriebe, die vom Militär wie von der Zivilbevölkerung betrieben wurden, aber für die Reparatur von Waffen und Werkzeug war die Existenz einer metallverarbeitenden Werkstatt *(fabrica)* innerhalb des Lagers unerläßlich. Oft wurde eine solche *fabrica* wegen des Funkenfluges, des Krachs und der Rauchentwicklung möglichst dicht an die Lagermauern gebaut. Eine Regensburger *fabrica* (Abb. 33 Nr. 5 und Abb. 40) lag unter dem heutigen Parkhaus am Dachauplatz und konnte 1972 vollständig ausgegraben werden. Die riesige, etwa 60 m lange und 10 m breite Halle war aber erst nachträglich hinter die östliche Festungsmauer und – offenbar aus Sicherheitsgründen, denn Platz war genügend da – in den Erdwall hinein eingebaut worden, den man zu diesem Zweck hatte abtragen lassen. Der mächtige Bau war durch Holzpfosten in eine dreischiffige Halle geteilt und hatte eine exakt 1,31 m starke Rückwand aus mächtigen Quadern. Wir kennen diese Zahl deshalb so genau, weil auf dem Fundament die Breite des aufgehenden Mauerwerks mit eingemeißelten Markierungslinien vorgezeichnet war, die wieder einmal beweisen, mit welcher Präzision römische Ingenieure arbeiteten!

Zu einem späteren Zeitpunkt – vielleicht nach der Zerstörung um 244 n. Chr.? – wurde die Halle zu einem Firstbau mit einer einzigen mittleren Pfostenreihe umgestaltet. Gleichzeitig wurde die Rückwand mit Handquadern aus Kalkstein so verbreitert, daß der Spalt, der bis dahin zwischen Rückwand und Lagermauer bestanden hatte, verschwand. So entstand eine Lagermauerstärke von 4,60 m im Bereich der *fabrica*.

Die Innenwände der *fabrica* waren verputzt und der Putz sogar mit farbigen Quadraten bemalt (Abb. 41). Auf dem Fußboden fanden sich zahlreiche bronzene und eiserne Metallschnipsel, Werkstattabfälle, die in glühendem Zustand auf die Erde gefallen und fest mit dem Mörtelestrich verbacken waren.

Als das Gebäude bei dem Alamanneneinfall am Ende des 3. Jahrhunderts n. Chr. zerstört wurde, brannten zwar die Balken, und das Ziegeldach stürzte ein, aber die Wände müssen noch eine Zeitlang aufrecht gestanden haben. Dann erst wurde die Ruine umgelegt, und die Westwand mit dem bemalten Putz stürzte in voller Länge ins Innere. So konnte man an Hand der noch erhaltenen Dekorationen die ursprüngliche Höhe des Baus (der kein Zwischengeschoß besessen hatte!) mit mindestens 7 m errechnen.

Wasserversorgung

Die Wasserversorgung war in jedem römischen Lager ein zentrales Problem. Zwar berichtet Arbeo, daß Regensburg reich an Brunnen sei (»abundans puteis«), doch die bisher im Stadtgebiet aufgefundenen Brunnenschächte waren entweder mittelalterlich oder neuzeitlich. Aber aus Sicherheitsgründen hat es sicherlich Brunnen im Lagerbereich gegeben, was nicht ausschließt, daß die Frischwasserversorgung auch durch Wasserleitungen sichergestellt worden ist, die vom Vitusbach

gespeist wurden. Die Römer waren ja geniale Konstrukteure und für ihre kilometerlangen Wasserleitungen, die über Brücken (Aquädukte) von den Bergen hinunter in die Täler und Städte führten, berühmt.
Die Legion benötigte Trink-, Koch- sowie Nutzwasser für die Tiere, die Bäder, das Lazarett und die Gärten der Offiziersvillen. Die Hygiene – immerhin lebten im Lager einige tausend Menschen eng gedrängt beieinander, und die Gefahr einer Seuche war stets gegeben – erforderte eine gut funktionierende Kanalisation. In vielen Legionslagern sind Wasserleitungen aus Holz- oder Bleirohren gefunden worden, in Lauriacum sogar ein ganzes Kanalsystem. Auch in Regensburg kam in der Nordwestecke (Abb. 33 Nr. 14) ein Abwasserkanal zum Vorschein und ein weiterer in der gegenüberliegenden Nordostecke (Abb. 33 Nr. 17), der auf eine Strecke von 11 m noch völlig intakt war. Er war 80 cm breit und 1,80 m hoch, mit Kalksteinplatten abgedeckt und führte unter dem Quaderfundament der Lagermauer hindurch ins Freie, um so die Abwässer in die Donau zu leiten (Abb. 42). Umweltverschmutzung galt damals noch nicht als Problem!

Die großen Friedhöfe

Verglichen mit den relativ spärlichen Baubefunden aus dem Inneren des Legionslagers wirkt die Fülle der Gräber, die uns von den Legionaren und ihren Angehörigen bekannt geworden ist, geradezu überwältigend. Hier ist vor allem das auf fast 6000 Gräber geschätzte Große Gräberfeld an der Kumpfmühler Straße, der Fernverkehrsstraße nach Augsburg, zu nennen, wohl eines der größten unter den bisher bekannten Bestattungsplätzen an Rhein und Donau. Leider ist es trotz der sorgfältigen zusammenfassenden Bearbeitung durch S. von Schnurbein nicht möglich, die Ausdehnung des Friedhofes eindeutig zu umreißen. Das liegt vor allem daran, daß sich im Laufe der Zeit Gräberfelder und Siedlungsareale häufig überschnitten und die Dokumentation vieler Funde, besonders nach der Jahrhundertwende, allzu flüchtig geschah.
So wurde z.B. im westlichen Teil des Großen Gräberfeldes (angrenzend an die ehemalige Ziegelei Herbst) eine Anzahl römischer Gebäude angetroffen, die nach Ausweis der Funde aber sicher in die Zeit des Kumpfmühler Kastells und damit zu einem bäuerlichen Anwesen gehörten, das gleichzeitig mit jenem untergegangen ist. Schwieriger stellt sich das Problem der Abgrenzung zwischen Siedlung und Friedhof (der in römischer Zeit außerhalb der Wohnbereiche liegen mußte) bei der Nordgrenze des Großen Gräberfeldes.
Fest steht jedenfalls, daß das nördlichste römische Grab eines Mannes, das 1933 an der Kumpfmühler Straße (bzw. an ihrer Verlängerung, der Schottenstraße) im Hof des Polizeipräsidiums gefunden wurde und dessen Knochen heute noch vorhanden sind (Abb. 48 Nr. 8), zu einem älteren Bestattungsplatz gehört haben muß, der von den Bewohnern der Donausiedlung angelegt worden ist. Das gleiche gilt für das Grab, das 1866 in der Schottengasse entdeckt wurde und eine Einfas-

sung aus Ziegelplatten gehabt haben soll, die Stempel der *2. aquitanischen Cohorte*, einer der Besatzungen des Kastells Kumpfmühl, trugen. Alle anderen »Urnen« und »Brandgräber«, die in der Schottenstraße und am Beraiterweg zutage kamen, sind nur in spärlichen Notizen überliefert, die Funde selbst entweder ganz verschollen oder so wenig aussagefähig, daß man berechtigte Zweifel hegen muß, ob es sich hierbei jeweils um echte Grabstätten der Donausiedlung oder nicht vielmehr um deren Brandschutt aus den Markomannenkriegen handelt (einige Scherben könnten diese Ansicht nahelegen).

Auf den Trümmern der Donausiedlung wurden die *canabae* des Legionslagers errichtet, die eine wesentlich größere Ausdehnung erreichten und durch Funde zumindest bis in die Höhe Ecke Wittelsbacher-/Kumpfmühler Straße nachgewiesen sind. Das Große Gräberfeld kann demnach frühestens im heutigen Dörnberg-Park begonnen haben. Das ist jedoch nur eine Vermutung, denn die mit Sicherheit zu ihm gehörenden Bestattungen kamen erst südlich der Augusten-Helenenstraße zutage.

Auch die West-Ost-Ausdehnung des Großen Gräberfeldes ist nicht genau bekannt. Im Zentrum der Grabungen Dahlems hatte der Friedhof eine Breite von annähernd 300 m, aber es ist keineswegs sicher, daß dies für die ganze Länge Gültigkeit hat. Die südlichsten Gräber sind bisher diejenigen, die im Garten des Hauses Kumpfmühler Straße 30 noch von Dahlem selbst geborgen wurden (Abb. 23 Nr. 10). Der Friedhof war also mindestens 600 m lang.

Das Große Gräberfeld wurde von den Legionaren der 3. italischen Legion und den Bewohnern der *canabae* vom Ende des 2. bis in die Mitte des 4. Jahrhunderts n. Chr. benützt. Bis zur Mitte des 3. Jahrhunderts herrschte die Brandbestattung vor, dann setzte sich mehr und mehr die Beisetzung der unverbrannten Toten in einem Holz- oder Steinsarg durch, bis schließlich nur noch Körperbestattungen üblich waren. Im Bereich der Dahlemschen Grabungen zeigte sich, daß sich die Brandgräber an einen 60–80 Meter breiten Streifen beiderseits entlang der Kumpfmühler Straße hielten, während sich das Körpergräberfeld – durch eine schmale, bestattungsfreie Schneise vom Brandgräberareal getrennt – westlich an dieses anschloß. In diesem Teil des Friedhofes lagen auch einige bajuwarische Gräber. Sie stammen allerdings erst aus der Zeit von der 1. Hälfte des 6. bis zur Mitte des 7. Jahrhunderts. Eine kontinuierliche Benutzung des Großen Gräberfeldes von römischer bis in mittelalterliche Zeit hinein ließ sich (wie in fast allen Gräberfeldern unserer Provinz) nicht nachweisen.

Fast alle Funde aus dem Gräberfeldbereich stammen aus Dahlem'schen Grabungen: Unter ihm wurden rund 1100 Brand- und Körpergräber geborgen, aber insgesamt mindestens 5000 angeschnitten (Dahlem hob nur diejenigen Bestattungen auf, die außer Tongefäßen auch noch andere Beigaben enthielten). Mit der Überlegung, wieviel Prozent der ehemals vorhandenen Gräber damit erfaßt worden sind, verbindet sich die schwierige Frage nach der damaligen Bevölkerungszahl. Sie ist zwar eigentlich nicht zu beantworten, aber einige Anhaltspunkte gibt es doch, die die Situation veranschaulichen können.

Selbst bei der hochgeschätzten Zahl von 3000 Brandbestattungen, die sich auf einen Zeitraum von etwa 100 Jahren verteilen (ab dann wurden die Toten unverbrannt begraben), würde das heißen, daß bei der damaligen Lebenserwartung von durchschnittlich 35 Jahren die zugehörige Siedlung im Schnitt nur 1000 Einwohner gehabt hätte. Diese Zahl ist aber offensichtlich viel zu niedrig. Allein im Legionslager wohnten mindestens 5000 Mann (ein Teil der Truppe war sicher immer abkommandiert, sei es zum Sitz des Statthalters nach Augsburg, sei es zu militärisch besetzten Straßen-, Zoll- oder Steuerstationen, sei es zur Unterstützung benachbarter Hilfstruppenkastelle). Dazu kommt eine große Anzahl Frauen und Kinder, die in den *canabae* wohnten. Denn seit einem Erlaß des Septimius Severus (193–211 n. Chr.) durften die Soldaten schon während der Dienstzeit eine Familie gründen. Fast alle Grabsteine, die wir besitzen, nennen übrigens auch Vater oder Mutter oder tragen Porträts mehrerer Angehöriger beiderlei Geschlechts. Wenn man dann noch die Sklaven und eine Anzahl einheimischer, nichtrömischer Bürger hinzunimmt sowie die Zugewanderten, wofür das Militärdiplom Abb. 11 des M. Ulpius Fronto ein anschauliches Beispiel bietet, wird man die gesamte Bewohnerschaft von Lager und umliegenden Zivilsiedlungen leicht auf 7000–9000 Menschen schätzen dürfen.

Man darf also sicher sein, daß das Große Gräberfeld *noch* größer gewesen ist, als es sich nach heutigen Schätzungen und unter Einbeziehung aller Hinweise, die wir besitzen, darstellt. Allerdings ist zu bedenken, daß die wehrfähigen Legionäre wohl größtenteils nicht während ihrer Dienstzeit starben, die sie mit spätestens 50 Jahren beendet hatten. Wenn sie dann einen kleinen Gutshof auf dem Lande bewirtschafteten, legten sie dort ihren eigenen Familienfriedhof an – Beispiele dafür gibt es genug im Regensburger Raum. Außerdem starben nicht alle Legionare in Regensburg. Abkommandierte Truppen kämpften im Vorderen Orient und im freien Germanien. Wir kennen Grabsteine von Soldaten der 3. italischen Legion aus Augsburg und vom Marmarameer vor den Toren Istanbuls. Und schließlich gab es südlich des Legionslagers noch ein weiteres Gräberfeld. Allerdings ist es nur ungenügend erforscht, so daß sich über seine ursprüngliche Größe nur wenig sagen läßt.

Vor dem südlichen Lagertor, der *porta decumana*, lag ein zweiter Friedhof für die Soldaten und ihre Angehörigen. Da im Fürstenbergpark nie gegraben worden ist, fehlen Funde bis zur Albertstraße Nr. 9 (ehemalige Villa Brühl – Pustet) im Westen und dem Bahnhofsbereich im Süden. Dort kamen beim Bau der Ostbahn (1860), der Gebäude für den Bahnhof und die heutige Bundesbahndirektion im letzten Jahrhundert zahlreiche Brandgräber zum Vorschein und dazwischen immer wieder auch vereinzelte Körperbestattungen, bis über die Galgenbergbrücke hinüber.

Einzelne Gräberfunde

Während der Friedhof vor der *porta decumana* trotz seiner ungewissen Ausdehnung doch einen recht geschlossenen Eindruck macht, kann man von den übrigen südöstlich und östlich des Legionslagers bekannt gewordenen Einzelbestattungen oder Gräbergrüppchen eigentlich kaum noch als Friedhof im Sinne einer planmäßigen Anlage sprechen. Fundmeldungen über Skelette und Brandgräber, zum Teil auch nur über »Urnen«, wie man früher ganz allgemein jeden Topf nannte, liegen aus der Sternberg- und Roritzer Straße, vom Mühlweg und der Landshuter Straße vor. Die Unsicherheit, die den zumeist alten und ungenauen Berichten anhaftet, die sich mit vorhandenen Fundstücken im Museums nicht mehr identifizieren lassen, wird noch dadurch erhöht, daß auch hier außerhalb der Befestigung zahlreiche zivile Wohnbereiche existiert haben müssen (wie z.B. eine Töpferei). So läßt sich nicht immer endgültig entscheiden, ob es sich um ein Grab oder um Siedlungsreste handelte.

Dieses Problem betrifft aber nicht nur den Bereich der heutigen Landshuter Straße, der römischen Verbindung nach Straubing. Es gilt auch für die Befunde rechts und links der Donauuferstraße, die zu einer *villa rustica* nach Barbing führte. Bisher glaubte man, hier ein geschlossenes Gräberfeld vor sich zu haben. Aber nach einer Analyse der Funde und Berichte möchten wir doch eher an eine ähnlich locker gestreute Siedlung aus kleinen Höfen oder vornehmen Villen mit den zugehörigen Familienfriedhöfen denken, wie sie die Fernstraße nach Straubing begleiteten.

Bis auf ein vereinzeltes beigabenloses (spätantikes?) Skelett in einem Ziegelplattengrab sind nämlich in der Ostengasse keine sicheren Bestattungen bekannt geworden. Mehrere Brandgräber mit zahlreichen Funden – Glasurne (Abb. 134), Räucherschalen, Metallspiegeln, Perlen, Bernsteinring, Münzen und *terra sigillata* – stammen dagegen aus dem Abschnitt Adolf-Schmetzer-Straße zwischen Sedan- und Weißenburgstraße. Diese geschlossene Gräbergruppe, die immerhin schon 600 m vom Legionslager entfernt ist, könnte zu einer *villa rustica* im Bereich der heutigen ›Königlichen Villa‹ gehören. Dort wurde noch während des zweiten Weltkrieges in einer sorgfältigen Ausgrabung der Ausschnitt eines Gebäudegrundrisses festgestellt, von dem die Pläne noch vorhanden sind.

Mit Sicherheit ebenfalls zu einem römischen Gutshof (von dem vielleicht »Mauerwerk, Heizkacheln und Dachziegelschutt« vom Pürkelgut zeugen) gehörte der noch weiter östlich gelegene kleine Friedhof in der Straubinger Straße 42, der beim Abbau einer Kiesgrube zutage kam. Hier ist eine ganz besonders wohlhabende Familie begraben worden, wie die von dort stammenden Grabsteine zeigen.

Das Porträt eines Soldaten mit der für die Angehörigen der *legio III Italica* charakteristischen Gürteltracht (Abb. 80) zeigt vielleicht den ›Gründer‹ selbst. Ein weiterer Grabstein mit einem Ehepaar erscheint noch ziemlich roh und ungefügt, aber das Grabmal des Ehepaares (Abb. 124) in seiner typisch einheimischen Regensburger Tracht gehört zu den besten Steinmetzerzeugnissen am Ort. Das ebenfalls hier gefundene Fragment einer Sphinx, eines Ungeheuers aus Vogel, Weib und Löwe, ist Ausdruck der aus Italien stammenden Sitte der »Grabwächter«. Diese bunte Mischung aus Eigenständigem, aus (mehr schlecht als recht) an stadtrömische Vorbilder Angeglichenem und aus rein italischem Gedankengut zeigt beispielhaft die schrittweise Romanisierung des Regensburger Raumes unter dem Einfluß der *legio III Italica*.

Aus alledem geht hervor, daß östlich und südöstlich des Legionslagers wohl keine öffentlichen Friedhöfe, sondern nur private Bestattungsplätze existierten. Sie reihten sich entlang mehr oder weniger wichtiger Straßen, je nach Lage der zugehörigen Gutshöfe, die ihrerseits immer Bezug auf die zum Legionslager führenden Verkehrswege nahmen.

Öffentliche Friedhöfe für das Militär wie die Zivilbevölkerung waren derjenige im Süden vor der *porta decumana* und das Große Gräberfeld, das wir uns noch um einiges ausgedehnter vorstellen dürfen. Seine Vorzugsstellung ist leicht erklärbar: Diese Nekropole lag an der von Anfang an am meisten begangenen Straße, die dadurch, daß sie immer die Verbindung zur Provinzhauptstadt bildete, nie ihre Bedeutung verlor. Diese Tradition erklärt auch, warum der Friedhof sich nicht wie üblich in der Achse der Lagerstraße jenseits der *canabae* nach Westen hin erstreckte, sondern sozusagen um 90 Grad verschoben lag.

Nicht nur die römischen Friedhöfe, auch die gesamte zivile Besiedlung des Landes orientierte sich nach dem Straßennetz. Der Straßenbau (Infrastruktur würde man heute sagen) war für die militärische und politische Organisation einer Provinz unerläßlich. Ausgangspunkte waren die untereinander verbundenen Kastelle, deren gemeinsamer Bezugspunkt die Provinzhauptstadt war. In Raetien trafen sich alle Straßen in Augsburg, dem römischen Augusta Vindelicum. Hier kreuzten sich zwei wichtige Fernstraßen: Von Süden her kam die *via Claudia Augusta*, die älteste Verbindung mit Italien, deren Verlängerung nach Norden bis an die Donau und nach Castra Regina führte; die Querverbindung von Osten nach Westen, vom Balkan bis zum Rhein, lief von Salzburg nach Mainz.

Der Verlauf der Straße Augsburg – Regensburg (zu der der in Burgweinting gefundene Meilenstein Nr. I 33 gehörte) ist recht gut bekannt. Sie war 142 km lang und lief zunächst entlang des Lechs nach Norden und dann in gerader Richtung nach Osten parallel zur Donau, deren Flußwindungen sie abschnitt, bis Bad Abbach, um dann von Süden her über Ziegetsdorf (S. 265 ff.) Castra Regina zu erreichen. Archäologisch ist dieses letzte Stück – die älteste Straße im Raum Regens-

Straßennetz

burg! – im Großen Gräberfeld nachgewiesen, wo es von Dahlem genauer untersucht wurde. Der leicht gewölbte Straßendamm, der 1,20 m unter der modernen Oberfläche lag, war hier etwa 4,5 Meter breit und bestand aus einem 30–35 cm starken Kiesbett, das von zwei Abwässergräben begleitet wurde. In der Schotterung fanden sich übrigens eiserne Hufeisen, die demnach eindeutig römischen Ursprungs sein müssen. Sie sind ein überzeugender Beweis nach dem jahrzehntealten Streit um das historische Alter von Hufeisen: schon römisch oder erst mittelalterlich?

Neben der Verbindung des Kastells Kumpfmühl mit Augsburg, bzw. deren Verlängerung zur Schiffslände hinab im Zuge einer alten vorgeschichtlichen Handelsstraße über die Donau hinüber, gab es eine zweite, in römischer Zeit fast ebenso wichtige Route nach Osten zum Kastell Sorviodurum-Straubing. Diese sogenannte »Donausüdstraße« verlief nach Ausweis der frühesten römischen Gutshöfe (Burgweinting, Mangolding-Mintraching, Taimering) nicht in der überschwemmungsgefährdeten Talaue, sondern auf dem Schotterbereich der Niederterrasse. Entlang des Flußbettes wäre es zu sumpfig gewesen, und auf der Niederterrasse bot auch die Beschaffung des Baumaterials für die aus Kies aufgeschütteten Straßen keine Schwierigkeiten. Nach der Meinung von Th. Fischer zweigte in Mintraching eine Straße nach Iovisura – Landshut ab.

Nach der Gründung des Legionslagers verlor der Streckenabschnitt Kumpfmühl-Burgweinting an Bedeutung und wurde durch eine direkte Verbindung der Garnison mit der Donausüdstraße ersetzt, die ungefähr mit dem Verlauf der heutigen Landshuter Straße identisch war und ebenfalls durch Burgweinting lief.

Die westlich der *porta decumana* in der Albertstraße 9 gefundenen Gräber lagen vielleicht beiderseits einer Abkürzung vom südlichen Lagertor zur Kumpfmühler Straße, also Richtung Augsburg.

Die Gräberfelder entlang der Adolf-Schmetzer- und Straubinger Straße weisen auf einen südlich der Donau verlaufenden Weg zumindest bis Barbing. Weiter östlich fehlen Siedlungsfunde, so daß die (ausgebaute?) Straße hier wohl endete, sich allenfalls in einem ›Patrouillenweg‹ zur militärischen Kontrolle des Uferbereiches fortsetzte.

Von den *canabae* führten zwei Straßen zur Zivilsiedlung von Großprüfening: die eine entlang der Donau, wohl identisch mit dem heutigen Weinweg, an dem der Altarstein für den *Liber Pater* gefunden wurde, der auf ein am Weg liegendes kleines Heiligtum hinweist (S. 267). Die Fortsetzung des Weinwegs scheint auch die Hauptstraße der Prüfeninger Siedlung selbst gewesen zu sein. Eine zweite und direktere Verbindung war die Fortsetzung der Straße vom Legionslager zu den *canabae*, vielleicht mit dem heutigen Hochweg identisch, der schon auf den ältesten Karten der Regensburger Umgebung als Weg nach Prüfening erscheint.

Neben diesen offiziellen ausgebauten Fahrstraßen gab es natürlich eine Vielzahl unbefestigter Erdwege, die die einzelnen Siedlungen miteinander verbanden, sich aber dem archäologischen Nachweis im allgemeinen entziehen.

Wenn wir die Geschichte des römischen Regensburg rekonstruieren wollen, müssen wir wieder in das Innere des Legionslagers zurückkehren. So wenig sichtbare Reste sich von seiner einstigen dichten Bebauung erhalten haben, so deutliche Spuren besitzen wir von deren Zerstörung.

Geschichte des Legionslagers

Im Jahr 213 n. Chr. standen die Alamannen zum ersten Mal an der raetischen Grenze. Aber damals konnten sie noch aufgehalten werden, bevor sie ins Reich einfielen. Im Jahr 233 n. Chr. unter Kaiser Severus Alexander dagegen überrannten sie den westraetischen Limes, kamen bis an den Alpenrand und verheerten das Land zwischen Rhein und Lech in unvorstellbarem Ausmaß. Viele der ungeschützten Dörfer und Gutshöfe des offenen Landes fanden damals ihr Ende. Besonders betroffen wurde der Raum um Cambodunum – Kempten, das selbst in Flammen aufging. Verschont blieb aber offenbar die Provinzhauptstadt Augsburg. Man kann das aus den »Münzschätzen« herauslesen, den Spartöpfen und Geldkassetten der Römer, die sich in und um die Siedlungen herum fanden. Häufig waren es Hunderte von Münzen – die Römer kannten ja nur Hartgeld –, und dazu kam manchmal noch der Schmuck der Frauen. Reichtum war also mit entsprechendem Gewicht verbunden, und es ist verständlich, daß man sich öfters entschloß, eine schwere Holzkiste lieber zu vergraben, als sie auf der Flucht mitzuschleppen. Vielen war es allerdings nicht mehr möglich, später zurückzukehren und ihren Schatz zu heben – vielleicht ist es ihnen wenigstens gelungen, sich nach Italien durchzuschlagen und das nackte Leben zu retten, vielleicht nicht einmal das, vielleicht wurden sie auf der Flucht erschlagen oder verhungerten in den Wäldern. Diese Münzschätze und Schatzfunde spiegeln die Katastrophe, die damals über den Bürger hereinbrach, zumindest zu einem Teil wider; die grausige Wirklichkeit im Leben des einzelnen kann man nur ahnen. Selten gibt der Boden Zeugnisse frei, die schlaglichtartig diese Wirklichkeit beleuchten. Eines dieser seltenen Beispiele ist das Kastell Pfünz am westraetischen Limes (20 km nordwestlich von Ingolstadt), dessen Untergang H.-J. Kellner beschreibt:

»*Die Wachen des Tores an der Südseite, die am leichtesten zugänglich und infolgedessen das Ziel des ersten Angriffs war, hatten keine Gelegenheit mehr, die abgestellten Schilde zu ergreifen; noch bei der Ausgrabung lagen die Überreste der Schilde dort. Die Skelette der Wachen im Südostturm fanden sich noch da, wo sie der Feind überrascht und erschlagen hatte. Verschiedentlich kamen Skelette von Erschlagenen und überall massenhafter Brandschutt zutage und zeugten von Tod und Untergang. Eine eigene Episode aus dieser Katastrophennacht in Pfünz erzählt der Schatz aus dem Dolichenus-Tempel vor dem Kastell. Diesen Schatz von rund tausend Denaren hatte einer, vielleicht der Priester, während des Über-*

falls aus seinem versteckten Aufbewahrungsort geholt, um damit zu flüchten. Nur wenige Meter weit war er gekommen und dann samt seinem Schatz im brennenden Inferno geblieben. Die jüngste, durch den Umlauf überhaupt noch nicht abgegriffene Münze dieses Schatzfundes war in Rom 232 geprägt worden und liefert uns so den exakten Nachweis, daß Kastell, Tempel und Lagerdorf in ebenjenem Alamanneneinfall von 233 untergegangen sind. Da der Brandschutt dieser Katastrophe die römischen Schichten nach oben abschloß, wissen wir, daß damals das römische Pfünz sein endgültiges Ende fand.«

Diese lebhafte Schilderung erklärt zugleich, warum die Münzschätze für den Historiker so wertvoll sind: aus den jüngsten Prägungen lassen sich der Zeitpunkt der Vergrabung oder des Verlustes und damit ein germanischer Überfall rekonstruieren. Als weiteres Indiz kommen dazu noch die verstreut aufgelesenen Fundmünzen aus Dörfern und Kastellen, deren »Reihen« im westlichen Raetien häufig mit Münzen des Kaisers Severus Alexander enden. Für das östliche Raetien läßt sich auf die gleiche Weise ein Jahrzehnt später (kurz vor oder nach 244) ein erneuter Ansturm erschließen, unter dem auch dieser Abschnitt des Limes zusammenbrach.

Auch im Raum Regensburg gibt es mehrere Hinweise auf eine tiefgreifende Zerstörung vor der Mitte dieses unruhevollsten, von Krieg, wirtschaftlicher Not und einer nicht endenden Kette von Kaisermorden erschütterten Jahrhunderts. Hier ist an erster Stelle der Befund Am Frauenbergl 4 zu nennen (Abb. 43). Die untere Säule gehörte zu einer Wandelhalle an der *via praetoria*. Der Rest ihres Schaftes stand noch an seiner ursprünglichen Stelle inmitten des Schutts aus den eingestürzten Gebäuden, und in diesem Schutt lagen zwei Münzen des Kaisers Severus Alexander. (Als der Wiederaufbau begann, planierte man den Schutt bis in Höhe des Säulenstumpfes ein und errichtete die Säule für die neue Wandelhalle um nur wenige Zentimeter verschoben über dem alten Stumpf.)

Auch die Münzreihe aus den Grabungen unter der Niedermünsterkirche ist hier zu nennen: Im Bereich der Holzbaracken wurden acht Münzen des Severus Alexander gefunden, von denen fünf verbrannt waren. Der Ausgräber K. Schwarz nimmt deshalb auch an, daß eine Zerstörung im Jahr 233 der Anlaß zu einem Wiederaufbau war, bei dem die Baracken nun nicht mehr in Holz, sondern in Stein errichtet wurden. Parallel dazu könnte die Situation entstanden sein, die bei den Ausschachtungsarbeiten für das jetzige Kaufhaus Horten (Neupfarrplatz) zu beobachten war: Hier bestanden die ältesten Gebäude ebenfalls aus Holz, und nachdem es gründlich gebrannt hatte, wurden sie anschließend durch massive Steinbauten ersetzt.

Erste Zerstörung

Allerdings sind alle diese Befunde entweder gar nicht oder nur mangelhaft datiert, eindeutige Schatzfunde mit Schlußmünzen des Severus Alexander fehlen bisher im Raum Regensburg. Die Händler- und Handwerkersiedlung von Großprüfening wurde laut ihrer Münzreihe, die auch Prägungen des Kaisers Gordian III. (243/44) einschließen, erst bei dem Überfall um 244 n. Chr. zerstört. Nach der Meinung von Th. Fischer wurde auch das gesamte Umland des Legionslagers erst von dieser zweiten Katastrophe betroffen, allerdings derart heftig, daß sich nur sehr wenige Gutshöfe davon wieder erholten: Der größte Teil des *territorium legionis* wurde verwüstet, die Menschen flohen oder wurden erschlagen, ihre Häuser angezündet. Sollten auch künftige Grabungen bestätigen, daß eine derart tiefgreifende Zerstörung des Umlandes erst um 244 erfolgte, wird wohl auch in diesem Jahr erst der Angriff auf die Festung erfolgt sein. Denn die wurde sicher nicht um der bloßen militärischen Auseinandersetzung willen von den beutelüsternen Scharen erstürmt, deren Sinn auf Raub und Plünderei aus war und die sich deshalb lieber die ungeschützten Zivilsiedlungen zum Ziel wählten.

259/60 n. Chr. brach der Rest der obergermanisch-raetischen Grenzverteidigung zusammen, das Land zwischen Rhein und Iller gehörte von nun an den Alamannen. Nur in Raetien südlich der Donau stand noch Militär. Im engen Umkreis um Castra Regina herum scheint man sich sogar einigermaßen sicher gefühlt zu haben, wie der Wiederaufbau des Lagers in gleichem oder noch großzügigerem Stil zeigt (z.B. neue Säulenhalle Am Frauenbergl, massive Steinbaracken unterm Niedermünster, Umstrukturierung der Lageraufteilung am Neupfarrplatz – zur Gewinnung von neuem Raum wird eine Straße aufgelassen und überdacht).

Zusammenbruch des Limes

In den folgenden Jahrzehnten, als das Chaos seinem Höhepunkt zutrieb und das Römische Reich in Auflösung begriffen schien, blieb Castra Regina eine Insel, deren Mauern allen Angriffen trotzten. Auf Grund bisheriger Indizien, die durch neue Forschungen freilich noch vermehrt werden müssen, dauerte es noch mehrere Jahrzehnte, bis die unersättlichen, immer neu nachdrängenden Scharen die Festung zum zweiten Mal überfielen, ausraubten und noch gründlicher niederbrannten. Hier haben vor allem die Grabungen des Landesamtes für Denkmalpflege in den letzten zwei Jahrzehnten am Frauenbergl, im Niedermünster, an der Ecke Speicher-/Dreikronengasse, am Neupfarrplatz und in der *fabrica* wichtige neue Erkenntnisse gebracht. Die sorgfältige Beobachtung der Abfolge verschiedenartiger Erdschichten und ihrer Zusammensetzung führte stets zu dem gleichen Ergebnis: eine schwere Zerstörung muß nach 270/75 n. Chr. erfolgt sein, denn immer wieder lagen – zum Teil verschmorte – Münzen aus dieser Zeit (Claudius II. 268/70 n. Chr., Aurelian 270/75 n. Chr., Probus 276/82 n. Chr.) in einer Brandschicht, die überdeckt wurde von einer Schuttschicht aus herabgefallenen Dachziegeln und den zusammengebrochenen Mauern der eingestürzten Häuser. Es muß so heftig gebrannt haben, daß nicht einmal die Germanen überall in den erhofften Genuß der Beute kamen: Bei den Grabungen an der *via principalis* wurden eine bronzene Merkurstatuette und kiloweise bronzener und eiserner Schrott geschmolzener Gefäße und Geräte entdeckt (Abb. 44).

Zweite Zerstörung

Trotz der relativ zahlreichen Münzfunde kann man diese schwere Katastrophe nicht eindeutig mit den allerdings nur spärlich überlieferten politischen Ereignissen der damaligen Jahre zur Deckung bringen. Wir wissen, daß 270 unter Kaiser Aurelian die Juthungen, ein germanischer Stamm, in Raetien eingefallen sind und daß Kaiser Probus 278 Burgunder, Goten und Vandalen aus der Provinz geworfen hat. In jüngster Zeit wurden für Raetien aus den Münzschätzen zwei schwere alamannische Einfälle in den Jahren 270/271 und 288 n. Chr. erschlossen. Das Kastell Vemania (Isny im Allgäu) scheint 282/83 niedergebrannt worden zu sein. Auch vor den Toren von Castra Regina (Landshuter Straße) wurde ein Münzschatz gefunden, dessen Schlußmünze 283/84 geprägt wurde (der Fund ist allerdings mit Unsicherheiten behaftet). Wir haben also genügend Auswahl und die Möglichkeit, Regensburg an das eine oder andere Datum anzuhängen, je nachdem, wie man den einzelnen Befund beurteilt. Bis neue Funde hier Klarheit schaffen, möchten wir von archäologischer Seite aus an einer Zerstörung im Jahr 288 n. Chr. festhalten. Dafür spricht auch der Schatzfund aus Großberg, Ldkr. Regensburg: In diesem Jahr ist ein Feldzug des Kaisers Diocletian (284–305 n. Chr.) gegen die Alamannen überliefert, den er von Raetien aus führte. Die Schatzfunde aus dieser Zeit und die Zerstörungshorizonte in Regensburg könnten den Anlaß zu diesem Feldzug widerspiegeln, nämlich einen alamannischen oder juthungischen Einfall von 288 n. Chr. (Abb. 45).

Wiederaufbau

Es ist schwierig zu beurteilen, wie schnell man in Castra Regina mit dem Wiederaufbau begann. Die Münzreihen aus den Grabungen unterm Niedermünster und aus den verschiedenen Bereichen der Altstadt, die nach Probus (282 n. Chr.) abbrechen oder doch deutlich dünner werden und erst mit Constantin I. dem Großen (306–337 n. Chr.) verstärkt wieder einsetzen, könnten zu der Ansicht verleiten, die Festung sei einige Jahre oder sogar Jahrzehnte nicht besetzt gewesen. Indessen ist dieser Mangel an Kleingeld in jenen Jahren aus der wirtschaftlichen Notlage zu erklären. Durch die anhaltenden Kriege mit den Barbaren wie in den eigenen Reihen war die Staatskasse leer, die Landwirtschaft lag brach, Inflation und Preissteigerungen bis zu 1000 % waren die Folge. Das Preisedikt Diocletians, in dem die Höchstpreise für über 900 Waren von der Wurst bis zu einem Mantel festgesetzt wurden, hatte nur zur Folge, daß die Waren vom offiziellen Markt verschwanden und schwarz gehandelt wurden. Steuern wurden nun größtenteils in Form von Naturalabgaben gezahlt, ebenso wie die Soldaten einen Teil ihrer Besoldung in Naturalien erhielten.

Zu den organisatorischen Maßnahmen Diocletians gehört auch die sogenannte Heeresreform, in deren Zuge nach allgemeiner Ansicht auch die *legio III Italica* drastisch verkleinert, d.h. in sechs Abteilungen aufgelöst worden ist, von denen nur eine in Regensburg verblieb. Die restlichen wurden in neugeschaffene Grenzkastelle und an wichtige Alpenübergänge verlegt, eine kam zum Feldheer. Castra

Regina gehörte nun zum sogenannten spätrömischen Rhein-Iller-Donau-Limes, der aus einer vergrößerten Anzahl räumlich verkleinerter Kastelle bestand, die im Laufe der Zeit durch eine immer dichtere Kette von Wachttürmen miteinander verbunden wurden. Der Ausbau dieser neuen raetischen Grenzverteidigung war im Anschluß an den Sieg Diocletians 288 n. Chr. in Angriff genommen worden.
Auf diesem historischen Hintergrund ist wohl damit zu rechnen, daß Castra Regina nicht längere Zeit unbesetzt war, die Truppe sich vielmehr bald an die Ausbesserungsarbeiten machte. Es war allerdings eine zusammengeschmolzene Truppe, die von dem größtenteils wüst gewordenen Umland gerade noch ausreichend mit Naturalien versorgt werden konnte. Auch Handel und Handwerk lagen danieder, weil die Lagervorstadt zerstört worden war. Geld floß daher in diesen Jahren nicht sehr reichlich nach Castra Regina.
Deswegen läßt sich der Zeitpunkt des Wiederaufbaus vorläufig nur vermuten. Die Bautätigkeit selbst ist aber archäologisch mehrfach nachgewiesen: Die Gebäude am Neupfarrplatz wurden zum dritten Mal aufgebaut, und an der Ecke Speicher-/Dreikronengasse wurden die Ruinen abgebrochen, der Schutt planiert und die Säulenhalle wieder benutzbar gemacht – allerdings lag der Fußboden dadurch jetzt einen halben Meter höher, und die schöne Basis der Säule (die im Schaufenster der Römer-Apotheke zu sehen ist) steckte unsichtbar im Schutt (Abb. 46). Die *fabrica* in der südöstlichen Lagerhälfte blieb dagegen als Ruine stehen. Dafür wurden in der nordöstlichen Lagerhälfte ganz entscheidende Umbauten vorgenommen: Man erweiterte die Baracken am Kopfende um die bisher fehlenden Offizierswohnungen (Abb. 33 Nr. 3b und Abb. 47). Außerdem wurde, wie bereits erwähnt, die Thermenanlage im Nordostviertel aufgegeben und durch einen luxuriösen Prachtbau ersetzt, den wir als »spätantike *principia*«, als Wohn- und Verwaltungsbau für den Praefekten gedeutet haben, wie jetzt im Zuge der Heeresreform der Kommandant hieß (Abb. 33 Nr. 4b). Obwohl von einem »Binnenkastell« wie in Eining bisher keine Spuren gefunden wurden, können diese Detailbeobachtungen zusammengenommen doch als Beweis dafür herangezogen werden, daß sich die verkleinerte Truppe in dem Nordostviertel des Lagers einrichtete und dort – ausweislich der nun nicht mehr abreißenden Münzreihe – bis zum endgültigen Abzug des römischen Heeres auch blieb.
Nach 288 änderte sich das Leben für die Menschen in und um Castra Regina in vielfacher Hinsicht. Durch den Umzug der Offiziere ins Lager wurde die Lagervorstadt praktisch aufgegeben. Es ist auch wahrscheinlich, daß der Lagerinnenraum, der durch die Verkleinerung der Legion frei geworden war, der restlichen Zivilbevölkerung, soweit sie überlebt hatte, zur Verfügung gestellt wurde. Schließlich lag die Sicherheit der Handwerker und vor allem der Bauern ganz im Sinne des Kaisers, da sie die Versorgung des Heeres gewährleisten mußten – eine Aufgabe, die oft mit großen Härten für die Zivilbevölkerung verbunden war.

Offizierswohnungen

Hinter dem Umzug der Offiziere stand wohl einerseits das Bedürfnis nach größerer Sicherheit, andererseits aber vielleicht auch die taktische Erwägung, daß die Zusammenlegung von Mannschaften und Vorgesetzten die Disziplin und Einsatzfreudigkeit der Truppe erhöht, da jetzt immer mehr germanische Söldner im Heer dienten. In den Baracken unter dem Niedermünster dokumentieren sie sich durch einen ständig steigenden Anteil an den Gefäßscherben, die zum Teil von eigenen aus der Heimat mitgebrachten Töpfen stammen, zum Teil von unbeholfenen Imitationen römischen Kochgeschirrs.

Als sich die Verhältnisse innerhalb der Lagermauern allmählich wieder normalisierten, blühte auch das Leben im *territorium legionis* in Ansätzen wieder auf. Verglichen mit früheren Zeiten allerdings nur in sehr bescheidenem Maße, denn nur knapp ein Fünftel der Gutshöfe wurde wieder aufgebaut, nur noch wenige Betriebe versorgten die reduzierte Truppe. Aus Angst vor den immer noch plündernd und brandschatzend durchs Land streunenden germanischen Horden (302/03 Zerstörung der *villa rustica* in Oberisling-Unterisling?) begannen diejenigen Romanen, die die Freiheit und die finanzielle Möglichkeit hatten, sich nach Italien abzusetzen. Das führte zu einem weiteren Rückgang der ohnehin von der immer noch ansteigenden Inflation betroffenen Wirtschaft, die zur Aufrechterhaltung der Truppenversorgung schließlich in eine staatlich reglementierte Zwangswirtschaft mündete. Den allgemein sinkenden Lebensstandard der Bevölkerung, soweit sie nicht beim Militär oder in der Zivilverwaltung tätig waren, spiegeln nicht zuletzt die immer schlichter ausgestatteten Gräber wider.

Trotzdem brachten es auch Handel und Handwerk wieder im Laufe der Zeit wenn auch nicht zu Reichtum, so doch zu einem bescheidenen Wohlstand. Voraussetzung war die constantinische Münzreform, die zumindest für die herrschende Oberschicht, die mit Geld besoldet wurde, vorteilhaft war. Auf diese Weise kam jetzt das Tafelgeschirr, die *terra sigillata*, aus den Argonnen, das Kochgeschirr aus Lavez (Speckstein) aus dem Alpenraum, das Glas aus dem Rheinland nach Raetien. In Regensburg hat sich allerdings von derartigen Luxusgütern oder Zeugen des Fernhandels nur wenig gefunden – die wirklich reichen Leute saßen wohl nach wie vor in Augsburg.

Juthungeneinfall

Diese sogenannte ›constantinische Nachblüte‹ hatte ein jähes Ende, als nach dem Tode Constantin I. 337 der Kampf um die Alleinherrschaft wieder begann, was sofort die Germanen auf den Plan rief. Für Castra Regina kam es zur nächsten und für das Umland wie den größten Teil des Lagers endgültig vernichtenden Katastrophe, als die Juthungen (357 n. Chr.?) in Raetien einbrachen und versuchten, »sogar Städte zu belagern, was sonst nicht in ihrer Gewohnheit lag«, wie Ammianus Marcellinus, ein schriftstellernder Soldat und Zeitgenosse schrieb. Daß davon auch Regensburg betroffen gewesen sein muß, geht aus den abermaligen Zerstörungsspuren hervor. Wieder brannten an der *via principalis* die Häuser, stürzten die Dächer ein und begruben die Geldkassetten und Sparstrümpfe unter sich: Zwei Münzschätze wurden dort gefunden, deren jüngste Prägung aus dem Jahr 350/52 stammt. Die Münzen waren teilweise stark vom Feuer angegriffen, teils noch so gut erhalten, daß sie nicht lange in Umlauf gewesen sein können. Das gleiche gilt für den Schatzfund mit 140 Münzen vom Domplatz (1900 gefunden), die 355 n. Chr. enden. Hier haben wir einmal die drastisch anschauliche und leider so seltene Übereinstimmung zwischen den schriftlichen Nachrichten und dem archäologischen Befund, die sich Archäologen und Historiker immer so sehr wünschen.

Nach dem Juthungeneinfall reduzierte sich das Leben in Castra Regina weitgehend auf die Nordostecke. Die Verdichtung der Münzreihe unterm Niedermünster gegen Ende des 4. und noch zu Beginn des 5. Jahrhunderts zeigt sogar deutlich, daß hier noch bis zuletzt römische Verwaltung funktionierte. Andere Bereiche des Lagers verfielen dagegen rasch: Die Gebäude am Neupfarrplatz wurden nicht mehr instandgesetzt, über den Ruinen bildete sich Humus – vielleicht weideten hier die letzten römischen Kühe.

Man kann wohl annehmen, daß überall außerhalb des Militärbezirkes, insbesondere im *territorium legionis*, mehr oder weniger das Chaos herrschte und jeder nur an das eigene Überleben dachte. Für den »kleinen Mann«, den Handwerker und Bauern, muß es eine schlimme Zeit gewesen sein, die uns der Zeitgenosse Libanios (314–393 n. Chr.) in seiner Leichenrede auf Kaiser Iulianus (den Sieger über die Juthungen 357 n. Chr. bei Straßburg) eindrücklich schildert: »*Er (Constantius II., Mitkaiser und Vetter Iulians) öffnete den Barbaren durch Briefe die römischen Grenzen und stellte es ihnen frei, Land in Besitz zu nehmen, soviel sie könnten … So fielen ihnen die reichen Städte als wehrlose Beute zu. Da wurden Dörfer geplündert, Mauern niedergelegt, Geld eingetrieben, Frauen und Kinder weggeholt; und sie (die Bewohner) mußten mitkommen, um als Sklaven zu arbeiten, die Unglücklichen, und ihren eigenen Besitz auf den Schultern schleppen. Wer es nicht ertragen konnte, Sklave zu sein und darüber weinte, Weib und Kind dem Übermut preisgegeben zu sehen, der wurde abgeschlachtet. Das uns weggenommene Gut trug man fort; die Sieger bestellten unseren Boden mit ihren Händen, ihren eigenen mit denen der Gefangenen. Die Städte, die durch die Stärke ihrer Mauern von der Eroberung verschont geblieben waren, hatten tatsächlich nur ganz wenig Land, die Menschen griffen nach allem Eßbaren und gingen doch durch Hunger zugrunde, bis sie auf eine so geringe Zahl herunterkamen, daß die Städte selbst zum Ackerland wurden und das Stadtgebiet samt dem unbewohnten Raum innerhalb der Umfassung für den Ackerbau genügte. Das Rind wurde angespannt, der Pflug gezogen, die Saat ausgestreut, es folgten Ähren und Ernte und Dreschen, alles innerhalb der Tore; man könnte nicht sagen, den Gefangenen ging es elender als den zu Hause Gebliebenen.*«

Chaos

Zwar bezieht sich diese Schilderung auf Gallien, aber sie trifft sicherlich ebenso für Raetien zu. Auch die Situation der Städte wird man auf Castra Regina übertragen dürfen, in der die Germanen eine immer größer werdende Rolle spielten. Anschaulich demonstrieren dies die Funde aus der Grabung Niedermünster: Keramik, wie sie sonst nur an der Elbe gebräuchlich war, herrscht jetzt vor, dazu kommen germanische Schmuckkämme, die alamannisch-juthungischen Söldnern gehört haben müssen. Immer mehr verwischte sich die offizielle scharfe Trennung in Freund und Feind, die Verschmelzung zwischen zwei Kulturen begann. Und als die Römer ihre regulären Truppen abzogen – 408 n. Chr. bricht die Münzreihe im Niedermünster ab –, nahmen die Germanen, zum Teil übergelaufene ehemalige Söldner, überwiegend wohl neuangekommene Eroberer, die römischen Gebäude in ihren Besitz. Von nun an gehörte Castra Regina ihnen – wenn auch vielleicht vorläufig nur de facto, weil de nomine, d.h. offiziell die Provinz Raetien immer noch zum römischen Reich gehörte. Wie man weiß, hat 430 n. Chr. der römische Feldherr Aetius noch einmal ein Heer nach Raetien geführt und die Juthungen besiegt. Das Heer kehrte aber über die Alpen nach Italien zurück, und die Verteidigung der Provinz blieb germanischen Verbänden überlassen. Solche Verträge mit den Barbaren waren schon seit langer Zeit oft die einzige Möglichkeit gewesen, die Nordgrenze noch aufrechtzuerhalten. Aber es war keine Dauerlösung – den gewaltigen Völkerbewegungen, die Europa erschütterten, war Rom nicht mehr gewachsen. Nach dem Tode des Aetius (454 n. Chr.) war die germanische Herrschaft über Raetien unangefochten und seit 476 auch in Rom selbst, nachdem ein germanischer König den Thron des weströmischen Reiches bestiegen hatte.

In Regensburg dauerte es allerdings eineinhalb Jahrhunderte, bis die neuen Herren als solche auch in der Geschichte in Erscheinung treten. Das wundert einen aber gar nicht, wenn man die Bodenfunde näher betrachtet und sieht, wie barbarisch und hilflos sich die Germanen anfangs gegenüber der Raffinesse römischer Kultur verhielten: Die Offizierswohnungen unterm Niedermünster wurden zwar bewohnt, aber die Fußbodenheizung wurde nicht mehr in Betrieb genommen und die Heizkanäle füllten sich langsam mit Erde und Abfall. Offensichtlich blieb man bei den alten Sitten: man fror oder nahm den Bärenpelz.

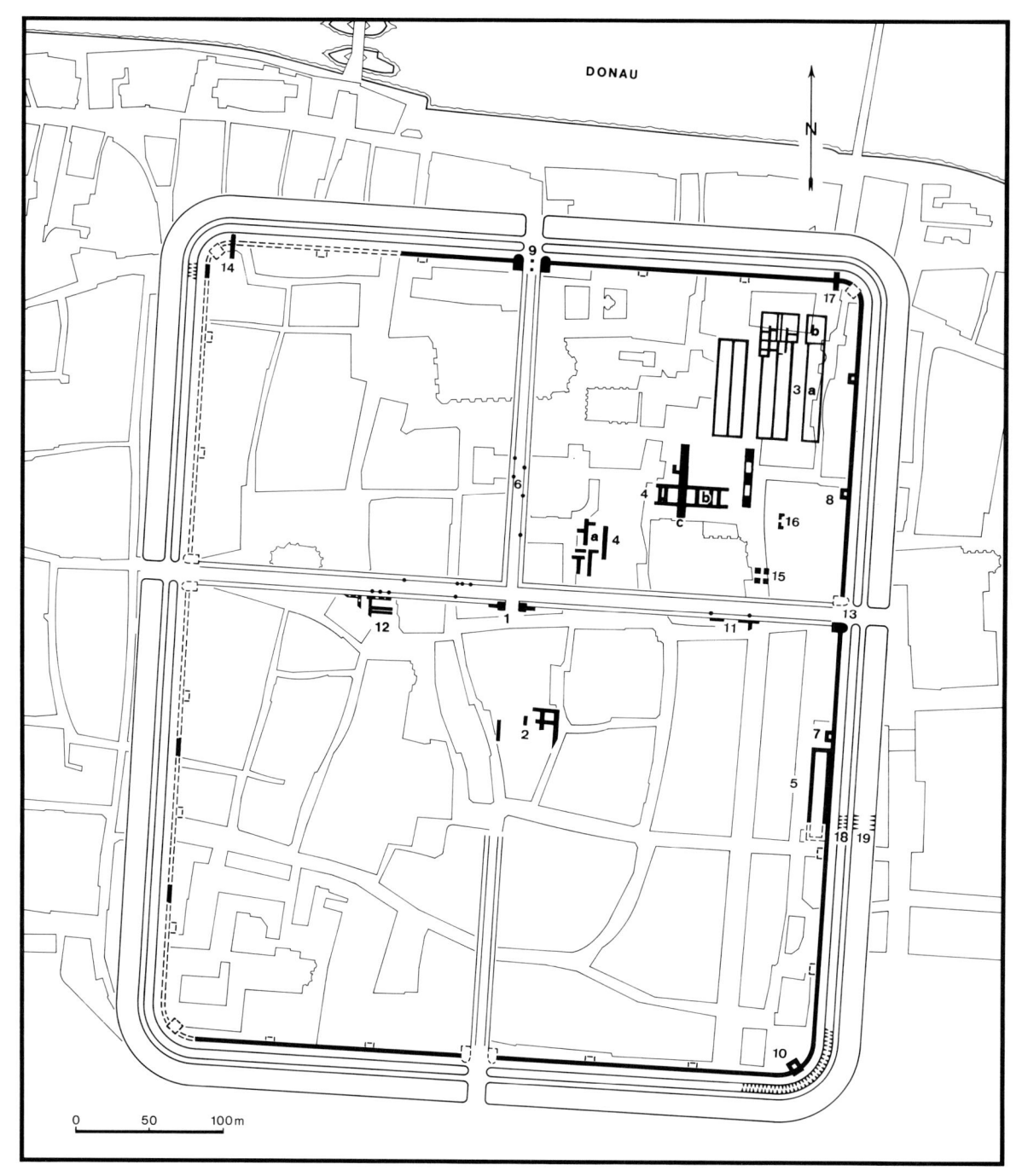

◁ Abb. 33: Plan des Legionslagers Castra Regina im 2.–4. Jahrhundert n. Chr. 1 Eingang zum Lagerhauptquartier *(principia)* im 2. und 3. Jahrhundert; 2 Unterkunft des Legionskommandanten oder Lagerpraefekten *(praetorium);* 3 Mannschaftsbaracken. a) Unterkünfte für je 100 Mann, b) Wohnungen für die Hauptleute aus dem 4. Jahrhundert; 4a) und b) Badegebäude des 2. und 3. Jahrhunderts, spätantike *principia* des 4. Jahrhunderts, c) massives Steingebäude der jüngsten Umbauphase; 5 Werkhalle *(fabrica);* 6 Säulenhallen *(porticus)* zu beiden Seiten der Lagerhauptstraßen; 7–8 Mauertürme; 9 Nordtor *(porta praetoria);* 10 Eckturm an der freigelegten Südostecke (Ernst-Reuter-Platz); 11 Verlauf der östlichen Lagerhauptstraße *(via principalis dextra)* mit anschließenden Gebäuden, Grabung Ecke Speicher-/Dreikronengasse 1969; 12 Verlauf der westlichen Lagerhauptstraße *(via principalis sinistra)* mit anschließenden Gebäuden, Grabung Neupfarrplatz 1972; 13 Osttor *(porta principalis dextra),* in dessen Fundamenten 1873 die Bauinschrift gefunden wurde; 14 und 17 Abwässerkanäle; 15 Ziegelpfeiler einer Heizanlage; 16 Wasserbecken einer Badeeinrichtung; 18 Spitzgraben; 19 Sohlgraben.

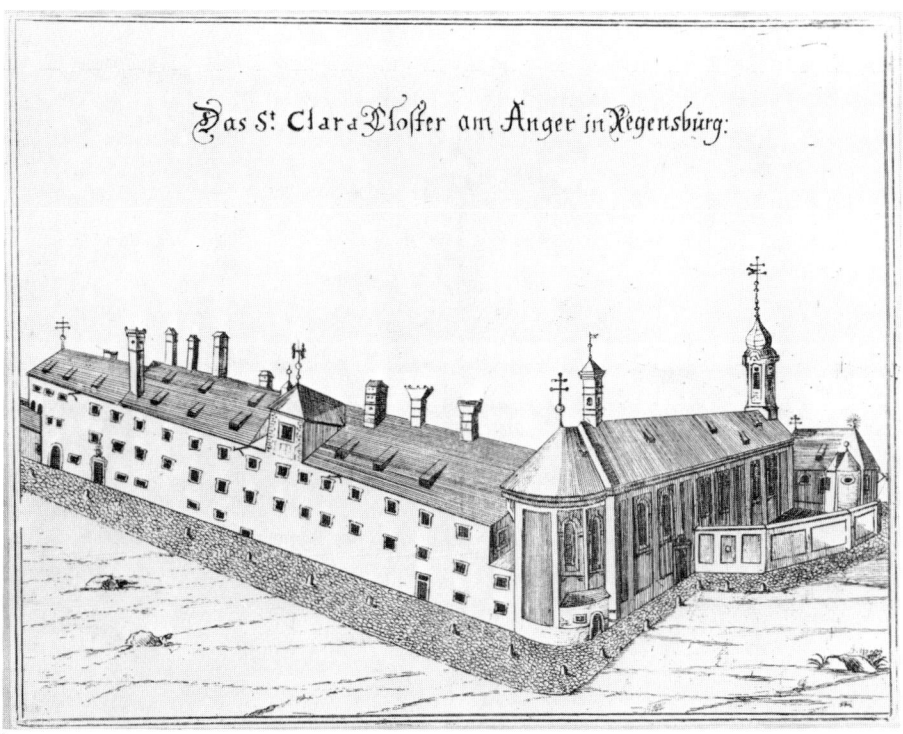

Abb. 34: Zeichnung des Klosters St. Clara, auf der außen rechts als halbrunder Vorbau die kleine Kapelle »Zum nackten Hergott« zu erkennen ist. Ihrer Lage nach zu schließen, könnte sie auf den Fundamenten des südlichen Torturmes der *porta principalis dextra* errichtet worden sein.

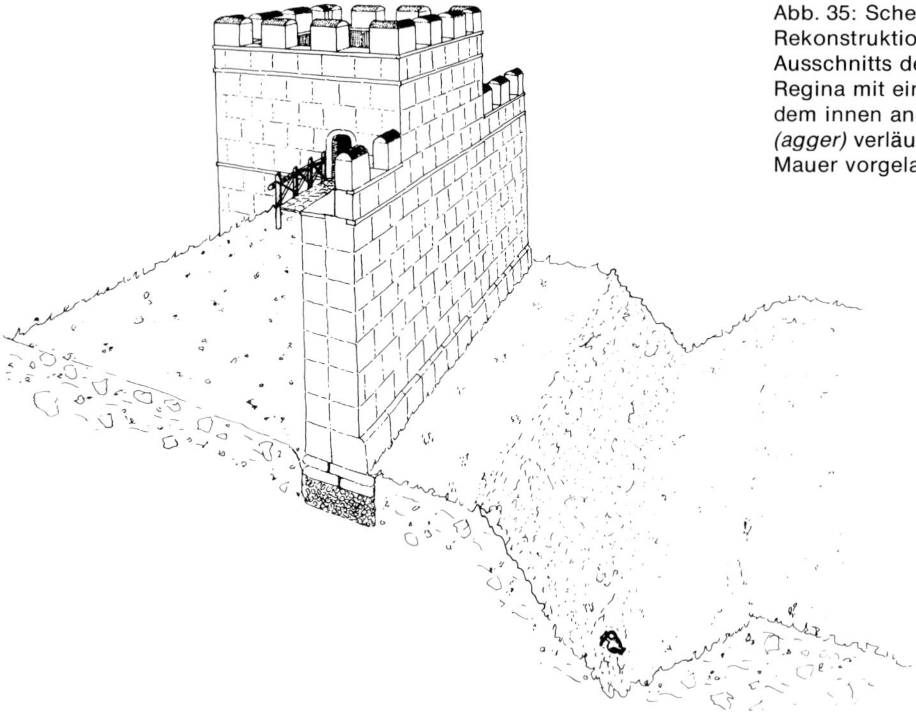

Abb. 35: Schematischer Rekonstruktionsversuch eines Ausschnitts der Lagermauer von Castra Regina mit einem Zwischenturm. Auf dem innen angeschütteten Erdwall *(agger)* verläuft der Wehrgang. Der Mauer vorgelagert ist der Spitzgraben.

Abb. 37: Die *porta praetoria* in Regensburg, von der Donau her gesehen. Das Nordtor des Legionslagers Castra Regina besaß ursprünglich eine doppeltorige Einfahrt, die von zwei Türmen flankiert wurde. Erhalten sind noch der östliche Torturm und die westliche Tordurchfahrt.

Abb. 36: Legionslager Castra Regina, Mauerturm. Quaderfundament des an die Innenfront der Lagermauer angebauten Turmes südlich vom Osttor. Grabung 1972 unterm Parkhaus am Dachauplatz.

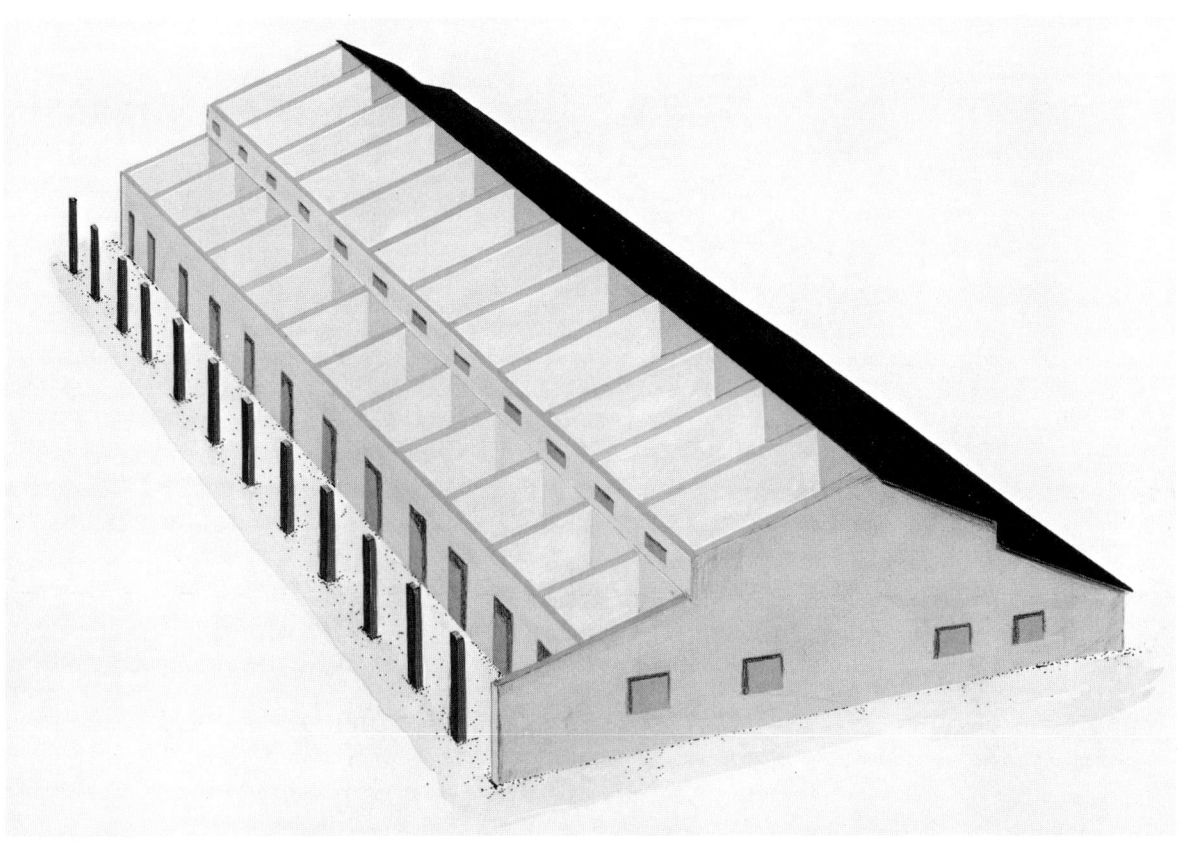

Abb. 39: Schematische Rekonstruktion einer Doppelbaracke, in der sich die Legionarsunterkünfte befanden. Das abgehobene Dach der linken Baracke läßt die Dreiteilung erkennen: Die rückwärts gelegenen größeren Kammern dienten als Schlafräume; die vorderen als Aufbewahrungsort für Waffen und Ausrüstung. Vor der Außenfront verlief eine offene, von Holzsäulen getragene Veranda.

◁ Abb. 38: Die *porta praetoria* in Regensburg, Grundriß und Rekonstruktion mit Eintragung des heute sichtbaren Baubestandes. Die zunächst zweitorige Anlage wurde zu einem unbekannten Zeitpunkt durch das Zusetzen der östlichen Durchfahrt umgestaltet. Das Fundament des westlichen Torturmes wurde erst bei der Grabung 1971 entdeckt. Die obere Linie in den Tordurchfahrten kennzeichnet das heutige, die untere das ursprüngliche Straßenniveau. Die Rekonstruktion wurde im wesentlichen nach der *Porta nigra* in Trier entworfen.

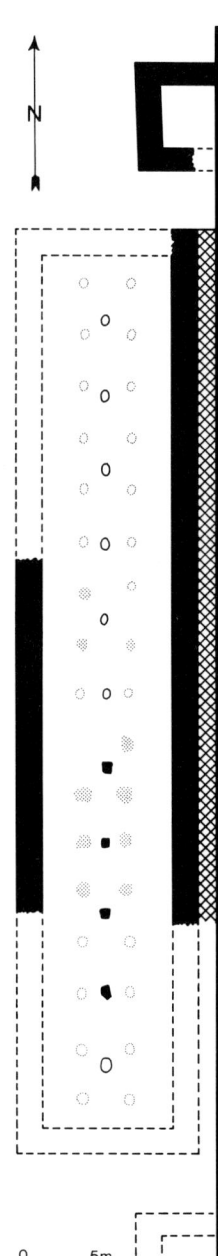

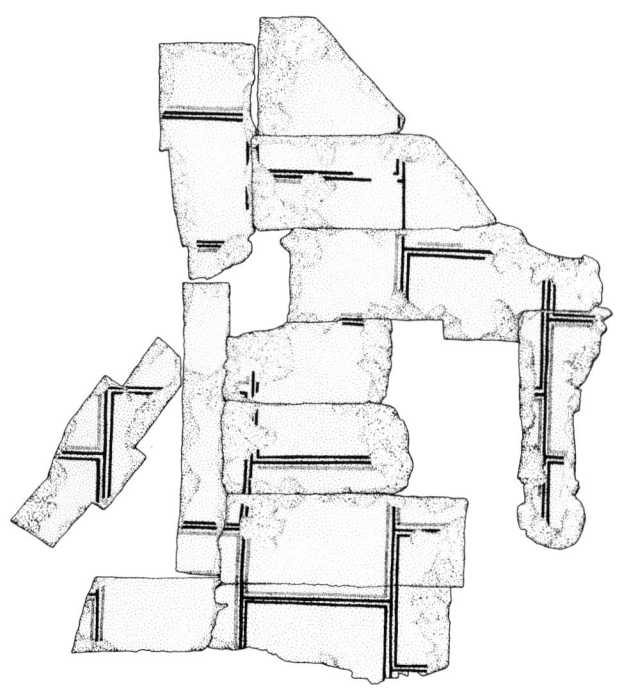

Abb. 41: Farbige Wandmalerei im Inneren der Werkhalle *(fabrica)* des Legionslagers Castra Regina. Die *fabrica* wurde beim Alamannensturm am Ende des 3. Jahrhunderts zerstört und nicht wieder aufgebaut. Das Gebäude stand aber noch eine Zeitlang als Ruine, bevor die Wände einstürzten. Dabei fiel die Westwand in voller Länge ins Innere der Halle um und blieb so liegen bis zur Ausgrabung 1972. Von dem bemalten Putz der Innenwand hatte sich so viel erhalten, daß man die Höhe der *fabrica* mit rund 7,00 m berechnen und nachweisen konnte, daß sie kein Zwischengeschoß besessen hatte. Höhe eines Quadrats ca. 1 m.

Abb. 40: Römische Werkhalle *(fabrica)* an der Ostseite des Legionslagers Castra Regina, heute unter dem Parkhaus am Dachauplatz. Ausgegrabene Mauern sind schwarz eingetragen, die ergänzten Fundamente gestrichelt. Der Plan vereinigt zwei aufeinanderfolgende Bauphasen: In einer älteren war die Halle dreischiffig (Pfeilerreihen gerastert); dann erfolgte ein Umbau und das Dach wurde nur noch von einer einzigen Firstreihe getragen (schwarze Pfeilerreihe). Zugleich wurde in dieser jüngeren Phase die Ostwand der *fabrica* mit der Quadermauer des Legionslagers durch eine Mörtelmauer fest verbunden (kreuzschraffiert), so daß die Lagermauer in diesem Bereich eine Gesamtstärke von 4,60 m erhielt. – Nördlich der *fabrica* wurde ein Mauerturm aufgedeckt.

Abb. 42: Abwasserkanal in der Nordostecke des Legionslagers Castra Regina. Blick in den 1,70 m tiefen, gequaderten und mit Kalksteinplatten abgedeckten römischen Abwasserkanal. Der Kanal zieht unter der Lagermauer hindurch Richtung Donau. Baubeobachtung LfD 1974.

Abb. 43: Bei den Ausgrabungen Am Frauenbergl 4 fanden sich Überreste einer zweifachen Zerstörung innerhalb des Legionslagers. Der untere Säulenstumpf, der zu einer Wandelhalle an der *via praetoria* gehörte, steht noch an seiner ursprünglichen Stelle. Als der Wiederaufbau begann, errichtete man die Säule für die neue Wandelhalle, um nur wenige cm verschoben, über dem alten Stumpf.

Abb. 44: Bronzestatuette des Gottes Merkur mit Flügelhut, dem Umhang über der linken Schulter, den zugeschnürten Geldsack in der Linken und die verbogenen Reste des Schlangenstabes (Kerykeion) in der Rechten. Die provinzielle Arbeit, die vielleicht auf dem Hausaltar eines Offiziers oder als Weihegabe eines Soldaten in einem Lagerheiligtum stand, wurde 1972 bei den Ausgrabungen an der Ecke Speicher-/Dreikronengasse gefunden, wo sie beim Brand des Legionslagers am Ende des 3. Jahrhunderts n. Chr. in den Boden geraten war. – Höhe 12,5 cm; MSR Inv. Nr. 1977, 277.

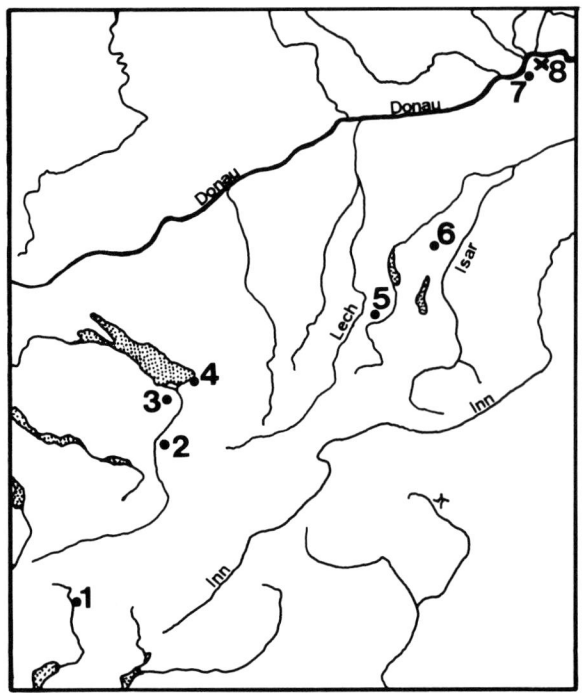

Abb. 45: Die Auswirkungen des Alamanneneinfalls von 288 n. Chr. Münzschätze mit dem Schlußdatum ca. 288 n. Chr.: 1 Malvaglia; 2 Lutzengüetle; 3 Balgach; 4 Kennelbach bei Bregenz (?); 5 Peissenberg Lkr. Weilheim (?); 6 Lochhausen, Stadt München; 7 Großberg Ldkr. Regensburg (nach B. Overbeck, JNG 20, 1970, 92 Abb. 5); 8 Zerstörungsspuren an Gebäuden in Castra Regina (aufgrund von münzdatierten Schichten nach 270/75: *fabrica*, Ecke Speicher-/Dreikronengasse und Am Frauenbergl; aufgrund des Münzspektrums: Baracken unterm Niedermünster und Grabung auf dem Alten Kornmarkt (?); aufgrund der Schichtenabfolge wahrscheinlich: Neupfarrplatz und Lagerdorf).

Abb. 46: Zerstörungsspuren im Legionslager Castra Regina an der östlichen Lagerhauptstraße *(via principalis dextra)*. Bei den Grabungen Ecke Speicher-/ Dreikronengasse wurden das Quaderfundament und der Stumpf einer Säule gefunden, die zur südlichen *porticus* gehörten, und die noch an ihrem ursprünglichen Platz standen. Bei dem Alamanneneinfall am Ende des 3. Jahrhunderts wurde die *porticus* zerstört, übrig blieb nur der Säulenstumpf. Als man an den Wiederaufbau ging, planierte man den Schutt ein, und erhöhte damit das Gehniveau um einen halben Meter. Der Brandschutt der Zerstörung zeichnet sich als dunkles Band links von dem unteren Säulenwulst (weißes Ende des Meterstabes) ab; gleich darüber die Planierungsschicht aus großen Bruchsteinen. – Die Säule steht heute im Schaufenster der Römerapotheke, 5 Meter über ihrem ursprünglichen Aufstellungsort.

Abb. 47: Plan der ›Offizierswohnungen‹ des 4. Jahrhunderts n. Chr. im Legionslager, freigelegt in den Ausgrabungen unter dem Niedermünster. (Nach K. Schwarz 1977)

Die Weststadt:
Donausiedlung und canabae

Die Schiffslände – Entlang der Straße, den Fluß hinab – Die ältesten Holzhäuser – Schutt und Asche auf dem Bismarckplatz – Ein Goldschatz bleibt zurück – Der Troß kommt – Das Villenviertel um den Arnulfsplatz – Basare am Bismarckplatz

Neben zahlreichen älteren Fundbeobachtungen gaben vor allem die beiden großen, in den Jahren 1976 und 1977 durchgeführten Grabungen auf dem Bismarckplatz und hinter dem Arnulfsplatz die entscheidenden Hinweise auf die Struktur der römischen Besiedlung im Bereich der Weststadt. Es ist damit das Gebiet westlich des Legionslagers gemeint, das, im Norden von der Donau begrenzt, sich im Süden bis St. Emmeram, im Westen bis etwa zum Judenstein erstreckt. Innerhalb dieses Bereiches fanden sich bei Bodeneingriffen immer wieder Spuren römischer Besiedlung.

Mitten durch die Weststadt führte die Fortsetzung der Straße, die von Augusta Vindelicum (Augsburg) kommend am Kumpfmühler Kastell vorbeilief und vielleicht im Zuge des heutigen Weißgerbergrabens auf das Südufer der Donau traf. In diesem Bereich befand sich wohl von Anfang an ein einfacher Anlegeplatz, eine Schiffslände, von der allerdings nur Spuren zutage gekommen sind (Abb. 48, Nr. 1). Beim Fundamentieren des südlichen Widerlagers für den Eisernen Steg im Jahre 1900 stieß man in 4 m Tiefe auf den Felsgrund, der nach Angaben der Bauarbeiter künstlich geebnet gewesen sein soll. Auf jeden Fall fand man Keramik, auch *terra sigillata*, Nägel, Beile, einen Bronzebeschlag mit Medusenhaupt, Münzen und anderes, also insgesamt Gegenstände, die an einem Ankerplatz verloren gehen können. Röm. Schiffslände

Zwar hatte bereits Steinmetz vermutet, daß sich um die Schiffslände herum eine kleine Ansiedlung entwickelt hatte. Aber es war doch eine Überraschung bei den Grabungen 1976/77 gewesen, als man erkannte, daß schon sehr früh, gegen Ende des 1. Jahrhunderts n. Chr. und damit also gleichzeitig mit dem Kastell Kumpfmühl, entlang der Straße zum Fluß hinab ein langgezogenes Dorf *(vicus)* entstanden war, das bereits am Bismarckplatz begann. In dieser »Donausiedlung« hatten sich wohl vornehmlich Händler und Handwerker niedergelassen, die vom Warenumschlag zur Versorgung des Kastells auf der Kumpfmühler Höhe ebenso profitierten wie vom Handel mit den auf der gegenüberliegenden Seite des Stromes beheimateten Germanen. Donausiedlung

Dieser *vicus* muß sehr schnell eine größere Ausdehnung erreicht haben, denn einzelne Funde aus dieser allerersten Zeit römischer Besiedlung im Stadtbereich kamen im Laufe der letzten Jahrzehnte an den verschiedensten Stellen zum Vorschein (so am Beraiterweg, in der Kreuzgasse, Krebsgasse, am Haidplatz und Hinter der Grieb, ja sogar im Areal des späteren Legionslagers in der Weißen Lilien Straße und Am Königshof), wenn auch offen bleiben muß, wie dicht die Besiedlung mit zunehmendem Abstand von der Straße gewesen ist.

Aus diesen Streufunden konnte man sich aber bisher kein rechtes Bild machen. Erst die Grabungsbefunde 1967/77 ließen eine Struktur erkennen (Abb. 49). Offenbar besaßen die Häuser der Donausiedlung den für die römischen Straßendörfer typischen lang-rechteckigen Grundriß, ihre Schmalfronten wiesen zur Straße, die Eingänge waren mit offenen, von Säulen getragenen Vorhallen überdacht wie die *taberna* in Kumpfmühl (Abb. 23 Nr. 4, links). Alle Gebäude waren durchweg reine Holzbauten, die auch keine gemauerten Fundamente besaßen. Das Fachwerk, aus dem die Wände bestanden, war entweder unmittelbar vom Boden aus errichtet oder in im Boden versenkten sogenannten Schwellbalken befestigt, die sich als lange, schmale, dunkle Fundamentgräben im Boden abzeichneten. Das Fachwerk selbst bestand aus Pfosten, die durch Flechtwerk miteinander verbunden wurden, das mit Lehm verstrichen war (Abb. 50). Möglicherweise – archäologisch ließ sich das nicht nachweisen – waren die Wände außen mit Holzschindeln gegen die Witterung geschützt, vielleicht aber auch mit Lehm verputzt, so daß sie kein ›Sichtfachwerk‹ zeigten. Die Innenräume waren wohl öfters geweißt. Die Fußböden bestanden aus festgestampftem Lehm, vielleicht gab es auch Holzfußböden, selten einen Estrich aus Kalkmörtel. Die Fenster waren nicht sehr groß, den Eisengittern nach zu schließen, mit denen man sie – ähnlich unseren Kellerfenstern – einbruchssicher machte (Abb. 51). Es gab auch Fensterläden aus Eisen, die meisten waren aber sicher aus Holz. Die Dächer waren mit Ziegeln gedeckt. Geheizt wurde mit offenen Feuerstellen, die gleichzeitig als Kochherde dienten. Sie bestanden aus 10–20 cm hohen, runden oder ovalen Lehmsockeln, die zuweilen mit Ziegelplatten gedeckt waren und über denen man sich jeweils einen aus Ziegeln gemauerten Rauchfang vorstellen muß (Abb. 52). Die Herde sahen demnach nicht viel anders aus als unsere offenen Kamine heutzutage, in denen ja auch gerne gegrillt wird.

Markomanneneinfall

Die Donausiedlung wurde offenbar gleichzeitig mit dem Kastell Kumpfmühl im Zuge des Markomanneneinfalls um 170 n. Chr. eingeäschert. Das kann man aus den Kleinfunden (Scherben und Münzen) des ältesten Zerstörungshorizontes schließen. Diese Zerstörung durch Feuer dokumentierte sich in der gesamten Grabungsfläche auf die immer gleiche Weise: über einer wenige Zentimeter starken schwarzen Holzkohleschicht, dem Rest der verbrannten Balken der Wände und des Dachstuhls, lag eine bis zu 40 cm dicke Schuttschicht aus den Dachziegeln der eingestürzten Häuser (S. 149). Ausdehnung und Mächtigkeit dieser beiden Schichten waren so auffällig, daß sie nicht mit einem lokalen Schadfeuer, sondern mit einer großflächigen Katastrophe erklärt werden müssen.

Als man einige Zeit später daranging, die Häuser wieder aufzubauen, schaffte man diesen Schutt nicht fort, sondern – wie allgemein üblich in der Vorgeschichte und noch im Mittelalter – planierte den Boden lediglich. Das gleiche geschah auch nach späteren Bränden, die entweder ebenfalls mit kriegerischen Ereignissen in Verbindung gebracht werden können oder – im Falle der zahlreichen schmalen Bänder – durch zufällige Schadfeuer entstanden sind, so daß sich das Straßenniveau allmählich anhob. Bei den Ausgrabungen auf dem Bismarckplatz konnten mindestens drei übereinanderliegende, durch ihre unterschiedliche Beschaffenheit klar voneinander abgrenzbare Schichtpakete erkannt werden, die sich jeweils aus einer Kulturschicht mit mehreren Wohnhorizonten und einer dazugehörigen Zerstörungsschicht zusammensetzten. Auf Grund eines in der Stadtkern-Archäologie seltenen Glücksumstandes war diese Schichtabfolge auf weite Strecken hin ungestört. Einer der Grabungsausschnitte lag nämlich genau zwischen den beiden mittelalterlichen Gräben des Herzogs Arnulf von 917/19 und damit in einem Bereich, der im Mittelalter nicht mehr überbaut worden ist. Auf diese Weise hatten sich die römischen Schichten in einer Mächtigkeit bis zu eineinhalb Metern unbeschädigt erhalten. Die Auswertung der vielen Funde wird unsere Kenntnisse von der Entwicklung der Keramik – nach wie vor für den Archäologen das wichtigste Hilfsmittel zur Identifizierung und Datierung vorgeschichtlicher Perioden – entscheidend verbessern.

Man darf sich den Untergang der Donausiedlung wohl ähnlich dramatisch wie den von Kumpfmühl vorstellen. Anders sind Funde wie der Schatz mit sieben Goldmünzen aus den Jahren 54–144 n. Chr., der 1901 an der Ecke Gesandtenstraße/ Am Ölberg im Schutt auf den Resten »eines Hypokaustums« gefunden wurde, kaum zu erklären (Abb. 48 Nr. 6). Anscheinend handelte es sich bei diesem Haus um einen anderen, besser ausgestatteten Typ als den eben beschriebenen, weil solche Fußbodenheizungen 1976/77 in den Gebäuden parallel der Hauptstraße nicht gefunden wurden. Möglicherweise stand also hier etwas abseits vom großen Verkehr die Villa eines vom Handel reich gewordenen Kaufmannes, der sich auch den Luxus eines für die Befeuerung zuständigen Sklaven leisten konnte (Fußbodenheizungen waren zwar praktisch und sicher auch billig, aber sie erforderten eine permanente Bedienung, um die Glut zu erhalten und bei Bedarf wieder anzufachen). Als die Markomannen die Donausiedlung überfielen, war es dem Hausherrn offenbar nicht einmal möglich, die vielleicht in einem Beutelchen unter einem losen Ziegel im Fußboden verborgenen Münzen an sich zu raffen, so hastig mußte er fliehen, um nur wenigstens das nackte Leben zu retten. Und es ist zu befürchten, das ihm nicht einmal das gelang, sonst wäre er ja sicher zurückgekehrt, um im Schutt seines niedergebrannten Hauses nach dem versteckten Geld zu wühlen.

canabae

Einige Zeit wird der *vicus* wenig mehr als ein rauchender Trümmerhaufen gewesen sein. Erst als Kaiser Mark Aurel das Lager der 3. italischen Legion aufschlagen ließ, belebte sich die zerstörte Stätte wieder. Hier entstanden jetzt die *canabae*, d.h. die zur Garnison gehörige Lagervorstadt: der Standort der zivilen Handwerker; der – immer noch ledigen – Frauen der Soldaten und ihrer Sklaven, die im Troß mitgezogen waren; und der Offiziere, die nicht in der Kaserne wohnen mußten. Schnell fanden sich auch wieder Händler ein, die den Italikern jene von ihrer Heimat Italien her gewohnten Luxusgüter – feines Geschirr aus Ton und Glas, Wein und südliches Obst – verschafften, auf die sie auch in Regensburg nicht verzichten wollten, und auch nicht brauchten, denn der Sold eines Legionars war etwa dreimal so hoch wie der eines Auxiliarsoldaten. Ein großer Teil des Geldes wird wohl bei Wein und Würfelspiel davongeflossen sein, so daß man die Zahl der Wirtshäuser um den Bismarckplatz herum und entlang der Gesandtenstraße gar nicht hoch genug einschätzen kann. Dazu kamen die Geldverleiher für diejenigen Soldaten, die beim Würfeln etwas unvorsichtig geworden waren; Notare für solche, die das Gewonnene sogleich anlegen oder ihr Testament machen wollten; ein Auktionär, der das leichtfertig Versetzte öffentlich versteigerte; Quacksalber für die Wehleidigen, die dem Können des Stabsarztes, und Devotionalienhändler für die Abergläubischen, die der Macht Iupiters mißtrauten; Juweliere, die den Schmuck anfertigten, mit dem die Legionäre sich die Mädchen gewannen, die in den vielen Kneipen arbeiteten – römische Wirtshäuser waren mehr oder weniger Bordelle. Außerdem ließen sich viele Einheimische, die sich wieder aus den Wäldern gewagt hatten, nachdem die Römer die Markomannen siegreich aus Raetien vertrieben hatten, als Spezialisten für die Herstellung von Tongefäßen, Werkzeugen oder Textilien hier nieder. Es war eine bunt gemischte Gesellschaft, die sich in Haarfarbe, Sprache und Kleidung lebhaft voneinander unterschied. Archäologisch läßt sich diese Vielfalt immerhin andeutungsweise erkennen, z.B. an ganz bestimmten Formen der Keramik oder des Schmuckes, die zum Teil vom Rhein oder der unteren Donau vermittelt worden sein müssen, zum Teil in Raetien oder sogar eindeutig in Regensburg selbst hergestellt worden sind.

Bei der Errichtung der *canabae* behielt man das alte Straßennetz bei, ja man richtete sogar die Straßenführung des Legionslagers danach aus. Die neuen Häuser wurden ebenfalls wie gewohnt in Fachwerkbauweise errichtet, auch die Schiffslände nahm man gleich wieder in Betrieb. Bei den erwähnten Fundamentierungsarbeiten für den Eisernen Steg fand man nämlich auch mehrere große Quaderblöcke, wie sie zum Bau der Legionslagermauer verwendet worden sind. Von Kapfelberg, wo sich die wichtigsten Steinbrüche befanden, schiffte man die Blöcke donauabwärts zu den Baustellen. Einmal muß ein Unglück passiert sein, als ein Transportschiff im Bereich der Schiffslände kenterte und seine Ladung nicht wieder geborgen werden konnte: Vier dieser Quader fanden die Brückenbauer des Ei-

Ein Schiffsunglück

sernen Stegs in regelloser Anordnung am Grunde des römischen Ankerplatzes wieder auf.

Die *canabae* wuchsen schnell von einem Straßendorf zu einer Niederlassung von beträchtlicher Größe und schließlich fast stadtartiger Prägung heran. Mangels eindeutiger archäologischer oder historischer Zeugnisse muß freilich bisher offenbleiben, welcher Art ihre Selbstverwaltung war oder ob sie sogar den Status eines *municipiums* verliehen bekamen wie beispielsweise die *canabae* von Lauriacum, dem Lager der 2. italischen Legion, unter Caracalla. Gerade über den Rechtsstand der *canabae* im allgemeinen weiß man noch sehr wenig, und ein wichtiger diesbezüglicher Fund aus Regensburg selbst hat zu der Verwirrung nur noch mehr beigetragen. Es handelt sich um den Altar (Abb. 53, Nr. I 4), den der Aedil Aurelius Artissius dem Volkanus, dem Gott der Schmiede und dem Herrn des Feuers, geweiht hat. Volkanus versinnbildlichte nicht nur den lebensspendenden Funken des Herdfeuers, sondern auch die tödliche Gefahr des Brandes; und ein Aedil war einer der vielen Beamten, die für ein Jahr einen ehrenamtlichen Verwaltungsposten in einer städtischen Gemeinde versahen. Er übte eine Art polizeilicher Aufsicht über Tempel, öffentliche Straßen, Märkte und Gewerbe aus, weshalb man ihn etwa mit dem Direktor des Amtes für öffentliche Ordnung vergleichen kann. Seit wann nun aber die *canabae* von Castra Regina auf Grund der Existenz eines einmal genannten Aedilen ihre eigene Gemeindeverwaltung hatten, muß auf Grund der schwer aufzulösenden Abkürzungen der Inschrift und ihrer unsicheren Datierung vorläufig fraglich bleiben.

Nach einigen Jahrzehnten brannten die Holzhäuser der *canabae* nieder und wurden im Rahmen einer großzügigen Planung durch Steinbauten ersetzt (Abb. 54 und 55). Den Zeitpunkt dieser Zerstörung wird man erst nach der wissenschaftlichen Bearbeitung des Fundmaterials aus den Grabungen 1976/77 mit Sicherheit wissen, aber der Münzreihe nach zu schließen war es das Katastrophenjahr um 244, und der Wiederaufbau erfolgte gleichzeitig mit dem Steinausbau im Lager.

Neubau in Stein

Der Bebauungsplan des *canabae* sah eine Untergliederung des Areals in jeweils große rechteckige oder quadratische Gebäudekomplexe vor, die auf allen vier Seiten von Straßen begrenzt waren. Eine solchermaßen umgrenzte Baueinheit bezeichneten die Römer als *insula* – ein Begriff, der im deutschen Wort ›Insel‹ erhalten geblieben ist. Die *insulae* beherbergten gewerbliche Einrichtungen aller Art oder großflächige Wohneinheiten.

Teile eines solchen ungewöhnlich umfangreichen Quartiers – die *insulae* von Lauriacum sind nur halb so groß! – konnten hinter dem Arnulfsplatz auf einer Fläche von 60 m Länge und 25 m Breite freigelegt werden (Abb. 56). Auf keiner Seite stieß man auf einen Abschluß des Gebäudes, das demnach noch wesentlich größer gewesen sein muß. Den architektonischen Mittelpunkt des Baus (möglicherweise der ganzen *insula*) bildete ein offener Innenhof (Abb. 56 Nr. 1) von 18 m Länge

insula auf dem Arnulfsplatz

und 7 m Breite, den wir uns als kleine Gartenanlage, vielleicht sogar mit einem Springbrunnen ausgestattet, vorstellen dürfen. In solchen Gärten pflegte man Statuen aufzustellen, Kopien berühmter Plastiken oder Porträts des Hausbesitzers und seiner Angehörigen. Teile solcher Statuen wurden zwar nicht gefunden, aber die Fundamentreste Nr. 2 in der Mitte des Hofes könnten zu einer Nische gehört haben, die oft den Rahmen für derartigen Gartenschmuck abgaben. Um den Hof herum gruppierte sich eine unbekannte Zahl von Räumlichkeiten, mindestens 21 wurden angeschnitten. Ein großer Teil der Zimmer ließ sich beheizen, wobei im Laufe der Zeit mindestens *ein* großer Umbau stattfand, um die Wirksamkeit und Rentabilität der Heizanlagen zu steigern. Dabei ersetzte man die ursprünglich sternförmigen Heizschächte (Abb. 54) durch eine Ringkonstruktion (Nr. 3).

das Schwimmbecken (Nr. 4), das mit Solnhofener Kalksteinplatten ausgelegt war und mangels zugehöriger Heizung eine Kaltwasserwanne gewesen sein muß, fiel den Renovierungsarbeiten zum Opfer. Offenbar hat man in einem anderen Teil des Gebäudes einen neuen, sicherlich größeren und luxuriöseren Badetrakt eingebaut. Ein Wohnhaus, das derartig komfortabel ausgestattet war – mit eigenen Thermen! –, kann nur einer reichen und hochgestellten Persönlichkeit gehört haben. Ob es sich dabei um einen durch den Großhandel zu Wohlstand gekommenen Kaufmann, einen höheren Verwaltungsbeamten, oder einen Offizier aus der Legion handelte, wissen wir nicht. Gegen eine Zivilperson spricht aber die reichliche Verwendung von Hypokaustziegeln aus militärischen Werkstätten, die häufig den Stempel der *legio III Italica* tragen. Nach unserem bisherigen Wissen durften Produkte aus Militärziegeleien innerhalb wie außerhalb des Lagers nämlich nur zu militäreigenen Bauten benützt werden, allenfalls noch zu öffentlichen Einrichtungen wie Theatern, Tempeln, Bädern, Markt- und Gerichtshallen oder öffentlichen Speicherbauten, wie sie am *forum*, dem städtischen Marktplatz standen. Hinweise auf ein solches *forum* das vor allem aus einem großen Platz bestand, um den sich die Verkaufsstände und die Hallen gruppierten, fehlen aber am Arnulfsplatz. Gegen eine Interpretation als öffentliche Thermenanlage sprechen sowohl die Anordnung der beheizten Räume als auch das Fehlen jeglicher Kanäle oder Abflüsse, wie sie z.B. im Badegebäude von Kumpfmühl beobachtet wurden (Abb. 26). Denkbar wäre dagegen die Deutung als öffentliches, d.h. im Besitz der Lagerverwaltung befindliches »Unterkunftshaus«. Derartige Gebäude sind uns aus England und Obergermanien, eines sogar in nächster Nähe aus Cambodunum – Kempten im Allgäu bekannt. Ihnen allen ist ein großer Hof gemeinsam, um den herum sich die Goasträume mit drei bis vier Flügeln ziehen. Allerdings sind die bekannten Beispiele ungleich weitläufiger. Aber vielleicht verzerrt im Falle des Arnulfsplatzes der ungünstige Grabungsausschnitt das Bild.

Es gibt noch einen zweiten ähnlichen Befund in den *canabae*: Zu Ende des vorigen Jahrhunderts wurden in der Wollwirkergasse beim Neubau des Gasthauses

Schwedenkugel zwei Gebäudereste freigelegt, für die allerdings nur Skizzen und eine unzureichende Beschreibung vorliegen (Abb. 48 Nr. 2). Immerhin ist offenkundig, daß viele der massiv gebauten Räume hypokaustiert, zum Teil mit Fliesen ausgelegt und die Wände mit farbiger Wandmalerei verschönt waren und sogar – ein besonderer Luxus in römischer Zeit! – verglaste Fenster hatten. Weil halbrunde Nischen typisch für Badeanlagen sind, dachte man seinerzeit an öffentliche Thermen, gerade weil auch wiederum viele der Hypokaustziegel Stempel der *legio III Italica* trugen. Der Befund ist zu ungenügend dokumentiert, um ihn von heutiger Sicht aus schlüssig beurteilen zu können. Ob Therme, ob Unterkunftshaus, ob Offizierswohnung – in jedem Fall ist er in militärischem Zusammenhang zu sehen (zumal das Gebäude sogar in der 2. Hälfte des 4. Jahrhunderts noch einmal mit Truppenziegeln hergerichtet worden ist).

insula in der Wollwirkergasse

In jedem Fall dürfen wir uns also große Teile der *canabae*, zumindest westlich der Hauptstraße, *insula*-artig gegliedert und zum Teil mit komfortablen Stadtwohnungen besetzt vorstellen. Wie wir gesehen haben, gab es ja bis zur Zerstörung am Ende des 3. Jahrhunderts n. Chr. im Nordostviertel des Legionslagers nicht einmal Häuser für die Zenturionen. Wenn dieser Ausschnitt die Verhältnisse im gesamten Lagerbereich widerspiegelt (und der Ausgrabungsbefund von Lauriacum spricht dafür) müssen mindestens die Hälfte der hohen Stabsoffiziere *(tribuni)* und der Zenturionen in den *canabae* gewohnt haben.

Diese Bevölkerungszusammensetzung hat natürlich den Lebensstandard in den *canabae* wesentlich beeinflußt. Wenn man bedenkt, daß um 200 n. Chr. der Jahressold eines Legionars 375 Denare, wie das Silbergeld hieß, betrug, der eines Zenturionen je nach Rang zwischen 3000 und 7000 Denaren, und andererseits der Liter Wein nur wenige Asse kostete (1 Denar = 16 Asse), kann man sich vorstellen, welch guten Umsatz die Schankstuben *(tabernae)* um den Bismarckplatz herum gemacht haben.

Leider konnten am Bismarckplatz (Abb. 57) weniger zusammenhängende Flächen untersucht werden als am Arnulfsplatz, da der Beobachtungsausschnitt durch die beiden je 8 m breiten Gräben des Herzogs Arnulf eingeengt war. Dies hatte zwar den oben beschriebenen positiven Umstand zur Folge, daß die römischen Schichten in dem schmalen Bereich dazwischen nicht durch mittelalterliche Bebauung gestört worden waren, aber der Zerstückelung der Fläche durch die Gräben war auch viel römisches Mauerwerk zum Opfer gefallen, und aus den verbliebenen Resten ließen sich keine vollständigen Grundrisse rekonstruieren. Dazu kam, daß ein beträchtlicher Teil des Grabungsfeldes von einer römischen Straße (Abb. 58) eingenommen wurde, die offenbar parallel zu der Verbindung Kumpfmühl-Schiffslände lief. Sie ist im Laufe der Jahrzehnte mehrfach repariert worden, indem man einfach ein neues Kiesbett aufschüttete, so daß die Straße zusammen

Bismarckplatz

mit dem Wohnniveau emporwuchs. Als die *canabae* angelegt wurden und auch Jahrzehnte später, als man mit dem Steinausbau begann, orientierte man sich stets an eben dieser Straßenrichtung und baute grundsätzlich alles im rechten Winkel zu ihr. Die Römer verfügten über alle Kenntnisse, praktische Erfahrung und die notwendigen Instrumente (vgl. Abb. 59 Zirkel und Lot), um ein solches Vermessungssystem exakt einhalten zu können.

Römische Straßen wurden stets von Abwassergräben begleitet. Als man im 3. Jahrhundert den Gehsteig der Steingebäude am Bismarckplatz zur Auflockerung des kasernenartigen Baustils mit einer offenen Säulenhalle *(porticus)* überdachte (ähnlich den Lagerhauptstraßen), war man aus Platznot gezwungen, die Abwasserkanäle als äußersten Abschluß der *porticus* zu benützen. Daher schlug man in die großen, viereckigen, als Fundamente der Säulen dienenden Kalksteinplatten eine Rinne, so daß das Wasser ungestört unter den Säulen hindurchfließen konnte. Bei der Grabung fanden sich noch zwei dieser Fundamentplatten, die einen Meter tief im Boden verankert waren. Ursprünglich müssen es natürlich mehr Platten gewesen sein, denn eine tragende Konstruktion zwischen 12 m auseinanderliegenden Pfeilern ist statisch unmöglich. Aber römische Ruinen waren im ganzen Mittelalter die beliebtesten und bequemsten Steinbrüche, so daß sich das Fehlen der übrigen Fundamente leicht erklärt.

Welche Art Räumlichkeiten sich hinter dieser *porticus* verbargen, ließ sich bei der Grabung leider nicht klären. Man fand eine Reihe parallel laufender Mauern, die aber, ihrer unterschiedlich tiefen Fundamentierung nach zu schließen, nicht alle gleichzeitig existiert haben können. Im Norden der Grabungsfläche wurde ein kleiner, heizbarer Raum angetroffen, eine sogenannte Darre, in der z.B. Getreide geröstet werden konnte, um das Auskeimen zu vermeiden, oder Fleisch geräuchert wurde, um es haltbarer zu machen. Später wurde diese Heizanlage geschlossen und der Raum umgewandelt, vielleicht in ein kleines Schlafgemach (Abb. 60). Jedenfalls wurden die Wände mit einer schlichten Wandmalerei geschmückt, gehörten also wohl zu einem Wohngebäude. Ob sich auch in den anderen Gebäuden Einrichtungen befanden, die gewerblicher Tätigkeit dienten, oder ob es sich hier vielmehr um eine Ladenstraße mit Verkaufsläden und Schankstuben (ähnlich den orientalischen Bazaren) handelte, war nicht mit Sicherheit auszumachen. Für letzteres spricht aber der Grundriß der Häuser und ihre Lage an der Hauptverkehrsstraße. Der Kalkofen hat in diesem Zusammenhang keinerlei Beweiskraft, weil er erst sehr spät angelegt wurde (Abb. 61).

Das Ende

Genauere Kenntnisse über das Ende der *canabae* werden erst aus der Bearbeitung der Funde hervorgehen. Vorläufig sieht es so aus, als sei ein dritter Zerstörungshorizont beim Alamanneneinfall am Ende des 3. Jahrhunderts n. Chr. entstanden. Anschließend mußten die Offiziere ins Lager ziehen, und wenn, wie vermutet, auch die überlebende Zivilbevölkerung dort Schutz suchen durfte, wird zunächst kein nennenswerter Wiederaufbau erfolgt sein. Erst als sich die politische Lage stabilisiert hatte, wird das Leben in den Gassen und am Hafen wieder begonnen haben – der Anstieg der constantinischen Münzen verrät den erneut in Schwung gekommenen Handel. Der Juthungeneinfall (357 n. Chr.?) machte dem allerdings wieder ein Ende. In welcher Form sich das Leben dann abspielte, entzieht sich bisher unserer Kenntnis. Immerhin stammt aus dem Gebäude an der Wollwirkergasse sogar eine Prägung des Theodosius I. (378/383 n. Chr.). Gerne wüßte man, ob diese lange Nutzung in Zusammenhang mit der vermuteten offiziellen Funktion steht. Wie so oft in der Archäologie wird man aber auch hier wieder mit einem Fragezeichen schließen müssen und kann nur erneut eindringlich auf die Bedeutung auch kleiner und kleinster Fundkomplexe und Grabungen im Altstadtbereich hinweisen.

Abb. 48: Römische Funde in der Weststadt von Regensburg. Ausgegrabene Mauern sind schwarz eingetragen, sonstige Siedlungsfunde (Bauschutt, Kleinfunde) durch Raster dargestellt, Gräberfunde durch Kreuze gekennzeichnet: 1 Römische Schiffslände; 2 Gebäude in der Wollwirkergasse; 3 Ausschnitt aus einem Wohnviertel *(insula)* westlich des Arnulfsplatzes; 4 Fundort der Inschriften Nr. I 4 und I 7; 5 Römische Straße und bazarartige Gebäude am Bismarckplatz; 6 Schatzfund mit Goldmünzen; 7 Erschlossene Lage des westlichen Lagertores *(porta principalis sinistra)*; 8 Gräberfeld, das zur Donausiedlung in der Zeit vor den Markomanneneinfällen gehörte? 9 Großes Gräberfeld.

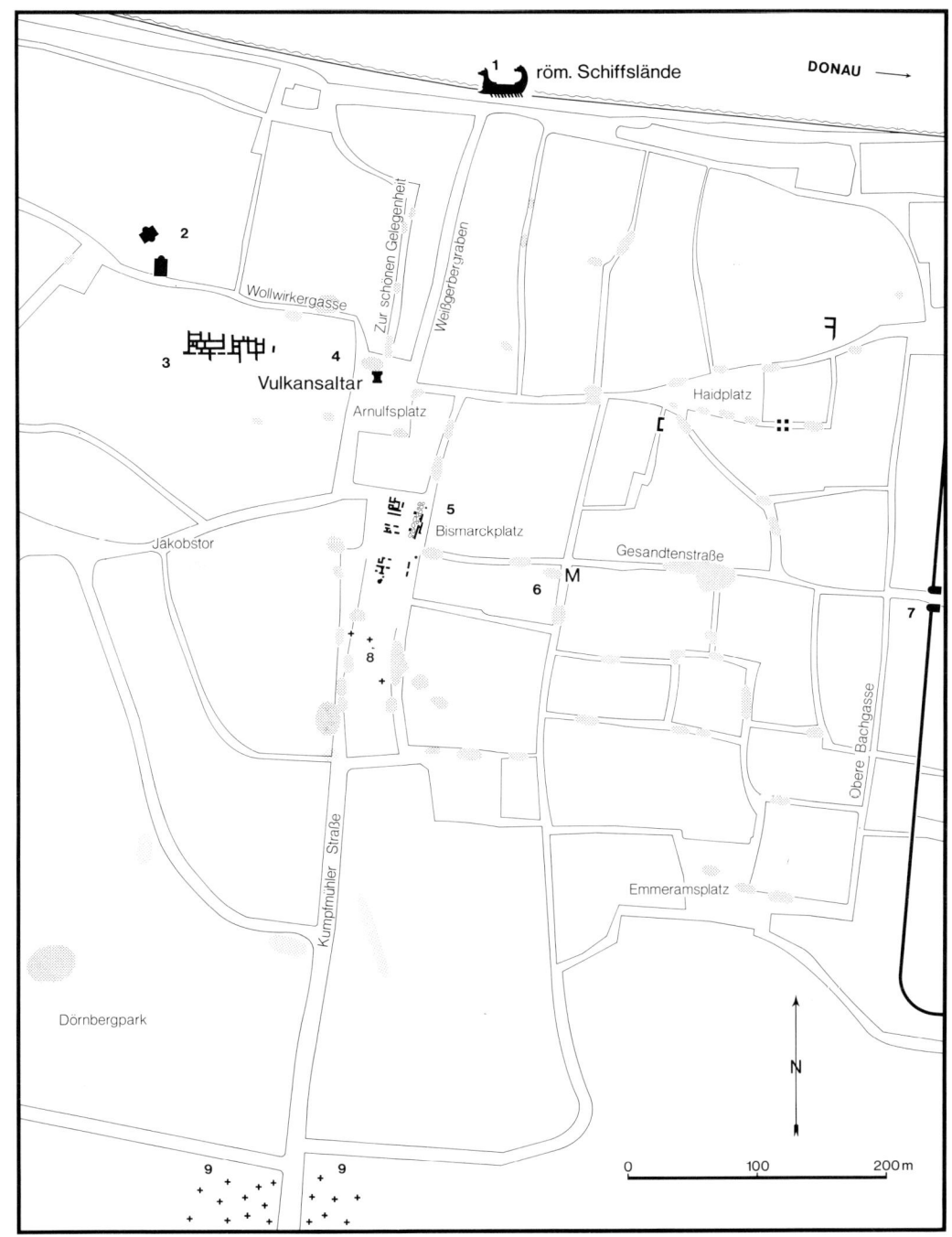

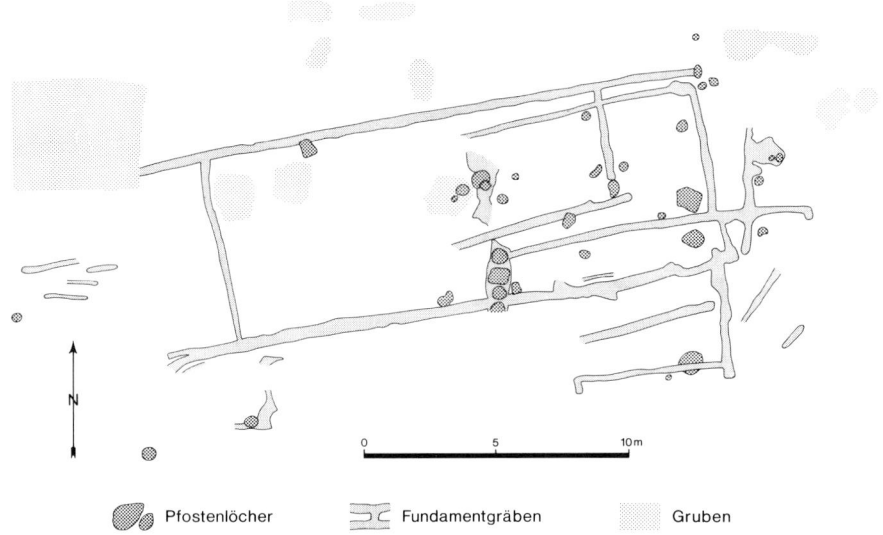

Abb. 49: Die ältesten Holzhäuser der Donausiedlung, westlich des Arnulfsplatzes. Man erkennt den Grundriß eines lang-rechteckigen Gebäudes.

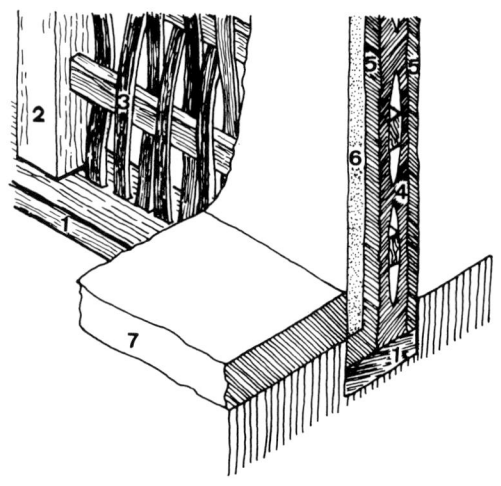

Abb. 50: Schematische Darstellung der Konstruktion eines Lehmfachwerkbaus: 1 In den Boden eingelassener Holzbalken (Schwellbalken) – 2 Senkrechte Holzpfosten, im Abstand von 0,5 bis 1 m im Schwellbalken verzapft – 3 Flechtwerk aus dünnen Holzlatten – 4 Grobe Füllung des Flechtwerks mit Lehm – 5 Äußerer glatter Lehmverputz – 6 Zusätzlicher Mörtelverputz der Innenwand als Unterlage für Wandmalerei – 7 Fußboden aus gestampftem Lehm. (Nach A. McWhirr.)

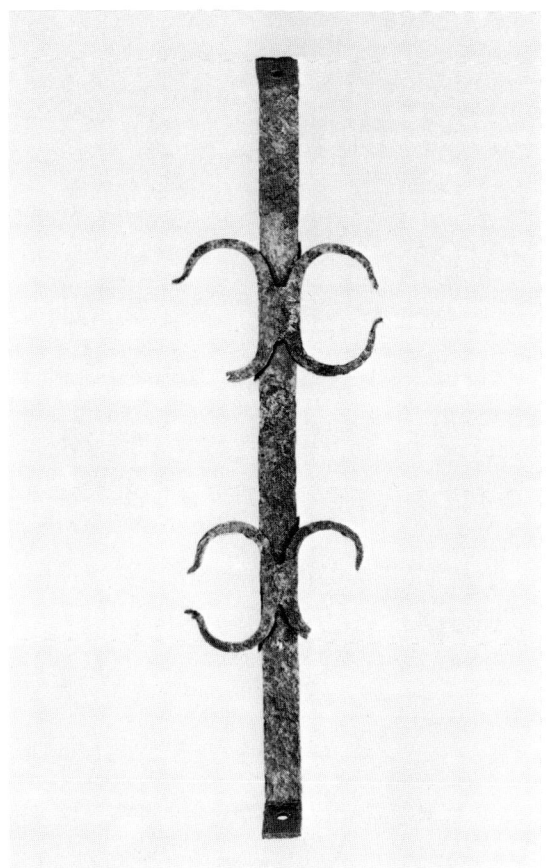

Abb. 51: Eiserne Strebe eines Fenstergitters aus dem Kastell Regensburg-Kumpfmühl. – Höhe 54,8 cm; MSR Inv. Nr. A 1466b.

Abb. 52: Rekonstruktionsversuch eines Herdes (nach D. Baatz, Kastell Hesselbach).

◁ Abb. 53: Kalksteinaltar für Volkanus, den der Aedil Artissius dem Gott des Feuers geweiht hat; gefunden 1899 auf dem Arnulfsplatz. – Höhe 1,12 m; MSR Inv. Nr. Lap. 56. Katalog I 4.

Abb. 54: Fußbodenheizung aus der *insula* westlich des Arnulfsplatzes. Blick auf den mindestens 80 qm großen Raum, der mit Hilfe von sternförmigen Schächten beheizt wurde, bevor diese Konstruktion durch eine einfachere ringförmige Anlage ersetzt wurde. Grabung 1976.

▽

Abb. 55: Regensburg – Bismarckplatz, Ausgrabung 1976/77 im Lagerdorf *(canabae)* von Castra Regina. Das Foto zeigt die Mauern mehrerer lang-schmaler Gebäude im rechten Winkel zu der römischen Straße, die parallel zu der Mauer im Bild hinten links verlief. – Ganz vorne ein halbmondförmiger Schacht, die Verbindung zwischen einem Heizraum *(praefurnium)* und der kleinen, viereckigen Räucherkammer (Darre) dahinter. – Das Fundament der Mauern besteht zuunterst aus ungemörtelten, schräg gegeneinander versetzten Lagen aus Bruchsteinen, dem sog. *opus spicatum* – d. h. im »Ährenmuster«; darauf liegt ein normal gemauertes, mit Mörtel verbundenes Fundament. Die aufgehenden Wände waren auf den Innenseiten der Häuser gekalkt und farbig bemalt.

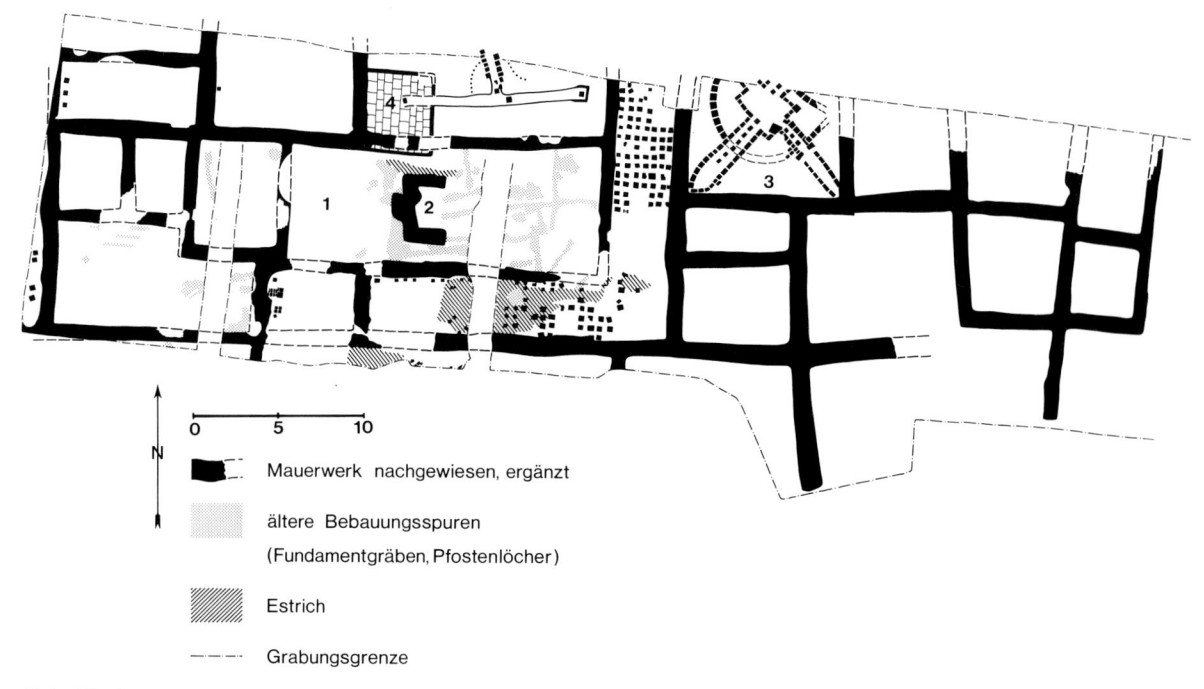

Abb. 56: Ausschnitt aus einem in Stein ausgebauten Wohnviertel *(insula)* des Lagerdorfes im 3. Jahrhundert, westlich des Arnulfsplatzes. Die zahlreichen, beim Bau verwendeten Ziegel mit Stempeln der *legio III Italica* deuten darauf hin, daß hier die Stadtvilla eines Offiziers oder ein öffentliches Gebäude standen: 1 Offener Innenhof (Garten?); 2 Fundamente einer Nische; 3 Schächte einer Fußbodenheizung; 4 Schwimmbecken einer Badeanlage.

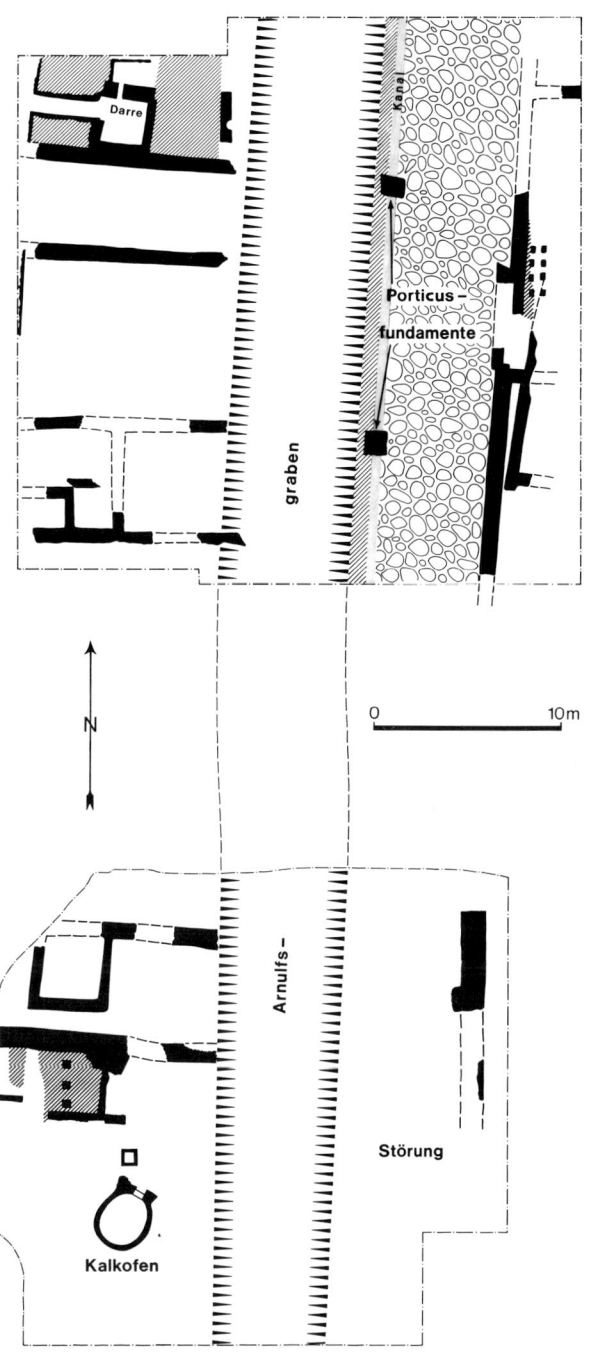

Abb. 57: Regensburg – Bismarckplatz, Ausgrabung 1976/77 im Lagerdorf *(canabae)* von Castra Regina. Ausgegrabene Mauern sind schwarz eingetragen, Ergänzungen gestrichelt, gemörtelte Fußböden (Kalkestriche) durch Schrägschraffur gekennzeichnet. Auf diesem Plan sind nur die Bebauungsspuren aus der Zeit des Legionslagers eingezeichnet. Die römischen Schichten im Mittelfeld der Grabung wurden von dem mittelalterlichen Arnulfsgraben vollständig durchschlagen.

Abb. 58: Regensburg – Bismarckplatz, Ausgrabung 1976/77 im Lagerdorf *(canabae)* von Castra Regina. Römische Straße. Rechts in der Bildmitte das quadratische Fundament einer Säule der *porticus;* links römische und mittelalterliche Mauern.

Abb. 59: Links eisernes Lot aus einem römischen Gutshof im Westen der Stadt; rechts eiserner Zirkel aus dem Lagerdorf des Kastells Regensburg-Kumpfmühl. – Länge des Zirkels 14 cm; links MSR Inv. Nr. A 3984; rechts MSR Inv. Nr. 1951, 110.

Abb. 60: Regensburg – Bismarckplatz, Ausgrabung 1976/77 im Lagerdorf *(canabae)* von Castra Regina. Ausschnitt aus einer einfachen Wandmalerei: rotbraune und grüne stilisierte Pflanzenmuster auf weißem Putz.

Abb. 61: Regensburg – Bismarckplatz, Ausgrabung 1976/77 im Lagerdorf von Castra Regina. Grundmauern eines römischen Kalkbrennofens mit Schürloch im Vordergrund. Der Ofen wurde vorsichtig abgetragen und Stein für Stein auf dem Gelände der Berufsfachschule wieder aufgebaut.

Großprüfening: Siedlung und Kastell gegenüber der Naabmündung

Berühmt als römischer Fundplatz – Pökeln, rösten, räuchern – Am Tag als die Alamannen kamen – Ein ganzes Gerwerbeviertel – Der erste Römerpark in Bayern – Ein Nachtrag: Das Kastell Großprüfening

Durch Grabungen und Lesefunde von den Äckern wissen wir, daß sich gegenüber der Naabmündung und längs des Donauufers ein römischer *vicus* von knapp 1100 m Länge und durchschnittlich 150–250 m Breite hingezogen hat. Berühmt als römischer Fundplatz wurde Großprüfening durch die ersten Grabungen des Prälaten Mehler 1911 und Steinmetz' 1913, seine wirkliche Bedeutung und Struktur wurde aber erst in den letzten zehn Jahren systematischer Bodendenkmalpflege erkannt. Außer dem Landesamt für Denkmalpflege haben sich hier sehr viele freiwillige Helfer verdient gemacht.

Insgesamt wurden mindestens 14 verstreute Einzelgebäude sowie zwei ganze Gebäudekomplexe am Kornweg aufgedeckt. Ihre Lage zueinander und innerhalb der Siedlung läßt sich aus dem beigegebenen Plan ersehen (Abb. 62 Nr. 1–16). Weitere Bauten müssen sich in der ehemaligen Kiesgrube Biersack befunden haben, doch liegen darüber nur ungenaue Beobachtungen vor.

Nach bisherigen Forschungsergebnissen von Th. Fischer, die auf der Bearbeitung aller bis 1976 aus Prüfening bekannt gewordenen Münzen, Scherben, Bronze- und Eisengegenstände basieren, setzte das römische Leben in der »Naabsiedlung« mit dem Zeitpunkt der Gründung des Legionslagers ein und fand relativ rasch im Zusammenhang mit den Germaneneinfällen in den vierziger Jahren des 3. Jahrhunderts (Ende der Münzreihe mit Gordian III. 242/43 n. Chr.) ein Ende. Allerdings blieb eine gewisse militärische Bedeutung bestehen, wie wir aus der Errichtung eines kleinen Wachtturmes (Nr. 1) im späten 3. oder im 4. Jahrhundert schließen. Die Naabsenke spielte als direkte Verbindung nach Norden ins mitteldeutsche Gebiet eine ebenso wichtige Rolle wie die Cham-Further Senke für Böhmen. Obwohl die Hauptverkehrswege zu allen Zeiten die engen Kerbtäler der Unterläufe von Regen und Naab mieden und über die welligen Höhen direkt auf Regensburg zustrebten, war doch eine direkte Bewachung der Naabmündung als Schutz gegen germanische Eindringlinge ratsam.

Bei den Gebäuden der Naabsiedlung handelte es sich zumeist um die Reste kleinerer, unterkellerter Wohnhäuser oder größerer, ebenerdiger Wirtschaftsbauten. Häufig fanden sich außerdem sogenannte Darren, in denen, wie schon erwähnt, Lebensmittel (Fleisch, Getreide) oder andere pflanzliche Produkte durch Hitzeeinwirkung haltbar gemacht wurden.

Entdeckung

Wirtschaftsgebäude

Die Keller konnten zur Römerzeit nämlich nur in sehr beschränktem Maße die Funktion von Kühlschränken übernehmen. Daher mußte man auf andere Konservierungsmethoden zurückgreifen, um verderbliche Lebensmittel längere Zeit haltbar zu machen. Das Fleisch wurde geräuchert oder mit Salz gepökelt (mit frischen Fischen konnte man sich hier natürlich jederzeit aus der Donau versorgen); Delikatessen aus dem Süden überstanden den Transport in Essig, Öl, Honig oder Salzlake eingelegt.

Um eine der erwähnten Darren handelte es sich bei dem quadratischen Bau Nr. 2 mit etwa 4 m Seitenlänge. Herumliegende Lehmbrocken und zahlreiche Eisennägel verrieten, daß hier einmal ein Lehmfachwerkbau gestanden hatte. Erhalten war allerdings nur ein gemauertes Fundament von 60 cm Breite und die untersten Lagen einer hypokaustartigen Konstruktion im Inneren. Die Feuerung erfolgte von einem kleinen Schacht aus, durch den die heiße Luft ins Innere streichen und den Fußboden von unten erwärmen konnte. Da es sich mangels entsprechender Funde nicht um einen Ziegel-, sondern um einen Holzfußboden gehandelt haben muß, darf die Hitze nicht allzu stark gewesen sein. Nach Th. Fischer wurde in dieser Art Darren Flachs gedörrt, wozu nicht mehr als 50 Grad Temperatur benötigt werden. Es fand sich auch ein eiserner Kamm (Abb. 63), den man als Flachshechel ansehen kann.

Flachsdarre

Bei dem Gebäude Nr. 5 wurde die Minervastatuette Abb. 64 gefunden, die zu einem kleinen Haushauheiligtum gehörte.

Besser unterrichtet sind wir über die Grabungen der siebziger Jahre. Hier ist vor allem der Keller Nr. 7 (Abb. 65) zu nennen. Er gehörte zu einem Wohnhaus, das in seinem oberen Bereich ein Lehmfachwerkbau war, während der untere Teil der Hauswände anscheinend ein Stück weit aufgemauert war. Der Keller war etwa 3 m × 4 m groß, seine Mauern bestanden aus sorgfältig zurechtgehauenen und im Inneren verputzten Kalksteinquadern Zwei Kellernischen konnten zum Aufstellen von Lampen benützt werden, vielleicht fiel das Tageslicht aber auch durch einen Lichtschacht wie bei dem Keller Nr. 14. Die Eingangstüre drehte sich auf einer hölzernen Schwelle, die einer noch vorhandenen Steinschwelle auflag, eine hölzerne Treppe führte nach außen. Der Keller enthielt sichtbare Spuren einer Zerstörung durch Feuer: er war mit Brandschutt gefüllt. Zuunterst lagen die verkohlten Reste der hölzernen Kellerdecke, der Treppe und der Eingangstüre, von der noch die eisernen Beschläge, Angeln und das Schloß nebst Schlüssel gefunden wurden; darüber Lehmbrocken des Fachwerkgeschosses und die Ziegel des eingestürzten Daches; obenauf die Bruchsteine der zuletzt zusammengebrochenen gemauerten Hauswände. (Abb. 66 zeigt die Rekonstruktion eines solchen Wohnhauses.) Die Zerstörung des Hauses muß so rasch geschehen sein, daß die fliehende Familie all ihr Hab und Gut zurücklassen mußte und das einstürzende Dach den Hausrat unter sich begrub. Dem Veteranen, der hier gewohnt hatte, war

Schutt im Keller

nicht einmal die Zeit geblieben, nach seinen Waffen zu greifen. Im Brandschutt lagen ein Spiegel, eine silberne Fibel, die Waffen des Hausherrn (Schildbuckel und Dolch [Abb. 81], Lanzenspitze, Panzerschuppen) und das Küchengerät, die Siebschüssel (Abb. 123) neben der *terra sigillata*, dem feineren Eßgeschirr. Ganz sicher dokumentiert der Befund den Tag des Untergangs der Siedlung im 3. Jahrhundert, zumal in den Kellern Nr. 13 und 14 ganz ähnliche Situationen angetroffen wurden. In dem Haus Nr. 9 lag sogar ein menschlicher Schädel im Brandschutt – man kann nur ahnen, welch grausiges Ende damals mancher Bewohner fand.

Die Gebäude Nr. 10–12 enthielten keine solch spektakulären Funde, die die ganze Not der Alamanneneinfälle widerspiegeln, weil es sich offensichtlich um Wirtschaftsbauten handelte. Der Holzbau Nr. 11 war mit einer Lehmtenne ausgelegt; dort kamen Fragmente einer gegossenen Bronzestatue zum Vorschein, die offenbar bereits Schrott waren. Er gehörte wohl einem Bronzegießer und war zum Einschmelzen bestimmt, wie die zahlreichen in diesem Bereich gefundenen Bronzeschlacken und Schmelzöfen beweisen. Solche Schmelzöfen funktionierten recht einfach: In eine mit Ziegelstücken und Lehm ausgekleidete und überdeckte Grube von ca. 50 cm Durchmesser wurden erst Holzkohle und dann das Rohmetall in kleinen Schmelztiegeln eingebracht. Dann erhöhte man die Temperatur der Holzkohlenglut mittels eines Blasebalges so lange, bis das Metall schmolz. Anschließend wurde der Ofen geöffnet, die Tiegel mit eisernen Zangen herausgeholt und das flüssige Metall in die Gußformen eingefüllt. (Aus dem *vicus* von Kumpfmühl stammen drei Schmelztiegel dieser Art und dazu die tönerne Düse eines Blasebalges – Abb. 67.)

Bronzeschmiede

Ein ganzes Gewerbeviertel (Nr. 15–16, Abb. 68) scheint sich am Ostrand ausgebreitet zu haben. Ein Bau war mit einem Bruchsteinpflaster ausgelegt, eine Maßnahme gegen die Feuergefährdung. Ein zweiter Bau stellte sich als eine Art Halle dar, die nach Osten zu mit einer offenen Säulen- oder Pfeilerreihe abschloß. Besonders gut erhalten war ein massiver Steinbau (Nr. 16), der in seinem Inneren eine Darre, einen Ofen, ein 2 m × 2 m großes Becken und einen Brunnen einschloß. Welche Art Betrieb hier gearbeitet hat, ließ sich leider nicht feststellen, weil keine entsprechenden Funde gemacht wurden. Das Fehlen von Schmelzgruben oder Töpfereiabfall läßt am ehesten an Textil- oder Lederverarbeitung denken, bei der viel Wasser gebraucht wurde, wie Gerberei, Färberei oder Walkerei (Tuchmacherei). Möglicherweise wurde hier aber Fleisch gekocht und dann geräuchert, Brot gebacken oder in dem Becken die beliebte scharfe Fischsoße, das *garum*, hergestellt? In jedem Falle muß es sich um organische Produkte wie Stoffe, Leder, Wolle oder Nahrungsmittel gehandelt haben, die leider restlos vergangen sind. Trotzdem kann ein Zufallsfund – in Großprüfening oder anderswo – eines Tages das Rätsel klären, und da die Fundamente, das *praefurnium* (Heizkammer) der

Gerberei?
Färberei?

Darre und das Becken so außerordentlich gut erhalten sind, hat sich die Stadt Regensburg entschlossen, in Großprüfening einen Römerpark einzurichten und den einmaligen Befund zu konservieren und wieder aufzubauen. Damit ist die einzige nicht überbaute römische Siedlung dieser Art in Süddeutschland gerettet.

Zwei Friedhöfe

In Großprüfening wurden zwei Gräberfelder angeschnitten. Das kleinere, ältere mit neun Brandgräbern aus dem 2. Jahrhundert lag ursprünglich am Rand der Siedlung, wurde aber bei deren Ausdehnung allmählich überbaut (Nr. 15). Von dem größeren, von dem bisher lediglich die Südgrenze bekannt ist, stammen über 100 Gräber. Bis auf die Körperbestattung von fünf Säuglingen und eines Erwachsenen, der keine Beigaben mitbekommen hatte, handelte es sich durchweg um Brandgräber aus der gesamten Zeit des Bestehens der Siedlung. Bei den Römern war die Verbrennung des Toten erst nach dem »*Durchbruch der Milchzähne*« erlaubt, wie Plinius überlieferte (Naturalis historia VII 15, 72). Die Auffassung, daß der allzu frühe und damit unnatürliche Tod einen Sonderfall darstellt und deshalb auch eine Sonderbestattung erfordert – sei es in der Grabform, sei es in der Platzwahl oder in der Art der Beigaben –, zieht sich durch fast alle heidnischen Kulturen. Erst das Christentum hat mit der Taufe den Zeitpunkt, zu dem die soziale Gemeinschaft einen Menschen als gleichwertiges und gleichberechtigtes Mitglied anerkennt, von seinem Alter unabhängig gemacht.

Aufgrund all dieser Beobachtungen ist das Aussehen der Naabsiedlung einigermaßen vorstellbar. Die dorfartige Siedlung entsprach in allem, was wir bisher wissen, einem typischen römischen *vicus*. Seine Hauptstraße war die Verkehrsverbindung mit dem Legionslager entlang der Donau. Beiderseits dieser Hauptstraße reihten sich die Wohnhäuser und kleinen Handwerksbetriebe, die Läden und Kneipen. Abseits am Rande der Siedlung lagen Werkstätten, die durch starke Rauch- oder Geruchsentwicklung die Nasen der Dorfbewohner beleidigt hätten (Färbereien und Gerbereien z.B. arbeiteten mit Schwefel und Urin, weshalb sie allseits unbeliebte Nachbarn waren). Landwirtschaft, Handwerk und Handel bildeten die Existenzgrundlage für die Naabsiedlung. Abnehmer waren die Legion und zum Teil auch die Germanen jenseits des Stromes. Zu überlegen bleibt auch, ob diese Germanen nicht einen Teil der Bevölkerung des *vicus* bildeten, da gerade aus Prüfening einige typisch germanische Fundstücke bekannt wurden und man andererseits aus historischen Quellen weiß, daß seit Mark Aurel Germanen auf reichsrömischem Boden systematisch angesiedelt wurden. Damit versuchte man, die Bevölkerung, die durch die in den sechziger Jahren des 2. Jahrhunderts wütende Pest dezimiert worden war, aufzufüllen, weil man Soldaten brauchte. Aber viele Germanen kamen sicher auch von alleine, angelockt von den Wundern der römischen Zivilisation, und im Umfeld der Legion fand wohl jeder sein Einkommen. Im übrigen werden es vorwiegend Veteranen gewesen sein, die sich mit ihrer Abfindung hier einen Laden oder einen Betrieb einrichteten.

Nach der Zerstörung der Siedlung beim Alamanneneinfall in den vierziger Jahren des 3. Jahrhunderts – so katastrophal sie für die Bewohner gewesen sein muß – erlosch das Leben doch nicht völlig. Gelegentliche Münzfunde aus dem 3. und 4. Jahrhundert haben zwar weniger Beweiskraft, dagegen aber der Turm Nr. 1 (Abb. 69). Nach der Zerstörung des Hauses, zu dem die Darre Nr. 2 gehört hatte, wurde hier ein Beobachtungsposten errichtet. Erhalten hat sich von ihm allerdings nur ein massives, fast 1 m breites und ebenso tief in den Boden reichendes Fundament. Diese Ausmaße unterschieden sich aber so deutlich von allen anderen bisher aus Prüfening bekannt gewordenen Mauerzügen, daß hier auf einen mehrgeschossigen Oberbau, also einen Wachtturm geschlossen werden durfte. Zu dieser Deutung kamen die Ausgräber, als sie noch während der Grabungsarbeiten auf den hinter dem Fundament lagernden ungefähr 6 m hoch aufgehäuften Aushub kletterten und ihr Blick geradewegs in das Naabtal fiel. Offenbar stand der Turm da, wo sich der beste Blick in Richtung Feindesland bot.

Letzte Posten

Nachdem dieses Manuskript schon abgeschlossen war, die Grabungen in Prüfening aber noch andauerten, stieß man dort nicht nur auf eine Überraschung, sondern auf eine kleine Sensation: ein neues Kastell, das dritte im Regensburger Raum. Weil bei Redaktionsschluß noch nicht feststand, wie alt diese Befestigungsanlage ist und damit auch nicht klar war, in welchen historischen Zusammenhang sie zu stellen ist, soll in diesem Nachtrag auf müßige Spekulationen verzichtet werden, die bei Erscheinen des Buches überholt sein könnten. Erwähnt sei nur die Entdeckungsgeschichte dieser Anlage.
Im Sommer 1977 überflog Oberstleutnant Braasch das Gebiet gegenüber der Naabmündung. In dem Acker südlich des Grabungsgeländes zeichnete sich deutlich ein fast quadratisches Viereck dunkel ab (Abb. 70). Im Osten glaubte man auf dem Luftbild sogar zwei parallele Streifen und eine Unterbrechung dieses Doppelstreifens zu erkennen. Daraufhin untersuchte das Landesamt für Denkmalpflege die Beschaffenheit dieser Verfärbungen in einem schmalen Grabungsausschnitt. Die Vermutungen wurden bestätigt: Man fand das Fundament einer etwa 1 m breiten Mauer, die etwa ebenso tief in den Boden reichte. Im Abstand von 3 m lag vor der Mauer ein 3 m tiefer Spitzgraben, der jedoch irgendwann zugefüllt und durch einen zweiten Spitzgraben ersetzt worden war. Als das Kastell – denn um ein solches handelte es sich zweifelsfrei – zerstört wurde, stürzte die Kastellmauer in voller Höhe um und in den zweiten Graben hinein.
Damit erklärte sich auch der ›Doppelstreifen‹ des Luftbildes: Das innere Viereck war das Fundament der Mauer, das äußere bildeten die Steine, die im Graben lagen. Mauerzüge unter dem Humus beeinflussen nämlich das Wachstum der Pflanzen, was sich besonders deutlich bei Gras oder Getreide abzeichnet – allerdings nur aus großer Entfernung aus der Luft. Man hat dieses Phänomen schon

Eine Sensation

im letzten Weltkrieg erkannt und archäologisch genützt. Eine richtige »Luftbildarchäologie« entwickelte sich allerdings erst in den letzten Jahren. Sie ist heute eines der wichtigsten Hilfsmittel bei der Erforschung von noch unbebautem Gelände geworden. Durch systematisches Überfliegen zu verschiedenen Jahreszeiten, bei unterschiedlicher Bewachsung, je nach Tageszeit oder Sonnenstand können Mauerzüge, Gräben, ehemalige Hügel oder Römerstraßen als helle oder dunkle Verfärbung erkannt und zielgerichtet erforscht oder vor der Zerstörung durch Baumaßnahmen gerettet werden.

Abb. 62: Großprüfening: Römisches Kastell, Zivilsiedlung und Gräberfeld gegenüber der Naabmündung. Das besiedelte Areal wird im Nordwesten vom Strom begrenzt. Die Ausdehnung der Siedlung nach Südosten, soweit sie sich durch Oberflächenfunde zu erkennen gibt, ist durch eine gepunktete Linie angegeben. 1 Wachtturm aus der Zeit nach der Zerstörung der Siedlung durch die Alamannen; 2–16 durch Ausgrabungen nachgewiesene Gebäudefundamente von Wohnhäusern, handwerklichen oder landwirtschaftlichen Betrieben aus dem 2. und 3. Jahrhundert; 17 das 1978 neu entdeckte Steinkastell.

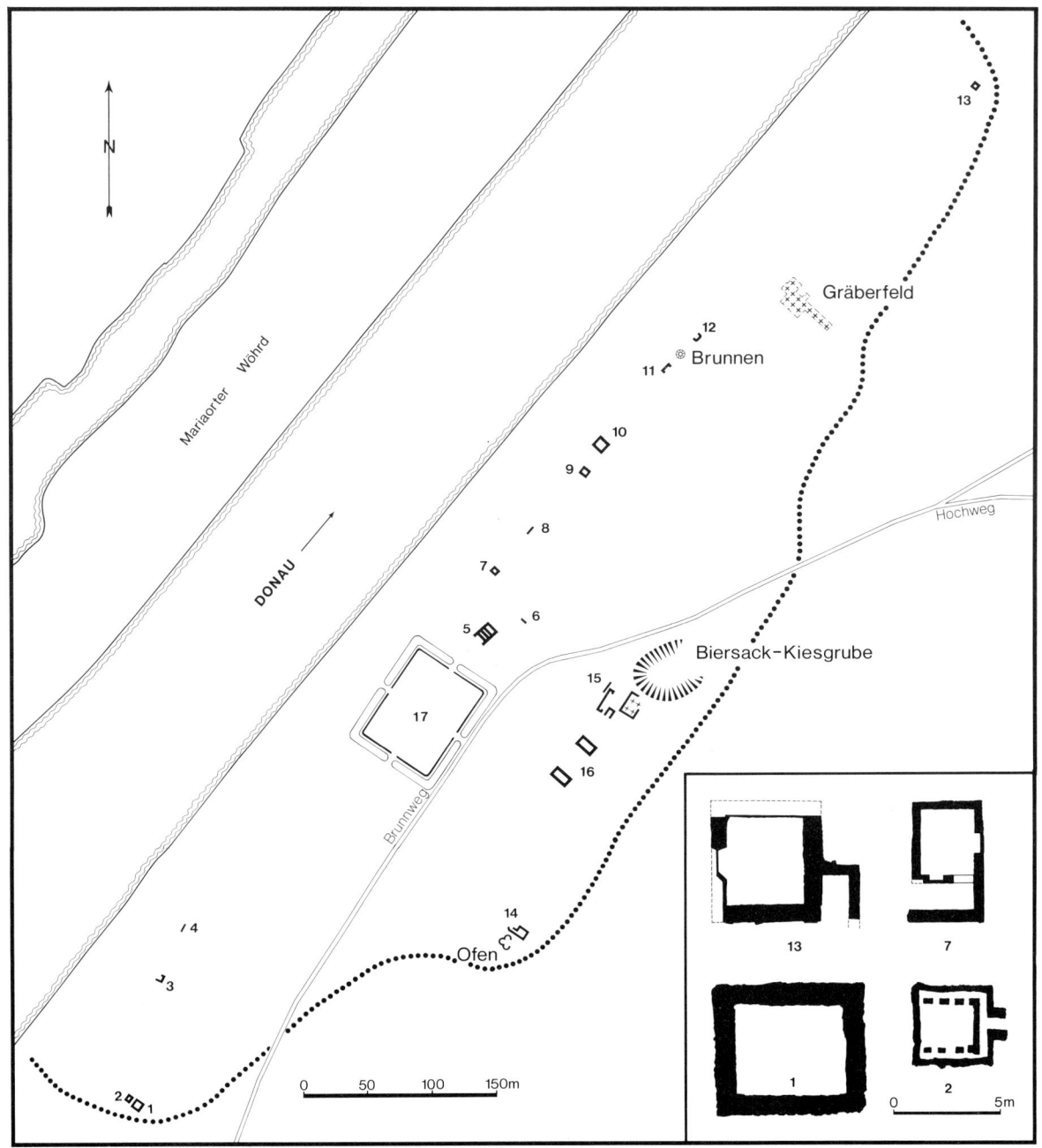

Abb. 63: Doppelzinkiger Kamm aus Eisen (Flachshechel?), verziert mit eingestempelten Kreisaugen, aus einer Räucherkammer (zum Flachsdörren?) in der Zivilsiedlung von Großprüfening. – Höhe 9,5 cm; MSR Inv. Nr. 1974, 23.

Abb. 64: Regensburg-Großprüfening, Siedlung gegenüber der Naabmündung. Keller eines Wohngebäudes mit Blick auf die südöstliche Wand; man erkennt den jetzt noch mit Schutt gefüllten Kellereingang und daneben eine Mauernische mit Halbrundgewölbe.
▽

Abb. 65: Bronzestatuette der mit Helm und (dem jetzt verlorenen) Speer in der Rechten gekennzeichneten Göttin Minerva, gefunden in der Zivilsiedlung von Großprüfening. Solche Votivfigürchen der von den römischen Soldaten als Schutzgöttin verehrten Minerva finden sich häufig in den Lagerdörfern der Grenzkastelle. Die relativ schlichte Arbeit ist sicher in den Provinzen entstanden, vielleicht sogar in Regensburg selbst. – Höhe 6,6 cm; MSR Inv. Nr. A 2177.

Abb. 66: Rekonstruktionsversuch eines Wohnhauses, das zur Hälfte aufgemauert, zur Hälfte aus Fachwerk errichtet ist. (In Anlehnung an R. Birley, Vindolanda)

Abb. 67: Tönerne Schmelztiegel für Bronzeverarbeitung (s. S. 250) aus dem Lagerdorf des Kastells Regensburg-Kumpfmühl. – Höhe des mittleren Tiegels 7,6 cm; MSR Inv. Nr. 1977, 259a-c.

Abb. 68: Luftaufnahme des Gewerbeviertels, das 1975/78 nördlich vom Kornweg am Ostrand der römischen Siedlung von Großprüfening ausgegraben wurde. Deutlich sind die Grundrisse zweier rechteckiger Bauten zu erkennen.

Abb. 69: Regensburg – Großprüfening, Siedlung gegenüber der Naabmündung. Fundament des Wachtturmes; im Hintergrund der Grundriß einer Flachsdarre.

Abb. 70: Regensburg – Großprüfening, Kastell gegenüber der Naabmündung. Im Mittelgrund des Luftbildes erkennt man zwischen Donau und Feldweg das sich in der jungen Saat abzeichnende rechteckige Areal des neuentdeckten Kastells. Die noch im Boden liegenden Steine der Grundmauern heben sich als dunkler Streifen ab. Im Vordergrund sind zwei große rechteckige Grundrisse, Bestandteile des 1978 ausgegrabenen Gewerbeviertels zu erkennen.

Villa rustica

Weitere römische Siedlungsspuren im Stadtbereich – *villa rustica* in Burgweinting – Das Leben auf dem Lande

Mit den *canabae* des Legionslagers und dem *vicus* in Großprüfening haben wir die größten und wichtigsten zivilen Siedlungskomplexe aus der Zeit der Castra Regina beschrieben. Der Vollständigkeit halber seien aber noch einige kleinere Fundstellen genannt, soweit sie auf unserem Übersichtsplan Beilage 1 vermerkt sind.

Es ist oft sehr schwierig, aus den alten und meist sehr spärlichen Notizen Walderdorffs, Dahlems, vor allem Steinmetz' zu entnehmen, ob bei Zufallsentdeckungen Wohnbereiche oder Brandgräber gefunden wurden. Sicher ist jedoch, daß um das ganze Lager herum Zivilbevölkerung wohnte, wenn auch offen bleiben muß, in welchem Umfang. So wurde z.B. 1951 in der Bahnhofstraße 6, also ganz in der Nähe des Gräberfeldes vor dem Südtor, eine römische Siedlungsschicht angetroffen. Unmittelbar vor der Südostecke des Lagers kam 1925 in der Dr. Martin-Luther-Straße 19 (Städt. Kinderkrankenhaus) eine Anzahl ungebrauchter oder schlecht gebrannter, aber ganz erhaltener Gefäße zum Vorschein. Hier stand also eine Töpferei an der Straße nach Burgweinting. Es ist bisher der einzige derartige Befund im Stadtbereich, obwohl man sicherlich mit zahlreichen Töpfereien rechnen darf.

Ländliche Siedlungen

Neben solchen gewerblichen Betrieben gab es landwirtschaftliche Anwesen, sogenannte *villae rusticae*, die eine selbständige Siedlungsgemeinschaft bildeten mit eigenen kleinen Gräberfeldern. Solche ländlichen Siedlungen in allernächster Nähe des Legionslagers entstanden nicht weit von der Prüfeninger Straße (Krankenhaus der Barmherzigen Brüder), im Dörnbergpark, in Richtung Burgweinting an der Landshuter Straße Nr. 17, im Bereich der Prinz-Leopold-Kaserne und an der heutigen Straubinger Straße (Königliche Villa, Pürkelgutweg und Hohes Kreuz).

Weitere Spuren ländlicher Siedlungen fanden sich in der näheren und weiteren Umgebung Regensburgs in großer Zahl. Sie liegen alle auf relativ engem Raum zwischen der Großen Laaber im Süden und dem Donaubogen im Westen, Norden und Osten. Südlich der Laaber bis Landshut fehlen römische Funde; der östlichste Fundpunkt im Landkreis Regensburg-Süd liegt etwa 30 km von Castra Regina entfernt, ungefähr eine Tagesreise auf der Römerstraße. Diese dichte Streuung ist verständlich, wenn man all diese Einzelhöfe – denn um solche handelt es sich durchweg – dem *territorium legionis*, dem Versorgungsgebiet der *legio III Italica* zurechnet. Die Garnison und das zugehörige Lagerdorf mußten ja ständig mit frischen landwirtschaftlichen Produkten versorgt werden. Wahrscheinlich war in den *canabae* jeden Tag Markt.

Zwischen den Gutshöfen *(villae rusticae)* und den geschlossenen Siedlungen *(vici oder canabae)* herrschte eine Art Arbeitsteilung. Die Gutshöfe versorgten die Bevölkerung mit Nahrungsmitteln aus der Landwirtschaft; in den Lagerdörfern produzierten gewerbliche Betriebe Bekleidung, Werkzeuge, Tonwaren usw. Diese Trennung ist freilich nicht ganz so ausschließlich gehandhabt worden, denn in den Gutshöfen wurde auch für den Eigenbedarf, und ab und zu auch noch darüber hinaus, Metall oder Ton verarbeitet. Und umgekehrt wurde im *vicus* von Prüfening auch Landwirtschaft betrieben.

Durch die Anwesenheit der Legion erhöhte sich besonders die Nachfrage nach Lebensmitteln, hauptsächlich nach Getreide, da Brot und Teigwaren die Hauptnahrungsmittel der Soldaten bildeten. Außerdem benötigte man z.B. Heu für die Pferde und Heilkräuter für die Kranken. Auf der anderen Seite reichten offenbar weder die legionseigenen noch die zivilen Handwerker aus, um zusätzlich für 6000 Mann Kleider, Schuhe, Ausrüstung, Werkzeuge, Kochtöpfe zu reparieren oder zu ersetzen. Man kann daher davon ausgehen, daß im Raum Regensburg die wirtschaftliche Basis der Gutshöfe auf der organisierten Versorgung der Truppe beruhte. Aus diesem Grund wurde auch keine *villa rustica* so weit vom Legionslager entfernt angelegt, daß der Transport der Güter unrentabel geworden wäre.

Die Aufsiedlung des Landes wurde dadurch beschleunigt, daß man den ausgemusterten Soldaten nach ihrer 25jährigen Dienstzeit statt einer Abfindung in Geld aus Gründen des Staatshaushaltes (weil es nämlich nichts kostete) ein Stück Land zuwies, das dann als landwirtschaftlicher Betrieb eingerichtet wurde.

Eine sogenannte *villa rustica* bestand aus einem ummauerten Gutshof mit Herrenhaus, verschiedenen Nebengebäuden [Ställen, Scheunen, Wohnungen für die Bediensteten (Sklaven)] und bewirtschaftetem Land. Der Typ dieser Siedlungsform stammt aus Italien, dessen Agrargebiet seit Jahrhunderten von Großgrundbesitzern bewirtschaftet wurde. Dieses System übertrugen die Römer in verkleinertem Maßstab auch auf die Provinzen. Bei der Herstellung der Nahrungsmittel gab es keine Spezialisierung der Villen untereinander. Mehl, Brot, Fleisch, Milch, Käse, Honig (dem Zucker der Antike), Gemüse, Eier – alles wurde auf einem Hofe produziert. Der Bauer war zugleich Erzeuger und Verkäufer und bot seine Waren auf den täglichen oder wöchentlichen Märkten an, für deren ordentliche Abhaltung ein eigener Beamter abgestellt wurde (in Regensburg war dafür kurzzeitig der Aedil Aurelius Artissius zuständig – vgl. Nr. I 4).

Um gleichzeitig Ackerbau und Viehzucht in effektivem Maße betreiben zu können, siedelten sich die meisten Gutshöfe am Übergang von der feuchten Niederterrasse zur Lößfläche der Hochterrasse an. Bevorzugt wurden flache Südhänge im Bereich der Quellhorizonte.

Der Einzelhof

Trotz der großen Zahl von römischen Siedlungsfunden in der Umgebung Regensburgs ist erst eine *villa rustica* einigermaßen vollständig untersucht worden. Die übrigen römischen Gehöfte ruhen noch im Boden und verraten sich nur durch oberflächlich verstreute Scherben und Ziegelbrocken. Die *villa rustica* von Burgweinting muß deshalb als Beispiel für viele ähnliche Siedlungen im *territorium legionis* gelten.

villa rustica

Sie liegt etwa 4 km südöstlich von Regensburg auf der lößbedeckten Hochterrasse am Rande des Donautales. Als Fundort römischer Altertümer wird sie bereits 1830 von Gumpelzhaimer erwähnt. Nachdem 1909 im Kirchenfeld zu Burgweinting das Fragment eines römischen Grabmals entdeckt worden war, fanden erste Grabungen 1911–12 statt. Die offenbar etwas unzureichende offizielle Ausgrabung veranstaltete das vormalige Landesamt für Denkmalpflege, das Königliche Generalkonservatorium der Kunstdenkmäler und Altertümer Bayerns, im Herbst und Frühjahr 1915/16. Die Pläne scheinen nicht vor Ort, sondern erst nachträglich gezeichnet worden zu sein, aber im großen und ganzen trotzdem zu stimmen.

Den gesamten Gutshof (Abb. 71) umgab eine unregelmäßige viereckige Mauer von insgesamt 402 m Länge. Das Südtor wies eine knapp 3 m breite Durchfahrt mit ein- und ausspringenden Mauerschenkeln auf, während die übrigen Tore nur als Mauerlücke oder durch die Kiesschotterung nachweisbar waren. Ein großes Wohngebäude lag im Norden (Nr. 1). Es besaß mehrere Räume, von denen zwei heizbar waren, eine dazugehörige Heizkammer, einen Keller (K) mit Fensternische und Wandfach an den Längswänden, zu dem »einst eine Holzstiege hinabführte« (Abb. 72), sowie westlich vorgelagert einen Laubengang (L). An die Ostseite des Wohnraumes schlossen sich bis zur Hofmauer weitere große Wirtschaftsräume an (Scheunen?). In der Ostecke des Hofes wurde ein zweiter Gebäudekomplex ausgegraben, der ebenfalls als Wohnhaus gedeutet wird (Nr. 2). Es enthielt ursprünglich mehrere, durch hölzerne Zwischenwände voneinander getrennte Zimmer, die um einen zentralen Innenhof lagen, ebenfalls einen Keller (K) und eine Küche mit gemauertem Herd. Um dieses Gebäude scharten sich weitere Häuser, teilweise mit Ziegelpflaster, eines auch mit Fußbodenheizung (Nr. 3 und 4). Weitere Wirtschaftsgebäude lagen im Westteil der Villa. Insgesamt ließen sich neun Gebäude nachweisen, die aber nicht alle gleichzeitig bestanden haben müssen. An verschiedenen Stellen im Hofinneren fanden sich weite Strecken einer Pflasterung. Außerhalb des ummauerten Hofes wurden noch weitere römische Funde angetroffen, darunter das Bruchsteinfundament einer Scheune und ein Brunnen, 4 m tief, der ehemals überdacht war, wie die Dachziegelfunde in seinem Inneren verrieten. Eine Grube enthielt *terra sigillata* aus der 2. Hälfte des 1. Jahrhunderts n. Chr., und nordwestlich der Villa wurden Gräber aus der 1. Hälfte des 2. Jahrhunderts ausgeackert. Da diese letzteren Funde wesentlich älter sind als die aus der Villa bekannten Scherben (1. Hälfte 3. bis 4. Jahrhundert), darf man wohl damit rechnen, daß es einen älteren Gutshof gab, der gleichzeitig mit dem Kastell Kumpfmühl existierte und wohl auch gleichzeitig mit diesem zerstört wurde. Vielleicht ist er identisch mit den trapezförmigen Grundrissen, die 1977 durch Luftaufnahmen in der Nähe der ummauerten Villa entdeckt wurden (Abb. 73). Wie mehrere Brandschichten bewiesen, wurde auch diese auf gewaltsame Weise zerstört, wahrscheinlich im Zusammenhang mit den Juthungeneinfällen um 357 n. Chr.

Bemerkenswert unter den Burgweintinger Funden ist ein fast vollständig erhaltener Dachaufsatz aus Ziegelton in Gestalt eines zweigeschossigen Rundturmes (Abb. 74). Der bedeutendste Fund ist aber fraglos der einzige Meilenstein, den wir aus dem Raum Regensburg besitzen (Nr. I 33) und der ursprünglich in der Burgweintinger Kirche eingemauert war. Offensichtlich ist er von der Straße Augsburg – Regensburg hierher verschleppt worden. Der Zeitpunkt ist unbekannt, aber für Österreich gibt es z.B. ein ausdrückliches Dekret des Kaisers Franz I. aus dem Jahre 1828, daß alle Römersteine an den Außenwänden der nächstgelegenen Kirche einzumauern und der Obhut des Pfarrers zu empfehlen seien.

Der erste Meilenstein

1964 wurde das Fragment eines Familiengrabmahls ähnlich Abb. 124 entdeckt. Es stammt von einem kleinen Privatfriedhof, ebenso wie das bereits 1909 ausgeackerte Bruchstück eines Reitergrabmals, auf dem in flachem Relief ein Pferd zu erkennen ist. Derartige Grabmäler zeigen, daß es sich bei den Gutsbesitzern um ehemalige Legionssoldaten und recht wohlhabende Leute gehandelt haben muß.

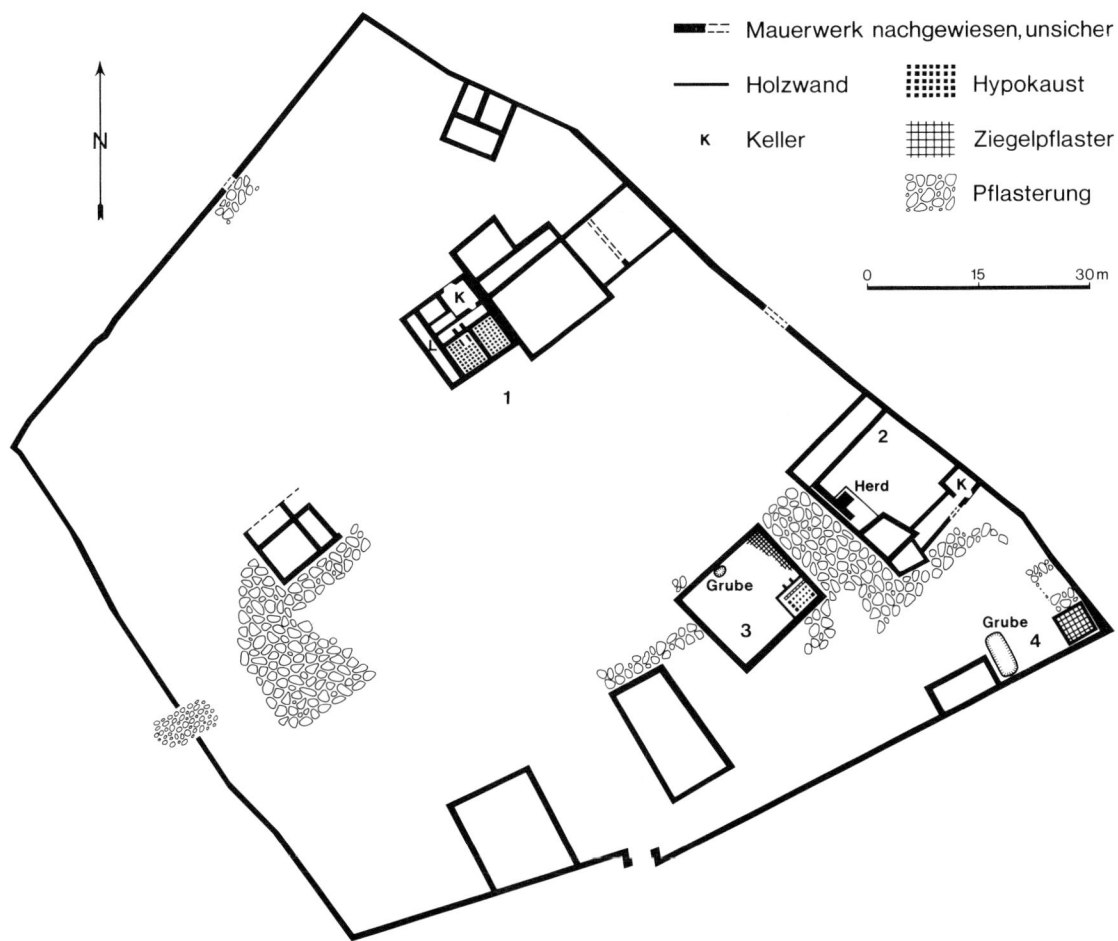

Abb. 71: Regensburg – Burgweinting, Plan des Gutshofes *(villa rustica)* nach den Ergebnissen der Ausgrabung durch den Historischen Verein 1911/12 und das Königliche Generalkonservatorium 1915/16. Innerhalb einer Hofmauer von unregelmäßiger Form liegen mehrere Wohn- und Wirtschaftsgebäude.

Abb. 72: Regensburg-Burgweinting, *villa rustica*. Keller des Hauptgebäudes mit zwei Nischen in den Längswänden und einem schräg nach oben führenden Zugang an der Stirnwand, in Bruchsteintechnik gemörtelt. Größe des Raumes etwa 3 m auf 3 m.

Abb. 73: Bei Luftaufnahmen 1977 unmittelbar neben der bekannten *villa rustica* von Burgweinting wurden die Grundrisse von mehreren Gebäuden entdeckt. Möglicherweise sind sie mit dem Gutshof identisch, zu dem das Gräberfeld des 2. Jahrhunderts n. Chr. gehörte.

◁ Abb. 74: Tönerner Dachaufsatz aus dem römischen Gutshof von Burgweinting. – Höhe 35 cm; MSR Inv. Nr. A 3982.

Tempel und Heiligtümer

Merkur, Gott jeglichen Gewinnes – Ein Tempel für einen Weingott

Die beliebteste Göttergestalt in der Provinz Raetien war Merkur, der Gott des Handels, der Kaufleute und nicht zuletzt der Diebe, kurz der Gott jeglichen Gewinnes. So ist es verständlich, daß der einzige bislang sicher nachgewiesene Tempelbezirk in Regensburg ihm geweiht war (Abb. 75). Er lag direkt an der von der Provinzhauptstadt Augsburg nach Castra Regina führenden heutigen Kumpfmühler Straße, auf beherrschender Höhe des Hügellandes etwa 2 km südlich vom Legionslager. Der erst vor wenigen Jahren nahe beim einstigen Heiligtum errichtete Fernsehmast charakterisiert besser als eine umständliche Beschreibung seine markante Lage.

Römische Funde waren von dieser aussichtsreichen Stelle bereits seit etwa 1914 bekannt, aber erst die Anlage eines Obstgartens im Jahre 1934 führte zur Aufdekkung von Grundmauern und einem Altar. In zwei Grabungskampagnen des Bayerischen Landesamtes für Denkmalpflege konnte der Tempelbezirk fast vollständig untersucht werden. Man fand die Fundamente eines größeren und zweier kleinerer Tempelgebäude. Der große Bau gehört zum Typ der galloörmischen Umgangstempel, die häufig auf weithin sichtbaren Anhöhen abseits der Ortschaften standen. Kennzeichnend für diesen Bautyp, der sich oft im Rhein-Moselgebiet, Frankreich und der Schweiz findet, ist ein quadratischer Hochbau, die *cella*, der Kultraum für das Götterbild. Um die *cella* herum lief ein mehrere Meter breiter Umgang, meist von Säulen getragen.

Ziegetsdorf

Auf dem Ziegetsdorfer Berg hatte die nahezu quadratische *cella* eine Seitenlänge von etwa 7 m und öffnete sich zu einer rechteckigen Nische, in der einst eine Statue des Merkur stand. Im Inneren der *cella* fand sich eine 1,40 m tiefe Grube von 2 m Durchmesser, in der ein schön verzierter Altar (Abb. 76, Nr. I 12), eine steinerne Merkurstatue ohne Kopf und das Bein einer weiteren Statue lagen. Entweder handelte es sich bei diesem eigenartigen Befund um eine Opfergrube des jüngsten Tempelausbaus (ehemals mit einem Holzdeckel verschlossen?), weil auf ihrem Grunde auch einige (Opfer-?)Münzen lagen. Oder dieses Loch wurde eigens bei der Zerstörung in den Boden der *cella* geschlagen.

Die *cella* war von einem etwa 3 m breiten Umgang gesäumt, den eine im Quadrat verlaufende Mauer von etwa 14 m Seitenlänge nach außen abgrenzte. Da sich nirgends steinerne Säulentrommeln fanden, kann die Wandelhalle, sofern sie offen war, nur von Holzsäulen getragen worden sein. *Cella* und Umgang hatte man mit einem 30 cm starken Pflaster aus festgestampftem und mit Bauschutt durchsetzten Gelbsand aufgefüllt. Unter diesem Fußboden fanden sich bei der Grabung Reste eines im Feuer untergegangenen hölzernen Vorgängerbaues. Sein Stifter – ein gewisser Soldat C. Rufonius Placidus (Abb. 77, Nr. I 11) – ist uns deswegen bekannt, weil seine steinerne Stifterurkunde in den Fundamenten der *cella* als Baustein verwendet worden war. Der Holztempel des C. Rufonius Placidus scheint an Stelle eines noch älteren Holztempels errichtet worden zu sein, den zwei Regensburger Brüder gestiftet hatten: Cassius A. . . und Cassius [C]mulinus (Nr. I 10). Auch diese allererste Gründungsinschrift wurde gefunden, weil sie ebenfalls als Werkstück in die nordwestliche Tempelecke eingemauert worden war. Wer der Stifter des steinernen Neubaus war, wissen wir leider nicht, aber die zahlreichen Stempel der *legio III Italica* auf dessen Dachziegeln beweisen wohl, daß es keine Privatperson, sondern möglicherweise der Lagerkommandant selbst gewesen sein kann.

Holz- und Steintempel

Neben dem gallorömischen Umgangstempel standen in gleicher Front zu einer in 6 m Entfernung vorbeiführenden geschotterten Tempelstraße noch zwei weitere Kultbauten, etwa 5 bis 6 m lang, der eine mit Rechtecknische, der andere mit halbrunder Apsis ausgestattet. Wem sie geweiht waren, ist unbekannt, aber den vielen Fragmenten zerbrochener Merkurstatuen nach zu schließen, wohl demselben Gott.

Vor den Eingängen der Tempel lagen mehrere große Steinplatten (80 × 60 cm), auf denen einst Opferaltäre oder Statuen standen. Weitere Altäre säumten die Tempelstraße zu beiden Seiten, worauf die aus Bruchstein geschichteten Sockel von 1 bis 2 m Seitenlänge hinweisen.

Die Ausdehnung des gesamten heiligen Bezirkes ist unbekannt, da keine Umfassungsmauer ausgemacht wurde. Ebenso fehlen bisher Wohnungen für das Tempelpersonal, ein Brunnen und ein Übernachtungshaus für Pilger, wie sie bei derartigen Heiligtümern benötigt wurden. Um so zahlreicher waren die Funde.

Das ganze Gelände war übersät von unzähligen kleingeschlagenen Statuen, zerstörten Altären und zerbrochenen Inschriften. »Tausende von Gefäßresten« müssen von Opfergefäßen stammen. Dagegen wurden nur wenige Münzen, überhaupt wenige Metallgegenstände entdeckt. Lediglich einen kleinen Bronzestier, sicherlich eine Votivgabe, hatten die letzten Plünderer übersehen. Als Votivgaben können auch zwei bronzene Sockel für Statuetten und Teile der Soldatenausrüstung (Sporn, Helmbeschlag, Zwiebelknopffibel) gelten, die an die bekanntere Sitte erinnern, Waffen in Flüssen oder Seen zu opfern. Es überrascht daher nicht, daß drei der gefundenen Weihinschriften von Angehörigen der *legio III Italica* stammen. Daß auch Fremde hier für den glücklichen Ausgang ihrer Geschäfte beteten, auf dem Weg von oder nach Castra Regina, zeigt die Inschrift der Trierer Kaufleute sehr anschaulich (Abb. 101, Nr. I 14).

Welch großer Beliebtheit sich das Merkur-Heiligtum auf dem Ziegetsdorfer Berg bei einer wohlhabenden und großzügigen Besucherschicht erfreute, beweisen die Steinskulpturen: drei erhaltene Merkurstatuen (Abb. 78), Reste einer überlebensgroßen Statue, drei weitere Sockel von Merkurdarstellungen mit Widder, Hahn und Schildkröte sowie sieben Hände mit Geldbeutel, den typischen Attributen dieses Gottes. Neben Merkur ist ansonsten nur noch die ›Mutter‹ des Merkur, die *Maia mater* inschriftlich erwähnt (Nr. I 12) und wohl auch dargestellt gewesen.

Christen als Plünderer?

Nach Ausweis der Kleinfunde (Scherben und Münzen) ist der Tempelbezirk gegen 200 n. Chr. entstanden. Wie die erwähnten Gründungsinschriften beweisen, ist die Anlage dreimal zerstört und zweimal wiederaufgebaut worden. Zu welchen Zeitpunkten dies geschah, ist unbekannt, wahrscheinlich aber jeweils in Zusammenhang mit den Alamanneneinfällen des 3. Jahrhunderts. Im 4. Jahrhundert wurde das Heiligtum entweder bei den Einfällen der Juthungen um 357 n. Chr. oder – wie man vermutete – im Zuge des erstarkenden Christentums durch Glaubenseifrige aus den eigenen Reihen verwüstet. Das würde vielleicht noch besser erklären, warum man sich die Mühe machte, die Opfergrube mit zerschlagenen Statuen aufzufüllen.

Liber Pater

Bei der Untersuchung eines bajuwarischen Gräberfeldes am Weinweg in Höhe der Westheimsiedlung wurde im Jahre 1950 in der Einfüllung eines Grabschachtes ein gut erhaltener Weihestein (Nr. I 9) für *Liber Pater* (= Bacchus) gefunden. Im näheren Umkreis kamen weitere Werksteine, Reste einer Säulenvorhalle und ein Kalksteinfundament zutage, so daß man an dieser Stelle mit einem kleinen Heiligtum für den Weingott rechnen darf. Außer einer Relief-Darstellung des *Liber Pater* in Nassenfels ist diese Regensburger Weihung der einzige Hinweis für die Verehrung des Weingottes in Raetien.

Weinbau in Winzer

Eine Verschleppung des Steines ist unwahrscheinlich, da das Gräberfeld in sonst unbebautem Gelände lag und nahebei die zahlreichen Bruchstücke von Bauteilen gefunden wurden. Wichtig ist in diesem Zusammenhang auch, daß auf den Winzerer Höhen des gegenüberliegenden Donauufers noch heute in bescheidenem Umfang Weinbau betrieben wird, der früher freilich wesentlich intensiver und historisch nachweisbar bereits seit dem frühen Mittelalter gepflegt wurde. Deswegen und weil neben dem *Liber Pater*-Stein das Relief des Bauerngottes Silvanus mit einem Rebmesser, sowie Funde ähnlicher Messer aus Eisen als weitere Belege gelten können, wird vielfach erwogen, ob man den Winzerer Weinbau bis in römische Zeit zurückführen könne. Da nun nach urkundlicher Überlieferung der nur wenig flußabwärts gelegene Krukenberger Weinbau erst im 8. Jahrhundert durch das Salzburger St. Peterskloster begründet wurde, der Ort Winzer aber bereits 680 in dieser Namensform erstmals erwähnt wird, darf man für den Weinbau hier eine ältere Tradition nicht völlig ausschließen. Zum *territorium legionis* gehörte Winzer aber keinesfalls, denn es gibt bisher keine gesicherten römischen Funde vom nördlichen Donauufer.

Das ist aber auch nicht notwendigerweise zu erwarten, denn zur Pflege eines Weinberges konnte man ohne weiteres bei Bedarf über den Fluß setzen und am Abend in sein Haus auf reichsrömischem Boden zurückkehren. Auffällig ist nämlich auch, daß der *Liber Pater*-Stein dort zutage kam, wo auf dem anderen Ufer die Steilhänge nahe an den Fluß treten und genau nach Süden blicken, also kürzester Weg, geeignetes Gelände (der Pfaffenstein ist zu felsig) und optimale Sonneneinstrahlung zusammenfallen. Daß sich auch heute der einzige Weinberg westlich der Stadt oberhalb von Niederwinzer befindet, geht auf die Gunst dieser Lage zurück. Er liefert nach wie vor einen köstlichen Tropfen.

Es muß im Regensburger Raum noch viele weitere größere und kleinere Tempelbezirke und Heiligtümer gegeben haben, die uns jedoch nicht bekannt sind. Der römische Legionar war ausgesprochen religiös und abergläubisch zugleich, wie zahlreiche in Legionslagern gefundene Götterstatuetten, Amulette, Weihinschriften, Kultnischen und Altäre beweisen (Abb. 79).

Bekannt ist aus dem Bereich Castra Regina eine Weihung für den Mercurius Censualis, dem eine Handelsgesellschaft einen altersschwachen Tempel durch einen Neubau ersetzt hat (Nr. I 6). Eine weitere Inschrift (Nr. I 7), die Mars und Victoria, die beiden Kriegsgötter, nennt, weist auf ein von Soldaten gestiftetes Heiligtum hin. Schließlich muß es auch einen Tempel für Volkanus, den Gott der Schmiede und des Feuers gegeben haben, in dem der Altar stand, den der Aedil Aurelius Artissius gestiftet hat (Nr. I 4). Der Stein wurde am Arnulfsplatz gefunden, weshalb man dort im Kreuzungsbereich mehrerer Straßen nicht nur einen Volkanus-Tempel, sondern auch ein *forum*, an dem dieser Tempel stand, vermutet hat. Für ein derartiges städtisches Zentrum fehlen aber bisher archäologische Hinweise, und es muß auch keineswegs unbedingt inmitten der *canabae* gesucht werden, wie z.B. die Situation in Carnuntum (Deutsch-Altenburg/Niederösterreich) lehrt.

Mars, Victoria, Volkanus

Abb. 75: Merkur-Heiligtum auf dem Ziegetsdorfer Berg. Auf dem Plan sind die Grundrisse eines größeren und zweier kleinerer Tempel zu sehen, sowie mehrere Basen vor den Tempeln und entlang der Straße, auf denen einst Statuen oder Altäre standen.

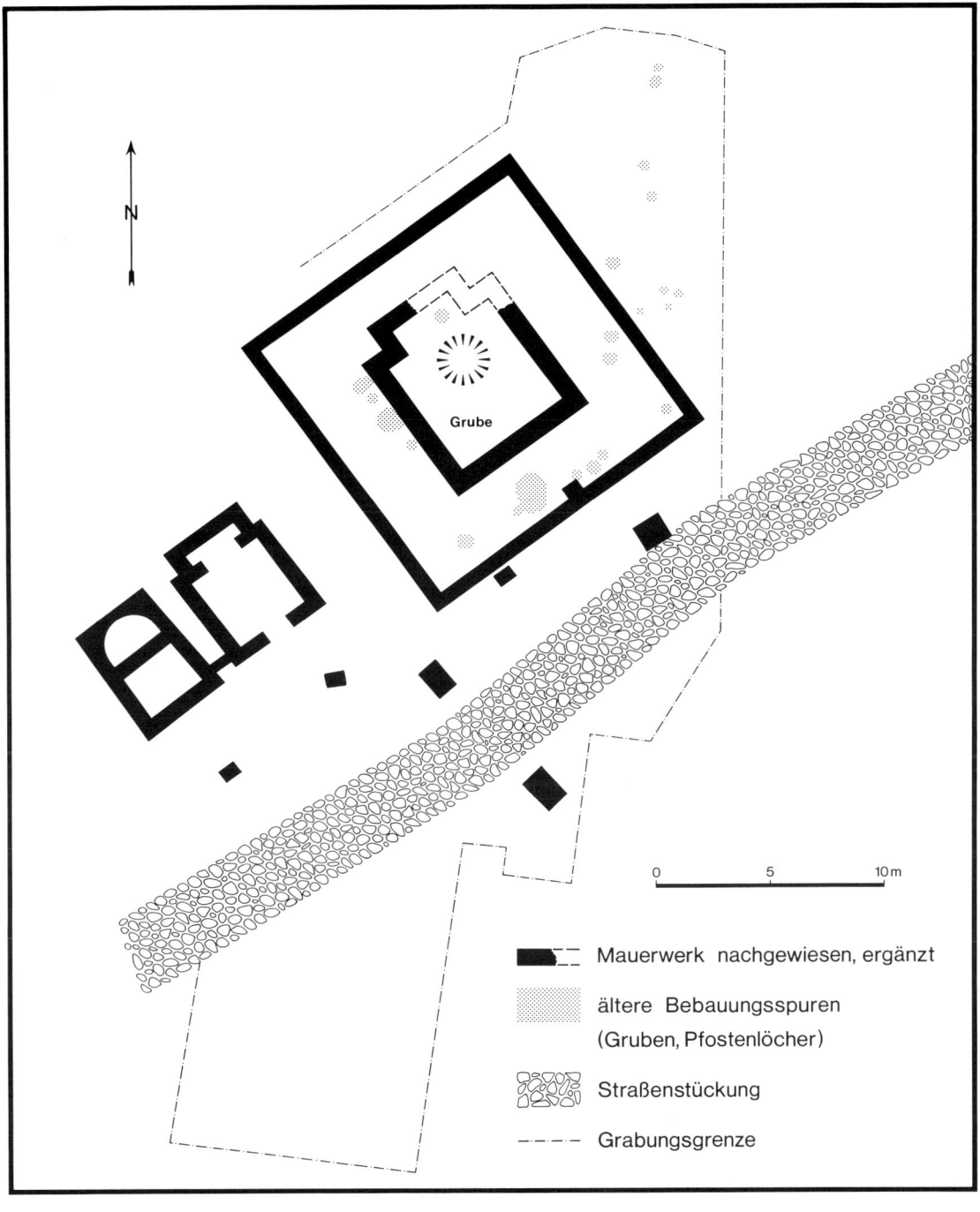

I H D D

DEO
MERCVRIO
ET MAIAE MAR
C SERVANDVS
SEROTINVS LEG
IIII F L SERVAND
HERCVLANVS FIL
EX VOTO POSVER
V S L L M

△ Abb. 77: Stifterurkunde des C. Rufonius Placidus, der den abgebrannten Holztempel für den Gott Merkur auf dem Ziegetsdorfer Berg wieder aufbauen ließ. – Höhe 39 cm; MSR Inv. Nr. Lap. 142. Katalog I 11.

◁ Abb. 76: Opferaltar aus Kalkstein für Merkur, den Gott der Händler und Kaufleute, und seine Mutter Maia aus dem Merkurheiligtum auf dem Ziegetsdorfer Berg. – Höhe 1,14 m; MSR Inv. Nr. Lap. 143. Katalog I 12.

Abb. 78: Kalksteinstatue des Gottes Merkur mit kleinen Flügeln an den Schläfen, dem Umhang über der linken Schulter, in der Rechten den Geldsack, in der Linken den Schlangenstab, zu Füßen einen liegenden Widder. Die Statue vom Tempelbezirk auf dem Ziegetsdorfer Berg stand ursprünglich entweder als Kultbild im Inneren eines Tempels oder auf einer der Basen, die die durch das Heiligtum führende Straße säumten. – Höhe 92 cm; MSR Inv. Nr. Lap. 165.

Abb. 79: Altärchen für den Göttervater Jupiter, seine Gattin Juno, die Haus- und Wegegötter und die Glücksgöttin Fortuna. Aus Speckstein, gefunden im Legionslager. – Höhe 11,6 cm; MSR Inv. Nr. A 913. Katalog I 17.

Römisches Leben – Die Funde

Legion und Soldaten

Aufbau der 3. italischen Legion – Legionsstärke – Dienstzeit – Ehrenvolle Entlassung und unehrenhafte Ausstoßung – Kohorte, Zenturionen und Manipel – Legionskavalleristen – Lagerkommandant und Stabsoffiziere – Offiziere und Unteroffiziere – Gefreite und gemeine Soldaten – Versuch einer Soldtabelle

Provinzialheer

Die militärische Besatzung einer römischen Provinz – unter dem Begriff *exercitus* (»Heer«) zusammenfaßbar – konnte ausschließlich aus Hilfstruppen oder aus Legion(en) und Hilfstruppen bestehen. In Raetien galt vor Mark Aurel ersteres und seit diesem Kaiser letzteres. Obwohl auch in Regensburg vorübergehend andere Einheiten stationiert waren, soll hier ausschließlich die innere Struktur der *legio III Italica*, der einzigen Legion und damit der wichtigsten Besatzungstruppe Raetiens, näher betrachtet werden. Lediglich für sie besitzen wir einige konkrete Anhaltspunkte, freilich auch nur für die Zeit von 175 bis etwa 285 n. Chr. Über die Hilfstruppen der ›Kumpfmühler Zeit‹ und die verschiedenen Verbände des Grenz- und Feldheeres der Spätantike ist oben S. 66ff. und S. 130ff. das Nötigste gesagt.

Sind schon der Aufbau einer Legion allgemein und die damit zusammenhängenden Fragen sehr problematisch, so noch viel mehr Rekonstruktionen und Folgerungen bezüglich einer ganz bestimmten Legion. Unser Wissen um die Gliederung der 3. italischen Legion ist noch gering genug; es ergibt sich fast ausschließlich aus Inschriften (meist Grabsteine), wobei natürlich auch auf die außerhalb Regensburgs gefundenen zurückzugreifen ist. Da alles in allem unsere heutige Überlieferung nur wenige Prozent und sogar Prozentbruchteile des einst Vorhandenen repräsentiert (je höher der einstige Rang, um so mehr Wohlstand, um so mehr Inschriften, um so größer die Überlieferungschance), sind Vereinfachungen und mitunter Vermutungen im folgenden unvermeidlich: Eine weitgehend vollständige, wenn auch in manchen Punkten nicht ganz einwandfreie Zusammenstellung aller Angehörigen der *legio III Italica* findet man bei G. Winkler, Bayerische Vorgeschichtsblätter 36, 1971, 92–99.

Was war eine Legion?

Etwa einer modernen Division entsprechend, war die Legion taktisch und verwaltungstechnisch ein geschlossener militärischer Verband, der in sich vielfach gegliedert war. Strenge Dienstpläne und Verwaltungsmechanismen kennzeichnen ihn ebenso wie – besonders in den unteren Chargen – schier unüberschaubare Beförderungsprinzipien innerhalb einer komplizierten Rangordnung. Jede Legion trug eine Zahl und einen Beinamen. Während erstere nach sehr komplizierten Kriterien vergeben wurden (es existierten z. B. noch drei weitere »dritte« Legionen: die *III Augusta*, die *III Cyrenaica* und die *III Gallica*), gab letzterer entweder die Herkunft der Truppe *(Italica)*, einen Spitz- oder Ehrennamen (z. B. *Adiutrix*) und ähnliches an (vgl. S. 73 f.).

Die Legion gab es in Rom spätestens seit dem 4. Jahrhundert v. Chr. Diese operative Einheit hatte im Laufe der Zeit mehrere Wandlungen durchgemacht. Nach der jeweils bestimmenden taktischen Formation werden die verschiedenen Entwicklungsstufen als Phalanx, Manipular- oder Kohortenlegion bezeichnet. Seit den Reformen des Feldherrn Marius (um 100 v. Chr.) dienten in der Legion, in der von nun an die Kohorte Grundlage der Taktik war, Berufssoldaten, die – und das galt auch noch in dem hier interessierenden Abschnitt der Kaiserzeit – römische Bürger sein mußten. Seit dem Ende des 1. Jahrhunderts v. Chr. änderte sich schließlich auch die Aufteilung der Legion nur mehr unbedeutend.

Jeder Legion gehörten zwischen 5500 und 6400 Mann an. Dabei stimmte die Iststärke gewiß nur selten mit der Sollstärke überein. Beide Daten zu ermitteln, ist bestenfalls auf dem Wege kombinatorischer Annäherung möglich. Für die Regensburger Einheit ist der noch weitgehend unbekannten Bebauungsstruktur ihres Lagers wegen eine Iststärke bisher für keinen Zeitpunkt auch nur schätzungsweise anzugeben. Dagegen wurde die Sollstärke einer römischen Legion erst jüngst durch H. von Petrikovits wieder veranschlagt. Seine Tabelle sei hier wiedergegeben, da sie auch die unterschiedliche personelle Zusammensetzung so einer Truppe übersichtlich darstellt (* = reine Schätzungen):

Kampftruppe in 60 Zenturien zu je 80 Mann	4800 Mann
Legionsreiter	120
Handwerker und Magazinarbeiter, die im Lager arbeiteten	300*
Ständig außerhalb des Lagers beschäftigte Handwerker	100*
Lazarettangehörige und Veterinärpersonal	50*
9 (10) Stäbe der Legion	260*
Zum Statthalter und zum Prokurator der eigenen Provinz abkommandiert	210*
Zu Statthaltern und Prokuratoren anderer Provinzen abkommandiert	210*
Militärische Straßen-, Zoll- und Steuerstationen	200*
Sonstige Immunes und Abkommandierte	(150)
	6400 Mann

Bei aller Vereinfachung veranschaulicht diese Rechnung doch, daß mehrere hundert Soldaten sich stets außerhalb ihres Garnisonsorts aufhielten. Außerdem wird klar, daß die überwiegende Zahl, nämlich rund 5000 Mann, der kämpfenden Truppe angehörte. Davon waren natürlich die meisten gemeine Soldaten, *milites gregarii* (*gregarius* = wörtlich »zur Herde gehörig«). Dies waren durchwegs Infanteristen; die Römer kannten innerhalb der kämpfenden Truppe heute geläufige Unterscheidungen wie ›Schütze‹, ›Grenadier‹, ›Jäger‹, ›Kanonier‹ usw. nicht. Auch

Infanteristen

von der 3. italischen Legion ist eine Reihe einfacher *milites* überliefert (G. Winkler verzeichnet 13; leider steht nicht fest, ob die 53 Soldaten auf einer Weihung aus der Zeit zwischen 222 und 235 n. Chr. Legionare waren, s. Nr. I 2). Über ihre beengten Lebensbedingungen im Lager wurde schon oben gesprochen (S. 200f.). Die Dienstzeit der Soldaten betrug, wenigstens in unserer Zeit, 20 Jahre. Danach blieb der ehrenvoll entlassene Soldat (S. 61), der *veteranus*, noch fünf Jahre bei seiner Einheit, bevor er, mit Geld abgefunden oder mit Land beschenkt, ins Zivilleben zurückkehrte. In diesem spielte er, besonders im 3. Jahrhundert als er zu den *honestiores* gehörte (vgl. S. 98f.), eine große Rolle (vgl. Nrr. I 7, 21, 24, 25). Neben der ehrenvollen Entlassung *(honesta missio)* gab es (in Regensburg bisher nicht eigens belegt) die vorzeitige Ausmusterung etwa aufgrund von Krankheit *(missio causaria)* oder auch die mit Schande verbundene unehrenvolle Ausstoßung z. B. bei Feigheit oder schweren Dienstvergehen *(missio ignominiosa)*. In diesem letzten Fall hatte man natürlich die Ansprüche auf die Abfindung *(praemia militiae)* verwirkt. Der nicht seltene Hinweis (z. B. Nrr. I 24, 25), man sei *missus honesta missione*, also »durch ehrenvolle Verabschiedung Entlassener«, sollte die vollständige Diensterfüllung betonen, weil eine *missio causaria* nicht gekennzeichnet werden mußte.

Kohorten und Zenturien

Die gemeinen Soldaten versahen ihren täglichen Dienst in den Unterabteilungen der Legion, in den Kohorten. Jede Legion hatte zehn Kohorten, denen etwa unsere Bataillone entsprechen. Jede Kohorte wiederum bestand aus sechs Zenturien (»Hundertschaften«), die je von einem Zenturio befehligt wurden. In jeder Zenturie dienten trotz des Namens aber nur achtzig einfache Soldaten; die restlichen 20 setzten sich aus Spezialisten wie Handwerkern, Ärzten, Verwaltungssoldaten, Legionsreitern etc. zusammen. Zwei Zenturien bildeten einen, im 2. und 3. Jahrhundert n. Chr. längst nur mehr verwaltungsmäßig wichtigen Manipel. Folglich

Manipel

besaß jede Kohorte drei Manipel, die Legion also deren 30; sie werden entsprechend der in der Frühzeit der Republik geltenden Waffengattungen – *triarii* (oder *pilani* = Wurflanzenträger), *principes* (nach der ersten Kampfreihe) und *hastati* (Lanzenträger) – als Triarier-, Principes- oder Hastatenmanipel bezeichnet. Jedes Manipel hatte ihr eigenes Feldzeichen *(signum)*.

Kavalleristen

Jede Legion war mit 120 Reitern *(equites legionis)* ausgestattet. Auch aus Regensburg sind bislang drei solche bekannt (z. B. Nr. I 8). Schon ihrer geringen Zahl wegen waren diese Kavalleristen natürlich etwas besonderes. Obwohl sie wie die einfachen Soldaten den Zenturien zugeteilt, also nicht in eigene Reiterabteilungen *(turmae)* zusammengefaßt waren, scheinen sie dennoch von den *milites gregarii* getrennt gewohnt zu haben. Ihre Quartiere lagen offenbar in den Tabernen der Retentur (also dem Gebiet zwischen *porta decumana* und *via quintana*, in Regensburg im südlichen Lagerdrittel), besonders an der *via decumana* (also an der Straße zur *porta decumana*, in Regensburg zum Lagersüdtor). Dabei dienten die vorderen Räume vermutlich zur Unterbringung von je zwei Pferden, die rückwärtigen Räume als Schlafgemächer der Reiter. In Friedenszeiten wurden die Legionskavalleristen als reitende Boten, nach einer älteren Ansicht auch als berittene Stabswache des Legionslegaten verwendet. In der Schlacht und auf dem Marsch setzte man sie mitunter im Verband mit Auxiliarreitern von der Fußtruppe getrennt ein.

Nach der Betrachtung der untersten Personalebene der Legion ist es aus sachlichen Gründen nun nötig, sogleich die höchste ins Auge zu fassen. Damit aber der Zusammenhang besser gewahrt bleibt, sei zunächst eine tabellarische Übersicht über die Personalstruktur der Legion gegeben, die im folgenden immer wieder zur Veranschaulichung herangezogen werden sollte:

Übersicht über die personelle Gliederung der Legion

Legionskommandeur: *legatus legionis (III Italicae* = Statthalter Raetiens)
Stabsoffiziere (mit je einer eigenen Kanzlei):
  1 senatorischer Militärtribun *(tribunus militum laticlavius)*
  eventuell 1 *primipilus iterum* (Offizier mit Sonderaufgaben)
  1 Legionspräfekt *(praefectus castrorum legionis)*
  5 ritterliche Militärtribune *(tribuni militum angusticlavii)*
Offiziere:
  5 Zenturionen *(centuriones)* der ersten Kohorte *(primi ordines): primuspilus – princeps – hastatus – princeps posterior – hastatus posterior*
  54 Zenturionen der 2. bis 10. Kohorte
Unteroffiziere: *principales* mit doppeltem Grundsold *(duplicarii)* und mit eineinhalbfachem Grundsold *(sesquiplicarii)*
Gefreite: *immunes*
Mannschaften: *milites gregarii*

Wie man sieht, lagen auf der Stufe der höchsten Befehlshaber der Legion die Verhältnisse relativ einfach. Der Kommandeur der 3. italischen Legion – man müßte ihn wohl mit einem Brigadegeneral vergleichen, da die Statthalter in Mehrlegionenprovinzen noch ranghöhere Generale waren – war gleichzeitig Statthalter Raetiens und amtierte in Augsburg (S. 84). Aus den rund 90 Jahren, in denen es solche *legati Augusti pro praetore legionis III Italicae* gab, ist uns von den 30 bis 45 zu erwartenden Amtsträgern bisher etwa ein Dutzend bekannt.

Obwohl dies fürs erste enttäuschend wenig zu sein scheint, wird diese Meinung schnell ändern, wer hört, daß wir für denselben Zeitraum nur drei senatorische Militärtribune unserer Legion kennen, obwohl mit 50 bis 75 zu rechnen wäre. Jede Legion hatte nur einen solchen Tribun, den *tribunus militum laticlavius*. Da dieser Offizier durch Geburt oder durch die Gunst des Kaisers Anwärter auf die mit der Erreichung der Quästur (Mindestalter 25 Jahre) verbundene Senatorenwürde war, durfte er an seiner Tunika einen breiten Purpursaum *(latus clavus)* tragen.

Kommandeur der 3. Italischen

Senatorischer Militärtribun

Er war in der Regel zwischen 18 und 20 Jahre jung (in Trient bezeichnete man dementsprechend den Tribun Gaius Iulius Ingenuus als *clarissimus iuvenis*, also als »erlauchtesten Jüngling«). Obwohl seine militärische Erfahrung noch nicht groß gewesen sein kann, war er rangmäßig der höchste Offizier nach dem Legionskommandeur. Ohne feste Führungsaufgabe war er dessen Stellvertreter auch im Kriegsfall. Nicht selten standen diese, erste militärische Erfahrung suchenden Aristokraten, wie z. B. der erwähnte Marius Maximus (S. 89f.), am Beginn einer großen senatorischen Laufbahn, die sie bis zu den höchsten Reichsämtern emporhob.

Ritterliche Militärtribune

Aus dem zweiten Reichsstand stammten die ritterlichen Militärtribunen, die wegen des schmalen Purpurstreifens an ihren Tuniken *tribuni militum angusticlavii* hießen. Davon gab es gleichzeitig bei einer Legion immer fünf. Bezeichnend für unseren geringen Kenntnisstand ist es, daß wir dennoch für die 3. italische Legion insgesamt erst zwei kennen. Auch sie standen nicht selten am Beginn einer großen Karriere im eng mit dem Kaiser zusammenarbeitenden prokuratorischen Dienst, als deren Vorstufe sie die *tres militiae equestres* (= die aufeinanderfolgende Bekleidung eines Kommandos über eine Hilfstruppen-Kohorte, eines Legionstribunats und eines Kommandos über eine Auxiliarreiterei) ableisteten. Die meiste Zeit verbrachten diese ritterlichen Tribunen mit Verwaltungsaufgaben. Mitunter führten sie auch eine Kohorte, kommandierten irgendwelche Spezialabteilungen oder halfen dem Kommandeur bei anderen wichtigen Geschäften.

Legionspräfekt

Die bisher genannten Offiziere waren, da sie ihre Stellung bei der Truppe nur vorübergehend ausübten, keine Berufssoldaten. Ihre militärischen Kenntnisse dürften generell nicht besonders groß gewesen sein. Es gab aber im Führungsstab einer jeden Legion einen Offizier, der sein Militärhandwerk von der Pike auf erlernt hatte. Dies war der *praefectus castrorum (legionis)* (vgl. Nr. I 20). Rangmäßig stand er unter dem senatorischen Tribun, aber über den ritterlichen Tribunen. Daher gehörte auch er dem Ritterstand an. Seinem Aufgabenbereich nach könnte man ihn als Kasernenoffizier und Wirtschaftsoffizier bezeichnen. Ihm oblagen Instandsetzung und -haltung des Lagers selbst sowie des Legionsterritoriums. Generell war ihm die Sorge um das Wohlfunktionieren des soldatischen Zusammenlebens anvertraut: die Anlage von Vorräten aller Art, ebenso wie die Überwachung des Sanitätsbereichs oder die Aufrechterhaltung der Wasser- und Brennholzversorgung. Die Waffenkammer, die Legionsfabriken, der Legionstroß unterstanden ihm; ja er kontrollierte den gesamten Dienstplan einschließlich des Wachdienstes. Dabei besaß er ausgedehnte Disziplinargewalt (freilich nicht in Kapitalsachen). Wen wunderts, daß diese ›Divisionsspieße‹ mitunter als sehr streng geschildert werden. In der Zeit etwa von Kaiser Domitian (81–96 n. Chr.) bis Kaiser Septimius Severus (193–211 n. Chr.) hießen sie *praefecti castrorum* mit dem gelegentlichen Zusatz *legionis*, nachher nur noch *praefecti legionis*. Diesen Titel behielten sie auch, als sie seit Gallienus (253–268 n. Chr.) und besonders seit Diokletian (284–305 n. Chr.) die gesamte Legion kommandierten, weil es nun keine senatorischen Offiziere mehr bei der Legion gab (S. 120); hatten sie doch auch schon früher bei Abwesenheit des *legatus legionis* und des *tribunus militum laticlavius* dasselbe getan. Alle die bisher genannten (Stabs-)Offiziere verfügten über eigene Kanzleien.

Als das militärische Rückgrat der Legion kann man die Zenturionen *(centuriones)* bezeichnen. Diese etwa den modernen Hauptleuten gleichzusetzenden Offiziere waren durchwegs Berufssoldaten. Sie befehligten in der Regel die Zenturien, die verwaltungsmäßig und taktisch kleinsten Einheiten der Legion. Letzlich waren sie dafür verantwortlich, daß im Kriegsfall militärische Operationen erfolgreich durchgeführt werden konnten. Daher hatten sie schon in Friedenszeiten besonders auf die Wahrung der Truppendisziplin zu achten. Im Rahmen dieser Pflicht gaben sie die Befehle der Legionsspitze an die einfachen Soldaten weiter und sorgten für ihre Befolgung. Außerdem überwachten sie den täglichen Routinedienst der kämpfenden Truppe, das Exerzieren ebenso wie die Manöver, die Vorbereitung von Paraden und Inspektionen geradeso wie die Einweisung von neuen Rekruten oder die Sauberhaltung der Unterkünfte. Freilich befehligten die Zenturionen von Fall zu Fall auch Arbeitskommandos von Legionaren in Bergwerken, Steinbrüchen (S. 82), Ziegeleien, generell auf kaiserlichen und staatlichen Besitzungen. Manchmal wurden sie vorübergehend auch als Kommandeur einer Hilfstruppenabteilung eingesetzt, wie dies z. B. für zwei Zenturionen der 3. italischen Legion in Böhming fürs Jahr 181 n. Chr. belegt ist (S. 91 f.). Als Zeichen seiner Disziplinargewalt trug der Zenturio einen Rebstock und bis ans Ende des 2. Jahrhunderts eine Beinschiene, einen quergestellten Helmbusch sowie einen Goldring, der aber seit Septimius Severus auch den Unteroffizieren *(principales)* zustand. Seit jenem Kaiser wohnten die Zenturionen, auch in Regensburg, außerhalb des Lagers, was für die Truppendisziplin gewiß nicht gerade förderlich war.

Die meisten Zenturionen hatten sich aus den unteren Chargen hochgedient und Offiziersrang erst nach 13 bis 20 Dienstjahren erreicht. Dennoch stellten die etwa 1800 Legionszenturionen des Reiches keine sozial einheitliche Gruppe dar, weil es noch eine ganze Reihe anderer Möglichkeiten gegeben hat, zum Zenturionat zu gelangen: so z. B. nach dem Dienst in einer Auxiliareinheit oder als ehemaliger Beamter einer noch nicht mit dem römischen Bürgerrecht ausgestatteten Gemeinde. Eine weitere, nicht gerade gewöhnliche Weise, das Zenturionat zu erreichen, hat der Zufall gerade für die 3. italische Legion erhalten: Ein Zenturio mit dem keltischen Namen Quintus Eniboudius Montanus aus *Cemenelum* (Cimella) bei Nizza nannte sich *ordinatus ex equite Romano*. Daraus ergibt sich, daß er Ritter *(eques Romanus)* war, aber freiwillig aus diesem Stand ausschied *(ex . . .)*, um Zenturio *(ordinatus)* zu werden. Grund dafür könnte z. B. Verar-

Zenturionen

mung gewesen sein (als Ritter mußte man 400 000 Sesterzen besitzen) oder zu geringe Aussichten auf eine größere Ritterlaufbahn. Wenn der Kaiser das Gesuch um Aufnahme in das Zenturionat billigte – bei Montanus hat er dies getan –, konnte ein solcher Ex-Ritter rasch zum Primipilat, zum ranghöchsten Zenturionat, und damit, finanziell saniert, erneut zum Ritterrang gelangen. Ähnliches galt übrigens für *evocati*, für die zu den Fahnen zurückgerufenen Veteranen, die meist direkt zu Zenturionen befördert wurden.

Entsprechend der Zahl der Zenturien gab es 59 bzw. 60 Zenturionen je Legion. Sie waren den Kohorten und darin wieder den Manipeln zugeteilt. Da sich jeder der drei Manipel einer Kohorte aus zwei Zenturien zusammensetzte (S. 277), gehörten zu ihm auch zwei Zenturionen. Diese unterschied man in einen dienstälteren *prior* (»der erstere«) und einen dienstjüngeren *posterior* (»der geringere«). In der knappen Militärsprache hießen daher die sechs Zenturionen jeder Kohorte nach den alten Manipelbezeichnungen (S. 277) *pilus prior* und *pilus posterior*, *princeps prior* und *princeps posterior* sowie *hastatus prior* und *hastatus posterior*. Führer der gesamten Kohorte war jeweils der *pilus prior*. Die Kohorten ihrerseits waren von der ersten *(primus)* bis zur zehnten *(decimus)* durchnumeriert, so daß auch jeder einzelne Zenturio genau gekennzeichnet werden konnte (z. B. war der *decimus hastatus posterior* der rangniederste Zenturio der Legion). Freilich war der Rangunterschied zwischen den einzelnen Zenturionen der 2. bis 10. Kohorte nicht besonders gravierend. Lediglich die Zenturionen der 1. Kohorte *(primi ordines)* nahmen eine Ausnahmestellung ein.

Dies lag daran, daß die gesamte erste Kohorte sich von den anderen neun in Vielem deutlich unterschied. Sie war fast doppelt so stark wie diese, obgleich auch sie nur sechs Zenturien hatte; jedoch gehörten ihr weitere 400 Soldaten an: vorwiegend wohl dem Legionspräfekt unterstellte Gefreiten und Unteroffiziere sowie langfristig außerhalb des Garnisonsortes diensttuende Soldaten. Außerdem führte hier der ranghöchste Zenturio, der *primuspilus*, zwei Zenturien. Die Befehlsverhältnisse in der ersten Kohorte sahen (wieder nach H. v. Petrikovits) etwa folgendermaßen aus:

Der Primus pilus führte 2 Zenturien und zusätzlich 200 Mann,
der Princeps führte 1 Zenturie und zusätzlich 50 Mann,
der Hastatus führte 1 Zenturie und zusätzlich 100 Mann,
der Princeps posterior führte nur 1 Zenturie,
der Hastatus posterior führte 1 Zenturie und zusätzlich 50 Mann.

Beförderung

Traum eines jeden Zenturios war es, die Stellung des *primuspilus* zu erreichen. Dies bedeutete den Aufstieg in den Ritterstand. In der Tat erlangten nach ungefähr 20 Dienstjahren als Zenturionen zwischen 40 und 50% diesen Rang, der offenbar nur für ein Jahr innegehalten wurde. Der *primuspilus* war in erster Linie der Sprecher der Zenturionen beim Kommandeur. Ansonsten waren seine Aufgaben nicht besonders bedeutsam. Nach seinem Amtsjahr setzte sich der mindestens 50 Jahre alte Offizier entweder zur Ruhe und spielte in seiner Heimatgegend eine hervorragende Rolle oder er wurde noch zum *praefectus castrorum legionis* befördert. Damit war seine Laufbahn endgültig zu Ende. Ging er aber nach dem Primipilat in die Hauptstadt Rom und diente dort bei der Feuerwehr (den *cohortes vigilum*), in den Stadtkohorten *(cohortes urbanae)* oder in der kaiserlichen Leibgarde *(cohortes praetoriae)* als Tribun, so konnte er als *primipilus iterum (primuspilus* zum 2. Mal) zur Legion zurückkehren; dann versah er eine besondere Aufgabe im Stab des Legionskommandanten und stand rangmäßig unmittelbar unter dem senatorischen Militärtribun. Solche Leute hatten große Chancen, als Ritter mit dem Kommando über eine Legion in Ägypten oder gar mit einer kaiserlichen Prokuratur, also einem hohen und gut bezahlten Verwaltungsamt – die raetischen Statthalter waren ja bis in die Zeit Mark Aurels solche Prokuratoren – betraut zu werden.

Die größere Zahl der Hauptleute freilich kam nicht soweit und nahm, wie bei der Regensburger Legion etwa ein Marcus Aelius Cerialis und ein Taurinius Montanus, als Zenturio seinen Abschied. Während seiner aktiven Zeit mußte aber der Zenturio keineswegs stets bei ein und derselben Legion bleiben. Die Gründe für Versetzungen konnten natürlich unterschiedlicher Natur sein, nicht zuletzt bisweilen auch im persönlichen Bereich liegen; häufig verbirgt sich dahinter aber eine Beförderung. Die Zenturionen wurden nach dem Prinzip des sogenannten ›Staffelavancements‹ befördert. Darunter versteht man den Aufstieg von Zenturie zu Zenturie unter Beibehaltung seiner Stellung innerhalb der sechs Zenturionatsstufen jeder Kohorte (S. 281). Man wurde also z. B. vom *decimus* (10.) *hastatus posterior* zum *nonus* (9.) *hastatus posterior* und von hier weiter zum *octavus* (8.) *hastatus posterior* usw. Es kam aber auch vor, daß dieses Avancement freier gestaltet wurde und ein Zenturio mehrere ›Staffeln‹, also mehrere Kohorten, übersprang, indem er z. B. vom *octavus* (8.) *hastatus posterior* zum *quartus* (4.) *hastatus posterior* befördert wurde. Dies beschleunigte den Aufstieg in die erste Kohorte.

Zufälligerweise besitzen wir (unter den bislang 17 Belegen für Zenturionen der Regensburger Legion) auch ein Beispiel für die Versetzung eines Zenturios, und zwar in der Grabinschrift des Lucius Numerius Felix, die ihm von seiner Frau Mamilia Prisca in *Tarraco* (Tarragona), der Hauptstadt des diesseitigen Spanien, gesetzt wurde. Danach war Felix nacheinander Zenturio bei der *legio III Italica*, bei der *legio XXII Primigenia* in Mainz (die Beförderung von Regensburg nach Mainz haben wir auch schon bei anderen Dienstgraden angetroffen S. 281 f.), in der Folgezeit in Arabien bei der in *Bostra* stationierten *legio III Cyrenaica*, in Britannien bei der *legio XX Victrix* in *Deva* (Chester) und abschließend bei der *legio VII Gemina Felix* im Stab des spanischen Statthalters. Die Laufbahn des Felix fiel in die Zeit zwischen Aufstellung der 3. italischen Legion (165/166 n. Chr.) und 197 n. Chr., als die spanische Legion für ihr Verhalten im Bürgerkrieg (S. 93 ff.) auch noch den Beinamen *Pia* erhielt. Sie zeigt uns den regelmäßigen Wechsel der Legion als Grundlage der Zenturionenkarrieren.

Auf einen Zenturio weist auch der Titel *ordinarius*, der u. a. in Regensburg belegt ist. Seine genaue Bedeutung ist freilich umstritten. Nach der einen Forschungsmeinung wurde so nur der Angehörige des *primus ordo*, also ein Zenturio der 1. Kohorte genannt (wobei der Zenturio in einer anderen Kohorte *ordinatus* geheißen hätte), aber nach einer anderen Ansicht standen *ordinarius* und *ordinatus* gleichbedeutend für den Führer des *ordo* (= der Zenturie), kennzeichnete also einen gewöhnlichen Zenturio.

Legionsarzt

In diesen Zusammenhang gehört die Charge des *medicus ordinarius* (Nr. I 26). Dieser Titel für einen Arzt ist bis heute keineswegs bei jeder Legion belegt; er kommt vielmehr überhaupt nur fünfmal vor und dabei außer bei der Regensburger Legion bloß noch bei einer Legion in Pannonien. Unklar ist bis heute auch der Rang dieses *medicus ordinarius*. Als besonders problemreich erweist sich die Erklärung von *ordinarius*: bedeutete dies nur soviel, daß es sich um einen gewöhnlichen, also nicht spezialisierten praktischen Arzt handelte? Oder sollte angezeigt werden, daß er ein ordentlicher, also im Unterschied zu nur vorübergehend dienenden, ein als Berufssoldat wirkender Arzt war? Feststeht, daß diese *medici ordinarii* sich bewußt von den normalen *medici*, die zu den Immunes (Gefreiten) gehörten, unterscheiden wollten. So wurde vermutet, sie hätten Rang, Bezahlung und Privilegien, aber nicht das taktische Kommando eines Zenturios, eines *ordinarius*, besessen. Möglicherweise dienten die *medici ordinarii* unter besser qualifizierten griechischen Ärzten, die ihren Beruf zwar als Zivilisten ausübten (vgl. Nr. I 32), weil sie in der zivilen Praxis mehr verdienen konnten als ein Zenturio, die aber dennoch auch den Lazaretten der Truppe zur Verfügung standen. Ärzte, Pfarrer und verschiedene andere technische Spezialisten haben ja auch in den modernen Armeen nicht selten Offiziersrang, aber kein taktisches Kommando.

Gefreite und Unteroffiziere

Über der Masse der Landser, aber unter den Zenturionen, gab es eine Gruppe von Soldaten, die mit Spezialaufgaben betraut waren. Sie hießen in der Antike *immunes* (Dienstbefreite, entsprechend unseren ›Gefreiten‹), auf einer etwas höheren Stufe *principales* (Dienstgrade, gemäß unseren Unteroffizieren).

Da die beiden Begriffe, der letztere taucht erstmals zu Beginn des 2. Jahrhunderts n. Chr. auf, nicht immer eindeutig gebraucht wurden, ist es oft nicht möglich, den genauen Rang einzelner Dienstgrade anzugeben (noch schwieriger ist die Feststellung eventueller Karrierestrukturen). Außerdem ist damit zu rechnen, daß der eine oder andere Posten im Laufe der Zeit Rangschwankungen unterworfen war, also auf- oder abgewertet wurde. Entsprechend sind einige Chargen bei der 3. italischen Legion belegt, die erst spät zu Prinzipalsrang aufgestiegen waren. Dazu gehörten die Waffenwarte *(armorum custodes)*, die je einer Zenturie zugeteilt waren. Obwohl sie noch um 180 als *immunes* galten, waren sie um 200 bereits sicher *principales*. Ähnliches gilt wohl für die *librarii* und die *excati*, die besonders, wenn sie in der Kanzlei des Statthalters tätig waren, im 3. Jahrhundert n. Chr. den *sesquiplicarii* zugerechnet werden. Die *librarii* wird man am ehesten als Rechnungsführer, die *excati* als Geschäftszimmerunteroffiziere bezeichnen.

Ein jüngerer Versuch der Einteilung der Soldaten unterhalb des Zenturionats – man kennt bisher 154 verschiedene Posten – sei hier durch ein Schema wiedergegeben (D. J. Breeze, Aufstieg und Niedergang der römischen Welt 2, 1, 1974, 450):

Rang	Sold	Posten
miles *immunis*	Grundsold	Techniker, Handwerker, Schreiber, einige Angehörige der niederen Stäbe
principalis	1½ × Grundsold (*sesquiplicarius*)	die meisten Angehörigen der niederen Stäbe (im 3. Jahrhundert einige *librarii* und *exacti*), Paroleträger, Waffenwarte *(armorum custodes)*
	2 × Grundsold (*duplicarius*)	*optio, signifer, aquilifer,* Angehöriger der höheren Stäbe (davon könnten einige *equites* gewesen sein)

Der wesentliche Unterschied zwischen den *immunes* und den *principales* lag also in der Besoldung und darin, daß den *principales* Befreiung von den Pflichten des gemeinen Soldaten kraft ihres Ranges zukam, während sie den *immunes* zur Ausübung ihres Sonderdienstes eigens gewährt wurde. Ihrerseits unterscheidet man die *principales* wieder danach, ob sie den eineinhalbfachen oder den doppelten Grundsold erhielten. Wer diesen Unteroffiziersrang erreicht hatte war über die ärgsten Mühsale des Soldatendaseins hinaus. So wissen wir aus einem Brief eines *principalis* an seine Mutter, daß er herumstand und nichts tat, während die anderen den ganzen Tag hart arbeiteten und Steine brachen. Darüberhinaus hatten die Unteroffiziere auch größere Schlafplätze und Gemeinschaftsräume im Lager. Dennoch gab es selbst auf dieser Rangstufe Unterschiede: die Hauptrolle für die Betroffenen selbst spielte gewiß die Frage des Soldes.

Für die tägliche Arbeit war es andererseits von Wichtigkeit, ob ein *principalis* zur kämpfenden Truppe gehörte und somit in einer Zenturie Dienst tat (wie z. B. der *optio*, der *tubicen* und der *signifer*) oder ob er in den Stäben tätig war. Dabei sind innerhalb der Stäbe wieder zwei Gruppen von Personen zu unterscheiden: die Geschäftszimmersoldaten, also die sich nach dem Range ihrer Offiziere benennenden *officiales* in den Kanzleien des Kommandeurs, des senatorischen Tribuns sowie des Legionspräfekten, und die taktischen Chargen, die aus den Zenturien abkommandiert im Stabe des Statthalters ihren Dienst versahen, wie z. B. der Adlerträger *(aquilifer)*.

Von den *principales* kennen wir für die 300 Jahre der Prinzipatszeit insgesamt nur rund 1%. Entsprechend dünn ist auch der Überlieferungsbestand bei der 3. italischen Legion, der aber inhaltlich dennoch die wichtigsten Chargen umfaßt. Vorweg wieder eine Übersicht:

›Unteroffiziere‹ *(principales)* bei der 3. italischen Legion

Rang	Gesamtzahl bei einer Legion	belegt bei der 3. italischen Legion
aquilifer	2?	1
cornicularius tribuni	1?	2 (davon Veteranen: 1)
beneficiarius consularis	30(–60)	3 (davon Veteranen: 1)
signifer	60	6 (davon Veteranen: 2)
frumentarius	?	1
beneficiarius praefecti castrorum 2?	12?	2?
optio	60	6
tubicen	39?	1 (davon Veteranen: 1)
(?) *armorum custos* (?)	60	2
(?) *librarius consularis* (?)	22?	2?
(?) *exactus consularis* (?)	?	2?

Dieser Liste, die wohlgemerkt nur die bei der 3. italischen Legion belegten Prinzipalchargen berücksichtigt, sei eine kurze Erläuterung der einzelnen Grade nachgeschickt.

Aquilifer hieß der Träger des Feldzeichens der Gesamtlegion mit einem goldenem Adleraufsatz (Bonner Jahrb. 176, 1976, 137 ff.). Offenbar immer zur 1. Kohorte gehörend, war er der ranghöchste Unteroffizier außerhalb der Kanzleien. Der Posten wurde freilich nicht in allen Fällen erst nach einer langen Dienstzeit erreicht. Mitunter scheinen die Adlerträger – es gab deren möglicherweise zwei in jeder Legion – vorher *signifer* gewesen und später noch zum Zenturio befördert worden zu sein.

Adlerträger

Kanzleivorsteher

Der Kanzleivorsteher hieß, sowohl in den militärischen Büros wie in dem auch für Zivilverwaltung zuständigen Officium des Statthalters *cornicularius*. Er beaufsichtigte das niedere Schreibpersonal (z. B. die *exacti* und die *librarii*) und erledigte, gerade in den Kanzleien der niederen Stabsoffiziere, auch selbst Schreibarbeiten. Sofern er beim Legionskommandeur und Statthalter tätig war (S. 84f.), konnte er auf die Beförderung zum Zenturio hoffen. Aus Raetien sind nur zwei *cornicularii*, und zwar des (senatorischen?) Tribunen bekannt (vgl. Nr. I 7). Deren Perspektive ist bis heute nicht klar ersichtlich.

Die allgemeine Bezeichnung für den Kanzleichargen *(officialis)* war auch *beneficiarius* (S. 84). Wie der *cornicularius*, benannte er sich nach dem Offizier, in dessen Kanzlei er Dienst tat. In Raetien sind bislang aus der Kanzlei des Statthalters drei solche von ihren Einheiten abkommandierte Verwaltungssoldaten bekannt. Dem Statthalter direkt unterstehend, wurden diese *beneficiarii consulares* meist an den gewiß über 25 Straßenstationen der Provinz eingesetzt. Dort waren sie besonders für die Sicherheit der Straßen, das Funktionieren von Post- und Fernmeldewesen usw. verantwortlich. Auch zur Kanzlei des Lagerpräfekten gehörten Benefiziarier, deren Aufgabenbereich bisher nicht weiter bekannt ist (vgl. Nr. I 20).

Fahnenträger

Der *signifer* (Nr. I 24) war der Träger des *signum*, also des mit Scheiben versehenen Stangenfeldzeichens (S. 94). Offenbar gehörten zu jedem Manipel zwei solche Fahnenträger. Außerdem oblag diesen Dienstgraden die Überwachung der Kohortenkassen und der Spareinlagen der Soldaten sowie die Führung der Sterbekasse.

frumentarii

Bis ins 1. Jahrhundert n. Chr. versorgten die *frumentarii* ihre Einheiten mit Getreide; entsprechend leitete sich ihr Name von *frumentum* (Getreide) ab. Seither wurden sie aber für verschiedene Aufgaben eingesetzt: als Boten ebenso wie als Aufsichtoffiziere, als Spitzel und sogar als Henker. Diese Aufgaben als Geheimpolizisten und Nachrichtendienstler fielen ihnen aber nur zu, wenn sie, von ihren Legionen nach Rom abkommandiert, von einer Zentralstelle aus eingesetzt wurden (vgl. S. 82). Blieben sie bei ihren Stammtruppen, so dienten sie im Stab des Statthalters und hatten vorwiegend als Besatzung der Straßenstationen Polizeiaufgaben zu erfüllen. Ein Tiberius Claudius Severus ist uns als *frumentarius* der 3. italischen Legion bekannt; vermutlich war er um 200 im Auftrag des raetischen Statthalters oder als »kaiserlicher Depeschenträger« unterwegs als er auf der Paßhöhe des Großen St. Bernhard dem *Iuppiter Poeninus* ein bronzenes Votivtäfelchen stiftete.

›Stabsfeldwebel‹

Der *optio* (Nr. I 9, 11, 16, 23) befehligte die Zenturie bei Krankheit oder sonstiger Verhinderung des Zenturios, dem er auch bei Verwaltungsaufgaben behilflich war. Als eine Art ›Stabsfeldwebel‹ machte er sich natürlich Hoffnungen auf den Zenturionat.

Heeresmusiker

Einen *tubicen* (Nr. I 25), einen Tubabläser (oder sonstigen Blasmusiker), hatte neben einem *cornicen* (Hornist) jedes Manipel.

Spezialaufgaben der *immunes*

Als *immunes* wurden schließlich jene Soldaten bezeichnet, denen zur Erfüllung von speziellen Aufgaben, z. B. in der Truppenversorgung und in den Kanzleien, der tägliche Dienst in ihren Einheiten und der schwere Arbeitsdienst erlassen war. Dadurch unterschieden sie sich von den gemeinen Soldaten. Einen höheren Sold als diese erhielten sie freilich nicht. Auch ihre speziellen Unterkünfte waren nicht sehr viel geräumiger als die der *gregarii*. Eine Auflistung von *immunes* überliefert ein Fragment aus dem Werk des Militärschriftstellers Tarrutienus Paternus (der uns wegen seines Feldzugs im Jahr 179 n. Chr. bereits bekannt ist); diese sei hier ausführlich zitiert, weil sie anschaulich einen Teil des breiten Spektrums des mit einer Legion zusammenhängenden Arbeitsanfalls sichtbar macht: »Bestimmten Soldaten gewährten ihre Aufgaben Befreiung von schweren Arbeitsdiensten; dahin gehören die Feldmesser, der Sanitätsgehilfe, die Ärzte *(medici)*, die Kleiderbewahrer und die Sachverständigen für Grabenarbeiten, die Tierärzte, der Baumeister, die Steuermänner, die Schiffsbauer, die Hersteller der Wurfgeschütze, die Spiegelmacher, die Schmiede, die Pfeilschmiede, die Kupferschmiede, die Verfertiger der Helmvisiere, die Wagner, die Schindeldecker, die Schwertfeger, die Brunnengräber (Wünschelrutengänger?), die Tubaanfertiger, die Hörnerhersteller, die Bogenmacher, die Bleigießer, die Eisenschmiede, die Steinmetze und die Kalkbrenner sowie die Holzfäller und jene, die Kohle abbauen und brennen. In dieselbe Reihe werden auch die Metzger, die Jäger, die Bewahrer der Opfertiere, der stellvertretende Leiter der Waffenschmiede und die Lazarettpfleger, die weisungsbefugten Schreiber, die Buchführer *(librarii)* in den Magazinen, die Rechnungsführer über die (von den Soldaten) hinterlegten Gelder, die Buchhalter für die (ohne Erben hinterlassenen) dem Fiskus anheimfallenden Gelder, die Gehilfen der Kanzleivorsteher *(cornicularii)*, die Stallknechte, die Polliones und die Waffenwarte *(custodes armorum)*, auch der Herold und der Trompeter gezählt. Alle diese werden als *immunes* betrachtet.«

Von der *legio III Italica* kennen wir nur wenige *immunes*. Ohne Spezifierung taucht die Bezeichnung auf einem Grabstein auf (Nr. I 23), während ein anderes Mal sogar ein ausgefallener Spezialist genannt wird: Der *pollio* ist von allen bei der Regensburger Legion belegten Rängen einer der interessantesten; doch auch seine Aufgabe ist sehr umstritten. Einige hielten ihn für einen Walker, also einen in der Textilherstellung tätigen Handwerker (erinnert sei an die jüngsten Ausgrabungen in Prüfening S. 251). Eine andere Deutung geht dahin, daß er Spezialist in der Waffenschmiede gewesen sei, und zwar als Werkzeugpolierer; als solcher habe er aber nicht nur die Aufgabe gehabt, Waffen auszubessern, sondern sei auch für den Zustand der Pferdeausrüstungen verantwortlich gewesen. Die jüngste Interpretation schließlich hält ihn für einen Zureiter, da er bei Tarrutienus Paternus unmittelbar nach dem Stallknecht *(strator)* erwähnt wird (die gesamte Legion hatte immerhin etwa 220 Pferde). In diesem Falle hätte er, wie viele *immunes*, zum Legionstroß gehört, der im wesentlichen aus rund 150 Führern der insgesamt 300 Tiere, 70 Fahrern für die 140 Geschütze und wenigstens 100 Stallburschen bestand. Neben den manuell tätigen *immunes* gab es auch die Geistesarbeiter in den Schreibstuben der niedrigeren Stabsoffiziere. Dazu gehörten die *beneficiarii* in den Stäben der ritterlichen Tribunen (Nr. I 19); sie waren die ranghöchsten *immunes* überhaupt.

An den Schluß dieser Betrachtung der inneren Struktur einer Legion sei eine durch vielerlei Kombinationen errechnete – natürlich in dieser Form nicht überlieferte – Soldtabelle gestellt. Gewiß wird damals wie heute das tägliche Leben vielfach vom leidigen Gelde bestimmt gewesen sein, vordergründig geprägt vom Streben nach Besitz und getrieben vom Ehrgeiz, nach oben zu kommen. Voilà, die ungeheuren Aufstiegschancen lagen auf der Hand:

Versuch einer Soldtabelle

Rang	Sold in Sesterzen unter:	
	Septimius Severus (193–211 n. Chr.)	Caracalla (211–217 n. Chr.)
miles gregarius (Soldat) / *immunis* (Gefreiter)	1 800	2 700
principalis (Unteroffizier) *sesquiplicarius*	2 700	4 050
principalis (Unteroffizier) *duplicarius*	3 600	5 400
centurio der 2.–10. Kohorte	30 000	50 000
centurio der 1. Kohorte	60 000	100 000
primuspilus / *praefectus castrorum*	150 000	225 000

Waffen und Ausrüstung

Schutzwaffen – Angriffswaffen – Schanzzeug – Orden und Abzeichen – Die Reiterei – Kampfspiele und Kampftechnik

Die Bewaffnung der im Regensburger Raum stationierten Truppen aus aufgefundenen Originalen zu beschreiben, fällt recht schwer. Im Vergleich zu Fundgegenständen aus dem zivilen Leben sind militärische Ausrüstungsgegenstände ausgesprochen selten. Für diesen Mangel sind mehrere Gründe anzuführen.
Einer davon war sicher der Brauch, den verstorbenen oder gefallenen Kriegern keine Waffenausrüstung mit in das Grab zu geben. Im allgemeinen nimmt man deshalb an, daß die militärische Ausrüstung bis zu ihrer Unbrauchbarkeit oder ihrem Verlust Eigentum des Staates bzw. der jeweiligen Truppeneinheit blieb – sei es, daß sie grundsätzlich Truppenbesitz war, sei es, daß die Soldaten sie zwar erwerben mußten, aber auch wieder verkaufen konnten. In jedem Fall drückt dieses Phänomen gegenüber vorgeschichtlichen Verhältnissen einen ganz entscheidenden Mentalitätsunterschied in der Beurteilung des Kriegertums überhaupt aus.

Das römische Berufsheer

Die kurz zuvor von den Römern endgültig vernichtete keltische Welt kannte noch die über den Tod hinaus reichende persönliche Bindung des Kriegers an seine Waffen. Das römische Heer aus Berufssoldaten und Söldnern mit seinen vielfältigen Aufgaben verstand die Bewaffnung als Kriegsmaterial in fast modernem Sinn. So kommt es, daß wir Waffen finden, wie z.B. Helme oder Beinschienen, auf denen die Namen mehrerer aufeinanderfolgender Besitzer eingeritzt oder eingepunzt waren.
Ein weiterer Grund für das Fehlen von größeren Beständen an militärischen Ausrüstungsgegenständen unter den Regensburger Funden ist die Tatsache, daß weder in den Bereichen der Waffenkammer *(armamentaria)* des Kastells Kumpfmühl noch des Legionslagers umfangreiche Grabungen durchgeführt werden konnten. Im Kastell Kumpfmühl, das im Kampf verloren ging, hätte man theoretisch einen Fund ähnlich wie im Kastell Künzing (Ldkr. Deggendorf) erwarten können, wo über 70 Dolche und Schwerter, dazu Lanzenspitzen, Beinschienen und sonstige Ausrüstungsgegenstände zutage kamen. Das Legionslager scheint allerdings schrittweise und planmäßig verlassen worden zu sein, so daß man hier nicht einmal auf zufällige Waffenfunde hoffen darf.
Eine wichtige Hilfe bei der Rekonstruktion der römischen Bewaffnung sind die Darstellungen von Legionaren oder ihren Hilfstruppen, den Auxiliareinheiten, mit ihrer Ausrüstung auf Grabsteinen. Diese Sitte war im Rheinland besonders im 1. Jahrhundert n. Chr. beliebt, später kam sie allmählich aus der Mode. Aus

Regensburg besitzen wir lediglich zwei Soldatengrabsteine, die die Verstorbenen aber nicht in ihrer Kampfausrüstung zeigen (Abb. 80).

Aus alledem geht hervor, daß der Mangel an Waffenfunden aus Regensburg eine große Lücke im Fundmaterial darstellt. Wenn wir trotzdem in der Lage sind, das Aussehen der römischen Legionare aus Castra Regina an Hand unserer spärlichen Kleinfunde zu rekonstruieren, so liegt das daran, daß die römische Armee eben ein so einheitliches Gefüge besaß. (Daran ändert nichts, daß im Laufe der Jahrhunderte die Taktik mancherlei Wandlungen unterworfen war und sich die einzelnen Ausrüstungsgegenstände den jeweiligen Anforderungen formal anpaßten.)

Der Legionar oder Auxiliarsoldat trug an Schutzwaffen Helm, Panzer und Schild und als Angriffswaffen Wurflanze, Schwert und Dolch.

Wir besitzen bisher nur einen sicheren Hinweis auf einen Helm aus dem Regensburger Raum, wenn man den angeblich 1911 in Großprüfening gefundenen, aber sogleich wieder verschleuderten »vergoldeten« Helm wegläßt. Im Lagerdorf des Kastells Kumpfmühl wurde 1977 in einem Erdkeller eine bronzene Wangenklappe (Abb. 30) gefunden, die durch oberflächliche Verzinnung silberfarben erscheint. Leider fehlte der Rest des Helmes. Auf Grund ihrer Formgebung handelt es sich um den Bestandteil eines Reiterhelmes, für dessen Wangenklappen die eingearbeitete Rundung für das Ohr typisch ist.

Helm

Im römischen Heer waren verschiedene Arten von Panzern im Gebrauch. Er war nicht nur eine wirksame Schutzwaffe, sondern konnte auch durch besonders prunkvolle Ausstattung den militärischen Rang seines Trägers anzeigen. So ist uns bekannt, daß der sogenannte Muskelpanzer, der aus zwei an den Seiten zusammengehaltenen, dem Körper angepaßten Bronzeschalen bestand, nur von Offizieren getragen werden durfte. Das gleiche gilt auch für die aus Bronze oder Eisen gefertigten Beinschienen. In ihrer Form paßten sie sich der Beinmuskulatur an und wurden mit seitlich angebrachten Ösen oder Ringen und Riemchen oberhalb und unterhalb der Wade befestigt.

Panzer

Die einfachen Legionare mußten sich mit einem Schienenpanzer *(lorica segmentata)*, Kettenpanzer *(lorica hamata)* oder Lamellen- bzw. Schuppenpanzer *(lorica squamata)* begnügen. Nur von der Mitte des 1. bis ans Ende des 2. Jahrhunderts wurde von den Legionaren und Auxiliarsoldaten der Schienenpanzer benutzt. Bei dieser Ausführung sind auf einem Lederkoller Eisenschienen mit Bronzenieten so befestigt, daß sie sich durch Auseinanderziehen und Übereinanderschieben den Bewegungen des Körpers anpassen konnten. Die Einzelteile wie Brust- und Rückenplatten, Schulter- und Gürtelschienen hielten bronzene Schnürhaken, Scharniere und Schnallen zusammen. Zu einem derartigen Panzer gehört ein bronzener Schnürhaken aus dem *vicus* von Kumpfmühl.

Der Kettenpanzer wurde wie ein Hemd mit ausgeschnittenem Halsteil und kurzen Ärmeln getragen. Schulterklappen hielten die Vorder- und Rückenteile zusammen. Die Arbeit des Waffenschmiedes war äußerst diffizil. Die kleinen, 7–9 mm im Durchmesser betragenden Bronze- oder Eisenringe waren ineinander verflochten, und zwar in der Weise, daß die offenen Ringe *(hami)* in die geschlossenen *(circuli)* eingehängt waren. Winzige Nieten hielten die flachgehämmerten Enden zusammen. Die Länge des Kettenhemdes wechselte im Laufe der Zeit. Die kurze Form, die zunächst getragen wurde, endete in Höhe der Hüften. Die längere Ausführung, die im 3. Jahrhundert bis an die Knie reichte, wurde gegürtet getragen.
Von einigen Regensburger Fundplätzen *(fabrica* am Dachauplatz, Lagerdorf Kumpfmühl und *vicus* in Großprüfening) sind kleine, schild- oder schuppenförmige bronzene Plättchen bekannt. Sie sind 1,5–1,8 mm breit und mit kleinen ausgestanzten Löchern versehen. Diese Fundstücke gehören zu einem Schuppen- oder Lamellenpanzer. Die Plättchen waren untereinander mit Bronzedrähten oder Lederriemen verbunden und auf einem Leder- oder groben Leinenkoller aufgenäht. Das Leinenkoller war durch mit Stroh gefüllte kleine Kissen verstärkt.

Schild

Der Schild war aus Holz gefertigt und mit Rinds- oder Ziegenleder überspannt. Die vergänglichen Materialien haben sich im mitteleuropäischen Raum nur selten erhalten, so daß wir für die Form und das Aussehen des Schildes auf bildliche und schriftliche Überlieferungen zurückgreifen müssen. Hier zeigt sich eine große Vielfalt. So sind ovale, runde, sechseckige und halbzylindrische Schilde überliefert. Die großen halbzylindrischen Schilde gehören zur Standardausrüstung der schwer bewaffneten Infanterie. Leichte, runde und ovale Exemplare fanden bei der Kavallerie und den Leichtbewaffneten Verwendung.
Erhalten haben sich bei uns diejenigen Teile des Schildes, die aus Metall gefertigt waren. Vor allem das Schildzentrum bedurfte eines besonderen Schutzes. Hier war an der Innenseite der Griff, die sogenannte Schildfessel *(ansa)*, mit kräftigen Nieten befestigt. Um Platz für die den Griff umspannende Faust zu schaffen, war das Schildbrett mit einer runden Öffnung versehen. Dieser gefährdete Teil wurde durch einen eisernen Schildbuckel *(umbo)* besonders geschützt. Auch der Schildrand, der durch Schwerthiebe leichter zu zersplittern war, besaß häufig eine metallene Einfassung. Die äußere Schildfläche war bemalt mit den Abzeichen der Legion und trug den Namen des Eigentümers und seiner Einheit. In einem Keller der römischen Siedlung in Großprüfening sind gleich zwei eiserne Schildbuckel (Abb. 81) gefunden worden, und aus dem *vicus* von Kumpfmühl kennen wir Fragmente von bronzenen Schildrandverstärkungen.

gladius

Der berühmte und für die römischen Legionare als so typisch geltende *gladius* ist in Regensburg bisher weder in den Kastellen noch in den Siedlungen gefunden worden. Dieses Kurzschwert, das vor allem für den Nahkampf in enger Formation geeignet war, besaß eine beiderseits scharf geschliffene, 40–60 cm lange Klinge, deren Spitze besonders gehärtet war. Der aus Holz, Elfenbein oder Metall bestehende Griff schloß mit einem runden Knauf ab. Das Fehlen dieser charakteristischen Waffe ist sicher kein Zufall, ist sie doch vor allem für das Heer der frühen Kaiserzeit belegt.

Im 3. Jahrhundert wurde der *gladius* durch die *spatha* abgelöst. Dieses zum Hieb und Stich geeignete Schwert ist 60–70 cm lang. Unter der Waffenansammlung aus dem schon erwähnten Großprüfeninger Keller befindet sich das Fragment einer derartigen *spatha*. Erhalten ist allerdings nur der obere Teil der Klinge und ein kurzes Stück der Griffangel. Offensichtlich hat man versucht, die abgebrochene Klinge dadurch wieder verwendungsfähig zu machen, daß man sie zurechtschliff und so eine Art Messer erhielt. Von der aus Leder oder Holz bestehenden Scheide hat sich nichts erhalten. Aus einer Abfallgrube in Großprüfening und aus dem Stadtbereich kennen wir aber zwei herzförmige Ortbänder (Abb. 82 und Abb. 83). Diese 4,5–5 cm breiten Kappen verstärkten das untere Scheidenende und sollten das Durchstoßen der Scheide durch die Klingenspitze verhindern. Beide Stücke können aufgrund ihrer Form nur einer *spatha* zugeordnet werden.

spatha

Der Dolch (*pugio*) gehörte von Anfang an zur Ausrüstung der Legionare. Die 25–40 cm lange Klinge besaß geschweifte Schneiden und eine scharf ausgezogene Spitze (Abb. 81). Der Griff konnte aus organischem Material, aber auch aus zwei zusammengenieteten profilierten Eisenschalen bestehen. Die beiden Regensburger Dolche aus Großprüfening und Kumpfmühl weisen keine der sonst üblichen Mittelgrate oder Blutrillen auf. Die dazugehörigen Scheiden bestanden aus zwei zusammengenieteten Blechen. Sie waren vor allem in der Frühzeit reich mit silber- oder messingtauschierten Ornamenten auf der Schauseite verziert. Die einfacheren und für einen späteren Zeitabschnitt üblichen hölzernen Exemplare wurden durch einen durchbrochenen Eisenrahmen zusammengehalten. Die Scheidenspitze war durch einen profilierten Knopf gesichert. An den oberen Scheidenrändern waren zur Befestigung am Wehrgehänge vier kleine Ringe angebracht.

pugio

Wie Kurzschwert, Dolch und Langschwert gehörte auch das Wehrgehänge mit zur Bewaffnung. Im Gegensatz zu den Waffen wurde dieser Teil der Ausrüstung häufiger mit in das Grab gegeben. So hat sich uns eine Fülle von Schnallen, Beschlägen, Knöpfen u.ä. überliefert.

Da der Legionar und der Auxiliarsoldat mehrere Hieb- bzw. Stichwaffen im Kampf zu tragen hatten, ist die Tragweise ziemlich schwierig zu rekonstruieren. Hier helfen aber die Abbildungen auf Grabsteinen weiter. Diesen zufolge legte der Legionar der Frühzeit, als Dolch und Kurzschwert zusammen getragen wurden, zwei Gürtel über Kreuz um die Hüfte und befestigte an der linken Seite den Dolch und an der rechten den *gladius*. Der Gürtel (*cingulum*) bestand aus einem Lederrie-

Gürtel und Wehrgehänge

men, der mit quadratischen oder rechteckigen bronzenen Beschlägen besetzt war. In der Mitte des Körpers hing vom *cingulum* ein Lendenschurz herab. Er bestand aus bis zu acht schmalen, etwa 30 cm langen Lederriemen, die mit Bronzescheiben besetzt waren und in herzförmigem Anhängern endeten. Die Beschläge sollten Gürtel und Lendenschurz zusätzliche Festigkeit verleihen und der Lendenschurz den Unterkörper schützen, da der zugehörige Panzer nur bis zur Hüfte reichte.

Mit der Verwendung des Langschwertes änderte sich die Tragweise, und damit kamen auch andere Gürtel in Mode. Als Wehrgehänge diente nun ein Schulterriemen *(balteus)*. Er führte über die rechte Schulter bis hinunter zur linken Hüfte und endete dort am einen Ende in voller Breite, am anderen lief er in einer schmalen Zunge aus. Diese schmale Lederzunge wurde durch den bronzenen Riemenhalter der Schwertscheide geschoben und trug damit die Waffe. Die Verbindung der beiden ungleich breiten Enden des *balteus* geschah auf eine besondere Weise: Auf dem breiten Ende saß eine Bronzescheibe mit einer größen Öse auf der Rückseite (Abb. 83). Diese Öse wurde durch einen von vielen Schlitzen des Riemens hindurch gesteckt, und das schmalere Ende wurde in der Öse fest verknotet. Mit Hilfe dieser Konstruktion konnte das Wehrgehänge beliebig verstellt und der Größe des Trägers angepaßt werden. Außerdem waren Wehrgehänge und Schwertscheide fest miteinander verbunden, so daß die Waffe leicht nach vorn oder nach hinten geschoben werden konnte. Wollte man sie abnehmen, mußte man den *balteus* über den Kopf streifen.

Die dazugehörigen Gürtel, wie sie auch in Regensburg vorkommen, waren zum Teil mit bronzenen, durchbrochenen Beschlägen versehen (Abb. 84). Die Gürtelschließen funktionierten auf verschiedene Weise. Entweder wurde der Riemen wie heutzutage durch eine Gürtelschnalle hindurch gezogen und mit einem Dorn festgehalten, oder die Enden des Gürtelriemens wurden von beiden Seiten durch einen offenen viereckigen Bronzerahmen gezogen, zurückgeschlagen und mit je einem Doppelknopf in den Gürtelriemen eingeknöpft (Abb. 85).

Dieser Gürteltyp mit einem zentralen Rahmen als Verschluß und zwei Doppelknöpfen ist mehrfach auf Grabsteinen zu erkennen, so auch auf dem Soldatengrabstein aus Regensburg (Abb. 80). Er ist typisch für die Zeit, als die *legio III Italica* in Castra Regina stationiert war, und fand sich auch als ganzer Satz oder in Teilen im Großen Gräberfeld. Noch ungeklärt ist allerdings, warum auf den Grabsteinen die Schließen stets rund, die Originalfunde aber fast immer viereckig sind.

Lanze

Auf den Betrachter römischer Militaria wirken die Reste einer Lanze wenig eindrucksvoll. Von ihr haben sich nur die eisernen Lanzenspitzen und seltener der Lanzenschuh erhalten. Dabei hat die Lanze eine große Rolle in der Ausrüstung des römischen Heeres gespielt. Verständlich wird diese hohe Einschätzung der Lanze nur aus der taktischen Entwicklung des römischen Heeres, die in ihrem Ursprung auf die von den Griechen übernommene Schlachtreihe (Phalanx) zurückgeht. In dieser Formation war sie die Hauptwaffe und sollte im Aufeinanderstoßen der beiden Schlachtreihen die erste Entscheidung erzwingen. Erst im Nahkampf wurden Dolch und Schwert wirksam. Obwohl sich die Taktik des römischen Heeres im Laufe der Jahrhunderte mehrfach verändert hat und bald die starre Phalanx zugunsten einer beweglicheren Kampfesweise in kleineren Abteilungen abgeschafft wurde, bleibt die symbolhafte Bedeutung der Lanze unumstritten. So ist es kein Zufall, daß die Lanze sich als ein wesentliches Symbol bei besonderen Auszeichnungen *(dona militaria)* bis in die Spätzeit erhalten hat. Schon im 2. Jahrhundert v. Chr. berichtet Polybius, daß für die Verwundung eines Feindes der Held vor der versammelten Mannschaft mit einer Lanze ausgezeichnet wurde. Diese hob sich durch zusätzliche Verzierungen von ihrer ursprünglichen Funktion deutlich ab. Wir besitzen im Museum Regensburg eine kleine eiserne Lanzenspitze von 13–14 cm Länge, deren Schneiden mit einer bronzenen, also goldglänzenden Einfassung versehen sind und deren Spitze außerdem in einem profilierten Bronzeknopf endet. Es wäre durchaus denkbar, daß mit dieser Zierlanze ein besonders tüchtiger Soldat geehrt worden ist (Abb. 86).

Allerdings könnte es sich bei diesem Stück auch um den Teil eines Feldzeichens *(signum)* handeln. Die einzelnen Abteilungen des römischen Heeres wurden durch derartige Zeichen, die vom *signifer* (Zeichenträger) getragen und durch Hornsignale gesteuert wurden, vom Feldherren taktisch geleitet. Neben dem Symbol der befehlsgebietenden Hand stellt die Lanzenspitze die häufigste Bekrönung derartiger Kommandostäbe dar. Zusätzlich wurden solche *signa* durch Fähnchen, Kränze und Auszeichnungen *(phalerae)*, die der ganzen Einheit zugesprochen worden waren, geschmückt.

Die in Regensburg gefundenen eisernen Lanzenspitzen (Abb. 86) können nur auf Grund ihrer Größe und der Form des Blattes nach ihrer möglichen Funktion beurteilt werden. Die bis zu 40 cm lange Ausführung wird man wohl eher als Stoßlanze interpretieren dürfen, während die kürzeren Exemplare, bis zu 25 cm lang, als Wurflanzen *(hasta amentata iaculum)* verwendet werden konnten. Ebenfalls zu leichten Speeren werden die dreikantigen oder pyramidenförmigen Eisenspitzen gerechnet. An diesen kurzen, etwa 1,50 m messenden Speeren wurden Wurfschlingen befestigt, mit deren Hilfe Reichweiten bis zu 100 m erzielt werden konnten. Eine gewisse Ähnlichkeit mit den Wurflanzen hat die berühmteste und von den Feinden am meisten gefürchtete Waffe, das *pilum*. Eine besonders gehärtete Spitze, die bolzenartige oder blattförmige Gestalt haben kann, setzt sich in einem aus weicherem Eisen bestehenden Schaft von 40–70 cm Länge fort. Dieser Metallteil ist in einen hölzernen Wurfschaft eingesetzt, der in einem eisernen Schuh endet. Insgesamt erreicht das *pilum* eine durchschnittliche Länge von 2,00 m. Dieser Waffe wird nachgesagt, daß sie Schilde, Helme und Panzer durch-

pilum

bohren konnte. Von Regensburg-Kumpfmühl ist eine solche Spitze bekannt, die aber auf Grund ihrer geringen Länge von nur 30 cm nur bedingt als echtes *pilum* bezeichnet werden darf.

Schanzarbeiten   Die vielfältigen Fertigkeiten, die der Legionar und die Spezialeinheiten der Legion beherrschen mußten, würden wir heute zum Aufgabenbereich der Pioniere rechnen. Dazu gehörte beim Errichten von Marsch- und Standlagern vor allem das Ausheben der Gräben, das Aufschütten der Wälle, der Bau der Palisaden und steinernen Mauern. Mit der Erde aus den Gräben – es konnten bis zu vier sein – wurde zunächst die Umwallung aufgeschüttet. Auf dem Wall wurde eine hölzerne Palisade errichtet, die in regelmäßigen Abständen von ebenfalls hölzernen Türmen überragt wurde. Der Wall wurde mit Rasensoden abgedeckt, um ihn zu festigen. Falls es nicht genügend Rasen gab, wurde die Erde des Walles holzverschalt. Vor den Gräben wurden weitere Annäherungshindernisse geschaffen: spitze Äste, Eisenhaken und Fußeisen wurden in dichten Reihen so in den Boden getrieben, daß sie nur gerade hervorsahen, und zur Tarnung obendrein mit Reisig abgedeckt. Alle diese Schanzarbeiten erledigten die Soldaten selbst und in kürzester Zeit. Sie müssen eine schier grenzenlose Energie gehabt haben, denn die Historiker überliefern kaum glaubliche Zahlen: Cäsar z.B. ließ 23 derartige Lager bauen und zwei 16 km lange Gräben ausheben, als er Alesia belagerte, und bei der Belagerung von Jerusalem wurden 30 m hohe hölzerne bewegliche Angriffstürme gebaut.

Aber die archäologischen Befunde sind nicht weniger beeindruckend: Der obergermanisch-raetische Limes war immerhin über 500 km lang, wovon 166 km von einer 3 m hohen Mauer gebildet wurden; und zum Bau des Legionslagers Castra Regina mußten über 20 000 Quader für die fast 2000 m lange und über 7 m hohe Mauer herbeigeschafft werden. Und alle diese Arbeiten erledigte der Soldat im Grunde mit drei Geräten: dem Beil, der Hacke *(dolabra)* und dem Schanzwerkzeug, der Ziehhacke (Abb. 87). Zum Stein ebrechen benötigte man natürlich noch andere spezielle Werkzeuge, und der Legionar schleppte außerdem noch Säge, Sichel, Eimer und Ketten neben Rüstung und Waffen in seinem Gepäck mit. Aber die drei genannten Werkzeuge waren doch die wichtigsten. Mit ihnen konnte man Bäume fällen, Holz behauen, Bohlen und Brückenpfeiler herstellen, aber auch Mauern einreißen, Steine brechen, das Erdreich lockern und die lose Erde zusammenziehen, Befestigungs- oder Fundamentgräben anlegen. Wie Darstellungen auf der Traianssäule zeigen, mied man offensichtlich das Arbeiten mit Schaufel und Spaten. Stattdessen pickelte man lieber mit der Kreuzhacke *(dolabra)* oder der Schmalseite der ebenfalls zweischneidigen Ziehhacke; zog die Erde dann mit deren Breitseite zusammen und schaffte sie in Körben fort. Es ist kein Wunder, daß die Kreuzhacken so ›modern‹ aussehen: es sind Zweckformen, die über die Jahrhun-

derte hinweg gleich geblieben sind. Und es ist auch nicht überraschend, daß zwei Kreuzhacken im Lagerdorf Kumpfmühl und die Ziehhacke in der *villa rustica* von Oberisling gefunden wurden: beides sind Geräte, die ebenso gut bei der Landarbeit benötigt wurden.
Diese Übereinstimmung erschwert aber auch die Zuweisung vieler weiterer in Regensburg gefundener Messer, Beile und Hacken. Sie können militärischen Bedürfnissen ebenso gedient haben wie den Bauern oder Zimmerleuten; außerdem können manche ebenso aus nachrömischer Zeit stammen. Die beste Anschauung, welche Werkzeuge der Legionar wie der Auxiliarsoldat mit sich führte, bieten römische Reliefs und der genannte Versteckfund aus dem Kastell Künzing. Dort lagen immerhin 39 schwere und leichte Kreuzhacken sowie 12 Ziehhacken in der Art der Regensburger Stücke beieinander.

Wie es in allen Armeen von der Antike bis zur Neuzeit üblich war, wurden besonders hervorragende militärische Leistungen einzelner Soldaten oder auch ganzer Truppenteile durch Abzeichen und Orden ausgezeichnet. Über die Voraussetzung und das Aussehen derartiger Abzeichen wissen wir im römischen Heer recht gut Bescheid.
So wurde denjenigen, die eine Belagerung durchbrochen, einen Mitbürger aus Lebensgefahr gerettet oder als erste eine Befestigungsmauer erstiegen hatten, eine »Krone« *(corona)* verliehen. Diese Ehrenauszeichnung wurde aber nur vom Hauptmann *(centurio)* an aufwärts vergeben und war je nach Leistung und Rang des Empfängers aus Eichenlaub oder Gold. Einfache Soldaten dekorierte man mit einem Brustschmuck aus Metallscheiben *(phalerae)*, Armspangen *(armillae,* Abb. 80) und und Halsringen *(torques).* Die *phalerae* besaßen auf ihrer Rückseite eine Öse, durch die schmale Lederriemen gezogen werden konnten. Dieses gitterförmig verknüpfte Riemenwerk wurde auf der Brust über dem Panzer zur Schau getragen. Die *torques* wurden mit Bändern oder Schleifen auf den Schultern gehalten, die *armillae* auf dem Panzer befestigt oder an den Handgelenken getragen.
Auf den *phalerae* waren die plastischen Köpfe von Göttern, Heroen, Löwen oder Gorgonen zu sehen. Ein solches Gorgonen- oder Medusenhaupt, also eine weibliche Fratze, der man unheilabwehrende Wirkung zuschrieb, ist auf einer Bronzescheibe mit rückwärtiger Öse dargestellt, die sich unter den Funden vom Eisernen Steg befand; eine zweite Bronzescheibe mit gleicher Befestigungsvorrichtung trägt einen Löwenkopf. Beide Stücke mögen solche *phalerae* gewesen sein, waren vielleicht aber auch nur Schmuckstücke vom Pferdezaumzeug (Abb. 88 und 89).
In diesem Zusammenhang ist auch ein besonders auffälliger bronzener, leider leicht beschädigter Beschlag zu nennen (Abb. 90). Sein genauer Fundort ist unbekannt, er muß aber aus dem Raum Regensburg stammen. Dargestellt ist eine Lan-

Tapferkeitsorden

zenspitze in Miniaturform, deren Blatt mit kreisförmigen Motiven kunstvoll durchbrochen ist. Das Stück weist auf seiner Rückseite zwei kleine Niete auf; in der Mitte befindet sich eine große Öse. Aufgrund dieser Konstruktionsmerkmale kann das Stück nur als Verschluß des Schwertgurtes *(balteus* – Schließe) definiert werden. Die beiden kurzen Nietschafte sicherten die Befestigung auf dem breiten Ende des ledernen Schulterriemens *(balteus)*; die große Öse wurde durch diesen hindurchgesteckt und nahm das schmale Ende, an dem die Schwertscheide hing, auf (Abb. 83).

Benefiziarierabzeichen

Derartige Zierlanzen, sogenannte Benefiziarierlanzen, sind in Originalgröße von anderen römischen Kastellen bekannt und erreichen manchmal eine erhebliche Abmessung. Als Miniaturform, meist kombiniert mit einem ebenso klein nachgebildeten Ringknaufschwert, sind sie häufig als Anhänger und Beschläge von Gürteln nachgewiesen.

Die symbolhafte Bedeutung dieser Lanzen dürfte in allen Ausprägungen außer Frage stehen. Aber welcher Personenkreis war berechtigt, sie zu tragen, und zu welchem Zweck wurden bestimmte Einheiten mit einem derartigen Signum ausgezeichnet? Die Forschung geht heute davon aus, daß derartige Lanzen und Abzeichen den Träger als Vertreter der höchsten Staatsgewalt kennzeichneten und ihm besondere Rechte gewährten. Dies traf auf die *principales* zu, spezielle Chargen im Dienste der Offiziere, die von ihren allgemeinen Pflichten entbunden und für besondere Aufgaben im Kanzlei- und Gendarmeriedienst abkommandiert waren. Sie dienten im Range von Unteroffizieren als Adjutanten im Stabe der Legionskommandanten oder Provinzstatthalter. Auch den Stabsoffizieren *(tribuni)* und der Finanzverwaltung *(procuratores)* waren solche *principales* für die Verwaltung zugeordnet. Sie hatten ihre Aufgaben u.a. in den Bereichen wahrzunehmen, in denen sie mit der zivilen Bevölkerung in Berührung kamen. So unterstanden den Benefiziariern der Bau, die Instandhaltung und Überwachung von Straßen und Brücken; weitere Chargen waren für eine ausreichende Versorgung der Truppe mit Verpflegung und die termingerechte Abgabe von Steuern verantwortlich. Die Erfüllung dieser Aufgaben wurden ihnen allen dadurch erleichtert, daß sie sich durch ihre Lanze oder ein ihr nachgebildetes Abzeichen ausweisen konnten. Ein solches Abzeichen muß mit der *balteus* – Schließe gemeint sein.

Kavallerie

Obwohl im Kastell Kumpfmühl und im Legionslager zu allen Zeiten jeweils auch Reitereinheiten stationiert waren, können wir nur wenige Ausrüstungsgegenstände eindeutig der Kavallerie zuordnen. Eine Pferdetrense, die im Gewerbeviertel von Großprüfening gefunden wurde, stammt gar nicht aus militärischem Besitz; das gleiche gilt für die verschiedenen Hufschuhe für kranke oder schwerbepackte Pferde in schwierigen Gelände (Abb. 81), die auch von den Reit- und Lasttieren der Zivilbevölkerung stammen können. Eindeutig militärisches Eigentum waren dagegen die Wangenklappe eines Reiterhelmes aus Kumpfmühl (Abb. 30) und die Bestandteile einer Paraderüstung aus dem Versteckfund im dortigen *vicus*: die Beinschiene des Reiteroffiziers Avitianus (Abb. 91) und der Augenschutzkorb eines Pferdes (Abb. 92) aus der Kavallerieeinheit der britannischen Kohorte.

Gerade aber die beiden zuletzt genannten Stücke wurden kaum jemals im Kampf getragen. Zusammen mit den wesentlich reicheren Fundensembles von Straubing, Eining und Künzing stellen sie Teile einer Reiterausstattung dar, die bei turnierartigen Spielen, Paraden und religiösen Umzügen Verwendung fanden. Vollständig ist eine solche Ausrüstung dann, wenn für den Reiter ein Gesichtshelm, der Hinterkopf und Gesicht vollkommen schützte, reich verzierte Beinschienen, ein leichter Rundschild und Attrappen von Wurfspießen vorliegen. Beim Pferd waren Stirn und Augenpartie geschützt. Alle Gegenstände waren plastisch mit Darstellungen von Göttern, Schlangen und mythologischen Figuren verziert.

Paraderüstungen

Obwohl sich hinter diesen Reiterspielen auch eine harte Ausbildung verbarg, muß der Eindruck laut der 136/137 n. Chr. entstandenen »Taktik« des griechischen Geschichtsschreibers Arrian doch recht festlich und farbenfroh gewesen sein:

»*Die Reiter selbst treten, soweit sie durch ihren Rang hervorragen oder sich durch besondere Reitkunst auszeichnen, mit vergoldeten Helmen aus Eisen oder Bronze an, um schon dadurch die Blicke der Zuschauer auf sich zu lenken. Diese Helme schützen im Gegensatz zu den für den Ernstfall bestimmten nicht nur den Kopf und die Wangen, sondern sind allseitig genau an das Gesicht des Reiters angepaßt, mit einer Öffnung für die Augen, die den Blick nicht hindert und diese doch schützt. Von den Helmen hängen Helmbüsche aus hellen Haaren herab, die keinen praktischen Zweck haben, sondern nur zur Zierde dienen. Sie flattern beim Traben der Pferde, auch wenn nur ein schwacher Luftzug weht, und bieten einen netten Anblick. Die Schilde, die sie tragen, sind nicht die kriegsmäßigen, sondern bunt verzierte von geringerem Gewicht, da es ja bei diesen Übungen vor allem auf Schnelligkeit und Eleganz ankommt, statt mit Panzern sind sie mit diesen völlig entsprechenden kimmerischen Gewändern bekleidet – scharlachroten oder purpurnen oder auch ganz bunten – und um die Schenkel mit Hosen, und zwar nicht mit weiten wie die Parther und Armenier, sondern mit hauteng anliegenden. Die Pferde sind mit Stirnpanzern sorgfältig geschützt. Seitenpanzerungen benötigen sie dagegen nicht, denn die bei jenen Übungen benutzten Lanzen haben keine eisernen Spitzen, sie könnten daher zwar die Augen der Pferde verletzen, ihre Flanken dagegen kaum, zumal diese größtenteils durch den Sattel geschützt werden.*«

Besser können wohl die in Kumpfmühl gefundenen Prunkwaffen von berufener und zeitgenössischer Seite nicht beschrieben werden.

Aus dieser Schilderung geht auch hervor, wie fremdartig sich die Reiterei mit ihrer

Kampfesweise gegenüber der ursprünglichen Strategie des römischen Heeres, die auf der Infanterie beruhte, ausnahm. Viele Ausdrücke für taktisches Verhalten und Angriffsmanöver sind barbarischen Ursprungs und werden auch jeweils in der ›Landessprache‹ benannt. Für die Zeit Arrians, der unter Hadrian mehrere hohe Staatsämter bekleidete, waren die Auseinandersetzungen mit den Iberern und Kelten schon Geschichte. Aber immer noch bezeichnet Arrian bestimmte Wurftechniken, wie z.B. den komplizierten Reiterspeerwurf »*Petrinus*« oder die Übung mit der Stoßlanze »*Tolutegon*« mit keltischen Namen. Ein Kampfspiel heißt »kantabrische Attacke«, und er glaubt selbst, daß die zugrundeliegende Kampfesweise von den Kantabrern übernommen wurde.

Neue Taktiken

Ein Grundzug des römischen Heeres bestand nämlich darin, daß man versuchte, neue Waffen und neue Kampftaktiken, mit denen die Feinde die Römer in Bedrängnis gebracht hatten, zu integrieren. Der römische Legionar blieb zwar nach wie vor in der Hauptsache Infanterist, aber die Hilfstruppen wurden den jeweiligen Erfordernissen rasch angepaßt. Außer Spezialeinheiten, die etwa mit Schleudern kämpften, war es vor allem die Reiterei, die infolge der ständigen Kämpfe gegen Germanen, Sarmaten und Perser nach immer neuen Wegen suchen mußte, ihre Überlegenheit zu wahren. Und das ging am besten dadurch, daß man die fremde Taktik kopierte, nach Möglichkeit verfeinerte und durch steten Drill zu einem erfolgreichen Instrument der Kampfesführung machte. Um das zu erreichen, stellte man entweder gleich ganze Einheiten aus barbarischen Söldnern mit entsprechender Ausbildung auf oder versuchte zumindest, Offiziere zu bestechen, aus dem Lager der Barbaren in römische Dienste überzuwechseln und ihre Kenntnisse weiterzugeben.

Da im 2. Jahrhundert n. Chr. besonders die östlichen Reitervölker gefährlich wurden, nahm man deren Taktik als Maßstab für die Ausbildung der Kavallerie und die entsprechenden Turniere. So gehörten zum Programm Übungen für berittene Bogenschützen, deren Vorbilder bei den Armeniern und den Parthern zu suchen sind, und für Lanzenreiter, die wie die Sarmaten in geschlossener Formation mit gefällter Stoßlanze einherpreschten.

Abb. 80: Grabstein eines Soldaten der 3. italischen Legion in leichter Dienstuniform mit langärmeligem Untergewand *(tunica)*, Mantel, der auf der rechten Schulter von einer Brosche (Fibel) zusammengehalten wird, und Militärgürtel. Oberhalb des rechten Handgelenkes trägt er einen Reifen *(armilla)*, eine Auszeichnung, die für besondere Tapferkeitsleistungen vergeben wurde. Nach seiner ehrenvollen Entlassung ließ sich dieser Veteran offenbar ein Stück Land vor den Toren des Legionslagers zuweisen und bewirtschaftete einen Gutshof, in dessen Nähe er auch begraben wurde. Der Stein stammt von einem kleinen Friedhof an der Straubinger Straße. – Höhe 1,02 m; MSR Inv. Nr. Lap. 46.

Abb. 81: Bestandteile der militärischen Ausrüstung aus dem Kastell Regensburg-Kumpfmühl und dem Besitz eines Veteranen aus Großprüfening: links eiserner Schildbuckel, der eine Öffnung in der Mitte des Holzschildes nach außen abschloß, um so der Faust des Schildträgers Raum zu gewähren und sie gleichzeitig vor Verletzungen zu sichern. Vorne eiserner Dolch mit geschweiften Schneiden; der Griff aus organischem Material, Holz oder Knochen, ist nicht mehr erhalten. Rechts eiserner Hufschuh für lahme oder schwerbepackte Pferde in schwierigem Gelände. – Länge des Dolches 42,4 cm; MSR Inv. Nr. 1974, 11 und A 1466, b.

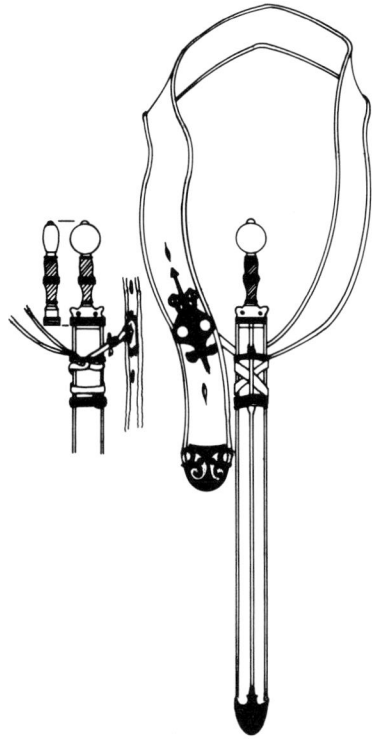

Abb. 82: Links eiserne Lanzenspitze, an den Rändern mit Bronzeblech umkleidet und einem eichelförmigen Aufsatz auf der Spitze. Da sie als Kampfwaffe untauglich war, muß es sich um die Bekrönung eines Feldzeichens oder um eine als Auszeichnung verliehene Schmucklanze handeln. Rechts daneben ein sogenanntes Ortband, eine Kappe, die als Verstärkung für das untere Ende einer aus Holz oder Leder bestehenden Schwertscheide diente. – Links: aus dem Kastell Regensburg-Kumpfmühl; Höhe 13,7 cm; MSR Inv. Nr. A 3284. Rechts: aus der Zivilsiedlung von Großprüfening; Höhe 6,5 cm; MSR Inv. Nr. 1974, 24.

Abb. 83: Rekonstruktion eines Schwertgutes *(balteus)* nach J. Oldenstein anhand Regensburger Funde. Schwarz: Schwertgurtverschluß in Form einer Benefiziarierlanze, Riemenbeschlag und Ortband aus Bronze nach Regensburger Originalen. Maßstab etwa 1:10.

Abb. 84: Bronzene Gürtelbeschläge aus Regensburg. – Höhe im Durchschnitt 3–4 cm. Oben: MSR Inv. Nr. A 3575. Unten von links nach rechts: MSR Inv. Nr. 3572, 3564. 3574.

Abb. 85: Gürteltracht der Legionare aus Castra Regina, die aus einer zentralen Gürtelschnalle und zwei Doppelknöpfen bestand. Links Originalfunde aus Bronze aus Bestattungen vom Großen Gräberfeld; rechts oben die Rekonstruktion aufgrund von Soldatengrabsteinen (nach H. Ubl). – Höhe der Schnalle 5,5 cm; MSR Inv. Nr. A 1728. Höhe der Knöpfe 2,2 cm; MSR Inv. Nr. A 3174. Maßstab der Rekonstruktion etwa 1:6.

Abb. 86: Eiserne Lanzen- und Geschoßspitzen aus dem Kastell Regensburg-Kumpfmühl, Zivilsiedlung in Großprüfening und dem römischen Gutshof in Burgweinting. – Ganz links Höhe 29 cm. Von links nach rechts: MSR Inv. Nr. 1952, 77. 1952, 77. 1974, 23. A 3955.

Abb. 87: Eisernes Schanzwerkzeug der Soldaten: Ziehhacke (oben), Kreuzpickel (Mitte) und Hacke (unten) aus dem römischen Gutshof von Oberisling, von der Kumpfmühler Straße und vom Bismarckplatz. – Länge der Ziehhacke 36 cm. Von oben nach unten: MSR Inv. Nr. A 3985. 1977, 284. 1977, 268.

Abb. 88: Bronzescheibe mit Medusenhaupt, gefunden beim Fundamentieren des Eisernen Steges. Die Scheibe stellt entweder eine militärische Auszeichnung *(phalera)* oder ein Schmuckstück vom Pferdegeschirr dar. – Durchmesser 6,1 cm; MSR Inv. Nr. A 2171.

Abb. 89: Bronzener Löwenkopf, auf dessen Rückseite sich zwei gegenständige Ösen befinden, durch die ein Lederriemen laufen konnte. Auch dieses Stück könnte daher als Tapferkeitsorden *(phalera)* auf dem Panzer über der Brust getragen worden sein, wie es auf vielen Grabsteinen zu sehen ist. Gefunden am Neupfarrplatz. – Durchmesser 9,8 cm; MSR Inv. Nr. A 3867.

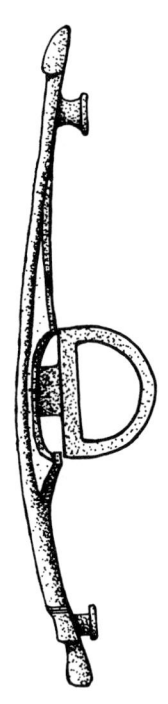 

Abb. 90: Bronzener Schwertgurtverschluß (*balteus* – Schließe) in Form einer sogenannten Benefiziarierlanzenspitze. Die beiden kleinen Nieten auf der Rückseite (s. Zeichnung links) hielten die Schließe auf dem einen Ende des Ledergurtes fest. In die große Öse wurde das zweite dünnere Ende eingeknotet, wie es auf der Rekonstruktionszeichnung Abb. 83 zu sehen ist. *Balteaus*-Schließen dieser speziellen Form dienten zugleich als Abzeichen bestimmter Chargen im Dienste des Legionskommandanten, wie z. B. der Benefiziarier, die für die Sicherheit auf den Straßen und deren Instandhaltung zuständig waren. Fundort Regensburg. – Höhe 11,2 cm; MSR Inv. Nr. A 3680.

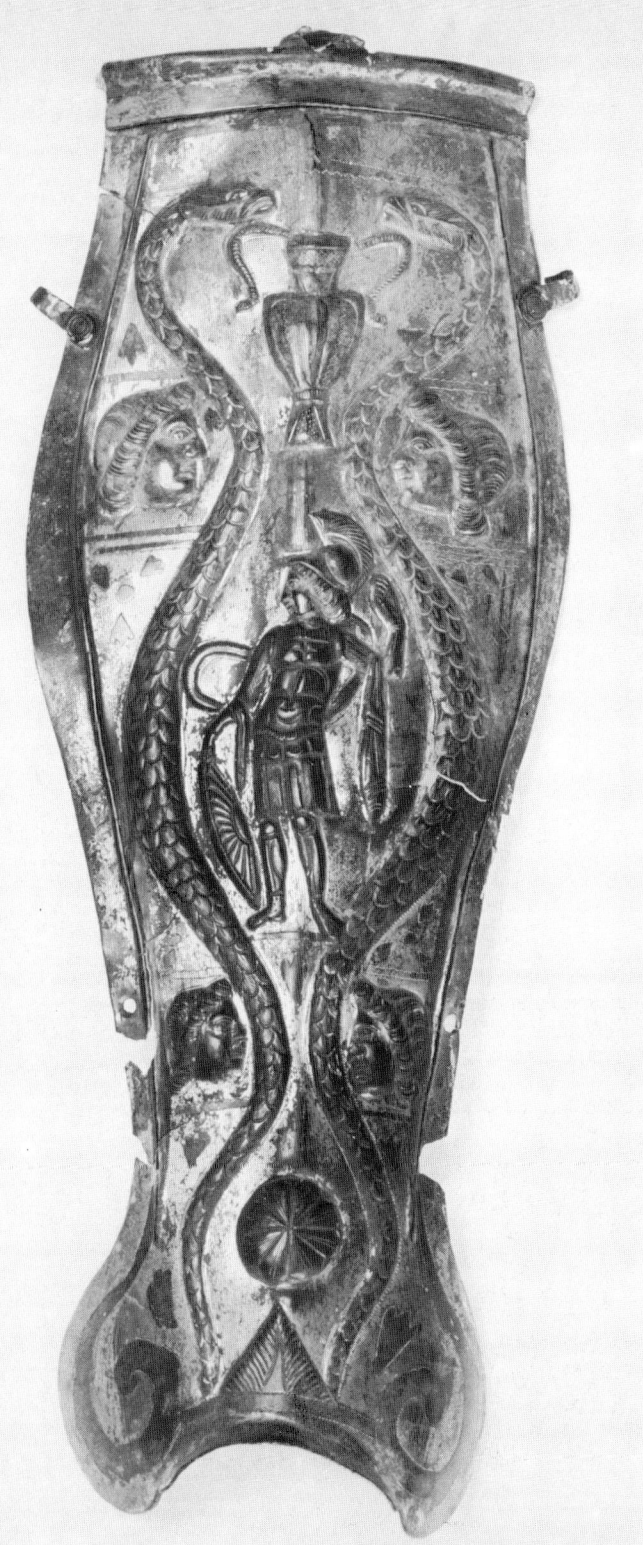

Abb. 91: Beinschiene von der Paraderüstung, die Avitianus, dem Befehlshaber einer Reiterabteilung gehörte (Inschrift auf dem linken Rand). Dünnes Bronzeblech, in Treibtechnik verziert und mit einer silberfarbenen Metallegierung überzogen. Dargestellt ist der Kriegsgott Mars mit Helm, Schild, Panzer und Beinschienen, eingerahmt von zwei sich windenden Schlangen, über ihm ein doppelhenkliges Gefäß und rechts und links je zwei Masken. Die Beinschiene wurde ober- und unterhalb der Wade mit dünnen Riemen und mit Hilfe von Ringen und Ösen festgebunden, von denen die beiden oberen noch erhalten sind. Gefunden 1892 in der Nähe des Kastells Regensburg-Kumpfmühl, zusammen mit dem Augenschutzkorb Abb. 92. Wohl Versteckfund aus der Zeit des Markomanneneinfalls. – Höhe 36,9 cm; MSR Inv. Nr. A 3471. Katalog I 30.

Abb. 92: Augenschutzkorb von der Paraderüstung eines Pferdes (Inschrift links oben). Erhalten ist nur die das linke Auge bedeckende Seite einer ursprünglich dreiteiligen Roßstirn, bestehend aus einer langschmalen Mittelplatte und zwei durchbrochenen Schutzkörben. Die Platte läuft nach oben in einen Adlerkopf aus, dessen Gefieder eingraviert ist. Am oberen Ende ein Riemendurchzug und rechts Befestigungsösen für Ringe, durch die weitere Riemen liefen. Zu den Fundumständen vgl. Abb. 91. – Höhe 20,5 cm; MSR Inv. Nr. A 3470. Katalog I 31.

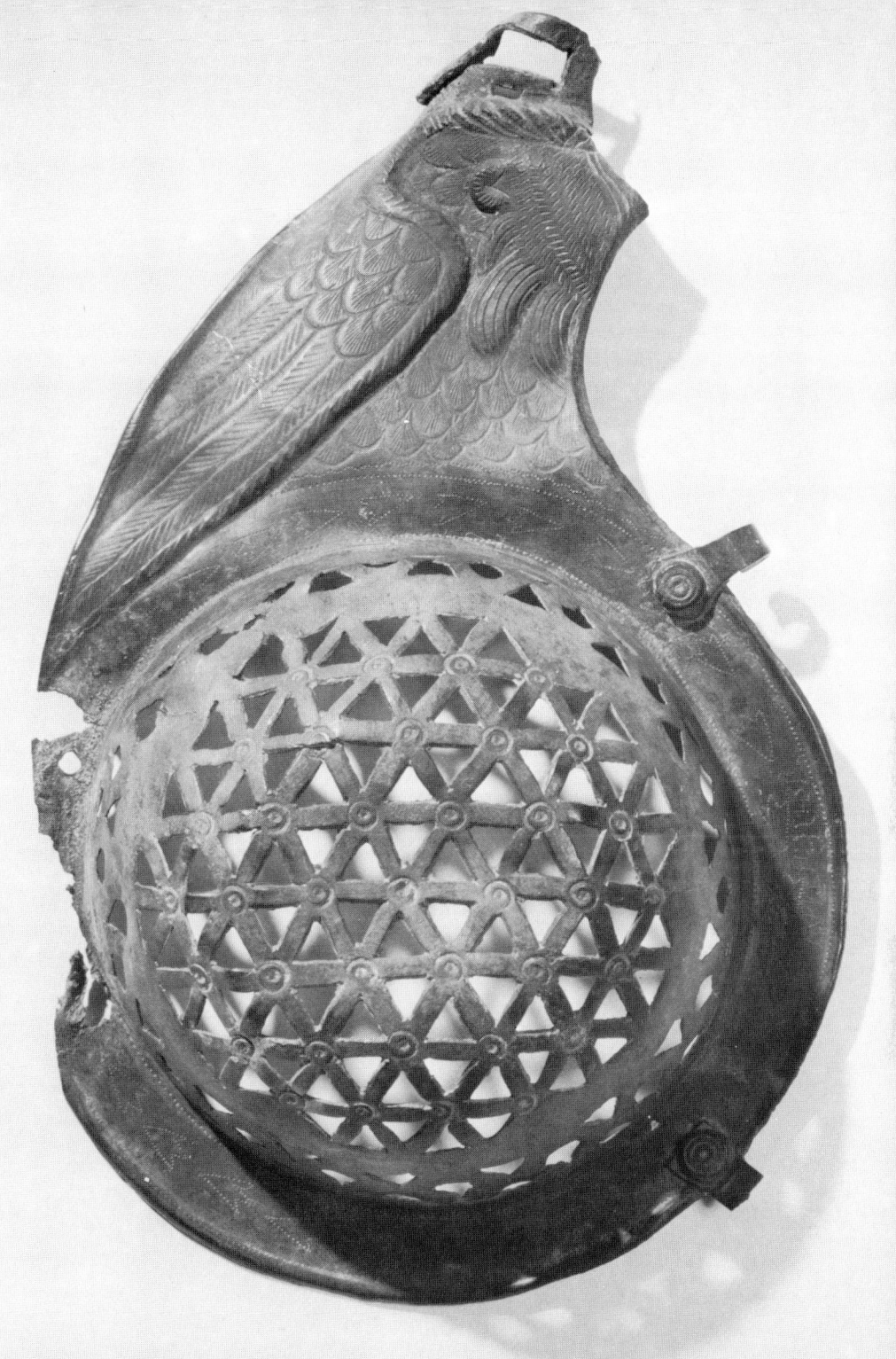

Handwerk, Handel und Gewerbe

Regensburger Produkte – Das Schicksal eines Zieglers – Makrelensoße und Wein – Weihrauch aus Arabien – Knochenschnitzer und Schmiede – Geschirrflicker und Ärzte – Architekten, Steinmetze, Maler

Soweit wir bis heute wissen, wurden im römischen Regensburg zwar die Dinge des täglichen Bedarfs in örtlichen Werkstätten hergestellt und repariert, aber für die Bedürfnisse, die ein gehobener Lebensstandard weckte, mußte von weither importiert werden. Dies gilt für viele Teile des römischen Reiches, und besonders Raetien blieb immer eine relativ arme Provinz, ganz im Gegensatz etwa zu den Rheinlanden, wo sich auf Grund eines dicht besiedelten Hinterlandes und reicher Bodenschätze blühende Industriezweige wie die Keramik-, Glas- und Metallwarenerzeugung etablieren konnten. Man kennt aber auch einige spezifisch raetische Waren, die nur in der Provinz des Voralpenlandes hergestellt wurden und von denen sich auch Beispiele in Regensburg gefunden haben. Dazu gehört vor allem die feine und sicher nicht billige sogenannte ›Raetische Firnisware‹, eine dünnwandige, hartgebrannte, auffallend verzierte und mit einem dunkelbraunen bis schwarzen Überzug versehene Tonware, aus der man kleine Trinkbecher, Töpfe und ähnliches formte (Abb. 93). Typisch heimische Erzeugnisse sind auch Graburnen mit zwei Henkelchen (›Diota-Urnen‹, d.h. Urnen mit zwei Ohren), ›Traubenurnen‹ (mit stilisierter Weintraubenverzierung) und ›Kolbenrandurnen‹ (mit verdicktem Randprofil) (Abb. 94). Sie alle wurden auf den römischen Gräberfeldern Regensburgs in großer Zahl gefunden und offenbar außerhalb Raetiens selten oder nie benützt. Speziell im Alpenvorland war eine besondere spätantike Armringform (Typ ›Wiggensbach‹, Abb. 95) verbreitet. Ausschließlich in Regensburg wurden gewisse einfache Tonlampen hergestellt. Sie waren zum Teil Imitationen importierter Stücke, zum Teil ›frei erfundene‹ heimische Produkte (Abb. 96).

Heimische Erzeugnisse

Über die Tätigkeitsbereiche der heimischen Ziegler sind wir seit Georg Spitzlbergers Arbeiten recht gut informiert. Der große Bedarf an Ziegeln erklärt sich aus der höchst fortschrittlichen Bauweise der römischen Architekten, die die Dächer öffentlicher und privater Gebäude mit Ziegeln zu decken pflegten, deren dicht schließende Konstruktion selbst unsere Biberschwanzdächer nicht erreichen. Man belegte das Dach mit großen rechteckigen Ziegelplatten *(tegula)*, deren gefalzte Ränder mit langschmalen Halbrundziegeln *(imbrex)* abgedichtet wurden. Spezielle Ziegelformen wurden für den Heizanlagen- oder Gewölbebau fabriziert. Wie bei der Feinkeramik, so pflegte auch der für die Herstellung der Ziegel verant-

Ziegelbrennereien

wortliche Produzent seine Ware zu stempeln. Man unterscheidet zwischen militärischen und privaten Ziegeleien. Letztere stempelten mit dem Namen des Besitzers, die Militärziegeleien kennzeichneten ihre Produkte in der Regel mit dem Kürzel der Einheit in wechselnder Schreibweise. Die Ziegelstempel des Militärs bilden somit eine wichtige Quelle zur Rekonstruktion der Heeresgeschichte in den römischen Provinzen. Vor der Stationierung der 3. italischen Legion hat z.B. die *Cohors I Flavia Canathenorum* eine Militärziegelei betrieben und ihre Produkte mit *COH I CAN* gekennzeichnet. Außerdem liegen Ziegelstempel der *Cohors II Aquitanorum (COH II AQ)*, der *Cohors III Britanorum (COH III BR)*, und der *Ala I Singularium (AL I SING)* vor (Abb. 25a–c). Die Ziegelei der 3. italischen Legion war in Bad Abbach (»Ziegelfeld«) eingerichtet. Dort gab es ausreichende Lehmlager und Wälder zur Holzgewinnung für die Brennöfen. Auch die günstige Lage am schiffbaren Strom spielte eine Rolle. Ziegel der *legio III Italica* wurden nicht nur in die eigene Garnison nach Regensburg geliefert, sondern auch an benachbarte Kastelle (z.B. Straubing) und an die von Pächtern oder Veteranen verwalteten *villae rusticae* des *territorium legionis* (z.B. Burgweinting) abgegeben. Ein Stempeltyp LEG L MAR COS, der in Regensburg und Umgebung gelegentlich gefunden wird und über den schon viel gerätselt wurde, besitzt jetzt vielleicht eine Deutung (S. 144ff.). Bisher nimmt man an, daß damit die Produktion eines ›Baukommandos‹ der unter Valentinian I. (364–375) in Augst bei Basel (Schweiz) stationierten *legio I Martia* gekennzeichnet wurde. Dieses Baukommando war in jener Zeit auch in Pannonien eingesetzt, und die Regensburger Stempel stammen alle aus Fundplätzen, die nachgewiesenermaßen noch nach dem Juthungeneinfall 357 n. Chr. bewohnt oder genutzt wurden (Legionslager, Wollwirkergasse, Burgweinting).

Neben den großen und kleinen Militärziegeleien gab es auch Privatbetriebe, die aber zum Teil nicht stempelten, wie z.B. ein Ofen aus dem Lagerdorf von Regensburg-Kumpfmühl zeigte. Dagegen kennen wir einen Ziegler namentlich, dessen Betrieb aufgrund zahlreicher einschlägiger Funde wahrscheinlich in der Gegend von Bad Abbach eingerichtet war und überwiegend donauaufwärts nach Eining und Sittling lieferte. Wir kennen ihn übrigens wahrscheinlich nicht nur durch seine Ware, die er mit M. VINDEL. SVRINI kennzeichnete, sondern auch durch ein sehr trauriges Ereignis in seiner Familie. Marcus Vindelicus Surinus verlor seine drei Kinder Ermogenianus, Victor und Sura, denen er als unglücklicher Vater einen Grabstein setzen ließ (Nr. I 28). Die Fundstelle der Grabplatte ist nicht bekannt; der Stein war aber bis 1811 an der Außenmauer der Alten Kapelle befestigt. Er stammt also mit großer Wahrscheinlichkeit von einem der Regensburger Gräberfelder. Aus diesem Grunde könnte man annehmen, daß der Ziegelfabrikbesitzer zusätzlich in Regensburg eine Stadtwohnung für sich und seine Angehörigen besaß, während seine Ziegelei, in der er als Freigelassener wohl Sklaven be-

Ein unglücklicher Vater

schäftigen konnte, weiter entfernt lag. Reich ist er jedenfalls nicht geworden – oder war er nur geizig? –, denn er leistete sich für seine Kinder lediglich eine bereits gebrauchte Grabplatte, wie Reste einer älteren Inschrift auf dem Stein beweisen.

Hochwertige Keramik wie das Tafelgeschirr aus *terra sigillata* mußte immer nach Regensburg importiert werden. Erst am Ende des 2. Jahrhunderts entstanden auch im östlichen Raetien entsprechende Manufakturen, doch sie lieferten nicht nach Regensburg, sondern der geringeren Transportkosten wegen nur donauabwärts. So kam erst süd-, dann mittel- und ostgallische und endlich nur noch rheinische Ware nach Regensburg, und zwar ausschließlich aus den Rheinzaberner Manufakturen bei Speyer. Außer *terra sigillata* wurde auch Tafelgeschirr aus Metall eingeführt. Da dies im hiesigen Grabbrauch nicht verwendet wurde und zudem, wenn es unbrauchbar war, wieder eingeschmolzen werden konnte, findet man es allerdings selten. Zu den wenigen Bronzegefäßen aus Regensburg gehört ein Tablett mit reich verzierten Handgriffen, das zu einem unbekannten Zeitpunkt auf dem Alten Kornmarkt entdeckt wurde, also im nordöstlichen Teil des Legionslagers. Die Platte gehörte einmal zum Tafelgeschirr eines römischen Offiziers. Solche Tabletts wurden im 3. Jahrhundert in den gallisch-germanischen Provinzen des römischen Reiches hergestellt.

Feines Tafelgeschirr

Zeugnis solchen Fernhandels ist auch der Stempel auf dem Henkel eines tönernen Transportbehälters (Abb. 97), dessen Buchstaben L.S.L.P. nach Spanien weisen, wo sich die Amphorenmanufaktur des L. Sempronius Longus befunden hat, der auch nach Rom, Frankreich und England geliefert hat. Solche Amphoren (Abb. 98) enthielten Wein, Öl oder jene berühmte scharfe Fischsoße *(garum)*, die in der römischen Küche so beliebt war. Erst kürzlich wurden in Salzburg Amphoren untersucht, deren Bodensatz winzige Fischschuppen enthielt, und in Augsburg gibt es einen solchen Behälter, in dem sich laut Aufschrift eine »hervorragende Makrelensoße« befand.

Spanische Amphore

Wichtiger als Makrelensoße war den Südländern allerdings der Wein. Von Anfang an spielte der Weinimport eine bedeutende Rolle, um den großen Bedarf beim Militär zu decken. Als Behälter dienten große Holzfässer, die – wie uns Relieffunde von der Mosel oder auch aus Augsburg lehren – entweder zu mehreren auf Schiffen oder einzeln auf vierrädrigen Wagen transportiert wurden. Häufig wurden diese Fässer nach Gebrauch noch als Brunnenverschalungen verwendet, so daß sie im feuchten Milieu des Grundwassers erhalten blieben. 1954 wurden auch im *vicus* des Kumpfmühler Kastells zwei übereinandergestellte Holzfässer gefunden, die als Versteifung für einen Brunnenschacht gedient hatten. Das untere besser erhaltene ließ sich zu nahezu zwei Dritteln konservieren und gehört jetzt zu den kostbaren Stücken der römischen Sammlung im Städtischen Museum (Abb. 99). Das Faß war aus 22 Dauben hergestellt, besaß eine ursprüngliche Höhe von etwa

Ein Faß im Brunnen

1,60 m und konnte einen Inhalt von 650 l fassen, wog also in gefülltem Zustand über 13 Zentner. Beide Fässer waren etwa in den Jahren zwischen 70 und 100 n. Chr. angeliefert worden und fanden danach noch als Brunnenfassung eine kurzfristige Nutzung. Der Wein kam wohl aus Oberitalien, und zwar vom zentralen Versorgungsstützpunkt des Donauheeres in Aquileia. Von dort wurde er in kleinen Fäßchen oder Schläuchen mit Saumtieren über die Alpen geschafft, dann in große Fässer umgefüllt und über Salzach und Inn nach Passau und weiter donauaufwärts nach Regensburg verschifft. Bemerkenswert an den Regensburger Weinfässern ist die Versiegelung der Spundlöcher mittels eingebrannter Zollstempel. Man weiß, daß Waren aus anderen Provinzen einem Einfuhrzoll von mindestens 2% unterlagen. Um bei mehrfachem Grenzwechsel eine neuerliche Verzollung zu vermeiden, wurden die Fässer – wie auch heute noch – bei der ersten Zollstation versiegelt, mußten aber bis zur Anlieferung an den Endverbraucher plombiert bleiben.

Italischer Einfluß

Der enge Kontakt mit Italien war schon durch die Herkunft der *legio III Italica* gegeben. Viele kulturellen Erscheinungen im römischen Regensburg lassen sich darauf zurückführen, vor allem wenn es nicht nur um die Handhabung schnell herzustellender Gebrauchsgüter ging (wie etwa des Kochgeschirrs, das man sich natürlich nicht aus Italien schicken ließ, sondern beim nächsten Töpfer der Lagervorstadt kaufte). Die Bindung an die Heimat drückte sich vielmehr im Bildungsgrad, in religiösen Vorstellungen und im Totenbrauchtum aus – und damit allerdings im geistigen Gedankengut, das sich archäologisch nur mühsam fassen läßt. Als sprechendstes Beispiel seien hier die in Regensburg beliebtesten Grabdenkmäler erwähnt: die flachen Grabsteine mit den Büsten der Familienmitglieder über dem Inschriftenfeld wie der mit den besonders ausdrucksstarken Porträts für Flavia Ispana und ihre Schwester (Abb. 100). Und daneben die Grabsteine mit Vollfiguren in leicht eingetieften Nischen wie derjenige eines Legionars oder eines Ehepaares vom sogenannten ›Ostgräberfeld‹ (Abb. 80 und 124). Diese Grabmalformen sind aus Italien mitgebracht worden und illustrieren gleichzeitig die intensive Durchdringung einheimischer und fremder Sitten, da die Personen (bis auf den Soldaten) natürlich die typische Regensburger Tracht tragen.

Auch die Sitte der Pfeilergrabmäler (Abb. 140) ist südländischen Ursprungs, hat allerdings in den Rheinprovinzen begeisterte Aufnahme gefunden und könnte auch von dort her sozusagen auf Umwegen nach Raetien gelangt sein. Das legen z.B. die inschriftlichen Zeugnisse nahe, die die Anwesenheit Trierer Kaufleute bestätigen. Auch aus Regensburg liegt eine derartige Inschrift vor, die zwei Trierer Händler Merkur, ihrem besonderen Schutzherren, geweiht haben (Abb. 101, Nr. I 14). Unter den Regensburger Kleinfunden bezeugen die ›rheinischen Firnisbecher‹ (Abb. 93) und Gläser die Verbindungen zum Kölner und Trierer Raum. Andere Gläser könnten in den Donauprovinzen oder sogar im Orient hergestellt worden sein, aber gerade ihre Herkunftsfrage bildet für den Archäologen heute noch ein kaum gelöstes Problem. Die Beziehungen Regensburgs zu den östlichen Nachbarprovinzen weisen sich außerdem durch das häufige Vorkommen von bleigefaßten Glasspiegelchen aus, die in Pannonien gebräuchlich waren.

An sonstigen Importgütern fanden sich in Regensburg noch Bruchstücke von Argonnensigillata, einer spätantiken, speziell in Ostfrankreich hergestellten Tonware. Gefäße aus Lavez (Speckstein) sind aus einer im südlichen Alpengebiet vorkommenden Steinart hergestellt; und ein ägyptisch-griechisches Amulett wurde wohl von seinem Eigentümer mitgebracht (Abb. 142, Nr. I 45).

<small>Spätantiker Import</small>

Die Grenzlage Regensburgs direkt gegenüber den Einmündungen der alten Handelsstränge (Cham-Further-Senke und Schelmengraben-Schwaighauser Forst) in das freie Germanien kommt im Fundgut nur schwach zum Ausdruck. Das liegt hauptsächlich daran, daß die von den antiken Schriftstellern aufgeführten Handelsgüter aus dem Norden, wie z.B. Honig, Sklaven, Pferde, Häute, Felle und Frauenhaare, archäologisch nicht nachweisbar sind. Im übrigen müssen die wenigen Funde germanischer Art von Regensburg nicht nur auf Handelsbeziehungen zurückzuführen sein, sie können schon seit dem 2. Jahrhundert durch Siedler und angeworbene Soldaten mitgebracht worden sein oder mit der germanischen Zuwanderung nach dem Limesfall im späten 3. oder zu Anfang des 4. Jahrhunderts erklärt werden. Zu nennen ist hier Keramik römischer Formgebung, die aber nicht mit der Töpferscheibe, sondern, wie bei den Germanen üblich, mit der Hand hergestellt wurde. Eine Armbrustfibel des späten 3. Jahrhunderts stammt wohl aus dem Elbegebiet. Knochenkämme mit halbrundem Griff, (Abb. 102) bestimmte Teile von Gürteln (vierteilige Schnallen, Riemenzungen) und ein Feuerstahl vom Großen Gräberfeld sind ebenfalls auf direkten Kontakt mit Germanen zurückzuführen.

<small>Germanisches Frauenhaar</small>

Von dem weitreichenden und vorzüglich ausgebauten Handelsnetz (S. 311) innerhalb des römischen Reiches zeugt die Weiheinschrift für die Renovierung eines Merkurtempels, die von Weihrauchhändlern *(negotiatores turarii)* gestiftet wurde (Nr. I 6). Da auf dem Stein von der Berufsbezeichnung *turarii* aber nur der Anfangsbuchstabe »t« überliefert ist, bleibt die Deutung etwas unsicher. Weihrauch wurde aber tatsächlich für Opferhandlungen an Altären und in Tempeln sowie bei Totenfeierlichkeiten in großen Mengen verwendet und mußte daher laufend aus dem Orient eingeführt werden. Die Ergänzung *t(urarii)* ist daher zwar gewagt, aber durchaus vertretbar, zumal wir aus Augsburg einen *negotiator artis purpurariae* kennen, einen Mann, der mit Purpurstoffen handelte oder sie vielleicht sogar selbst färbte. Sein Name Tiberius Claudius Euphras verrät seine östliche Herkunft, und hauptsächlich an der syrischen Küste wurde ja auch der Rohstoff aus den Purpurschnecken gewonnen.

<small>Weihrauchhändler?</small>

Berufsvereine

Die *negotiatores t(urarii)* dokumentieren ein Stück typisch römischer Wirtschaftsgeschichte. Um nämlich das Risiko für den einzelnen Unternehmer zu vermindern und die Handelsware rasch und gezielt an den Endverbraucher liefern zu können, schlossen sich die Kaufleute zu Gesellschaften zusammen, die an den größeren Umschlagplätzen Kontore unterhielten, die wiederum die nötigen Beförderungsmittel im voraus beschaffen konnten. Auf diese Weise benötigte der Schiffstransport der Güter etwa von Ägypten nach Rom nur acht Tage, wenn nicht das Wetter einen Strich durch die Rechnung machte. Zu Lande wurde die Ware mit Kamelen, Eseln, Ochsen und Pferden gesäumt oder gekarrt. Dieser ausgezeichnet funktionierende Fernhandel betraf ganz überwiegend Luxusgüter, nicht nur den erwähnten Weihrauch und Purpur, sondern auch Papyrus, Glas, Perlen, Edelhölzer, Elfenbein, Porphyr, Schildpatt, Pfeffer, Edelsteine, Medikamente und Drogen. Aber auch Massengüter wurden, wenn es die wirtschaftliche Lage erforderte, über große Entfernungen transportiert: Metalle, Wolle und vor allem Getreide aus den Kornkammern des römischen Reiches in Nordafrika, Spanien und der Ukraine. Der Fernhandel mit exotischen Waren brachte zu allen Zeiten den beteiligten Kaufleuten einen großen Gewinn. Nicht nur die »Pfeffersäcke« des Mittelalters in Regensburg, Augsburg und Nürnberg bezeugen dies, auch in römischer Zeit war es so: die Weihrauchhändler von Regensburg besaßen genug Geld, um den Tempel des Händlergottes zu renovieren, und der mit exklusiven Stoffen handelnde Bürger Augsburgs gehörte zu einem aus sechs Männern bestehenden Kollegium, das in der Gemeindeverwaltung eine gewichtige Rolle spielte und daher nur vermögenden Bürgern offenstand.

Getreide und Fleisch

Für die in Regensburg stationierten Truppen war dieser Luxus allerdings weniger wichtig als die regelmäßige Lieferung von Lebensmitteln. Jedem Soldaten standen pro Tag mindestens 650 g Weizen, ersatzweise Gerste zu, die von ihnen selbst mit einfachen Handmühlen geschrotet und dann zu Brot oder Fladen verbacken, zu Brei oder Teigwaren verarbeitet wurden. Dazu kamen Fleisch, Speck, Käse, Gemüse und Wein. Die Legion besaß ein eigenes *territorium legionis*, das landwirtschaftlich aufgesiedelt wurde und dessen Betriebe die Nahrungsmittelversorgung gewährleisteten.
Der Bedarf an Wein wurde, wie wir bereits gehört haben, überwiegend durch Import gedeckt. Vielleicht versuchte man aber auch, die Bestände durch im Lande selbst angebaute Reben zu ergänzen. Wie sehr man bei diesen Experimenten auf die Hilfe der Götter hoffte, zeigt die Errichtung des kleinen Heiligtums für den Weingott *Liber Pater*, gegenüber den Winzerer Höhen (Nr. I 9).
Im wesentlichen wurde auf den zur Garnison gehörigen *villae rusticae* Fleisch und Getreide erzeugt. Untersuchungen von Tierknochenfunden aus Kumpfmühl haben ergeben, daß die Römer, entsprechend ihrem Wunsch nach Fleisch von beson-

derer Qualität, die Viehzucht förderten und größere Schweine sowie eine starke, langhörnige Rinderrasse einführten. Mehrfach kamen gewundene Hornzapfen außergewöhnlich großer Ochsen zum Vorschein.
Neben den Großtieren spielte auch das Federvieh eine Rolle, und zwei Bestattungen vom Großen Gräberfeld lehren uns, daß man Hühner nicht nur des Fleisches, sondern vor allem auch der Eier wegen hielt. In diesen Gräbern fand man nämlich Hunderte von Schalen zerdrückter Eier, die aus einem uns unbekannten rituellen Grunde beigegeben waren.

Wie schon erwähnt, standen der Landwirtschaft die gewerblichen Betriebe in den *vici* und *canabae* gegenüber. Bei der Beschreibung des Lagerdorfs Kumpfmühl, der Donau- und der Naabsiedlung wurde bereits auf die dort gefundenen Nachweise für eisen-, bronze- und bleiverarbeitende Werkstätten hingewiesen, ebenso auf die kleine Ziegelei in Kumpfmühl, die Töpferei vor der Südostecke des Legionslagers und einen Kalkbrennofen vom Bismarckplatz. In Großprüfening wurde zusätzlich eine Art Textilindustrie vermutet, worauf eine Flachsdarre und ein Gewerbebetrieb hinweisen. Halbfabrikate (d.h. unfertige Rohstücke) von Knochengeräten belegen an vielen Stellen die Arbeit von Knochenschnitzern, die Griffe und Kämme, Haarnadeln und Knöpfe, Pfrieme und Nähnadeln, Schreibgriffel, Flöten und Scharniere aus Tierknochen und Geweihen herstellten (Abb. 103). Holzbearbeitung durch Drechsler (Holzgefäße, Löffel, Möbel), Küfer (Fässer), Schreiner und Zimmerleute ist wegen der Vergänglichkeit des Materials nur indirekt durch die große Zahl an Bohrern, Stemmeisen, Hobelgeräten, Beilen und ähnlichem bezeugt (Abb. 104). Wenn auch das Holzfaß (Abb. 99) im Zuge des Weinimports nach Regensburg gekommen sein wird, vermittelt es doch einen Eindruck von der damaligen handwerklichen Geschicklichkeit.
Von der Bedeutung des Schmiedehandwerks zeugen nicht nur die schon genannten Werkstattfunde, sondern auch das Standbild einer Vulcanusstatue aus Kalkstein. Erhalten ist von ihr allerdings nur noch der untere Teil, der einen Schmiedeamboß mit Hammer darstellt. Zu den Aufgaben des Schmiedes gehörte auch das Beschlagen der Pferde. Wir kennen Funde römischer Hufeisen aus dem Straßenschotter der Kumpfmühler Straße und drei Hufschuhe für lahme Pferde von Kumpfmühl (Abb. 81).
Ein spezielles Gewerbe war das des bis in die Neuzeit hinein bekannten Geschirrflickers. Es rentierte sich allerdings nur in Zeiten, in denen die Gefäße besonders teuer oder schwer zu bekommen waren. Es ist daher kein Zufall, daß fast nur *terra sigillata* und diese auch nur in der ersten Zeit, bevor die billige Massenware aus Rheinzabern kam, geflickt wurde. Das Flicken geschah mit der Hilfe von Bleiklammern (Abb. 105). Th. Fischer konnte eine auch damit beschäftigte Werkstatt in der *villa rustica* von Mangolding-Mintraching, Herzogmühle, nachweisen.

Werkstätten

Handwerker auf dem Lande

Der Handwerker als Person begegnet uns in Regensburg auf Inschriften nicht. Sicher hat es zahlreiche Schuster, Schneider, Bäcker usw. gegeben. Indirekt können wir einen Metzger erschließen, der an seinem Grabmal (ursprünglich vielleicht an seinem Laden?) die Darstellung eines zum Verkauf bereiten, an einem Haken hängenden, aufgeschlitzten Schweines anbringen ließ.

Mehrfach inschriftlich belegt ist dagegen der Ärztestand, sowohl auf Grabmälern wie durch sogenannte Augensalbenstempel (S. 152), auf denen Rezepte gegen Augenleiden standen. Sie wurden in die Salben eingedrückt, die meist in festem Zustand verhandelt und erst durch Erwärmung flüssig gemacht wurden.

Bau- und Kunsthandwerk

Nach Architekten, Feldmessern, Maurern bestand bei den baufreudigen Römern immer ein großer Bedarf. Hammer, Maurerkelle, Zirkel und Lot sind Hinweise auf diese Berufe (Abb. 59). Hierher gehören auch die Steinmetzbetriebe. Ein besonderes Dokument ihrer Leistung ist die gewaltige Legionslagermauer, deren Steine im Naab-, Laaber- und Donautale, hauptsächlich jedoch am Kapfelberg bei Alkofen gebrochen und zu Schiff nach Regensburg transportiert wurden. Außerdem verwandten die Steinmetze den leichteren Tuff für Gewölbe und Architekturglieder beim Gebäudebau. Dieser soll aus Steinbrüchen bei Neuburg an der Donau stammen.

Die Steinmetze hatten in Regensburg viel zu tun: Statuen, Säulenbekrönungen (Kapitelle), Grabdenkmäler, Weihealtäre mußten in öffentlichem wie privatem Auftrag geschaffen werden. Gemessen an dem Standard Roms und anderer italischer Großstädte war die künstlerische Gestaltung allerdings meist recht provinziell. Mit der Darstellung des Selbstmordes des griechischen Helden Aiax auf einem Pfeilergrabmal (Abb. 139) und dem Kopf des Kriegsgottes Mars (unser Titelbild), ist die obere Qualitätsstufe erreicht. Der Kopf ist aber auch eines der schönsten Beispiele einer Freiplastik aus Raetien. Solche herausragenden künstlerischen Schöpfungen gehören zu den Seltenheiten in den von den nüchternen Bedürfnissen des Militärs geprägten Grenzgebieten. Unter der großen Zahl der sonstigen Regensburger Grabsteine mit plastischem Figurenschmuck lassen sich zwei Gruppen von Denkmälern erkennen, die sehr wahrscheinlich jeweils von einer Hand, zumindest aber vom gleichen Steinmetzbetrieb stammen (Abb. 100, 126 u. 137). Das Material ist stets der einheimische Kalk- oder Sandstein, nur in zwei Fällen wurde importierter Marmor (vom Untersberg bei Salzburg?) verwendet (Abb. 106).

Ebenso wichtig wie die Bildhauer waren die Maler, ein hochspezialisierter Beruf, denn in der Antike war es allgemein üblich, die nackten weißen Wände farbig zu gestalten, sowohl innen wie außen, was wir uns heute oft nur mit Widerwillen vorstellen können, weil unser Zeitgeschmack die verblichene, ausgewitterte antike Steinfassade als ›schön‹ empfindet. Noch mehr trifft dies für die Plastiken und Reliefs aus Stein zu, die ebenfalls überwiegend bunt angemalt waren. Beispiele von Wandmalerei gibt es in Regensburg bisher aus den *canabae* und – eigenartigerweise, denn es handelte sich um einen Gewerbebetrieb – aus der *fabrica* des Legionslagers vom Dachauplatz. Man begnügte sich dabei jeweils mit schlichter Streifenbemalung oder einfachen dekorativen Mustern, aber wir dürfen davon ausgehen (und Bruchstücke im Fundmaterial beweisen dies), daß die jüngste Ausbauphase der *canabae* in Stein zahllose Wandmalereien entstehen ließ, die aber bei der Zerstörung der Siedlung und durch den mittelalterlichen Steinraub zerschlagen wurden und verloren gingen.

Abb. 93: Feines Trinkgeschirr aus schwarz glänzender Keramik. Der Faltenbecher links ▷ aus typischem glimmerhaltigem Ton stammt wohl aus einer Regensburger Werkstatt; die beiden mittleren Gefäße gehören zur Gattung der ›raetischen Ware‹, die in allen wichtigen Zentren der Provinz hergestellt wurde; der ›Spruchbecher‹ mit weißer Bemalung rechts ist dagegen ein Importartikel aus dem Trierer Raum. – Faltenbecher: Fundort Großes Gräberfeld; 3. Jahrhundert n. Chr.; Höhe 15,4 cm; MSR Inv. Nr. A 2635. – Großer Becher hinten Mitte: Fundort Bismarckplatz; 1. Hälfte 2. Jahrhundert n. Chr.; Höhe 21 cm; MSR Inv. Nr. 1977, 267. – Kleiner Becher Mitte vorn: Fundort Großes Gräberfeld; 3. Jahrhundert n. Chr.; Höhe 7,4 cm; MSR Inv. Nr. A 1726. – ›Spruchbecher‹: s. S. 150.

Abb. 94: Keramik aus Regensburger Brandgräbern des 3. Jahrhunderts n. Chr. vom ▷ Großen Gräberfeld an der Kumpfmühler Straße: Kolbenrandurne (ganz links), ›Diota-Urne‹ mit zwei kleinen Henkeln, ›Traubenurne‹ mit stilisierter Weintraubenverzierung, Räucherschale (Mitte) und kleiner weißer Becher (vorne rechts). Die großen Urnen enthielten die Asche des Toten und die kleinen Gefäße Wein, duftende Essenzen oder stark riechende Hölzer, die über den Scheiterhaufen gesprengt oder am Grab verbrannt wurden. – Höhe der Kolbenrandurne 17,1 cm. Nach der Reihenfolge: MSR Inv. Nr. A 2660. A 2560. A 2511. A 3545. A 2270.

317

Abb. 95: Zusammengehöriges Paar von Bronzearmringen mit eingepunzter Verzierung und breiten, offenen Enden (Typ ›Wiggensbach‹), die nur in Raetien und nur in der 1. Hälfte des 3. Jahrhunderts n. Chr. Mode waren. Aus einem Brandgrab des Großen Gräberfeldes. – Durchmesser 4,8–5,4 cm; MSR Inv. Nr. A 1711.

Abb. 96: Die tönernen Öllämpchen der Töpfer CRESCES und (nicht sichtbar) IANUARIUS gehören zum Typ der Firmalampen, so benannt nach den ›Firmenstempeln‹ auf den Lampenböden. Die Firmalampen, die die Masse der Regensburger Lampen stellen, wurden aus Oberitalien oder von der unteren Donau importiert. Aber es gab auch Regensburger Nachformungen (den Begriff des Markenschutzes kannten die Römer nicht), die sich durch ihre schlechtere Qualität unterscheiden, und überdies grobe einheimische Produkte als Erfindungen der ansässigen Töpfer. Aus Gräbern vom Großen Gräberfeld, Ende 2.–1. Hälfte 3. Jahrhundert n. Chr. Links: Länge 9,6 cm; MSR Inv. Nr. A 1718. Rechts: Länge 10,7 cm; MSR Inv. Nr. A 1720.

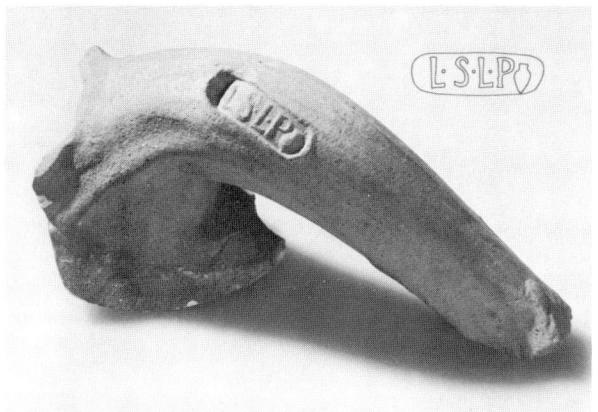 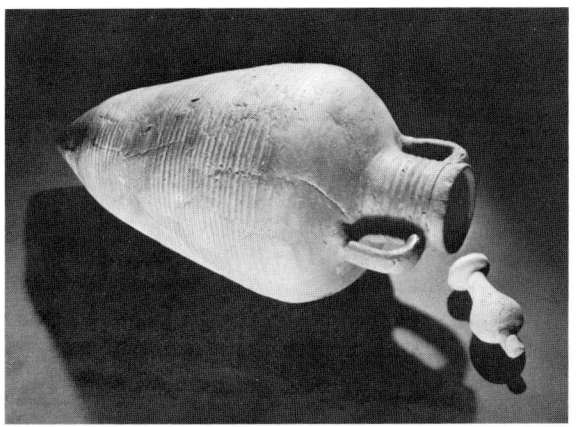

Abb. 97: Henkel einer Amphore, eines großen, doppelhenkligen Transport- und Vorratsbehälters aus Ton, mit dem Stempel des Töpfers Lucius Sempronius Longus, der eine Werkstatt in Südspanien betrieb. Gefunden im Lagerdorf des Kastells Regensburg-Kumpfmühl. – Länge des Stempels 4,5 cm; MSR Inv. Nr. 1951, 107.

Abb. 98: Amphoren waren Zweckgeräte. In ihnen wurden Wein, Olivenöl, Fischsoße, eingelegte Austern oder Feigen verschickt. Zur Schonung und um die Temperatur der verderblichen Lebensmittel konstant zu halten, umwickelte man sie für den Transport mit Stroh. Waren sie leer, dienten sie als Vorratsgefäße für alles mögliche, als Geldkassetten z. B. und sogar als Urnen wie dieses Stück vom Großen Gräberfeld (s. Abb. 135, Grab 224). In den Lagerräumen und Kellern wurden sie mit der Spitze in den Boden eingegraben, in den Küchen aufgehängt und bei Gastmählern in einen Ständer gestellt. Als Verschluß dienten Korken oder ein tönerner Stöpsel wie rechts im Bild (nicht zugehörig). – Höhe der Amphore 52,5 cm; MSR Inv. Nr. A 1667, Stöpsel: Höhe 12,5 cm; MSR Inv. Nr. 1977, 257.

Abb. 99: Tannenholzfaß, das ursprünglich wohl italischen Wein enthalten hatte und anschließend als Verschalung eines römischen Brunnens verwendet worden war. Gefunden im Lagerdorf des Kastells Regensburg-Kumpfmühl; Ende des 1. Jahrhunderts. Höhe 80–115 cm; MSR Inv. Nr. 1961, 338.

Abb. 100: Grabstein für zwei verstorbene Töchter, die 18-jährige Falvia Ispana und ihre 9-jährige Schwester, sowie für den noch lebenden Schwiegersohn (ganz rechts), gestiftet von der Mutter Iulia Victorina (ganz links im Bild). Nach der Modellierung der Gesichter und dem Stil der Frauenfrisuren 1. Hälfte 3. Jahrhundert n. Chr. – Höhe 62 cm; MSR Inv. Lap. 8. Katalog I 22.

 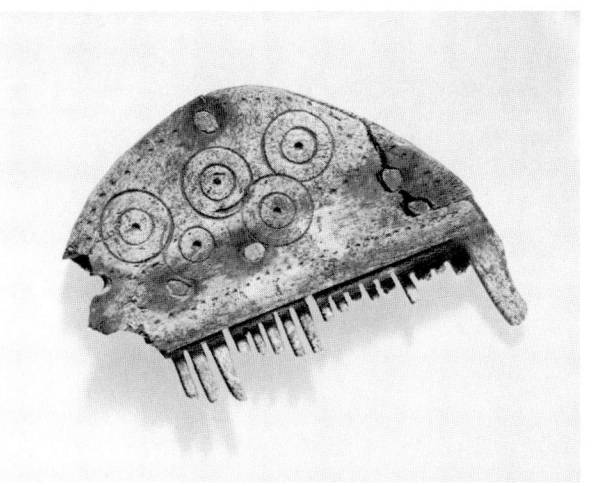

Abb. 101: Weihinschrift für den Händlergott Merkur, die zwei Trierer Kaufleute in dem Heiligtum auf dem Ziegetsdorfer Berg anbringen ließen – zum Dank für den glücklichen Abschluß eines gewinnbringenden Geschäftes. – Höhe 44 cm; MSR Inv. Nr. Lap. 145. Katalog I 14.

Abb. 102: Knochenkamm mit halbrundem Griff und einer Verzierung aus eingefrästen Kreisen. Der Kamm ist germanischer Herkunft und bezeugt den immer enger werdenden Kontakt zwischen Germanen und Romanen nach dem Zusammenbruch des Limes 259/60 n. Chr. Aus einem Körpergrab vom Großen Gräberfeld; 2. Hälfte 3. Jahrhundert n. Chr. – Länge 7,3 cm; MSR Inv. Nr. A 1748.

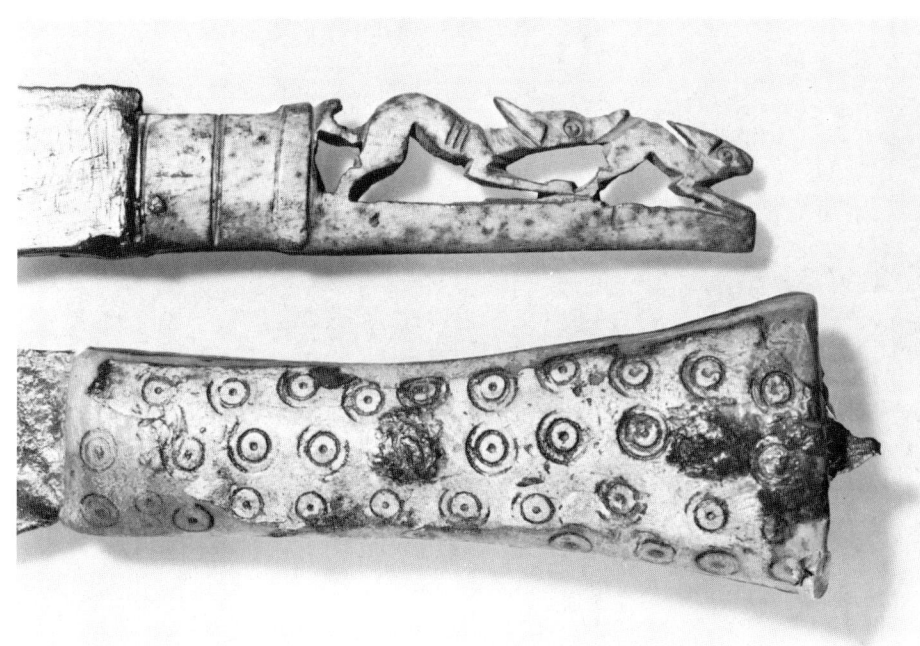

Abb. 103: Beispiele für die Arbeit von Knochenschnitzern: Unten ein Messergriff mit eingefräster Kreisaugenverzierung; oben ein Taschenmesser zum Zusammenklappen, dessen Griff einen Hund zeigt, der einen Hasen jagt. – Unten: Fundort Regensburg; Länge des Griffs 8,2 cm; MSR Inv. Nr. A 3946. Oben: Fundort Großes Gräberfeld; Länge des Griffs 11 cm; MSR Inv. Nr. A 1697.

Abb. 104: Eisernes Werkzeug zur Holzbearbeitung. Oben: Bartaxt, gefunden beim Fundamentieren des Eisernen Stegs. Mitte: Tüllenmeißel aus einem römischen Gebäude an der Kumpfmühler Straße. Unten: Sogenannter Löffelbohrer mit pyramidenförmiger Griffangel aus der Zivilsiedlung von Großprüfening. – Nach der Reihenfolge: Länge 19 cm, 18 cm, 20,6 cm; MSR Inv. Nr. A 2371. A 1991. 1964, 50.

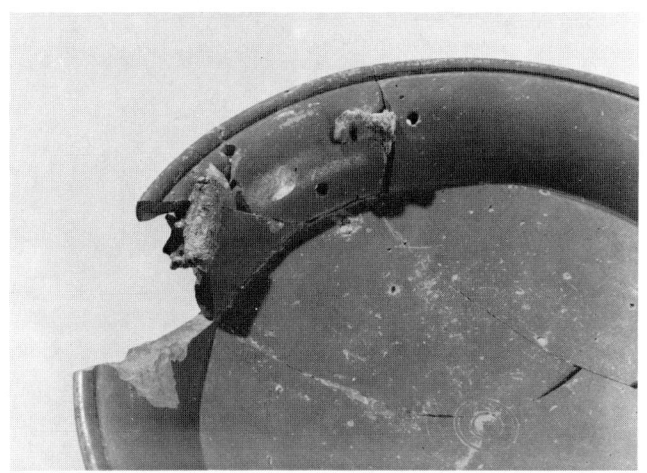

Abb. 105: Zerbrochener Terra Sigillata-Teller, der mit Hilfe von Bleiklammern geflickt worden ist. Aus dem römischen Gutshof von Mangolding/Mintraching, Herzogmühle, wo die Keramikflickerei wahrscheinlich gewerblich betrieben wurde. – Durchmesser 25,3 cm; MSR Inv. Nr. 1972, 193.

Abb. 106: Vernusstatuette mit Amor, der sich mit der Rechten ein Fell über den Kopf zieht. Wohl einheimische Arbeit aus einem hellen, alabasterartigen Stein (Marmor aus der Gegend von Salzburg?). – Fundort St. Emmeram; Höhe 20 cm; MSR Inv. Nr. A 3991.

Geld

Münzen statt Zeitung – Regensburger Falschmünzerei – ›Gewichtiger‹ Reichtum

Die Grundlage des blühenden Handels, der das gesamte römische Reich umfaßte und auch das letzte Grenzkastell mit dem gleichen Luxus versorgen konnte wie die Hauptstadt Rom, war das einheitliche Münzwesen in allen Provinzen. Außerdem beschleunigte es die Romanisierung: indem die Münzen von Hand zu Hand gingen, lernte jeder das Bild des jeweils herrschenden Kaisers und seine politischen Ziele oder Erfolge kennen. Zu diesem Zweck ließ jeder neue Kaiser Münzen prägen, die auf der Vorderseite sein Porträt und auf der Rückseite in propagandistischer Absicht kriegerische oder friedliche Symbole trugen (Abb. 20).

Im Laufe der Kaiserzeit stiegen die Preise und die Löhne, weil es immer mehr Kriege gab, die Geld kosteten und die Wirtschaft ruinierten. So kam es zu einer ›schleichenden Inflation‹, die sich in einer Abwertung der Münzen äußerte. Deren Gewicht wurde immer geringer und der Metallwert immer weniger. Schon im 2. Jahrhundert begannen deshalb findige Köpfe, gutes Geld zu horten und stattdessen Münzen herzustellen, indem sie tönerne Model formten, die sie – etwas kleiner, etwas dünner als die offiziellen Prägungen – ausgossen. Im 3. Jahrhundert blühte die Falschmünzerei, und auch in Regensburg scheint eine am Werk gewesen zu sein; denn hier hat man auffallend viele solcher Fälschungen gefunden. Zu dieser Zeit – und später erst recht – war es ratsam, das Geld bei einem Kauf nicht nur nachzuzählen, sondern auch nachzuwiegen. Es ist wohl kein Zufall, daß wir die einzige zusammenklappbare ›Taschenwaage‹ aus dem Bereich des Merkurtempels in Ziegetsdorf besitzen: Vielleicht hat sie ein Händler dem zuständigen Gott geweiht, weil sie ihn vor einem größeren Verlust bewahrt hatte (natürlich besaß er noch eine zweite!).

Geld wurde in römischer Zeit beim Einkauf für den täglichen Bedarf in den sogenannten Börsenarmbändern aus Bronze (Abb. 107) diebstahlsicher am Arm getragen, oder in Lederbeuteln, die am Gürtel festgebunden waren. Zuhause wurde das Geld in Kästchen oder kleinen Truhen aufbewahrt, deren Schlüssel man sicherheitshalber als Fingerring trug, als ›Schlüsselring‹ (Abb. 108 und 109).

Da es nur Hartgeld gab, brachten das Aufbewahren und der Transport größerer Summen Probleme mit sich. In Kriegszeiten entschloß man sich daher oft, sein Vermögen zu vergraben, zu fliehen und später zurückzukehren. Vielen ist das of-

Schatzfunde

fenbar nicht gelungen, wie die zahlreichen auch im Regensburger Raum geborgenen Münzschätze beweisen. Der kleine Goldfund aus der Donausiedlung (S. 232) stammt aus den Wirren der Markomannenkriege, die übrigen aus den Zeiten der Alamanneneinfälle und des Juthungenüberfalls.

In dieser Spätzeit müssen ihre Besitzer Angehörige der Oberschicht gewesen sein, Verwaltungsbeamte oder hohe Militärs, denn damals war gemünztes Metall knapp. Die Masse der Bevölkerung kannte Goldmünzen nur noch vom Hörensagen, in ländlichen Gegenden hielt sogar die Naturalwirtschaft wieder Einzug. So spiegelt sich auch in Regensburg in der Geschichte des Münzwesens recht eindrücklich Blüte und Verfall des römischen Reiches.

Abb. 107: Bronzene ›Börsenarmbänder‹, in denen der Römer sein Kleingeld trug. Aus dem Bereich des Großen Gräberfeldes. – Durchmesser 10,4 cm; MSR Inv. Nr. von links nach rechts: A 3990; A 1505.

Abb. 108: Holzkästchen mit Bronzebeschlägen, rekonstruiert aus verschiedenen Originalfunden vom Großen Gräberfeld. In solchen Kästchen wurde Geld oder Schmuck aufbewahrt, Kleidung oder wertvolle persönliche Habe der Toten mit ins Grab gegeben (fast alle Regensburger Kästchen fanden sich in Frauengräbern). – Höhe des Kästchens 32 cm; MSR Inv. Nr. A 3756 und 1739.

Abb. 109: Verschiedene Schlüssel: Links Steckschlüssel aus dem Großen Gräberfeld; Länge 7,8 cm; MSR Inv. Nr. A 2900. – Rechts oben Drehschlüssel aus einem Körpergrab des Großen Gräberfeldes; Länge 5,3 cm; MSR Inv. Nr. A 2029. – Ganz rechts Schlüsselring aus Bronze, ebenfalls Großes Gräberfeld; Länge 2 cm; MSR Inv. Nr. A 1529.

Schrift

Graffiti, aufschlußreiche Kritzeleien – Mit Rohrfeder und Tinte – Mit Griffel und Meißel – Auf Papyrus und Stein

Latein als Amtssprache

Neben einer einheitlichen Währung bildete eine Sprache, die jedermann verstehen konnte, die zweite Voraussetzung für die rasche Romanisierung. Im Westen des römischen Reiches war dies die lateinische Sprache und Schrift. In ihr wurden Gesetze erlassen und verkündet, Kommandos gegeben, Testamente gemacht, Kaufverträge abgeschlossen. Wie schnell auch die einheimische Provinzbevölkerung lateinisch sprechen und vor allem lesen und schreiben lernte, beweisen zahlreiche Kritzeleien auf Wänden und Gefäßen. In Regensburg finden sich solche Graffiti meist auf *terra sigillata* oder Krügen, italischen Formen, in welche die Besitzer, ebenso stolz auf ihren Erwerb wie auf ihre Schreibkunst, ihren Namen einritzten (Abb. 29). Außerdem pflegten Soldaten ihr Eßgeschirr – Schüsseln und Teller aus *terra sigillata* – mit ihrem Namen zu kennzeichnen, was man als Hinweis auf Gemeinschaftsverpflegung werten kann. Weil auch die Waffen und sonstigen Ausrüstungsgegenstände von je acht Mann in einem Raum ihrer Baracke gemeinsam untergebracht waren, finden sich Besitzerinschriften auf Helmen oder Beinschienen (Nr. I 30) ebenso wie auf kleinen Schildchen, die am Gepäck befestigt waren (Abb. 110).

Römisches Briefpapier

Briefe oder Mitteilungen wurden mit einer Rohrfeder und Tinte entweder auf Holztäfelchen, den teureren Papyrus oder das noch teurere Pergament geschrieben. Letzteres stellte man aus Tierhaut her, Papyrus dagegen aus dem in dünne Streifen geschnittenen Stengel der Papyruspflanze. Diese Stengelstreifen wurden dicht nebeneinander und eine zweite Schicht im rechten Winkel darübergelegt und das Ganze solange gepreßt, bis ein zusammenhängendes Blatt entstand. Weitere Hilfsmittel waren nicht nötig, der Saft der Pflanze diente als Klebemittel. Eine andere Möglichkeit bestand darin, die Worte mit einem spitzen Griffel in die mit Wachs überzogenen Flächen eines Holztäfelchens zu ritzen. Der Griffel *(stilus)* war am anderen Ende stumpf, um das Geschriebene eventuell wieder ausstreichen zu können (Abb. 111). Die Wachstafeln wurden als Notizbücher benutzt; sollte die Aufzeichnung unzerstörbar sein, wählte man als Schriftträger entweder Stein oder Metall. Stein war schwer und unhandlich, deshalb wurden z.B. Urkunden wie die Militärdiplome, die wichtige Urkunden für ihre Inhaber bildeten, in Bronze garviert (Abb. 11). Sowohl die Wachs- als auch die Bronzetafeln bestanden aus zwei Hälften, die man zusammenklappen und verschnüren konnte. Auf diese

Weise war der Inhalt geschützt – vor Beschädigung und vor fremden Augen. Um ein unbefugtes Öffnen zu verhindern, ließ sich die Verschnürung in einer Siegelkapsel mit Wachs versiegeln.

In Stein wurden alle Ehrungen, Weihungen, Stiftungen und Gründungen gemeißelt; das berühmteste Beispiel aus Regensburg ist die Bauinschrift von Castra Regina, die ›Gründungsurkunde‹ des Lagers (S. 148). Selbst solche hochoffiziellen Inschriften führten aber anscheinend oftmals Steinmetzen aus, die eine schlechte Schulbildung hatten – wenn sie überhaupt schreiben konnten, was nicht unbedingt der Fall gewesen sein muß. Jedenfalls hat sich der Hersteller der Bauinschrift zweimal verschrieben (Nr. I 1).

Von den meisten Schreibutensilien aus organischem Material hat sich in Mitteleuropa wenig erhalten. Papyrus und Pergament fanden sich bisher nur unter der Lavaschicht in Herculaneum und im trockenen Wüstensand des Vorderen Orients und Ägyptens. Ab und zu liegen die ehemals mit Wachs überzogenen Holztäfelchen in feuchten Brunnenschächten und sind dadurch konserviert worden. In England kam der sensationelle Fund einer Anzahl mit Tinte beschriebener Holztafeln zutage, die ebenfalls im Wasser gelegen hatten. Ihr Inhalt reicht von offiziellen Rechnungen bis zum Privatbrief, in dem ein Soldat wollene Socken und zwei Paar Unterhosen anfordert.

In Regensburg haben sich solch kuriose Funde noch nicht eingestellt. Erhalten sind uns aus den Siedlungen aber zahlreiche Griffel aus Knochen, Eisen oder Bronze. Aus einem Grab des Großen Gräberfeldes stammt ein bronzenes Tintenfaß, das ursprünglich mit einem Bleideckel verschlossen war (Abb. 111). Reste von Siegelkapseln gehörten zu den erwähnten Wachstäfelchen.

Abb. 110: Bronzeschildchen von einem unbekannten Gegenstand mit Inschrift: T(urma) CLAUDI SEVERI; FELICIS. Demnach war Felix, der Besitzer, ein Soldat aus der Reiterabteilung des Claudius Severus. Aus dem Badegebäude des Kastells Regensburg-Kumpfmühl. – Länge 5,3 cm; MSR Inv. Nr. A 3198.

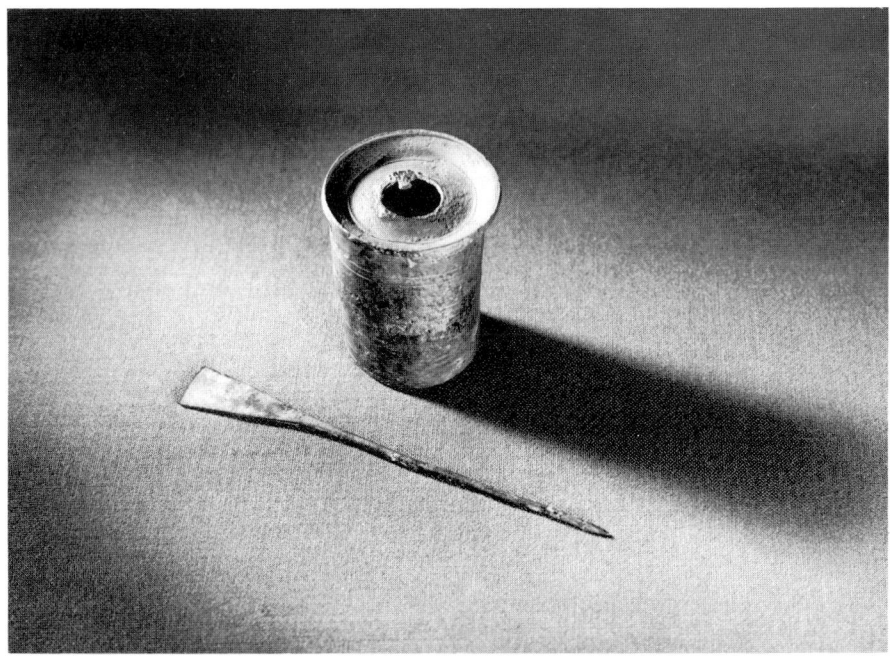

Abb. 111: Bronzenes Tintenfaß und bronzener Schreibgriffel *(stilus)* aus Regensburg. – Höhe 6 cm; MSR Inv. Nr. 1955, 163. – Länge 12,7 cm; MSR Inv. Nr. A 3576.

Freizeitgestaltung

Wein, Weib und Würfelspiel – Sport und Körperpflege – Theater und Arena – Hausmusik und Pfeifkonzert – Gladiatoren und Gaukler

Etwa 6000 Soldaten und eine ähnlich hohe Zahl von Zivilisten, auf den Raum der mittelalterlichen Altstadt zusammengedrängt, hatten natürlich das Bedürfnis, nach ihrem anstrengenden Dienst und ihren Geschäften sich zu zerstreuen und zu erholen. In einigen Gassen der *canabae* werden sich Gaststätten in der Art der erwähnten Kumpfmühler *taberna* aneinandergereiht haben, und wir besitzen aus Regensburg selbst die Darstellung einer köstlichen Wirtshausszene (Abb. 112). In römischen Gasthäusern wurde vornehmlich gezecht, denn nur die wenigsten *tabernae* boten auch Speisen an; die Römer aßen zu Hause, und die Legionare wurden ohnehin in der Kaserne verpflegt. Lediglich Leute, die keine Küche hatten, oder Reisende und Soldaten, die Ausgang hatten, trafen sich hier, tranken mit Wasser gemischten, heißen oder warmen Wein oder suchten die Gesellschaft hübscher Mädchen. Eine solche Szene stellt das Regensburger Relief dar, das vielleicht einmal als Wirtshausschild gedient hatte. Gefunden wurde es auf dem Großen Gräberfeld, wo es in zweiter Verwendung zur Ummauerung eines Grabes verwendet worden war.
Im Bereich der *taberna* in Kumpfmühl fanden sich zahlreiche Scherben von Gefäßen, in die die Namen der Besitzer eingeritzt waren, eine Sitte, die an diejenigen Wirtshausbesucher erinnert, die auch heute noch in ihren Stammkneipen gerne ihren Namen auf dem Maßkrug verewigt sehen. Man trank aus Holz- oder feineren Tonbechern, zuerst der ›raetischen Ware‹, später der ›rheinischen Firnisbecher‹ oder ihrer Nachbildungen. Eine kostbare Besonderheit ist der aus dem Trierer Raum importierte ›Spruchbecher‹ mit der Aufschrift ›vinum tolle‹ – trinke Wein! (Abb. 93).
Der Wein wurde ganz wie heutzutage mit Hilfe eines Zapfhahnes vom Faß gezapft (Abb. 113) und dann wohl in Bronzekannen, großen Humpen oder Glasflaschen bereitgestellt. Eine solche viereckige, einhenklige Glasflasche ist nämlich auf dem erwähnten Relief mit der Wirtshausszene abgebildet. Ein ganz ähnliches Stück existiert auch unter den Regensburger Funden (Abb. 114).

In den *tabernae* war das Würfeln ein heimliches, aber beliebtes und wegen der hohen Einsätze gefährliches Spiel, das manchen Soldaten um seinen hartverdienten Sold gebracht haben wird, weshalb Glücksspiele und Wetten eigentlich verboten waren. Es gab zwei Arten von Würfeln. Die einen waren regelmäßig gestaltet

Zerstreuung nach Dienstschluß

Verbotene Spiele

wie die heutigen und hatten ebenfalls bis zu sechs Augen. Sie waren wohl zumeist aus Holz, seltener aus Knochen (Abb. 115). Beim Spielen kam es genau wie heute darauf an, eine möglichst hohe Punktzahl zu erreichen. Die zweite Art Würfel bestanden aus Tierknöchelchen oder waren diesen nachgebildet und von unregelmäßiger Gestalt. Bei diesem Spiel ging es darum, die Knöchel so geschickt zu werfen, daß sie alle auf verschiedene Seiten fielen und eine bestimmte Punktkombination ergaben. Alle Würfe hatten bestimmte Namen, es gab den höchsten, den ›Venuswurf‹ mit 3 Sechsern, und den niedrigsten, den ›Hundswurf‹ mit 3 Einsern.

Genauso beliebt wie das Würfeln waren Brettspiele, die unserem Dame- oder Schachspiel ähnelten. Bei einer bestimmten Version wurden je 30 Spielsteine *(latrunculi)*, die aus Glas oder ausgesuchtem Steinmaterial, meist aber aus Knochen bestanden (Abb. 115), auf einem in Linien gegliederten Brett gegeneinander gesetzt. Die Steine hatten verschiedene Werte, die einen konnten nur gerade vorrücken, die anderen hin und her. Wer zuerst keine Steine mehr besaß, hatte verloren, der Sieger hieß »imperator«. Die Spielbretter waren aus Holz oder aus Stein, aber auch auf dem Boden der Marktplätze, auf Tempelstufen und in Dachziegel eingeritzt. Weil es beim Brettspiel auf Verstand und Spielfertigkeit ankam, war es auch nicht verboten.

Diese Brettspiele wurden schon von den Kleinen beherrscht, wie eine Kinderbestattung vom Großen Gräberfeld zeigt. Im übrigen glichen auch die Kinderspiele den heutigen: Mädchen spielten mit tönernen oder hölzernen Puppen, die man zuweilen als Grabbeigaben findet, die Jungen mit Kriegerfiguren aus Metall oder Holz. Diese Aufteilung entsprach ganz der römischen Auffassung von den Rechten und Pflichten der Geschlechter. Außerdem gab es natürlich die verschiedensten Ball- und Bewegungsspiele, die häufig auf Reliefs oder Mosaiken dargestellt sind.

Entspannung und Unterhaltung

Die Erwachsenen hatten die Möglichkeit, beim Besuch der öffentlichen Bäder sich auf den dazugehörigen Sportplätzen Bewegung zu verschaffen. Einen Leistungssport im modernen Sinn kannte der Römer nicht, und nie wäre es ihm eingefallen, aus sportlichem Ehrgeiz z.B. zu rudern oder gar einen Berg zu besteigen.

Die Bäder besuchte man hauptsächlich, um sich zu treffen und zu unterhalten (S. 179f.), aber natürlich entwickelte sich dabei mit der Zeit der Sinn für eine ausgedehnte Körperpflege, die auch Massage und kosmetische Behandlung einschloß. Der wesentliche Unterschied zu den hygienischen Bedingungen im nachfolgenden Mittelalter bestand vor allem darin, daß eine viel breitere Bevölkerungsschicht an dieser Entwicklung teilhatte, nicht zuletzt, weil der Eintritt in die Bädern sehr billig oder oft gratis war. Zur Reinigung rieb man sich mit einem wohlriechenden Öl oder einer Seife aus Asche und Erde ein, die nach einer gewissen Zeit mit einem Schaber *(strigilis)* wieder entfernt wurden. In dem Badegebäude von Kumpfmühl sind drei solcher Badestriegel gefunden worden (Abb. 116).

Die Römer kannten kein Wochenende mit einem oder gar – wie heute – zwei Ruhetagen, aber sie hatten eine erstaunlich hohe Zahl von Feiertagen. An solchen Festtagen fanden in den öffentlichen Theatern und Arenen Aufführungen, Gladiatorenkämpfe, Tierhetzen oder Wagenrennen statt. Die Kosten wurden von hohen Beamten übernommen, zuweilen von reichen Privatpersonen, und waren heutigen Wahlgeschenken vergleichbar. In Regensburg übernahm wohl die Lagerverwaltung bzw. der Staat die Kosten. Die Forschung nimmt heute an, daß einzelne Heeresteile regelrecht abkommandiert wurden, um im Sinne einer ›Truppenbetreuung‹ an der Grenze für den Bau von Amphitheatern, die Aufführung von Theaterstücken, die Veranstaltung von Gladiatorenkämpfen und das Einfangen wilder Tiere zu sorgen. Derartige Attraktionen durften bei Feierlichkeiten im Namen des Kaiserhauses nicht fehlen. Sie dienten dazu, sich die Loyalität der Truppe zu erkaufen, die seit dem 3. Jahrhundert ein immer bedeutenderer machtpolitischer Faktor geworden war.

Wahlgeschenke

Eigentlich würde man in Castra Regina wie bei anderen Legionslagern ein steinernes Theater (mit halbrunden Sitzreihen) und/oder ein Amphitheater (mit Sitzreihen rund um eine ellipsenförmige *arena*) erwarten, aber archäologische Spuren sind bislang noch nicht beobachtet worden. Falls es sich allerdings um mobile Holztribünen gehandelt hat, wären diese unter der modernen Bebauung wohl kaum noch nachzuweisen. Es besteht die Möglichkeit, daß solche Theaterbauten unter dem Parkgürtel um die Innenstadt verborgen liegen, da dort nur wenig Bodeneingriffe vorgenommen wurden. Sie könnten allerdings wiederum auch bei den umfangreichen mittelalterlichen und neuzeitlichen Schanzarbeiten zur Befestigung der Stadt abgegraben worden sein.

Immerhin wurde 1974 ein Fund gemacht, der uns erlaubt, bereits für die Besatzung des Kastells Kumpfmühl ein Theater anzunehmen: im Lagerdorf wurde eine tönerne Schauspielermaske entdeckt (S. 154). Das römische Theater hatte nichts mehr mit der klassischen griechischen Tragödie zu tun, es war billige Unterhaltung, die ein anspruchsloses Publikum voraussetzte und damit zugleich schuf. Die Inhalte der simplen und bisweilen recht obszönen Stücke, in denen Sex und Mord die wichtigsten Elemente waren, blieben sich immer gleich und wurden von festen Typen dargestellt: dem Geizigen, der verführten Unschuld, der alternden Kurtisane, dem hinterlistigen Sklaven, dem ungeschickten Liebhaber, dem angeberischen Offizier – sie alle trugen bestimmte, immer wiederkehrende Kostüme und Masken. Musik und Gesang spielten in diesen Possen eine große Rolle, die damit eher unseren Operetten und Musicals glichen. Mit dem *pantomimus*, der solo und ohne Worte, aber ebenfalls kostümiert und maskiert auftrat und von einem unsichtbaren Chor begleitet wurde, wurde das Theater vollends zum reinen Tanz- und Singspiel, in dem die Musik dominierte. Die Melodien müssen wie Schlager heutzutage bekannt gewesen sein, und die Pantomimen wurden behandelt wie

Pantomime

332

Filmstars, wenn sie gut waren. Es war deshalb auch der Ehrgeiz jeden Schauspielers, diese Kunst zu erlernen. Ob die Maske aus Kumpfmühl einem solchen Pantomimen gehörte, ist nicht sicher, aber zu vermuten, weil sich unter den bisher bekannten gängigen Maskentypen der Possen nichts Ähnliches gefunden hat. Diese sind durchweg durch eine hohe Perücke, überdeutlich gezeichnete Brauen, weit aufgerissene Augen und vor allem einen offenen Mund charakterisiert, der zugleich als akustische Verstärkung diente. Das war angesichts des Lärms, den das Publikum veranstaltete, weil es sich gleichzeitig unterhielt, aß und trank, auch dringend nötig. Dem *pantomimus* konnte dieser Lärm gleichgültig sein, und der Mund seiner Maske war auch stets geschlossen wie bei dem Regensburger Fundstück.

Ein musikalisches Volk

Bei der Bedeutung, die die Musik im Zusammenhang mit dem Theater gewann, ist es überraschend, daß es in römischer Zeit nie zu selbständigen musikalischen Aufführungen kam. Musik blieb Umrahmung, obwohl sie den Römer von morgens bis abends bei sämtlichem Tun begleitete. Aus Regensburg liegen einige Hinweise auf das musikalische Leben vor. Auf der Schmalseite des Pfeilergrabmales Abb. 140 ist ein tanzender Satyr, der eine Art Tamburin hält, und auf einem anderen Fragment eine Statue mit einer Syrinx in der Hand zu erkennen.

Das Original einer solchen Syrinx aus Buchsbaumholz wurde 1959 im Brunnen einer *villa rustica* in Regensburg-Barbing geborgen (Abb. 117). Das Stück ist noch 10 cm lang und 4,5 cm breit. Ursprünglich besaß es die doppelte Breite, wie wir aufgrund eines gut vergleichbaren und vollständig erhaltenen Fundes aus Frankreich wissen. Bei diesem Typ der Syrinx, der aus einem Stück besteht, wurden von der oberen Schmalseite her unterschiedliche, bis zu 7 cm tiefe Löcher in das Holz gebohrt, ursprünglich acht Stück.

Das Material Buchsbaumholz weist auf eine Herkunft des Instrumentes aus Italien. Die Syrinx oder Panflöte gehörte zu den beliebtesten und häufigsten Musikinstrumenten der Antike. Auf zahlreichen Steindenkmälern und Kleinfunden wurde sie immer wieder abgebildet – so wie auf dem Regensburger Steinfragment. Allerdings ist dort der übliche Typ zu erkennen, der nicht aus einem Stück Holz, sondern aus mehreren unterschiedlich langen, floßförmig zusammengefügten und miteinander verbundenen Pfeifen besteht. Ein solches Instrument hält auch ein kleiner bronzener Bacchant in der Hand, der bei den jüngsten Ausgrabungen auf dem Bismarckplatz zutage kam. Neuerdings wird die Panflöte in Rumänien wieder viel als Soloinstrument gespielt; sie gehört auch zur Grundbesetzung der gerade wiederentdeckten Volksmusik des südamerikanischen Andenhochlandes. Ihr schöner heiserer Klang ist unverwechselbar und hat immer etwas Wehmütiges.

Von der Syrinx wird überliefert, daß sie auch zum Pfeifkonzert in politische Versammlungen mitgenommen wurde. Zu dieser weniger romantischen Vorstellung möchte man sich vielleicht nicht im Falle unserer Buchsbaumsyrinx entschließen, aber doch wohl bei der kleinen Knochenpfeife (Abb. 117), mit der man nur einen einzigen Ton erzeugen konnte.

Zu einem ähnlichen Zweck konnte man die Trillerpfeife Abb. 118 benützen, ein originelles Stück, das eigentlich als Fibel, d.h. als eine Art Sicherheitsnadel diente. Es gibt noch heute einen scharfen hellen Pfiff von sich.

Eine zweite Trillerpfeife (Abb. 118) ist ausschließlich zu diesem Zweck hergestellt worden. Sie wurde im Bereich der *villa rustica* von Rogging (Gem. Pfakofen) gefunden und war vielleicht die Signalpfeife eines ehemaligen Feldwebels.

Daß man bei öffentlichen Versammlungen und Spielen gerne pfiff und Krach machte, beweisen Wandkritzeleien aus Pompei, auf denen die Zuschauer eines Gladiatorenkampfes dargestellt sind. Man wird sich die Stimmung ähnlich wie bei einem Fußballspiel heutzutage vorstellen dürfen. Auch in Regensburg müssen solche blutigen Spiele stattgefunden haben, bei denen die Menge vor Begeisterung johlte, wenn sich zwei Gladiatoren umbrachten oder von wilden Tieren zerrissen wurden. Während der Christenverfolgungen wurden die Todgeweihten den Tieren sogar waffenlos ausgeliefert. Man hat diese barbarischen Gemetzel in der Neuzeit vielfach kopfschüttelnd diskutiert und sie als unverständlichen Exzeß einer im übrigen durch Disziplin und Bildung charakterisierten Kultur angesehen. Aber im Grunde spiegelt die Einstellung auch der gebildetsten Römer zu diesen Spielen nur die damalige gedankenlose Menschenverachtung gegenüber allen Barbaren, Unfreien und Sklaven wider, die erst vom Christentum mit seiner Forderung nach unterschiedsloser Anerkennung jedes Menschen in Frage gestellt worden ist. Deshalb fand man auch nichts dabei, Gladiatorenkämpfe als harmloses Verzierungsmotiv für Mosaiken, Gefäße und Lampen zu wählen (Abb. 119). Wirklich harmlos waren dagegen die Schaustellungen von Gauklern, Akrobaten, Feuerfressern, Schlangenbändigern, Seiltänzern und sonstigen Straßenkünstlern. Sie selbst genossen zwar einen schlechten Ruf, aber ihre Darbietungen besaßen trotzdem eine große Anziehungskraft. Als letztes Freizeitvergnügen sei noch die Jagd erwähnt. Sie erfreute sich überall der Beliebtheit, wie Mosaiken, Wandmalereien und Szenen auf *terra sigillata* verraten. Man jagte Vögel, Rotwild, Hasen und damals wahrscheinlich auch in unserer Gegend noch Bären mit allen möglichen Hilfsmitteln: Leimruten, Netzen und Lanzen. Dazu floß die Donau mit ihrem Fischreichtum gerade vor der Haustür vorbei. Die Selbstversorgung der Zivilbevölkerung aus den *canabae* und der Naabsiedlung war damit schon zum Teil gewährleistet.

Barbarisches Gemetzel

Abb. 112: Relief mit Wirtshausszene vom Großen Gräberfeld, wo es in zweiter Verwendung zur Ummauerung eines Grabes benützt worden ist. Ursprünglich diente es vielleicht als Wirtshausschild. Dargestellt sind mehrere Leute um einen Tisch, dessen Fuß in einem Löwenkopf endet und auf dem drei Glasflaschen stehen. Während der Mann links nach dem Wein greift, faßt derjenige rechts des Tisches etwas tiefer und folgt der einladenden Geste einer jungen Frau, mit ihr hinter einem Vorhang zu verschwinden. Römische Kneipen boten selten Speisen an, dafür häufig hübsche Mädchen. – Kalkstein; Länge 97 cm; MSR Inv. Nr. Lap. 47.

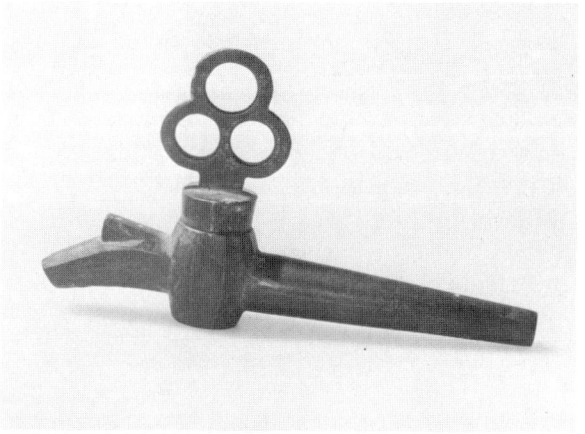

Abb. 113: Bronzener Zapfhahn aus Geisling, Lkr. Regensburg-Süd. – Länge 19,6 cm; MSR Inv. Nr. 1962,

Abb. 115: Würfel und Spielsteine aus Knochen (rechts) und weißem oder blauem Glas (links). Der Würfel, der in seiner Augenzahl ganz den heute gebräuchlichen entspricht, ist durchbohrt und konnte auch um den Hals getragen werden. – Aus verschiedenen Gräbern aus Taimering, Lkr. Regensburg-Süd und vom Großen Gräberfeld. – Durchmesser der knöchernen Spielsteine rechts ca. 2 cm; MSR Inv. Nr. 3557. A 1901. A 3383. A 1757.

Abb. 114: Viereckige blaue Glasflasche mit Henkel. Nachdem im 1. Jahrhundert v. Chr. das Glasblasen erfunden worden war, gab es keine Gefäßform mehr, die man nicht herstellen konnte. Überraschenderweise beherrschten kugelige Glasformen noch lange den Markt, obwohl eckige Flaschen ideal für Versand und Transport waren. 2. Jahrhundert n. Chr. – Höhe 17,5 cm; MSR Inv. Nr. A 3505.

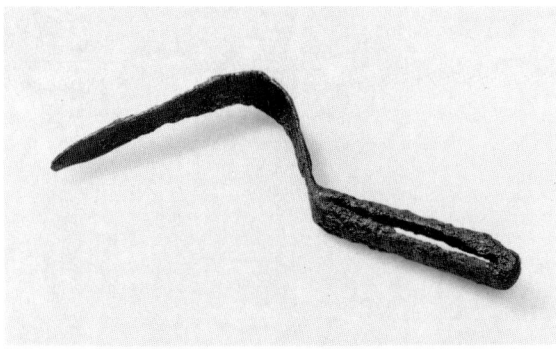

Abb. 116: Eiserner Schaber *(strigilis)* aus dem Badegebäude des Kastells Regensburg-Kumpfmühl. Um sich zu reinigen, ölte man sich vor dem Baden ein und rieb sich dann mit solchen Striegeln Öl und Schmutz wieder ab. Das ersparte ein Handtuch und wirkte gleichzeitig als Massage. – Länge 21 cm; MSR Inv. Nr. A 1485.

Abb. 117: Römische Musikinstrumente: Rechts die Hälfte einer Panflöte (Syrinx) aus Buchsbaumholz, verziert mit eingebrannten Halbkreisen und Linien. Die Löcher, insgesamt waren es acht Stück, sind von der oberen Schmalseite her in das Holz gebohrt. Aus einem römischen Brunnen in Barbing; Ende 2. – 1. Hälfte 3. Jahrhundert; Höhe 10,1 cm; MSR Inv. Nr. 1959, 87. – Links eine einfache Pfeife aus Knochen, die nur einen Ton von sich gibt, verziert mit einem eingeritzten Linienmuster. Aus dem Badegebäude des Kastells Regensburg-Kumpfmühl; Länge 7,8 cm; MSR Inv. Nr. A 1471.

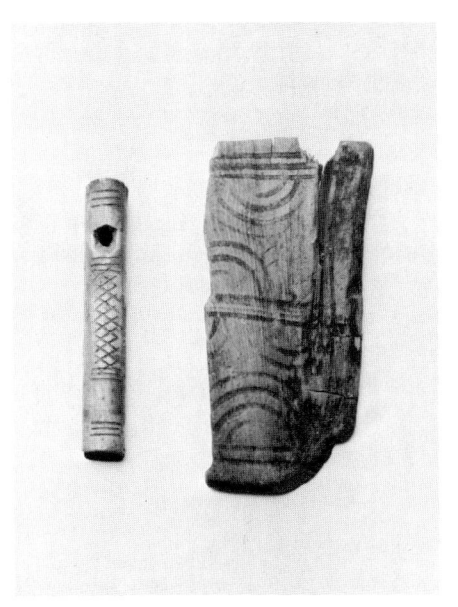

Abb. 118: Zwei bronzene Trillerpfeifen, die obere in Form einer Brosche (Fibel). Unter dem 12-eckigen Resonanzkörper befindet sich eine aus Eisen und Bronze bestehende Spiralkonstruktion, die zur Befestigung am Stoff diente. Fundort Großes Gräberfeld; 2. Hälfte 2. – Anfang 3. Jahrhundert; Länge 5,1 cm; MSR Inv. Nr. A 1862. – Die Trillerpfeife unten stammt aus dem römischen Gutshof von Rogging, Lkr. Regensburg-Süd; Länge 6,2 cm; MSR, Leihgabe aus Privatbesitz.

Abb. 119: Tönerne Öllampe mit Darstellung eines Gladiatorenkampfes, kenntlich an der Rüstung der Gegner. Beide tragen den geschlossenen Gladiatorenhelm mit Visierklappen, breiter Krempe und einem kastenförmigen Aufsatz. Der linke Kämpfer ist schon zu Boden gesunken. Sein Gegner schwingt mit erhobener Hand den *gladius,* das Kurzschwert, und schützt sich mit einem großen rechteckigen Schild. Die Gladiatorenspiele sind etruskischen Ursprungs und wurden bei Begräbnissen veranstaltet; die zur Teilnahme Verurteilten waren Sklaven und Kriegsgefangene. Im Laufe der Zeit verloren die Spiele ihren kultischen Charakter und wurden vom Staat organisiert und bezahlt, um die Gunst der Massen zu gewinnen: *panem et circenses* – »Brot und Spiele« hieß das Erfolgsrezept. Aber nicht nur die Massen, auch die gebildete Oberschicht begeisterte sich an den Grausamkeiten in der Arena. – Aus dem Kunsthandel; Henkel und Schnauze abgebrochen, erhaltene Länge 8,7 cm; MSR Inv. Nr. A 3447.

Tischsitten

Auch die Römer waren Feinschmecker – Bei Tische liegen, mit den Fingern essen

Kochbuch des Apicius

Bei der Überlegung, wie die Bewohner des römischen Regensburg außerhalb des Legionslagers gespeist haben, sind wir fast ganz auf die zeitgenössischen Quellen oder entsprechende bildliche Darstellungen angewiesen. Die reichhaltige und allen kulinarischen Ansprüchen gewachsene römische Speisekarte ist uns aus der literarischen Überlieferung bekannt. In der Regierungszeit des Kaisers Tiberius (14–37 n. Chr.) lebte nämlich in Rom ein gewisser Marcus Gavius Apicius, der als Erfinder und Feinschmecker bekannt wurde. Auch sein Tod war so ungewöhnlich, daß er in die Geschichtsschreibung einging. Apicius war ein sehr reicher Mann, und als sein Vermögen, das er im wahrsten Sinne des Wortes verfressen hatte, zu Ende ging und er nur noch 10 Millionen Sesterzen besaß (der Tagessold eines Legionars betrug zu dieser Zeit etwa zweieinhalb Sesterzen – beispielsweise der Preis für eine schöne *terra sigillata*-Schüssel, aus der er seinen ›Eintopf‹ aß), brachte er sich um. Apicius hat mindestens zwei Kochbücher verfaßt, die uns in einer zusammengefaßten Überlieferung bekannt geworden sind. Daraus ein Rezept, das heute noch (bis auf den *laser*, ein nordafrikanisches Doldengewächs, das schon im späten 1. Jahrhundert n. Chr. vom Markt verschwand) ausprobiert werden kann:

> »Zucchetti auf alexandrinische Art.
> Laß die abgekochten Zucchetti abtropfen, bestreue sie mit Salz und lege sie in eine Pfanne. Dann stampfe im Mörser Pfeffer, Kümmel, Koriandersamen, frische Minze, *laser*wurzel, *liquamen*, Jerichodatteln und Pinienkerne. Verarbeite dies alles gut, mische es mit Honig, Essig, *liquamen*, *defrutum* und Öl und gieße diese Mischung über die Zucchetti. Laß das Ganze noch einmal aufkochen, bestreue es mit Pfeffer und serviere.«

Die römische Küche war scharf und bevorzugte süßsauren Geschmack. Zu beinahe allen Gerichten fügte man die schon erwähnte Fischsoße, das *garum* (lateinisch *liquamen*) hinzu, was ihren hohen Verbrauch und den mehrfach belegten Import über die Alpen erklärt. Einige Dinge, die man sich aus dem heutigen Speisezettel nicht mehr wegdenken könnte, gab es noch nicht: Kartoffeln, Zucker, Tomaten und Kaffee und Tee beispielsweise.

Frühstück und Mittagessen waren unwichtig, stattdessen gab es am späten Nachmittag die Hauptmahlzeit, die aus mehreren Gängen bestand. Beim Essen lag man zunächst, stützte sich auf den linken Arm und aß mit den Fingern der rechten Hand (Abb. 138). Das setzte voraus, daß das Fleisch vorher zerkleinert wurde – Gabeln gab es ohnehin nicht, stattdessen kleine Messer, die in kunstvoll gearbeiteten Bronzescheiden steckten (Abb. 120), 10 cm lange Zahnstocher und kleine Löffel für flüssige Speisen (Abb. 121). Mit dem spitzen Stiel konnte man Eier aufstechen, Schnecken und Muscheln aus ihren Schalen ziehen. Tischdecken waren nicht üblich, aber Servietten, die man sich selbst mitbrachte und in die man auch Reste einwickeln durfte, um sie nach Hause mitzunehmen. Überhaupt war man wenig zimperlich, das Rülpsen galt sogar als Höflichkeit.

Von den lateinischen Schriftstellern sind Beschreibungen von Gastmählern erhalten, die von Völlerei und Gefräßigkeit nur so strotzen. Aber das waren Ausnahmeerscheinungen, die nur einer kleinen Oberschicht vorbehalten waren. Die Masse der Bevölkerung lebte eher bescheiden, ernährte sich von schwarzem Brot und Gemüse (Bohnen und Erbsen). Auch die Sitte, bei Tisch zu liegen, war auf vornehme und reiche Kreise, allenfalls festliche Gelegenheiten beschränkt. Frauen, Kinder und Sklaven mußten sowieso im Sitzen essen, und in den nördlichen Provinzen scheint sich dies mit der Zeit überhaupt durchgesetzt zu haben – jedenfalls sind auf Grabmälern die Teilnehmer am Leichenschmaus oft am Tisch sitzend und essend dargestellt. Ein besonders anschauliches Beispiel bietet das Relief auf einem Kindersarkophag (Abb. 122): Um einen runden dreibeinigen Tisch herum sitzen ein Mann und zwei Frauen in Korbstühlen mit hohen Lehnen. Auf dem Tisch ist eine Decke aufgelegt, aufgetragen wurde ein Tablett mit Fleischstückchen oder Pastete. Die Frau links trinkt aus einem halbkugeligen Becher, hinter ihr wartet die Dienerin mit dem Krug darauf nachzuschenken.

Entsprechend der Gewohnheit, die Fleisch- und Brothäppchen in verschiedene Soßen zu tunken und allerlei Kleinigkeiten anzubieten (Oliven, Zwiebeln, Eier, Schnecken), benötigte man nur einen großen Teller als Auftrageplatte für das Fleisch und viele kleine Näpfe. Serviert wurde auch in tiefen Schüsseln. Das feinste Tafelgeschirr war aus *terra sigillata*, der hart gebrannten, rot glänzenden Keramik, die zum Teil reliefartig verziert war mit Tier- und Jagdbildern, Gladiatorenkämpfen und erotischen Szenen, Göttern und Ornamenten (S. 150). Reiche Leute besaßen Silbergeschirr und kostbare Gläser. Aus dem Legionslager stammt das schon erwähnte importierte Bronzetablett. Solche ovalen Platten dienten zum Servieren kleinerer Braten (Hase, Huhn oder Fisch), wie Darstellungen auf Grabmälern zeigen. Wirklichen Luxus verraten die aufgefundenen Austernschalen, die sich der Kommandant wohl persönlich schicken ließ. Damit sie auf dem Transport nicht verdarben, waren sie wohl in Essig oder Öl eingelegt (Abb. 123).

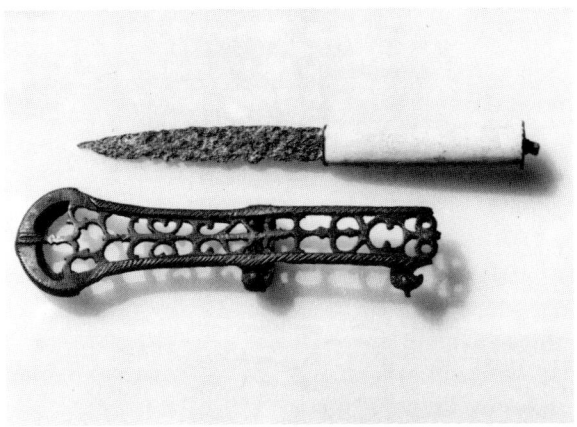

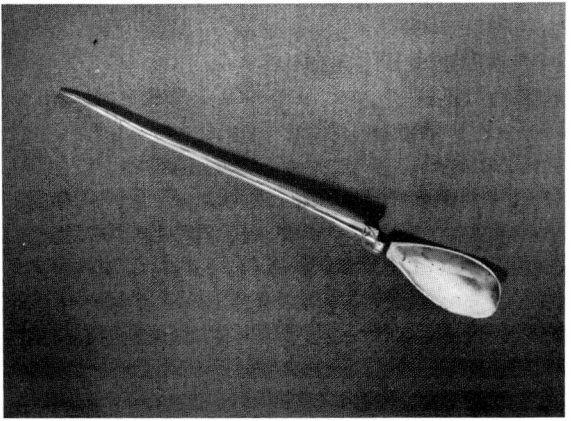

Abb. 120: Durchbrochener bronzener Beschlag einer ledernen Scheide, die nicht mehr erhalten ist und in der das »Eßbesteck« steckte, ein schmales eisernes Messerchen mit knöchernem Griff (ergänzt). – Fundort Rogging, Lkr. Regensburg-Süd; Länge des Beschlags 14 cm; MSR Inv. Nr. A 4020.

Abb. 121: Silberner Löffel aus dem Badegebäude des Kastells Regensburg-Kumpfmühl. – Länge 14,5 cm; MSR Inv. Nr. A 1470.

Abb. 122: Relief auf einem Kindersarkophag, der die Familie beim Leichenschmaus zeigt. Um einen runden dreibeinigen Tisch sitzen ein Mann und rechts und links von ihm zwei Frauen. Links eine wartende Dienerin mit einem Krug in der Hand. – Kalkstein; Fundort Großes Gräberfeld; Höhe 51 cm; MSR Inv. Nr. Lap. 209. Katalog I 27.

Abb. 123: Koch- und Küchengeschirr aus rot oder grauschwarz gebranntem Ton. Der Teller links ist eine so geläufige Form am obergermanisch-raetischen Limes, daß er meist als »Soldatenteller« bezeichnet wird, obwohl er auch in allen zivilen Haushalten vertreten war. Benutzt wurde er zum Brotbacken. Schüsseln mit Horizontalrand (hinten links) dienten als Kochtopf, weshalb sie meist starke Sandmagerung, die sie feuerfester machte, und Rußspuren auf der Außenseite aufweisen. Zum Zerstoßen von Kräutern und Herstellen von cremigen Soßen dienten Reibschalen (hinten rechts), deren Innenseite mit einem Bewurf aus griesigen Quarzkörnchen aufgerauht war. Die zugehörigen Mörser waren aus Holz. Die Schüssel mit dem durchlochten und gerippten Boden (vorn rechts) wurde bei der Käseherstellung verwendet. – Teller, Kochschüssel und Reibschale aus dem Lagerdorf des Kastells Regensburg-Kumpfmühl; 1. Hälfte 2. Jahrhundert n. Chr.; Randdurchmesser 22,8 cm · 25,5 cm. 29,5 cm. MSR Inv. Nr. 1952, 25. 1952, 25. 1951, 139; – Käseschüssel: Fundort Zivilsiedlung Großprüfening; Mitte 3. Jahrhundert n. Chr.; Randdurchmesser 17,5 cm; MSR Inv. Nr. 1977, 280.

Mode und Schönheit

Tunica und *toga* – Vom Schleier bis zur Sohle – Salben, Öle, Parfüm – Römisches Make-up – Wie man sich kämmte, wie man sich schmückte

Morgentoilette

Römer und Römerinnen waren den Launen der Mode weniger unterworfen als die Menschen aller folgenden Kulturepochen. Auch Luxus oder Armut drückte sich nur im Material der Stoffe, in den Acessoires wie Stickerei, Fransen oder bestimmten Farben und schließlich im Schmuck aus. Selbst die Kleidung von Männern und Frauen unterschied sich im wesentlichen nicht sehr voneinander. Beide trugen als Untergewand die *tunica*, eine Art Hemd aus Leinen oder Wolle (je nach Jahreszeit), das von einem Gürtel gehalten wurde. Sprang der Römer morgens aus dem Bett, brauchte er nur die Schuhe anzuziehen, weil man in der *tunica* auch zu schlafen pflegte – eigene Nachtgewänder gab es nicht. Der Römer, der Zeit hatte, Wert auf Repräsentation legte oder eines offiziellen Amtes waltete, unterzog sich allerdings einer mühsamen Prozedur: dem Anlegen eines Übergewandes, der *toga*, dem Symbol des freien Bürgers, durch den »*nie veränderten Schnitt unverkennbare Volkstracht des Römers*«. Im Grunde war die *toga* nichts anderes als ein ovales, großes Tuch aus weißer Wolle, das aber so kunstvoll um den Körper drapiert wurde, wobei es auf den Zentimeter und jede Falte ankam, daß das Ankleiden »*eine Mühe erforderte, die kaum geringer war als der Aufwand, den jetzt die Archäologen treiben müssen, um die Tragweise zu erforschen*« (J. Carcopino). Im Laufe der Zeit verzichteten deshalb sogar städtische Verwaltungsbeamte in Italien darauf, in der Öffentlichkeit in der *toga* zu erscheinen, und der einfache Bürger trug sie nur noch bei seinem eigenen Begräbnis. Auf den Grabsteinen in den Provinzen sind – je nach dem Stand der Romanisierung, im städtischen Augsburg öfter als in der Garnisonsstadt Regensburg – Männer in *toga* nicht selten dargestellt. Es fragt sich allerdings, ob die Verstorbenen wirklich in diesem bauschigen und durch die Stoffmenge erdrückenden Kostüm, in dem »*der linke Vorderarm nur so weit gehoben werden darf, daß er ungefähr einen rechten Winkel bildet*«, wie Quintilian empfiehlt, ihren täglichen Geschäften nachgegangen sind. Wahrscheinlicher ist wohl, daß der Bildhauer sein Musterbuch hervorgeholt hat und mit der *toga* als Statussymbol zeigen wollte, welch bedeutende Stellung der Tote im Leben innegehabt hatte.

Statt der *toga* warf man sich im Alltag lieber einen Mantel über aus dunklem Wollstoff, mit oder ohne Kapuze, aus Ziegenhaar, Filz oder Leder, der wie eine Stola umgelegt, wie ein Poncho über den Kopf gezogen oder als Umhang auf der rechten Schulter mit einer Fibel (Brosche) zusammengehalten wurde. Letzteren trugen vor allem die Soldaten, entweder das kurze *sagum* (Abb. 80) oder die lange *caracalla*, die der Kaiser Marcus Aurelius Antoninus (211–217 n. Chr.) so bevorzugte, daß man ihm diesen Spitznamen gab.

Auch die Römerin, deren Eitelkeit die antike Kosmetik auf einen abenteuerlichen Stand trieb, hielt es mit der Morgentoilette wie ihr Mann: Waschen war Nebensache, das Drum und Dran des Schminkens und Frisierens die Hauptsache. Auch sie schlief in ihren Untergewändern oder sogar im Mantel, worüber sich der Dichter Martial beklagt: »*Du legst das Mieder nicht ab, nicht das Hemd, nicht einmal den Schlafrock – mir aber gefällt kein Mädchen mehr als ein nacktes!*«
Die vornehme Römerin zog über die *tunica* ein Ärmelgewand *(stola)* und, wenn sie ausging, darüber die farbenprächtige *palla*, die man ähnlich wie die *toga* um den Körper schlang. Als Kopfbedeckung diente ihr ein Schleier oder eine Haube. Männer trugen auf Reisen einen breitrandigen Filzhut. Besondere Sorgfalt galt dem Schuhwerk: Es gab Hauspantoffeln, Sandalen und die nagelbeschlagenen Soldatenstiefel. Als ein Legionar aus Castra Regina damit über einen noch nicht trockenen Ziegel marschierte, drückte sich die genagelte Sohle tief in den noch weichen Ton ein. Auf diese Weise ist wenigstens der Abdruck eines römischen Stiefels auf uns gekommen; das Leder selbst erhält sich ja nur in der Feuchtigkeit (eines Brunnenschachtes beispielsweise). Übrigens wurden – zumindest in den Provinzen – auch Frauenschuhe genagelt, wie zahlreiche typische Schuhnägel in Frauengräbern belegen. Was darüber hinaus den Schluß zuläßt, daß es durchaus üblich war, Tote in ihren Schuhen zu beerdigen.
Schuhe waren Ausdruck der sozialen Stellung ihres Trägers; Sklaven z.B. durften nur Sandalen tragen. Aber derart strenge Vorschriften galten wohl nur in Rom oder in besonders vornehmen Häusern der Provinzhauptstädte. Im übrigen herrschte dort in den ersten drei Jahrhunderten n.Chr. eine bunte Vielfalt, zu der die nationale Tracht der Germanen, Kelten oder Noricer viel Eigenständiges beitrug, das sich allerdings vorwiegend im Schnitt der verschiedenen Überwürfe ausdrückte. Unsere diesbezügliche Kenntnis verdanken wir den Grabsteinen, die gerade für Regensburg aufschlußreich sind. Diejenigen Bürger – Ehepaare, Eltern, Töchter und Schwiegersöhne –, die ein Grabdenkmal mit ihrem Porträt bekamen, sind in einer einheimischen Tracht dargestellt, die sich sowohl von der benachbarten Mode in Noricum (Österreich bis kurz vor Wien) wie den keltisch-germanischen Mänteln, Capes und Überwürfen am Rhein unterscheidet. Die Männer (ausgenommen die Soldaten natürlich, die über der kniefreien *tunica* stets das kurze Soldatenmäntelchen, das *sagum*, trugen) lassen am Halsausschnitt ein glattes Untergewand erkennen, über dem ein langes Obergewand in weiten Falten liegt, worüber sie nochmals einen Mantel aus dickem Stoff geworfen haben, der

Schuhwerk

Regensburger Tracht

in schweren geraden Falten nach unten fällt. Die Frauen tragen ein langes Kleid mit Gürtel und darüber einen Mantel, manchmal mit Kapuze. Besonders deutlich ist diese Regensburger Tracht auf dem Grabmal für Flavia Ispana (Abb. 100) und dem Stein für das Ehepaar von der Straubinger Straße (Abb. 124) zu erkennen. Auf dem letzteren sind auch die Sklaven des Hauses abgebildet; der Diener in einem weiten Ärmelgewand, das bis ans Knie reicht, die Dienerin in einem ähnlichen Kleid, aber mit Gürtel.

Körperpflege

Wie erwähnt, konzentrierte sich die ganze Eitelkeit – übrigens auch der Männer – auf Frisur und Körperpflege. Dagegen wetterte schon der alte Cato, der nicht nur der Meinung war, »daß Karthago zerstört«, sondern auch, daß den Kosmetikhändlern das Handwerk gelegt werden müsse, weil sie zur Sittenverwilderung beitrügen. Der Handel nahm aber einen immer größeren Aufschwung, besonders als es allgemein Sitte wurde, täglich zu baden und sich anschließend mit duftenden Ölen und Salben einzureiben. Die unzähligen ›Salbfläschen‹ oder ›Balsamarien‹, kleine langhalsige oder kugelige Glasfläschchen, die in fast allen römischen Gräbern der Rhein- und Donauprovinzen gefunden werden, enthielten solche Essenzen, Öle, Parfüms oder Salben, die in festem Zustand verhandelt und erst durch die Erwärmung in der Hand flüssig wurden (Abb. 125). Die Grundstoffe für die Duftwässer wurden aus einheimischen Blumen gewonnen oder aus teuren, aus dem Orient eingeführten Spezialitäten wie der indischen Nardenwurzel. Parfümiert wurde alles: das Badewasser, der Wein, das Lampenöl und sogar der Scheiterhaufen, auf dem der Tote verbrannt wurde.

Stärker als die Kleidung war die Vorstellung von Schönheit dem Wandel unterworfen. Als weißer Teint Mode wurde, erfanden die Kosmetikhändler prompt ein Mittel gegen Sommersprossen: »*Kleine Weinbergschnecken, an der Sonne getrocknet, dann zerrieben und in Bohnenbrühe gemischt, geben ein vorzügliches Mittel, das die Haut weiß und weich macht*«, schrieb der Naturforscher Plinius (im 1. Jahrhundert n. Chr.). Eine wichtige Rolle spielte Schminke: Bleiweiß, um den Teint heller, Weinhefe, um die Lippen röter, Ameiseneier, um die Brauen schwarz zu färben. Auch in Regensburger Gräbern lagen Schminksteine aus Schiefer oder Kalkstein. Mit einem Bronzespatel wurde die Mischung verrieben, mit dem kolbenförmigen Ende umrandete man die Augen (S. 152). In kleinen Spiegeln aus Bronze mit verzinnter Oberfläche oder dem in Regensburg häufigeren Glas, das nicht mit Quecksilber, sondern mit Blei hinterlegt war, wurde das Ergebnis überprüft.

Bronzene Pinzetten (S. 152) dienten zum Auszupfen der Augenbrauen und sonstiger unerwünschter Härchen – Enthaaren war überhaupt ein wichtiger Bestandteil der Schönheitspflege. Ein spezielle Tinktur zu diesem Zweck ist ebenfalls in der »Naturgeschichte« des Plinius überliefert, einer Fundgrube für Kuriositäten aller Art: *psilothrum*, das aus Reblaub, Eselsfett, Ziegengalle, Fledermausblut, Vipernpuder, Froschschleim und Hexenkraut gewonnen wurde.

Derartige Rezepte erinnern schon an das Hexeneinmaleins. Sie waren wohl auch nicht das Übliche. Normalerweise gingen die Römer zu den Barbieren, obwohl diese einen denkbar schlechten Ruf genossen, was freilich nicht allein ihre Schuld war. Es gab ja weder Rasierseife noch gut geschliffene Stahlmesser. In allen schriftlichen Quellen werden deshalb entweder die unendlich vorsichtigen, aber auch unendlich langsamen Barbiere oder die relativ schnellen, aber blutigen Sitzungen beklagt. Trotzdem trugen die Römer bis auf Tagelöhner und Philosophen 300 Jahre lang keinen Bart, und kein Kaiser von Augustus bis Traian hätte es sich verziehen, auch nur einen Tag unrasiert ins Bett zu gehen – es sei denn zum Zeichen der Trauer, wenn sie eine Schlacht verloren hatten. Und da der Bürger und Untertan sich in Sachen Mode sklavisch an das Vorbild des Kaiserhauses hielt, galt das auch für die übrige männliche Bevölkerung des Römischen Reiches.

Dies änderte sich schlagartig, als Kaiser Hadrian (117–138 n. Chr.) sich einen Bart stehen ließ – angeblich, um häßliche Narben seines Gesichts zu verdecken. Von da an war der Philosophenbart hoffähig. Das Gesicht Mark Aurels wird eingerahmt vom Schmuck üppiger Lockenpracht (Abb. 12). Sie reduziert sich aber von neuem im 3. Jahrhundert unter den Soldatenkaisern, die wieder militärisch kurz geschoren und nur mit knappem Kräuselbart erscheinen. Da die Regensburger Grabsteine alle erst in die Zeit der Castra Regina gehören, sind relativ viele Männer bärtig dargestellt.

Auch die Ehefrauen hielten sich an das, was man jeweils bei Hofe trug, und auf diese Weise lassen sich einige Grabsteine recht genau datieren: Die Dienerin (Abb. 137) lebte noch im 2. Jahrhundert; die Hausherrin (Abb. 124) trägt schon eine ganz andere, die sogenannte ›Melonenfrisur‹ der Julia Domna, der Frau des Septimius Severus (193–211 n. Chr.). Bei den drei Frauen des Grabsteins (Abb. 100) schwingen die Frisuren dagegen unten leicht aus, wie es seit Julia Paula, der Frau des Elagabal (218–222 n. Chr.) üblich wurde; und kurz darauf ist der Grabstein (Abb. 126) entstanden, weil die Mutter des Aurelius Victorianus die Haare vom Nacken aus jetzt nach oben zu schlagen pflegte.

Was man auf den Grabsteinen heute nicht mehr sehen kann, wovon die Literatur aber voll ist, ist die Haarfarbe. Ängstlich wachte man über graue Haare, riß sie aus oder färbte sie mit den seltsamsten Mitteln schwarz, rot oder blond. Die Kunst des Perückenmachens war bekannt und die Haare blonder Germaninnen ein bekannter Handelsartikel, der allerdings wohl nur nach Rom gelangte. Überhaupt wird man für viele Absurditäten in der Kosmetik, die in Spottgedichten überliefert sind, nur das Leben in der Hauptstadt verantwortlich machen müssen. Aber ein Abglanz davon fiel natürlich auch auf die Provinzen, wie die Imitation der kaiserlichen Modefrisuren bis hinunter zu den Sklavinnen zeigt.

Haartracht

Schmuck

Bevor die Römerin ausgehfertig war, mußte sie noch ihren Schmuck anlegen. Auch hier wird aus Rom von Übertreibungen berichtet, von Damen, die gleich mehrere Ohrringe auf einmal und an jedem Finger zwei Ringe zur Schau stellten. Dazu kamen Halsketten, Brustschmuck, Arm- und Fußreifen. Die Römerin liebte Edelsteine und vor allem Perlen, für die sündhafte Preise bezahlt wurden. In Regensburg hielt sich der Luxus in engen Grenzen, stattdessen herrschte bürgerlicher Wohlstand. Ein Fingerring aus Bernstein von 5 cm Durchmesser mit einer weiblichen Büste war eine Ausnahme und verriet wohl schon in römischer Zeit den protzigen Geschmack seiner Trägerin. Zahlreich waren die Siegelringe, die auch von Männern getragen wurden (ansonsten galt das Schmucktragen als ›weibisch‹), und die ein eingelegter geschnittener Stein zierte (S. 153). Solche Gemmen oder Kameen, deren eiserne oder bronzene Fassung verloren gegangen ist, fanden sich mehrfach in Regensburg, und im Detail verrät sich die hohe Kunst der römischen Stempelschneider, die hierin kleine Meisterwerke schufen (Abb. 127). Eine Besonderheit sind die Schlüsselringe, die gleichzeitig als Schmuck und zum Verschließen kleiner Schatullen oder Kästchen dienten. Schmuckkästchen wurden den Frauen oft ins Grab mitgegeben. Allerdings haben sich von ihnen nur noch die bronzenen Beschläge erhalten (Abb. 108).

Armringe sind aus den Regensburger Gräbern in stattlicher Zahl erhalten (Abb. 128). Insgesamt gibt es Fragmente von über 100 Stück, die aus den verschiedensten Materialien und auf die unterschiedlichste Weise hergestellt worden sind: aus Bronze, Silber und sogar Gold, aber auch aus Eisen, Knochen, Gagat (= Jet, der Braunkohle ähnlich) und sogar aus Glas. Besonders zahlreich waren die Armringe in den Körpergräbern des 4. Jahrhunderts, oft lagen hier mehrere verschiedene Formen an beiden Armen.

Magische Kräfte

Auf manche Armringe sind Perlen aufgeschoben. Diese Perlen sind aus Ton, Gagat und vor allem aus Glas. Abgesehen davon, daß sie schmückten, wurden ihnen auch magische, unheilabwehrende Kräfte zugeschrieben, genauso wie den verschiedenen Edel- und Halbedelsteinen: Gagat schützte vor Frauenkrankheiten, Opal vor Augenleiden und Amethyst vor Trunkenheit. Einer Frau, die im Großen Gräberfeld bestattet worden war, hatte man einen Bergkristall mitgegeben, der den Römern als Sinnbild des verfestigten Wassers galt und der der Verstorbenen das Durchschreiten eines unterirdischen Feuers erleichtern sollte. Bergkristall ist auch in dem goldenen Ohrring eingelegt, der den relativen Reichtum der Besitzerin einer *villa rustica* in Mangolding verrät (S. 153), zumal im selben Grab noch die Knochennadel mit goldgefaßtem Kopf lag. Der erhaltene knöcherne Nadelschaft zeigt deutlich die Einwirkung des Feuers, ein Beweis, daß die Nadel entweder auf den Scheiterhaufen geworfen wurde oder noch im Haar der Toten steckte.

Zu dem in Regensburg seltenen Goldschmuck zählen außerdem die Halskette aus verschlungenen Drahtösen – eine sogenannte Fuchsschwanzkette (S. 153) – aus einem Frauengrab an der Friedensstraße und eine weitere Haarnadel mit einer aufgeschobenen Hohlkugel aus Goldblech. Haarnadeln gibt es eine ganze Anzahl aus Regensburg (Abb. 129). Sie steckten zum Schmuck in der Frisur, hielten eine Haube, ein Haarnetz, ein um den Kopf geschlungenes Band oder eine ins Haar geflochtene Perlenkette fest – der Möglichkeiten waren viele, weil die Römerin auf den Kopfputz großen Wert legte. Er bildete den im wahrsten Sinn des Wortes krönenden Abschluß eines vollkommenen Make-up.

Metallene Gürtelschnallen und Gürtelbeschläge, wie sie in Regensburg zur militärischen Ausrüstung der Männer gehörten, im benachbarten Noricum dagegen auch zur weiblichen Tracht, haben sich bei uns in Frauengräbern nicht nachweisen lassen. Offenbar behalfen sich die Mädchen und Frauen mit Gürteln aus Stoff oder Leder, die man verknotete. Soweit die wenigen Grabsteine eine solche Beurteilung erlauben, scheinen gegürtete Kleider ohnehin nur von Sklavinnen getragen worden zu sein (Abb. 137).

Noch eine letzte Gruppe kleiner Schmuckstücke, die zugleich eine Funktion ausübte, muß hier erwähnt werden, die Fibeln, eine frühe Form der Sicherheitsnadeln (S. 153). Sie waren in den Jahrhunderten, bevor die Römer kamen, durch die Zeiten hindurch bei Kelten und Germanen, Männern und Frauen, unentbehrliches Utensil, um Kleidungsstücke zu halten, zu schließen oder auch nur zu schmücken (Knöpfe kannte man noch nicht). Weil die Fibeln ihre Form oder Verzierungen je nach der Mode sehr rasch wechselten, sind sie für den Archäologen nach wie vor eines der wichtigsten Hilfsmittel zur Datierung vorgeschichtlicher Kulturepochen. Im römischer Zeit dagegen verloren sie entschieden an Bedeutung. Die Römer selbst benutzten Fibeln kaum noch, als sie nördlich der Alpen erschienen: wie oben beschrieben, wurden leichte Stoffe zusammengenäht, schwere dagegen gewickelt. Im Verlauf des Anpassungsprozesses, den die einheimische Bevölkerung durchmachte und in dem römische Tracht zum Statussymbol wurde, wurde auch bei uns die Fibel immer seltener. Lediglich bei der Kleidung des Soldaten blieb sie in Funktion – sie hielt das *sagum*, das Soldatenmäntelchen auf der rechten Schulter zusammen (Abb. 80). Erst mit dem zunehmenden Einfluß des Militärs in der Spätantike und der ›Germanisierung‹ des Heeres – die Germanen brachten die Fibel mit und behielten sie bei bis in karolingische Zeit – gewann dieses Trachtelement wieder an Bedeutung und erfocht seine ursprüngliche Stellung.

Interessant ist, daß in Regensburg (wie überhaupt in Raetien) die Fibeln in Brandgräbern ausgesprochen selten sind, der Tote also entweder in einem Leichentuch oder – wenn es sich um Angehörige der Oberschicht handelte – in römischer oder zumindest romanisierter Tracht verbrannt wurde. Daß Fibeln trotzdem noch getragen wurden, z.B. um eine Stola oder einen Umhang zu schließen, beweisen die Beispiele aus den Gutshöfen und Zivilsiedlungen, unter denen sich sogar Roh-

Röm. Sicherheitsnadeln

stücke fanden, also unfertige Produkte, die eine Herstellung an Ort und Stelle belegen. Die Fibeln aus dem Merkur-Heiligtum auf dem Ziegetsdorfer Berg sind sicherlich Votivgaben, hatten also auch einen gewissen Wert. Alle aus dem Regensburger Raum bekannten Fibeln sind als Einzelstücke gefunden worden, abgesehen von einem Paar aus einem Grab von Großprüfening. Es handelt sich um sogenannte Scheibenfibeln aus getriebenem Bronzeblech, die die Porträts eines Ehepaares zeigen: einer erwachsenen, aber noch jugendlich wirkenden Frau und eines etwas älteren Mannes. Die Fibeln lagen im Grab der Frau; die anthropologische Bestimmung des Leichenbrandes ergab als Sterbealter »jungerwachsen«! Wenn auch die Porträts die übliche Anlehnung an die Kaiserbildnisse der zeitgenössischen Münzen zeigen und eine allzu individuelle Ausdeutung sich daher aus stilistischen Gründen verbietet, sollte es dem Archäologen doch gestattet sein, sich auch das persönliche Schicksal vorzustellen, das sich hinter den kleinen Bronzescheiben verbergen könnte: sieht es nicht so aus, als sei die noch junge Frau nur wenig später gestorben, nachdem der Ehemann dieses originelle Geschenk bei einem geschickten Handwerker in Auftrag gegeben hatte?

Weil sie relativ häufig auftauchen, sei noch auf die Zwiebelknopffibeln hingewiesen, so genannt nach den drei zwiebelförmigen Knöpfen auf ihrem Querarm. Sie wurden im 4. Jahrhundert vorwiegend von Männern getragen, die beim Heer dienten oder Staatsbeamte waren. Unterschiedliche Rangstufen dokumentierten sich in der Kostbarkeit des Materials. Auch aus Regensburg gibt es silberne Exemplare (Abb. 130).

Die originellste römische Fibel aus Regensburg ist zweifellos die Pfeifenfibel (Abb. 118), die sich ein Spaßvogel oder ein besonders Abergläubischer anfertigen ließ. Jedenfalls konnte man mit dem schrillen Pfiff, den sie heute noch von sich gibt, je nachdem harmlose Spaziergänger oder böse Geister ganz schön erschrecken.

Abb. 125: Verschiedene Glasfläschchen, die einfache Öle, Salben oder duftende Parfums enthielten und die für die Toilette der Frauen wie der Männer unentbehrlich waren. Die Formen bleiben über die Jahrhunderte und das ganze römische Reich hinweg einander so ähnlich, daß man daran denken könnte, sie standen wie ›Firmenmarken‹ für bestimmte Produkte so wie heutzutage die Verpackung. – Fundort wahrscheinlich immer Großes Gräberfeld; Höhe des größten Fläschchens 14,8 cm; von links nach rechts MSR Inv. Nr. A 3490. A 1721. A 3484. A 3516. A 3484/3. A 3513.

◁ Abb. 124: Block aus einheimischem Kalkstein von einem größeren Grabdenkmal. Auf der Vorderseite ein Ehepaar in einheimischer Tracht mit einander zugewandten Gesichtern. Auf den Seiten die Hausklaven. Im Bild eine barfüßige Dienerin, die in der Rechten einen Eimer hält, in der Linken einen Korb und über dem Unterarm ein Tuch. – Von einem Friedhof an der Straubinger Straße; Höhe 90 cm; MSR Inv. Nr. Lap. 57.

Abb. 126: Grabstein des Offiziers L. Aurelius Valerianus und seiner Frau für ihren mit sieben Jahren gestorbenen Sohn Aurelius Victorianus. Im Giebelfeld ein Ehepaar mit Kind, wohl die genannten Eltern mit ihrem Sohn. – Kalkstein; Fundort Großes Gräberfeld; Höhe 80 cm; MSR Inv. Nr. Lap. 6. Katalog I 19a.

Abb. 127: In Relieftechnik geschnittener Stein (Kamee), dessen Ringfassung verloren ist. Dargestellt ist der Kopf eines Mannes mit Backenbart, wulstigen Lippen und einem Lorbeerkranz im Haar. Der Typ des bärtigen, kraftstrotzenden Herkuleskopfes findet sich häufig auf Gemmen und Kammeen. – Fundort Regensburg; Höhe 1,7 cm; MSR Inv. Nr. A 3602.

Abb. 128: Armringe vom Großen Gräberfeld des 3. und 4. Jahrhunderts n. Chr.: links aus Gagat (= Jet, der Braunkohle ähnlich); rechts aus Bronzedraht mit spiralig aufgerollten und übereinandergelegten Enden; und oben aus Bronzedraht, auf den 14 Gagatperlen und 7 Bronzeblechhülsen aufgeschoben sind. – Der Reihenfolge nach: Durchmesser 7,2 cm. 9 cm. 5,5 cm; MSR Inv. Nr. A 3607. A 3664. A 3738.

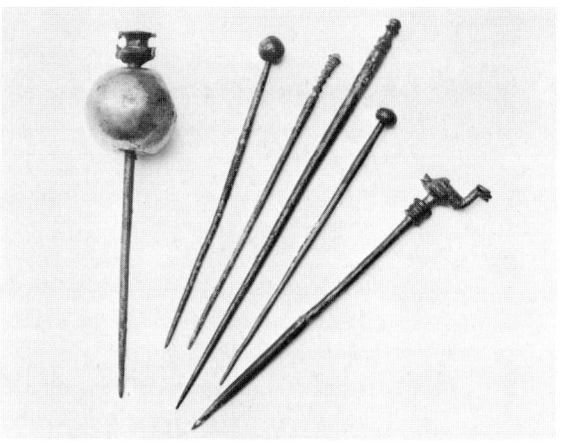

Abb. 129: Bronzene Haarnadeln des 1.–3. Jahrhunderts. – Von links nach rechts: Fundort Regensburg; Länge 10,9 cm; MSR Inv. Nr. A. 3611. – Fundort Burgweinting; Länge 10,1 cm; MSR Inv. Nr. A 3928. – Fundort Großes Gräberfeld; Länge 10,2 cm; MSR Inv. Nr. A 2041. – Fundort Großes Gräberfeld; Länge 13,7 cm; MSR Inv. Nr. A 1912. – Fundort Regensburg; Länge 9,8 cm; MSR Inv. Nr. A 3609. – Fundort Lagerdorf Kumpfmühl; Länge 11,3 cm; Inv. Nr. 1977, 275.

Abb. 130: ›Zwiebelknopffibeln‹ vom Großen Gräberfeld und aus dem Legionslager (links), die im 4. Jahrhundert zur Männertracht gehörten. – Von links nach rechts: Länge 6 cm. 6,1 cm. 9,5 cm; MSR Inv. Nr. 1963, 181. A 3581. A 1752.

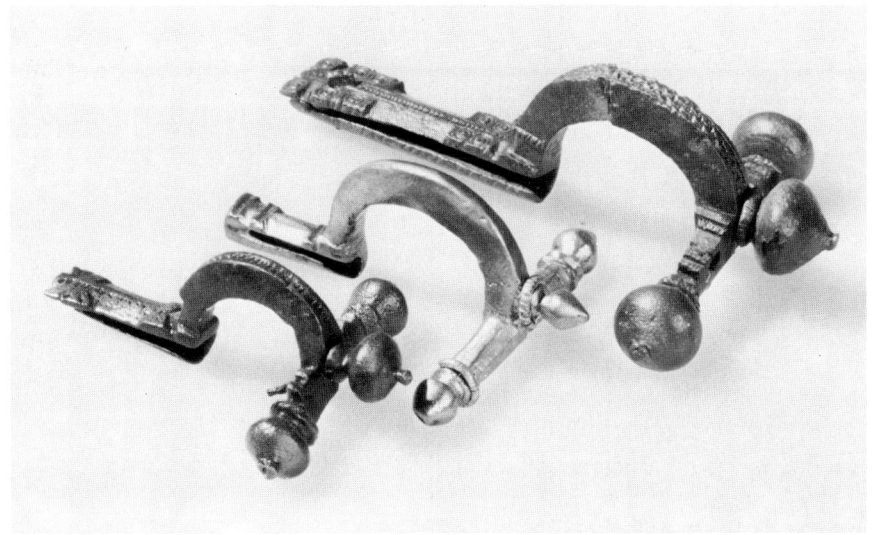

Der Tod

Durch die Toten gewinnen wir ein Bild der Lebenden – Sterben war teuer – Brand- und Körperbestattung – Vom Leichenzug bis zum Leichenschmaus – Regensburger Pfeilergrabmäler – Grabbeigaben in Urnen und Särgen

In der archäologischen Forschung nimmt das Bestattungswesen meist einen unverhältnismäßig breiten Raum ein. Die Gründe dafür sind leicht verständlich. In nahezu allen vorgeschichtlichen Epochen vertrauten die Hinterbliebenen ihre Toten der Erde an, und vielfach wurden die Gräber zudem mit Beigaben ausgestattet. Dies gilt schon für die Steinzeit und ebenso noch für die provinzialrömische Zivilisation. Die Totenfürsorge ist eine grundlegende, im Wesen des Menschen verwurzelte und ihn als solchen ausweisende Eigenschaft. Während sich nun die Hinterlassenschaft der Lebenden dem Archäologen oft nur als unscheinbare Gebrauchsgegenstände darbieten, können die Gräberfelder mit ihrem Beigabenreichtum weite Aspekte der materiellen und der geistigen Kultur erschließen. In den Siedlungen bleibt meist nur das zurück, was unbrauchbar wurde oder unauffindbar verloren ging. Selten, daß einmal ein hastig oder vorsorglich verborgener Schatz nach Jahrtausenden wieder ans Tageslicht kommt; selten, daß eine Katastrophe so plötzlich und unerwartet eintraf, daß das Leben in der Siedlung mit einem Schlag abbrach und keinem Bewohner die Zeit ließ, seinen Besitz in Sicherheit zu bringen. (Wäre dies in der Geschichte nicht einmal mit solcher Heftigkeit geschehen wie beim Ausbruch des Vesuvs 79 n. Chr. – wir wüßten über das römische Privatleben noch ungleich weniger.)

<small>Archäol. Bedeutung</small>

In den Gräbern dagegen wurden die Gegenstände, die der Tote, entsprechend den jeweilig herrschenden religiösen Vorstellungen, im Jenseits benötigte, mit Bedacht beigegeben und sind deshalb auch nach Jahrhunderten noch relativ gut erhalten (es sei denn, sie wurden bei der Beerdigung absichtlich unbrauchbar gemacht). So wundert es nicht, daß die meisten Ausstellungsstücke in den Museen aus Gräbern stammen – so auch in Regensburg.

Obwohl Grabraub selbst in römischer Zeit schon eine so häufige Erscheinung war, daß Kaiser Septimius Severus (193–211 n. Chr.) das gewaltsame Aufbrechen der Gräber, die Beraubung der Leichen, das Stehlen von Steinen und Säulen durch Marmorhändler und Kalkbrenner mit Zwangsarbeit in den Bergwerken, in schweren Fällen sogar mit dem Tode bestrafte – trotz dieser verbrecherischen Vorkommnisse hielt doch die Tabuisierung des Toten die Hinterbliebenen in den meisten Fällen von derartigen Plünderungen ab. Diese Tabuisierung wirkt in gewisser

<small>Grabraub</small>

Weise bis heute nach, denn wenn bei Bodenaufschlüssen Menschenknochen gefunden werden, so scheut man sich meist, sie einfach auf die Seite zu karren. Stattdessen holt man den zuständigen Fachmann, nämlich den Denkmalpfleger. Die weniger auffälligen Siedlungsfunde – Scherben, verrostetes Eisen, ja selbst Mauern – werden dagegen sehr viel seltener gemeldet, und erst der modernen Denkmalpflege ist es gelungen, durch die systematische Beobachtung aller größeren Bauvorhaben auch die Siedlungsforschung zu intensivieren. Trotzdem bilden auch heute noch die Gräberfunde mit ihren Beigaben den überwiegenden Anteil des attraktiven archäologischen Quellengutes, so daß in den vor- und frühgeschichtlichen Abhandlungen die Darstellung des Bestattungswesens fast immer noch überbetont ist. Der prähistorische Mensch jedenfalls verwandte mit Sicherheit erheblich weniger Zeit für die Totenfürsorge als der moderne Archäologe bei der Ausdeutung von vorgeschichtlichen Grabfunden.

Gerade in Regensburg schlägt diese Ungleichgewichtigkeit zu Buche: Aus dem Boden des ehemaligen Legionslagers, immerhin einer Fläche von über 2 Hektar, die rund 220 Jahre in römischer Hand war, zeitweise von mehreren tausend Mann bewohnt und begangen wurde, besitzen wir außer Scherben und einer Anzahl Münzen nur wenige auffällige Fundstücke. Das liegt hauptsächlich daran, daß das meiste noch unentdeckt im Boden liegt, begraben unter mittelalterlichem Schutt. Aber auch daran, daß die Soldaten nach jeder Zerstörung zurückkehrten, säuberlich aufräumten, Verwendbares wiederverwandten und zum Schluß ordnungsgemäß mit Sack und Pack die Garnison räumten. Aus den ländlichen Siedlungen des Umlandes, die in Hast und Eile verlassen werden mußten, als die Germanen einbrachen, stammen erheblich mehr Funde.

Das Große Gräberfeld

Die meisten hat aber unzweifelhaft das Große Gräberfeld geliefert, mit seinen inzwischen auf 6000 geschätzten Bestattungen das größte in der Provinz und eines der größten an Rhein und Donau überhaupt. Obwohl es im letzten Jahrhundert ausgegraben wurde und vieles schon damals und noch viel mehr in der Zwischenzeit verloren gegangen und durcheinander geraten ist, ist es durch den für seine Zeit vorzüglichen Plan, den Pfarrer Dahlem erstellte, möglich, eine einigermaßen anschauliche Vorstellung seines ursprünglichen Zustandes zu gewinnen (Abb. 131).

Daß die Römer ihre Friedhöfe beiderseits der großen Ausfallstraßen anzulegen pflegten, wurde schon mehrfach betont. Das galt für Italien schon seit dem Zwölftafelgesetz im 5. Jahrhundert v. Chr.: *Hominem mortuum in urbe ne sepelito neve urito – du sollst den Toten in der Stadt nicht bestatten und nicht verbrennen!*

Die Bestattung in der Stadt war eine ganz besondere und äußerst seltene Ehre. Diese Vorschrift des »extra muros« (= außerhalb der Mauern) hat sich auch in den Provinzen ganz allgemein durchgesetzt.

Das Große Gräberfeld war offenbar durch Wege gegliedert, an denen sich die Gräber reihten. Da das Grab als religiöser Ort, der den Totengeistern gehörte, von Rechts wegen unverletzlich war, durfte es nicht gestört werden. Deswegen gibt es auf dem Großen Gräberfeld trotz der hohen Zahl an Bestattungen keine Überschneidungen. Man hat deshalb angenommen, daß die Gräber, die keine Grabsteine besaßen, durch Holzstelen obertägig gekennzeichnet waren. In der antiken Literatur gibt es aber dafür keine Hinweise, und bei der relativ geringen Zahl von Menschen, die durchschnittlich jährlich starb, und deren frisch aufgeworfene Gräber sich noch Monate abzeichneten, genügte wohl ein einfaches Wegenetz, um die Kontrolle zu behalten.

Innerhalb des Großen Gräberfeldes scheint sich eine gewisse Verteilung nach Besitzabstufungen abzuzeichnen. Näher zur Hauptstraße (der Fernstraße nach Augsburg) lagen die durch Grabsteine und Grabbauten hervorgehobenen Begräbnisstätten reicher Familien. Ein Grabplatz war nach römischem Recht zunächst den Familienangehörigen vorbehalten, später auch den Personen, die durch das Testament bestimmt wurden und damit in eine besondere Beziehung zur Familie traten. Das Recht der Grabbenutzung wurde oft in einer Inschrift namentlich festgelegt, worin gleichzeitig die Pflicht zur ordentlichen Bestattung des Dahingegangenen eingeschlossen war. Der Tote hatte nämlich ein Recht auf diese Bestattung, andernfalls war er dazu verdammt, als ruhelose Seele umherzuirren und würde sich an den Lebenden schrecklich rächen. Die Grabinschriften enthalten darum stets den Namen dessen, der den Stein setzte und damit seine Bestattungspflicht erfüllte: Eltern den Kindern und umgekehrt; Ehemänner ihrer »süßesten« Gattin; eine Großmutter ihren zwei Enkeln; der eine Bruder dem anderen, samt dessen Frau und den noch lebenden Kindern, deren Vormundschaft er übernommen hat; dem Soldaten, der ohne Familie gestorben war, sein Kamerad, den er im Testament bestimmt hatte. Wer so arm war, daß er fürchten mußte, nicht genügend Barschaft zu hinterlassen, die ihm eine ordentliche Beerdigung garantierte, und daß ihn deshalb eine ewige Zukunft als »unbegrabenes Gespenst« erwartete, trat einem Begräbnisverein bei. In diesen zahlte man ein Leben lang ein, und der Verein sorgte für einen Grabplatz und beglich die Begräbniskosten.

Friedhofsordnung

Es gab grundsätzlich immer zwei Arten von Bestattungen, das Brand- und das Körperbegräbnis. In den ersten beiden Jahrhunderten der Kaiserzeit war aber eindeutig die Einäscherung das feierlichere und kostspieligere Ritual. In Rom wurden die Leichen der Ärmsten der Armen und der Sklaven sogar nur bei Nacht in ein Massengrab gekarrt; in den Provinzen hat sich eine solche Ungerechtigkeit aber nicht nachweisen lassen. Eine bescheidene Bestattung umfaßte freilich nicht viel mehr als den Scheiterhaufen, einen Krug Wein, den man in die Flammen goß, ein bißchen Weihrauch und ein Fläschchen mit duftenden Essenzen, die man auf die aus der Asche gelesenen Knochen sprengte, bevor man sie in einer Urne begrub. Reiche Leute dagegen sorgten oft mit ihrer ganzen Erbschaft dafür, daß der Leich-

Brandbestattung

nam balsamiert und einige Tage aufgebahrt wurde, bis er in einem Leichenzug bei Tage durch die ganze Stadt hinaus auf den Friedhof geleitet wurde, begleitet von den Verwandten und Freunden, von Schauspielern, Fackelträgern, Musikanten und Klageweibern. In schlichteren Fällen wurde der Tote innerhalb seines Grabes verbrannt und anschließend Asche und Knochen mit Erde bedeckt. Wenn man es sich aber leisten konnte, ließ man einen eigenen Verbrennungsplatz herrichten, auf dem der Scheiterhaufen aufgeschichtet wurde. Darauf legte man den Toten, öffnete und schloß ihm noch einmal die Augen, gab ihm den Abschiedskuß und steckte dann mit abgewandtem Blick das Holz in Brand. Während die Flammen auflodertern, warf man Kleidungsstücke, Schmuck oder persönliche Habe des Toten ins Feuer. Als der Kaiser Septimius Severus 211 n. Chr. im Legionslager Eboracum (York in England) nach schwerer Krankheit weit weg von seiner afrikanischen Heimat starb, berichtet der griechische Historiker Cassius Dio:

»*Des Kaisers Leichnam, gerüstet wie ein Soldat, wurde auf einen Scheiterhaufen gehoben, und eine feierliche Prozession aus den Soldaten und seinen Söhnen gab ihm das Ehrengeleit. Diejenigen Soldaten, die etwas zur Hand hatten, warfen es als Geschenk auf den Scheiterhaufen, und seine Söhne schürten die Flammen. Hinterher wurden die Gebeine in eine Urne aus Porphyr gesammelt, nach Rom gebracht und im Mausoleum des Geschlechtes der Antonine verwahrt.*«

Beigabensitte Dieser römische Brauch, allerlei Geschenke oder Besitz des Toten in die Flammen zu werfen, hat nichts mit der in den Provinzen geübten Beigabensitte zu tun, die ihren Ursprung in der keltisch-germanischen Begräbnistradition hat. Im Verlauf der Romanisierung durchdringen diese religiösen Vorstellungen einander, und es kommt deshalb an Rhein und Donau zu den unterschiedlichsten Bestattungsbräuchen. Auch in Regensburg wirft man Glasfläschchen mit duftendem Inhalt oder teures Tafelgeschirr aus *terra sigillata* in die Flammen; man gibt aber auch ganze Service aus Tellern, Schüsseln und Bechern bei, die gefüllt mit Speis und Trank um die Urne herumstehen; man legt dem Toten Schmuck, Werkzeug, eine Münze, ein Öllämpchen und sicherlich allerlei Dinge ins Grab, die aus Holz, Stoff oder Leder waren und deshalb restlos vergangen sind.

Urnen Die Urne in Regensburger Gräbern ist meist ein Tongefäß, und zwar sind es ganz bestimmte Formen, die man für diesen Zweck bevorzugte (Abb. 94). Eine Besonderheit bilden die Löwenurne (Abb. 132) und die Gesichtsurne (Abb. 133). Seltener sind Glasurnen (Abb. 134), Holzkisten, Ziegelkammern oder Steinkisten (Abb. 135). Oft liegt der Leichenbrand, wie der Archäologe die aus dem Scheiterhaufen ausgelesenen Knochenrückstände nennt, auch ohne Urne in einer einfachen Grabgrube unter einem Teller oder einem Räucherkelch. Vielfältige religiöse Traditionen verbergen sich hinter all diesen Bestattungssitten, und ein besonders schlicht ausgestattetes Grab muß keineswegs Armut verraten, kann vielmehr ein Zeichen für die fortgeschrittene Romanisierung sein.

Körperbestattung

Um die Mitte des 3. Jahrhunderts begann sich mehr und mehr die Körperbestattung durchzusetzen. Die meisten Körpergräber lagen durch eine bestattungsfreie Schneise von den Brandgräbern getrennt auf einem gesonderten Friedhofsareal. Hier ruhten die Toten meist mit dem Kopf im Westen, also mit Blick nach Osten. Bestattet waren sie in einem Holzsarg, in einem Ziegelplattengrab oder in einem Steinsarkophag.

Die Holzsärge waren nur noch daran zu erkennen, daß sich die Sargnägel erhalten hatten. Früher glaubte man, mit solchen Nägeln sei der Tote, aufrecht auf ein Brett genagelt, bestattet worden; inzwischen weiß man es besser. Ziegelgräber wurden entweder gemauert, oder man stellte die Platten giebelartig gegeneinander. Typisch römisch ist der Steinsarkophag, bei uns in der Provinz immer nur aus Kalkstein, ursprünglich jedoch aus Marmor gemeißelt. Wörtlich übersetzt bedeutet Sarkophag ›Fleischfresser‹, denn man hatte wohl beobachtet, daß sich in ihm die Weichteile relativ rasch verzehrten, während das Skelett gut erhalten blieb. Dahlem hat bei der Untersuchung des Gräberfeldes im Bereich der Eisenbahn insgesamt 17 Steinsarkophage geborgen. Zusammen mit einigen Neufunden und den in Kirchen aufgedeckten sind aus Regensburg insgesamt über 30 Steinsärge mit und ohne Deckel bekannt, manchmal auch nur der Deckel.

Sarkophage

Ursprünglich standen die Sarkophage frei über der Erde im Gräberfeld, deshalb sind sie auch häufig mit Reliefschmuck und Inschriften versehen, die die Namen der Hinterbliebenen und des Verstorbenen nennen (Abb. 136, Nr. I 27). Unverzierte Exemplare waren vielleicht bemalt.

Besonders interessant ist der Kindersarkophag (Abb. 122), der die Familie beim Totenmahl zeigt, zwei Frauen und einen Mann, wohl die Eltern und eine Verwandte, die von einer Sklavin bedient werden. Da das Kind fehlt, kann hier der reale Leichenschmaus gemeint sein, der sich an die Bestattungsfeierlichkeiten anschloß. Diese waren mit umständlichen Ritualen verbunden: Durch die Berührung mit dem Toten, der als unrein galt, bevor er vor dem Tageslicht verborgen oder von Erde bedeckt war, war auch seine Familie unrein. Dem Leichenschmaus gingen daher ein Opfer und eine kultische Reinigung voraus – in diesem Zusammenhang sind auch die Darstellungen von Sklaven und Sklavinnen mit Kästchen, Korb, Tuch und Wassereimer auf vielen Grabsteinen zu verstehen (Abb. 137 und 124). Nach einer neuntägigen Trauerzeit wurde das Opfer zur Beruhigung der toten Seele wiederholt und durch ein Mahl am Grab abgeschlossen. Damit war die kultische Unreinheit der Familie erloschen. Zum Gedächtnis an den Toten traf man sich außerdem jährlich an seinem Grab, bekränzte es mit Blumen, spendete duftende Essenzen, brachte dem Toten etwas zum Essen mit und feierte die Zusammenkunft wiederum mit einem feucht-fröhlichen Schmaus. Das gemeinsame Mahl bildete also einen wichtigen Teil der Totenfeiern, und deshalb ist es auch so oft dargestellt worden.

Kultische Reinigung

Totenmahl

Eine spezielle Variante von ›Totenmahlreliefs‹ ist aus Italien bekannt, in den Provinzen besonders häufig aus Köln und ganz vereinzelt auch aus Raetien, ein einziges aus Regensburg (Abb. 138). Dabei handelt es sich sozusagen um ein symbolisches Mahl, an dem auch der Verstorbene teilnimmt. Der Mann (Frauen scheinen dieser Ehre selten teilhaftig geworden zu sein) liegt auf einem Sofa, in der Rechten den Weinbecher, vor sich einen Tisch mit Früchten oder Fleisch, rechts und links Diener, die darauf warten nachzuschenken, und die Ehefrau zu seinen Füßen in einem hochlehnigen Sessel. Eine vereinfachte Form dieser Zeremonie gibt die weit häufigere Darstellung wieder, in der nur noch der Mann auf seinem Sofa ruhend zu sehen ist, vor sich den Tisch, am Fußende einen Diener. Kölner Soldatengrabsteine wurden häufig mit dieser Art ›Totenmahl‹ geschmückt, und es ist recht zweifelhaft, inwieweit sich die volle Bedeutung des ursprünglichen altrömischen Ritus in der Vorstellung der aus allen Teilen des Imperiums stammenden Soldaten noch erhalten hatte. Die Interpretation der Kölner Archäologen, daß sich hinter dieser Art ›Totenmahl‹ mehr der Wunsch einfacher Gemüter verbarg, das Leben auch jenseits der gefürchteten Grenze in Saus und Braus fortsetzen zu können, ist nicht von der Hand zu weisen. Das einzige derartige Regensburger ›Totenmahl‹ gehört auch zu dieser genüßlichen Variante. Seine grobe unbeholfene Art der Darstellung verrät einen ziemlich ungeschickten Steinmetz, dem als Vorlage aber vielleicht nur die noch ungeschicktere Zeichnung eines italischen Legionars oder eines Händlers, der in Köln gewesen war, gedient hatte.

Pfeilergrabmäler

Weil sich, wie erwähnt, die mehr oder weniger aufwendige Ausstattung des Begräbnisplatzes nach dem Geldbeutel des Toten richtete, hat es solch pompöse Pfeilergrabmäler wie die 23 m hohe ›Igeler Säule‹ bei Trier an der Mosel in Regensburg nie gegeben. Eine derartig reiche Oberschicht wie in der Umgebung der späteren kaiserlichen Hauptstadt gab es im Umkreis der Garnison Castra Regina nicht. Immerhin kann aber auch Regensburg mit Fragmenten von mindestens zwei kleineren Pfeilergrabmälern aufwarten, die auch die Hand eines geübteren Steinmetzen verraten. Dazu gehört einmal die Darstellung mit dem Selbstmord des griechischen Helden Aiax (Abb. 139) auf einem Block, dessen Seite ein tanzender und musizierender Satyr ziert. Auf einem weiteren Stein ist ebenfalls ein Ausschnitt aus der griechischen Sagenwelt (Orest, der von seiner Schwester Elektra zum Muttermord ins Haus geführt wird) zu sehen. Schließlich gehört noch das Fragment einer überlebensgroßen weiblichen Figur hierher, von der nur die das Gewand raffende Hand erhalten ist. Die beiden ersten Steine gehören mit ziemlicher Sicherheit zu einem einzigen Denkmal, während das dritte Stück vielleicht von einem anderen Monument des gleichen Typs stammt. In der Rekonstruktion von W. Gauer (Abb. 140) erscheinen aber alle Fragmente in einem Grabmal vereint, um die damals im römischen Reich geläufige Form des Pfeilergrabmals zu veranschaulichen: Auf einem Sockel ruhte der Stein mit der Grabinschrift; diesem folgte die Darstellung des Verstorbenen, oft mit einem oder mehreren Verwandten, während auf den übrigen drei Seiten des Blockes Szenen aus dem täglichen Leben, aus dem Beruf oder aus der Mythologie gezeigt wurden. Den Abschluß bildete dann ein Schuppendach mit krönendem Pinienzapfen. Als Höhe für die beiden Regensburger Monumente berechnete W. Gauer ungefähr 11 m.

Von größeren Grabbauten stammen auch die Regensburger Grablöwen (Abb. 141) und Sphingen. Die Löwen stehen, hocken oder sitzen zum Sprung bereit, um den Grabräuber oder Schänder der heiligen Stätte zu vertreiben. Manchmal halten sie als Symbol des allesbezwingenden Todes ein gerissenes Tier – Eber, Stier oder Widder – zwischen den Vorderpfoten. Auch die Sphinx, ein geflügeltes Mischwesen aus Weib und Löwe, das die Seele des Toten ins Jenseits getragen hat, wacht zuweilen über den heiligen Ort. Solche Grabwächter schützten und krönten italische Grabmäler und finden sich nördlich der Alpen wieder besonders häufig im Rheinland.

Grabwächter

Fragmente von vollplastischen menschlichen Statuen sind auf den Regensburger Gräberfeldern offenbar selten gewesen. Bis 1974 kannte man nur einige Bruchstücke. Dann wurde im Großen Gräberfeld der einzigartige Kopf des jungen Mars gefunden (Titelblatt).

Die häufigsten Grabmäler sind die einfachen Stelen, die die Familienmitglieder ganz oder nur als Büste zeigen (Abb. 100 und 126). Ihr Sockelteil war in die Erde eingelassen; frei sichtbar blieben das Inschriftfeld und die Personen unter dem Giebeldach. Zu massiveren Bauten gehörten die Blöcke, deren Seiten ebenfalls Figuren trugen (Abb. 124). Bildteil und Inschriften vermitteln uns viele wichtige Einzelheiten aus dem täglichen Leben der römischen Regensburger. Neben ihren Lebensdaten erfahren wir von ihrer beruflichen Laufbahn, sei es im Militär, sei es in einem bürgerlichen Beruf; und wir lernen ihre Familie kennen.

Stelen

Obwohl aus Regensburg eine stattliche Anzahl an steinernen Grabmälern aller Art erhalten ist, dürften es ursprünglich noch viel mehr gewesen sein. Aber die Friedhöfe wurden schon in spätrömischer Zeit, als die Erinnerung an die Verstorbenen verblaßt war, als Steinbrüche benützt; die Skulpturen wanderten in die Kalköfen, oder Eiferer zerstörten die heidnischen Kultplätze. Ein Großteil der römischen Plastiken und Grabsteine wurde daher nicht nur auf den ehemaligen Friedhöfen, sondern in zweiter Verwendung in spätantiken bzw. mittelalterlichen Gebäuden, Stadtmauern oder Festungstürmen verbaut wiedergefunden. Auf die Wiederverwendung römischer Sarkophage im Mittelalter haben wir ganz zu Beginn am Beispiel der Aurelia schon hingewiesen.

Die äußere Ausgestaltung des Grabes wurde durch die Beigaben ergänzt, die in oder um die Urne herum, bzw. in den Särgen deponiert wurden. Dazu gehören einmal Münzen, die man den Toten als ›Obolus‹ mitgab. Mit diesem Geld sollte der Verstorbene den Charon, den Fährmann, bezahlen, der ihn über den Totenfluß

Grabbeigaben

setzte. Die häufigste Beigabe in den Brandgräbern bildete die Keramik. Sie enthielt Speise- und Trankopfer, die dem Toten als Wegzehrung für die Reise ins Jenseits oder als sein Anteil vom Leichenschmaus zustanden. Fast immer lag ein kleines Öllämpchen dabei, das dem Toten den dunklen Weg ins Schattenreich erhellen sollte.

Neben Tongefäßen fanden sich in den Gräbern auch allerlei Behälter aus Glas: Neben den schon erwähnten bauchigen Urnen die sogenannten Saugfläschchen, die eher zum Nachfüllen von Öllämpchen dienten, verschiedenste Formen von Kannen, Kännchen, Fläschchen und Bechern, die zum Aufbewahren von Wein, Milch, Öl und Parfüms vorgesehen waren (Abb. 125 und S. 151).

Daneben gab es Gräber mit Trachtzubehör, Schmuck und Amuletten (Abb. 142), Arm- und Fingerringen, Fibeln, Perlenketten, Amulettbüchschen, Anhängern, Metallspiegeln, Gürtelteilen, Nadeln und Kämmen; außerdem sind Kästen und kleine Schatullen mit zugehörigen Schlüsseln gefunden worden. Sie enthielten Toilettenartikel oder wurden leer vorgefunden, bewahrten also vielleicht vergängliche Materialien wie Kleider oder Tücher auf.

Eine Besonderheit unter den Beigaben bildeten die zahlreichen Glasspiegel. Dahlem war der erste, der die Existenz antiker Glasspiegel aufgrund seiner Regensburger Bodenfunde nachweisen konnte. Inzwischen sind sie auch von anderen, meist pannonischen Fundorten bekannt geworden. Die Spiegel bestehen aus dünnen, gewölbten, polygonalen Glasscheiben, die wohl aus kugeligen Glasgefäßen geschnitten wurden. Die Innenseite ist mit einer Schicht Bleioxyd belegt; die Durchmesser betragen 2,5 cm bis 7 cm. Meist sind sie in Blei gerahmt, ungerahmte waren vielleicht ehemals in Holz gefaßt.

An Gegenständen des täglichen Gebrauches fanden sich Ohrlöffelchen, Schminkgeräte, Pinzetten, Messer – darunter eines mit schön geschnitztem Elfenbeingriff, der einen Hasen vom Hunde verfolgt zeigt (Abb. 103), Spinnwirtel, Würfel, Schreibgriffel und Tintenfässer. Besonderheiten sind ein Zirkel und der aus Stein geschnittene Stempel eines Augenarztes, in dessen Schmalseiten die Namen verschiedener Augenheilmittel eingeritzt sind.

Hin und wieder fanden sich Terrakottafigürchen von Hühnern (Abb. 143). Ganz vereinzelt steht ein weißes Tonfigürchen, das eine in einem Korbstuhl sitzende, ein Kind stillende Frau zeigt (Abb. 144). Diese Darstellung gehört in den Umkreis des Matronenkultes und der Fruchtbarkeitsgöttinnen. Abgesehen von ganz wenigen Lanzen- und Pfeilspitzen fehlen Waffen völlig, eine Beobachtung, die für das ganze Römische Reich zutrifft; die Ausnahmen gehen wohl auf Einflüsse noch nicht ganz romanisierter Bevölkerungsteile oder auf die germanische Beigabensitte zurück.

Die eigentümlichsten Beigaben fanden sich im »großen und kleinen Eiergrab« (Grab 26 u. 847). In dem einen lagen 731, in dem anderen 231 Münzen. Sie waren mit einer dichten Schicht von Eierschalen bedeckt und enthielten jeweils das Skelett eines Rindes. Welche religiösen Vorstellungen sich hinter dieser Zeremonie verbargen, ist unbekannt. Vielleicht stammten die Rinderskelette von Stieren, deren Verehrung im Apiskult gepflegt wurde. Auf die Kenntnis dieses ursprünglich ägyptischen Kultes im Regensburger Raum weist auch der Bronzestier aus Niedertraubling hin (Abb. 145).

Abb. 131: Plan des Großen Gräberfeldes an der römischen Fernstraße von Augsburg nach Regensburg (heute Kumpfmühler Straße), ausgegraben von Pfarrer Joseph Dahlem, mit späteren Ergänzungen (1900, 1904 und 1974, wo der Kalksteinkopf des Mars [Titelbild] gefunden wurde). Der Friedhof setzt sich sowohl nach Süden wie nach Norden weiter fort (vgl. Abb. 23 Nr. 10 und Abb. 48 Nr. 9). Der Plan ist gewestet.

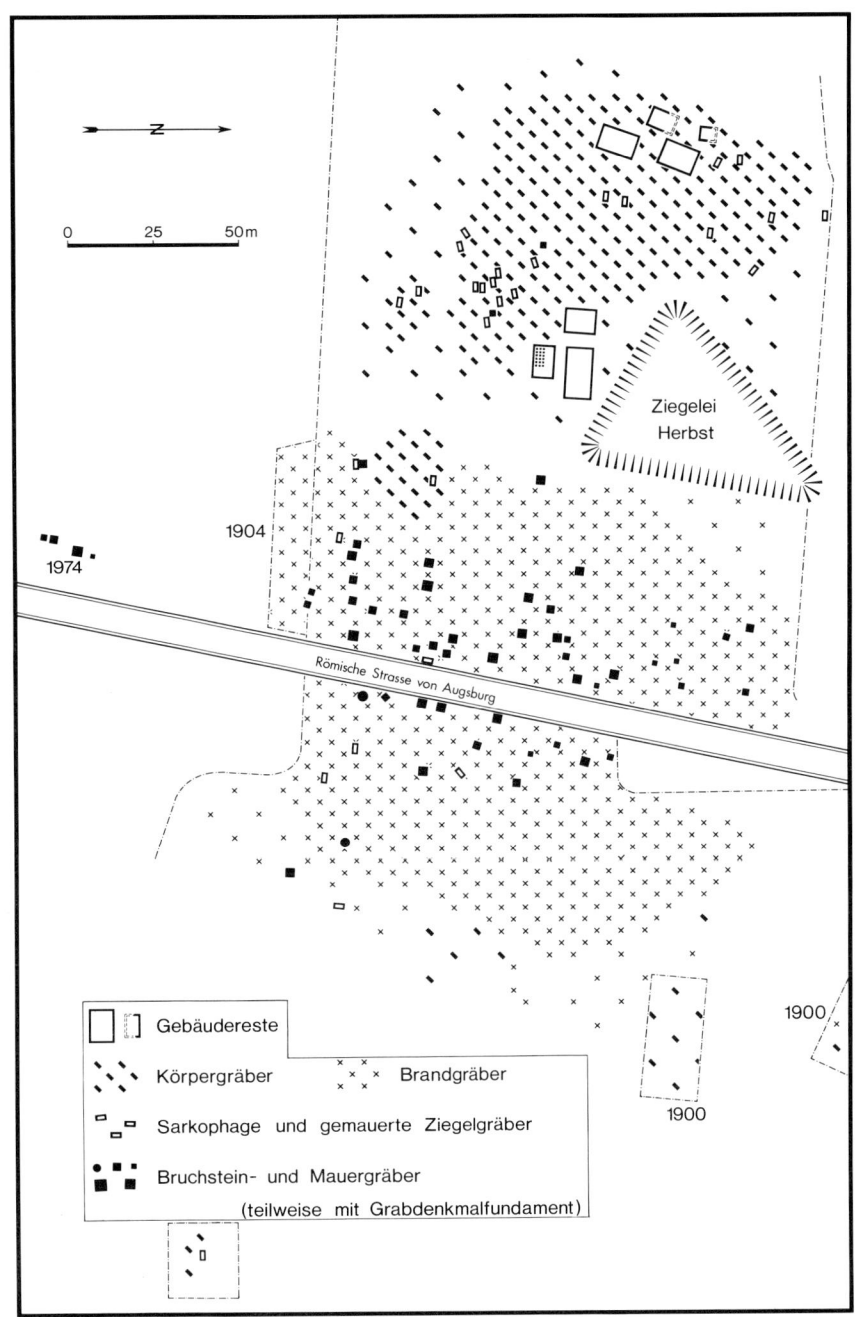
363

Abb. 132: Tönerne Aschenurne vom Großen Gräberfeld, verziert mit Hilfe eingepreßter Model, die abwechselnd Löwen, Rauten, Waben oder Schrägriefen zeigen. – Höhe 21 cm; MSR Inv. Nr. A 3763.

Abb. 133: Graburnen, die aus Ton geformte plastische Masken oder Fratzen tragen, waren in den römischen Rheinlanden eine häufige Sitte. Dahinter steckte wohl die Vorstellung von der unheilabwehrenden Kraft solcher Fratzen, die die Grabräuber abschrecken sollte. Gelegentlich fanden sich derartige ›Gesichtsurnen‹ auch in Regensburger Gräbern. Zuvor wurden sie aber noch im Haushalt benützt wie dieses Stück. – Fundort Lagerdorf des Kastells Regensburg-Kumpfmühl; Mitte 2. Jahrhundert; Höhe 27,4 cm; MSR Inv. Nr. 1951, 139.

Abb. 134: Nur wenige kostbare Aschenurnen des Großen Gräberfeldes bestanden aus Glas. Sie wurden besonders sorgfältig beigesetzt. Die Urnen standen in einem Holzkasten, waren mit Ziegeln abgedeckt oder mit Steinen umstellt, so daß sich einige von ihnen bis heute unversehrt erhalten haben. – 2.–3. Jahrhundert; Höhe 22,2 cm; MSR Inv. Nr. A 3478.

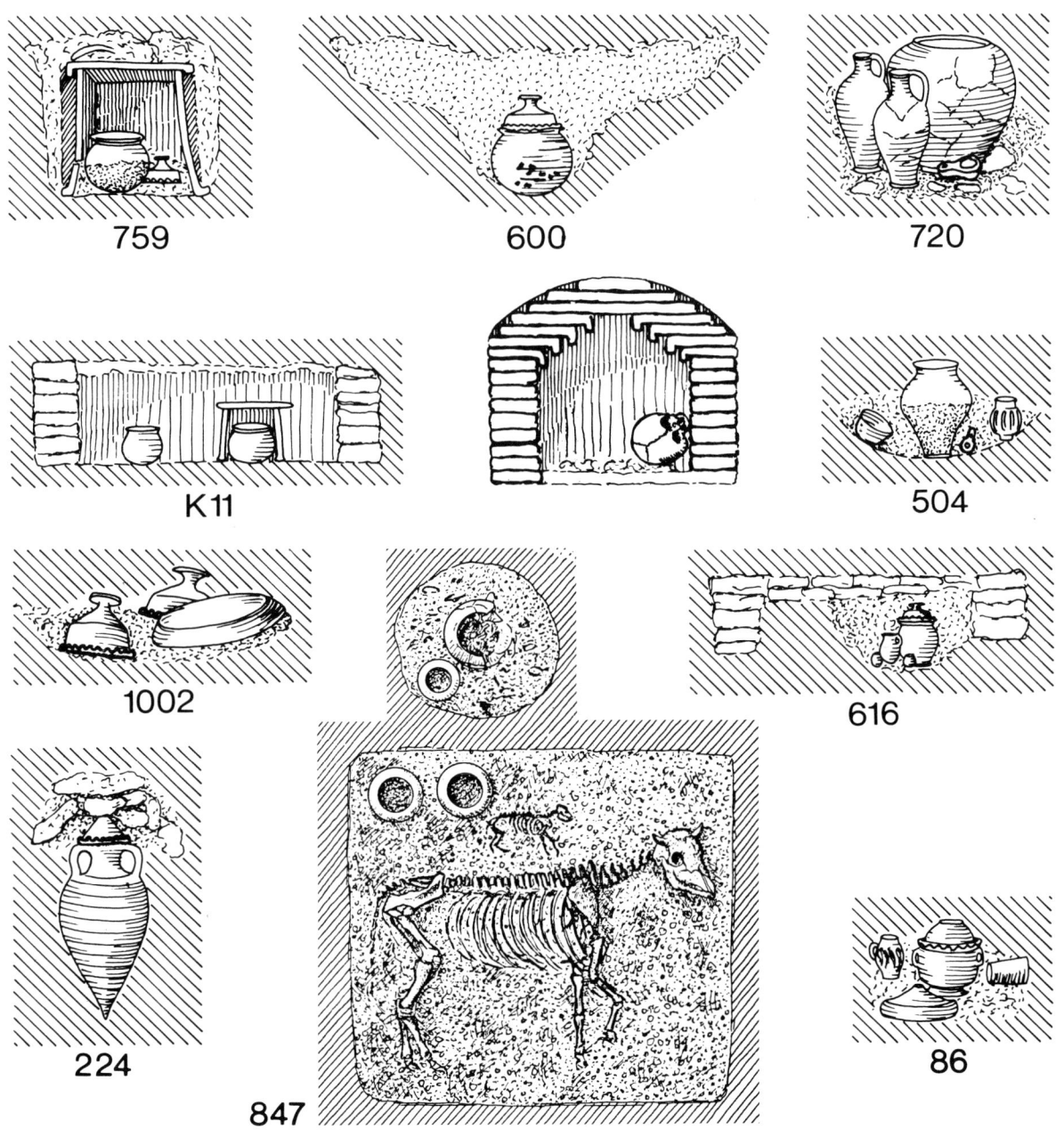

Abb. 135: Verschiedene Grabformen vom Großen Gräberfeld mit Angabe der Grabnummer. Nach Skizzen von J. Dahlem und einer Umzeichnung von S. v. Schnurbein.

Abb. 136: Sarkophag des Claudius Reticus, eines Veteranen der *legio III Italica*, für seine junge Frau und seine drei Kinder. Die Inschrift, die Namen und Alter der Verstorbenen nennt, steht zwischen Beil und Setzwaage, dem Handwerkszeug der Steinmetzen. Sie galten als Symbol des Rechtsschutzes, den ein römisches Grab genoß. Fundort Großes Gräberfeld; Kalkstein; – Länge 1,82 m; MSR Inv. Nr. Lap. 19. Katalog I 21.

Abb. 138: Relief mit ›Totenmahl‹ von einem Grabstein. Der Tote liegt auf den linken Arm gestützt auf einem Bett (Kline) in der Haltung, in der man sich zu einem üppigen Gastmahl lagerte. In der Rechten hält er einen Becher, am Fußende wartet ein Sklave mit Krug und Schale. Vor der Kline stehen ein weiterer Krug und ein dreibeiniger Tisch. Dessen falsche Perspektive, der in der Luft schwebende Sklave und die unbeholfenen Proportionen der Personen weisen das Relief als sehr schlichte Arbeit eines einheimischen Steinmetzen aus. – Fundort Regensburg, Schottenstraße; grüner Sandstein; Höhe 72 cm; MSR Inv. Nr. Lap. 50.

Abb. 137: Sklavin mit Wassereimer, einem großen flachen Becken in der Rechten und einem Tuch in der Linken. Die Frau trägt ein langärmeliges gegürtetes Gewand mit waagrechtem Ausschnitt. Ihre Haare sind gescheitelt und fallen in Wellen nach hinten. Das Relief bildete die linke Seite eines Grabmalblockes wie Abb. 124. – Fundort Großes Gräberfeld; Kalkstein; Ende 2. Jahrhundert; Höhe 75 cm; MSR Inv. Nr. Lap. 66.

Abb. 139: Relieffragment von einem Pfeilergrabmal wie Abb. 140. Die Szene, die einen nackten Mann zeigt, der sich das Schwert in die Brust gestoßen hat, und einen Knaben, der die Tat zu verhindern suchte, wird als Selbstmord des griechischen Helden Aiax im Beisein seines Sohnes Eurysakes gedeutet. – Fundort Regensburg, Peterstor; Kalkstein; Höhe 88 cm; MSR Inv. Nr. Lap. 61.

Abb. 140: Rekonstruktion eines Pfeilergrabmales unter Verwendung der Steine CSIR 380 (Selbstmord des Aiax), 381 (Schwertträger) und 382 (Hand mit gerafftem Gewand). Höhe etwa 11 m. (Nach W. Gauer)

369

Abb. 141: Löwe aus Kalkstein, der die Bekrönung eines größeren Grabmals bildete. Seine Mähne ist gesträubt und sein Rachen geöffnet, zwischen seinen Vorderpfoten liegt der Kopf eines gerissenen Tieres. Grablöwen galten als Symbol des allesbezwingenden Todes oder des Wächters, der Grabräuber abschrecken sollte. – Fundort Großes Gräberfeld; Höhe 70 cm; MSR Inv. Nr. Lap. 22.

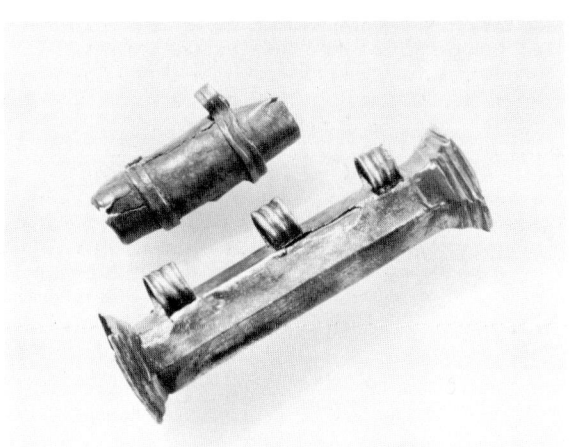

Abb. 142: Silberne Amulettbüchschen, die um den Hals getragen wurden und mit Zaubersprüchen beschriftete Blättchen enthielten. Die größere Kapsel ist heute leer, die kleinere barg ein Gold- und ein Silberplättchen. Beide Amulette stammen vom Großen Gräberfeld. – Länge der rechten Kapsel 4,8 cm; 3.–4. Jahrhundert; MSR Inv. Nr. A 1915; – Länge der linken Kapsel 2,5 cm; 3. Jahrhundert?; MSR Inv. Nr. A 1513. Katalog I 45.

Abb. 143: Tonhühner aus Gräbern des Kastells Regensburg-Kumpfmühl (?) und vom Großen Gräberfeld. Ihre Beigabe hängt mit der Rolle zusammen, die Hähne im Totenbrauchtum als Opfertiere gespielt haben. – Höhe des größten Vogels 11,4 cm; MSR Inv. Nr. A 3526–3528.

Abb. 144: Terrakottafigur einer Frau, die in einem geflochtenen Korbsessel mit hoher Lehne sitzt und einem Säugling die rechte Brust gibt. Diese Geste der Nutrix (der ›Nährenden‹) symbolisierte den Fruchtbarkeitsgedanken. Statuetten dieses Typs finden sich von England bis Norditalien und Ungarn, am häufigsten jedoch in Frankreich und im Rheinland. Nach allgemeiner Ansicht war die Nutrix eine keltische Gottheit und in Mittelfrankreich (Alliers) fand sich auch eine Werkstatt, die neben Keramik solche Terrakotten herstellte. Der Töpfer des Regensburger Stücks hat seinen Namen (PISTILLUS) auf der Rückseite der Figur eingeritzt. Dieser Pistillus hatte seine Werkstatt wohl ebenfalls in Frankreich, wo ein zweites Stück mit seinem Namen bekannt ist. Die Statuetten waren manchmal farbig bemalt und wurden nicht nur mit ins Grab mitgegeben, sondern auch als Weihegaben gestiftet, in Hausaltären aufgestellt oder zu Neujahr verschenkt. – Fundort Großes Gräberfeld; Höhe 13, 6 cm; MSR Inv. Nr. A 841.

Abb. 145: Bronzener Stier aus einem römischen Gutshof in Niedertraubling, Lkr. Regensburg-Süd. Die vorzüglich gearbeitete kleine Figur gehört zu dem Typ des Apis-Stieres, der im 1. Jahrhundert v. Chr. in Italien im Zuge des Eindringens ägyptischer Kulte ausgebildet und dann häufig kopiert wurde. Meist trägt der Apis-Stier eine Mondsichel, eine Sonnenscheibe oder eine Isisfigur auf dem Nacken, die aber bei dem Exemplar aus Niedertraubling verloren ging, nur das zugehörige Nietloch ist noch vorhanden. Der Apis-Stier, ein uraltes Symbol der Fruchtbarkeit, von Tod und Wiedergeburt, wurde in der Kaiserzeit zum Sinnbild von der Auferstehung auch des Menschen, von einem besseren Leben in einem glücklicheren Jenseits. Dieser Gedanke liegt allen ostmittelmeerischen Erlösungsreligionen zugrunde, die im 2. Jahrhundert an Rhein und Donau breite Volksschichten ergriffen, nicht zuletzt durch die Vermittlung des Heeres und die immer öfter zwischen West und Ost wechselnden Kriegsschauplätze. – Höhe 7 cm; MSR Inv. Nr. A 2293.

Reganesburc – Der Aufstieg zur Bayerischen Herzogsstadt

Auflösung der Legion

Aus der *notitia dignitatum*, einem spätantiken Truppenverzeichnis, wissen wir, daß in Regensburg im 4. Jahrhundert nur noch ein Teil der ursprünglichen Truppenstärke stationiert war. Man hatte die Legion in sechs Präfekturen geteilt, von denen zwei abkommandiert worden waren, um die Alpenübergänge zu sichern, eine zum Feldheer geschickt und nur drei als Grenzschutz belassen, von denen eine in Castra Regina blieb. Wie die Grabungen unterm Niedermünster gezeigt haben, muß sich dieser letzte Verteidigungsposten in der Nordostecke des Legionslagers befunden haben. Die Baracken der alten Mannschaftsunterkünfte wurden weiterhin benutzt, die Köpfe der Baracken jedoch zu »Offizierswohnungen« ausgebaut (Abb. 47).

Viel mehr wissen wir über die spätantike Bebauung der Nordostecke nicht. Die Grabungen Walderdorffs auf dem Alten Kornmarkt wurden schon erwähnt (S. 203 ff.). In dem komfortabel ausgestatteten Gebäude, das am Ende des 3. Jahrhunderts an Stelle der Legionsthermen errichtet worden ist, befand sich unserer Meinung nach der Sitz der spätantiken Lagerverwaltung. Im 4. Jahrhundert (nach dem Juthungeneinfall 357 n. Chr.?) muß hier ein weiterer massiver Umbau statt-

Letzter Umbau

gefunden haben (Abb. 33 Nr. 4c). Diese dritte Phase dokumentierte sich in einer 35 m langen und ungewöhnlich starken Mauer von 2,60 m Breite. Im Abstand von 30 m wurde eine parallele Mauer beobachtet. Der nördlich und südliche Abschluß des Gebäudes fehlen allerdings. Die auffallende Mauerstärke spricht für eine spätrömische Zeitstellung, aber die Bedeutung (Verwaltungsbau? Festungsbau?) ist unklar. Der Ausgräber vom Niedermünster, K. Schwarz, spricht von einem *burgus*, also einem spätantiken ›Miniaturkastell‹, das die letzten Truppen beherbergt habe. In einer allerletzten Phase wurde dieser massive Bau dann irgendwie andersartig genutzt, wie »primitive Feuerstellen« nahelegten – eine Beobachtung, die in ähnlicher Weise auch bei den Grabungen unterm Niedermünster gemacht wurde, wo man eine »Weiterbenutzung ... unter einfachen Bedingungen« feststellte. Damit sind wir im ›dunklen‹ 5. Jahrhundert.

Über die Geschichte des Legionslagers in dieser Zeit sind wir bisher einzig und allein durch die Forschungsergebnisse der Ausgrabung Niedermünster von K. Schwarz informiert. Er konnte nachweisen, daß die Baracken des Nordostviertels auch nach dem Abbruch der Münzreihe 408 n. Chr. (und dem daraus erschlossenen Abzug der regulären römischen Truppen) von germanischen Bewohnern kontinuierlich weiterbenutzt wurden. Da die Provinz Raetien offiziell nach wie vor zum römischen Reich gehörte, wäre es denkbar, daß es sich bei diesen Germanen zunächst um vertraglich gebundene Söldner gehandelt hat. Wie lange und wie loyal diese allerdings ihren Dienst versahen, ist recht fraglich, wenn wir uns an die Schilderung des Libanois (S. 218) erinnern und mehr noch, wenn wir die *Vita Severini* lesen. Diese Lebensbeschreibung, die uns sein Schüler Eugippius, 511 als Abt in Neapel bezeugt, hinterlassen hat, schildert das Leben der 2. Hälfte des 5. Jahrhunderts recht dramatisch. Allerdings beziehen sich diese Schilderungen im wesentlichen auf die Provinz Noricum. Denn »*oberhalb Künzing und Passau lagen alle Kastelle verödet (deserta)*«, also auch Castra Regina. Aber selbst in Passau hatten die Soldaten keine Verbindung mehr mit Italien und erhielten weder Nachschub noch Sold:

»*Zu der Zeit, als als die römische Herrschaft noch bestand, wurden die Soldaten vieler Städte für die Bewachung der Grenze aus öffentlichen Mitteln besoldet. Als diese Regelung aufhörte, zerfielen zugleich mit den Grenzbefestigungen auch die militärischen Einheiten; nur in Batavis (Passau) blieb eine Abteilung auf dem Posten. Von dieser hatten sich einige Leute nach Italien aufgemacht, um für die Kameraden den letzten Sold zu holen, doch wurden sie unterwegs von Barbaren umgebracht, ohne daß es jemand wußte.*« Severin jedoch ahnte, was geschehen war: »*und alsbald wurde gemeldet, daß die Leichen der erwähnten Soldaten von der Strömung ans Land getrieben worden seien.*«

Severin war Mönch, aber nicht nur das. Er gründete Klöster und stärkte den Widerstandswillen der Romanen, er betete mit seinen Gemeinden und verhandelte mit germanischen Fürsten. Seinem Einsatz und diplomatischem Geschick verdankte es die romanische Bevölkerung zwischen Niederbayern und Niederösterreich, sich noch eine Zeit lang behaupten zu können, bevor auch Severin, der erst 482 hochbetagt starb, immer drängender zur Abwanderung nach Italien riet.
Die *vita* macht auch die damalige wirtschaftlich völlig zerrüttete Situation anschaulich. Es gab weder genügend Kleidung noch Nahrung. Ständig war man bedroht von Plündernden aus dem eigenen verarmten Land und den Überfällen der Germanen – ob sie sich nun Feinde, Schutzherren oder Tribut Fordernde nannten –, die sich auf diese Weise Getreide, Vieh und Sklaven verschafften. Die einzige Existenzgrundlage der letzten Romanen war die Landwirtschaft, und gerade die litt durch die ständigen Kämpfe. Hungersnöte waren nicht selten. Allerdings ist es etwas zweifelhaft, ob dieses so düster gezeichnete Bild vom Ende der römischen Welt den tatsächlichen Verhältnissen in vollem Umfang entsprach. Denn unsere einzige Quelle ist die *vita Severini*, eine – deswegen nicht gleich zu tadelnde – tendenziöse Schrift, die das Leben und die Taten des Heiligen in möglichst strah-

Germanen in der Festung

Der hl. Severin

lendem Licht erscheinen lassen wollte, was natürlich am besten auf einem düsteren Hintergrund geschieht. Sicher kann man jedoch sein, daß in Raetien die Verhältnisse schlimmer waren als in Noricum, in dem bis 488 wenigstens Reste einer Verwaltung und Streitmacht existierten.

Abzug der röm. Truppen

Aus keinem der Kastelle und befestigten Siedlungen Flachlandraetiens, die noch im 4. Jahrhundert bestanden, gibt es Funde, die zwingend jünger wären als frühes 5. Jahrhundert. Dies könnte bei den Münzen so interpretiert werden, daß kein Sold mehr gezahlt wurde oder vielleicht nur Löhnung in Goldmünzen, die man sorgfältig aufbewahrte. Aber gegen diese Auslegung spricht, daß auch alles andere fehlt: Fibeln, Gürtelbeschläge, Frauenschmuck und sogar Tongefäße. Die Gräberfelder, soweit überhaupt bekannt, brechen ebenfalls um diese Zeit ab. Nur in der Hauptstadt Augsburg und dem mauerumwehrten Castra Regina gibt es Anzeichen für das Weiterleben größerer Bevölkerungsgruppen: in Augsburg die Kontinuität des Kultes der Heiligen Afra, der Märtyrerin; und in Regensburg – etwas deutlicher – die germanische Keramik aus den römischen Baracken unter dem Niedermünster. Da in Augsburg kein Militär stationiert war, bezeugen die Befunde das Weiterleben der Zivilbevölkerung (obwohl das Gräberfeld um St. Afra keine sicher ins 5. Jahrhundert datierbaren Gräber erkennen läßt), und für Regensburg ist am ehesten anzunehmen, daß sich zurückbleibende germanische Söldner und neue Zuzügler in den Baracken niederließen. Archäologische Anzeichen dafür, daß diese Krieger unter der militärischen Zentralgewalt standen, gibt es nicht, denn der offiziell noch bestehende Rechtsanspruch Roms auf die Provinz Raetia bis zur Donau hat das dortige Leben nicht berührt.

Das bayerische Voralpenland wurde in dieser Zeit schon völlig von den Germanen beherrscht. Es ist sogar ein alamannischer König Gibuld in der *vita Severini* überliefert, der bei seinen Vorstößen bis nach Noricum hinein von Severin in Passau aufgehalten und kraft dessen moralischer Autorität von weiteren Plünderungen abgehalten wurde. Die Lokalforschung hat natürlich immer angenommen, daß dieser Gibuld seinen Sitz in Castra Regina hatte, obwohl dafür jegliche konkrete Beweise fehlen. Fest steht jedenfalls, daß die kontinuierliche germanische Besiedlung unter dem Niedermünster erst im späten 5. oder frühen 6. Jahrhundert abbricht. Die Baracken wurden abgerissen und das gesamte Areal einheitlich planiert. Offensichtlich benötigte man die Steine für einen Wiederaufbau an anderer Stelle, ob ebenfalls im Nordostviertel des ehemaligen Legionslagers oder, wie jüngst vermutet, im Bereich des heutigen Königshofes, ist unbekannt. Man kann nicht einmal beweisen, daß hinter dieser Aktion schon eine herrschaftliche Planung stand, geschweige denn die Errichtung der ersten bayerischen Herzogspfalz.

Herzogspfalz

Unbekannt ist auch noch der Sinn der gewaltigen Holzpalisade, die über hundert Jahre später auf der planierten Fläche aufgestellt wurde. Aber ob sie nun wirklich fortifikatorischen Zwecken dienen sollte oder nur symbolhaften Wert hatte, in jedem Fall wird man sie nicht mehr von Baumaßnahmen des zu diesem Zeitpunkt schon längst historisch belegten ersten bayerischen Herzogsgeschlechtes der Agilolfinger trennen können (um 560 heiratete Garibald, der erste namentlich bekannte Agilolfinger, eine Tochter des Langobardenkönigs Wacho). Weitere Vermutungen über diesen Punkt – d.h. zur Lage der ersten Herzogspfalz – anzustellen, ist beim gegenwärtigen Forschungsstand müßig. Erst mit der Errichtung der frühesten Kirche unterm Niedermünster für den Bischof Erhard um 700 n. Chr. läßt sich ein agilolfingisches Bauwerk historisch und archäologisch fassen (Abb. 146).

Die Kirche selbst als Institution hatte schon mindestens 400 Jahre früher in Regensburg Fuß gefaßt. Spätestens gegen Ende des 3. Jahrhunderts wird sich auch im Legionslager Castra Regina eine kleine christliche Gemeinde gebildet haben, wie der um 304 n Chr. erlittene Märtyrertod der Heiligen Afra in der Hauptstadt Augsburg nahelegt. Aus Regensburg selbst besitzen wir ein kostbares Denkmal des frühen raetischen Christentums: den Grabstein der Sarmannina vom Großen Gräberfeld (Abb. 147, Nr. I 29). Die Inschrift: »*Für Sarmannina, die in Frieden ruht, vereint mit den Märtyrern*« wurde oft als Beweis dafür herangezogen, daß auch in Regensburg Christen für ihren Glauben gestorben seien. Bisher liegen dafür zwar keine Quellen vor, denkbar ist es jedoch ohne weiteres. Wann Sarmannina gestorben ist, ist unbekannt, sicherlich jedoch erst nach der Anerkennung des Christentums 313 n. Chr. Eine genauere Datierung des Steins innerhalb des 4. Jahrhunderts läßt sich nicht gewinnen.

Ein zweites berühmtes Zeugnis frühen Christentums stammt ebenfalls aus Regensburg: Der Boden eines sogenannten Goldglases (S. 147), das der Weihbischof Graf Albert Ernst von Wartenberg 1675 zusammen mit zwei Reliquienkästchen des 12. Jahrhunderts bei den Ausgrabungen in seinem Kanonikalhof gefunden haben will. Auf dem Glas sind in eingeschmolzenem Blattgold zwei bärtige Männer abgebildet, die inschriftlich als Petrus und Paulus ausgewiesen sind. Gläser dieser Art gab es im 3. und 4. Jahrhundert in Rom, wo über 100 Exemplare vorwiegend in christlichen Katakomben gefunden wurden. Nur wenige Stücke gelangten in die frühzeitig christianisierten Römerstädte am Rhein. Wie und vor allem wann das hiesige Goldglas nach Regensburg gekommen sein soll, läßt sich wohl nicht mehr klären. Wahrscheinlich geriet es aber erst in mittelalterlicher Zeit über den Reliquienhandel nach Bayern.

Weitere Beispiele des frühen Christentums sind bisher nicht bekannt. Das Große Gräberfeld wurde auch nach der Mitte des 4. Jahrhunderts nicht mehr belegt, zumindest gibt es keine datierbaren jüngeren Bestattungen. Nur eine vereinzelte Gürtelschnalle stammt aus dem 5. Jahrhundert. Die ältesten bajuwarischen Gräber gehören dagegen erst in die 1. Hälfte des 6. Jahrhunderts. Möglicherweise fül-

Frühes Christentum

len aber die zahlreichen beigabenlosen Körpergräber die dazwischenliegende zeitliche Lücke. Gründe für das Aufhören der Beigabensitte gab es einige. Schuld war z.B. die Abwanderung derjenigen reichen Leute, die sich die Beigabensitte leisten konnten. Zurück blieb eine verarmte bäuerliche Bevölkerung, die einfach nicht mehr das Geld hatte, sich teure Totenfeierlichkeiten und den Luxus von Beigaben zu leisten, die sie selbst zum Leben dringend benötigten. Dazu kam die von ostgermanischen Söldnern eingeführte Sitte, vor allem die Männer beigabenlos zu bestatten. Schließlich spielte auch das Christentum eine Rolle. Sein Einfluß auf die zunehmende Beigabenlosigkeit ist aber vielfach überschätzt worden. Einen tatsächlichen Einfluß übte es dagegen auf die Entstehung neuer Friedhöfe aus.

St. Emmeram

Anlaß einer solchen Entstehung konnte z.B. die Errichtung einer Kirche sein (Abb. 148). In Regensburg gibt es immerhin Anhaltspunkte für zwei Fälle, in denen frühe Kirchen der Anziehungspunkt für spätrömisch-frühchristliche Friedhöfe geworden sein könnten. Hier ist zuerst St. Emmeram zu nennen, in dessen ältestem Vorgängerbau, der Georgskapelle, der Heilige Emmeram schon um 685 n. Chr. bestattet worden ist, und um die sich im 7. Jahrhundert ein bajuwarisches Gräberfeld ausbreitete. Ob die bajuwarische Friedhofskirche aber auch einen spätrömisch-frühchristlichen Vorläufer hatte, muß auf Grund der sehr unsicheren Befunde vorläufig offen bleiben.

Weil aber St. Emmeram schon seit längerer Zeit Gegenstand vieler Diskussionen in der Forschung ist, seien hier kurz die wichtigsten Thesen zu seiner Entstehungsgeschichte zusammengefaßt:

Der ursprüngliche Namenspatron der St. Emmerams-Kirche war der Heilige Georg, und seit Max Heuwiesers grundlegender Arbeit von 1925 nimmt man an, daß es sich bei der um 685 erstmalig genannten St. Georgs-Kirche um eine spätantike Friedhofskirche handelte. Mit der Baugeschichte hat sich Franz Schwäbl schon seit 1919 intensiv befaßt, und ihm verdanken wir auch die 1949 erfolgte Entdeckung zweier unter Verputz verborgen gewesener und in antiker Technik errichteter Pfeiler. Von einem dritten Pfeiler glaubte er zumindest das Kapitell zu sehen. Die damit zusammenhängenden Fragen wurden von verschiedenen Seiten her von mehreren Forschern beleuchtet, auch unter Hinzuziehung archivalischer Quellen. Eine Klärung konnte nicht erzielt werden; sie ist nur über umfangreiche Grabungen im Inneren von St. Emmeram möglich, zu denen sich vielleicht einmal Gelegenheit geben wird.

Zur Deutung der trockengemauerten Pfeiler ist vorweg zu sagen, daß sie nach allgemeiner Ansicht ganz offensichtlich aus römischen Bauelementen bestanden. Grundsätzlich sind also mehrere Modelle ihrer Verwendung denkbar:

1. Bei den Pfeilern in St. Emmeram handelt es sich um überbaute Ruinen eines römischen Gebäudes (vgl. dazu den Plan der *canabae* Abb. 48).

2. Die Pfeilerbestandteile stammen von irgendwelchen anderen römischen Gebäuden Regensburgs und wurden für die Errichtung einer spätantiken Friedhofskirche als Werkstücke wiederverwendet.
3. Die Wiederverwendung der Pfeilersteine fällt erst in frühmittelalterliche oder noch spätere Zeit.

Bei der Beurteilung dieser Frage ist auch zu bedenken, daß im Bereich von St. Emmeram bislang noch keine römischen Gräber gefunden wurden. Die verschiedentlich im Kloster aufgedeckten römischen Sarkophage sind erst in sekundärer mittelalterlicher Verwendung dort hingekommen und können nicht als Beleg für römische Begräbnisse an Ort und Stelle gelten. Sicher bezeugt sind erst die bajuwarischen Bestattungen des 7. Jahrhunderts. Ob die Georgskirche also einen spätantiken Vorläufer besaß, bleibt nach wie vor zu beweisen.

Offen muß vorläufig auch die zweite ähnliche Situation vor der Nordwestecke des Legionslagers bleiben. Dort wurden in der Nähe der im 10. Jahrhundert erwähnten und zu einem nicht genau bekannten Zeitpunkt wieder aufgelassenen Aha-Kirche unter dem heutigen Alten Rathaus beim Bau des Fremdenverkehrsamtes Gräber aus der Zeit um 400 n. Chr. angeschnitten. Sie sind die bisher jüngsten spätantiken Bestattungen aus Regensburger Boden, jünger vor allem als das in der Mitte des 4. Jahrhunderts abbrechende Große Gräberfeld. Ebenfalls vom Kohlenmarkt stammen bajuwarische Gräber des 7. Jahrhunderts, die sich mit weiteren, einzeln geborgenen Grabfunden vom Haidplatz und der Glockengasse zu einem frühmittelalterlichen Friedhof entlang einer Straße zusammenschließen. Die Anhaltspunkte sind spärlich, aber immerhin so weit vorhanden, um auch hier die kontinuierliche Benutzung eines Begräbnisplatzes von der Spätantike bis ins frühe Mittelalter denkbar erscheinen zu lassen.

Aha-Kirche

Mit der Herausbildung der agilolfingischen Dynastie in der 1. Hälfte des 6. Jahrhunderts fällt die erste Blüte der frühmittelalterlichen sogenannten ›Reihengräberzivilisation‹ zusammen, wie sie sich bei uns in der Art der Grabbeigaben und der Friedhofslage widerspiegelt. Frühestes Beispiel dafür aus dem Raum Regensburg bieten die Gräber von Barbing-Irlmauth mit Beigaben alamannisch-fränkischer und böhmisch-thüringischer Prägung (Abb. 149). Aus dem Altstadtbereich Regensburgs ist der älteste Nachweis bisher ein Adelsgrab aus der Zeit um 600.

Reihengräber

Im Frühmittelalter drückte sich die soziale Stellung in Besitzabstufungen aus, die sich in den Grabbeigaben abzuzeichnen scheinen. So finden sich Gräber einfacher Leute wie auch gehobener Stände in dem frühmittelalterlichen Friedhof um St. Emmeram nebeneinander. Ausgesprochen reiche Gräber, die man gern als ›Adelsgräber‹ interpretiert, setzen sich dagegen nicht selten räumlich von den übrigen Gräbern ab. Damit stimmt überein, daß das vereinzelt auf dem Bismarckplatz entdeckte Pferdegrab mit vergoldetem Prunkgeschirr, einem der Kriterien für ein

Agilof. Adelsgräber

»Adelsgrab«, zu keinem der bisher bekannten Friedhöfe gehören dürfte. Die eigentliche Gruft mit dem aufgebahrten Toten wurde leider nicht gefunden, wahrscheinlich weil sie beim Ausheben der Arnulfsgräben 917/19 zerstört worden war.

Zwei weitere adelige Bestattungen sind nur indirekt zu erschließen. Hier zeigt sich im übrigen, zu welch verblüffenden Ergebnissen die Konfrontation historischer Überlieferung mit archäologischen Befunden führen kann. So berichtet Notker der Stammler, Mönch von St. Gallen, daß König Ludwig der Deutsche etwa im Jahre 830, um Steinmaterial zum Bau seiner Pfalzkapelle zu gewinnen, »*muros urbis destrui fecit, in quorum cavitatibus tantum auri circa antiquorum ossa reperit*«, also Stadtmauern niederreißen ließ, in deren »Höhlungen« sich so viel Gold um die Knochen der Altvorderen herum fand, daß er nicht nur die Kirche, sondern auch ganze Bücher mit fingerdickem Gold ausstatten lassen konnte. Man war damals also auf Gräber gestoßen, die zahlreiche Gegenstände aus Gold enthielten; und dafür kommt allein eine Datierung ins Frühmittelalter in Frage. Nun fanden sich bei den Grabungen unterm Parkhaus Dachauplatz in der durch den Umbau der *fabrica* auf 4,60 m verbreiterten Lagermauer (S. 205) an zwei Stellen große Nischen (1,40 × 2,00 m), die bis in den anstehenden Kiesuntergrund hinunter eingetieft waren (Abb. 150). Der Grabcharakter dieser beiden teils mit Pfosten und Brettern verschalten, teils wieder mit Quadern zugesetzten Anlagen ließ sich durch darin aufgefundene Skelettreste eindeutig nachweisen. Stratigraphisch lagen diese beiden Grüfte über der Werkhalle des 3. Jahrhunderts, so daß kaum ein Zweifel bestehen kann, daß es sich bei ihnen um zwei jener fürstlichen Grablegen handelte, die unter Ludwig dem Deutschen geplündert wurden. Aus diesem Grunde sind sie auf dem Plan (Abb. 148) als agilolfingische Adelsgräber des 6./7. Jahrhunderts eingetragen.

Durch christliche Jenseitsvorstellungen beeinflußt, änderte sich um die Wende vom 7. zum 8. Jahrhundert die Beigabensitte wieder; nur noch sehr selten kam Schmuck und Trachtzubehör mit ins Grab, Waffen und Gefäße erst recht nicht. Da sich die soziale Stellung der Verstorbenen nun nicht mehr durch aufwendige Beigaben dokumentierte, richtete sich das Augenmerk auf die übrige Ausstattung des Grabes. Eigentümlicherweise kann man dabei eine Vorliebe für die Bestattung in alten römischen Sarkophagen bemerken. Diese wurden sicherlich von den Friedhöfen vor den Toren der Stadt herbeigeschleppt, soweit sie noch frei sichtbar standen. (In spätantiker Zeit wurden die Sarkophage – aus Angst vor Plünderung? – meist in eine Grabgrube versenkt, beispielsweise auch in Regensburg in 17 Fällen.) So war das Grab des Heiligen Erhard im Niedermünster mit einem römischen Sarkophagdeckel verschlossen. Der neben ihm liegende irische Erzbischof, der Heilige Albert, ruhte in einem solchen Steinsarg, ebenso der Heilige Emmeram

Abb. 146: Regensburg, Niedermünsterkirche, Grab des Heiligen Erhard. Um 700 n. Chr. wurde Bischof Erhard in einem Steinsarg aus Tuffsteinplatten, der mit einem römischen Sarkophagdeckel verschlossen wurde, in einer eigens zu diesem Zweck errichteten Kirche begraben. 1052 wurde dieses Grab anläßlich der Heiligsprechung des Erhard auf den höher liegenden Fußboden der ottonischen Kirche angehoben, um es sichtbar zu machen. Man mauerte die Seitenwände mit Bruchsteinen auf und schloß das Grab dann wieder mit dem römischen Deckel.

und mit ihm weitere vornehme Tote in seiner Patroziniumskirche. Auch in St. Stephan (Alter Dom) und im Kreuzgang von St. Peter fanden sich römische Sarkophage in Wiederverwendung.

Die Römer hatten schon lange das Land verlassen und neue Germanenscharen sich mit den wenigen zurückgebliebenen Siedlern vermischt. Was aber Bestand hatte, das war der Stein. Die trotz aller Kämpfe und Zerstörungen leidlich erhaltene Quadermauer des Legionslagers bot der sich entfaltenden Stadt Schutz und genügend Platz für über vier Jahrhunderte. Die römischen Häuser waren weitgehend verfallen, aber sie lieferten auf bequeme Weise das Steinmaterial für Neubauten und den Kalkstein, aus dem man Mörtel brannte. Als Regensburg Herzogssitz wurde, standen bald repräsentative Bauten und Kirchen auf dem Programm; nirgendwo sonst in Bayern hätte man so großzügig mit Stein umgehen können wie hier, wo man die Blöcke nur aufzulesen und zuzurichten brauchte. Auch die Wasserversorgung innerhalb der Stadt durch die alten gemauerten oder holzverschalten Brunnen konnte leicht wieder in Funktion gesetzt werden.

Dies alles waren für den Freisinger Bischof Arbeo (764–784) Kennzeichen eines staunenswerten städtischen Lebens, denn in seiner Vita des Emmeram rühmt er Radasbona: »*Urbs, ut praediximus, Radaspona inexpugnabilis, quadris aedificata lapidibus, turrium exaltata magnitudine, puteis habundans*« – die Stadt, nämlich Radasbona, war uneinnehmbar, aus Quadersteinen erbaut, von hohen Türmen überragt und reichlich mit Brunnen versehen. Und das bestimmte auch den zukünftigen Namen der Stadt. Das schon von den Legionaren nicht mehr gebrauchte Radasbona lebte nur noch in den Schriften der Humanisten und den romanischen Sprachen fort. Die neuen Bewohner der Stadt dagegen benannten sie nach dem, was ihnen am meisten Eindruck machte und nützte: sie war eine befestigte Siedlung, eine Burg. Bei den Einheimischen, die sie dort antrafen, hieß sie noch Reginum. So zeigt sich noch im Namen die Verschmelzung der römischen Vergangenheit mit der bayerischen Zukunft: Castra Regina – Reginum – Reganesburc – Regensburg.

Bischof Arbeo

Abb. 147: Grabstein der Christin Sarmannina vom Großen Gräberfeld, eines der seltenen Zeugnisse frühen Christentums im spätrömischen Raetien. – Höhe 38 cm; Kalkstein; MSR Inv. Nr. Lap. 24. Katalog I 29.

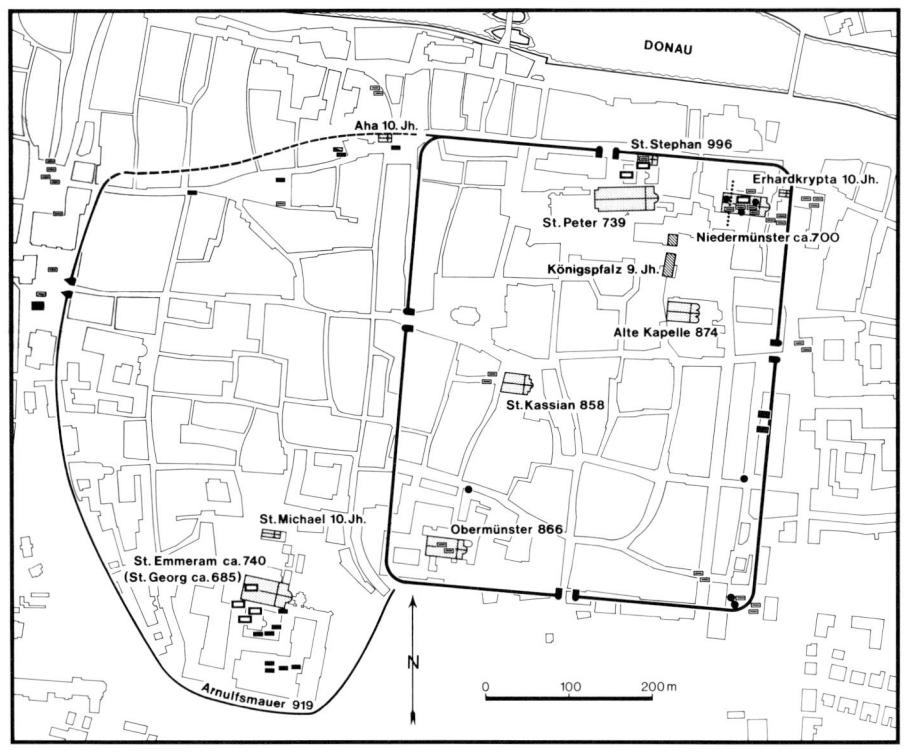

| | Kirchen vor 1000 | • | Siedlungsfunde 6./7. Jh. |

- Adelsgräber 6./7. Jh.
- .... Palisade 6./7. Jh.
- bajuwarische Reihengräber
- ▫ mittelalterliche Bestattungen in römischen Sarkophagen
- beigabenlose Gräber 8./10. Jh.
- spätantike Gräber um 400

Abb. 148: Regensburg im frühen Mittelalter. Spätrömische, bajuwarische und karolingisch-ottonische Gräber und frühe Kirchen im Bereich des ehemaligen römischen Legionslagers und innerhalb der Stadterweiterung durch Herzog Arnulf 917/19.

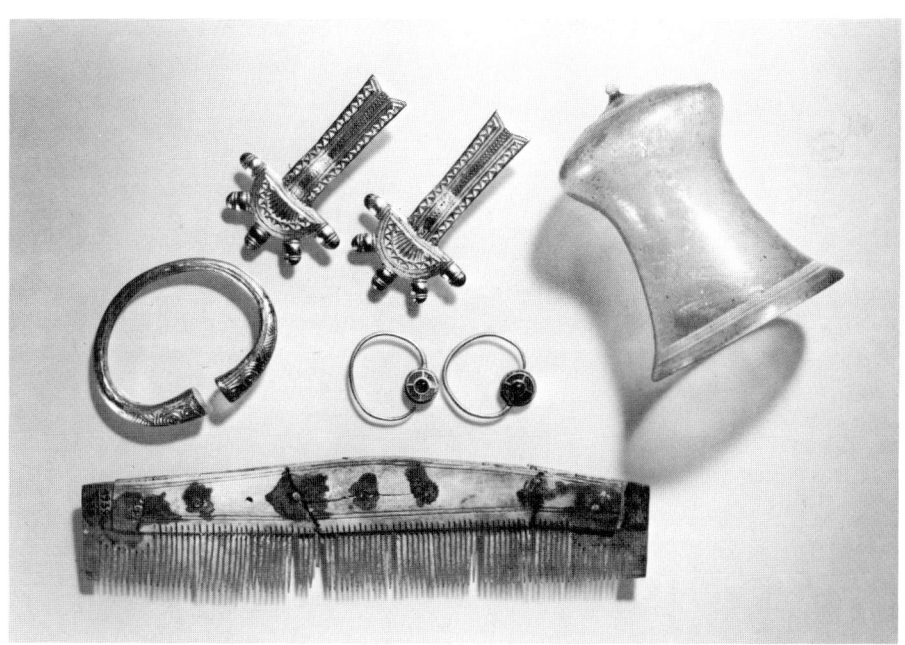

Abb. 149: Silbervergoldete Gewandspangen, ein Armreif, goldene Ohrringe mit eingelegten Granaten, gläserner Sturzbecher und Knochenkamm aus den Gräbern von Regensburg-Irlmauth. Mit ihrer Datierung in die Zeit um 500 gehören sie zu den ältesten Zeugnissen der Besiedlung des von der romanischen Bevölkerung weitgehend verlassenen flachen Landes durch die Germanen. Diese pflegten im Gegensatz zu den Römern ihre Toten in voller Tracht, mit Waffen und Schmuck, zu bestatten und darüberhinaus noch Gefäße und Gebrauchsgegenstände mitzugeben. – Länge des Kamms 20,8 cm; nach der Reihenfolge MSR Inv. Nr. 1939, 392. 392. 341. 330. 330.

Abb. 150: Regensburg, Ausgrabung 1972 Parkhaus am Dachauplatz. In der östlichen Mauer des Legionslagers fand man zwei Nischen eingetieft, die noch wenige menschliche Knochen enthielten und sich damit als ehemalige Gräber entpuppten. Vielleicht waren sie mit den goldreichen Bestattungen identisch, die um 830 n. Chr. beim Abbruch von Mauern zur Errichtung der Pfalzkapelle durch Kaiser Ludwig den Deutschen entdeckt und ausgeraubt wurden; in diesem Falle handelte es sich sicher um ehemalige agilolfingische Adelsgräber.

Katalog ausgewählter Inschriften

Die Auswahl der Inschriften beansprucht nicht, einen epigraphischen Querschnitt durch das bekannte Regensburger Material zu bieten, obschon die wichtigsten Zeugnisse angesprochen werden; sie ist vielmehr meist vom Aspekt der musealen Wirksamkeit der Objekte bestimmt. Weder der Kommentar noch die angegebene Literatur sind annähernd als erschöpfend zu betrachten. Bei den Editionen wurde in der Regel auf die erste (dem Bearbeiter bekannte) hingewiesen, ferner – soweit vorhanden – auf die Standardisierung im Corpus Inscriptionum Latinarum und auf die nach ihr erschienenen Ausgaben. Durch Schrägstrich getrennte Zahlen verweisen auf Seiten- und Nummern. Bei der Textwiedergabe kennzeichnen Großbuchstaben die erhaltenen, Kleinbuchstaben die ergänzten Inschriftenteile (Weiteres siehe bei den diakritischen Zeichen). Die Übersetzung befriedigt sprachlich nicht immer, weil versucht wurde, dem lateinischen Original zeilengleich zu folgen. Die Maßangaben verstehen sich, wenn nicht anders vermerkt, in der Reihenfolge: Höhe × Breite × Tiefe.

Diakritische Zeichen:

( ) = Auflösung von antiken Abkürzungen.
[ ] = moderne Ergänzung von Lücken (von zerstörten oder weggebrochenen Inschriftteilen).
[[ ]] = Tilgung durch den Steinschreiber (antike Rasur).
ạ = (Punkt unter Buchstaben) unsicher gelesener Buchstabe.
a̲ = (unterstrichene Buchstaben) früher gelesene, heute verlorene Buchstaben.
[...] = Lücke auf dem Stein; die Zahl der Punkte entspricht ungefähr der der fehlenden Buchstaben.
[– –] = Lücke auf dem Stein; Größe der Lücke ist unbestimmt.
∧ = Ligatur, d.h. zusammengeschriebene Buchstaben.

Abkürzungsverzeichnis:

AE	=	L'Année Épigraphique.
ANRW	=	Aufstieg und Niedergang der römischen Welt.
Aventin, Akademieausgabe	=	s. Literaturverzeichnis.
BVbl	=	Bayerische Vorgeschichtsblätter.
C	=	Corpus Inscriptionum Latinarum (Bandzahl und Nummer).
CSIR	=	Corpus Signorum ... (s. Literaturverzeichnis).
Ebner	=	A. Ebner, VO 45, 1893, 153 ff. (s. Literaturverzeichnis).
Evans	=	D. E. Evans, Gaulish Personal Names. A Study of some Continental Celtic Formations, Oxford 1967.
Herz	=	P. Herz, Untersuchungen zum Festkalender der römischen Kaiserzeit nach datierten Weih- und Ehreninschriften, Diss. Mainz 1975 (vgl. ANRW 2, 16, 2, 1978, 1135 f.).
Hübner	=	E. Hübner, Exempla scripturae epigraphicae latinae, Berlin 1885.
Kellner	=	H.-J. Kellner, Die Römer in Bayern, München ³1976.
MSRL	=	Museum der Stadt Regensburg (Lapidarium).
Nuber	=	H.-U. Nuber, in: J. Werner (Hrsg.), Die Ausgrabungen in St. Ulrich und Afra in Augsburg 1961–1968, München 1977, 227 ff.
Ohlenschlager 1872	=	F. Ohlenschlager, Sitzungsberichte der philos.-philol. und hist. Classe der k. b. Akademie der Wissenschaften zu München II, 1872, 305 ff.
Ohlenschlager 1874	=	F. Ohlenschlager, Sitzungsberichte ... (wie bei Ohlenschlager 1872) IV 1, 1874, 193 ff.
PSM	=	Prähistorische Staatssammlung München.
Radnoti	=	A. Radnoti, Regensburger Inschriften ... (s. Literaturverzeichnis).
RE	=	Pauly-Wissowa, Realencyclopädie der classischen Altertumswissenschaft (1893 ff.).
Schn	=	Schnurbein, Römisches Gräberfeld ... (s. Literaturverzeichnis).
Spitzlb	=	G. Spitzlberger, Saalburg Jahrbuch 25, 1968, 65 ff. (s. Literaturverzeichnis).
St	=	G. Steinmetz, Führer durch die Sammlungen des historischen Vereins ... (s. Literaturverzeichnis).
V	=	F. Vollmer, Inscriptiones ... (s. Literaturverzeichnis).
VO	=	Verhandlungen des historischen Vereins für Oberpfalz und Regensburg.
W	=	F. Wagner, Neue Inschriften ... (s. Literaturverzeichnis).
Weber	=	V. Weber, in: Die Römer an Rhein und Donau ... (s. Literaturverzeichnis).
Winkler	=	G. Winkler, BVbl 36, 1971, 50 ff. (s. Literaturverzeichnis).
Zirngibl	=	R. Zirngibl, Erklärungen ... (s. Literaturverzeichnis).

10 Grabinschrift Aventins (Abb. 2)

1 D(eo) O(ptimo) M(aximo)
2 IOAN(nes) AVENTINVS VIR SINGVLARI ERVDI(tione)
3 FIDE AC PIETATE PRAEDITVS PATRIAE SVAE
4 ORNAMENTO EXTERIS ADMIRATIO(n)I FVIT
5 BOIOR(iae) · ET GERMANIAE STVDIOSISS(imus) RERVM
6 ANTIQVAR(um) · INDAGATOR SAGACISS(imus) VERAE
7 RELIGIONIS OMNISQVE HONESTI AMATOR
8 CVI H(oc) M(onumentum) AD POSTERIT(atis) · MEMORIAM P(ositum) EST
9 O(biit) V IDVS IAN(uarias) ANN(i) MDXXXIIII.

1 Dem gnädigen und allmächtigen Gott!
2 Johannes Aventinus, begabt mit einzigartiger Bildung,
3 Glaubenstreue und Frömmigkeit, gereichte seiner Heimat
4 zur Zierde und wurde von Fremden bewundert.
5 Besonders bemühte er sich um Bayern und Deutschland und war ein
6 überaus scharfsinniger Erforscher der Vergangenheit. Er war ein Freund
7 des wahren Glaubens und allgemeiner Sittlichkeit.
8 Ihm ist dieses Denkmal gesetzt zum Gedächtnis der Nachwelt.
9 Er starb am 9. Januar 1534.

Vgl. E. Dünninger, Johannes Aventinus, 1977, 92f.

11 Torinschrift vom Lagerosttor aus dem Jahr 179 n. Chr. (Abb. S. 148)

Vollmer:

```
|FRATER·DIVI·HA DRIANI·NEPOS·DIVI·TRAIANI·P
TICVS·PONTIFEX·MA XIMVS·TRIB·POTESTATIS· XXXVI ·I
ICVS·GERMANIC VS·MAXIMVS·ANTONINI·IM
MP·II·COS·II·VALL M CVM PORTIS·ET·TVRRIBVS·EFC·
    5 M·HELVIO·C MENTE·DEXTRIANO·LEG·A
```

179 n. Chr.

Von diesem erhaltenen Teil ausgehend, läßt sich der gesamte ursprünglich sicher über 8 Meter lange Text mit Hilfe ähnlicher Inschriften dieser Zeit ergänzen, wobei freilich Einzelheiten strittig bleiben. Die verschiedenen Probleme, die mit dem Text verbunden und auch durch seine jüngste Behandlung bei T. Bechert nicht befriedigend erklärt sind, können hier nicht angesprochen werden, da sie zu sehr ins Detail gehen würden. Die ausführliche Erörterung wird an anderer Stelle erfolgen. Lediglich zwei wichtige Beobachtungen seien kurz erwähnt: 1. Die Buchstaben in Zeile 3 und teilweise auch in Zeile 4 stehen in einer leichten Vertiefung. 2. Strenggenommen ist nach dem erhaltenen Text nicht sicher, daß das Lager der *legio III Italica* im Jahr 179 fertiggestellt wurde; hundertprotzentig steht nur fest, daß damals Mark Aurel und Commodus behaupteten, eine Mauer mit Toren und Türmen errichtet zu haben. Dennoch dürfte die Ergänzung von Zeile 4f. *p[er legionem III Italicam]* aufgrund der übrigen Inschriftenfunde in Regensburg unzweifelhaft sein. Zur Datierung und zum Statthalter steht das Wichtigste oben S. 88 f. Dort findet sich auch eine Übersetzung der folgenden, vorläufig richtig erscheinenden Rekonstruktion der Inschrift.

1 [*Imp(erator) Caesar, divi Antonini Pii filius, divi Veri Parthici maximi*] FRATER · DIVI · HADRIANI · NEPOS · DIVI · TRAIANI · PA[*rthici pronepos, divi*]

2 [*Nervae abnepos, M(arcus) Aurelius Antoninus Aug(ustus) Germanicus Sarma*]TICVS · PONTIFEX · MAXIMVS · TRIB(uniciae) · POTESTATIS · XXXVI · I[*mp(erator) VIIII, co(n)s(ul) III, p(ater) p(atriae) et*]

3 [*Imp(erator) Caesar M(arcus) Aurelius Commodus Antoninus Augustus Sarmat*]ICVS · GERMANICVS · MAXIMVS · ANTONINI · IMP(eratori) [*fil(ius), divi Pii nep(os), divi Ha-*]

4 [*driani pron(epos), divi Traiani Parth(ici) abn(epos), divi Nervae adn(epos), trib(uniciae) pot(estatis) IIII, I*]MP(erator) · II · CO(n)S(ul) · II · VALLVM CVM PORTIS ET · TVRRIBVS · EFC(erunt) P[*er legionem III*]

5 [*Italicam Concordem curam agente*] M(arco) · HELVIO · C[*le*]MENTE · DEXTRIANO · LEG(ato) · AV[*gg(ustorum) duorum) pr(o) pr(aetore).*]

MSR L 1. – Kalkstein; 2 Fragmente, links: 83,5 × 114,5 × 32; rechts: 91,5 × 201 × 42. – Mai 1873, wiederverwendet in den Fundamenten der *porta principalis dextra* (P. Reinecke, Germania 36, 1958, 89–96; U. Osterhaus, BVbl 39, 1974, 170–172). – Anzeiger f. Kunde der deutschen Vorzeit 20, 1873, 248/64; Ohlenschlager 1874, 218–224; (Th. Mommsen) Ephemeris Epigraphica II (1875) 448/1001; (O. Hirschfeld) C 3, 11965 S. 2328, 52; V 362 Taf. 49; St 29 f./1a; T. Bechert, Bonner Jahrb. 171, 1971, 242–246 Abb. 15; AE 1971, 292. – Vgl. Radnoti 388 f.; H. W. Böhme, Jahrb. des Röm.-German. Zentralmuseums Mainz 22, 1975, 208 Abb. 18. Zu Dextrianus G. Alföldy, Konsulat und Senatorenstand unter den Antoninen, Bonn 1977, 252. 318.

I 2 Soldateninschrift zu Ehren des Kaisers Severus Alexander (222–235 n. Chr.)

Vollmer:

222–235 n. Chr.

Ehemals rechteckige Tafel aus weißem Marmor. Die inschriftliche Ehrung durch eine große Zahl von Soldaten galt, wie die Reste von Zeile 2 zu erkennen geben, dem Kaiser Severus Alexander. Leider ist der Stein oben links und unten rechts ausgebrochen, weshalb der genaue Anlaß nicht mehr eindeutig auszumachen ist. Von der völlig willkürlichen Annahme ausgehend, die Inschrift habe einst fünf Namensspalten gehabt, wovon die linke zerstört sei, ergänzte F. Vollmer in Zeile 1, offenbar in Analogie zur Nr. I 7 (vgl. auch V 375), eine

Weihung an Mars und Victoria: [*Marti et Vict*]*oriae*. Dies ist aber sehr unsicher. Wie schon G. Steinmetz erkannte, wird in Zeile 2 eine Formel wie *[pro salute Severi Ale]xandri Aug(usti)*, also »für das Wohlergehen des Kaisers Severus Alexander«, gestanden haben. Übrigens genügt das Auftreten der Victoria nicht zur Aufrechterhaltung der Annahmen, die Inschrift sei mit dem Perserkrieg zusammenzubringen und der Kaiser habe sich gar in Regensburg aufgehalten (so aber Kellner 142). Auf alle Einzelheiten der Inschrift hier einzugehen, ist unmöglich. Weiteres oben S. 112f.

MSR L 65. – Marmor: 85 × 54 × 3,5. – 1978, Dr.-Martin-Luther-Str./Hemauerstraße. – Th. Gemeiner, Regensburgische Chronik, I, Regensburg 1800, IX; C 3, 5944 (vgl. Hübner 1096); V 364 Taf. 49; St 43 f./65. Vgl. Steinmetz, VO 76, 1925, 36; Winkler 98; Kellner 142; Radnoti 390f.

13 Weihealtar eines Provinzstatthalters

[- - - - -]
1 [..]VQ[.....]
2 V(ir) · P(erfectissimus) · P(raeses) · P(rovinciae) · R(aetiae) [et]
3 SECVNDINVS
4 PRAEF(ectus) · LEG(ionis) ·
5 · EIVSDEM

[- - - - -]
1 [Name,]
2 Hochwohlgeboren, Präses der Provinz Rätien [und]
3 Secundinus,
4 Legionspräfekt
5 derselben (Legion).

Ca. 290–300 n. Chr.

Noch bei der Auffindung des Steines waren die schönen und regelmäßigen Buchstaben »grell rot gefärbt«. Die Einnamigkeit des Legionspräfekten und der in Zeile 2 gebrauchte Titel datieren den Stein in späte Zeit. Die Titel beider Beamten beweisen uns weiterhin, daß der Weihaltar von den höchsten Funktionären der rätischen Provinz gesetzt wurde und zwar zu einer Zeit als es noch keinen *dux Raetiae* gab, da also die Militär- und Zivilverwaltung noch nicht getrennt waren (S. 131f.). Aus dem Wort *eiusdem* folgt, daß es sich um eine Weihung handelte, die irgendwie mit der (3. italischen) Legion zusammenhing. Anlaß muß ein offizieller Akt gewesen sein. – Der Legionspräfekt (S. 279f.) war in dieser Zeit nicht mehr nur Lagerkommandant, sondern im Range eines Ritters mit 200000 Sesterzen Jahresgehalt (*ducenarius*) Führer der Gesamtlegion. – Der Titel in Zeile 2 ist bis aufs äußerste gekürzt, war aber seinerzeit jedermann ohne weiteres verständlich. *Vir perfectissimus* lautete seit etwa der Mitte des 2. Jahrhunderts das Rang- und Ehrenprädikat der höchsten Beamten des Ritterstandes, *praeses* seit Kaiser Diokletian (284–305) die offizielle Amtsbezeichnung der rätischen Statthalter, welche innerhalb der Provinzgouveneure zur untersten Gruppe gehörten und im 4. Jahrhundert nur noch zivile Aufgaben hatten.

MSR L 54. – Kalkstein: 76 × 71 × 53. – 1900, Salzburgergasse 1 »in einer mit kleinen Ziegeln in Fischgrätenart gepflasterten Halle, zu welcher zwei damals zum Teil noch erhaltene Eingänge aus großen Monolithen führten« (Steinmetz). Vgl. S. 204 u. Walderdorff, VO 54, 1902, 281 f. Taf. X t. – Walderdorff, VO 52, 1900, 305–307; AE 1901, 205; C 3, 14370, 12 add. S. 2328, 202; V 363 Taf. 49; St 40/54a. Vgl. Schmetzer, BVbl 11, 1933, 35. Zum *praeses* zuletzt A. Chastagnol, Historia 12, 1963, 358; Winkler 88; Schn 128 m. A. 701.

I 4 Weihaltar für Vulkan (Abb. 53)

1 VOLK(ano) · SACR(um) · AVR(elius)
2 ARTISSIVS · AEDIL(is)
3 TERRITOR(ii) · CONTR(ibuti)
4 ETKR · DE · SVO · FE-
5 CIT · V(otum) · S(olvit) · L(ibens) · L(aetus) · M(erito)
6 POSITA · X · K(alendas) · S(eptembres)
7 ORFITO · CO(n)S(ule)

1 Dem Vulkanus geweiht! Aurelius
2 Artissius, Ädil
3 des zugewiesenen (kontribuierten) Gebiets
4 ETKR, ließ auf seine Kosten (diesen Altar) er-
5 stellen; sein Gelübde erfüllte er gern und freudig für erwiesene Wohltat;
6 gesetzt an den 10. Kalenden des September
7 als Orfitus Konsul war.

Ende 2. Jahrhundert n. Chr.?

Neben dem Fragment eines steinernen Ambosses (CSIR 415 Taf. 111 = F. Brommer, Hephaistos, 1978, 240/11 Taf. 49, 2. vgl. 97.260) ist die Weihung des Ädilen mit dem unlateinischen, auf das Rheinland weisenden Beinamen Artissius (vgl. L. Weisgerber, Rhenania Germano-Celtica, Bonn 1969, 88. 126 A. 77. 285 A. 30) ein zweites Zeugnis dafür, daß, wie so oft in den Provinzen des römischen Reiches, auch in Regensburg der Gott Vulkan kultisch verehrt wurde (R. Wiegels, Fundberichte aus Baden-Württemberg 3, 1977, 498–505. bes. 504 m. weiterer Lit.). Die Interpretation dieses am Tag des Festes der Vulcanalia (Herz 261 f. 524), gesetzten Weihaltars ist teilweise schwierig. Umstritten ist besonders die Deutung von Zeile 3 f. Speziell die Buchstaben ETKR zu Beginn von Zeile 4 spielen eine große Rolle bei der Diskussion um die Frage, ob die Zivilsiedlung(en) beim Lager der 3. italischen Legion einst Stadtrecht hatten, wie dies z. B. für Lauriacum beim Kastell der 2. italischen Legion wahrscheinlich ist (gegen B. u. H. Galsterer, Bonner Jahrb. 71, 1971, 334–348 bes. E. Weber, in: Römisches Österreich. Jahresschr. d. Österr. Gesellschaft f. Archäologie 3, 1975, 262–269 Taf. 21). Meist zu *et k(anabarum) R(eginensium)* aufgelöst, hielt man diese private Inschrift gewiß zu Unrecht für einen Ausdruck des Dankes für die ungestörte Vollendung der Canabae, die angeblich in das Jahr 178 gefallen sei (z. B. VO 76, 1925, 32); so gesehen sollte sie gar »als eine Art Denkmal auf die Gründung Regensburgs gelten« (Kellner 76). Ausführlich zu alledem aber oben S. 105–109.

MSR L 56. – Kalkstein: 112 × 65 × 30. – 1899, Arnulfsplatz (mit Nr. I 7; fraglich ob in situ). – Walderdorff, VO 51, 1899, 264–270 Taf. 5 (Abklatsch); C 3, 14370, 10; H. Dessau, Inscriptiones latinae selectae (1902) 7111; V 361 add. S. VII Taf. 69; G. Steinmetz, Röm.-German. Korrespondenzblatt 7, 1914, 89 f.; St 40 f./56a. Dazu (in Auswahl): W. Christ, VO 52, 1900, 31–37; Walderdorff, ebd. 41–59; O. Bohn, Germania 10, 1926, 32 f. A. 27; G. Ulbert, in: Germania Romana I (Gymnasium Beiheft 1), 1960, 73 Taf. 11, 2; C. B. Rüger, Germania inferior, Köln–Graz 1968, 55; A. Mócsy, in: Studien zu den Militärgrenzen Roms (I), Köln–Graz 1967, 212; Spitzlb 124 f.; F. Vittinghoff, Chiron 1, 1971, 299 A. 2. 302 A. 19. 306 f. (und andernorts siehe Lit.verz.); Kellner 76 Abb. 38; Radnoti 305 f.; CSIR 431 Taf. 117; P. Schmid, Regensburg, 1977, 94.

I 5 Bruchstück einer Inschrift

Vollmer:

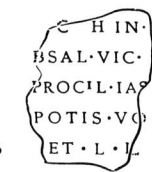

Eine eindeutige Ergänzung dieses Bruchstücks ist nicht möglich. Unsicher ist z. T. schon die Lesung: Vor Vollmer wurde der erste Buchstabe in Zeile 2 als ein o gedeutet, während man zu Beginn von Zeile 4 eine ÉP Verbindung (₽) las. Fraglich ist, ob in Zeile 3 nicht doch bloß PROCLIA steht. Der Vorschlag, in Zeile 1. C[o]H(ors) I N(oricorum) = »erste Norikerkohorte« zu interpretieren, wurde zu Recht fallen gelassen. F. Vollmer schlug vor:

1 [– –]CHIN · [– –]
2 [conla]BSA L(ucius) · VIC(torinius) [. . .]
3 [. . . . et] PROCIL(ius) IAS[sus]
4 [ex test(amento) FL(avi) Ne]POTIS VO[tum]
5 [solverunt] ET L · L · [– –]

1 [- -]CHIN · [- -]
2 [verfa]llen, Lucius Victorinius [. . .]
3 [. . . . und] Procilius Ias[sus?]
4 [haben nach Willen des Testaments des Flavius Ne]pos ihr Gel[übde]
5 [erfüllt] und L. L. [- -].

In Zeile 2 ist vielleicht (nach Vollmer zwar kaum) die Lesung [o]B SAL(utem) · VIC(anorum) = »für das Heil der Dorfbewohner« anzunehmen.

MSR L 58. – Kalkstein: 44 × 39 × 23. – 1899, im Garten Obermünsterstr. 10. – C 3, 14370, 13; V 415 Taf. 58; St 45/73c. Photo (Abklatsch): VO 51, 1899, 272 f. Taf. 6, 4.

16 Weihinschrift eines Kaufmanns an Merkur

1 IN · H(onorem) · D(omus) · D(ivinae) · DEO M[ercurio]
2 CENSVALI · PRO S[alute dd(ominorum)]
3 NN(ostrorum) · AVGG(ustorum) · IMPP(eratorum) · S[everi et]
4 ANTONINI [[PAR(thici) M[ax(imi) nobi-]]]
5 LISSIMI CAES(aris) · N(egotiatores?) · T[urarii?]
6 RESTITVERVNT [aedem et aram]
7 CVM · SIGNI[s suis consump-]
8 TIS · VETVS[tate: curam eg(erunt)]
9 IVL(ius) · VERAX [et . . . .]
10 NEG(otiatores) · D(e) · D(icatum) CI[lone II et Libone?]
11 CO(n)S(ulibus) · V · ID(us) S[eptembres]

1 Zu Ehren des göttlichen Hauses! Dem Mercurius
2 Censualis für das Heil unserer beiden
3 Herren, der beiden Augusti und Feldherren Severus und
4 Antoninus, des größten Partherbesiegers, des edel-
5 sten Cäsars (= Thronfolgers); [die Weihrauchhändler?]
6 stellten wieder her den Tempel und den Altar
7 samt seinen Statuen, verkom-
8 men wegen Alters: die Ausführung besorgten
9 Iulius Verax (und . . . .)
10 Händler; geweiht im Jahr als Ci[lo und Libo?]
11 Konsuln waren, am 5. Tag vor den Iden des S[eptember].

9. 9. 204 n. Chr.?

»Die Platte ist der Länge nach gebrochen, die rechte Hälfte und die linke untere Ecke fehlen.
Die in vertieftem Feld angebrachte Inschrift hat links eine Ansa in Form eines von zwei s-förmigen Ranken begrenzten Akanthusornaments. Links daneben zwei verschieden großen rechteckige Nischen. In der oberen, kleineren die Büste einer Frau mit Füllhorn. Ihr gescheiteltes volles Haar bedeckt beide Ohren. In der unteren Nische ein geflügelter nackter Eros, der die Ansa hält.
Ihm entsprach auf der Gegenseite ein zweiter, über dem sich vermutlich die Büste des Merkur befand. Zu den Götterpaaren neben Inschriften vgl. W. Schleiermacher, 23. Ber. RGK. 1933, 124 ff.« (CSIR a.a.O). – Durch diese Inschrift zu Ehren des Kaiserhauses und besonders zum Heile des regierenden Kaisers Septimius Severus (193–211 n. Chr.) und seiner Söhne Caracalla (198–217 n. Chr.) und Geta (209–212 n. Chr.) weihten Händler an einem 9. September (dies war kein besonderer Festtag: Herz 269), vermutlich des Jahres 204 n. Chr., den von ihnen einschließlich der Standbilder restaurierten Tempel für einen Gott mit dem Beinamen Censualis ein. Das M am Schluß von Zeile 1 und das Wesensmerkmal des Gottes (die Hypostase) – eben Censualis = wörtlich: »die Schatzung betreffend« – weisen eindeutig auf Gott Mercurius. Das seinem Namen vorgestellte *deus* = »Gott« verdeutlicht aber, daß hier der einheimische Händlergott mit römischem Namen verehrt wurde (zur *interpretatio Romana* Nr. I 12). Ähnliche Fälle kennen wir z. B. aus Bregenz und Epfach, wo für *deus Mercurius Arcecius* (V 74 B) und *deus Mercurius Cimiacinus* (V 83 = K. Kraft, Gesammelte Aufsätze zur antiken Geschichte und Militärgeschichte, Darmstadt 1973, 249/12 Taf. 7, 12 [vom 29. 9. 211 n. Chr.]) Inschriften gesetzt wurden. Ob der Tempel des *deus Mercurius Censualis* im heiligen Bezirk auf dem Ziegetsberg stand (vgl. Nrr. I 10–14) oder ein Heiligtum der Zivilsiedlung neben dem Legionslager war – eine *aedes* für Merkur ist übrigens auch in Salzburg (C 3, 5533), Epfach (s. o.) und Dünzlau bei Ingolstadt (V 253) epigraphisch belegt –, ist nicht mehr entscheidbar. Sicher dürfte dagegen sein, daß unsere Inschrift nicht an der Stelle des ehemaligen Tempels gefunden wurde, d. h. daß es am Petersweg keinen Merkurtempel gab (vgl. BVbl 30, 1965, 185), und desweiteren, daß Iulius Verax nicht, wie man früher glaubte (z. B. Zirngibl 238 f.), einen älteren vorrömischen(!) Tempel wiederhergestellt hat. Hingegen ist die heute meist wie sicher behandelte Ansicht, Iulius Verax und seine Partner seien Weihrauchhändler (*turarii*) gewesen, eine sehr unsichere, letztlich durch nichts gestützte Vermutung F. Vollmers. Daran ändert auch nichts, daß auf der bereits genannten Inschrift aus Epfach wirklich ein Weihrauchaltar genannt ist (zum Weihrauch RE Suppl. XV [1975] 700 ff. bes. 733. 757 ff.). – Noch zwei Beobachtungen zur Inschrift seien angeführt: 1. Die Weihung galt zwar Mercurius Censualis, aber über allem standen die Kaiser und ihre Familie. Das Kaiserhaus wird als göttlich angesprochen durch die seit etwa 200 n. Chr. allgemein verbreitete Formel »zu Ehren des göttlichen Hauses« (Nrr. I 7. 8. 9. 12. 14. 17; vgl. M.-Th. Raepsaet-Charlier, ANRW 2, 3, 1975, 232–282 und Schlippschuh a.a.O. 143. 240 A. 807). War ursprünglich nur dem Genius der lebenden Kaiser geopfert und Göttlichkeit nur den vom Senat unter die Götter aufgenommenen, verstorbenen Kaisern zuerkannt worden, so wurde spätestens seit Commodus (180–192 n. Chr.) der Kaiser in den Provinzen allgemein als Gott betrachtet und verehrt. Dieser fest verankerte Kaiserkult – als geistiges Band für den Zusammenhalt des so unterschiedlich strukturierten Reiches unentbehrlich – wurde unter den Severern endgültig auf

die gesamte Familie des Kaisers, die jetzt als *divina* galt, erweitert. 2. Unsere Inschrift zeigt aber auch sehr gut, daß trotzdem die Kaiser mit allen Niedrigkeiten behaftete Menschen blieben: In Zeile 4 wurden auf Geheiß des Senats nach dem Wort ANTONINI die Buchstaben ET GETAE (»und des Geta«) ausgemeißelt und durch PAR · MAX · (»des größten Partherbesiegers«) ersetzt. Ähnlich wurden nach der Ermordung Getas durch seinen Bruder Caracalla im Jahr 212 n. Chr. überall im Reich viele Inschriften behandelt (für Raetien Vollmer S. 196). Eines der berühmtesten Beispiele dieser »Aufhebung des Andenkens« (*abolitio memoriae*) ist die Inschrift am Severusbogen auf dem Forum Romanum in Rom. Der Bruderhaß ging über den Tod hinaus so weit, daß der Name Getas sogar auf Münzen radiert und selbst seine Gestalt aus Reliefs vollständig ausgemeißelt wurde. Doch all dies half nichts! Dem kritischen Auge der Wissenschaft blieb die Existenz des Geächteten nicht verborgen: auf unserer Inschrift sind die Worte [nobi]LISSIMI CAES(aris) verräterisch, da sie im Jahr 204 nur noch auf Geta, der erst 209 Augustus wurde, zutrafen.

PSM IV 762. – Kalkstein: 66 × 75 × 15. – Kurz vor 1594 bei der Erbauung des Jesuitenkollegs in der Nähe des ehemaligen Peterstores (Südtor des Legionslagers). – Marci Velseri rerum Augustanarum Vindelicarum libri octo, Augsburg 1594, 211; C 3, 5943 (vgl. Hübner 571); J.-P. Waltzing, Étude historique sur les corporations professionelles chez les Romains, III, Leiden 1900, 113/368; V 360 Taf. 53; St 54f./1. Vgl. Steinmetz, VO 65, 1915, 49; CSIR 457 Taf. 127; O. Schlippschuh, Die Händler im römischen Kaiserreich in Gallien, Germanien und den Donauprovinzen Rätien, Noricum und Pannonien, Amsterdam 1974, 7. 197 A. 37.

I 7 Wiederherstellung eines Tempels für Mars und Victoria

1 IN · H(onorem) · D(omus) D(ivinae)
2 MARTI · ET VICTO-
3 RIAE · TEMPLVM · RESTI-
4 TVIT · SVLLANIVS · AL-
5 BVCIVS · VET(eranus) · EX · COR-
6 NVCL(ario) · TRIB(uni) · V(otum) · S(olvit) · L(aetus) · L(ibens) · M(erito) ·
7 D(e) · D(icatum) · III · KAL(endas) · IVL(ias) · GENTIANO · ET · BASSO · CO(n)s(ulibus)

1 Zu Ehren des göttlichen Hauses
2 hat dem Mars und der Victo-
3 ria den Tempel wiederher-
4 gestellt Sullanius Al-
5 bucius, Veteran, entlassen als cor-
6 nicularius des Tribunen; sein Gelübde erfüllte er gern und freudig, für erwiesene Wohltat.
7 Geweiht am 3. Tag vor den Kalenden des Juli als Gentianus und Bassus Konsuln waren.

29. 6. 211 n. Chr.

Bauinschrift zu Ehren des Kaiserhauses an einem 211 wiederhergestellten Tempel für Mars und Victoria. Der Standort dieses Heiligtums ist bis heute unbekannt (gegen z. B. VO 86, 1936, 437 f.). Obwohl Mars und Victoria in der Kaiserzeit bevorzugt Heeresgötter waren, die sogar das Kultbild des kaiserlichen Genius im Fahnenheiligtum zieren konnten, haben ihnen auch Zivilpersonen Weihungen dargebracht, wie z. B. die *vicani Scutt(arenses)* in Nassenfels (V 243). In unserem Fall handelt es sich gewissermaßen um eine zwischen beiden Möglichkeiten liegende Variante, da Sullanius Albucius – der einen etruskisch stämmigen Familiennamen und einen keltischen Beinamen (Evans 303) trug – als entlassener Soldat faktisch wieder ins Zivilleben zurückgekehrt war. Die Baumaßnahmen des Albucius verdeutlichen gut, welche große gesellschaftliche Rolle zu Beginn des 3. Jahrhunderts die Veteranen in der Nachbarschaft ihrer ehemaligen Garnison spielten. Dabei besaß Albucius nicht einmal Zenturionsrang, er bekleidete lediglich die höchste Stufe *in caliga* (nach den Soldatenstiefeln, vgl. S. 276f.), des gemeinen Soldatendienstes also. Freilich als *cornicularius tribuni* (so lautete der Titel in Zeile 5 f. richtig) war er Vorsteher der Kanzlei und eine Art Ordonanz des senatorischen Militärtribuns (S. 286) und daher – wie noch heute – durch die Nähe zum Vorgesetzten in manchem wohl besser gestellt als ranghöhere Chargen, die es dafür in großer Zahl gab. Zu den angesehensten *principales* gehörend, erhielt er mindestens den doppelten Grundsold, zu seiner Zeit also etwa 1000–1100 Denare (vgl. G. Webster, The Roman Imperial Army, London 1969, 259). Einen anderen *cornicularius tribuni* unserer Legion namens Marcus Aurelius Amandus kennen wir übrigens aus seiner gewiß von Regensburg verschleppten Grabinschrift aus Pfaffenmünster bei Straubing (V 426 = N. Walke, Das römische Donaukastell Straubing-Sorviodurum, Berlin 1965, 76). *Corniculariii* hießen diese Leute übrigens, weil den rangniederen Soldaten bei einer Auszeichnung ursprünglich ein kleiner Speer aus Kornelkirschbaumholz, ein *corniculum*, überreicht worden war (die Offiziere erhielten die *hasta pura*, einen Speer aus Edelmetall). Die Beförderung zum *cornicularius* bedeutete offenbar auch in der Kaiserzeit noch eine Auszeichnung (vgl. A. Büttner, Bonner Jahrb. 157, 1957, 177–180). – Der Einweihungstag war der 29. Juli 211 (die Datumszeile 7 ist in kleinerer Schrift von anderer Hand angebracht), der Tag des Quirinus (*dies Quirini*). Ein Zusammenhang zwischen dem Festtag des Quirinus und einer Weihung an Mars wäre denkbar (Herz 234), ist aber nicht zwingend, da Quirinus möglicherweise eine agararische Gottheit war und nicht, wie man immer wieder vermutete, der sabinische Mars (also ein Kriegsgott) war.

MSR L 64. – Kalkstein: 45 × 33 × 25. – 1899, Arnulfsplatz, mit Nr. I 4 und V 399. – Walderdorff, VO 51, 1899, 270f. Taf. 6, 3 (Abklatsch); AE 1900, 72; C 3, 14370, 9; V 359 Taf 18; St 43/64. Vgl. M. Clauss, Untersuchungen zu den principales des römischen Heeres von Augustus bis Diokletian. Cornicularii, speculatores, frumentarii, Diss. Bochum 1973, 17. 131 A. 6; ANRW 2, 3, 1975, 255. 280f.

I 8 Weihaltar zu Ehren Iuppiters aus dem Jahr 240 n. Chr.

1 IN · HO(norem) · D(omus) · D(ivinae)
2 I(ovi) · O(ptimo) · M(aximo)
3 ARAM · ALT(eram?) · P(osuit) · EX
4 IVSSV · IPS(ius) ·
5 AVR(elius) PERV-
6 INCIAN(us)
7 EQ(ues) · LEG(ionis) · III
8 ITAL(icae) · D(e) · D(icata)
9 VIII · KAL(endas) · AVG(ustas)
10 SABINO · ET · VE-
11 NVSTO · CO(n)S(ulibus)

1 Zu Ehren des göttlichen Hauses
2 hat dem Jupiter, dem Besten und Größten,
3 einen zweiten Altar errichtet auf
4 Geheiß des Gottes selbst
5 Aurelius Pervin-
6 cianus,
7 Reiter der Legio 3
8 Italica. Eingeweiht
9 an den 8. Kalenden des August
10 als Sabinus und Ve-
11 nustus Konsuln waren.

25. 7. 240 n. Chr.

Die Inschrift ist heute verloren. Der Text wurde von Th. Mommsen nach verschiedenen, widersprüchlichen Angaben bei Aventinus und Accursius rekonstruiert. – Als im römischen Reich nach den Konsuln C. Octavius Appius Suetrius Sabinus (zum zweiten Mal im Amt) und Ragonius Venustus das Jahr benannt wurde (es handelt sich um die am 1. Januar 240 n. Chr. angetretenen sogenannten *consules ordinarii* = »ordentliche Konsuln«), regierte in Rom der 15jährige Kaiser Gordian III. Verbunden mit der Ehrung seiner Familie (vgl. Nr. I 6 zur Formel *in honorem domus divinae*) wurde damals dem Iuppiter Optimus Maximus in Regensburg ein Altar errichtet. Der Geehrte war Hauptgott und Staatsgott der Römer zugleich; auf dem Südhang des kapitolinischen Hügels in Rom besaß er seit der Frühzeit der römischen Republik (507 v. Chr.) einen großen Tempel. Er wurde vielfach verehrt: Allein die Abkürzung I·O·M· findet sich auf ca. 800 Inschriften; die uns räumlich nächste stammt aus Untersaal. Die Weihung wird, wie so oft, damit begründet, der Gott selbst habe die Weisung erteilt; auch das Tagesdatum gibt keinen weiteren Aufschluß, da es sich beim Einweihungstag (25. Juli) um keinen besonderen Feiertag des römischen Festkalenders handelt (Herz 245). Die Gründe werden daher eher im persönlichen Bereich gelegen haben.

Der heilige Bezirk, in dem die Weihung wohl aufgestellt war, kann nicht unbedeutend gewesen sein. Darauf weist Zeile 3, wo ARAM · ALT · zweifelsfrei überliefert ist. Schon Aventin löste zu *aram alt(am)* = »Hochaltar« auf und J. v. Hefner bemerkte, von derselben Textauffassung herkommend: »Ein seltner Fall, das Wort *Altare* in seine zwei Bestandtheile aufzulösen.« In der Tat hat sich unser Wort Altar, etymologisch (d. h. vom wahren Ursprung des Wortes her) gesehen, aus dem lateinischen Wort *altare* entwickelt, das in der früheren Zeit fast nur in der Mehrzahl *altaria* gebraucht wurde, und soviel bedeutete wie »Brandaltar, Hochaltar, Altaraufsatz für Brandopfer«. Bezeichnet wurden mit *altaria* vor der Tempelfront im Freien stehende Hochaltäre von bedeutenderen Gottheiten, während die in den Sakralbauten sich befindenden Altäre und die der weniger wichtigen Götter angeblich nur *arae* genannt wurden. Bereits das Sprachgefühl der ›Wissenschaftler‹ in spätrömischer Zeit erklärte daher das Wort *altaria* aus der Höhe (*altitudo*) dieser heiligen Objekte. Diese Deutung gipfelte in der prägnanten Behauptung des Bischofs Isidor von Sevilla (600/1-636 n. Chr.), es stehe fest, daß *altaria* wegen der Höhe so heißen, »gleichsam hoher Altar« (*quasi alta ara*). Hat also Pervincianus 240 n. Chr. eine *ara alta* geweiht? Leider irrten Aventin und Hefner, ebenso wie – Isidor! Wie uns die modernen Sprachwissenschaftler zeigen konnten, hat Altar, bzw. *altaria* mit einer *alta ara* (»hoher Altar«) nichts zu tun; vielmehr hängt das Wort sprachgeschichtlich mit dem lateinischen Verbum *adoleo* = »verbrennen (bes. das Opfertier)« zusammen. Wenn man dem, seinem Beinamen nach, vermutlich aus den Rheinlanden abstammenden *Pervincianus* (vgl. Nr. I 25) nicht einen Hang zur Volksetymologie unterstellen will, darf man also in Zeile 3 unserer Inschrift nicht *aram alt(am)* auflösen.

Dies war sicher ein Grund warum der große Th. Mommsen glaubte, auf dem Stein habe einst ARAM · ALT[a]RE gestanden, was aber schon wegen des bei Aventin jedesmal erwähnten EX unwahrscheinlich ist. Daher wird F. Vollmer zu Recht ARAM · ALT(eram) aufgelöst haben, woraus folgt, daß bereits ein entsprechender Jupiteraltar an dem gleichen Ort der Weihung existiert haben muß. Ob auch er schon durch den Legionsreiter (vgl. S. 277) Pervincianus gestiftet worden war oder von jemand anderem, geht aus der Formulierung nicht hervor.

Historisch ist diese Inschrift besonders wichtig, weil sie zeigt, daß auch in der Zeit nach den schweren Alemanneneinfällen um 233 n. Chr. in Regensburg das kulturelle Leben nicht abgebrochen ist (S. 115).

Verschollen. – 1528, Haidplatz (»in des Schwäblens Hauß an der haid«). – Aventinus und Accursius (vgl. Vollmer S. 110); C 3, 5942; V 358; St 58/1. Vgl. Radnoti 385 f.

I 9 Altar für Liber Pater (Abb. 16)

1 IN · H(onorem) D(omus) [d(ivinae)]
2 DEO LIBERO [Pa]-
3 TRI P(ublius) · LA[.....]TI-
4 VS SALVTARIS
5 OPTIO LEG(ionis) · III ·
6 ITAL(icae) · QVI ET POR-
7 TICVM
8 V(otum) · S(olvit) · L(ibens) · L(aetus) M(erito)

1 Zu Ehren des göttlichen Hauses!
2 Dem Gott Liber Pa-
3 ter Publius La[.....]ti-
4 us Salutaris,
5 Stellvertreter eines Zenturios der Legio 3
6 Italica, der auch die Säulen-
7 halle (machte);
8 sein Gelübde löste er gern und freudig für erwiesene Wohltat ein.

Nach 175 n. Chr., aber 3. Jahrhundert n. Chr.

Altar mit Resten des linken Kissens (Pulvinum), das an der Vorderseite mit einer Rosette verziert war. Oben eine 2,5 cm tiefe Mulde mit einer Abflußrinne nach hinten. Den Altar weihte der Soldat Salutaris, dessen Familienname bei der porösen Oberflächenbeschaffenheit des Steines nicht mehr lesbar ist (F. Wagner dachte an La[uren]tius, jedoch ist dieser Name bisher nicht als Familienname belegt). Die Ehrung galt, wie üblich, dem Kaiserhaus, das Opfer aber dem Gott Liber Pater, der am Weinweg vielleicht ein kleines Heiligtum besaß (S. 267 f.). Das *qui et porticum* (Zeile 6 f.) könnte bedeuten, daß für den Altar ein »Wetterdach« errichtet wurde, meint aber wohl eher, daß Salutaris an das Tempelchen des Liber Pater eine *porticus*, einen Säulengang, anbringen ließ. Liber war ursprünglich ein italischer Fruchtbarkeitsgott, wurde aber seit dem 6. Jahrhundert v. Chr. fast völlig mit Dionysos-Bacchus gleichgesetzt. Seither erfreut er sich als der Gott der Rebe und des Weines großer Beliebtheit (Festtag 17. März). Der Beiname *pater* = »Vater« stand zwar allen Göttern zu, war bei Liber aber geradezu zum festen Namensteil geworden. So war der Kult des Liber Pater wie der Wein in der römischen Kaiserzeit im Westen des Imperium Romanum weit verbreitet. Aus Rätien besitzen wir noch eine Darstellung des Gottes aus Nassenfels (CSIR 246 Taf. 73); dort wie in Regensburg hat man den Wein, wenn nicht gar angebaut (S. 313), so zumindest hoch geschätzt, besonders natürlich in Militärkreisen: In Dakien konnte der Gott sogar ins Fahnenheiligtum einer dort stationierten Legion eindringen. Der Zusatz *deus* auf unserem Stein zeigt, daß *interpretatio Romana* vorliegt, also ein einheimischer Weingott mit römischem Namen verehrt wurde (vgl. bei Nr. I 12).

MSR L 164. – Sandstein: 125 × 69 (Sockel) × 48. – 1950, am südl. Rand des merowingischen Reihengräberfeldes am Weinweg (Pl. 3997); vgl. Faltplan. – W 101 Taf. 23. Vgl. VO 91, 1950, 234; BVbl 18/19, 1951/2, 287; Fasti Archaeologici 5, 1950, Nr. 6345; AE 1953, 109 (ohne Text); CSIR 430 Taf. 117; Kellner 113f. Zum Weinbau H. Cüppers, Wein und Weinbau zur Römerzeit im Rheinland, Germania Romana III (Gymnasium Beiheft 7), 1970, 138–145. Zu Liber Pater W. Eisenhut, Der Kleine Pauly 3 (1969) 620f.

I 10 Weihung eines Merkurtempels

1 MER͡CVRIO · T͡EM-
2 P͡LVM · CAS(sius?) A[...]-
3 VS · ET · CAS(sius?) · [...]-
4 MV͡LINVS · L(ibentes) · L(aeti) · M(erito) ·

1 Dem Merkur (weihten) diesen Tem-
2 pel Cas(sius?) A[...]-
3 us und Cas(sius?) [...]-
4 mulinus gern und freudig für erwiesene Wohltat.

Anfang 3. Jahrhundert n. Chr.?

Weihinschrift mit breitem Rand, der r. und l. mit zwei übereinanderstehenden, nach außen geöffneten, halbmondförmigen Sichelbögen verziert ist. Die Buchstaben, oft kunstvoll miteinander verbunden, sind sauber ausgeführt und rot eingefärbt. Der Name der Stifter (wohl Brüder oder wie bei Nr. I 12 Vater und Sohn), ist, obwohl die Zahl der mit Cas. beginnenden lateinischen Familiennamen sehr groß ist, vermutlich zum Nomen Cas(sius) zu ergänzen, da bislang nur er in Rätien belegt ist. Die Lücken in Zeile 2 und 3 sind vielleicht zu A[vit]us und [Ca]mulinus zu schließen (heute modern aufgezeichnet). Diese beiden Zunamen sind ebenso wie Cassius im keltischen Sprachgebiet gut belegt; es ist daher durchaus fraglich, ob die beiden Tempelerbauer Einheimische oder, wie die auf Nrr. I 13 und I 14 genannten Personen, Händler aus den gallisch-germanischen Provinzen waren. Sofern der von den Cassiern gestiftete Tempel für Mercurius, dem Schutzgott der Kaufleute und des Handels, einst an derselben Stelle standen wie der von Placidus wiedererrichtete (Nr. I 11), wäre er schon der Buchstabenform wegen der ältere gewesen. Freilich ist zu bedenken, daß die Einweihungstafel der Cassier fast doppelt so groß war wie die des Placidus.

MSR L 141. – Kalkstein: 68 × 117 × 17. – 1935, Merkurheiligtum (Augsburger Straße 96 = Ziegelsdorf 61), östlicher Tempel. Vgl. Plan 269 und S. 266. – VO 86, 1936, 438; BVbl 14, 1937, 102ff./a; W 102 Taf. 24. Vgl. Kellner Abb. 89 (dazu S. 111).

I 11 Neueinweihung des abgebrannten Tempels des Merkur (Abb. 77)

1 M[ercurio . . .]TORI
2 TE[mplum igne con]SV-
3 M[pt]VM · RES[tit]VIT ·
4 EX VOTO · G(aius) · RVFONIVS ·
5 PLACIDVS OPTIO ·
6 LEG(ionis) · III · ITA[l(icae)] · V(otum) · S(olvit) · L(ibens) · L(aetus) · M(erito)

1 Dem Mercurius [. . .]tor?
2 hat den Tempel, der vom Feuer ver-
3 zehrt war, wiederhergestellt
4 aufgrund eines Gelübdes: Gaius Rufonius
5 Placidus, Optio (= Stellvertreter des Zenturios)
6 der 3. italischen Legion; sein Gelübde erfüllte er gern und freudig für erwiesene Wohltat.

Nach 175 n. Chr., aber wohl 3. Jahrhundert n. Chr.

Aus sechs Bruchstücken zusammengesetzt; heute ist die Inschrift rekonstruiert; die Ergänzungen sind aufgemalt, bzw. dort, wo noch winzige Buchstabenspuren vorhanden waren, wie im Original ausgeführt. In Zeile 1 hatte seinerzeit G. Behrens als Beinamen des Gottes Merkur, um den es sich des Fundortes wegen unzweifelhaft handelt, unter Hinweis auf eine Inschrift aus Heilbronn-Böckingen (vgl. Ph. Filtzinger u. a., Die Römer in Baden-Württemberg, Stuttgart-Aalen 1976², 526) *[Cul]tor* ergänzt. Die Richtigkeit dessen vorausgesetzt, wäre wohl die beste Erklärung dieses Beinamens die, Mercurius sei durch die Benennung als Cultor (= »der Verehrer«) aufgefordert, seine *cultores*, also seine Priester und Verehrer, besonders zu begünstigen und zu unterstützen. Allerdings kommen aus der Fülle der bislang nachgewiesenen, auf *-tor* endenden Beinamen des Gottes mindestens drei ebensogut in Frage, da sie durch inschriftliche Parallelen belegt sind und sogar die gleiche Buchstabenzahl wie *Cultor* haben: *Viator* und das wohl sinngleiche *Meator* (= »der Wanderer, der Reisende«) sowie *Victor* (= »der Siegreiche«). Vielleicht spricht für *Cultor* am ehesten noch die Tatsache, daß der Weihende Soldat der Regensburger Legion (zu *optio* bei Nr. I 16) war. – Höchstwahrscheinlich richtig ergänzt ist Zeile 2. Wann genau der hölzerne Vorgängertempel (vgl. zu Nr. I 10) abbrannte – in der Literatur wurden bereits die Jahre 213 (A. Stroh) und 233 (G. Steinmetz) ins Auge gefaßt – ist nicht anzugeben (S. 267); ebensowenig, ob ein kriegerischer Anlaß das Feuer verursachte. – Der Familienname Rufonius ist anscheinend bisher anderweitig nicht belegt.

MSR L 142. – Kalkstein: 39 × 61 × 7. – 1935, wie Nr. I 10, »zwischen dem Fußboden der Cella und einer darunter liegenden Holzbrandschicht« (Wagner), vgl. VO 85, 1935, 348 f. A. 4.86, 1936, 437 f. und oben S. 266. – VO 85, 1935, 353/d.86, 1936, 438/12; BVbl 14, 1937, 104/d Taf. 24,1; W 103 Taf. 24. Vgl. CSIR 455 Taf. 126; ANRM 2, 3, 1975, 281; auch Kellner 111.

I 12 Weihung an Deus Mercurius und Maia mater (Abb. 76)

1 I(n) · H(onorem) · D(omus) · D(ivinae) ·
2 DEO ·
3 MERCVRIO
4 ET · MAIAE MATRI
5 C(aius) · SERVANDIVS
6 SEROTINVS Ↄ (= centurio) · LEG(ionis)
7 III · ITAL(icae) · ET · SERVAND(ius)
8 HERCVLANVS · FIL(ius) ·
9 EX VOTO · POSVER(unt) ·
10 L(ibentes) · L(aeti) · M(erito) ·

1 Zu Ehren des göttlichen Hauses
2 haben dem Gotte
3 Merkur
4 und seiner Mutter Maia
5 Gaius Servandius
6 Serotinus, Zenturio der Legio
7 3 Italica, und Servandius
8 Herculanus, sein Sohn,
9 aufgrund eines Gelübdes (diesen Altar) gesetzt,
10 gern und freudig für erwiesene Wohltat.

Nach 175 n. Chr., aber wohl Anfang 3. Jahrhundert n. Chr.

»Altar mit reichem architektonischen Aufbau: profilierter Fuß, korinthische Eckpilaster, auskragendes Gebälk mit Faszienarchitrav und Fries mit Inschrift.« (CSIR a.a.O.) Da die Rückseite nicht ausgeführt ist, stand der Stein einst offenbar vor einer Wand. Die Weihung gilt dem Gotte Merkur und seiner Mutter Maia. Die Verbindung dieser beiden Mächte bestand in Rom seit alten Zeiten; zwar gehörte die Fruchtbarkeitsgöttin Maia ursprünglich mit dem Wachstumsmonat Maius (Mai) zusammen, doch wurde sie später mit der Nymphe Maia, die nach der griechischen Mythologie Mutter des Hermes war, gleichgesetzt: schließlich entsprach der römische Merkur dem griechischen Hermes. Der Kult des Merkur und der Maia wurde zunächst im Mittelmeergebiet gepflegt, z. B. in Pompeji, aber auch – durch italische Kaufleute ausgebreitet – auf der griechischen Insel Delos und sogar in Byzanz (Istanbul). Über Südgallien hat er schließlich Einzug in den Rheingebieten gehalten. Von den dortigen Einheimischen wurde freilich in der Regel nicht mehr der römische Gott Merkur mit seiner Mutter verehrt, wenn und obgleich deren Namen angerufen wurden. Die sakrale Handlung galt vielmehr den entsprechend einheimischen – keltischen oder gallischen – Gottheiten, denen ihrer in der gemeinsamen indogermanischen Herkunft der Kelten und Italiker wurzelnden Wesensähnlichkeit oder -gleichheit wegen die römischen Namen beigelegt wurden. In solchen Fällen spricht man von *interpretatio Romana* (vgl. Der Kleine Pauly 3 [1968] 1230), weil ein nichtrömischer Gott im römischen Gewande erscheint. Verräterisch ist in der Regel der Zusatz *deus* vor dem Götternamen (vgl. z. B. Nr. I 9 und allgemein ANRW 2,3, 1975, 232ff.). Er findet sich auf der Ziegetsdorfer Weihung des Serotinus (und übrigens noch auf vier weiteren Inschriften aus dem dortigen heiligen Bezirk). Entsprechend kennen wir weit über 300 Inschriften an Gott Merkur, die in Wahrheit den betreffenden keltischen Gott (Teutates?) meinen. Nach Caesar, der bereits von Mercurius spricht, verehrten ihn die Gallier besonders: »Ihm gehören die meisten Bildnisse«, heißt es im »Gallischen Krieg« (6, 17, 1), »ihn halten sie für den Erfinder der Künste, ihn für den Führer auf Wegen und Reisen, von ihm glauben sie, daß er beim Gelderwerb und beim Handel die größte Kraft besitzt«. Im Falle der *interpretatio Romana* verbirgt sich hinter Maia vermutlich die ständige Begleiterin des keltischen Merkur, die keltische Segensgöttin Rosmerta (F. Drexel, Bericht der Röm.-Germ. Kommission 14, 1922, 28f.). Ob dies auch auf der Regensburger Inschrift der Fall ist, ist aber so sicher nicht, da hier immerhin eigens betont wird, daß die Weihung der Maia *mater* gilt. Bei *interpretatio Romana* würde folgen, daß Rosmerta auch als die Mutter des keltischen Merkur betrachtet wurde. Wie man sieht, lag es mit dem Götterhimmel in den Provinzen des römischen Reiches nicht so einfach. Daran, daß der Zenturio Serotinus tatsächlich aus dem keltischen Sprachgebiet stammte, dürfte übrigens nicht zu zweifeln sein. Zwar ist sein Beiname Serotinus schön lateinisch und bedeutet »der Spätkommende«, er war aber in gallisch-germanischen, auch in eindeutig nicht lateinischen Zusammenhängen, häufig. Verräterisch ist der Familienname, der auf gut keltische Weise (vgl. Nr. I 25) aus dem lateinischen Zunamen Servandus gebildet ist. Man nimmt an, daß auf unserer Weihinschrift einst figürliche Darstellungen der verehrten Gottheiten standen. Von der Statue der Maia – in der Regel mit Füllhorn oder Heroldstab *(caduceus)* dargestellt – blieb angeblich der Kopf erhalten. Als das gallo-römische Merkurheiligtum mit dem nur vereinzelt bekannten Typ des Nischentempels (J. E. A. Th. Bogaers, De gallo-romeinse tempels te elst in de over-Betuwe, 1965, 19 m. A. 5; vgl. E. Gose, Der gallo-römische Tempelbezirk im Altbachtal zu Trier, Mainz 1972, 12ff.) in Ziegetsdorf endgültig zerstört wurde, enthaupteten vermutlich die Alamannen (R. Noll, Anzeiger der Österreich. Akademie d. Wissenschaften, Philos.-Hist. Klass. 113, 1976, 381ff.) diese Götterbilder, ähnlich wie z. B. in Nassenfeld und Eining.

MSR L 143. – Kalkstein: 114 × 75 × 5a. – 1935, wie Nr. I 11; vgl. VO 85, 1935, 349f. – VO 85, 1935, 352/a. 86, 1936, 439/3; BVbl 14, 1937, 104/b Taf. 24,2; W 104 Taf. 23. Vgl. CSIR 452 Taf. 125; Kellner Abb. 88 und oben S. 285.

I 13 Weihaltar für Deus Mercurius (Abb. 8)

1 DEO
2 MERCVRIO
3 IBLIOMARIV̂S
4 PERPÊTVS
5 V(otum) · S(olvit) · L(ibens) · L(aetus) · M(erito)

1 Dem Gotte
2 Merkur!
3 Ibliomarius
4 Perpetus
5 erfüllte sein Gelübde gern und freudig für erwiesene Wohltat.

3. Jahrhundert n. Chr.

Sockel und Gesims des Altares sind abgeschlagen. Die Weihung gilt wohl nicht dem römischen Gott Merkur, sondern in *interpretatio Romana* (vgl. bei Nr. I 12) dem höchsten keltischen Gott Mercurius. Darauf weist der Name des Stifters, der dem Augenschein nach im ersten Teil keltisch, im zweiten lateinisch ist. Ibliomarius und verwandte Formen waren besonders in den rheinischen Landen und ganz speziell in der Gallia Belgica um Trier heimisch (Evans 226). Da auch die Schreibweise Perpetus statt Perpetuus gerade in diesen Teilen des Reichs mehrfach belegt ist, wird man unseren Ibliomarius Perpetus auch ohne Berufsangabe für einen Händler aus diesen Gebieten, vielleicht sogar aus Trier (vgl. Nr. I 14), halten dürfen.

MSR L 144. – Kalkstein: 61 × 36 × 27. – 1934, wie Nr. I 10. – VO 85, 1935, 347 m. A. 2.352/b. 86, 1936, 439/4; BVbl 14, 1937, 104/c; W 105 Taf. 23. Zu Perpetus J. L. Weisgerber, Die Namen der Ubier, Köln-Opladen 1968, 91.

I 14 Weihung an Deus Mercurius (Abb. 101)

1 IN H̩(onorem) [d(omus) d(iviniae)]
2 D(eo) MERC̣[urio]
3 C(aius) IVVAL(– –) ATR(– –) ÊT C(aius) [Ac-]
4 CEPTVS CIVES TR̩(everes) [ne-]
5 GOTIATOR(es) EX V[oto?...]
6 POSV̂Ẹ[erunt – –]

1 Zu Ehren des göttlichen Hauses
2 haben dem Gotte Merkur
3 Gaius Iuval(– –) Atr(– –) und [Ac-]
4 ceptus, Bürger von Trier, Händ-
5 ler, aufgrund eines Gelübdes
6 [– –] gesetzt.

3. Jahrhundert n. Chr.

Der Eingangsformel *in h. d. d.* wegen gehört die Inschrift in die Zeit nach 200 (vgl. Nr. I 6). Die relativ schlechten Buchstaben weisen zudem eher in die Mitte des 3. Jahrhunderts. Eine eindeutige Ergänzung der Namen ist nicht möglich, da ein Familienname mit den Anfangsbuchstaben IVVAL bislang offenbar unbekannt ist (daß eine Abkürzung für *Iuvenalius* vorliegt, ist m. E. wenig wahrscheinlich). Das von F. Wagner vorgeschlagene Kognomen *Atrectus* war nicht nur einer der häufigsten der aus dem gallischen *ate-* gebildeten Namen, er ist bei den Trierern *(Treveri)* tatsächlich anderweitig bezeugt. Dennoch bleibt ein gewisser Unsicherheitsfaktor auch hier, weil es Namen mit den Anfangsbuchstaben ATR im keltischen Sprachgebiet zahlreich gab (Evans 144.242). Trierer Händler sind außerhalb ihrer Heimatstadt bislang in Britannien (England), Gallien (Frankreich), Dakien (etwa Rumänien), Obergermanien und natürlich in der Hauptstadt Rom bezeugt, ebenso z. B. in Carnuntum (Petronell) und in Savaria (Stein am Anger) in Pannonien sowie in Rätien außer in Regensburg noch in Augsburg und Neuburg a. D. Regensburg wird Durchgangsstation für den West-Ost-Vertrieb hauptsächlich von Keramik und Wein aus der Gallia Belgica (darin lag Trier) an die mittlere und untere Donau gewesen sein (vgl. S. 69 f. und 311 f.). Manch ein Kaufmann aus dem Westen wird sich ganz in Regensburg – das nachschubmäßig im übrigen sehr von Italien abhing (S. 99 f.) – niedergelassen haben. Jedenfalls haben die wirtschaftlichen Beziehungen zum Mosel- und Rheinland auch im kulturellen Bereich Nachwirkungen gezeigt, da so z. B. die Sitte der aufwendigen Pfeilergrabmäler nach mosselländischem Vorbild auch in Regensburg Aufnahme fand (S. 359 f.; vgl. schon VO 51, 1899, 128 und jetzt Gauer a.a.O. 57–100).

MSR L 145. – Kalkstein: 44 × 51 × 13. – 1934, wie Nr. I 10. – VO 85, 1935, 352 f./c. 86, 1936, 439/5; BVbl 14, 1937, 104/e; W 106 Taf. 24; eine Neuedition der Inschrift erfolgt bei J. Krier, Die Treverer außerhalb ihrer *civitas*, Diss. Trier 1978 (erscheint in »Trierer Grabungen und Forschungen«). Vgl. vorläufig E. M. Wightman, Roman Trier and the Treveri, London 1970, 46 (Karte der Trierer Händler); vgl. außerdem Schlippschuh a.a.O. (wie bei Nr. I 6) 6 m. A. 32.148 und W. Gauer, BVbl 43, 1978, 88 m. A. 80.

◁ I 15 Weihaltar für Larunda

3. Jahrhundert n. Chr.

1972 beim Neubau des Kaufhauses Horten am Neupfarrplatz durch die Aufmerksamkeit eines Privatmannes geborgen, ist die Inschrift eine der interessantesten Regensburgs. Da die wissenschaftliche Auswertung noch nicht abgeschlossen ist, sei hier nur auf das Wichtigste hingewiesen. In Regensburg muß es ein kleines Heiligtum, ein *sacellum* (Zeile 2), für die Göttin Larunda (Zeile 1) gegeben haben, das von einem Militärtribun (Zeile 4f.) geweiht war. Larunda war ursprünglich eine sabinische Gottheit. Die Sabiner waren ein mittelitalischer Volksstamm, der besonders in der legendenumwobenen römischen Frühgeschichte (vor ca. 500 v. Chr.) eine große Rolle gespielt hat. Beinahe sprichwörtlich geworden ist der Raub der Sabinerinnen durch die Herren am Tiber unter ihrem ersten König Romulus. Der Sabinerkönig Titus Tatius soll daraufhin das Kapitol in Rom erobert und mit Romulus gemeinsam geherrscht haben. Auf diesen sagenhaften König Tatius führten später die Römer selbst die Einführung verschiedener Kulte, z. B. des Volcanus, zurück; damals sollen auch Altäre der Larunda in die Tiberstadt gebracht worden sein. In der Kaiserzeit hielt man die Larunda, die auf unserem Stein übrigens zum erstenmal überhaupt inschriftlich belegt ist, für die Mutter der Laren (Mater Larum; zu den Laren vgl. Nr. I 17). Unter dem Namen Mania wurde diese Gottheit z. B. alljährlich im Sühneopfer der hohen Priesterschaft der Fratres Arvales (der ›Ackerbrüder‹) verehrt, indem ihr Töpfe mit dickem Brei aus Speltmehl *(puls)* – das war das älteste Nahrungsmittel der römischen Bauern, bevor sie das Brot kennenlernten – den Hügel hinuntergeworfen wurden.

MSR L 225 (Leihgabe G. Kariopp). – Kalkstein: 91 × 48 × 41. – Fundumstände (s. o.). – Die ausführliche Publikation erfolgt an anderer Stelle.

I 16 Weihung eines Optio aus Como

[- - - - -]
1 SI[. .]Ṣ[. . . . .]
2 M(arcus) · AVR(elius) [M(arci)?] F(ilius)
3 OFF(entina tribu) · COMO
4 MANTO · O-
5 PTIO · PO-
6 SVIT · D(ono) · D(edit) · L(aetus) · L(ibens) · M(erito)

```
      [- - - - - -]
1  SI[. .]S[. . . . .]
2  Marcus Aurelius, [des Marcus] Sohn,
3  vom Steuerbezirk Offentina, aus Comum,
4  Manto, Stell-
5  vertreter eines Zenturios, setz-
6  te (diesen Stein); er opferte (ihn) gern und freudig für erwiesene Wohltat.
```

Nach 175 n. Chr., Ende 2. Jahrhundert n. Chr.?

Weihaltar für eine unbekannte Gottheit; die Reste in Zeile 1 wurden wohl zu Unrecht mitunter zu SIL[vano] ergänzt. Vollmer vermutete einen längeren Anfang, z. B. [cum ba]/SI [et] S[igno] (= »mit Basis und Fahne« errichtete usw.). Der Stein stammt vielleicht aus der Frühzeit der 3. italischen Legion (S. 74); letztere ist zwar nicht ausdrücklich erwähnt, war aber sicher die Stammeinheit des Manto. Dieser *optio* – bei Verhinderung des Zenturios führte er stellvertretend die Zenturie (s. S. 286) – war tatsächlich in Italien zu Hause, wie er selbst angibt in Como am gleichnamigen See. Er trug als römischer Bürger drei Namen: das Pränomen (»Vorname«) *Marcus*, das Nomen gentile (»Familienname«) *Aurelius* und das Kognomen (»Zuname«) *Manto*, das übrigens in der hier vorliegenden Form bisher einzig zu sein scheint; zwischen den beiden Letztgenannten stand am Ende von Zeile 2 die Filiationsformel, d. h. die Angabe des Vaternamens, welcher die Kennzeichnung der Tribus folgte: Die römischen Bürger waren zur Erleichterung von Besteuerung, Rekrutierung und auch zur besseren Übersicht über den Bevölkerungsstand in 35 solcher Verwaltungseinheiten eingeteilt; die Bürger der oberitalischen Gemeinde Como waren in die Tribus *Offentina* eingeschrieben.

MSR L 120. – Kalkstein: 70 × 36 × 37. – 1905/6, 3 m tief im Straßenkörper vor Grasgasse 18. – Walderdorff, VO 57, 1905, 233–236 Taf. 7a; AE 1907, 248; V 420 Taf. 58; St 41/56b. Vgl. Korrespondenzblatt der Westdeutschen Zeitschrift 26, 1906, 483 und 27, 1907, 4; J. Schwendemann, Der historische Wert der vita Marci bei den Scriptores historiae Augustae, Heidelberg 1913, 73; Ritterling, RE XII (1925) 1300; G. Forni, Il reclutamento delle legioni da Augusto a Diocleziano, Mailand – Rom 1953, 114. 188. Zum Namen Manto vgl. thrakische Frauennamen bei G. Mihailov, in: L'Onomastique latine, Paris 1977, 348.

I 17 Kleinstaltar (Abb. 79)

1 I(n) · H(onorem) · D(omus) · D(ivinae) ·
2 I(ovi) O(ptimo) M(aximo)
3 IV(noni) · RE(ginae) ·
4 L(aribus) · D(omesticis)
5 TRI(vis) · CA(drivis)
6 FOR(tunae) ·
7 L(ibens) · L(aetus) · M(erito)
8 VO(tum) · S(olvi)

1 Zu Ehren des göttlichen Hauses!
2 Dem Jupiter, dem Besten und Größten,
3 der Juno Regina,
4 den Hauslaren,
5 den Göttern der Gabelungen und Kreuzungen,
6 der Fortuna!
7 Gern und freudig für erwiesene Wohltat
8 habe ich mein Gelübde eingelöst.

3. Jahrhundert n. Chr.

Auf Speckstein eingekratzte Weihinschrift für eine Reihe von Gottheiten. Ihrer Anfangsformel wegen nicht früher als 3. Jahrhundert (vgl. Nr. I 6). Die Buchstaben entsprechen einer um Ansehnlichkeit bemühten Alltagsschrift (vgl. Nr. I 44); dies verdeutlichen speziell die Formen des H (das auf den ersten Blick wie ein schräg gestelltes N wirkt, Zeile 1), des L (Zeile 2 und 7), des F (das einem K ähnelt, Zeile 6), des halbmondförmigen E (*E-lunata*) in Zeile 3 und des quergelegten S in der letzten Zeile. In Zeile 6 könnte auch ein Name, z. B. *For(tis)*, ergänzt werden, doch wird auch hier wahrscheinlich ein Göttername gestanden haben: Nach F. Vollmer nannte sich der Weihende wohl deshalb nicht selbst, weil er den Altar stets bei sich trug. Freilich wäre auch eine Verwendung als kleines Hausheiligtum denkbar. Die Stifterperson hat nicht gerade viel Geld zur Erfüllung ihres Gelübdes investiert (vielleicht auch nicht mehr investieren können), dafür die Wahl der Gottheiten umso klüger getroffen. Neben dem obersten Gott der Römer, Jupiter (vgl. zu Nr. I 8), wird Juno Regina verehrt, die in Rom früh mit Hera, der Frau des Jupiter, identifiziert wurde. Sie war einerseits Schützerin der Frauen, zum anderen Stadtgöttin und als solche neben Jupiter und Minerva in die kapitolinische Trias (Dreiheit) aufgenommen, der auch in den Provinzen die höchsten Gemeindetempel geweiht waren. In Zeile 4 wäre theoretisch die Ergänzung *L(ymphae) D(ianae)* möglich – die Lymphen waren wie die Nymphen Wassergöttinnen –, doch ist wohl eher an *L(aribus) d(omisticis)* zu denken. Die Laren (zu ihrer ›Mutter‹ s. Nr. I 15) waren ursprünglich ländliche Götter, denen der Schutz des bäuerlichen Besitzes und des Hofes oblag. Im Laufe der Zeit drangen die Laren als Schutzgötter auch in das Haus ein: der »Familien«- oder »Hauslar« (*lar familiaris*; eine andere Variante scheint eben der *lar domesticus* gewesen zu sein) war mit der Familie aufs Engste verbunden; ihm war die Fürsorge aller wichtigen Ereignisse innerhalb des Hauses von der Wiege bis zur Bahre – Geburt, Heirat, Tod etc. – anvertraut. Der Kirchenvater Hieronymus (328–420 n. Chr.) beschreibt uns, daß die Römer ihre häuslichen Götterbilder hinter den Türen aufgestellt und sie *Lares domestici* genannt hatten. Den Laren war aber auch nach wie vor der Schutz der Flur, insbesondere der besonders gefährdeten Kreuzwege (*compita*) anvertraut. Für diese Aufgabe gab es zwar eigene Mächte, die bei Dreiwegen eben *(dii) trivii* (»Dreiweggötter«), bei Kreuzungen *quadrivii* (»Vierweggötter«) hießen; doch auch die Laren selbst wurden nicht nur als *Lares viales* (als »Wegelaren«), sondern sogar als *Lares quadrivii* (als »Vierwegelaren«) verehrt. Vielleicht sind daher in Zeile 5 (die Schreibweise *c* statt *q* war nicht selten und durch die Aussprache bedingt) nicht die Götter der Gabelungen und Kreuzungen selbst angesprochen, sondern die für diese Bereiche ›zuständigen‹ Laren. Im Anschluß daran und abschließend spricht unsere Inschrift noch Fortuna an, der allgemein Glück und Wohlfahrt des Menschen anvertraut waren. Damit war unter der Schirmherrschaft des höchsten Götterpaares Jupiter und Juno mit Hilfe der Laren allen Fährnissen zu Hause und auf Reisen begegnet und dank Fortuna der Ungunst des Lebens überhaupt getrotzt.

MSR Inv. Nr. A 913. – Speckstein: 11,5 × 6. – Um 1896, Goliathstraße (zwischen Brückstraße und Kohlenmarkt). – V 420 B Taf. 75. Vgl. St 63/39d.

I 18 Grabplattenfragment für einen Dekurio der 3. Britannerkohorte

2. Jahrhundert n. Chr.

Ende der 60iger Jahre wurde dieser Unterteil einer größeren römischen Grabplatte im Zuge der Grabungen unter der Niedermünsterkirche gefunden. Ein schönes Beispiel dafür, wie noch im Mittelalter römische Steine wiederverwendet wurden: diente unsere Inschrift doch zur teilweisen Abdeckung des Grabes der 1006 n. Chr. verstorbenen Herzogin Gisela. Der Text berichtet, daß einst der Dekurio Claudius Marcus von der 3. Britannerkohorte seiner mit 20 Jahren dahingegangenen Frau – ihr Name ist leider verloren – und seiner ebenfalls toten Tochter Vindmarcia diesen Grabstein hat setzen lassen. Da beim Mädchen die Altersangabe fehlt, starb es vermutlich noch ganz klein; vielleicht haben Mutter und Kind die Geburt nicht überlebt – ein Geschick, das in der Antike viel häufiger war als heute. Wie immer, der Witwer Marcus bestimmte, daß auch er dereinst ins Grab seiner Lieben aufgenommen werden solle. *Vindmarcia*, der Name der Tochter, ist teils aus dem Vaternamen (vgl. Nr. I 25) Marcus, teils aus dem keltischen *vindo-* »weiß« gebildet. Der letzte Bestandteil könnte vom Namen der Mutter gestammt haben, die dann vielleicht Einheimische war (vgl. Nr. I 28). – Auf unserer Grabplatte ist zum erstenmal in Regensburg ausdrücklich (vgl. Nr. I 31) die *cohors III Britannorum* belegt. Möglicherweise gewinnen wir dadurch mehr Klarheit bezüglich der ersten Besatzung in Kumpfmühl (vgl. S. 67f.). Leider ist der Stein nicht sicher datierbar.

MSR L 226 (Standort: im Souterrain der Niedermünsterkirche). – Kalkstein: 90 × 75 × 14. – Fundumstände (siehe oben). – Abbildung: K. Schwarz, Regensburger Almanach 1969, 55. Vgl. dens., Führer zu arch. Denkmalen in Bayern 1 (1971) 20 Abb. 43; Radnoti 394f. Die ausführliche Publikation erfolgt an anderer Stelle.

I 19 Grabstein für den Unteroffizier Cassius Severus

Nach 175 n. Chr., aber wohl Anfang 3. Jahrhundert n. Chr.

Diese Inschrift wurde 1972 beim Neubau des Kaufhauses Horten am Neupfarrplatz gefunden. Schon in der Antike war sie, wohl in wirtschaftlich schlechter Zeit, Ende des 3. oder Anfang des 4. Jahrhunderts, als Begrenzungsstein einer Bruchsteinmauer an der Lagerhauptstraße *(via principalis)* zweckentfremdet worden. Ihr Text besagt, daß ein Claudius Peregrinus dem Marcus Cassius Severus, der Benefiziarier des Tribuns der 3. italischen Legion war, diesen Stein für 2000 Sesterzen nach dem Willen des Testaments hat machen lassen. Preisangaben auf Grabsteinen finden sich in römischer Zeit öfter; sie sollten den Wohlstand des Verstorbenen oder Freigiebigkeit und Fürsorge der Nachkommen dokumentieren. Aus Epfach (Abodiacum) kennen wir z. B. einen für den Betrag von 6000 Sesterzen erstellten Familiengrabstein vom späten 2. oder frühen 3. Jahrhundert n. Chr. (V 90 Taf. 14 = Kraft a.a.O. [wie bei Nr. I 6] 246/8 Taf. 6, 8). Unser Cassius Severus war wie z. B. Sullanius Albucius (Nr. I 7) in der Kanzlei eines Militärtribuns der 3. italischen Legion tätig. Da nichts anderes auf der Inschrift vermerkt wird, war Severus wohl Benefiziarier bei einem der fünf ritterlichen Militärtribune und folglich *immunis* (S. 288). Bei einem Jahressold (S. 96) zwischen 450 und 675 Denaren (= 1800 und 2700 Sesterzen) hat sein Grabstein bald einen ganzen Jahresverdienst gekostet.

MSR L 224. – Kalkstein: 94 × 73 × 56,5. – 1972, Neupfarrplatz (wiederverwendet; vgl. U. Osterhaus, BVbl 39, 1974, 173 Abb. 8 Taf. 14, 1 Beil. V 14). – Radnoti 393. Die ausführliche Publikation erfolgt an anderer Stelle.

I 19a Grabstele des siebenjährigen Aurelius Victorianus (Abb. 126)

1 D(is) · M(anibus)
2 ET PER(p)ETV(a)E SECVRITAT(i)
3 L(ucius) · AVREL(ius) · VALERIANVS ⁊ (= centurio)
4 ET · MARIA · PARENT · IS AVR(elio) ·
5 VICTORIANO FILIO · DVL-
6 [c]ISSIM(o) QVI VIXIT AM-
7 [n]OS · VII DIES · VIII PARE-
8 [nt(es) m]EMORIA(m) POSVERVN(t)

1 Den Totengöttern
2 und der ewigen Ruhe!
3 Lucius Aurelius Valerianus, Zenturio,
4 und Maria, die Eltern, dem Aurelius
5 Victorianus, ihrem süßesten Sohn,
6 der alt wurde 7 Jahr-
7 re und 8 Tage. Die El-
8 tern haben dieses Grabmal gesetzt.

Ca. 220/250 n. Chr.

Die schlechten Buchstaben ähneln einer Handschrift. Wie z. B. auch V 373 ist dieser Grabstein wiederverwendet, wie die Buchstabenspuren über Zeile 1: DM und über Zeile 2: N (rechts neben dem D von Zeile 1) und OR über TVE von Zeile 1 zeigen. Auch hier besteht das Problem, ob die Dargestellten mit den in der Inschrift genannten identisch sind, was für die Datierung der Aufschrift von Bedeutung ist. Diese gehört jedoch mit Sicherheit in die Zeit des wirtschaftlichen Niedergangs im 3. Jahrhundert, da nicht einmal ein finanziell besser gestellter Zenturio der auch der Antike vertrauten, zutiefst menschlichen Sorge um ein neues Grab (man vgl. z. B. Lukas 23, 53) nachkommen konnte. – In der Bildnische des Giebelfeldes die Büsten eines Ehepaares, zwischen ihnen ihr Kind. Tracht und Frisuren gleichen jenen von Denkmal Nr. I 22. Möglicherweise aus der gleichen Werkstatt wie dieses (oben S. 315; vgl. auch V 381 Taf. 52 = CSIR 361 Taf. 94 und CSIR 373 Taf. 98).

MSR L 12. – Kalkstein: 80 × 59 × 17. – 1902, großes Gräberfeld (ca. 10 m. vom NO-Eck der nördlichen Versandhalle des Güterbahnhofes); angeblich zu einer Skelettbestattung gehörend. – VO 54, 1902, 311f. Taf. 15; C 3, 15210, 1; V 371 Taf. 50; St 31/6; Schn 254f. Taf. 206, 3. Vgl. CSIR 360 Taf. 94.

I 20 Grabstein des Claudius Claudianus

1 D(is) M(anibus)
2 CL(audius) · GEMELL[i(us)]
3 CLADIANṾ[s]
4 PRAEF(ectus) · LẸ[g(ionis)]

1 Den Totengöttern!
2 Claudius Gemellius
3 Claudianus,
4 Präfekt der Legion.

Nach 175 n. Chr., vermutlich 3. Jahrhundert n. Chr.

Der Legionspräfekt war der ranghöchste Berufssoldat der Legion. Rangmäßig der dritte oder vierte in der gesamten Einheit, war er in der Regel derjenige Offizier, der am meisten von seinem Handwerk verstand. Als eine Art Kasernenoffizier mit einem großen Aufgabenbereich (S. 279) hieß er im 2. Jahrhundert teilweise *praefectus castrorum* oder *praefectus legionis*. Seit etwa 200 war dann allgemein die letztere Bezeichnung üblich. Eine Aufwertung dieser Offiziersstellung erfolgte im letzten Drittel des 3. Jahrhunderts (vgl. Nr. I 3). Übrigens hat E. Ritterling, ein hervorragender Kenner der römischen Militärverhältnisse, gemeint, man solle Zeile 3 f. besser zu *[b(ene)f(iciarius)]/praef(ecti) leg(ionis)*, also zu »Benefiziarier des Legionspräfekten« (vgl. V 386 und S. 285), oder zu *[f(ilius)]/praef(ecti) leg(ionis)* = »Sohn des Legionspräfekten« ergänzen. Im erstgenannten Fall ist übrigens zu überlegen, ob Zeile 2 f. nicht auch als *Cl(audius) Gemell[i f(ilius)]/Claudianus* zu lesen ist, da in der oben wiedergegebenen Form Claudianus den Familiennamen Claudius wie einen Vornamen geführt hätte (zur Dreinamigkeit siehe bei Nr. I 16).

MSR L 124. – Kalkstein: 42 × 57 × 16. – Vor 1809, »von den unbedeckten Mauern in der Stadt«. – Zirngibl 229f.; C 3, 5946; V 374 Taf. 51; St 45/73b. Vgl. Ritterling, RE XII (1925) 1534, 41 ff. (fehlt bei Winkler).

I 21 Sarkophag der Familie des Veteranen Claudius Reticus
   (Abb. 136)

1 CL(audius) · RETICVS · VET(eranus) · EX · LEG(ione) · I̅I̅I̅ · ITAL(ica)
2 AVR(eliae) · LVCINAE · QVONDAM · CON-
3 IVGI · CARISSIMAE · VIX(it) · AN(nos) · XXXV · ET ·
4 VRSONI · F(i)LIO · VIX(it) · AN(nos) · XII · ET · REGVLÂE
5 FILIAE · VIX(it) · AN(nos) · V · ET · LVCIAE · FILIAE
6 VIX(it) · AN(nos) · III ·
7 F(aciendum) · C(uravit)

1 Claudius Reticus, Veteran der 3. italischen Legion,
2 hat (diesen Sarkophag) für Aurelia Lucina, seine ehemalige Gat-
3 tin, die heißgeliebte – sie lebte 35 Jahre –, ferner
4 für Ursio, seinen Sohn, er lebte 12 Jahre, sowie für Regula,
5 seine Tochter, sie lebte 5 Jahre, und für Lucia, seine Tochter,
6 sie lebte 3 Jahre,
7 machen lassen.

Nach 185 n. Chr., aber 3. Jahrhundert n. Chr.

Sarkophag, von dem sogar noch Reste der Bleiverklammerung gefunden wurden. »Der abgewalmte Deckel hat unverzierte Eckakrotere.« (CSIR a.a.O.) Die Inschrift auf der Vorderseite ist nicht gerahmt, aber sauber ausgeführt. Über der ersten Zeile sind die Buchstaben D · M radiert. Offenbar war der Text einst blau eingefärbt. – Neben der Inschrift links das Flachrelief einer kurzstieligen Breithacke mit gebogener Schneide (*ascia*) und rechts einer Setzwaage. Die Darstellung dieser Steinmetzwerkzeuge bedeutet genau dasselbe wie die auf vielen Grabmälern andernorts ausgeschriebene Formel: *sub ascia dedicare* = »unter der Zimmermannsaxt weihen«. Asciabild und Asciaformel wurden seit der Renaissance höchst unterschiedlich gedeutet, etwa als Berufsabzeichen, als mystische Bilder (z. B. Symbole des ewigen, jenseitigen Lebens), als Merkmale der Erdbestattung oder auch als Hinweis auf ein neues Grab (vgl. Nr. I 19a), dessen Unverletzbarkeit bewirkt werden soll. Neuere Untersuchungen konnten aber zeigen, daß in der Regel all dies nicht der wesentliche Inhalt der »Weihe unter der Zimmermannsaxt« war; vielmehr sei durch sie dem Grabstifter bzw. jenen, denen laut Inschrift das Grab errichtet wurde, »die ausschließliche Herrschaft über das Grab« zugesichert worden. Mit anderen Worten: nur die Destinatäre konnten über das Grab verfügen, nicht aber z. B. deren Erben. – Das Schicksal, von dem uns die Inschrift berichtet, geht zu Herzen: Als Claudius Reticus – den man seines Beinamens wegen für einen einheimischen »Räter« hält (Forni a.a.O. [wie bei Nr. I 16] 192) – die entsagungsvolle zwanzigjährige Dienstzeit bei der Legion endlich abgeleistet hatte (bei der ehrenvollen Demissionierung war er ca. 38–40 Jahre alt), waren offenbar alle seine nächsten Angehörigen tot. Es ist nur eine unbegründete Vermutung, daß auch diese Familie (vgl. Nr. I 28) die

Pest heimgesucht habe (Spitzlb 99). Jedenfalls verdeutlichen die Altersangaben (35, 12, 5, 3 Jahre) gut, wie sehr die gesamte Lebenserwartung durch die Anfälligkeit im Kindesalter herabgedrückt wurde. Ob einst wirklich alle vier Verstorbenen in diesem Sarkophag ruhten, wissen wir nicht, da nur noch geringe Reste eines offenbar weiblichen Skeletts gefunden wurden.

MSR L 19. – Kalkstein: 73 × 182 × 73 (Kasten); 34/37 × 185 × 85 (Deckel). – 1873, großes Gräberfeld, Fundnr. 900 (Schn 204; vgl. VO 73, 1923, 14). – Anzeiger f. Kunde der deutschen Vorzeit 20, 1873, 151/38 (m. Fehlern); C 3, 11968; V 377 Taf. 52; St 34/19; Schn 259 Taf. 214, 3. Vgl. Ebner 167; CSIR 420 Taf. 114; Nuber 231 A. 38. Zum Skelett vgl. H. v. Hölder, Archiv f. Anthropologie 13 Suppl., 1882, 24/92. Zur *ascia* F. de Visscher, Jahrbuch f. Antike und Christentum 6, 1963, 187–192.

I 22 Grabstein für zwei Schwestern (Abb. 100)

1 FL(aviae) · ISPAN̂AE · VIX(it) · AN(nos) · XVIII · TOD(iae?) · INPETRA-
2 TA(e) · VIX(it) · ÂN(nos) · VIIII · IVL(ia) · VICTORINA · MAT̂ER ·
3 PIENTISSIMA · VIVA · FECIT · ET ·
4 FL(avio) · FORTIONI · VIVO · GEN(ero) ·
5 · D(is) · M(anibus)

1 Für Flavia Ispana, die 18 Jahre lebte, für Todia Inpetra-
2 ta, die 9 Jahre lebte; Iulia Victorina, ihre Mutter,
3 die sie sehr liebte, ließ (dies Grabmal) zu ihrer Lebzeit machen, auch
4 für Flavius Fortio, ihrem (ebenfalls noch) lebenden Schwiegersohn.
5 Den Totengöttern!

Ca. 220/250 n. Chr.

In der Giebelnische die realistisch gearbeiteten Porträts dreier Frauen und eines Mannes (wohl von l.: Mutter Victorina, Tochter Inpetrata, Tochter Ispana, Schwiegersohn Fortio); je zwei Personen blicken sich an. Alle sind in einheimische Tracht gekleidet. Die Frisuren der Frauen sind in der Mitte gescheitelt, stark lockig und fallen stufenweise nach unten, bei den beiden älteren Frauen wie bei Kaiserin Iulia Paula (219–221 n. Chr.) hinten leicht auseinanderschwingend. – Ungewöhnlich ist die Anrufung der Manen hier am Ende des Textes. Der Name der neunjährigen Inpetrata lautete vielleicht Odia, da Todia bisher nicht belegt und die Lesung ꟻOD(iae) nicht ganz auszuschließen ist. – Mehrere Beobachtungen sind an dieser Inschrift zu machen. Die erste betrifft das jugendliche Alter der Flavia Ispana, die bereits als verheiratete Frau mit nur 18 Jahren starb. In der Hauptstadt Rom und in vielen Teilen des Imperium Romanum gingen die Mädchen in einem Alter zwischen 12 und 18, durchschnittlich etwa von 14 Jahren in die Ehe. Die dafür erforderliche Volljährigkeit war mit 12 erreicht. Da nun Tacitus (Germania 20) von den Germanen berichtet, »auch mit der Verehelichung der Mädchen beeilt man sich nicht« *(nec virgines festinantur)*; nahm man gelegentlich an, daß in den nördlichen Provinzen des Reiches die Frauen (ähnliches müßte nach Caesar für die Männer gegolten haben) etwas später als in Rom geheiratet hätten. Unsere Inschrift zeigt, daß auch an der Nordgrenze des Reiches sehr jung der Bund fürs Leben geschlossen wurde. – Im Gegensatz etwa zu Nr. I 28, wo nur der Vater der verstorbenen Kinder erwähnt ist, fehlt auf unserem Grabstein das Familienoberhaupt. Vermutlich war es bereits tot, da Scheidung als Erklärung deshalb nicht in Frage kommt, weil in römischen Familien im Fall der elterlichen Trennung die Kinder in der Gewalt des Vaters geblieben sind. Übrigens trägt jede der drei Frauen einen anderen Familiennamen: die Mutter, vermutlich von ihrem Vater ererbt, den Julischen; die ältere Tochter Ispana (das ist Hispana = die Hispanische; der H-Anlaut fehlt nicht selten, z. B. auch bei Hermogenianus Nr. I 28) nennt sich *Flavia*, offenbar nach der Sippe ihres Mannes *Flavius* Fortio; die jüngere Todia (oder Odia) könnte schließlich den väterlichen Namen übernommen haben. Fortio stand als Schwiegersohn offensichtlich in engem Kontkat zur Familie seiner Frau; ähnliche Verhältnisse lassen sich auch aus anderen Grabinschriften Regensburgs ableiten.

MSR L 8. – Kalkstein: 62 × 44 × 16. – 1900, großes Gräberfeld (Kumpfmühlerstr. 15). – VO 52, 1900, 301. 308–310 Taf. 5; C 3, 14370, 15; V 385 Taf. 53; St 31/8; CSIR 358 Taf. 93; Schn 254 Taf. 206, 1. Vgl. A. Calderini, Epigrafia, Turin 1974, 202f. m. Abb. 51 und oben S. 315.

I 23 Grabinschrift des Soldaten Iulius Cattanus

1 IVL(io) · CATTANO
2 IM(muni) · LEG(ionis) · IIĪ · ITAL(icae)
3 QVOND(am) · MARITO
4 CL(audia) · PATERNA · VXOR
5 ET · SIBI · V[i]VA · FECIT
6 IVL(ius) · SATVRNINVS
7 OPT(io) · MARITVS ·
8 PATERNAE · Θ (= obitae) · PER-
9 SCR(i)BENDVM
10 C(uravit)

1 Für Iulius Cattanus,
2 Gefreiten der 3. italischen Legion,
3 ihren ehemaligen Ehemann,
4 hat Claudia Paterna, seine Frau,
5 auch für sich zu ihrer Lebzeit (dies Grabmal gemacht);
6 Iulius Saturninus,
7 Stellvertreter eines Zenturios, der Ehemann
8 der Paternae, die (inzwischen) verstorben ist, hat (die Inschrift) fer-
9 tigschreiben
10 lassen.

Nach 175 n. Chr., wohl 3. Jahrhundert n. Chr.

Die große Inschrifttafel von stattlicher Tiefe gehörte vermutlich in den architektonischen Zusammenhang eines größeren Grabdenkmals. Wie das rechteckige Loch im Bereich von Zeile 5 zeigt, wurde sie anscheinend schon in antiker Zeit, vielleicht zur Ausbesserung der Lagermauer, zweckentfremdet. Wie sehr verwerflich und verbrecherisch Friedhofschändung sonst galt, war es in allgemeinen Notsituationen durchaus erlaubt, selbst Grabsteine zu verbauen. – Der Text erzählt uns von einer Claudierin mit dem häufigen Beinamen Paterna = »die Väterliche«, die zweimal den Lebensbund eingegangen war. Nach den strengen Ehegesetzen der Kaiserzeit mußte jeder Mann, außer er war Soldat (vgl. S. 96f.), zwischen 25 und 60, und jede Frau zwischen 20 und 50 Jahren gesetzlich verheiratet sein, und beim Tod des Partners, nach Ablauf einer nur für die Frauen geltenden zweijährigen Trauerzeit, oder im Falle der Scheidung, sich erneut verehelichen. Obwohl daher mehrere Ehen sicher häufig waren, wird aber nur in den seltensten Fällen auf Grabinschriften vermerkt, daß ein Mann zwei Frauen, oder eine Frau zwei Männer hatte. In unserer Inschrift geschieht dies in einer ganz besonderen Weise. Als Paterna noch lebte, hatte sie ihrem verstorbenen ersten Mann Cattanus, der seinem bisher einzigartigen keltischen Namen nach, vielleicht Einheimischer war, ein Grabmonument erstellen lassen. Nachdem Paterna schließlich selbst die Augen für immer geschlossen hatte, entfernte ihr zweiter Gatte Saturninus die alte Inschrift; auf einer neuen ließ er im ersten Teil (Zeilen 1–5) den alten Text in etwa unverändert (das Wörtchen *quondam* = »ehemalig« in Zeile 3 verrät uns, daß auch diese Zeilen neu geschrieben wurden), und teilte in einem zweiten Abschnitt (Zeilen 5–10) Paternas Wiederverheiratung und ihr nunmehriges Ableben mit. Aus Gründen der Pietät sah sich Saturninus offenbar verpflichtet, seine Gemahlin neben ihrem ersten Gatten zu bestatten. – Paterna, die trotz zweier Ehen mit Juliern ihren ererbten Namen Claudia behielt, hatte offenkundig eine Vorliebe für Soldaten. Dabei hat sie durch ihre zweite Verheiratung einen kleinen Schritt nach oben in der Sozialpyramide der römischen Gesellschaft gemacht, weil ihr zweiter Mann Saturninus als *optio* zu den über den *immunes* rangierenden *principales* der Legion gehörte (S. 286). – Auf zwei Regensburger Ziegelstempeln stehen neben dem Legionsstempel (Spitzlb 145/92 Taf. 7, 92) die Buchstaben SAT · F · (Spitzlb 168/350 Taf. 13, 350b. 18, 350). Sie könnten sowohl zu *Sat(urninus?) f(iglinarius)* = »der Ziegler Saturninus« oder zu *Sat(urninus?) f(ecit)* = »Saturninus machte (den Ziegel)« aufgelöst werden. Wie immer, weisen sie auf einen Kontrollstempel von der Art wie Nr. I 43.

G. Spitzlberger, der Kenner des örtlichen Ziegelmaterials, schließt nicht aus, daß dieser Sat(urninus) auf den Regensburger Ziegeln mit unserem *optio* Saturninus, dem zweiten Mann der Paterna, identisch war; vielleicht habe er gleichsam als Ziegelei-Ingenieur, über die Provinzgrenzen hinweg in Ziegeleien verschiedener Legionen – auf Ziegelstempeln der in Mainz stationierten legio XXII Primigenia wird ein Iul(ius) Saturninus genannt – als eine Art hochspezialisierter technischer Berater gewirkt. Leider ist dies vorläufig nur eine Vermutung. – Abschließend sei noch auf das Zeichen Θ in Zeile 8 hingewiesen; der griechische Buchstabe Theta (= th) hat die Bedeutung von *obitus*, vermutlich weil man ursprünglich auf die Grabsteine neben V für V(ivus) = »zu Lebzeiten« ein O für O(bitus) = »verstorben« setzte und dieses O, um Verwechslungen auszuschließen, quer durchstrich. Dadurch entstand ein Gebilde, das dem Buchstaben Theta ähnlich sah; das Volk interpretierte daher Θ = ϑ(ανών) = »verstorben«.

MSR L 91. – Kalkstein: 83 × 75 × 57. – 1875, Beraiterweg. – VO 33, 1878 Jahresber. VIIIf.; C 3, 11969; V 387 Taf. 54; St 50/91. Vgl. Spitzlb 80f.

I 24 Inschrift vom Familiengrab eines Fahnenträgers

1 M(arcus) IVVENI[us . . . .]IO · VET(eranus)
2 EX SIGNIF(ero) LEG(ionis) III · IT(alicae) M(issus) H(onesta) M(issione)
3 IVL(iae) IANVARIAE VXORI ET IV-
4 VENIS IANV[ari]O VICTORI
5 VICTORINAE FILIS VIVOS
6 (DIVECAE MATRI)
7 VIVIS · ET OBITIS · PLACIDO FILIO
8 IVVENTIO [[. . . . .]]
9 [f(aciendum)] · C(uravit).

1 Marcus Iuvenius [. . . .]io, Veteran
2 aus den Fahnenträgern der 3. italischen Legion, ehrenvoll entlassen,
3 hat für Iulia Ianuaria, seine Gattin, und für Iu-
4 venius Ianuarius, Victor
5 (und) Victoriana, seine Kinder, zu Lebzeiten
6 (für die Mutter Diveca)
7 für die Lebenden, ferner für die Verstorbenen: für den Sohn Placidus,
8 für Iuventius [[. . . . .]]
9 (dieses Grabmal) machen lassen.

Nach 175 n. Chr., aber wohl 3. Jahrhundert n. Chr.

Inschriftfeld und Steingröße stimmen weitgehend überein. Vermutlich von einem größeren Grabmonument (vgl. S. 359f.) stammend. Gut lesbare, aber nicht immer sauber ausgeführte Buchstaben. Zeile 6 wurde offenbar erst nachträglich zwischen die Zeilen gesetzt und gehört sinngemäß vor *vivos* in Zeile 5 eingeschoben. Das Ende von Zeile 8 wurde radiert; die erkennbaren Buchstabenreste sind bis heute nicht befriedigend gedeutet. Folgendes glaubten frühere Herausgeber zu erkennen: IVVENI ET CIVILI STATI · R : Hefner; IVVENII CIVILI STAI F : Dahlem; IVVENIE CIVILI STARB : Mommsen; IVVENTIO TERTIO SERVO und darüber später nach IVVENTIO TE: VILISTARB : Vollmer. Sollte Vollmer recht haben, so wäre in Zeile 8 also ursprünglich ein Sklave der Familie, namens Iuventius Tertius, genannt gewesen. – Problematisch ist der Familienname, der nach Zeilen 3–4 eindeutig Iuvenius, nach Zeile 8 aber möglicherweise Iuventius gelautet hat. Vielleicht wäre, wie bei Iuvennia Prisca aus Augsburg (V 137) Iuvennius korrekter (freilich haben wir bei Dillingen wieder einen Iuvenius V 210), und man hätte an einen Zusammenhang mit dem Orte Iuenna in der Nachbarprovinz Noricum (h. Jaunstein in Kärnten) zu denken. Diveca, offenbar die Mutter des Fahnenträgers (S. 286), war ihrem Namen nach zweifellos eine Bewohnerin des keltischen Sprachbereichs (Evans 284).

MSR L 89. – Kalkstein: 90 × 74 × 53. – 1812, wie Nr. I 25. – (Hormayr) Das Inland 108/109, 1830, 436 (schlecht); Hefner, VO 13, 1849, 22–25 Nr. 8; C 3, 5956 = 11959; V 396 Taf. 55; St 49f./89.

I 25 Inschrift vom Familiengrab eines Tubabläsers

1 D(is) M(anibus)
2 SEP(timio) · IMPETRATO [· v]ET(erano) · EX · LEG(ione) · III · ITÂL(ica) ·
3 M(isso) · H(onesta) · M(issione) · EX · TVB(i)C(ine) · VI[x(it)· a]N(nos) · LII · ET VI · VIS ·
4 TEREN(tio) · V[i]TALI · FR[a(tri) · et] MAIIOR(inio) · MAI ·
5 IORINO · NEP(oti) · EIIVS · TEREN(tia) · PERVINKA ·
6 CONIVGI · ET · SEP(timia) · I[m]PETRATA · FILIA
7 F(aciendum) C(uraverunt) O(pto) L(evis) S(it) T(erra).

1 Den Totengöttern!
2 Dem Septimius Impetratus, Veteran aus der 3. italischen Legion,
3 ehrenvoll entlassen aus den Tubabläsern, der 52 Jahre lebte, und den Lebenden:
4 ihrem Bruder Terentius Vitalis und dem Maiorinius Mai-
5 orinus, dessen Neffen, haben Terentia Pervinka
6 dem Gatten (nämlich dem Impetratus) und Septimia Impetrata, die Tochter,
7 (dieses Grabmal) machen lassen. Ich wünsche, leicht sei (ihm) die Erde!

Nach 185 n. Chr., aber 1. Hälfte 3. Jahrhundert n. Chr.

Im wesentlichen aus vier Fragmenten zusammengesetzt; es fehlt ein etwa zwei Buchstaben breites, zur Schrift senkrecht verlaufendes Stück: die unterstrichenen Buchstaben wurden früher angeblich noch gelesen.

Aufgrund des verworrenen Satzbaus der Inschrift werden die in ihr angesprochenen Familienverhältnisse nicht auf den ersten Blick durchsichtig; sie wurden deshalb (z. B. VO 80, 1930, 78) falsch dargestellt. So war schon seines Familiennamens wegen Terentius Vitalis nicht der Bruder des verstorbenen Septimius Impetratus, sondern zweifellos der hinterbliebenen Witwe Terentia Pervinka, und Maiiorinius Maiiorinus war nicht der Neffe des Impetratus, sondern des Vitalis, also Geschwistersohn von dessen Frau. Es ergibt sich folgendes Stemma (Stammbaum):

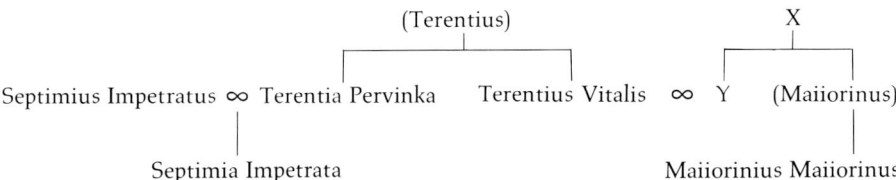

Folglich ist auch die Annahme, daß unser Tubabläser Impetratus als Einheimischer bei der 3. italischen Legion diente, nicht überzeugend. Sie geht nämlich offenbar davon aus, daß – wie z. B. auf V 395 – der Bruder des Legionars genannt ist, daß also die Familie, aus welcher der Soldat kam (nicht nur die von ihm gegründete), am Garnisonsort ansässig war (z. B. werden V 369 die Eltern des Soldaten erwähnt). Viel eher als einheimisch anzusprechen wäre die Familie der Terentier, da die Frau trotz des lateinischen Familiennamens das keltische Kognomen Pervinca trug (Evans 372). Dieses war ausschließlich in den gallisch-germanischen Gebieten verbreitet; z. B. hieß auch ein Rheinzaberner Töpfer so. Der einzige bekannte Träger des Namens in der Stadt Rom war zweifellos ein Zugezogener, wie er mit seinem Namen Pervincius Peregrinus (*peregrinus* = »der Fremde«) selbst zu erkennen gab. In Rätien ist der Name noch mehrfach belegt, so zweimal in Augsburg: 1. bei Secundina Pervinca, der Frau eines dortigen Stadtrats (V 136) und 2. bei einem entlassenen Fahnenträger der 3. italischen Legion namens Gaius Senilius Pervincus (V 129); aus Regensburg kennen wir einen Legionsreiter Pervincianus (Nr. I 8). Sofern es sich in diesen Fällen nicht um Einheimische handelte, waren die Namensträger aus den Rheinlanden zugezogen (vgl. Weisgerber a.a.O. [wie Nr. I 13] 91.200. 212. 237 etc.). Auch der Name des Maiiorinius Maiiorinus verrät einen ›Kelten‹; er setzt sich gleichsam zweimal aus denselben Bestandteilen zusammen. Der Neffe des Vitalis hat lediglich den Namen seines Vaters, der zweifellos Maiorinus hieß, durch die Anbringung der Endsilbe -*ius* zu einem Scheinfamiliennamen ›umfunktioniert‹. Diese Umwandlung des Vaternamens war typisch für die Bildung keltischer Namen (dazu Weiteres F. Staehelin, Die Schweiz in römischer Zeit, Basel ^{3}1948, 496f. A. 13). Der Name Maiorinus war übrigens nicht häufig (Germania 16, 1932, 117). Das dreifache Vorkommen von doppeltem I in Zeile 4f. ist nicht durch Verschreibung erklärbar, vielmehr wurde dieser Vokal (Selbstlaut) nicht selten verdoppelt, wenn er zwischen zwei andere Vokale zu stehen kam. – Der einzige zum Zeitpunkt der Steinsetzung bereits Verstorbene war der Tubabläser Septimius Impetratus selbst. Ihm galt der Wunsch,

»die Erde möge ihm leicht sein«. Die Anfangsbuchstaben dieser Schlußformel sind symmetrisch in ein großes O = O(pto) eingeschrieben: Dieses an ein Monogramm erinnernde Segenszeichen wurde häufig auf Grabinschriften verwendet. Bei der Erfüllung ihrer Bestattungspflicht ihrem Gatten gegenüber erlaubte Pervinka auch eigenen Familienmitgliedern die Benützung des Grabes im Falle ihres Ablebens. Da dies keineswegs selbstverständlich war, mußte es eigens vermerkt werden. Der Name der Tochter des Tubabläsers verdeutlicht übrigens schön die nicht seltene Sitte der Übernahme des ganzen Vaternamens durch die Kinder.

MSR L 76. – Kalkstein: ursprünglich ca. 79 × 137 × 22. – 1812, beim Abbrechen des Schwarzen Burgtors (Dachauplatz). – J. v. Hefner, Das römische Bayern, München 1841, 28/202; ders., Abhandlungen der philos.-philol. Classe der kgl. bayer. Akademie d. Wissenschaften IV 2, 1846, 201 f./XXVI; C 3, 5957 = 11960; V 397 Taf. 55; St 47/76. Vgl. Forni a.a.O. (wie Nr. I 16) 192.

I 26 Grabaltar des Militärarztes Lucilianus

1 HAVE · MIHI ·
2 LVCILIANE
3 VLP(io) · LVCILIA-
4 NO · MEDIC(o) ·
5 ORDINARIO
 [– – – – –]

1 Lebe mir wohl
2 Lucilianus!
3 Dem Ulpius Lucilia-
4 nus, medicus
5 ordinarius
 [setzte ... diesen Grabaltar]

Ende 2. oder Anfang 3. Jahrhundert n. Chr.

Unterteil mit Namen des Steinsetzers verloren. Der Stein hat einst eine eindrucksvolle Höhe erreicht. Da der unter ca. 70 *medici* bisher erst fünfmal inschriftlich belegte *medicus ordinarius* sicher ein Militärarzt war, sollte man nach allgemeiner Ansicht in Z. 6ff. LEG(ionis) · III · ITAL(icae) oder so ähnlich ergänzen. Die Abkürzung des Ulpiernamens (nach Kaiser Trajan) könnte das Grabmal zusätzlich in die Zeit um oder nach 200 datieren. – Anders als die meisten der üblichen Grabaufschriften der damaligen Zeit, beginnt diese mit einem Gruß an den Toten. Außerhalb Regensburgs gibt es für dieses *have* natürlich eine ganze Reihe von Parallelen. Im Unterschied etwa zum Willkommen im *Ave Maria* = »Gegrüßt seist Du, Maria!« heißt das Wort (es konnte behaucht oder auch ohne »h«

gesprochen werden) beim Abschied »Leb wohl!«. – Der Größe seines Grabmals zufolge scheint der Mediziner Lucilianus nicht zu den Ärmsten gehört zu haben. Was immer seine Funktion und sein Rang genau waren (dies ist sehr umstritten, vgl. S. 283), er konnte darauf stolz sein; andernfalls wäre das Beiwort *ordinarius* nicht zu *medicus* hinzugefügt worden.

MSR L 31. – Kalkstein: 63 × 78 × 49. – 1856, eingemauert ins Südtor (Peterstor), Fuchsengang 2. – Ohlenschlager 1872, 322f.; C 3, 5959; V 400 Taf. 56; St 37/31. Vgl. H. Gummerus, Der Ärztestand im römischen Reiche nach den Inschriften, 1932, 99 Nr. 387 und zuletzt R. W. Davies, Epigraphische Studien 8 (1969) 89f. 97 Nr. 35 (auch 9 [1972] 5 A. 36); auch Kellner 104.

I 27 Sarkophag des Valerius Valentinus

3. Jahrhundert n. Chr.

Rechts und links einer Totenmahlszene (beschrieben CSIR a.a.O.; vgl. Abb. 122) ist auf der Vorderseite des Steinsarges je eine kleine Inschrift angebracht. Der linke Rand der linken Inschrift ist abgebrochen. Dennoch läßt sich entnehmen, daß der Zenturio Valerius Valens – er diente offenbar bei der 3. italischen Legion – seinem Söhnchen Valerius Valentianus, das mit einem Jahr, elf Monaten und sieben Tagen verstorben war, und seiner Schwiegermutter Servanda das Grab bereitet hat. Da Servanda eine erwachsene Person war, wird der Kindersarkophag einst auf oder neben dem schriftlosen Sarkophag der Servanda gestanden sein.

MSR L 209. – Kalkstein: 51 × 102 × 59. – 1959, großes Gräberfeld (VO 100, 1959, 155; vgl. BVbl 25, 1960, 267). – Vgl. Radnoti 393; CSIR 423 Taf. 115. Die ausführliche Publikation erfolgt an anderer Stelle.

I 28 Grabinschrift der Kinder des Vindelicius Surinus

1 D(is) · M(anibus) ·
2 ET · MEMORIE
3 MISERRIMORVM ·
4 VINDELICIS ·
5 ERMOGENIANO
6 ET V[i]CTORI
7 ET SVRE · FIL(iis) ·
8 VINDEL(icius) · SVRINVS
9 INFELIX PATER · F(aciendum) · C(uravit)

belegt – Veteranicinus. Unwahrscheinlich ist, daß die Roßstirnplatte einst einem *veter(anus)* Lucius, also einem bereits entlassenen Auxiliarsoldaten gehört habe. Als Einheit wird man trotz jüngster Zweifel, die in Theilenhofen stationierte Cohors III Br(acaraugustanorum) ausschließen, da die Cohors III Br(itannorum) jetzt endgültig inschriftlich in Regensburg gesichert ist (S. 67f. und Nr. I 18).

MSR Inv. A 3470 – Bronze: H 20,7; B 12,9. – 1892 wie Nr. I 30, aber etwas davon entfernt. – (Dahlem) VO 46, 1894, 307f. Taf. 2; C 3, 14119; V 422 Taf. 59; Garbsch a.a.O. (wie bei Nr. I 30) 56 G 2 Taf. 11 (m. weiterer Lit.; mit Rekonstruktionszeichnung a.a.O. 11, wo irrtümlich als E 2 wiedergegeben). Vgl. noch Steinmetz, VO 65, 1915, 42f.; St 63; A. Radnóti, Germania 39, 1961, 113 A. 104; H.-J. Kellner, BVbl 36, 1971, 214.

I 32 Augensalbenstempel (Kollyrienstempel) (Abb. S. 152)

An den vier Rändern auf vorgezogenen Linien in Spiegelschrift:

1 Q(uinti) · POMPEI GRAECINI COE-
2 NON AD ASPRIT(udines) ET CALIGIN(es)
3 Q(uinti) POMPEI GRAECIN(i) DIAB-
4 SOR(icum) AD OMNEM CLAR(itatem) FAC(iens)
5 Q(uinti) POMPEI GRAECINI DIA-
6 LEPID(os) CROC(odes) AD ASP͞R(itudines) E͞T DIA(thesis)
7 Q(uinti) POMPEI GRAECINI EVVODES
8 AD ASPRITVD(ines) ET CICATRIC(es) · VET(eres)

1 Des Quintus Pompeius Graecinus gewöhnliche Sal-
2 be gegen Trachome und gegen Trübung.
3 Des Quintus Pompeius Graecinus Krätze-
4 salbe zur Bewirkung völliger Aufhellung.
5 Des Quintus Pompeius Graecinus mit Hammerschlag berei-
6 tete, safranähnliche Salbe gegen Trachome und sonstige Erkrankungen.
7 Des Quintus Pompeius Graecinus wohlriechende (Salbe)
8 gegen Trachome und alte Narben.

Auf der Oberseite Kritzeleien:

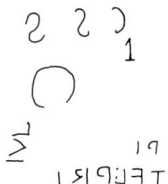

2.–4. Jahrhundert n. Chr.

Die meist Augenarztstempel genannten Gegenstände (bisher sind über 260 Exemplare bekannt) waren in der römischen Kaiserzeit besonders in den gallischen, germanischen und britannischen Provinzen des römischen Reiches verbreitet, wurden vereinzelt aber sogar außerhalb des Imperiums gefunden. Auf die in der Regel quadratischen Täfelchen aus Serpentin, Nephrit, Schiefer oder, wie im vorliegenden Fall, aus grünen Steatit waren – häufig auf allen vier Schmalseiten – in linksläufiger Schrift und je zweizeilig die Namen des Arztes (stets im Wesfall), des Heilmittels und mitunter des Augenleidens eingeschnitten. Gestempelt wurden damit nicht etwa Rezepte, sondern die in Stäbchen- oder Zäpfchenform gegossenen Salben und Augenmittel selbst. Die Ärzte und Erfinder dieser Salben waren in der Regel freigelassene Sklaven und stammten zumeist aus dem griechisch sprechenden Reichsteil; in unserem Fall weist der Beiname Graecinus deutlich auf Herkunft des Arztes aus dem Osten. Nach neueren Untersuchungen handelte es sich bei diesen Leuten nicht um spezialisierte Augenärzte (*medici ocularii*), sondern um allgemeine Praktiker, die seinerzeit höher angesehen waren als die ›Fachärzte‹. Das Grab, in welchem unser Stempel gefunden wurde, muß keinesfalls dem Quintus Pompeius Graecinus gehört haben, weil die Stempel auch von den Salbenhändlern (unter denen sich mitunter rechte Quacksalber befanden) benutzt wurden. So wird es sich erklären, daß von Quintus Pompeius Graecinus ein zweiter, etwas anders gearteter Stempel in Luxemburg gefunden wurde (C 13, 10021, 151 = Ch. M. Ternes, Héchmecht 17, 1965, 339/64). Die Kritzeleien auf der Oberseite des Regensburger Stempels wurden daher zu T(iti) Fl(avi) PRI(mi), also zu »(Besitz) des Titus Flavius Primus«, ergänzt, und in diesem Primus wollte man den vertreibenden Apotheker sehen. – Die Hauptkrankheit, die damals besonders in größeren Siedlungen verbreitet war, war das Trachom, eine heute anzeigepflichtige Körnerkrankheit, die unter dem Namen ›ägyptische Augenkrankheit‹ besser bekannt ist. Diese außerordentlich hartnäckige Bindehautentzündung führt im Falle der Nichtbehandlung häufig zur Erblindung, da sie bei längerer Dauer auf die Hornhaut übergreift. Besonders im Osten des Mittelmeerraumes heimisch, wurde sie durch den Personenaustausch im Zuge des Handels und der Truppenversetzungen auch bei uns eingeschleppt. – Übrigens kennen wir aus Regensburg noch einen zweiten Augensalbenstempel, der einst für die Produkte des Lucius M(arcius?) Memorialis warb und sich heute in München befindet (V 423 B Taf. 75).

MSR Inv. A 1995. – Grüner Speckstein: 5,6 × 5,6 × 0,9. – 1873, großes Gräberfeld (Brandgrab 967, Schn Beil. 2: K1). – E. Esperandieu, Revue Archeol. 22, 1893, Nr. 138; C 3, 12032, 3; C 13, 10021, 152; V 423 A Taf. 59 (Abdrücke); Schn 209 Grab 967 Taf. 203, 4a-f. Vgl. Schn 125 und P. Goessler, Germania 22, 1938, 24-30. Zuletzt zu den Augenarztstempeln M. Clauss, Epigraphische Studien 12 (1976) 41 f.

I 33 Meilenstein von Burgweinting

1 CO(n)S(uli) [IIII, proco(n)s(uli), fort(issimo)] AVG(usto)
2 FEL(icissimo) · PR[in]C(ipi) DOM(ino) INDVLG(entissimo)
3 [a]B AVG(usta) M(ilia) P(assuum) [...]
4 A · LEG(ione) M(ilia) P(assuum) [...]

Ergänzung:
[Imp(eratori) Caes(ari) L(ucio) Sept(imio) Sever(o) Pio Pert(inaci) Arabic(o), Adiab(enico), Part(ico), Brit(annico), p(ontifici) m(aximo), trib(unicia) pot(estate) III, imp(eratori) VII, co(n)s(uli) II et Imp(eratori) Caes(ari) M(arco) Aur(elio) Antonino Pio invict(o) Aug(usto) Part(ico) ma(ximo), Brit(annico) m(aximo), p(ontifici) m(aximo), trib(unicia) potest(ate) XVIII, imp(eratori) IIII],/ co(n)s(uli) [IIII, proco(n)s(uli), fort(issimo)] Aug(usto), / fel(icissimo) pr[in]c(ipi) dom(ino) indulg(entissimo) / [a]b Aug(usta) m(ilia) p(assuum) [. . .] / a leg(ione) m(ilia) p(assuum) [. . .]

Dem Imperator Cäsar Lucius Septimius Severus Pius Pertinax, Sieger über Arabien, Adiabene, Parthien und Britannien, Oberster Priester, mit Tribunengewalt zum dritten Mal, Feldherrn zum siebten Mal, Konsul zum zweiten Mal, und dem Imperator Cäsar Marcus Aurelius Antoninus Pius, dem unbesiegten Augustus, größten Sieger über Parthien, größten Sieger über Britannien, Obersten Priester, mit Tribunengewalt zum achtzehnten Mal, Feldherrn zum vierten Mal,]
1 Konsul [zum vierten Mal, Prokonsul, dem tapfersten] Augustus,
2 dem glückbringensten Herrscher und allergnädigsten Herrn.
3 Von Augsburg [. . .] Meilen,
4 von der Legion [. . .] Meilen.

195 und 215 n. Chr.

Meilenstein von der einstigen Straße von Augsburg nach Regensburg. – Bereits im 8. Jahrhundert v. Chr. scheinen bei den Assyrern Meilensteine aufgestellt worden zu sein. In Rom wurde die Sitte am Anfang des 2. Jahrhunderts v. Chr. beim Ausbau des italischen Straßennetzes eingeführt. Massenhaft (bis heute sind über 5000 bekannt!) wurden die Meilensteine in der Kaiserzeit entlang der öffentlichen Straßen (vgl. S. 99) errichtet. In der Regel handelte es sich um glatte Säulen auf rechteckigem Fundament. Obwohl man dies dem Fragment aus Burgweinting heute auf den ersten Blick nicht mehr ansieht, läßt die Textrekonstruktion unschwer erkennen, daß diese Säulen ursprünglich sehr hoch (bis zu drei Meter) sein konnten. Die Ergänzung des Steines darf als weitgehend sicher gelten, da sie durch erhaltene Parallelen abgestützt ist, insbesondere durch den Meilenstein von Wolkertshofen im Schmuttertal (V 488 Taf. 67; vgl. G. Wirth, Jahrbuch für fränkische Landesforschung 34/35, 1974/75, 62 A. 161; vgl. V 490 Taf. 67). Die Meilensteine führten neben der Titulatur der Kaiser, der Veranlasser der Straßenbauten, in der Regel die Ausgangspunkte der Zählung – in den Provinzen waren es meist größere Orte – und die Entfernung des Standorts von diesen Punkten in römischen Meilen (*milia passuum*) an. Auf dem Burgweintinger Stein waren diese Zahlenangaben offenbar einst mit Farbe aufgeschrieben worden. Da der Straßenbelag damals nicht so haltbar war wie heute, wurde häufig kurz hintereinander gebaut, weshalb an ein und derselben Stelle mitunter Meilensteine mehrerer Kaiser gefunden wurden (manchmal scheinen auch propagandistische Absichten mit der Aufstellung dieser Säulen verbunden gewesen zu sein). In unserem Fall weist die Titulatur auf zwei Baumaßnahmen innerhalb von rund zwanzig Jahren hin. Die Nennung der rätischen Legion als Ausgangspunkt der Straße ist ein zusätzlicher Hinweis auf den vorwiegend militärischen Charakter der Straßenbauten in Rätien (vgl. Klio 31, 1938, 44; zu sonstigen Folgerungen aus *a legione* vgl. oben S. 103).

MSR L 100. – Kalkstein: 100 × 45 (Durchmesser). – 1909, »in eine Gruftwand der Kirche von Burgweinting eingemauert«; offenbar verschleppt. – G. Steinmetz, Führer durch die praehistorisch-römische Sammlung zu St. Ulrich in Regensburg, 1910, 33/100; ders., Bericht d. Römisch-Germanischen Kommission 5, 1909 [1911], 40f.; ders., VO 65, 1915, 33–58; V 485 Taf. 66; St 52/100. Vgl. R. Heuberger, Rätien im Altertum und Frühmittelalter, I, Innsbruck 1932, 103 A. 21.321; Meilensteine mit mehreren Distanzangaben: Th. Pekary, Untersuchungen zu den römischen Reichsstraßen, Bonn 1968, 99 m. A. 50.

I 34 Militärdiplom für Marcus Ulpius Fronto (113 n. Chr.) (Abb. 11)

Erst kürzlich im nördlichen Bereich des Bismarckplatzes gefunden, stellt diese antike Bronzeurkunde wohl den historisch ergiebigsten archäologischen Fund dar, der in den letzten Jahrzehnten in Regensburg gemacht wurde. Dieses Dokument bestätigte einst dem Bataver Marcus Ulpius Fronto die Verleihung des Eherechts und seinen Kindern den Erwerb des Bürgerrechts (dazu ausführlich oben S. 59ff.). – Militärdiplom nennt man eine beglaubigte Abschrift eines kaiserlichen Sammelerlasses, der entlassenen Soldaten den Empfang des Bürgerrechts und des Eherechts mit einer Nichtrömerin bestätigte. In der Originalverfügung wurde dieser Erlaß in einem Archiv der Reichshauptstadt Rom z. B. auf Holz- oder Wachstafeln aufbewahrt; außerdem wurde er aber noch in eine größere Bronzetafel *(tabula aenea)* graviert und ebenfalls in Rom an einem eigens dazu vom Staat zur Verfügung gestellten Ort öffentlich ausgehängt. Von dieser sogenannten ›Grundtafel‹, welche neben dem Erlaß in einer, mitunter mehrere Spalten breiten Liste die durch die erteilten Privilegien gleichermaßen betroffenen Veteranen namentlich anführte, konnte jeder der in der Liste Genannten zu seiner Legitimation, wohl gegen Bezahlung, eine von einer ›halbamtlichen‹ hauptstädtischen Werkstatt verfertigte Kopie – eben das Militärdiplom – anfordern.
In einer Zeit, die weder Papier noch photomechanische Kopierverfahren kannte, gravierte man derlei Abschriften in zwei 0,5–1,5 mm dicke, rechteckige und aufeinandergepaßte Bronzeplatten von 12–20 cm Länge und 10–16 cm Breite. Die Täfelchen wurden an den beiden Ecken je einer Langseite durchbohrt; durch diese Löcher führte man Bronzedrahtringe so, daß die längs aneinandergelegten Platten verbunden wurden. Auf diese Weise erhielt man ein aufklappbares bronzenes ›Buch‹ (ein Diptychon) mit insgesamt 4 Seiten. Auf die beiden inneren Seiten (nennen wir sie Seite 2 und 3) wurde der Urkundentext *(scriptura interior)* über beide Platten verteilt so geschrieben, daß die Zeilen parallel zu den Tafellangseiten liefen. Nun klappte man die Seiten 2 und 3 aufeinander und wiederholte den Urkundentext *(scriptura exterior)* noch einmal vollständig auf Seite 1: jetzt aber in kleinerer Schrift, da der innen auf 2 Täfelchen verteilte Wortlaut auf eine Seite, und zwar parallel zur kurzen Querseite passen mußte. Schließlich wurde das Diplom durch je zwei weitere Löcher in der Querachse mittels eines Drahtes so verbunden, daß man die Innenseiten nicht mehr auseinanderklappen konnte, ohne die Verschnürung zu zerstören. Um ein unbefugtes Öffnen und somit Mißbrauch zu verhindern, wurden dieser Verschnürung auf der noch

verbleibenden Seite 4 die sieben Siegel von Zeugen, welche die Richtigkeit des Duplikats verbürgten, aufgedrückt, und diese durch eine aufgelötete längsrechteckige Metallkapsel vor allzu rascher Zerstörung geschützt. Schließlich stichelte man neben den Siegeln noch die Namen der Zeugen *(signatores)* ein. Die geschilderte Konstruktion des Diploms ermöglichte den Privilegiennachweis ohne Erbrechen der Siegel, das nur erfolgen mußte, sofern Zweifel an der Echtheit und der Originalität des Außentextes dringend geboten waren.

Wie das Äußere war auch der Inhalt dieser Urkunden standardisiert. Obwohl der Vergleich nicht hundertprozentig stimmt, kann man zur Veranschaulichung doch auf die Blankette moderner Urkunden (z. B. Meisterbrief, Ehrenurkunden im Sport usw.) hinweisen, wo einer gleichbleibenden – heute natürlich vorgedruckten – Textformel Name und Verdienste des einzelnen Empfängers hinzugefügt werden. Entsprechend zerfällt der Urkundentext eines Militärdiploms in drei Abschnitte:

– 1. Die Kopie des kaiserlichen Erlasses mit Erwähnung der Privilegien. Sie ist wörtlich nach der ›Grundtafel‹ in Rom wiederholt und daher auf verschiedenen, von ein und derselben ›Grundtafel‹ für verschiedene Veteranen angefertigten Diplomen identisch.

– 2. Die Nennung des Veteranen (und seiner Familie), der das Diplom angefordert hat. Sie befindet sich an der Stelle, wo in der ›Grundtafel‹ die Namenliste stand. Dieser Teil ist stets einmalig, da er den Besitzer des Diploms kennzeichnet.

– 3. Ein Beglaubigungsnachweis mit der Angabe, wo in Rom die ›Grundtafel‹ aufzufinden sei, gehört in der Regel wieder zum Formularteil der Inschrift.

MSR Inv. 1977, 128. – 2 Bronzetafeln (aus 5 Fragmenten zusammengesetzt): jetzt 11,5 × 13. – 1977, Bismarckplatz. – Vgl. K. Dietz, in: Der Bismarckplatz in Regensburg, 1978, 37–48.

I 35 Militärdiplom des Secco (166 n. Chr.)

[Imp. Cae]s(ar) M(arcus) Aurelius Antoninus Aug(ustus) Armeniacus, [pontif(ex)] ma[x(imus), t]rib(unicia) pot(estate) XX, imp(erator) III, co(n)s(ul) III et

[Imp. Cae]s(ar) L(ucius) Aurelius Verus Aug(ustus) Armeniacus, Parthic(us) m[ax(imus), t]rib(unicia) pot(estate) VI, imp(erator) III, co(n)s(ul) II, proco(n)s(ul), div[i] Ant[o]nini f(ilii), divi Hadriani nepotes, divi [Traia]ni Parthici pronepotes, divi [N]e[r]vae abnepotes

equitib(us) et pedit[ib(us), q]ui militaver(unt) in al(is) III, quae appel(antur) I [Fl(avia) c(ivium) R(omanorum) et] I Fl(avia) gemell(iana) et I Fl(avia) sing(ularium); et cohortib(us) XIII, [I Fl(avia) Ca]nath(enorum) (milliaria) et I Breuc(orum) et I et II [Raet(orum) et II] Aquitan(orum) et III Bracar(augustanorum) et III Thrac(um) vet(erana) et III Thrac(um) [c(ivium)] R(omanorum) et I]II Britt(annorum) et IV Gall(orum) et V Braca[r(augustanorum) et VI L]usitan(orum) e[t] IX Batav(orum) (milliaria), et sunt in [Rae]tia sub [De]sticio Severo pr[oc(uratore)], quinq(ue) et vi[gi]nt(i) stipend(is) emerit(is) dimi[ssis honesta mis]sion(e),

quor(um) nomin(a) s[ubscripta sunt], civitat(em) Roman(am), qui [eorum non haberent,] deder(unt) et conub(ium) cu[m uxoribus, quas] tunc habuiss(ent), cum e[st civitas is data,] aut cum is, quas poste[a duxissent dum]tax(at) singulis.
a.d. - - - M. Vibio Liberale, P. M[artio Vero cos.]
cohort(is) II Aquitan(orum), [cui praest] Iu[l]ius - - -, ex equite Secconi Iuli - - - [f., - - -.]
Descript(um) et recog[nit(um) ex tabula aerea,] quae fix(a) est Rom(ae) i[n muro post templ(um)] divi Aug(usti) ad [Minervam.]

Zeugennamen:
M. Servili [Getae] – Ti. Iuli [Felicis] – C. Belli [Urbani] – L. Pulli [Primi] – L. Senti [Chrysogoni] – C. Pomponi [Statiani] – L. Pulli [Zosimi].

März/April 166 n. Chr.

Zu Militärdiplomen allgemein Nr. I 34. Wegen des formelhaften Inhalts solcher Diplome wird auf eine Übersetzung verzichtet und auf das Beispiel S. 63 ff. verwiesen. Die Konsuln sind am 23. März 166 n. Chr. belegt (C 11, 1924; vgl. G. Alföldy, Konsulat und Senatorenstand unter den Antoninen, Bonn 1977, 180 f.). Der Empfänger der Urkunde war ein gewisser Secco (so: Innenseite des Diploms) oder Sicco (so: Außenseite); beide Formen sind offenbar keltisch (Evans 255 A. 3; zu Secco noch F. Lochner-Hüttenbach, Situla 2 [1965] 34 f.); möglicherweise war der in Kumpfmühl ansässige (S. 62 f.) Veteran dieses Namens tatsächlich ein Aquitaner, der in der *cohors II Aquitanorum* Dienst tat (vgl. S. 68 f.). K. Kraft (Zur Rekrutierung der Alen und Kohorten an Rhein und Donau, Bern 1951, 167/ 1051) hielt ihn freilich für einen Räter. – Das vorliegende Militärdiplom gibt uns einen guten Einblick in die im Jahr 166 n. Chr. in Rätien stationiert gewesenen Hilfstruppenverbände (vgl. H.-J. Kellner, BVbl 33, 1968, 92 ff.). – Die Namen der Zeugen sind übrigens deswegen so sicher zu ergänzen, weil auf Diplomen derselben Zeitstellung meist dieselben Zeugen erscheinen.

MSR Inv. A 3469. – 12 Bronzefragmente; ursprüngliche Größe der beiden Platten 15 × 12 × 0,1. – 1873, Kumpfmühl (Asamstraße). – Ohlenschlager 1874, 193–218 (m. 3 Lithographien); C 3, S. 1991/LXXIII (vgl. Hübner 850); V 517 Taf. 70; C 16, 121. Vgl. Steinmetz, VO 65, 1915, 43; St 65. Zum rätischen Statthalter G. Winkler, BVbl 36, 1971, 66–68.

I 36 Ziegelstempel der 3. (Britannier?)Kohorte

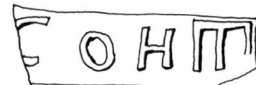

COH(ortis) III [- -]

2. Jahrhundert n. Chr.

Bruchstück eines Ziegelstempels, der vielleicht die Cohors III Britannorum nannte, die vorübergehend in Regensburg stationiert gewesen sein wird (vgl. Nr. I 18 und I 31). Freilich käme nach dem Neufund Nr. I 38 theoretisch auch die Ergänzung zu COH III THR CR in Frage. Die Verbindung der drei Zahlstriche durch den oberen Querbalken (vgl. Spitzlb Taf. 12, 333 a. 333 A und 336) weist typologisch jedoch auf die Britannereinheit.

MSR ohne Inv. Nr. – Ziegel: 38 × 39 × 4,5; Feld A, (9,3) × 2,5; Buchstabenreihe (C mit III) 7,8; Buchstabenhöhe 1,2–1,7. – Regensburg, Ziegelgrab 92. – Spitzlb 167/334 Taf. 12, 334. Vgl. Spitzlb 134.

I 37 Ziegelstempel der Ala prima singularium (Abb. 25b)

AL(ae) I (= primae) SĪNG(ularium)

(Erzeugnis) der ersten ›Feldjäger‹-Ala

2. Jahrhundert n. Chr.

Mindestens sieben derartige Stempel sind bisher aus dem Kastell Kumpfmühl, aus der Innenstadt und aus Prüfening bekannt. Zeitpunkt und Ursache des Aufenthalts dieser Einheit in Kumpfmühl sind bis heute nicht genau anzugeben (S. 67).

MSR A 4052. – Ziegel: 26 × 26 × 7; Feld A, 11,0 × 3,0; Buchstabenreihe 10,4; Buchstabenhöhe 1,5 u. 2,5. – VO 50, 1898, 464/b Taf. 9,5; C 3, 11995 add. S. 2328, 53; V 500 Taf. 68 λ; Spitzlb 168/343 Taf. 13, 343. 17, 343f. Vgl. VO 46, 1894, 304. 50, 1898, 431.

I 38 Ziegelstempel der Cohors tertia Thracum (Abb. 25c)

[coh(ortis) III] THR(acum) C(ivium) R(omanorum)

(Erzeugnis) der 3. Thrakerkohorte aus römischen Bürgern

2. Jahrhundert n. Chr.?

Bisher waren aus Rätien Stempel mit der Aufschrift COH(ortis) III THR(acum) C(ivium) R(omanorum) nur aus Oberstimm, vom Burgfeld bei Moos und aus Künzing bekannt (Spitzlb 167/341 Taf. 341 a–b). Die Einheit könnte im Kastell am letztgenannten Ort stationiert gewesen sein (H. Schönberger, Limesforschungen 13, Berlin 1975, 108–110 Abb. 26, vgl. aber Schnurbein a.a.O.). Vermutlich gelangten Ziegeln dieser Truppe mit oder ohne Bautrupp auch nach Kumpfmühl (S. 67).

MSR Inv. 1977, 261. – Ziegel: Fragment einer Platte. – 1974, Kumpfmühl *(taberna*, vgl. S. 180f.). – Vgl. U. Osterhaus, VO 115, 1975, 194; S. v. Schnurbein, Fundberichte aus Baden-Württemberg 3, 1977, 641. Allgemein: M. G. Jarrett, Thracian Units in the Roman Army, Israel Exploration Journal 19, 1969, 215–224; vgl. J. E. Bogaers, Oudheidkundige Mededelingen vit het Rijksmuseum van Oudheiden te Leiden 55, 1974, 198–220.

I 39 Ziegelstempel der cohors prima Canathenorum (Abb. 25a)

COH(ortis) I (= primae) CAN(athenorum)

(Erzeugnisse) der ersten Kanathenerkohorte

2. Jahrhundert n. Chr.

Solche und ähnliche Ziegelstempel der gleichen Einheit wurden bisher in Regensburg in großer Zahl gefunden. Dennoch muß fraglich bleiben, ob die Einheit, deren regulärer Standort Straubing war, je hier lag (S. 68).

MSR Inv. Nr. A 4051. – Ziegel: 26 × 26 × 7. – Einzelnachweise bei Spitzlb 164f./318–324. Vgl. Spitzlb 132–134.

I 40 Ziegelstempel der cohors secunda Aquitanorum

COH(ortis) II (= secundae) AQ(uitanorum)

(Erzeugnis) der 2. Aquitanerkohorte

2. Jahrhundert n. Chr.

Aus Regensburg sind bisher mindestens acht Ziegel der 2. berittenen Aquitanerkohorte bekannt, die offenbar nach ihrer Versetzung aus Obergermanien nach Raetien (zwischen 107 und 116 n. Chr., vgl. D. Planck, Arae Flaviae, Stuttgart 1975, 194; Fundberichte aus Baden-Württemberg 3, 1977, 501 A. 14) bis zum Untergang Kumpfmühls die Besatzung des dortigen Kohortenlagers bildete (oben S. 68; vgl. Nr. I 35 und H.-J. Kellner, BVbl 36, 1971, 213). Besonders aufsehenerregend war 1867 der Fund von fünf 23,5 × 23 × 7 cm großen Ziegelplatten in der Schottenstraße, die dort das Gehäuse für Graburnen bildeten.

MSR ohne Inv. Nr. – Ziegel: verschiedene Plattengrößen; Feld L_1, 16 × 3,2; Buchstabenreihe 13,0–13,5; Buchstabenhöhe 2,1–3,0; mehrere Matrizen möglich. – Regensburg (Kastell Kumpfmühl, Neubau Habbel; Pfauengasse und aus Grab Schottenstraße). – VO 26, 1869, 371f., 451; Ohlenschlager 1872, 337; C 3, 6537 = 11993; V 503; Spitzlb 164/315 Taf. 11, 315c.

I 41 Ziegelstempel der 3. italischen Legion (Abb. S. 436 oben)

LEG(ionis) III (= tertiae) ITAL(icae)

(Erzeugnis) der 3. italischen Legion

Nach 175 n. Chr.

Militärbauten, aber selbst nichtmilitärische Spezialbauten, wurden von den Römern bevorzugt aus Ziegeln errichtet. Deshalb gab es auch in den Provinzen nicht nur private Ziegeleien; ein jedes Legionslager hatte eine derartige, von der Truppe betriebene Werkstatt. Die Ziegelei der Regensburger Legion befand sich in Bad Abbach. Mit den dort hergestellten

Produkten deckte die Einheit nicht nur ihren Eigenbedarf, sie lieferte diese in große Teile der Provinz Rätien (vgl. S. 92; Spitzlb 115: Verbreitungskarte). Wegen der geringen Haltbarkeit der Formstempel, die in den feuchten Lehm eingedrückt wurden, änderte sich die Aufschrift der Ziegel häufig. Dennoch sind typologische Grundmuster zu erkennen. So gehören z. B. die Stempel LEG III ITAL CON(cordis) in die früheste Zeit (um 175 n. Chr.), als die Legion noch den Beinamen Concors trug (S. 74), während die Aufschrift LEG TER(tiae) in eine relativ späte Zeit verwiesen dürfte.

MSR ohne Inv. Nr. – Ziegel – CIL 3, 6000. S. 1051. 11988. 11989c. S. 2328, 53; V 496 Taf. 68; vgl. z. B. AE 1906, 183. 1933, 117 (Kösching). 1935, 99 (Abbach); Spitzlb 138–166/1–291 Taf. 5–11. Taf. 17; Weber 439/55. Vgl. Spitzlb 113–125.

I 42 Spätantiker Ziegelstempel

LEC L MR COS

4. Jahrhundert n. Chr.

In 25 Exemplaren und sieben Stempeltypen bekannter Ziegelstempel, der bisher sehr unterschiedlich gedeutet wurde. Möglicherweise lassen sich aus diesen Stempeln wichtige Folgerungen für das Schicksal der Regensburger Besatzung im 4. Jahrhundert n. Chr. ableiten (S. 144).

MSR ohne Inv. Nr. – Ziegel: Feld A, 11,5 × 1,8; Buchstabenreihe 10,5; Buchstabenhöhe 1,1–1,2. – C 3, 12002 b; Spitzlb 163/304 Taf. 11, 304 b. e. Vgl. G. Steinmetz, VO 66, 1924, 208–213; Ritterling, RE XII (1925) 1354. 1419. 1430; Spitzlb 128–132.

◁ I 43 Stempel der Arbeitsgruppe des Lucianus

1 LVCIANI
2 LEGI(onis) III ITA[l(icae)]

1 Des Lucianus
2 von der 3. italischen Legion

Nach 175 n. Chr., aber 4. Jahrhundert n. Chr.?

Dieser Doppelstempel, von dem ein zweites, ähnliches Exemplar aus Bad Abbach bekannt ist, gibt uns einen kleinen Einblick in die Personalstruktur der Legionsziegeleien *(figlinae)*. Es handelt sich offenbar um einen Sonderstempel des Aufsichtshabenden, den dieser bei der Überprüfung der Produktionsleistung (vgl. Nr. I 44) seiner Arbeitsgruppe jedem so und sovielten gestrichenen Ziegel aufdrückte. Dies geschah wohl in der Absicht, »das Kontingent der eigenen Gruppe von dem der anderen abzuheben« (Spitzlb 81). In diesem Fall müßte man die Aufschrift interpretieren: »(Stempel) des Lucianus (aus der Ziegelei) der 3: italischen Legion«. Möglicherweise ist ein geheimnisvoller Stempel aus Lorch (Lauriacum) mit der Aufschrift LEG III LVCMC vor einem ähnlichen Hintergrund zu sehen. Der Zusatz MC könnte ebenso zu deuten sein wie bei Nr. I 42. Dann wäre eine Datierung ins 4. Jahrhundert wahrscheinlich.

MSR Inv. 1972, 188. – Ziegel: Fragment einer Platte. – 1972, Neupfarrplatz. – Unveröffentlicht, Legionsstempel: Spitzlb 157/251 Taf. 10/251a; Parallelstück: Spitzlb 168f./351 Taf. 13, 351 (vgl. auch 108 Abb. 12) mit Legionsstempel 145/98b Taf. 7, 98. Vgl. Spitzlb 80 A. 49. 81. 126.

I 44 Buchführung eines Arbeiters in der Legionsziegelei

1 [...]ECOLI
2 FEC(it)
3 CX

1 [...]ecoli
2 machte
3 110.

Nach 175 n. Chr.

Mit einem Griffel in den feuchten Lehm eingeritzte Abrechnung über das Tagespensum eines Ziegelstreichers. Diese Buchführung war für die Entlöhnung von Bedeutung (vgl. Nr. I 43). Ähnliche Inschriften haben sich bei Bonn und vor allem bei Sisak (Siscia) in Slowenien gefunden. Ein Tagessoll von 100–120 großformatigen Ziegeln scheint durchaus normal gewesen zu sein. In der Zeit um 300 n. Chr. hätte ein Ziegelstreicher dabei rund 50 bis 60 Denare pro Tag verdient. – Unsere Inschrift ist nicht unproblematisch, weil *[. .]ecoli* in Zeile 1 kaum den Nominativ (»Werfall«) eines Namens darstellen kann; F. Vollmer ergänzte daher (wie vor ihm ähnlich schon G. Steinmetz) *[. .]ccoli (servus)*, also »des [. .]ccolus (Sklave)«. Da unser Ziegel in der Mitte mit einem Stempel der 3. italischen Legion versehen ist (in Spiegelschrift von rechts unten beginnend LEC III ITAL; vgl. Spitzlb 151/174 Taf. 8, 174a), hätten folglich in der Legionsziegelei Sklaven gearbeitet. Dies ist schon deswegen unwahrscheinlich, weil Sklavenarbeit in Provinzziegeleien offenbar selten war, und die sonstigen Lohnabrechnungen anscheinend regelmäßig Freie betrafen (Spitzlb 80). Vielleicht – dies würde freilich sprachlich einige Schwierigkeiten bereiten – ist *[t]ecoli* im Sinne von *[t]egulas* zu lesen, wonach die ganze Inschrift lauten würde: »Ziegel machte er 110«. Das Fehlen eines Namens stünde diesem Vorschlag nicht weiter im Wege, weil eine Verwechslungsgefahr möglicherweise nicht bestanden hatte.

MSR ohne Inv. Nr. – Ziegel: 21 × 21. Buchstabenreihen der Zeilen: 11,5; 6,5; 7,5; Buchstabenhöhe: 2,5–6,0. – 1900, Salzburgergasse 1. – VO 52, 1900, 307. 357/29; Walderdorff, VO 54, 1904, 282; C 3, 14371, 3a; V 423 Taf. 59 (vgl. S. 192); Spitzlb 174/409 Taf. 15, 409. Vgl. St 68; G. Spitzlberger, Beiträge zur Oberpfalzforschung 1, 1965, 42; Spitzlb 86; R. Wiegels, Fundberichte aus Baden-Württemberg 3, 1977, 508 m. A. 12.

I 45 Magisches (gnostisches?) Amulett (Abb. 142)

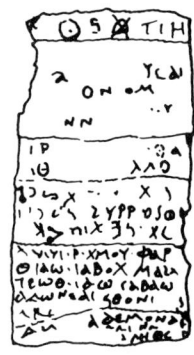 

3. Jahrhundert n. Chr.?

In einem zylindrischen, am Rand leicht beschädigten Silberbüchschen, das von zwei in Ösen endenden Ringen zusammengehalten wurde, waren zwei rechteckige Plättchen aus Gold und Silber ineinandergerollt; ein drittes Plättchen aus Kupfer steckt möglicherweise noch in der Kapsel (vielleicht handelt es sich aber auch nur um eine zweite Hülse). Das ganze wurde einst als Amulett um den Hals getragen und einer erdbestatteten Toten ins Grab mitgegeben. Da der zunächst in Privatbesitz verschwundene Fund unsachgemäß behandelt worden ist, kann die mit einem spitzen Gegenstand in die Plättchen geritzte bzw. gedrückte Aufschrift nicht mehr vollständig gelesen werden:

a) Das Goldblättchen ist durch fünf Querstriche in sechs Abschnitte aufgeteilt; in 19 Zeilen sind noch Buchstaben und Zeichen erkennbar, obschon ein Zusammenhang meist nicht mehr herstellbar bzw. eine Deutung unmöglich ist. In Zeile 1 sieht man ebenso wie besonders im vierten Abschnitt mehrere magische Schriftzeichen, sogenannte Charaktere, welche Mächte, Sternbilder oder Ähnliches symbolisieren. – ⊙ könnte z. B. für Uranus, ⊗ für Erde stehen; doch ist die Interpretation in solchen Fällen sehr schwierig und daher mit Vorsicht aufzunehmen. Im fünften Abschnitt liest man in griechischen Buchstaben folgende Götter- oder Zaubernamen: »Chmou, Pharthiao, Iaboch, Marm[a]reōth, Iaō, Sabaō[th], Adōneai«. Als besonders starke Zaubernamen haben sich im Laufe der Zeit die letzten drei Namen durchgesetzt, die eine feste Dreieinigkeit bildeten: Dabei ist Iaō die griechische Wiedergabe des jüdischen Tetragrammatons, also der vier hebräischen Konsonanten JHWH des Gottesnamens Jahwe (»der Seiende«). Dieses Iaō mutete schon deswegen geheimnisvoll an, weil es sich aus dem mittleren, dem ersten und dem letzten Buchstaben des griechischen Alphabets zusammensetzte. Nun trat aber nach synagogaler Vorschrift an die Stelle des Namens Jahwe, der nicht ausgesprochen werden sollte, die hebräische Gebetsanrede Adōnai (»mein Herr«); im Zauber wurde beides natürlich vereint (übrigens ist auch Jehova eine Mischform aus dem Tetragrammaton und der Anrede Adōnai). Dazu kam noch Sabaōth (»Herrscharen«), das im Alten Testament ebenfalls zur Kennzeichnung Jahwes herangezogen wurde.

b) Das Silberplättchen ist mit vielen magischen Zeichen und Buchstaben versehen, die heute keinen Sinn mehr ergeben. In Zeile 3 wollte man (in griechischen Buchstaben) sot(er), lóg(os) und in der Folgezeile das Christogramm mit einem Omega, also Christou, und Jesou lesen. All dies würde auf die Aufnahme Christi in den Zauber hinweisen, der anderweitig tatsächlich belegt ist. Doch leider ist diese Interpretation nicht zu halten, weil 1. die Worte alles andere als sicher erkennbar sind, und 2. das entscheidende »Christou« sich in Wahrheit als ein magisches Zauberzeichen entpuppt, das stark verbreitet gewesen sein muß.

Die Interpretation des Amuletts als christlich ist folglich nicht möglich. In der Fachwelt ist man sich nicht einmal einig, ob man in solchen Fällen von gnostischen (A. A. Barb) oder ganz allgemein von magischen Amuletten (C. Bonner) sprechen soll. Solche beschrifteten Plättchen aus Gold, Silber oder Kupfer – aus den altägyptischen Totenrollen entwickelt – waren bis in die späteste römische Kaiserzeit von England bis Syrien stark verbreitet. Obwohl die Aufschriften in die Welt der magischen Gemmen, Amulette und Papyri des griechisch-ägyptischen Kulturkreises führen, werden sie auffälligerweise gerade in Ägypten am wenigsten gefunden (Grimm a.a.O. 44 f.). Aus den Papyri sind uns die Herstellungsvorschriften und Verwendungsmöglichkeiten solcher Plättchen bestens bekannt. Amulette von der Art des Regensburger Exemplars wurden vor allem als Schutzmittel gegen verschiedene Gefahren des täglichen Lebens, gegen Fieber, Kopfweh oder Augenleiden, oder bloß allgemein zur Abwehr böser Geister usw. betrachtet (vgl. Zuntz a.a.O.). Der genaue Inhalt unseres Stückes bleibt leider verborgen, ebenso wie nicht zu klären ist, ob es seine Trägerin aus dem Osten mitgebracht hatte, oder ob fahrende Magier derartige Zaubermittel verkauften (zu Amuletten in Rätien Kellner 130).

MSR A 1513. – Zylindrisches Silberbüchschen: L. 2,5; Durchmesser 0,8; Goldfolie: 4,5 × 2,4; Silberfolie: 3,5 × 2,2. – Um 1875, großes Gräberfeld, Nähe Margaretenstraße (ehemaliges Grundstück Beyschlag, vgl. VO 55, 1903, 333. 73, 1923, 14A,; Schn 97). – Ebner 162–166 Taf. 2; H. v. Walderdorff, Regensburg in seiner Vergangenheit und Gegenwart, Regensburg ⁴1896, 17 f.; M. Siebourg, Bonner Jahrb. 103, 1898, 126 f. 135/5; G. Steinmetz, Röm.-German. Korrespondenzblatt 5, 1912, 29/4; St 63/39a; Bayerische Frömmigkeit (1960) a.a.O. (wie bei Nr. I 29) 126/29; Koptische Kunst. Christentum am Nil, Essen 1963, 367 f./431–433; G. Grimm, Die Zeugnisse ägyptischer Religion und Kunstelemente im römischen Deutschland, Leiden 1969, 215 f./131 Abb. 37 Taf. 73, 1; Schn 97 f. 252/24 Taf. 203, 1–3. Vgl. G. Zuntz, Persephone, Oxford 1971, 281; M. J. Vermaseren, in: J. R. Hinnells (Hrsg.), Mithraic studies, Manchester 1975, 447 A. 8; Schn 106. 117 A. 648.

I 46 Fragment eines frühchristlichen Goldglases (Abb. S. 147)

PE TRV S
PA VLV S

Um 350 n. Chr.

Angeblich von Weihbischof Albert Ernst Graf von Wartenberg vor 1688 im Keller seines Kanonikalhofes am Domplatz ausgegraben. Zweifel an der Richtigkeit dieser Fundortangabe sind statthaft (S. 139). – Bei der Herstellung dieser Gläser wurde ein Goldblättchen auf einem Glas befestigt und darauf mit einer Radiernadel die Zeichnung angefertigt; anschließend schabte man die unnötigen Teile weg und schmolz über das erste Glas ein Deckglas. Unser Fragment war einst der Fußboden einer Glasschale oder eines ähnlichen Gefäßes (gegen T. E. Haevernick, Jahrb. d. Röm.-Germanischen Zentralmuseums Mainz 9, 1962, 58–61). »Patenen-artige, sehr flach gewölbte Scheibe aus weißem Glase von etwa 16 cm Durchmesser, die auf einem an der Unterseite, c. 6–7 mm vom Rande entfernt umlaufenden, 2–3 mm hohen, halbrunden Wulste als Fuß ruht. Sie trägt in quadratischer Goldeinfassung (9 cm lang und breit) eine . . . Darstellung der hl. Apostel Petrus und Paulus.« (Ebner a.a.O. 158). »In Tunika und Pallium gekleidet, mit übereinandergeschlagenen Beinen auf Faltstühlen sitzend, sind die beiden Apostel leicht einander zugewandt. Mit der L. greifen beide in die Mantelfalten. Der l. sitzende Petrus streckt den leicht gebeugten r. Arm mit rednerischer Geste Paulus entgegen, der wie abwartend, zur Entgegnung bereit, die R. vor die Brust hält. Neben die Köpfe sind die Namen der Apostel geschrieben. Der freie Raum ist mit Rosetten und kleinen Kreisen gefüllt.« (Vopel a.a.O. 48 f.). Diese Verzierung mit Blumensternen und kreisrunden Tupfen war nicht selten (z. B. Morey a.a.O. Nrr. 78. 270. vgl. Nrr. 72. 117. 459 und Vopel a.a.O. 12 f.), auch ein in Löwentatzen auslaufender Thron kommt anderweitig vor (Morey a.a.O. Nr. 243). Wichtig für die Datierung des Glases aber ist die Unbärtigkeit der Apostel (so auch z. B. Morey a.a.O. Nrr. 100. 130. 249. 254. 270. 287. 323. 341). Dies war nämlich die ältere Darstellungsweise. Erst seit etwa 340/ 350 n. Chr. kam es zur ikonographischen Unterscheidung (Ikonographie = die Bestimmung von Bildnissen der Antike): Von nun an wurde Paulus mit langem, kahlen Kopf und langem spitzen Bart, Petrus breitschädelig und kraushaarig, einen kurzen runden Bart tragend, abgebildet (W. Braunfels, Lexikon der christlichen Ikonographie, VIII [1976] 130–147. 158–174. bes. 161 f.). Daß unser Stück aus Italien stammt, verdeutlichen ähnliche Goldgläser aus Bologna, auf denen die Apostel, entsprechend dem Regensburger Exemplar, wie antike Philosophen thronend dargestellt sind (Morey a.a.O. Nr. 269 f. = Testini a.a.O. Nrr. 122 f.). – Übrigens soll noch ein zweites Goldglas durch Wartenberg gefunden worden sein, von dem sich nur ein Kopf mit der Aufschrift [pas]TOR erhalten hat (Vopel Nr. 428 = Morey a.a.O. 71/437 Taf. 35); diese weist ebenfalls auf Petrus und Paulus (vgl. Morey a.a.O. Nr. 117. vgl. Nr. 106).

Bayerisches Nationalmuseum / PSM IV 1197 (früher G 2020). – Goldglas: Durchmesser 16. – Fundumstände (s. o.; vgl. zum Romaufenthalt Albert von Wartenbergs G. Schwaiger, Zeitschr. für Kirchengesch. 73, 1962, 301 ff.). – J. H. v. Hefner-Alteneck, Trachten, Kunstwerke und Geräthschaften vom frühen Mittelalter bis zum Ende des 18. Jahrhunderts, I, Frankfurt ²1879, 9 Taf. 12; C. Hager – J. A. Mayer, Die vorgeschichtlichen, roemischen und merovingischen Alterthuemer des bayer. Nationalmuseums (Katalog IV), München 1892, 159/1197; Ebner 157–160 Taf. 1; H. Vopel, Die altchristlichen Goldgläser, Freiburg i. Br., 1899, Nr. 356; H. Müller-Karpe, in: Monachium, hrsg. v. A. W. Ziegler, München 1958, 14 f. Taf. 1, 2; Ch. R. Morey, The Gold-Glass Collection of the Vatican Library, Città del Vaticano 1959, 71/438 Taf. 35; Bayerische Frömmigkeit (1960) a.a.O. (wie bei I Nr. 29) 121/3; M. Sotomayor S.J., S. Pedro en la iconografia paleocristiana, Granada 1962, 194/463; H. Dannheimer, in: Keysselitz-Schnell a.a.O. (wie bei Nr. I 29) 24/18 Taf. 18; P. Testini, in: Saecularia Petri et Pauli, Città del Vaticano 1969, 274 m. A. 82. 313/143. Beste Abb.: Kellner Abb. 173. Zu Petrus und Paulus auf Goldgläsern Sotomayor a.a.O. 193–196, vgl. Testini a.a.O. 271 A. 71.

I 47 Amphorenstempel (Abb. 97)

L · S · L · P ·

2. Jahrhundert n. Chr.

Stempel auf dem Henkel eines Importgefäßes (S. 310). Solche Stempel nannten entweder den Hersteller des Amphoreninhalts (Wein, Öl, Fischsauce etc.) oder aber den Fabrikanten des Transportbehälters. Nach den Forschungen von M. H. Callender stammten gestempelte, kugelige Gefäße in der Regel aus der südspanischen Provinz Baetica, und zwar aus dem Gebiet zwischen Cordova und Sevilla. Natürlich gab es in der Antike Namen mit den Anfangsbuchstaben L · S · L · öfter (z. B. C 3, 3446; 6, 5286. 7459a, 1. 6835. 14556. 25884. 32536 C II 35. 37736; 13, 5011). Da aber aus Adamuz bei Cordova inschriftlich ein Lucius Sempronius L[ong]us als städtischer Priester (*magister Larum augustalium*) belegt ist (C 2, 2181 = J. Vives, Inscripciones latinas de la España romana, Barcelona 1971, 1048 add.), löste Callender unseren Stempel zu *L(uci) S(emproni) L(ongi) (de) P(ortu?)*, also »(Erzeugnis) vom Warenhaus(?) des Lucius Sempronius Longus«, auf (zu *portus* = munizipales Warenhaus, vgl. Callender a.a.O. 22. 211ff./1370). Gefäße mit genau demselben Stempel stammen aus Britannien (Exeter, Richborough, Nuits St. Georges) und aus Gallien (Vienne). Ganz ähnliche Stempel fanden sich andernorts, unter anderem auch auf der Südseite des Monte Testaccio am Tiberufer in Rom (dieser 35 m hohe Hügel von 850 m Umfang an der Stelle des einstigen Flußhafens bestand ausschließlich aus Amphorenhenkeln). Das henkellose Tongefäß, das hinter dem P die Funktion eines Punktes übernimmt, weist vermutlich allgemein auf Tonwarenfabrikation hin (ein ähnliches Handwerksemblem vielleicht auf den Ziegeln des Marcus Vindelicius Surinus, vgl. Nr. I 28). Es wäre daher zu untersuchen, ob nicht auch spanische Terra sigillata mit dem Stempel *(ex) O(fficina) L(uci) Sem(proni)* (»aus der Werkstatt des Lucius Sempronius«) Produkte unseres Fabrikanten waren (vgl. J. Boube, La terra sigillata hispanique en Maurétanie Tingitane, I, 1965, 158f./ 103–106. 196ff./213–228).

MSR Inv. Nr. 107. – 1952, Kumpfmühl (Altersheim). – G. Spitzlberger, BVbl 27, 1962, 115 Abb. 6 und Taf. 4, 1; M. H. Callender, Roman Amphorae with Index of Stamps, London 1965, 166/938 Taf. 9, 46.

I 48 Krug mit Gebet an Merkur (Abb. 29)

2. Jahrhundert n. Chr.

Gefunden wurde dieser Einhenkelkrug mit Aufschrift 1974 in der Zivilsiedlung des Kumpfmühler Lagerdorfs, und zwar im Grabensystem südlich der Straße, die aus dem Kohortenlager nach Osten führte. In seiner Umgebung fanden sich viele weitere Krüge, Amphoren, Schüsseln und Schalen, die möglicherweise mit dem nahen längsrechteckigen Bau, der als *taberna* interpretiert wird (S. 180f.), in Zusammenhang standen. Die Ritzinschrift auf unserem Krug versetzt einen daher in Staunen, da es sich dabei zweifellos um ein Gebet handelt: Eine Donata bittet den Gott Mercurius, ihr allzeit glückbringend zu sein.

MSR Inv. 1977, 274. – Einhenkelkrug: H. 25,4; Inschrift (ohne Ober- und Unterlängen) 6 × 12. – Fundumstände (s. o.). – Vgl. U. Osterhaus, VO 115, 1975, 194f. Abb. 2.

Literaturverzeichnis

A. Adam, Römische Reisewege und Stationennamen im südöstlichen Deutschland. Beiträge zur Namenforschung. Neue Folge 11, 1976, 1 ff.

D. Albrecht (Hrsg.), Zwei Jahrtausende Regensburg. Vortragsreihe der Universität Regensburg z. Stadtjubiläum 1979. Regensburg 1979.

G. Alföldy, Noricum. London–Boston 1974.

G. Alföldy, Römische Sozialgeschichte. Wiesbaden 1975.

E. Alföldi – Rosenbaum (Hrsg.), Das Kochbuch der Römer. Rezepte aus der »Kochkunst« des Apicius (Zürich und München 1976[4]).

Ammianus Marcellinus, Römische Geschichte. Lat. u. dtsch. . . . v. W. Seyfarth, 4 Bde. 1968–1971.

Arbeo, Vita et passio Sancti Haimhrammi Martyris. Leben und Leiden des Hl. Emmeram. Lat.-deutsch ed. B. Bischoff, München 1953.

W. Arend (Bearb.), Geschichte in Quellen: Altertum: Alter Orient – Hellas – Rom. München 1965.

[Aventinus] Iohannes Turmair's genannt Aventinus sämmtliche Werke . . . hrsg. v. d. K. Akademie der Wissenschaften. I–VI, München 1880–1909.

Aventinus und seine Zeit 1477–1534. Hrsg. v. G.-H. Sitzmann. Abensberg 1977.

D. Baatz, Kastell Hesselbach und andere Forschungen am Odenwaldlimes. Limesforschungen 12. Berlin 1973.

D. Baatz, Der Römische Limes. Archäologische Ausflüge zwischen Rhein und Donau. Berlin 1974.

K. Babl, Emmeram von Regensburg. Legende und Kult (Thurn und Taxis-Studien 8). Kallmünz 1973.

Baiernzeit in Oberösterreich. Ausstellung im Schloßmuseum zu Linz. 1977.

W. Barthel, Die Erforschung des obergermanisch-raetischen Limes. Berichte der Römisch-Germanischen Kommission 6, 1910–1911, 114 ff.

T. Bechert, Römische Lagertore und ihre Bauinschriften. Bonner Jahrbücher 171, 1971, 201 ff.

H. Bender, Archäologische Untersuchungen zur Ausgrabung Augst – Kurzenbettli. Basel 1975 (bes. 125 ff.).

A. Birley, Mark Aurel. Kaiser und Philosoph. München 1977[2].

R. Birley, Vindolanda. A Roman Frontier Post on Hadrians Wall. London 1977 (deutsche Ausgabe: Bergisch-Gladbach 1978).

H. W. Böhme, Germanische Grabfunde des 4. bis 5. Jahrhunderts zwischen unterer Elbe und Loire. Münchner Beiträge zur Vor- und Frühgeschichte 19. München 1974.

H. W. Böhme, Archäologische Zeugnisse zur Geschichte der Markomannenkriege (166–180 n. Chr.). Jahrbuch des Römisch-Germanischen Zentralmuseums Mainz 22, 1975, 153 ff.

K. Bosl, Aus den Anfängen moderner staatlicher Denkmals- und Kulturpflege in Bayern. Aus Bayerns Frühzeit – Friedrich Wagner zum 75. Geburtstag. Schriftenreihe zur Bayerischen Landesgeschichte 62 (München 1962) 1 ff.

H. Braunert, Omnium provinciarum populi Romani . . . fines auxi. Ein Entwurf. Chiron 7, 1977, 207 ff.

D. J. Breeze, J. Close-Brooks and J.N.G. Ritchie, Soldiers Burials at Camelon, Stirlingshire, 1922 and 1975. Britannia 7, 1976, 73 ff.

C. Brühl, Königspfalz und Bischofsstadt in fränkischer Zeit. Rheinische Vierteljahresblätter 23, 1958, 243.

H. Bürgin-Kreis, Auf den Spuren des römischen Grabrechts in Augst und in der übrigen Schweiz. Provincialia – Festschrift für R. Laur-Belart (Basel 1968) 25 ff.

M. H. Callender, Roman Amphorae – With index of stamps. London 1965.

J. Carcopino, Rom. Leben und Kultur in der Kaiserzeit. Paris 1939, Stuttgart 1977.

K. Christ, Zur augusteischen Germanienpolitik. Chiron 7, 1977, 149 ff.

P. Conolly, Die Römische Armee. Hamburg 1976.

Corpus Signorum Imperii Romani. Corpus der Skulpturen der römischen Welt. Deutschland Band I, 1. Raetien (Bayern südlich des Limes) und Noricum (Chiemseegebiet). Aus dem Nachlaß von F. Wagner, bearbeitet von G. Gamer und A. Rüsch, mit einer Einführung von G. Ulbert. Bonn 1973 (abgekürzt CSIR).

J. Dahlem, Das mittelalterlich-römische Lapidarium und die vorgeschichtlich-römische Sammlung zu St. Ulrich in Regensburg. Regensburg 1881.

J. Dahlem, Ein im Jahre 1892 bei Regensburg gemachter Fund aus römischer Zeit. Verhandlungen des Historischen Vereines von Regensburg und Oberpfalz 46, 1894, 299 ff.

Die Römer an Rhein und Donau. Hrsg. v. R. Günther und H. Köpstein. Wien–Köln–Graz 1975.

C. Dirlmeier-G. Gottlieb, Quellen zur Geschichte der Alamannen von Cassius Dio bis Ammianus Marcellinus. Sigmaringen 1976.

L. Dodi, Vestigia dell' urbanistica romana a Ratisbona. Istituto Lombardi: Rendiconti Lett. 103, 1969, 701 ff.

A. v. Domaszewski-B. Dobson, Die Rangordnung des römischen Heeres. Köln ²1967.

A. Ebner, Die ältesten Denkmale des Christenthums in Regensburg. Verhandlungen des historischen Vereines von Oberpfalz und Regensburg 45, 1893, 153 ff.

J. v. Elbe, Die Römer in Deutschland. Ausgrabungen, Fundstätten, Museen. Berlin–Stuttgart 1977.

Eugippius, Das Leben des heiligen Severin. Lat. u. dt. v. R. Noll, Berlin 1963.

K. Fehn, Die zentralörtlichen Funktionen früher Zentren in Altbayern. Wiesbaden 1970.

Ph. Filtzinger – D. Planck – B. Cämmerer, Die Römer in Baden-Württemberg. Stuttgart–Aalen ²1976.

J. Fink, Römische Ausgrabungen bei Regensburg (Kumpfmühl) und die Porta praetoria im Bischofshof. Korrespondenzblatt des Gesamtvereins der deutschen Geschichts- und Altertumsvereine 33, 1885, 60 f. u. 73 ff.

H. Th. Fischer, Das Umland des römischen Regensburg. Ungedruckte Dissertation München 1978.

J. Fitz, Pertinax in Raetien. Bayerische Vorgeschichtsblätter 32, 1967, 40 ff.

G. Forni, Il reclutamento delle legioni da Augusto a Diocleziano. Mailand–Rom 1953.

A. Franke, Regina castra. In: Pauly-Wissowa, Realenzyclopädie Supplement VI (1935) 1427 ff.

K. Gamber, Der Kastenaltar im »Alten Dom« zu Regensburg eine Confessio des Märtyrer-Bischofs Lupus († um 490)? Beiträge zur Geschichte des Bistums Regensburg 10 (1976) 55 ff.

K. Gamber, Der Zeno-Kult in Regensburg. Ein Beitrag zur Geschichte des frühen Christentums in Bayern. Beiträge zur Geschichte des Bistums Regensburg 11 (1977) 7 ff.

J. Garbsch, Der spätrömische Donau-Iller-Rhein-Limes. Stuttgart 1970.

J. Garbsch, Römische Paraderüstungen. Münchner Beiträge zur Vor- und Frühgeschichte 30. München 1978.

W. Gauer, Die raetischen Pfeilergrabmäler und ihre moselländischen Vorbilder. Bayerische Vorgeschichtsblätter 43, 1978, 57 ff.

M. Gherardini, Studien zur Geschichte des Kaisers Commodus. Wien 1974.

K. Goethert-Polaschek, Katalog der römischen Gläser des Rheinischen Landesmuseums Trier. Trierer Grabungen und Forschungen 9. Trier 1977.

M. Grant, Das Römische Reich am Wendepunkt. Die Zeit von Mark Aurel bis Konstantin. München 1972.

Ch. G. Gumpelzhaimer, Regensburg's Geschichte, Sagen und Merkwürdigkeiten von den ältesten bis auf die neuesten Zeiten, 1. Abtheilung. Vom Ursprunge Regensburgs bis 1486. Regensburg 1830.

F. Haßelmann, Die Steinbrüche des Donaugebietes von Regensburg bis Neuburg. München 1888.

J. von Hefner, Die römischen inschriftlichen Denkmäler Regensburgs. Verhandlungen des historischen Vereines von Oberpfalz und Regensburg 13, 1849, 1 ff.

U. Heimberg, »Goldene Hetäre« aus Xanten. Ein römisches Maskenfragment. Das Rheinische Landesmuseum Bonn 3, 1976, 33 ff.

R. Heuberger, Rätien im Altertum und Frühmittelalter (Schlern-Schriften 20). Innsbruck 1932.

M. Heuwieser, Die Entwicklung der Stadt Regensburg im Frühmittelalter. Verhandlungen des Historischen Vereins von Oberpfalz und Regensburg 76, 1926, 73 ff.

Historia Augusta. Römische Herrschergestalten I: Von Hadrianus bis Alexander Severus. Eing. u. übs. v. E. Hohl, bearb. u. erl. v. E. Merten u. A. Rösger, mit einem Vorwort v. J. Straub. Zürich-München 1976.

D. Hoffmann, Das spätrömische Bewegungsheer und die Notitia dignitatum. 2 Bde., Düsseldorf 1969/70.

D. Hoffmann, Der Oberbefehl des spätrömischen Heeres im 4. Jahrhundert n. Chr. In: D. M. Pippidi (Hrsg.), Actes du IXe congrès international d'études sur les frontières romains. Bukarest-Köln-Wien 1974, 381 ff.

H. U. Instinsky, Septimius Severus und der Ausbau des raetischen Straßennetzes. Klio 31, 1938, 33 ff.

C. Isings, Roman Glass from Dated Sites. Archaeologia Traiectina 2. Groningen und Djakarta 1957.

L. Jacobi, Das Römerkastell Saalburg. Bad Homburg 1897.

W. Jobst, Die römischen Fibeln aus Lauriacum. Forschungen in Lauriacum 10. Linz 1975.

E. Keller, Die spätrömischen Grabfunde in Südbayern. Münchner Beiträge zur Vor- und Frühgeschichte 14. München 1971.

E. Keller, Germanische Truppenstationen an der Nordgrenze des spätrömischen Raetiens. Archäologisches Korrespondenzblatt 7, 1977, 63 ff.

H.-J. Kellner, Römische Münzen aus Regensburg, Frauenbergl. Germania 31, 1953, 219 ff.

H.-J. Kellner, Ein Fund spätrömischer Münzen in Regensburg. Germania 36, 1958, 96 ff.

H.-J. Kellner, Raetien und die Markomannenkriege. Bayerische Vorgeschichtsblätter 30, 1965, 154 ff.

H. J. Kellner, Die Zeit der römischen Herrschaft. In: Spindler (1967) 45 ff.

H.-J. Kellner, Zwei neue raetische Militärdiplome. Bayerische Vorgeschichtsblätter 33, 1968, 92 ff.

H.-J. Kellner, Exercitus raeticus. Bayerische Vorgeschichtsblätter 36, 1971, 207 ff.

H.-J. Kellner, Zur römischen Verwaltung der Zentralalpen. Bayerische Vorgeschichtsblätter 39, 1974, 92 ff.

H.-J. Kellner, Die Römer in Bayern. München 1976³.

H.-J. Kellner, Die Fundmünzen der römischen Zeit in Deutschland. Abt. I Bayern. Band 3 Oberpfalz. Berlin 1978.

G. Kerler, Die Außenpolitik in der Historia Augusta. Bonn 1970.

U. Koch, Die Grabfunde der Merowingerzeit aus dem Donautal um Regensburg. Germanische Denkmäler der Völkerwanderungszeit Serie A, Band 10. Berlin 1968.

K. Kraft, Zur Rekrutierung der Alen und Kohorten an Rhein und Donau. Bern 1951.

K. Kraft, Zwei neue Militärdiplomfragmente aus Raetien. Germania 30, 1952, 338 ff.

A. Kraus, Civitas Regia. Das Bild Regensburgs in der deutschen Geschichtsschreibung des Mittelalters. Kallmünz 1972.

H. Lamprecht, Der große römische Friedhof in Regensburg, mit Besprechung seiner Gefäße und Fibeln. Verhandlungen des historischen Vereines von Oberpfalz und Regensburg 58, 1906, 1 ff.

A. u. M. Levi, Itineraria picta. Contributo allo studio della Tabula Peutingeriana. 1967.

Lex Baiuvariorum. Hrsg. u. bearb. v. K. Beyerle, München 1926.

I. Linfert-Reich, Römisches Alltagsleben in Köln. Köln 1975.

A. Lippold – H. Popp, Kontinuität und Wandel in der späteren römischen Kaiserzeit (Arbeitsmaterialien für den Geschichtsunterricht 11. Jahrgangsstufe). 2 Hefte, München 1977/78.

A. Lippold, Regensburg 179 n. Chr. – Die Gründung des Lagers der Legio III Italica. In: Albrecht (1979) 21 ff.

M. Mackensen, Ein Fibelgrab von Regensburg-Großprüfening. Bayerische Vorgeschichtsblätter 38, 1973, 57 ff.

F. G. Maier, Die Verwandlung der Mittelmeerwelt (Fischer Weltgesch. 9). Frankfurt a. M. 1968.

S. Martin-Kilcher, Römische Geschirrflicker. Augster Blätter zur Römerzeit 1 (1978).

J. Mayer, Die Funde in der Eichhorngasse von Regensburg. Bairische Zeitung (Morgenausgabe) v. 03. u. 04. Juni 1867, Nr. 153 u. 154, Sp. 1787 u. 1799.

A. McWhirr, Verulamium. London 1971.

H. Menzel, Römische Bronzen aus Bayern. Katalog des Römischen Museums Augsburg. Augsburg 1969.

F. Millar, Das Römische Reich und seine Nachbarn (Fischer Weltgesch. 8). Frankfurt a. M. 1966.

A. Mutz, Römische Fenstergitter. Jahrb. Schweiz. Ges. f. Ur- und Frühgesch. 48, 1960, 107 ff.

E. Novotny, Gläserne Konvexspiegel. Jahreshefte des Österreichischen Archäologischen Institutes 13, 1910, Beiblatt 107 ff. u. 261 ff.

F. Ohlenschlager, Das römische Militärdiplom von Regensburg. Sitzungsberichte der philologischen und historischen Classe der K. b. Akademie der Wissenschaften zu München 4, 1874, 193 ff.

F. Ohlenschlager, Die Porta praetoria in Regensburg. Westdeutsche Zeitschrift für Geschichte und Kunst – Korrespondenzblatt 4, 1885, 122 ff.

J. Oldenstein, Zur Ausrüstung römischer Auxiliareinheiten. Berichte der Römisch-Germanischen Kommission 57, 1976, 49 ff.

C. Oman, On the Coins of Severus and Gallienus Commemorating the Roman Legions. Numismatic Chronicle 4, 18, 1918, 80 ff.

H. Ortner, Das römische Regensburg. Programm zum Jahresbericht über das Königl. Alte Gymnasium zu Regensburg, Stadtamhof 1908/1909.

U. Osterhaus, Beobachtungen zum römischen und frühmittelalterlichen Regensburg. Verhandlungen des Historischen Vereins für Oberpfalz und Regensburg 112, 1972, 7 ff.

U. Osterhaus, Baubeobachtungen an der Via principalis im Legionslager von Regensburg. Bayerische Vorgeschichtsblätter 39, 1974, 160 ff.

U. Osterhaus, Neuere Grabungen im Römischen Regensburg. Verhandlungen des Historischen Vereins für Oberpfalz und Regensburg 115, 1975, 193 ff.

U. Osterhaus, Ein bemerkenswerter frühmittelalterlicher Fund aus Regensburg – Bismarckplatz. Verhandlungen des Historischen Vereins für Oberpfalz und Regensburg 117, 1977, 177 ff.

B. Overbeck, Alamanneneinfälle in Raetien 270 und 288 n. Chr. Jahrbuch für Numismatik und Geldgeschichte 20, 1970, 88 ff.

B. Overbeck, Raetien zur Prinzipatszeit. In: Aufstieg und Niedergang der römischen Welt, Teil II Principat, Band 5.2 (1976) 658 ff.

U. E. Paoli, Das Leben im alten Rom. Bern 1961².

L. Pauli, Der Goldene Steig. In: Studien zur vor- und frühgeschichtlichen Archäologie. Festschrift für J. Werner (München 1974) 115 ff. (zu den Verkehrswegen des Bayer. Waldes).

H. von Petrikovits, Die Innenbauten römischer Legionslager während der Principatszeit. Abhandlungen der Rheinisch-Westfälischen Akad. d. Wissenschaften 56. Opladen 1975.

M. Piendl, Fontes monasterii s. Emmerami Ratisbonensis – Bau- und kunstgeschichtliche Quellen. Quellen und Forschungen zur Geschichte des ehemaligen Reichsstiftes St. Emmeram in Regensburg. Thurn und Taxisstudien 1. Kallmünz 1961.

M. Piendl, Probleme der frühen Baugeschichte von St. Emmeram in Regensburg. Zeitschrift für bayerische Landesgeschichte 28, 1965, 32 ff.

H. Pleticha – O. Schönberger (Herausgeber), Die Römer. Ein enzyklopädisches Sachbuch zur frühen Geschichte Europas. Gütersloh 1977.

A. Radnóti, Eine ovale Bronzeplatte aus Regensburg. Bayerische Vorgeschichtsblätter 30, 1965, 188 ff.

A. Radnóti, Regensburger Inschriften. Akten des 6. Internationalen Kongresses für Griechische und Lateinische Epigraphik München 1972. Vestigia – Beiträge zur Alten Geschichte 17, 1973, 385 ff.

J. N. von Raiser, Der Ober-Donau-Kreis unter den Römern. Fortsetzung der II. Abtheilung. Augsburg 1832.

K. Reich, Geschichte Regensburgs in der Zeit vom 5.–7. Jahrhundert. Verhandlungen des Historischen Vereins von Oberpfalz und Regensburg 74, 1924, 12 ff.

K. Reindel, Staat und Herrschaft in Raetien und Noricum im 5. und 6. Jahrhundert. Verhandlungen des Historischen Vereins von Oberpfalz und Regensburg 106, 1966, 23 ff.

K. Reindel, Grundlegung: Das Zeitalter der Agilolfinger (bis 788). In: Spindler (1967) 75 ff. (Die Freundlichkeit des Verfassers ermöglichte die Benutzung der demnächst erscheinenden überarbeiteten 2. Auflage).

K. Reindel, Bayern im Mittelalter. München 1970.

K. Reindel, Regensburg als Hauptstadt im frühen und hohen Mittelalter. In: Albrecht (1979) 37ff.
P. Reinecke, Burgweinting unweit Regensburg – Villa rustica. Römisch-germanisches Korrespondenzblatt 9. 1916, 54ff.
P. Reinecke, Römische Bauten in Kumpfmühl-Regensburg. Germania 1, 1917, 78ff.
P. Reinecke, Die örtliche Bestimmung der antiken geographischen Namen für das rechtsrheinische Bayern. Der Bayerische Vorgeschichtsfreund 4, 1924, 17ff.
P. Reinecke, Das Auxiliarkastell Ratisbona-Kumpfmühl (Regensburg). Germania 9, 1925, 85ff.
P. Reinecke, Die Porta principalis dextra in Regensburg. Germania 36, 1958, 89ff.
E. Ritterling, Legio. Pauly-Wissowa, Realencyclopädie XII (1925) 1211ff. bes. 1532ff.
Römisches im Antikenmuseum. Staatliche Museen Preußischer Kulturbesitz, Katalog Berlin 1978.
W. Schleiermacher, Cambodunum-Kempten. Bonn 1972.
A. Schmetzer, Der Ausbau des Regensburger Legionslagers. Bayerische Vorgeschichtsblätter 11, 1933, 25ff.
P. Schmid, Regensburg, Stadt der Könige und Herzöge im Mittelalter. Regensburger Historische Forschungen 6, 1977.
J. Schnetz, Harte Nüsse. Zeitschrift für Ortsnamenforschung 4, 1930, 141ff.
J. Schnetz, Der keltische Name Regensburgs. Verhandlungen des Historischen Vereins von Oberpfalz und Regensburg 86, 1936, 155ff.
J. Schnetz, Nochmals der keltische Name Regensburgs. Verhandlungen des Historischen Vereins von Oberpfalz und Regensburg 88, 1938, 230ff.
S. von Schurbein, Das römische Gräberfeld von Regensburg. Archäologische Forschungen in Regina Castra-Reganesburg 1. Materialhefte zur Bayerischen Vorgeschichte 31. Kallmünz 1977.
H. Schönberger, The Roman Frontier in Germany: An Archaeological Survey. Journal of Roman Studies 59, 1969, 144ff.
H. Schönberger, Das Römerlager im Unterfeld bei Eining. Germania 48, 1970, 66ff.
R. Schultze, Die römischen Stadttore. Bonner Jahrbücher 118, 1909, 280ff.
K. Schumacher, Römische Terracottenfigürchen aus Deutschland. Die Altertümer unserer heidnischen Vorzeit Band 5, Heft 11, 1909, 377ff.
F. Schwäbl, St. Emmeram zu Regensburg, eine römische Basilika. Zwiebelturm 7, 1952, 207ff.
E. Schwartz, Völkerwanderung und Staatsdenken. Zeitschrift für Bayerische Landesgeschichte 35, 1972, 893ff.
K. Schwarz, Die Ausgrabungen im Niedermünster zu Regensburg. Führer zu archäologischen Denkmalen in Bayern 1, 1971.
K. Schwarz, Die Bodendenkmalpflege in Bayern in den Jahren 1970 bis 1972. Jahresbericht der bayerischen Bodendenkmalpflege 11/12, 1970/71 (1977) 156ff. besonders 206ff. (zur *Porta Praetoria*).
K. Schwarz, Die Ausgrabungen im Niedermünster zu Regensburg. Jahresbericht der Bayerischen Bodendenkmalpflege 13/14, 1972/73 (1977) 20ff.
K. Schwarz, Das spätmerowingerzeitliche Grab des Heiligen Bischofs Erhard im Niedermünster zu Regensburg. In: Ausgrabungen in Deutschland. Katalog des Römisch-Germanischen Zentralmuseums Mainz, Band 1, 2 (1975) 129ff.
K. Schwarz, Archäologische Geschichtsforschung in frühen Regensburger Kirchen. Beiträge zur Geschichte des Bistums Regensburg 10 (1976) 13ff.

M. Spindler (Hrsg.), Handbuch der bayerischen Geschichte, I: Das alte Bayern. München 1967 (Neuauflage in Vorbereitung).

G. Spitzlberger, Ein neuer Doppelstempel der Legio III Italica. Beiträge zur Oberpfalzforschung 1, 1965, 41 ff.

G. Spitzlberger, Zum Lager der III. Italischen Legion in Eining-Unterfeld. Bayerische Vorgeschichtsblätter 31, 1966, 94 ff.

G. Spitzlberger, Die römischen Ziegelstempel im nördlichen Teil der Provinz Raetien. Saalburg Jahrbuch 25, 1968, 65 ff.

G. Spitzlberger, Attusi Lagona. Eine römische Ritzinschrift aus dem östlichen Raetien. Beiträge zur Oberpfalzforschung 3, 1969, 77 ff.

G. Spitzlberger, Eine Privatziegelei im östlichen Raetien. Bayerische Vorgeschichtsblätter 27, 1962, 107 ff.

F. Staehelin, Die Schweiz in römischer Zeit, Basel ³1948.

E. Stein, Die kaiserlichen Beamten und Truppenkörper im römischen Deutschland unter dem Prinzipat. Wien 1932.

G. Steinmetz, Bericht über eine römische Ausgrabung zu Regensburg 1896 (Wollwirkergasse). Verhandlungen des historischen Vereins der Oberpfalz und Regensburg 49, 1897, 199 ff.

G. Steinmetz, Über den römischen Meilenstein von Burgweinting und damit zusammenhängende Fragen. Verhandlungen des historischen Vereins von Oberpfalz und Regensburg 65, 1915, 33 ff.

G. Steinmetz, Vom römischen Regensburg. Das Bayerland 36, 1925, 553 ff.

G. Steinmetz, Kastell Radaspona in Kumpfmühl. Verhandlungen des Historischen Vereins von Oberpfalz und Regensburg 75, 1925 a, 146 ff.

G. Steinmetz, Regensburg in der vorgeschichtlichen und römischen Zeit. Aus Regensburgs Vergangenheit. Festgabe zur Haupt-Versammlung des Gesamtvereins der deutschen Geschichts- und Altertumsvereine in Regensburg 1925. Regensburg 1925. (= VO 76, 1926, 4 ff.).

G. Steinmetz, Von den Grabungen am Römerkastell Radaspona in Kumpfmühl. Die Oberpfalz 21, 1927, 204 ff.

G. Steinmetz, Führer durch die Sammlungen des historischen Vereins im Oberpfälzischen Kreismuseum zu St. Ulrich in Regensburg. Kallmünz 1931⁶. (= VO 82, 1932, 193 ff.)

G. Steinmetz, Vom Merkurtempel auf dem Ziegetsdorfer Berg. Verhandlungen des Historischen Vereins von Oberpfalz und Regensburg 85, 1935, 347 ff.

G. Steinmetz, Vom Merkurtempel auf dem Ziegetsdorfer Berg. Verhandlungen des Historischen Vereins von Oberpfalz und Regensburg 86, 1936, 434 ff.

R. Strobel, Die Stadtbefestigung an der Südost-Ecke von Castra Regina in nachrömischer Zeit. Verhandlungen des Historischen Vereins für Oberpfalz und Regensburg 102, 1962, 209 ff.

R. Strobel – J. Sydow, Der »Latron« in Regensburg. Historisches Jahrbuch 83, 1964, 1 ff.

R. Strobel, Beobachtungen in der principia von Castra Regina. Bayerische Vorgeschichtsblätter 30, 1965, 176 ff.

A. Stroh, Untersuchung an der Südostecke des Lagers der Legio III Italica in Regensburg. Germania 36, 1958, 78 ff.

A. Stroh, Neue Beobachtungen im römischen Regensburg. Germania 31, 1953, 217 ff.

A. Stroh, Fortsetzung der Untersuchung an der Südostecke des Lagers der Legio III Italica in Regensburg. Germania 41, 1963, 131 ff.

A. Stroh, Untersuchung an der Ostseite des Lagers der Legio III Italica in Regensburg. Saalburg-Jahrbuch 28, 1971, 52 ff.

A. Stroh, Führer durch die Sammlungen der Stadt Regensburg. I. Vor- und Frühgeschichtliche Abteilung. Regensburg 1953.

E. Swoboda, Carnuntum. Graz-Köln 1964⁴.

J. Sydow, Bemerkungen zur Frage einer spätantiken Georgskirche (St. Emmeram in Regensburg). Verhandlungen des Historischen Vereins für Oberpfalz und Regensburg 95, 1954, 227 ff.

J. Sydow, Untersuchungen über die frühen Kirchenbauten in Regensburg. Rivista di archeologia cristiana 31, 1955, 75 ff.

[Tacitus] Publius Cornelius Tacitus, Germania, hrsg. u. übs. . . . . v. E. Fehrle u. R. Hünnerkopf. Heidelberg ⁵1959.

F. Tinnefeld, Die frühbyzantinische Gesellschaft. München 1977.

W. Torbrügge, Vorzeit bis zum Ende der Keltenreiche. In: Spindler (1967) 3 ff.

W. Torbrügge, Die vorgeschichtliche Grundlegung. Regensburg, Geschichte in Bilddokumenten, hrsg. v. A. Kraus u. W. Pfeiffer, München 1979.

W. Torbrügge, Vorzeit bis zum keltischen Radasbona. In: Albrecht (1979) 9 ff.

W. Torbrügge, Die Hallstattzeit in der Oberpfalz, 1. Kallmünz (i. Druck). (Zur Durchlässigkeit des Bayer. Waldes).

G. Ulbert, Römische Holzfässer aus Regensburg. Mit einem tierkundlichen Beitrag von J. Boessneck. Bayerische Vorgeschichtsblätter 24, 1959, 6 ff.

G. Ulbert, Das römische Regensburg. Germania Romana – 1. Römerstädte in Deutschland. Beihefte zum Gymnasium 1 (1960) 64 ff.

G. Ulbert, Ein römischer Brunnenfund von Barbing-Kreuzhof. Bayerische Vorgeschichtsblätter 26, 1961, 48 ff.

G. Ulbert, Das römische Regensburg als Forschungsproblem. Verhandlungen des Historischen Vereins für Oberpfalz und Regensburg 105, 1965, 7 ff.

G. Ulbert, Röm. Gemmen und Glaspasten vom Auerberg. Bayer. Vorgeschichtsblätter 35, 1970, 89.

Vindobona – die Römer im Wiener Raum. Ausstellungskatalog Wien 1977/78.

F. Vittinghoff, Die Bedeutung der Legionslager für die Entstehung der römischen Städte an der Donau und in Dakien. Studien zur europäischen Vor- und Frühgeschichte (Festschrift H. Jankuhn) (Neumünster 1968) 132 ff.

F. Vittinghoff, Die Entstehung von städtischen Gemeinwesen in der Nachbarschaft römischer Legionslager. Legio VII Gemina, León 1970, 339 ff.

F. Vittinghoff, Die rechtliche Stellung der *canabae legionis* und die Herkunftsangabe *castris*. Chiron 1, 1971, 299 ff.

L. Voit, Raetia Latina. Düsseldorf 1959.

F. Vollmer, Inscriptiones Baivariae Romanae sive inscriptiones Raetiae adiectis aliquot Noricis Italisque. Monaci 1915.

H. Vopel, Die altchristlichen Goldgläser. Ein Beitrag zur altchristlichen Kunst- und Kulturgeschichte. Archäologische Studien zum christlichen Altertum und Mittelalter 5, 1899.

Vor- und frühgeschichtliche Archäologie in Bayern. München 1972.

F. Wagner, Die Römer in Bayern. München 1928⁴. Bayerische Heimatbücher 1, 1924.

F. Wagner, Das Ende der römischen Herrschaft in Rätien. Bayerische Vorgeschichtsblätter 18/19, 1951/52, 26 ff.

F. Wagner, Neue Inschriften aus Raetien. (Nachträge zu F. Vollmer, Insciptiones Baivariae Romanae). Bericht der Römisch-Germanischen Kommission 37–38, 1956, 215 ff.

J. Wahl, Gladiatorenhelm-Beschläge vom Limes. Germania 55, 1977, 108 ff.

H. Graf von Walderdorff, Regensburg in seiner Vergangenheit und Gegenwart. Regensburg 1869. Nachdruck 1967.

H. Graf von Walderdorff, Die Römerbauten an dem Königsberge bei Regensburg. Verhandlungen des Historischen Vereins von Oberpfalz und Regensburg 50, 1898, 337 ff.

H. Graf von Walderdorff, Römerbauten auf dem Alten Kornmarkt (jetzt Moltkeplatz) und Umgebung in Regensburg. Verhandlungen des historischen Vereines von Oberpfalz und Regensburg 54, 1902, 263 ff.

N. Walke, Das römische Donaukastell Straubing – Sorviodurum. Limesforschungen 3. Berlin 1965.

G. R. Watson, The Roman Soldier. Ithaka 1969.

G. Webster, The Roman Imperial Army of the First and Second Centuries A. D. London 1969.

G. Winkler, Legio II Italica. Geschichte und Denkmäler. Jahrb. des oberösterreichischen Musealvereins 116, 1971, 85 ff.

G. Winkler, Die Statthalter der römischen Provinz Raetien unter dem Prinzipat. Bayerische Vorgeschichtsblätter 36, 1971, 50 ff. (mit Nachträgen ebd. 38, 1973, 111 ff. 116 ff.).

G. Wirth, Caracalla in Franken. Jahrbuch für fränkische Landesforschung 34/35, 1974/75, 37 ff.

H. Zeiß, Die vor- und frühgeschichtliche Besiedlung der Gegend von Regensburg. Verhandlungen des Historischen Vereins von Oberpfalz und Regensburg 77, 1927, 3 ff.

H. Zeiß, Das Kontinuitätsproblem im rätischen Flachland. Bayerische Vorgeschichtsblätter 11, 1933, 41 ff.

R. Zirngibl, Erklärungen und Bemerkungen über einige in der Stadt Regensburg sich befindende Römische Steininschriften. Historische Abhandlungen der königlich-baierischen Akademie der Wissenschaften 2, 1813, 203 ff.

Namen- und Ortsregister

(erstellt von K. Dietz)

Ein Stern (*) bei Straßennamen oder Bauwerken kennzeichnet heute nicht mehr gebräuchliche Namen bzw. nicht mehr vorhandene Objekte.

Aalen 58, 63, 67f., 103
Abensberg 14
C. [Ac]ceptus 404f.
Accursius, Mariangelus 397
Adoneai 440
Adrianopel 125, 146
Ägypten 54, 59, 94, 110, 129, 155, 282, 312, 328, 362, 372, 441
M. Aelius Cerialis 282
Aelius Fortis 92
Aelius Septimus 79
P. Aelius Silvanus 14
Aemilianus 118
Aëtius 160f., 219
Afra (Heilige) 138, 168, 375f.
Afrika (Nordafrika) 75, 77, 79, 89, 99, 110, 116, 129, 159, 313
Agilolfinger 168f., 172, 174, 376, 384
Ajax (Aiax) 26, 315, 359, 368
Alamannen 71, 109f., 113f., 119, 121f., 124, 136, 140f., 145, 161, 162f., 165, 167, 168, 182, 197, 203, 205, 215, 219, 226, 228f., 250, 252, 267, 325, 360, 375, 378, 403
Alanen 72, 159
Alarich 155, 159
Alba Iulia *(Apulum)* 105, 111
Albert (Heiliger) 379
Albing 83
Alexandria 94, 135, 137, 339
Alkimoennis (s. Michelsberg)
Alkofen 24, 80, 83, 92, 152, 315
Alpen 43, 44, 55, 75, 92, 113, 119, 122, 124, 129, 135, 156, 167, 198, 217, 219, 311f., 339, 348, 373
Altino *(Altinum)* 102
Altmühl 42
Amalaberga 167
Amantius, Bartholomäus 15, 163
Ammianus Marcellinus 140f., 217

C. Annius Flavianus 91
Anonymus von Ravenna 165
Q. Antistius Adventus 76
Antoninus Pius 58f.
L. Antonius Saturninus 56
Apianus, Petrus 15
Apicius 339
Apis 362, 372
Appianus 77
Aquileja *(Aquileia)* 74–76, 117, 155, 311
Aquitaner 63, 68, 309, 432, 435
Arbeo, Bischof von Freising 93, 169, 172, 197, 205, 380
Arius 137
Arkadius 146, 155, 157
Arnulf 193, 232, 236, 379, 382
Arrian 298f.
Attila 161f.
Auerberg 50
C. Aufidius Victorinus 75
Augsburg *(Augusta Vindelicum)* 22, 48, 50, 52, 55, 57, 78, 84f., 92, 95, 99, 103, 111, 116, 122f., 124, 129, 135, 138f., 157, 168, 183, 202, 208, 210–212, 230, 262, 265, 278, 310, 312f., 356, 375, 405, 419f., 429
Augsburg – Oberhausen 44
Augsburg, St. Afra 375
Augustis 423
Augustus 37, 43, 45, 50f., 59f., 96, 346
Aurelia 14, 74
Aurelia Lucina 414
Aurelian 122f., 214
M. Aurelius Amandus 396
Aurelius Artissius *105–109*, 234, 242, 260, 268, 391
Aurelius Flavianus 117
M. Aurelius Manto 74, 407f.
Aurelius Pervincianus 115, 397f., 420
L. Aurelius Valerianus 352, 412
Aurelius Victor 118, 121
Aurelius Victorianus 346, 353, 412
Aureolus 121

Authari 173
Aventinus, Johannes (Turmair) 13–15, 32, 40, 91, 387, 397f., 423f.
Avidius Cassius 87
Avitianus 68, 298, 426

Baatz, Dietwulf 241
Bac (= Naab) 165
Bacchus 267, 399
Bad Abbach 42, 80f., 92, 144f., 210, 309, 424, 435, 437f.
Bad Gögging 85
Bajuwaren (s. Bayern) 267, 377
Banassac 182
Barbatio 140
Barbing 209, 333, 337, 378
Barthel, Walther 27
Basel 309
M. Bassaeus Rufus 88
Bassus 395
Bastarner 72
Bataver 54, 59, 64–66, 430
Batavis (s. auch Passau) 59, 158, 163, 171, 374
Bayerischer Wald 41, 52f., 168
Bayern (Land) 19, 52, 59, 169, 376, 425
Bayern (Stamm) 167, 169, 174, 267, 377
Berber 116, 145
Birley, Robin 256
Bodensee 48, 54f., 130, 140
Bodenwöhrer Tal 53
Böhme, Horst W. 73, 86
Böhmen 46, 51f., 70, 87, 167, 248, 378
Böhming 78, 91f., 280
Boiodurum (s. auch Passau) 43, 55
Bonifatius 173
Bonn 105
Bononia 90
Breeze, David J. 284
Bregenz 50, 99, 113, 116, 124, 143
Britanner 67, 298, 309, 410f., 426f., 433
Britannien 58, 65, 72, 74, 93f., 95, 103f.,

124, 155, 156, 161, 179, 282, 405, 428f., 443
Buren 72, 91
Burghöfe *(Submuntorium?)* 132f.
Burgunder 109, 122, 141, 161, 168, 215
Byzanz 38, 111, 125, 165, 166, 402

Caerellius Priscus 83
Caerleon 103
Caesar 295, 403, 416
Caligula 48
Caracalla 60, 71, 95f., 98, 103, 109–111, 234, 288, 344, 393–395, 429
Carausius 124
Carcopino, Jerome 343
Carinus 123f.
Carnuntum (Deutsch-Altenburg, Petronell) 78, 87, 93, 268, 405
Carpen 111, 116
Carus 123
Cas(sius?) A [...]us 266, 400
Cas(sius?) Camulinus 266, 400
Cassius Dio 79, 91, 109, 357
M. Cassius Severus 411
Castellum Lucullanum 162f.
Castra Regina (s. Regensburg)
Cato 345
Celje *(Celeia,* Cilli) 76
Cham 42
Cham – Further – Senke 53, 248, 312
Chatten 46, 55, 72f., 77
Chauken 73
Cherusker 46
Chester *(Deva)* 282
Chlodovechus 165, 167
Chnodomar 140
Christus 137, 430
Chur 129
Cimella *(Cemenelum)* 74, 280
Claudia Paterna 416–418
Claudian 155f.
Claudius 47f., 50f.
Claudius II. Gothicus 121, 123, 140, 214
Ti. Claudius Candidus 94
Claudius (Gemellius?) Claudianus 413
Claudius Donatus 18
Ti. Claudius Euphras 312
M. Claudius Fronto 74
Claudius Marcus 410
Claudius Peregrinus 411
Ti. Claudius Pompeianus 77, 85
Ti. Claudius Proculus Cornelianus 74
Claudius Reticus 366, 414

T. Claudius Severus 329
Ti. Claudius Severus 286
Ti. Claudius Victor 99
Clermont-Ferrand 63, 182
Clodius Albinus 93–95
Clodius Iustus 14
Cobnertus 190
Commodus 70f., 88–91, 93f., 99, 110, 148, 388, 394
Como *(Comum)* 74, 407f.
Constans 140
Constantius I. Chlorus 126f.
Constantius II. 141
Cordova 443
Cn. Cornelius, *cos. suff. 113* 63
Cresces 318

Dahlem, Joseph 22, 23, 24, 25 (Abb.) 26f., 30, 32f., 195, 207, 210, 259, 355, 362, 365
Daker 57, 65f., 70, 116
Dakien *(Dacia)* 57, 105, 111, 119, 121, 399, 405
Dambach 78, 113, 115,
Dangstetten 43
Dechbetten (s. Regensburg)
Decius 116–118
Deggendorf 179, 289
Dekumatland *(decumates agri)* 55f., 113, 119, 425
Desticius Severus 431
Didius Iulianus 93
Dietrich von Bern 165
Diokletian 114, 124–128, 130f., 133, 135f., 215f., 280, 391
[Dio]nysius 111
Diveca 45, 418f.
Dobiaš, Josef 79
Domitian 47, 55–58, 279
L. Domitius Ahenobarbus 45
Donata 443
Donau 41, 43–45, 50–57, 62, 69, 72, 75–79, 81f., 87, 91, 102, 104 106, 110, 113, 116, 119, 121f., 129, 132f., 135f., 140, 142f., 145, 156, 161, 164–166, 168, 174, 178, 181, 192, 194, 206f., 211, 216, 230f., 233, 239, 248f., 254, 258, 267f., 311, 315, 318, 325, 334, 345, 355, 357, 375, 423
Donaustauf 42
Drau 65
Drusus 41, 43
Dungau 41, 79

Ebner, Adalbert 27
Eckes, Richard 29, 33
Eggstätt 92, 424
Eining *(Abusina)* 55–57, 59, 68, 78–81, 83, 85, 92, 95, 110f., 115, 134, 139f., 143f., 156, 298, 309, 403
Eining-Unterfeld 80, 83, 86
Elagabal 111, 346
Elbe 44–46, 167, 168, 219
Elektra 359
Emmeram (Heiliger) 169, 173, 193, 377, 379f.
England (s. auch Britannien) 59, 120, 127, 129, 178, 202, 310, 328, 405, 440
Q. Eniboudius Montanus 74, 280f.
Enns 138
Epfach (Lorenzberg, *Abodiacum*) 44, 50, 160, 394, 411
Equester Paulus 111f.
Ergeli *(Perinthus, Heraclea)*, 111f.
Erhard (Heiliger) 173, 376, 379f.
Eschenz *(Tasgaetium)* 131
Eugippius 162f., 165, 374
Eurysaces 368
Eutrop 118

Filtzinger, Philipp 128, 142
Fink, Josef 198
Fischer, Thomas 32, 104, 115, 211, 214, 248f., 314
Flavia Florina 17
Flavia Ispana 311, 320, 345, 415f.
Flavius Amabilis 18
Flavius Fortio 415f.
T. Fl(avius) Pri(mus) 428
Flavius Vetulenus 91
Florian (Heiliger) 138
Fortuna 272, 409f.
Franken (Stamm) 118, 124, 136, 140, 145f., 165, 168, 378
Frankreich (s. auch Gallien) 129, 168, 178, 182, 265, 310, 312, 333, 371, 405
Fratres Arvales 109f., 407
Frauenberg (bei Weltenburg) 50, 143, 160
Freising 169, 173, 380
Fritigern 145
Frobenius Forster, Abt von St. Emmeram 17
Frontinus 56
Füssen *(Foetibus)* 132f.

Gäuboden 41
Galerius 126

St. Gallen 173, 379
Gallia Belgica 404f.
Galliae (Präfektur) 129
Gallien (s. auch Frankreich) 45, 54, 57, 69, 72, 79, 92, 94f., 119, 121f., 136, 159, 161, 170, 219, 310, 400, 402f., 405, 420, 428, 443
Gallienus 119–121, 123, 132, 168, 280
Gamried, Leutwein 13f.
Garbsch, Jochen 142
Garibald I. 168, 376
Gauer, Werner 359f., 368
Gauting 50, 55
M. Gavius Apicius 339
Geisling 335
Generidus 156
Germanen 43, 45, 56, 69f., 73, 78, 89, 91, 109f., 113, 115f., 118, 119, 121, 123, 124–126, 139f., 143, 145f., 160, 161, 164f., 168, 182, 192, 214, 219, 230, 248, 251, 299, 312, 321, 344, 346, 348, 357, 374f., 377, 416, 425
Germanicus 46
Germanien 44–46, 48, 51f., 54, 70, 75, 92, 208, 310, 400, 403, 420, 428
Geta 109, 394f.
Gibuld 163, 375
Gisela (Herzogin) 410
Gnotzheim 56
Godigisel 159
Godin, Anselm von 15
Goethe 41, 48
Gordian III. 114, 116, 214, 248, 397
Goten 70, 116, 118, 125, 145f., 155, 161, 167f., 215
Gratian 146
Griechen 294
Griechenland 77, 119
Großberg (bei Regensburg) 124, 215
Große Laaber 259
Großprüfening (s. Regensburg)
Günzburg *(Guntia)* 55, 118, 171
Gumpelzhaimer, Christian Gottlieb 19, 261
Gundremmingen 160
Gunzenhausen 116
Györ *(Arrabona)* 79

Hadrian 57, 346
Hahhilinga (s. auch Agilolfinger) 169
Hasdingen (s. auch Vandalen) 159
Haßelmann, Fritz 24
Hefner, Joseph von 22, 398, 424

Heidenheim 63, 67
M. Helvius Clemens 89
M. Helvius Clemens Dextrianus 88f., 388
Hera 409
Herculaneum 328
Hercules 93, 352
Hermes 402
Herminafried 167
Hermunduren 51f., 72, 109
Herodian 113
Heruler 167
Herzogmühle 314
Hesselbach 241
Heuwieser, Max 377
Historia Augusta (57f.,) 72, 75, 77, 122f.
Hieronymus 410
Hochwart, Laurentius 166
Honoria 161
Honorius 156f., 159
Hunnen 161

Ianuarius 318
Iao 440
Iberer 299
Ibliomarius Perpetus 45f., 404
Igel 359
Iller 37, 44, 119, 132f., 135f., 140, 142f., 156, 214, 216
Illyricum (Präfektur) 129, 131, 155f.
Illyrien 72, 113, 117
Imperium Romanum 38, 59, 116f., 162f.
Ingenuus 120f.
Ingenu[us] 122
Ingolstadt 50, 394
Inn 37, 45, 47f., 54, 140, 168, 311
Innsbruck 132
Iran 59
Isar 41
Isidor v. Sevilla 398
Isny *(Vemania)* 129, 132f., 160, 215
Istanbul 111, 125, 129, 208, 402
Istrien 74, 129
Italia (Präfektur) 128
Italia annonaria 128
Italien 44, 60, 73–75, 113, 116, 118, 119, 121, 122, 131, 139, 155f., 158, 162, 165, 167f., 190, 210, 219, 233, 311, 371f., 374, 442
Itinerarium Antonini 38, 103, 111
Iulia Domna 94, 111, 346
Iulia Ianuaria 418
Iulia Paula 346, 414
Iulia Victorina 320, 415

Iulianus 218
C. Iulius Alexius Avitus Alexianus 111
Iulius Cattanus 416f.
C. Iulius Civilis 54
C. Iulius Ingenuus 100, 279
Iulius Iulinus 91
Iulius Saturninus 416–418
Iulius Verax 393f.
Cn. Iulius Verus 74
A. Iunius Pastor Caesennius Sospes 75
Iuppiter (Jupiter) 115, 233, 272, 397f.
Iuppiter Dolichenus 212
Iuppiter Optimus Maximus 397, 409f.
Iuppiter Poeninus 286
Iuppiter Stator 91
C. Iuval (...) Atr(...) 404f.
Iuvenia Victorina 418
Iuvenius Ianuarius 418
Iuvenius Placidus 418
M. Iuvenius (...)io 418
Iuvennia Prisca 419
Iuventius Tertius (?) 419

Jaunstein *(Iuenna)* 419
Jazygen 75, 85
Jerusalem 62, 137, 295
Jesus 137, 173, 430
Johannes Chrysostomos 160
Jordanes 168
Julian (Apostata) 140f.
Julius Nepos 163
Juno Regina 109, 272, 409f.
Justinian I. 125
Juthungen 122, 140, 160, 215, 217, 219, 238, 262, 267, 309, 325, 373

Kalinka, Ernst 112
Kallmünz 42
Kanatha (s. Qanawāt)
Kanathener 68, 137, 186, 309, 434
Kapfelberg 24, 80, 233
Karolinger 348, 382
Karthago 89, 345
Katalaunische Felder 161
Kelheim 43, 81, 152
Kellmünz 134, 143
Kellner, Hans-Jörg 94, 110, 212
Kelten 42–45, 70, 168, 289, 299, 344, 348, 357, 402, 404, 419f., 423, 425, 432
Kempten *(Cambodunum)* 50, 54f., 113, 132f., 212, 235
Kirchmatting 115

Kleinasien (s. auch Asien, Türkei) 111, 117, 118
Köln 39f., 120, 139, 311, 359
Königshofen 108
Kösching *(Germanicum)* 55f., 59, 68, 95, 116, 437
Kolb, Joseph von 121
Konstantin I. der Große 125–129, 131, 133, 136f., 140f., 145, 203, 215, 217f., 238
Konstantinopel 129, 160
Kostoboken 72f., 77
Krems 52, 164
Kriemhildenstuhl 81
Krukenberg 267
Künzing *(Quintana, Quintanis)* 55, 67f., 78, 92, 103, 116, 163f., 166, 179, 289, 296, 298, 374, 434

La Graufesenque 182
Lakringen 72
Lamprecht, Heinrich 27
Landpert 169
Landshut *(Iovisura)* 211, 259
Langobarden 75, 109, 125, 167f., 173
Langsdorff, Alexander 28
Laren 409f.
Larunda 407
P. La[...]tius Salaturis 97f., 399
Lech 44, 50f., 123, 132, 168, 210, 212
Legio (s. Regensburg)
León *(Legio)* 103
Libanios 218, 374
Liber Pater 29, 97f., 211, 267f., 313, 399f.
Licinius 127, 136
Limes 47, 56f., 58f., 63, 75, 78, 92, 99, 109f., 115, 118, 119, 131, 135f., 142, 156, 158, 212f., 216, 295, 312, 321, 342
Linz *(Lentia)* 50, 55
Ljubljana *(Emona, Laibach)* 63, 76
Lorch *(Lauriacum)* 58, 68, 83, 94, 105, 122f., 138, 144, 164, 166, 201–203, 234, 236, 392, 438
London 134
Lucia 414
Lucianus 437f.
Lucius (Aurelius) Verus 76, 431
Ludwig der Deutsche 173f., 193, 379, 384
Lupus 166
Luxemburg 428
Lymphen 409
Lyon *(Lugdunum)* 95

Macrianus 121
Magnentius 140
Maia mater 97, 267, 271, 402f.
Mailand *(Mediolanum)* 121, 129, 137, 155
Main 51, 56, 58, 109
Mainz *(Mogontiacum)* 39, 44, 56, 81, 89, 105f., 115, 159, 210, 282, 418
Maiorinius Maiorinus 419f.
Majorian 162
Makedonien 119
Mamilia Prisca 282
Manching 43, 45, 113, 132, 143
Mangolding 152, 210, 314, 323, 347
Marbod 46
March 69
L. M(arcius?) Memorialis 429
Maria (Heilige) 173, 421
Maria 412
Mariaort 41f., 254
Marius 276
L. Marius Maximus Perpetuus Aurelianus 89f., 279
L. Marius Perpetuus 119
Mark Aurel 59, 70f., 74–76, 78–80, 87–91, 99, 102, 148, 182, 201, 233, 251, 275, 282, 346, 388, 431
Markomannen 46, 51f., 55, 66, 68, 72, 76f., 85, 87, 90f., 144, 148, 168, 182, 207, 231–233, 306, 325
Mars 97, 113, 268, 315, 360, 362, 390, 395f.
Matronen 361
Mattua 65f.
Mauren 77, 79, 116, 145
Mautern *(Favianis)* 164
Maxentius 127, 137
Maximianus (Herculius) 124, 126f., 130, 134
Maximinus Thrax 115f., 117
Maxima Sequanorum (s. auch *Sequania*) 129f.
McWhirr, Alan 240
Mehler, Johann Bap. 248
Mercurius Censualis 268, 393f.
Mercurius Cultor 401
Merkur (s. auch Mercurius) 20f., 69, 97, 181, 188, 214, 228, 265–268, 271f., 311f., 321, 324, 349, 400–404, 443
Merowinger 165, 168
Michelsberg (bei Kelheim, *Alkimoennis*) 43
Miltenberg 58

Minerva 27, 190, 249, 256, 409
L. Minicius Natalis 63
Mintraching 210f., 314, 323
Misenum 79
Mithras 117, 136f.
Mócsy, Andras 108
Mommsen, Theodor 397f.
Moos 434
Morillon, A. 423
Mosel 265, 359, 405

Naab (s. auch *Bac*) 37, 41f., 45, 52f., 66, 102, 105, 135, 251–253, 255, 258, 315, 334
Naristen (Varisten) 52, 72, 79
Nassenfels 95, 103, 267, 396, 399, 403
Neapel 162, 374
Neckar 56, 58
Nero 54
Neuburg a. D. 81, 315, 405
Nibelungen 161
Nicaea 137
Niederbayern 374
Niedergermanien *(Germania inferior)* 74
Niederösterreich 268, 374
Niedertraubling 362, 372
Nikomedien 129
Nimwegen *(Noviomagus)* 65
Nordsee 70, 141
Noriker 160, 344, 392
Norikum *(Noricum)* 40, 45, 50, 54f., 75–77, 79, 82, 84, 86, 94, 116, 119, 123, 133, 155f., 158, 160, 162, 165–167, 374f., 419.
Notitia dignitatum 38, 103, 127, 131, 133f., 143–145, 156, 373
Notitia Galliarum 135
Notker der Stammler 173f., 379
Nürnberg 42, 52, 313
Numerianus 124
L. Numerius Felix 282
Numidien 91
Nutrix 371

Oberfranken 52
Obergermanien *(Germania superior)* 56f., 67f., 72, 89, 92, 110, 113, 115, 116, 118, 119f., 295, 342, 405, 435
Oberisling (s. Regensburg)
Oberpfalz 52, 69, 79, 165
Oberpfälzer Wald 52f.
Oberstimm 50, 434
Obier 75

C. Octavius Appius Suetrius Sabinus, cos. II ord. 240 110, 397
Odaenathus 120
Odenwald 56, 58
Oderzo (Opitergium) 77
Odoaker 162–167
Österreich 262, 344
Offenburg 55
Oldenstein, Jürgen 301
Onoulf 165
Orfitus 105–107, 391
Orestes a) (Sohn des Agamemnon) 359; b) (Heermeister) 162f.
Oriens (Präfektur) 129
Orosius 92, 119
Ortner, Heinrich 27, 198
Osterhaus, Udo 30, 33
Ostgoten 165 f.
Ostsee 70
Ószöny (Brigetio) 77, 79
Ottonen 380, 382

Pacatianus 117
Palästina 103
Palmyra 120, 122, 134
Pannonien 46, 52, 55, 63–66, 75f., 78–80, 93, 119f., 122, 141, 155f., 161, 168, 283, 309, 312, 405
Paricius, Georg Heinrich 15
Paricius, Johann Carl 15
Parther (s. auch Perser) 70–74, 76, 90, 95, 110, 112, 119, 299, 393, 429
Passau (s. auch Batavis, Boiodurum) 41 f., 52f., 55, 59, 68, 78, 158, 163–166, 171, 173, 311, 374f.
Paulus 16, 62, 139, 147, 376, 441f.
Pero 65f.
Perser (s. auch Parther, Sassaniden) 112, 113, 116f., 119, 141, 146, 299, 390,
Pertinax 77–79, 82, 85, 90, 93
Pervincius Peregrinus 420
C. Pescennius Niger 93 f.
Petrikovits, Harald von 276, 281
Petrus 16, 139, 147, 376, 441f.
Peutinger, Konrad 100
Pfaffenhofen am Inn (Pons Aeni) 55, 103 f.
Pfaffenmünster 396
Pfakofen 123, 344
Pfatter 423
Pförring (Celeusum) 57, 59, 67f., 78, 95, 115
Pfünz (Vetoniana) 56, 59, 68, 212 f.

Philippus 117
Plato, Georg Gottlieb (Plato Wild) 17, 32, 177, 183 f.
Plinus der Ältere 251, 345
Pocking 116
Polybius 294
Pompeji 334, 402
Q. Pompeius Graecinus 427f.
Pontus 70, 119
Postumus 121
Probus 123, 203, 214f.
Pseudo-Hygin 79

Qanawāt (Kanatha) 68
Quaden 52, 55, 72, 76f., 85, 87f., 90f., 119, 168
Quadrivii 409
Quintilian 343

Radaspona (s. Regensburg)
Raetia prima 129f.
Raetia secunda 129f., 166f.
Rätien (Raetia) 48, 49 (Karte) und passim.
Ragonius Venustus, cos. ord. 240 397
Raselius, Andreas 423
Ravenna 79, 119, 165 f.
Regalianus 120
Regen (Regana, Reganus, Regina) 37, 41, 52 f., 103, 123, 165, 169, 248
Regensburg passim
– a) Namen:
– – Augusta Tiberii 41
– – Castra Regina 106, 171 und passim
– – Legio 103 f.
– – Radaspona 40, 42, 55, 102, 169, 171, 193, 380
– – Ratispona 166
– – Reganesburc 373, 380
– – Reganesburg 171, 174
– – Reganispurch 40
– – Regenspurc 41
– – Reginum 35, 100–102, 104, 380
– – Tiburnia 40
– b) Anlagen, Bauwerke, Kirchen, Ortsteile, Straßen etc.:
– – Adolf-Schmetzer-Straße 209, 211
– – *Ahakirche 378
– – Albertstraße 9 208, 211
– – *Alt St. Niklas 22
– – Alte Kapelle 14, 26, 172 f., 309, 423 f.
– – Alte Straubinger Straße 41
– – Alter Dom (s. St. Stephan)

– – Alter Kornmarkt 24, 83, 134, 172, 192, 202–204, 228, 310, 373
– – Altes Rathaus 378
– – Alumneum 78
– – Am Frauenbergl (s. Frauenbergl)
– – Am Königshof 195, 231
– – Am Ölberg 232
– – Arnulfsplatz 26, 32f., 42, 105, 234–236, 238–240, 242, 244, 268, 392, 396
– – Asamstraße 432
– – Augsburger Straße 96 400ff.
– – Augustenstraße 207
– – Bachgasse 193
– – Bahnhof 208
– – Bahnhofstraße 18
– – Bahnhofstraße 6 259
– – Beraiterweg 207, 231, 418
– – Bischof-Wittmann-Straße 183
– – Bischofshof 194, 198, 200
– – Bismarckplatz 32f., 55, 62–64, 148, 171, 230, 232f., 236f., 239, 243, 245–247, 303, 316, 333, 378, 430f.
– – Brückstraße 410
– – Burgweinting 20, 27, 42, 95, 103, 110, 115, 144, 210f., 259, 261, 263f., 303, 309, 353, 429f.
– – Dachauplatz 29, 32f., 172, 174, 193, 195–197, 205, 222, 226, 291, 316, 379, 421
– – Dechbetten 42
– – D.-Martin-Luther-Straße 390
– – D.-Martin-Luther-Straße 12 195
– – D.-Martin-Luther Straße 19 259
– – Dörnbergpark 207, 239, 259
– – Dom (s. St. Peter)
– – Dominikanerkirche 63
– – Domplatz 16, 20, 83, 139f., 147, 204, 218, 441
– – Dreifaltigkeitsberg 42, 169
– – Drei-Kronen-Gasse 32, 123, 140, 144, 202, 204, 214, 216, 221, 228 f.
– – Eiserner Steg 26, 42, 230, 233, 296, 304
– – Emmeramsplatz 239
– – Erhardigasse 196 f.
– – Erhardikrypta 173
– – Ernst-Reuter-Platz 29f., 195, 201, 221
– – Frauenbergl 4 26, 29, 32, 115, 117, 204, 213f., 227f.
– – Fröhliche-Türken-Straße 195
– – Fuchsengang 22, 195

– – Gesandtenstraße 192, 194, 232f., 239
– – Goliathstraße 410
– – Grasgasse 18 408
– – Großprüfening 26, 67, 81, 105, 135, 144, 151f., 186, 211, 213, 248, 250–253, 255–258, 287, 290–292, 297, 300, 314, 322, 342, 349, 433
– – Güterbahnhof 412
– – Haidplatz 231, 398
– – Helenenstraße 207
– – Hemauerstraße 390
– – Hinter der Grieb 231
– – Hochweg 26, 41, 254
– – Hohes Kreuz 259
– – Irlmauth 378, 383
– – *Jesuitenkloster 395
– – *Kaiser Heinrichs Turm 13 (Abb.)
– – Karl-Anselm-Straße 426f.
– – *Karmelitenbrauerei 195
– – Karthauser Straße 181, 426f.
– – *Klarenanger 195
– – *Kleine Emmeramer Breite 18
– – Königliche Villa (ehem.) 209, 259
– – Kohlenmarkt 22, 410
– – Kornweg 257f.
– – Krebsgasse 231
– – Kreuzgasse 231
– – Kumpfmühl 23, 24, 27, 28, 32, 42, 47, 54ff., 55, 62f., 67f., 72, 78, 80, 83, 100, 102, 108, 151f., 155, 171, 177–183, 184 (Plan), 185–188, 190–192, 210f., 230–232, 235f., 241, 246, 250, 256, 262, 275, 289–292, 295–298, 300f., 303, 306, 309f., 313f., 319f., 329–333, 336f., 341f., 353, 364, 371, 411, 426f., 432–435, 443
– – Kumpfmühler Straße 20, 23, 29, 32, 183, 185, 206f., 211, 239, 265, 303, 314, 316
– – Kumpfmühler Straße 9–11 18
– – Kumpfmühler Straße 15 416
– – Kumpfmühler Straße 30 207
– – Kumpfmühler Straße 50–52 181
– – Landshuter Straße 22, 209, 211, 215
– – Landshuter Straße 17 259
– – Margaretenstraße 441
– – Maria-Läng-Kapelle 16, 139, 147
– – Mühlweg 209
– – Neupfarrplatz (Hortenbau) 32, 140, 192, 202, 204, 213f., 216, 218, 221, 228, 304, 411, 438

– – Niedermünster 14, 30, 33, 67, 145, 157, 164f., 169, 171–173, 200, 214, 218f., 229, 373, 375f., 379f., 382, 410f.
– – Niederwinzer 268
– – Obere Bachgasse 239
– – Oberisling 217, 303
– – Obermünster 193, 195, 382
– – Obermünsterstraße 108
– – Obermünsterstraße 10 393
– – *Peterstor (s. auch Weih-St.-Peters-Tor) 368, 395, 422
– – Petersweg (s. St.-Peters-Weg)
– – Pfaffenstein 268
– – Pfauengasse 16, 435
– – Pfluggasse 197
– – Prüfening (s. Großprüfening)
– – Prüfeninger Straße (Krankenhaus) 259
– – Pürkelgut 152, 209
– – Pürkelgutweg 259
– – Residenz 20
– – Rheinhausen 80f.
– – Roritzerstraße 209
– – Salzburger Gasse 1 26, 391, 439
– – *St. Clara (Dachauplatz) 27, 193, 195, 221
– – St. Emmeram 14, 15, 17f., 40, 170f., 173, 230, 323, 377f.
– – *St. Georg 17, 173, 377f., 382
– – St. Oswald 42, 59, 81
– – St. Peter (Dom) 22, 171, 173, 380, 382
– – St.-Peters-Weg 195, 394
– – St. Stephan 166, 380, 382
– – St. Ulrich 24f., 29
– – Schelmengraben 42, 312
– – Schottenstraße 22, 206f., 366, 435
– – Schwarze-Bären-Straße 3 201
– – *Schwarzer Turm 13f., 18
– – *Schwarzes Burgtor 18, 194, 421
– – Sedanstraße 209
– – Speichergasse 32, 140, 202, 204, 214, 216, 221, 228f.
– – Stadtamhof 13, 170
– – Steinerne Brücke 13f., 18
– – Sternbergstraße 22, 209
– – Straubinger Straße 211, 259, 300, 345, 351
– – Straubinger Straße 42 22
– – Unter den Schwibbögen 198
– – Unterisling 42, 217
– – Weichs 106

– – *Weih-St.-Peters-Tor (s. auch Peterstor) 15, 18f., 194f.
– – Weinweg 29, 172, 211, 267, 399f.
– – Weißbräuhausgasse 30, 202, 204
– – Weiße-Lilien-Straße 30, 202, 204, 231
– – Weißenburgerstraße 209
– – Weißgerbergraben 26, 42
– – Winzer 106, 267f.
– – Winzerer Höhe 267, 317
– – Wittelsbacherstraße 207
– – Wollwirkergasse 24, 83, 235, 238f., 309
– – *Ziegelei Herbst 206
– – Ziegetsberg (s. Ziegetsdorf)
– – Ziegetsdorf 28, 42, 69, 115, 265ff., 266, 268, 271f., 324, 349, 394, 400 (ff.), 403
– – *Zum nackten Herrgott 195, 221
Regensburger Becken 45
Regensburger Bucht 37, 42, 52
Reginenses 35, 106f., 145
Reginum (s Regensburg)
Regula 414
Reinecke, Paul 27
Remus 20
Rhein 43, 44, 50, 54, 56, 65, 72, 104, 113, 115, 118f., 135f., 161, 202, 206, 210, 212, 214, 216, 233, 265, 344f., 355, 357
Rheinland 45, 47, 69, 119, 129, 170, 217, 289, 308, 310, 360, 371, 398, 402, 404f., 420
Rheinzabern 182, 190, 310, 314, 420
Ries 52, 79
Rikimer 162
Ritterling, Emil 118
Rogging 20f., 334, 337, 341
Rom (Stadt) 40, 54, 56, 59, 62, 74, 85, 89, 93, 107, 109, 112, 125, 127, 129, 137, 139, 161, 173, 199, 282, 310, 315, 344, 347, 357, 375, 395, 397, 402, 405, 407, 415f., 420, 429f., 443
– – *Forum Romanum* 395
– – Kapitol 109, 397, 407, 409
– – Milvische Brücke 127, 137
– – Monte Testaccio 443
Romanen 160, 162–166, 168, 170, 321, 374
Romulus 20, 407
Romulus Augustulus 162–164
Rosmerta 403
Rottweil 55
Rucinaten 43

Rudolf (Heruler) 167
C. Rufonius Placidus 97, 266, 271, 400f.
Rugier 165, 167
Rumänien 59, 65, 333, 405

Saal 80
Salutaris (s. P. La[. . . . .]tius Salutaris)
Salzach 311
Salzburg *(Iuvavum)* 44, 55, 95, 99, 140, 173, 210, 267, 310, 315, 323, 394
Sarmannina 138f., 173, 376, 381, 424f.
Sarmaten 72f., 116, 119, 145, 299
Sasipus (Sasirus?) 63
Sassaniden 112–114, 116, 118, 126
Sata 65
Save 65, 76
Schapur I. 119
Schirenhof 58
Schmetzer, Adolf 28, 194
Schnurbein, Siegmar von 32, 206, 365
Schuegraf, Joseph Rudolph 20
Schwäbische Alb 56
Schwäbl, Franz 377
Schwaighauser Forst 312
Schwarz, Klaus 30, 33, 213, 373
Schwarze Laaber 41f., 315
Schwarzes Meer 167
Schwarzwald 55
Schweiz 43, 48, 119, 265, 309
Secco (Sicco?) 52, 62f., 66, 68, 178, 184, 431f.
Secunda 63
Secundina Pervinca 420
Secundinus 132, 390
Secundus 63, 66
Seebruck 55
Semnonen 109
L. Sempronius Longus 310, 319, 443
T. Sempronius Rufus, *cos. suff. 113* 65
C. Senilius Pervincus 420
C. Sentius Saturninus 45
Septimia Impetrata 419f.
Septimius Impetratus 419f.
Sequania (s. auch *Maxima Sequanorum*) 129
Serena 146
Servanda 422
Servandius Herculanus 402
C. Servandius Serotinus 97, 402f.
Servatus 167
Severin (Heiliger) 158, 162–167, 173, 374f.
Severina 17

Severus Alexander 112f., 114, 115, 212f., 389f.
Sicco (s. Secco)
Silingen (s. auch Vandalen) 155
P. Silius Nerva 44
Silvanus a) (Bataver) 65; b) (Gott) 267
Sirmium (s. Sremska Mitrovica)
Sisak *(Siscia)* 439
Sittling 92, 309
Sol Elagabal 111
Sol invictus 122
Solin *(Salonae)* 76
Spanien (s. auch *Baetica*) 29, 54, 77, 95, 119f., 129, 159, 161, 282f., 310, 313, 319, 443
Sparlberg (bei Regensburg) 81
Speyer 182, 190, 310
A. Spicius Cerialis 89, 91
Spitzberger, Georg 309
Sremska Mitrovica *(Sirmium)* 76, 90, 129
Sueben (s. auch Schwaben, *Suavi*) 55, 72, 109, 122, 162
Sullanius Albucius 97, 395f., 411
Sureia 65
Stark, Bernhard 18, 32
Stein am Anger *(Savaria)* 405
Steinmetz Georg 23f., 25 (Abb.), 26, 27f., 33, 248, 259, 390, 401, 423, 439
Sternberg, Kaspar Graf von 19
Stilicho 155f.
Strabo 51
Straßburg *(Argentorate)* 55, 105, 108, 134, 140, 218
Straubing *(Sorviodurum)* 42, 53, 55, 57, 59, 68, 78, 92, 113, 115f., 183, 209f., 298, 309, 396, 423, 426
Strobel, Richard 30
Stroh, Armin 29, 33, 401
Syrien 74, 76, 93, 110f., 118–120, 129, 140, 178, 424, 440

Tabula Peutingeriana 38, 100–103
Tacitus a) (Historiker) 52, 54, 416; b) (Kaiser) 122
Taimering 210, 336
Tarragona *(Tarraco)* 282
Tarrutienus Paternus 88f., 287
Taunus 56
Taurinius Montanus 282
Terentia Pervinka 419–421
(Terentius) Gentianus, *cos. ord. 211* 395
Terentius Vitalis 419f.
Teutates 403

Teutoburger Wald 46
Theilenhofen 57, 427
Theoderich der Große 165–167
Theodo 169
Theodolinde 173
Theodorus 166
Theodosius (I.) der Große 111, 146, 157, 159, 238
Theudebert I. 168
Thraker 57, 67, 111, 115, 179, 186, 434
Thüringer *(Toringi)* 163, 165, 168, 378
Tiberius 40f., 43, 45–48, 50, 339
Ticinus 122
Timgad *(Thamugadi)* 91
Titus 54
Todia Inpetrata 415f.
Toulouse *(Tolosa)* 161
Trajan 57, 63, 66, 74, 295, 346, 421
Transpadana 74
Trebonianus Gallus 118
Trentschin 88
Treveri 404f.
Trient *(Tridentum)* 76, 99, 279
Trier *(Augusta Treverorum)* 40, 45, 80, 129, 135, 157, 198f., 225, 266, 311, 321, 359, 404f.
Trivii 409
Türkei (s. auch Kleinasien) 118, 129, 134
Tullius Secundus 65
Turmair, Johannes (s. Aventinus)

Ubl, Hannsjörg 302
Ulbert, Günter 30
Ulfilas 145
Ulm 51, 141
Ulpian 112
M. Ulpius Caius 111
M. Ulpius Fronto 63, 65f., 208, 430
Ulpius Lucilianus 421f.
Ulpius Vitalis 111
Ungarn (s. auch Pannonien) 46, 65, 70, 86f., 117, 161, 168, 371
Unterböbingen 58
Untersaal 91, 143, 397
Untersberg 315
Ursio 414

Vagatra 65f.
Valao 78
Valens 140f., 146
Valentinian I. 141–143, 309
Valentinian II. 146
Valentinian III. 161

Valentinus 166
Valerian 118–121
Valerius Claudius Quintus 119
C. Valerius Marianus 99
M. Valerius Maximianus 78f., 88
Valerius Valens 422
Valerius Valentinus 422
Vallatum (Manching?) 132, 137, 143–145
Vandalen (Wandalen, s. auch Hasdingen, Silingen) 72, 109, 122f., 146, 155, 159–161, 215
Varus 46
Velleius Paterculus 48
Venantius Fortunatus 168
Venetien 74, 129
Venus 323
Verona 77, 155
Vespasian 47, 54f.
Vesuv 354
L. Veter(...) 67, 426
C. Vettius Sabinianus Iulius Hospes 75
Victoria 97, 113, 268, 390, 395f.
Victorinus 92
Vidmannstaetter, Albert 22

Vilsbiburg 140
Vilshofen 67
Vindelicius Ermogenianus 309, 416, 422f.
Vindelicius Sura 309, 422f.
M. Vindel(icius?) Surinus (Ziegler) 92, 309, 423f.
Vindelicius Surinus 92, 309, 422–424
Vindelicius Tertinus 423
Vindelicius Victor 309, 422f.
Vindeliker 43, 48, 122
Vindelikien 37, 45, 61, 155, 166, 423–425
Vindmarcia 45, 410
Vitellius 54
Vittinghoff, Friedrich 60, 104, 108
Vulcanalia 391
Vulcanus (Volkanus) 26, 105–109, 234, 239, 242, 268, 391, 407

Wacho 376
Walderada 168
Walderdorff, Hugo Graf von 23, 24, 25 (Abb.), 26f., 33, 69, 179, 202–204, 259, 373

Wartenberg, Albert Ernst Graf von 15, 17, 139, 147, 376, 441f.
Weißenburg 56, 68, 78, 118
Wels 55
Welser, Markus 15
Weltenburg 50, 143, 160
Westgoten 145f., 155, 159, 161, 162
Wetterau 56
Wien *(Vindobona)* 78, 90, 93, 164, 344
Windisch *(Vindonissa)* 134f.
Winterthur *(Vitudurum)* 131
Wissowa, Georg 107
Wolkertshofen 103, 429

York *(Eboracum)* 357
Yverdon *(Eburodunum)* 135

Zeno a) (Heiliger) 173; b) (Kaiser) 165, 166
Zenobia 120, 122
Zirl (bei Innsbruck, *Teriolis*) 132f.
Zirngibl, Roman 18
Zosimus 122

Sachregister

Abbrucharbeit 174
Aberglauben 118, 233
Abfall 181, 219, 292
Abfindung 61, 178, 260, 277
Abkommandierung 155
Abschnittskastell 134
Abschnittsmauer 134
Abt 374
Abteilung 76, 78f., 110, 112, 120, 122, 130, 132f., 156, 158, 215, 294, 374
Abteilung, limitane 145
Abwanderung 164, 374, 377
Abwasser 22, 181, 187, 188, 203, 206, 210, 220, 227, 237
Abzeichen 296f., 305
Ackerbau 92, 126, 170, 218, 260
Adelsgeschlecht 169
Adelsgrab 32, 378f., 384
Adelsstand 48
Adjudant 297
adlectus annonae 99
Adlerträger 84, 285
Adoption 62, 126, 167
adsessor 85
Aedil 104, 106, 108f., 234, 242, 260, 268
aedilis 106
agger 196, 200, 222
agri decumates 54
Akrobat 334
ala 60f., 63, 67f., 85, 103, 178, 186, 309, 433
Alleinherrschaft 93, 109, 136, 141, 217
Altar 81, 91, 107, 108, 115, 138, 166, 211, 234, 242, 265, 266, 271, 268, 272, 312, 399
Amboß 314
Amethyst 347
Amphitheater 332
Amphore 29, 310, 319, 442
Amt 84, 107, 126, 343

Amtsjahr 281
Amtssitz 85, 166f., 202
Amtstitel 167
Amtszeit 84, 89
Amulett 118, 268, 312, 361, 370, 439
Angriff 44, 79, 122, 166, 214, 290, 295, 299
Anhänger 179, 293, 297, 361
Annexionsabsicht 75
Annona 157
annona militaris 99f.
ansa 291
Ansiedlung 102, 105, 116, 135, 230
Ansiedlung, keltische 43
Ansiedlung, zivile 59
Antike 40
Apostel 147, 179
Apsis 16, 266
Apsidengebäude 180, 181, 185, 187
aquae 100
Aquädukt 206
aquilifer 84, 284f.
Arbeit 81f., 260, 280, 287, 437f.
arcanum imperii 54
Architekt 82, 308, 315
Arena 93, 332, 338
Argonnensigillata 312
Armbrustfibel 312
Armee 45, 60, 66, 71, 79, 96, 97, 122, 141, 290, 296
Ärmelgewand 344f.
Armengrab 160
armentaria 289
armilla 296, 300
Armring 179, 296, 347, 353, 361, 383
Armring, Typ Wiggensbach 308
Armut 343
Arzt 22, 277, 283, 287, 315
As 236
Aschenurne 364
Astrologie 136
Aufenthaltsraum 202, 204
Auflösungsprozeß 125, 161

Aufmarschbasis 44, 94, 121
Aufmarschweg 53
Aufseher 82, 160, 286
Aufstand 65, 126
Aufstiegschance 61, 96, 288
Augenarztstempel 315, 361
Augenheilmittel 361
Augenleiden 315, 347
Augensalbenstempel 152, 427
Augenschutzkorb 24, 67, 179, 182, 185, 298, 306
Ausbesserungsarbeit 92, 216
Ausfallstraße 183, 355
Ausfalltor 69
Aushebung 72, 74, 178
Ausländer 145
Ausmusterung 277
Ausplünderung 119
Ausrüstung 201, 225, 260, 289, 292f., 297f., 300, 317, 348
Austernschale 340
Außenpolitik 90
Auszeichnung 294, 300f., 304
auxilia 130
auxilia palatina 144
Auxiliarlager 47, 71, 80, 82, 178, 192, 208
Auxiliarsoldat 61f., 233, 278, 279, 290, 292, 296
auxilium 60f.

Bacchant 333
Bad 107, 179f., 203f., 206, 235, 331, 336
Badegebäude 24, 152, 179, 180, 185, 187, 202f., 220, 221, 235, 236, 244, 329, 331, 336f., 341
Balken 205, 231
Balsamarium 345
balteus 293, 297, 301, 305
Bandenunwesen 113
Baracke 134, 177, 200f., 216, 225, 228, 327, 373, 375

463

Barbaren 50, 57, 77f., 109, 112, 117, 122, 146, 155, 158f., 160, 163, 166, 215, 218, 299, 334, 374
barbaricus amnis 168
Barbier 346
Bargeld 61
Bart 346
Basilika 174
Bastion 116
Bauarbeit 68, 92
Bauaufsicht 107f.
Bauer 42, 159f., 216, 218, 260, 296
Bauerngott 267
Bauinschrift 23, 148, 192, 195f., 220, 328
Bauschutt 183, 185, 238, 265
Baustelle 82, 233
Baustil, kasernenartiger 237
Bautätigkeit 80, 82, 99, 134, 169, 177, 199, 203, 211, 266, 295, 309, 376
Bautrupp 67, 92
Bauwerk 24, 193f., 202
Bauwerk, agilolfingisches 376
Beamter 85, 95, 99, 107, 109, 127, 132, 157, 234, 260, 280, 332
Bebauung 181, 212, 373
Bebauungsstruktur 276
Becher 151, 316, 340, 357, 361, 366
Becken 180, 250f., 367
Bediensteter 136, 260
Beerdigung 356
Befehlshaber 46, 75, 84, 131, 140, 156, 167, 278, 306
Befestigung 105, 115, 119, 131, 143, 193, 209, 252, 295, 296
Beförderung 275, 282, 286, 313
Begleiter 85
Begleitschutz 79
Begräbniswesen 18, 23, 30, 45, 61, 138, 159, 171, 173, 183, 206, 207, 211, 254f., 302, 356, 357, 358, 359, 376, 378, 379, 384
Behörde 127
Beigabe 18, 159, 160, 171, 207, 251, 354f., 357, 360f., 371, 377f., 379
Beil 230, 295f., 314, 366
Beiname 62, 65, 80, 94, 102, 107, 110f., 116, 119f., 133, 146, 178, 275, 283
Beinschiene 24, 67, 182f., 185f., 280, 289, 298, 306, 327, 426
Bekrönung 301, 370
Belagerung 77, 85, 120, 140, 166, 295f.
bellum suspensum 73
beneficarius 286, 288

beneficiarius consularis 84, 285
Benefiziarier 286, 297, 301, 305
Beobachtungsposten 252
Beobachtungsturm 119
Bergbau 170
Bergkristall 152, 347
Bergwerk 280, 354
Beruf 99, 107, 283, 315, 360
Berufsbezeichnung 105, 312
Berufsoffizier 120
Berufssoldat 276, 279f., 283, 289
Berufsverband 126
Besatzung 48, 59, 66f., 69, 73, 75, 78f., 91, 127, 134, 162, 178, 183, 275, 286
Beschlag 230, 249, 292f., 296f., 326, 341, 347
Beschlagnahme 159
Besiedlung 24, 41f., 102, 103, 181, 210, 230f., 383
Besiedlung, germanische 375
Besitz 17, 218, 354, 356, 357, 378
Besitzer 67, 92, 179, 183, 289, 309, 327, 329, 330, 426
Besoldung 158, 284
Bestattung 45, 138, 159, 171, 183, 206, 207, 211, 254f., 302, 356, 357, 358, 376, 378, 379, 384
Betrieb 251, 253, 259, 314
Bett 366
Bettler 160
Beute 87, 155, 182, 214, 218, 232
Bevölkerung 42, 59, 61, 74, 95, 97, 98, 127, 159f., 162, 166, 208, 236, 251, 260, 297, 325, 331, 340, 374, 375, 377, 383
Bevölkerung, keltische 44, 45, 102
Bewachung 158, 374
Bewaffnung 178, 289, 292
Beweglichkeit 97
Bewegungsarmee 131, 133
Bewegungsheer 145
Bewegungsspiel 331
Bewegungstruppe 121
Bewohner 108, 163f., 206f., 218, 250, 252, 354
Bewohner, germanischer 374
Bezahlung 136, 283
Bezirk, heiliger 266
Bildhauer 315, 343
Bildungsgrad 311
Binnenkastell 134, 143, 172, 216
Binnenzoll 61
Biographie 57, 72, 77, 90, 162

Bischof 145, 166, 168f., 173, 193, 197, 376, 380
Blasebalg 250
Blei 206, 287, 314, 328, 345, 361
Bodenschätze 308
Bogenmacher 287
Bogenschütze 68, 299
Bollwerk 51, 58
Bordell 233
Börsenarmband 324f.
Brandgrab 22f., 26, 152, 183, 207, 209, 251, 259, 316, 318, 348, 358, 361
Brandschicht 123, 140, 149, 181, 190, 207, 212f., 214, 229, 249f., 262
Brennholz 157, 279
Brennofen 181, 309
Brettspiel 331
Brief 164, 204, 218, 327
Bronzedepot 113
Bronzegefäß 290, 310, 330, 340
Bronzestatuette 21, 228, 256
Bronzetafel 327
Bronzeverarbeitung 250, 256
Bronzezeit 42
Brosche 152, 300, 337, 344
Brot 250, 260, 313, 338, 340, 342
Bruchstein 80, 82, 181, 191, 200, 203, 229, 243, 249, 250, 261, 264, 268, 380
Brücke 44, 106, 206, 295, 297
Brückenbau 123
Brunnen 169, 205, 250, 261, 266, 310, 320, 328, 333, 337, 344, 380
Brustschmuck 296, 347
Buch 174, 379
Buchsbaumholz 333, 337
Buchsbaumsyrinx 334
Buchstabe 310, 312
Buchstabe, apokalyptischer 138
Buckelschild 111
Bürger 48, 59–62, 65, 66, 67, 71, 98, 104, 108, 126, 179, 186, 208, 212, 266, 276, 313, 343f., 346
Bürgerkrieg 37, 54, 93f., 283
Bürgerrecht 48, 59–63, 66, 178, 280
Burgus 91, 141f., 373
Büro 201, 286
Bürokratisierung 95

canabae 97, 102, 104–108, 149, 192, 205, 207f., 211, 233, 237, 243, 245–247, 259f., 268, 314, 316, 330, 334
canabae legionis 104
Cape 344

capita 158
caracalla 344
cardo 106
caseus 170
Casino 202
castellum 166
castrum 135, 140f.
cella 265f.
centurio 201, 278, 280, 288, 296
Charge 275, 280, 283, 285, 297, 305
Chor 332
Christentum 20, 114, 117f., 136f., 139, 145, 146, 173, 251, 267, 334, 376, 377, 381
Christianisierung 159, 173
Christenverfolgung 92, 137, 139, 334
Chronist 160, 168
cingulum 292f.
civitas Romana 59–62, 66, 102, 135
clarissimus iuvenis 100
classicus 79
cohors 65, 67f., 78, 111, 178f., 186, 309
cohors praetoria 282
cohors milliaria 60
cohors milliaria peditata 66
cohors quingenaria 60
cohors urbana 282
cohors vigilum 282
collegium 126
colonia 102
colonus 126
comes 85, 131, 156
Cömeterialkirche 173
comitatensis 130
Confessio 166
consul ordinarius 106
consul suffectus 106
consularis 84, 129
contributio 108
cornicen 287
cornicularis 286f.
cornicularis tribuni 285
corona 296
corrector 129
cursus honorum 74
cursus publicus 99
custos armorum 287

Dach 102, 140, 199, 201, 218, 225f., 231, 262, 264, 308
Dachziegel 209, 214, 231, 261, 266, 331
Darre 237, 243, 248f.
Dattel 339

decurio 67, 98, 410
Defensive 46, 85
defrutum 339
Dekumatland 54f., 113, 119
Dekurionenrat 104
Delikatesse 249
Demarkationslinie 59
Denar 93f., 96, 212, 236
Denkmal 26, 32, 111
Denkmal, frühchristliches 27
depositio ad martyres 138
deputatus 133
Detachement 78
deus 117
Devotionalienhändler 233
diacon 166
Diceraskalk 81
Dichter 65, 155, 344
Dieb 265
Diener 340f., 345, 346, 351, 359
Dienst 67, 114, 127, 146, 155, 160, 275, 277, 279, 280, 285f., 299, 305, 330, 374
Dienst, prokuratorischer 279
Dienstbefreiter 283
Dienstgrad 67, 97, 107, 282f., 286
Dienstjahr 63, 65, 111, 178, 280
Dienstuniform 300
Dienstzeit 63, 96, 201, 208, 260, 277, 285
dies solis 137
dilectus 74
Diota-Urne 308, 316
Diözese 129
Disziplin 97, 217
Disziplinargewalt 279f.
divinitas 137
dolabra 295
Dolch 250, 289f., 292, 294, 300
Domänenbesitz 85
Dominat 38
Donativ 157f.
donum militaris 91, 294
Doppelala 67f.
Doppelbaracke 225
Doppeldenar 120
Doppelknopf 293, 302
Doppelkohorte 68
Doppeltor 163, 198
Dorf 62, 78, 106, 108, 113, 212, 218, 230
Drechsler 314
Drehschlüssel 326
Dreschen 218
Drill 299
Droge 313

duparius procuratoris 85
duplicarius 284
Durchfahrt 225, 261
dux 119, 131f., 167f.
dux limitis 130
dux provinciae 130
Dynastie 54, 112, 161, 378

Eckturm 143, 197, 221
Edelstein 313, 347
Ehe 61, 91, 96, 178
Ehrenamt 93, 99
Ehrenauszeichnung 296
Ehreninschrift 74, 78, 111f.
Ehrenname 94, 276
Ehrung 74, 95f., 136, 296, 328, 357
Ei 260, 314, 340
Eiergrab 361
Eigentum 289, 291, 312
Eigenversorgung 99
Eimer 295, 351
Eindringling 155, 161
Einflußgebiet 127, 168
Einfuhrzoll 311
Einheimischer 62, 233, 380
Einheit 61, 65, 67f., 75, 78f., 82f., 92, 94, 104, 122, 130, 144f., 275–277, 280, 287, 291, 294, 297, 309, 374
Einmarsch 125
Einquartierung 143
Einrichtung, gewerbliche 234
Einrichtung, öffentliche 235
Einsatzfähigkeit 97
Einsatzfreudigkeit 217
Einsatzreserve 120, 130f.
Einwanderer, keltische 42
Einwanderung 167
Einzelhof 259
Eisendepot 113
Eisengitter 231
Eisenschmiede 287
Eisgang 56
Elfenbein 292, 313, 361
Elitetruppe 96, 134
Emporium 77
Endverbraucher 311, 313
Entlassung 61, 63, 65, 66, 178, 277, 300
Entlöhnung 157
Entwässerung 82, 123, 192
Entwicklung, mittelalterliche 73
Epidemie 90
eques 284
eques legionis 277

eques Romanus 280
eques singularis 85
eques stablesianus 130
Erbe 111, 178, 287
Erbe, weströmisches 125
Erbfeind 70
Erbschaft 61, 62, 66, 98, 357
Erdwall 58, 196, 200, 205, 222
Erlösungsreligion 372
Ernährung 160
Ernte 99, 159, 218
Erzbischof 166, 379
Esel 160, 313, 346
Eskorte 79
Eßbesteck 341
Essenz 316, 340, 345, 356, 358
Eßgeschirr 250, 327
Essig 249, 339
Estrich 165, 181 f., 231
Etappenstation 100, 102 f.
evocatus 281
exactus 284–286
exactus consularis 84
exercitus 275
exercitus raeticus 57
Exerzieren 280
expeditio 79
explorator 69
Export 52
extra muros 173, 355

fabrica 32, 205, 214, 216, 221, 226, 291, 316, 379
Fachwerk 181, 231, 233, 249, 256
Fackelträger 357
Fahne 294
Fahnenbild 120, 122
Fahnenheiligtum 115
Fahnenträger 84, 97, 117, 286
Fährmann 360
Falschmünzerei 324
Faltenbecher 316
Familie 40, 60, 62, 66, 97 f., 121
Familienfriedhof 183, 209
Familiengrabmal 262
Färberei 250 f.
Faß 310 f., 311, 314, 330
Faszes 84
Feige 319
Feind 109, 110, 112, 126, 143, 219, 294, 299, 374
Feldheer 70, 130, 131 f., 134, 144 f., 156, 215, 275, 373

Feldherr 63, 72, 75, 88 f., 89, 117, 121, 219, 276, 294
Feldjäger 67, 186
Feldmesser 287, 315
Feldwebel 74, 79, 334
Feldzeichen 84, 94, 277, 285, 286, 294, 301
Feldzug 43–45, 65, 79, 85, 88, 91, 95, 109 f., 114, 124, 215, 287
felicitas mira 57
Fell 312, 323
Fenster 231, 236, 241, 261
Fernhandel 69, 217, 235, 310, 313
Fernmeldewesen 286
Fernstraße 41 f., 48, 95, 99, 183, 206, 209 f., 356, 362
Fessel 136
Festung 104, 169, 192 f., 198, 214 f.
Festungsbau 192, 205, 360, 373
Feuerbestattung 23
Feuerfresser 334
Feuergefahr 181
Feuerlöschwesen 107
Feuerstahl 312
Feuerstelle 231, 373
Feuerwehr 63, 282
Fibel 250, 300, 334, 337, 344, 348, 361, 375, 383
fibula 152
Figurenschmuck 315
Filz 343 f.
Finanzprokurator 85
Finanzverwaltung 297
Fingerring 17, 139, 170, 324, 347, 361
Firmalampe 318
Firnisware 308, 311, 330
Fisch 249, 334
Fischsoße 250, 310, 319, 339 f.
Fiskalfolge 172
Fiskus 287
Flachs 244, 255, 258, 314
Fladen 313
Flaschenzug 82, 196
Flechtwerk 231, 240
Flecktyphus 76
Fledermausblut 346
Fleisch 180, 237, 248–250, 260, 313 f., 340, 359
Fliese 186, 236
Flöte 314
Flotte, britannische 79
Flotte, praetorische 79
Flügel 235, 272

Flügelhut 21, 228
Flügelschuh 21
Fluß 51
Fluß, barbarischer 168
Flußname, keltischer 45
Formular, kaiserliches 95
Fortifikation 193
forum 235, 268
Fratze 296, 364
Frauenfrisur 320
Frauengrab 326, 344, 348
Frauenhaar 312
Frauenkrankheit 347
Frauenschuh 344
Freigelassener 82, 96, 98, 309
Freizeit 204, 334
Fremder 48, 59, 60–62, 98, 178
Frieden 72, 87, 90, 91, 109, 122, 124, 136, 140, 278, 280
Friedhof 23, 118, 159, 171, 183, 206–208, 210 f., 300, 351, 355, 357, 360, 362, 377 f.
Friedhof, mittelalterlicher 378
Friedhof v. d. *porta decumana* 209
Friedhof, spätrömischer 138
Fries 20
Frischwasserversorgung 205
Frisur 344 f., 346, 348
Front 45, 58, 65, 72 f., 76, 79, 109, 114, 116
Fruchtbarkeitsgöttin 361
Fruchtbarkeitssymbol 372
Frühmittelalter 125
Frühwarnsystem 59
frumentarius 82, 285 f.
frumentum 286
Fuchsschwanzkette 347
Führung 60, 79, 165, 279, 283, 288
Fundament 30, 148, 177, 181, 185, 188, 195–198, 201, 220, 225, 231, 235, 237, 243 f., 246, 249 f., 252, 258, 265 f., 267, 295
Funde, germanische 52, 251
Funktionär 135
Fürst 120, 374
Furt 197
Fuß, römischer 76
Fußboden 179, 181, 185, 200, 203, 205, 216, 229, 232, 240, 245, 249, 266
Fußbodenheizung 164, 179 f., 185, 191, 203, 219, 231 f., 242, 244, 261, 264
Fußeisen 295
Fußfall 126

Fußreif 247
Fußsoldat 63, 65, 68, 131, 278

Gagat 347, 353
Garde 85, 93, 130
Garnison 38, 63, 67, 69, 88, 97, 104, 110, 111, 116, 123, 130, 135, 179, 233, 259, 276, 281, 309, 313, 355, 359
Garten 202, 206, 235, 244
garum 250, 310, 339
Gasse 238, 330
Gastmahl 20, 100, 180, 235, 319, 340, 366
Gaukler 334
Gebäude 17, 20, 24, 27, 29, 102, 109, 116, 164, 169, 179–182, 185, 190f., 200, 204–206, 213, 216, 218f., 221, 226, 228, 231f., 234–238, 240, 243f., 248–250, 253, 258, 261, 264, 308, 315, 322, 360, 373, 377f.
Gebet 443
Gebrauchsgegenstand 354, 383
Gebrauchsgut 151, 165, 311
Gebühr 136
Geburt 137
Gefangenschaft 91, 119f., 163, 164, 169, 177, 218
Gefäß 17, 214, 217, 259, 306, 314, 316, 327, 330, 334, 379, 383
Gefecht 43
Gefreiter 278, 281, 283, 288
Gegenkaiser 94, 124
Gegenoffensive 73, 86
Geheimpolizei 126, 286
Gelbsand 266
Geld 62, 158, 178, 212, 216–218, 232f., 260, 267, 277, 287f., 313, 324f., 359f., 377
Geldgeschenk 61, 97, 157f., 201
Geldkassette 212, 218, 319
Geldumlauf 157
Geldverkehr 136, 157
Gelübde 107
Gemeinde 50, 62f., 98, 102, 104, 108, 109, 126, 134, 139, 234, 280, 374
Gemeinde, christliche 137, 376
Gemeindebeamter 96
Gemeindeverwaltung 234, 313
Gemeinschaftsraum 284
Gemeinschaftsverpflegung 327
Gemme 152, 347, 352
Gemüse 260, 313, 340
Gendamerie 297

General 54, 72, 87, 117, 120f., 130f., 132, 141, 146, 156, 167, 278
Geograph 51, 165
Gepäck 295, 327
Gerberei 250f.
Gericht 339
Gerichtshalle 235
Germanisierung 348
Gerste 313
Gesandschaft 77, 99
Gesandter 84
Gesang 332
Geschenk 348, 357
Geschichtsforschung 69
Geschichtsschreiber 298
Geschirr 233
Geschirrflicker 314
Geschlecht 168
Geschoß 180, 199f.
Geschoßspitze 303
Geschütz 288
Gesellschaft 96, 126, 178
Gesellschaftsordnung 60
Gesellschaftsstruktur 59, 159
Gesetz 132, 157, 174, 327
Gesichtshelm 298
Gesichtsurne 357, 364
Gesims 17, 200f.
Getreide 79f., 91, 107, 171, 237, 248, 260, 286, 313, 374
Geweih 314
Gewerbe 234, 250, 257f., 297, 314, 316
Gewinn 265, 313
Gewölbe 308, 315
Giebel 20, 27, 360
Gießerei 181
Gladiator 93, 332, 334, 338, 340
gladius 291f., 338
Glas 139, 151, 217, 233, 308, 311, 331, 336, 340, 345, 361
Glasgefäß 151, 330, 335f., 345, 351, 357, 361
Glasspiegel 312, 361
Glasurne 23, 209, 357, 364
Glaube 118, 136, 138, 173, 376
Glauben, christlicher 137, 171
Gnade 138
Gold 157, 174, 296, 379
Goldglas 16, 139, 147, 376, 441
Goldmünze 78, 157, 232, 238, 325, 375
Goldschmuck 152, 347
Goldwährung 136
Gorgo 296

Gott 38, 69, 92, 97, 107, 117f., 122, 146, 151, 170, 173, 188, 190, 234, 242, 250, 265–267, 271f., 296, 298, 313, 324, 340
Göttin 190, 250
Grab 14, 18, 22, 27, 29, 111, 118, 160, 167, 171, 174, 183, 185, 206f., 209, 211, 251, 261, 289, 292, 308, 311, 315f., 326, 330, 335f., 344f., 351, 354–357, 360f., 364f., 366, 371, 375, 378f., 380, 382–384
Grab, bajuwarisches 207, 376, 378f.
Grabaltar 421
Grabbeigabe 23, 24, 159, 171, 172, 331, 378
Graben 110, 181, 193, 196, 232, 236, 252f., 287, 295, 379
Grabenbrücke 193
Gräberfeld 17f., 23f., 177, 183, 185, 206, 209, 211, 238, 251, 253, 259, 308f., 311, 354, 358, 360, 375
Gräberfeld, bajuwarisches 267
Gräberfeld, großes 18–20, 23, 25–27, 29, 32, 138, 151f., 160, 171f., 183, 206–208, 210f., 238, 302, 312, 314, 316, 318f., 321f., 325f., 328, 330f., 335–337, 341, 347, 351–353, 355f., 360, 362, 364–367, 370f., 376–378, 381
Gräberfeld v. d. *porta decumana* 208
Grabgrube 357, 379
Grabinschrift 67, 74, 85, 92, 282, 356, 359, 416, 422
Grabinschrift d. Aventinus 387
Grablöwe 360, 370
Grabmal (Grabstein) 13f., 17–20, 22, 27, 39, 81, 111f., 138, 179, 197, 208–210, 261f., 275, 287, 289, 292f., 300, 304, 309, 310, 311, 315, 320, 340, 343f., 345, 346, 348, 352, 356, 358, 359f., 366, 367, 370, 376, 381, 410, 411, 412, 413, 415
Grabraub 354, 360, 364, 370
Grabstein, christlicher 424
Grabwächter 210, 360
Graffiti 327
Granat 383
Gras 87, 171
gregarius 287
Grenzbefestigung 56, 58, 69, 72, 76, 99, 142, 215, 256, 324, 374
Grenze 44, 48, 50–52, 57f., 69, 72, 76, 82, 90f., 97, 115f., 118f., 126, 143f., 158, 162, 168, 212, 218, 315, 332, 374

Grenzheer 58, 78, 130, 131 f., 133 f., 143, 156, 162, 214, 216, 275, 373
Grenzhinterland 113
Grenzland 47, 50, 87, 99
Grenzprovinz 120
Grenzstein 106
Griffel 327 f.
Großgrundbesitzer 159, 260
Großstadt 315
Grundriß 143, 177, 180, 197, 198 f., 202, 204, 225, 231, 236 f., 240, 257 f., 262, 268
Grundwasser 310
Gründungsdatum 55, 106
Gründungsinschrift 25, 71, 81, 88 f., 195, 266 f., 328
Grünsandstein 80
Gürtel 210, 290, 292 f., 293, 297, 302, 312, 324, 343, 345, 348, 361, 375, 376
Gußform 250
Gutsbesitzer 62 f., 178, 262
Gutshof 20 f., 102, 115, 170, 183, 209–212, 214, 217, 246, 260–264, 300, 303, 337, 348, 372

Haare 17, 179, 233, 314, 346, 348, 353, 367
Hacke 295 f., 303
Hafen 26, 69, 170, 238
Hahn 267, 371
Halbfabrikat 314
Halbrundziegel 308
Halbsäule 199
Halle 179, 205, 226, 235, 250
Hallstattzeit 42
Halskette 152, 347
Halsring 296
Hammer 82, 314 f.
hamus 291
Handel 51 f., 69, 77, 99, 136, 138, 143, 158, 210, 216, 230, 232, 238, 251, 265, 312 f., 324, 345 f.
Handelsgesellschaft 268
Händler 45, 62, 104, 117, 213, 230, 233, 271, 311, 324, 359
Handmühle 313
Handschrift 104
Handwerk 62, 104, 126, 180 f., 185, 202, 205, 213, 216, 218, 230, 233, 251, 260, 276 f., 284, 287, 315, 348, 366
Hartgeld 212, 324
Hase 322, 334, 340, 361
hasta amentata iaculum 294

hastatus posterior 281
hastatus prior 281
Hauptmann 201, 204, 221, 282, 296
Hauptquartier 75 f.
Hauptstadt 40, 48, 65, 84, 93, 95, 129, 157, 161, 168 f., 202, 282, 324, 346, 359, 375 f.
Hauptstraße 30, 181, 192, 211, 232, 251, 356
Haus 52, 100, 107, 179, 180, 182, 204, 214, 217, 231–233, 236 f., 243, 249, 268, 344, 380
Hausbesitzer 235
Hausgott 272
Haushalt 342, 364
Hausheiligtum 21, 228, 249, 371
Hebekran 82, 196
Heer 38, 66, 68, 73, 76, 79 f., 89, 94, 95, 96, 99, 113, 116, 118, 121, 126, 131 f., 133, 136, 140, 145, 216 f., 219, 275, 289, 292–294, 296, 299, 309, 348, 352, 372
Heer, mobiles 75
Heer, raetisches 57, 67
Heeresdienst 201
Heeresreform 130, 215, 260
Heermeister 144, 146, 155, 160 f.
Heidentum 159, 173
Heiligenverehrung 138
Heiliger 138, 163 f., 166, 169 f., 179, 193, 374, 375 f., 377, 379 f.
Heilkraut 260
Heiligsprechung 380
Heiligtum 20, 49, 69, 97, 100, 115, 211, 265–268, 271 f., 313, 321, 348
Heimat 61, 63, 74, 99, 163, 165, 173, 233, 282, 357
Heirat 97
Heizung 179 f., 180, 182, 187, 209, 219, 220, 235, 237, 242, 243, 250, 261, 308
Held 141, 294, 315, 359, 368
Helm 27, 190, 256, 266, 280, 287, 289 f., 294, 298, 306, 327
Hemd 343 f.
Henker 286
Herd 231, 234, 241, 261
Herold 287
Herrschaft 93, 95, 102, 114, 118, 120, 127, 141, 161 f., 165, 174, 374
Herrschaft, germanische 219
Herrschaftszentrum 163, 169
Hersteller 67, 92, 180
Herzog 168 f., 172, 174, 193, 232

Herzogspfalz 375 f.
Herzogssitz 380
Hiebwaffe 292
Hilfstruppe 45, 47, 60–62, 72, 78, 85, 87, 92, 96, 136, 178, 208, 275, 279 f., 289, 299
Hinterland 69, 83, 99, 133, 308
Historiker 54, 77, 79, 90, 113, 122, 140, 295
Hobelgerät 314
Hochbau 265
Höchstpreis 136, 215
Hochzeit 161, 174
Höhensiedlung 119
Hohlziegel 180
Hof 100, 174, 179, 209, 235, 261, 263
Holz 82, 174, 185, 200, 213, 231, 240, 250, 291 f., 295, 300 f., 309, 316, 331, 333, 342, 357, 361
Holzbau 81, 110, 172, 177, 185, 197, 201, 205, 231, 240, 250, 332, 375
Holzbearbeitung 314, 322
Holz-Erde-Kastell 59, 177
Holzfäller 287
Holzhaus 149, 181, 201, 234, 240
Holzkohle 180, 231, 250
Holztempel 266, 271
honesta missio 61, 277
honestior 98, 277
Honig 249, 260, 312, 339
honor 61
Horde 158
Höriger 174
Hornist 287
Hornzapfen 314
Hort 24, 113, 140, 185
Hufeisen 210, 314
Hufschuh 297, 300, 314
Huhn 314, 340, 361, 371
Humanist 14, 40, 100, 103, 380
humilior 98
Hund 322, 361
Hunger 146, 160, 218, 374
Hygiene 179, 206
Hypokaust 179, 203, 232, 235 f., 249, 264

ianua regis 163
imbrex 308
Imitation 217, 308, 346
immunis 276, 283 f., 287, 289
Imperator 63, 88 f., 110, 331
Imperium 38, 51, 56, 59, 70, 76, 109 f.,

116f., 120, 125, 129f., 141, 145f., 158, 162f., 359
Import 313, 316, 339
Importgut 312
Industriezweig 308
Infanterie 48, 60, 85, 178, 276, 291, 299
Inflation 136, 215, 217
Ingenieur 205
Innenbebauung 135, 177, 200
Innenhof 201f., 234, 244, 261
Inschrift 13, 14, 17–19, 22, 32, 39, 45, 52, 69, 72, 74, 79, 81, 88f., 91, 95, 97, 99, 104, 106–108, 110, 116, 119, 122f., 127, 131f., 135, 138f., 148, 174, 200, 234, 238, 266, 268, 275, 306, 310f., 315, 328, 356, 358, 360, 366, 419
Instandsetzung 174, 297
Instrument 237
Instrumentarium, ärztliches 152
insula 234, 236, 238, 242, 244
Investition 159
Iststärke 276
ius 61
ius civile 62
ius conubii 61
Itinerarium 103f., 111
Itinerarium Antonini 38

Jagd 151, 287, 334, 340
Jenseits 354, 361, 372, 379
Jüngere Steinzeit 42
Jurakalk 81
Juwelier 233

Kahn 87, 141
Kaiser 38, 40, 51, 54f., 61, 65f., 70, 73f., 78f., 82, 84f., 87f., 94, 95f., 99, 103, 109f., 111, 117f., 118, 122, 125, 127, 130f., 140, 142, 146, 148, 156, 161, 163, 165f., 201, 213–216, 218, 233, 275, 278, 281, 324, 339, 344, 346, 348, 354, 357
Kaiserhaus 97, 115, 332, 346
Kaiserinschrift 87
Kaiserkult 117f.
Kaiserreich 40
Kaisertum 37f., 77, 96, 125, 158, 162
Kaiserzeit 62, 74, 102, 178, 276, 292, 324, 356, 372
Kaiserzeit, frühe 60, 109, 133
Kalk 82, 174, 231, 245
Kalkbrenner 287, 354
Kalkbrennofen 174, 237, 247, 314, 360

Kalkstein 179, 199, 271, 315, 341, 345, 352, 358, 366–368, 370, 380f.
Kalksteinplatte 203, 206, 227, 235, 237
Kalksteinquader 195f., 249
Kaltwasserbad 179, 235
Kamee 347, 352
Kamel 313
Kamin 180, 231
Kamm 219, 249, 255, 314, 361, 383
Kampf 54, 113, 115f., 134, 145, 165, 181, 277, 292, 294, 298f., 299, 338, 380
Kampftruppe 77, 120, 204, 276, 301
Kanalisation 203, 206, 227, 235
Kanne 361
Kanzlei 84, 278, 280, 285–287, 297
Kapelle 173
Kapitell 315, 377
Kapsel 370
Kapuze 343, 345
Karriere 75, 89, 97, 279, 283
Käse 170, 260, 313, 342
Kaserne 180, 233, 330
Kasernenoffizier 279
Kasse, kaiserliche 85
Kastell 17, 23f., 27–29, 43, 50, 54, 55, 58f., 62, 66f., 76, 78, 104, 109, 119, 152, 155, 160, 164, 177f., 200, 207, 210, 212f., 215f., 230f., 241, 252f., 258, 262, 289–291, 296f., 300f., 303, 306, 309f., 319f., 329, 332, 336f., 341f., 346, 374f.
Kasten 324, 326, 347, 358, 361
Katakombe 16, 139, 376
Katastrophe 212, 213–215, 217, 231, 234, 354
Katholik 173
Kaufmann 104, 112, 126, 232, 235, 265f., 271, 311, 313, 321, 393
Kaufvertrag 327
Kavallerieeinheit 48, 178, 291, 297, 298, 299
Kavallerist 79, 277
Kelheimer Marmor 81
Keil, eiserner 81
Keller 29, 180f., 187, 231, 249f., 255, 261, 264, 291f., 319
Keramik 22, 55, 151, 182, 219, 230, 232f., 308, 310, 312, 316, 340, 361, 371
Keramik, germanische 30, 375
Kernland 116, 164
Kernverband 78
Kerykeion 21, 228
Kettenpanzer 290f.

Kies 82, 192, 210, 211, 236, 261, 379
Kinderbestattung 331
Kinderkaiser 114
Kindersarkophag 340f., 358
Kirche 92, 136, 138f., 146, 170, 172f., 376–380, 382
Kirchenbau 137, 173
Klageweib 357
Kleid 260, 345, 348, 361
Kleidung 62, 152, 157, 233, 326, 343, 348, 357, 359, 367f., 374
Kleinbauer 159f.
Kleinkastell 102, 105, 134, 142f., 172
Klerus 14, 137, 166, 173
Klientelfürst 72
Klientelsystem 91
Klientelvertrag 44, 51
Klima 37, 52
Kline 366
Klippe (Münze) 41
Kloster 40, 374
Knecht 174
Knechtschaft 122
Kneipe 180, 185, 187, 233, 236f., 251, 335
Knochen 206, 300, 331, 336f., 356f., 379, 384
Knochengerät 314
Knochenkamm 312, 321, 383
Knochennadel 347
Knochenpfeife 334
Knochenschnitzer 314, 322
Knopf 292, 314
Kochbuch 339
Kochgeschirr 217, 260, 311, 342
Kochherd 231
Koexistenz 166
Kohle 287
Kohorte 54, 59, 61, 63–68, 85, 92, 130, 137, 156, 178f., 186, 202, 207, 276–278, 281–283, 285, 288, 299, 433–436
Kohortenlager 55, 72, 83
Kolbenrandurne 308, 316
Kollyrienstempel 427
Kolonie 52
Komfort 201
Kommandant 89, 111, 156, 202–204, 216, 340
Kommandant, senatorischer 84
Kommandeur 75, 77, 79f., 96, 120, 130, 279, 282f., 327
Kommandobereich 54, 127, 130, 131
Kommandostab 294

Kommandostelle 73, 75, 95, 115, 145
Kompetenzbereich 126, 130
Komplott 87, 93
König 155, 159, 163 f., 375 f., 379
König, germanischer 51
Königsgeschlecht 162
Königszeit, römische 37
Konkubinat 93, 96
Konservierungsmethode 249
Konsul 62 f., 74 f., 84, 88 f., 105–107
Kontingent 130, 156
Kontinuität 171, 375
Kontribution 108 f.
Konzil, ökumenisches 137
Kopfbedeckung 344
Kopfputz 348
Korb 295, 351, 358
Korbstuhl 340, 361, 371
Koriandersamen 339
Korken 319
Kornkammer 83, 313
Körperbestattung 23, 152, 207, 209, 251, 321, 326, 358, 377
Körpergrab, frühmittelalterliches 30
Körpergrab, spätantikes 30
Kosmetik 331, 344, 346
Kosmetikhändler 345
Kostüm 332, 343
Kran 196
Krankheit 92, 277, 286, 357
Kranz 294
Kreidesandstein 80
Kreuz 137
Kreuz, monogrammatisches 138
Kreuzpickel 295 f., 303
Krieg 55, 75, 79, 85, 88, 95, 109, 110, 112, 116, 118 f., 146, 199, 213, 215, 279 f., 324, 372
Krieger 289, 375
Kriegsgefangener 82, 338
Kriegsgott 268, 306, 315
Kriegsheer, keltisches 122
Krise, finanzielle 136
Krisenherd 75, 94
Krisenzeit 111, 117
Krone 118, 296
Krug 181, 327, 340 f., 366, 443
Krypta 173
Küche 180, 202, 261, 310, 319, 330, 339
Küchengeschirr 250, 342
Kult 77, 112, 117, 138, 173, 265, 360, 372
Kultbau 266
Kultbild 272

Kultur 170, 219, 251, 348, 354, 375
Kulturbereich, keltischer 45
Kulturschicht 177, 232
Küfer 314
Kümmel 339
Kundschafter 45
Kupfergeld 136, 157, 158
Kupferschmiede 287
Kurierreiter 99
Kurtisane 332
Kurzschwert 291 f., 338

Laden 185, 187, 251, 315
Ladenstraße 237
Ladung 79
Lager 44, 47, 52, 56, 59, 66 f., 71, 76, 78, 80 f., 82 f., 83, 87, 92, 94, 97, 102 f., 106 f., 113, 115, 118 f., 123, 134 f., 140, 143, 157, 165, 171, 173, 177, 183, 192 f., 195, 197, 199, 201–203, 205 f., 208, 214, 216, 218, 221, 234 f., 236, 237, 259, 276 f., 279 f., 284, 295, 299, 319
Lagerdorf 23, 104, 108, 155, 179, 181, 185–188, 190, 192, 201, 213, 216, 228, 233, 243 f., 245–247, 256, 259 f., 290 f., 309, 311, 314, 319 f., 342, 353, 364
Lagerstraße 141, 144, 192, 201, 204, 211, 221, 229, 237
Lagerheiligtum 228
Lagermauer 30, 32, 192, 194, 196, 198, 205 f., 217, 222, 227
Lagerpräfekt 84, 202, 221, 286
Lagertor 179, 193, 195, 198 f., 200, 211, 238
Lagertor, östliches 88, 148, 387
Lagerverwaltung 177, 235, 266, 332, 373
Lamellenpanzer 290 f.
Lampe 22, 318, 334
Lampenöl 345
Landbesitz 178
Landesheer 202
Landesherr 169
Landessprache 299
Landgut 52, 92, 170
Landnahme 168
Landnahme, germanische 119, 161
Landser 283
Landsuche 70
Landwirtschaft 130, 136, 215, 251, 260, 314, 374
Landzuweisung 61
Langschwert 292 f.

Lanze 293 f., 297 f., 301, 334
Lanzenreiter 299
Lanzenschuh 293
Lanzenspitze 181, 190, 250, 289, 293 f., 301, 303, 361
Lanzenspitze in Miniaturform 297
Lanzenträger 277
Lasttier 297
Latènezeit 42
laterculus 186
Latrine 180, 187, 202
latrunculus 331
latus clavus 278
Laufbahn 72, 74, 279, 282, 360
Lavez 217, 312
Lazarett 177, 202, 206, 283
Lebensbeschreibung 158, 162, 169, 193, 374
Lebenserwartung 208
Lebensmittel 157, 202, 248 f., 260, 313, 319
Lebensstandard 151, 164, 236, 308
Leder 250, 292, 301, 343 f., 348, 357
Lederbeutel 324
Ledergurt 305
Lederkoller 290 f.
Lederriemen 291–293, 296, 304
legatus legionis 75, 84, 89, 132, 278, 280
Legendenbildung 138, 162
legio 73 f., 74, 77 f., 81, 84, 111 f., 117 f., 130, 133, 143–145, 204, 210, 215, 235, 236, 244, 259, 266, 275, 287, 293, 309, 311, 366
Legion 32, 38, 44, 48, 50, 55, 60, 65, 70–76, 78, 80–86, 88 f., 91–93, 94, 96, 99, 100, 102 f., 107, 110–112, 115–117, 119, 120–127, 130, 132–134, 139, 155 f., 192 f., 197, 200, 204, 206–208, 216, 233–235, 251, 260, 275–283, 285–288, 291, 295, 300, 309, 313, 373, 390, 436
Legion, pseudocimitatensische 144
Legionar 38, 96, 111, 113, 116, 178, 192, 199, 204, 206–208, 225, 233, 236, 268, 277, 280, 289–292, 295 f., 299, 302, 311, 330, 339, 344, 359, 380
Legionskommandant 104, 132, 202, 221, 282, 286, 297, 305
Legionskommandeur 278 f.
Legionslager 17, 20, 22, 24, 26, 28–30, 32, 54, 71 f., 83, 102 f., 105 f., 114, 124, 134 f., 143, 148 f., 164, 172, 177, 181, 183, 185, 192, 197, 201–203, 206,

211f., 221f., 226–231, 233, 236, 245, 248, 259f., 265, 268, 272, 289, 295, 297, 300, 310, 316, 332, 339f., 353, 355, 357, 373, 375f., 378, 380, 382
Legionslagermauer 18, 24, 27, 193, 197, 233, 315, 384
Legionspräfekt 132, 278, 281, 285, 390
Legionsterritorium 115, 172, 279
Legionsziegelei 92, 438
Lehm 82, 181, 231, 240, 250, 309
Lehmboden 196
Lehmfachwerkbau 240, 249
Lehmverputz 240
Leibgarde 65, 96, 282
Leichenbrand 348, 357
Leichenrede 218
Leichenschmaus 340f., 358, 361
Leichentuch 348
Leichenzug 354, 357, 374
Leichnam 165, 357
Leinen 343
Leinenkoller 291
librarius 284–287
librarius consularis 84
Lichtgott 117
Lichthäuschen 27
Liktor 84
limes 47, 56–58, 59, 63, 68, 77, 99, 109, 110, 113, 116, 118f., 131, 136, 142, 158, 212f., 216, 295, 321, 342
Limesgebiet 92, 103, 115, 130
limitaneum 130
Linienregiment 130
liquamen 339
Löffel 314, 340f.
Löffelbohrer 322
Lohn 136, 375
Lohnarbeiter 82
Lokalforschung 69
Lorbeerkranz 352
Lorbeerzweig 94
lorica hamata 290
lorica segmentata 290
lorica squamata 290
Lot 237, 246, 315
Löwe 296, 304, 335, 360, 364, 370
Löwe, geflügelt 13
Löwenurne 357
Loyalität 61, 93, 332
lues 76, 92
lustrum primipili 104
Luxus 217, 233, 313, 324, 343, 347, 377

Machtbereich 167, 168
Machtstellung 118
Machtzentrum, keltisches 43
Magazin 143, 202, 287
Magazinarbeiter 276
magister 104
magister equitum 131
magister militum 130, 160
magister peditum 130f.
Mahl, mystisches 117
Makrelensoße 310
Maler 82, 315
Malm 81
Mandat 84
Manipel 277, 281, 286f.
Manipelstandarte 94
Manipularlegion 276
Männertracht 353
Mannschaft 61, 91, 97, 134, 217, 278, 294
Mannschaftsunterkunft 81, 134, 200, 204, 221, 373
Manöver 280
mansio 100
Mantel 215, 300, 343–345
Manufaktur 310
Marinesoldat 79
Markierungslinie 205
Markt 69, 87, 215, 234, 260
Marktplatz 235, 331
Marmor 85, 315, 323, 358
Marmorhändler 354
Marmortafel 112
Marsch 155, 278
Marschlager 79, 87, 295
Marterung 166, 169
Martyrer 16, 138f., 170, 375, 376
Martyrergrab 139, 166
Maske 155, 306, 332f., 364
Massage 331, 336
Massengrab 356
Matronenkult 361
Mauer 18, 32, 58f., 80–82, 87–89, 91, 105, 115, 135, 143, 148, 161, 170, 172, 174, 177, 185, 193f., 195, 196f., 199, 200, 203, 205, 209, 214, 218, 222, 226, 236, 237f., 243, 245f., 249, 252, 261, 295, 315, 355, 373
Mauerrest 202
Mauertechnik 199
Mauerturm 30, 196f., 221f., 226
Maultier 160
Mausoleum 357
medicus 283, 287

medicus ordinarius 283
Medikament 313
Medusenhaupt 230, 296, 304
Mehl 260
Meile 56, 103
Meilenstein 95, 103, 110, 210, 262, 264, 428
Meißel 82
Meldewesen 44
memoria 138
Menschenknochen 355
Messer 267, 292, 296, 340f., 361
Messergriff 322
Metall 260, 266, 292, 308, 310, 313, 324, 325
Metallspiegel 209, 361
Metropole 157, 178
metropolis 40
Metzger 287, 315
Mieder 344
Milch 260, 361
miles 85, 277, 284
miles auxiliaris 144f.
miles gregarius 276–278, 288
miles liburnarius 145
Militär 46, 57, 60, 62, 75, 84, 97, 99, 134f., 155, 157f., 172, 205, 211, 214, 293, 309f., 315, 325, 348, 360, 375
Militärbad 203
Militärdiplom 23, 29, 32, 62–64, 66, 68, 178, 208, 327, 430f.
Militärmonarchie 96
Militärreform 57
Militärstation 44, 50
Militärtribun 62, 84, 89, 91, 100, 111, 278f., 282, 287, 300, 373
Militärverwaltung 96, 120
Militärziegelei 178, 235, 309
Miliz 130
Mischbevölkerung 168
Mischehe 61
missio causaria 277
missio ignominiosa 277
Missionstätigkeit 173
missus honesta missione 277
Mitkaiser 76, 118, 126, 146
Möbel 314
Mode 343f.
Model 324, 364
Monarch 60, 84, 89, 110, 113, 116, 126, 157, 162
Monarchie 37, 117
Mönch 162, 166, 173f., 374, 379

Mörser 339, 342
Mörtel 180, 203, 226, 240, 293, 380
Mosaik 331, 334
Munizipalrecht 105
Munizipium 57, 62, 102, 234
munus 61
Münze 22, 29f., 41, 57, 71, 89, 94, 113, 115, 120, 123, 140, 144, 157f., 193, 209, 212–214, 217, 218, 230–232, 238, 248, 265–267, 324f., 339, 348, 355, 357, 360f., 375
Münzfund 20, 134f., 215, 252
Münzreform 217
Münzreihe 157, 182, 203, 214–216, 218f., 228, 234, 248, 374
Münzschatz 20, 22, 32, 113, 115f., 119, 123f., 140, 212f., 215, 218, 228, 325
Muschel 340
Musik 332f., 337
Musikant 357
Muskelpanzer 290
Musterbuch 343
Mysterienreligion 117, 137
Mythologie 360

Nachbarprovinz 67, 89, 135, 312
Nachrichtendienstler 286
Nachschub 44, 80, 99, 117, 133, 143, 164, 374
Nachschuboffizier 79
Nachtwache 160
Nagel 230, 358
Nahkampf 291, 294
Nahrungsmangel 70, 374
Nahrungsmittel 250, 260
Nahrungsmittelversorgung 100, 313
Name 62, 104, 377
Name, keltischer 97, 102
natalis domini 137
Naturalabgabe 85, 99, 126, 215, 325
negotiator artis prupuriae 312
negotiator turarius 312f.
Nekropole 23, 211
Neubürger 59–61
Niederlage 109, 123, 125, 146, 167
Niederlassung 105, 135, 234
Niederlassung, zivile 66
Niederterrasse 41
Niemandsland 87, 91
Niet 291, 297, 305
Nische 180, 187, 235f., 244, 264f., 311, 379, 384
Nordgrenze 51, 118, 129, 146, 219

Nordostviertel 157, 164f., 171, 172, 173, 195, 200, 203, 206, 216, 218, 227, 236, 373, 375
Nordprovinz 137, 157, 159
Nord-Süd-Verbindung 53, 143
Nordtor 198, 200, 221
Notar 233
Notitia dignitatum 38, 127, 130f., 132, 133–135, 143–145, 156, 373
numerus 57, 66, 130
Numeruskastell 104
Nutrix 371

Oberbefehlshaber 89, 130f., 146, 155
Oberschicht 59f., 97, 125, 158, 201, 217, 325, 338, 340, 348, 359
Obolus 360
Obst 233
Ochse 313f.
Ofen 181, 250, 309
Offensive 44, 51, 69, 78, 87f., 90
officialis 84f., 285f.
Officium 85, 286
officium consularis 84
Offizier 56, 62, 73–75, 96f., 100, 115, 118, 121, 140, 180, 201, 216f., 228, 233, 235, 237, 244, 278–280, 282, 285f., 290, 297, 299, 332, 352
Offizierswohnung 30, 134, 204, 206, 216, 219, 229, 236, 373
Ohrlöffel 361
Ohrring 152, 347, 383
Okkupation 116
Öl 249, 310, 331, 336, 339, 345, 351, 361
Olive 340
Olivenöl 319
Öllampe 151, 318, 338, 357, 361
Omega 138
Opal 347
Opfer 87, 90, 92, 107, 109, 137, 358
Opfergefäße 266
Opfergrube 265, 267
Opferhandlung 312
Opfermünze 265
Opfertiere 287, 371
oppidum 42f., 55, 140f., 166
Optio 79, 97, 284–286, 407
optio praetorii 84
opus spicatum 181, 243
orbis terrarum 37
Orden 78, 91, 296
ordinarius 283
ordinatus 280, 283

ordo 283
ordo decurionum 104
Organisationsform 170
Ortband 292, 301
Öse 290, 293, 296f., 304–306
Ostfront 193
Ostkaiser 157
Ostmauer 172
Ostreich 125, 160
Osttor 181, 194f., 197, 200, 222

Pächter 92, 309
Palast 202–204
palatinus 130
Palisade 58, 110, 171, 295
palla 344
panem et circenses 338
Panflöte 333, 337
Pantomime 332f.
Panzer 181, 250, 290, 293f., 296, 298, 304, 306
Papyrus 313, 327f.
Parade 280, 298
Paraderüstung 24, 182, 298, 306
Parfüm 345, 351, 361
pars Occidentis 156
passus 192
Patenschaft 167
Pergament 327f.
Pergrinus 48, 59, 66, 178
Perle 209, 313, 347
Perlenkette 348, 361
Personalunion 126
Personalstruktur 278
Persönlichkeit 235
Perücke 333, 346
pes singularis 85
Pest 121, 146, 251
Petrinus 299
Pfalz 172
Pfalzkapelle 173, 193, 379, 384
Pfanne 339
Pfeffer 313, 339
Pfeiler 179f., 186, 187, 198, 201f., 226, 237, 250, 377f.
Pfeilergrabmal 26, 311, 315, 333, 359, 368
Pfeilschmiede 287
Pfeilspitze 361
Pferd 24, 67, 78, 100, 157, 171, 182, 260, 262, 278, 289, 297f., 300, 306, 312–314
Pferdegeschirr 296, 304
Pferdegrab 378
Pflaster 261, 265

Pflug 218
Pfosten 205, 231, 379
Pfriem 314
Phalanx 276, 294
Phalera 78, 294, 296, 304
Philosoph 139, 141, 346
pilanus 277
Pilger 169, 266
Pilgerherberge 100
pilum 294f.
pilus posterior 281
pilus prior 281
Pinienzapfen 360
Pinzette 152, 345, 361
Pionier 295
Pionierdienst 79
Planierung 82, 169, 171, 200, 229
Plastik 235, 315, 360
Plünderer 143, 266, 374
Plünderung 77, 116, 159, 165, 214, 354, 375, 379
Pocken 76
Politik 90, 93, 118
Polizei 122, 286
pollio 287
Porphyr 313, 357
porta decumana 194f., 211, 277
porta praetoria 166, 194–200, 221, 225
porta pricipalis dextra 88, 194f., 220
porta pricipalis sinistra 193f., 238
porticus 30, 97, 180, 204, 221, 229, 237, 246, 261
Porträt 208, 210, 235, 311, 324, 344, 348
Poststation 110f.
Postwesen 286
Prachtbau 181, 216
Prachtstraße 204
praefectus castrorum 279, 282, 288
praefectus legionis 132, 279
praefectus praetorii 127
praefurnium 187, 243, 250
praemia militiae 61, 277
praepositus 133
praepositus thesaurorum 135
praeses 120, 123, 129, 131f.
praetorium 84, 202–204, 221
praetorius 84
Präfekt 78, 131, 133, 203f., 216, 282
Präfektur 127, 129, 373
Prätentur 76
Prätor, gewesener 75, 77, 84
Prätorianer 93, 112
Prätorianerkohorte 96, 120

Prätorianerpräfekt 88, 96, 112, 123, 127, 129
Prätur 84
Prediger 160
Preis 136
Preisedikt 215
presbyter 166
Priester 63, 88, 92, 109, 117, 166, 212
Primipilat 281f.
primus inter pares 37
primus ordinis 85
primus ordo 283
primuspilus 119, 278, 281f., 288
princeps 37, 277f., 281
princeps posterior 281
principalis 278, 280, 283–285, 288, 297
principalis cuplicarius 288
principalis sequiplicarius 288
Principesmanipel 277
principia 172, 201–204, 216, 221
Prinzipalcharge 285
Prinzipalrang 84, 283
Prinzipat 37, 124, 285
Privatleben 354
Privatziegelei 92, 309
proconsul 84, 129
procurator 297
Produkt 178, 180, 260, 309, 348
Produkt, heimisches 308
Prokurator 96, 99, 276, 282
Propaganda 56, 110, 136
Prophezeihung 162, 164
Proskynese 126
Provinz 38, 44f., 48, 52, 54f., 56, 60f., 68, 74f., 78, 79, 83f., 93, 95, 99, 105, 109f., 116, 118, 120, 123, 126, 129–131, 133, 135f., 158f., 163, 166f., 170, 178f., 181, 190, 202, 207, 210, 215, 219, 256, 260, 265, 275f., 286, 308–311, 316, 324, 327, 340, 343–346, 355–357, 359, 374
Provinzgebiet 165
Provinzgrenze 168
Provinzhauptstadt 138, 210–212, 265, 344
Provinzstatthalter 58, 62, 129, 297, 390
Prozeß 62
Prozession 357
Prunkgeschirr 378
Prunkhelm 190
Prunkwaffe 298
pseudocomitatensis 130
psilothrum 346

publicum stipendium 158
pugio 292
Pinienkern 339
Punze 190
Puppe 331
Purpur 93, 279, 312, 313
puteum 205
Putz 205, 226

Quacksalber 233
Quader 26, 80, 87, 169, 193, 195–197, 200, 205, 233, 295, 379, 380
Quaderbau 30, 202, 233
Quaderfundament 206, 229
Quadermauer 197, 201, 226, 380
Quartier 234, 277
Quästor 104
Quästur 278
quinquefascalis 84

Rang 75, 130, 275, 281, 284, 287, 348
Rang, prokuratorischer 48
Rasen 196, 295
Rasthaus 27, 182, 185, 191
Raststation 100f.
Rasur 346
Ratsherr 126
Raub 76, 159, 214
Räuberunwesen 113, 126, 143
Räuchergefäß 209, 357
Räucherkammer 243, 255
Rauchfang 231
Raum 179f., 203, 235, 237, 278
Raum, hypokaustierter 203
Rebe 267, 280, 313, 346
rebellans 160
Rechnung 328
Rechnungsführer 284, 287
Recht 48, 61, 63, 95, 96, 105, 108, 109, 135, 234, 331, 356, 366
Recht, bürgerliches 62, 136
Rechtsnachfolger 165
Rechtssprechung 98, 108
Reform 114, 120, 125, 136, 276
Regent 89, 110
Regierung 60f., 121, 146
Regierungszeit 131
Regionalkommandant 131
Regression 158
Reibschale 342
Reich 38, 51, 57, 58, 59, 61, 63, 70, 72f., 77, 78, 82, 90f., 93, 97, 99, 110–114, 116f., 119, 120, 121f., 125f., 128,

129f., 134, 136, 140, 141, 145f., 158,
161f., 167, 170, 200, 212, 214, 219,
280, 308, 310, 312f., 324, 327, 351,
361, 374
Reich, Byzantinisches 38
Reichsamt 279
Reichsbewohner 59, 71, 90, 93
Reichsbildung, germanische 125
Reichsgrenze 45, 51f., 56, 91, 109, 118f.,
141
Reichshauptstadt 129, 135
Reichsstand 279
Reichstand, oberster 62
Reichsteil 48, 113, 119, 124, 130, 134, 158
Reichsteilung 146
Reichtum 158f., 347
Reihengräberzivilisation 378
Reinhauser Sandstein 80f.
Reinigung, kultische 358
Reise 99, 100, 169, 330, 344
Reisig 295
Reiter 24, 63, 65, 79, 85, 182, 277f., 298f.
Reiterabteilung 60, 63, 78, 121, 130, 133,
178, 277, 297, 306
Reitergrabmal 262
Reiterhelm 181, 187, 290, 298
Reittier 297
Rekonstruktion 222, 225, 241, 256, 289,
302, 305, 368
Rekrut 65, 74, 96, 123, 204, 280
Rekrutierung 75
Relief 20, 85, 267, 316
religio illicata 137
religio licata 137
Religion 59, 112, 136–138
Religionsfreiheit 137
Reliquie 139
Reliquienhandel 147, 376
Renovierung 235, 312
Reparatur 197, 205
Repräsentation 197, 204
Repräsentationsbau 81
Republik 37
res publica 117
Residenz 163
Restbevölkerung 134, 165, 170
restitutor orbis 122
retentura 277
Revolte 54, 121
Rezept 152, 315, 339, 346
Riemen 290, 293, 296, 301, 312
Rind 218, 362
Rinderrasse, langhörnige 314

Ring 139, 290f., 306
Ring, goldener 22, 97
Ringknaufschwert 297
Ringwall 43
riparienses 130
Risalit 199
Ritter 58, 77, 84, 89, 96, 97f., 280–282
Ritterstand 48, 62, 85, 120, 131, 279, 281
Ritual 356, 358, 359
Ritzinschrift 188
Rohmetall 250
Rohrfeder 327
Rolle 111
Romanisierung 178, 211, 324, 327, 343,
357
Roßstirn 306, 426
Rotwild 334
Rückzug 164, 173
Ruhetag 332
Ruhetag, staatlicher 137
Ruine 92, 203, 205, 214, 216, 218, 226,
237, 377
Rüstung 295, 338
Rutenbündel 84

Saat 218
Sabotageakt 79
Sachverständiger 287
Säge 295
sagum 111, 344, 348
Salbe 152, 315, 345, 351
Salbfläschchen 345
Salbenlöffel 152
Salz 170, 249, 339
sanctus 138
Sandale 344
Sandstein 196, 315, 366
Sanitäter 202, 279, 287
Sarg 360
Sarkophag 17, 23, 107, 358, 360, 366,
378–380, 414, 422
Sarkophagdeckel 14, 379f.
Sattel 298
Säuberungsaktion 77, 79, 85, 136
Satyr 333, 359
Saugfläschchen 361
Säugling 251
Säule 115, 117, 173, 204, 213, 216, 227,
229, 231, 237, 246, 265, 315, 354, 359
Säulenhalle 141, 179f., 204, 214, 216,
221, 237, 267
Säulenreihe 32, 250
Saumtier 311

Schaber 331, 336
Schadensfeuer 107, 231f.
Schaf 87
Schanzarbeit 295, 303
Schatzfund 78, 113, 124, 182, 212f., 215,
218, 232, 238, 354
Schauspieler 155, 333, 357
Schauspielermaske 32, 187, 332
Scheiterhaufen 316, 345, 347, 356f.
Schichtabfolge 228, 232
Schiefer 345
Schienenpanzer 290
Schiff 51, 79, 87, 170, 310, 315
Schiffsbauer 287
Schiffsbrücke 51, 87
Schiffslände 26, 170, 210, 230, 233, 234,
236, 238, 313
Schild 115, 123, 141, 190, 212, 290f., 294,
298, 306, 329, 338
Schildbuckel 250, 291, 300
Schildkröte 267
Schildpatt 313
Schildrand 181, 291
Schindeldecker 287
Schlacht 43, 95, 115, 118, 127, 137, 141,
146, 161, 278, 346
Schlachtfeld 54
Schlachtreihe 294
Schlafplatz 201, 202, 225, 237, 278,
284
Schlagkraft 83
Schlammgrube 203
Schlange 298, 306
Schlangenbändiger 334
Schlangenstab 21, 228, 272
Schlauch 311
Schleier 344
Schleife 296
Schleuder 299
Schlüssel 249, 324, 326, 347, 357, 361
Schlußmünze 213, 215
Schmelzgrube 250
Schmelztiegel 181, 250, 256
Schmied 314
Schmiede 181, 205, 234, 287
Schminke 345
Schminken 344, 345, 361
Schmuck 179, 212, 233, 296, 304, 326,
347f., 357, 361, 379, 383
Schnalle 290, 292, 302, 312
Schnecke 340
Schneider 315
Schotterung 210

Schreiben 162, 172, 284, 286, 287, 288, 309, 328
Schreibgriffel 314, 329, 361
Schreiner 314
Schrift, lateinische 327
Schriftsteller 72, 312, 340
Schrott 214, 250
Schuh 111, 260, 294, 343f.
Schulbildung 328
Schulterklappe 291
Schuppendach 360
Schuppenpanzer 290f.
Schuster 315
Schutt 82, 149, 181, 193, 200, 203, 213, 214, 216, 229, 231, 232
Schutzgottheit 122, 256
Schutzherr 167, 311, 374
Schwarzmarkt 136
Schwefel 251
Schwein 87, 313, 315
Schwellbalken 231, 240
Schwert 111, 289, 290, 292, 294, 368
Schwertgurt 297, 301, 305
Schwertscheide 293, 297, 301
Schwertträger 368
Schwimmbecken 180, 187, 235, 244
Schwitzbad 179
Seele 356, 358
Seife 331
Seiltänzer 334
Selbstmord 54, 315, 359, 368
Senat 84, 93, 112, 114, 116, 122
Senator 48, 58, 62, 77, 89, 93, 95, 98, 110, 118, 278
senior 170
sesquiplicarius 284
Sessel 359
Sesterz 48, 281, 288, 339
Seuche 75, 90, 92, 206
Sichel 295
Sichtfachwerk 231
Siedler 312, 380
Siedler, germanische 43
Siedlung 27, 42f., 103, 105, 135, 159, 160, 166, 170f., 182, 206, 208f., 212, 248, 251, 253, 255, 257–259, 291, 328, 354f., 375
Siedlung, vorrömische 102
Siedlungsbefund 105, 211, 238, 261, 355
Siedlungsform 260
Siedlungsschicht 149, 259
Sieg 121, 123, 136, 216
Siegelkapsel 328

Siegelring 152, 347
Sieger 127, 218, 331
Siegermacht 60
signifer 84, 117, 284–286, 294
signum 94, 277, 286, 294, 297
Silbergeld 93, 157, 236
Silbergeschirr 340
sinus imperii 56
Sittenverwilderung 345
Skandalgeschichte 90
Skelett 23, 172, 209, 212, 358, 362, 379
Sklave 66, 82, 98, 208, 218, 232f., 260, 309, 312, 332, 334, 338, 340, 344f., 356, 358, 366, 374
Sklavin 346, 348, 358, 367
Skulptur 19, 81, 360
Sohlgraben 193, 196, 220
Solidus 136
Sold 136, 155, 158, 178, 233, 284, 287f., 339, 374f.
Soldat 45, 48, 61, 65, 71, 76, 78, 82, 84f., 87, 95f., 98f., 107, 110, 111–113, 115, 117f., 123, 130, 133, 141, 144, 157f., 163, 179, 201f., 208, 210, 217, 228, 233, 251, 256, 260, 266, 268, 276f., 278, 280f., 283f., 284, 286–289, 294–296, 300, 303, 311–313, 327f., 330, 344, 348, 355–357, 359, 374
Soldatengrabstein 290, 293, 302, 359
Soldateninschrift 114, 389
Soldatenkaiser 116, 118, 346
Soldatenstiefel 344
Soldatenteller 342
Solderhöhung 96f.
Söldner 114, 145, 217, 219, 289, 299, 374f., 377
Soldtabelle 288
Solidus 136, 157f.
Sol invictus 122
Sollstärke 276
Sonnengott 111, 122
Sonntag 137, 170
Spähtrupp 69
Spätantike 125, 134, 157
Spaten 295
spatha 292
Spätlatène-Fundstelle 43
Speckstein 217, 272, 312
Speer 256, 294
Speicherbau 235
Speise 141, 330, 335, 340
Speisekarte 339
Speiseopfer 361

Spezialist 159, 204, 220, 233, 277, 287
Spezialkommando 76, 122, 295, 299
Sphinx 22, 210, 360
Spiegel 250, 287, 345
Spiel 107, 298, 331, 336, 338
Spiel, öffentliches 334
Spielbrett 331
Spinnwirtel 361
Spitzel 126, 286
Spitzgraben 30, 117, 192, 194, 196, 221f., 252
Spitzname 276, 344
Spolie 18
Sporn 266
Sport 179
Sportplatz 331
Sprache 59, 170, 233, 327, 380
Sprachgebrauch, juristischer 108
Sprengel 173
Springbrunnen 235
Spruchbecher 151, 316, 330
Spundloch 311
Staat 61, 77, 93, 95, 99, 105, 117f., 146, 171, 172, 259, 260, 289, 297, 299, 332, 338, 348
Staatskasse 159, 215
Staatspost 99f.
Staatsreligion 114, 122, 146
Stab 276, 282, 284–286, 297
Stabsarzt 233
Stabsgebäude 177
Stabsoffizier 236, 278, 280, 286, 288, 297
Stadt 54, 59, 92, 102, 104f., 109, 111, 113, 116, 123, 129, 135, 140f., 158, 164, 169f., 174, 206, 217–219, 246, 355, 357, 374, 379f.
Stadterweiterung 382
Stadtgebiet 84, 123, 157, 205, 218, 230, 292
Stadtmauer 134, 174, 193, 360, 379
Stadtrat 98
Stadtrecht 48, 57, 102, 104f., 135
Stadtwohnung 202, 236, 244, 309
Staffel 282
Stall 174, 202, 260
Stallknecht 287f.
Stamm 48, 51f., 55, 60, 65, 70, 72, 76f., 109, 111, 116, 140, 143, 145, 155, 161f., 167f., 215
Stammkloster 164
Stammsitz 42, 168, 173
Stammtruppe 59, 286
Standardausrüstung 291

Standarte 94
Standbild 97, 314
Standlager 57, 59, 73, 80, 83, 87f., 113, 295
Stapelplatz 80
Stationierung 72, 83, 137, 179
Statthalter 48, 63, 73, 75, 82–85, 87–89, 91, 93–95, 100, 110f., 118, 120, 131f., 138, 202, 208, 276, 278, 282, 285f.
Statthalterinschrift 84
Statue 235, 265–268, 272, 314f., 333, 360
Statuenfragment 22
Statuette 20, 27, 214, 249, 266, 323, 371
Status, rechtlicher 91, 108
Status, territorialer 91
Statussymbol 343, 348
Steinbaracke 214
Steinbau 177, 200, 213, 221, 234, 237, 250
Steinbruch 24, 80–82, 200, 233, 237, 280, 315, 360
Steinmetz 82, 197, 199, 210, 287, 315, 359, 366, 379
Stele 360
Stemmeisen 314
Stempel 67, 92, 144, 145, 152, 179, 207, 235, 244, 266, 309, 310, 319, 437
Stempelschneider 347
Sterbealter 348
Sterbekasse 286
Sterbelager 90
Steuer 106, 126, 158, 159, 162, 208, 215, 276, 297
Steuerfreiheit 61
Stichwaffe 292
Stickerei 343
Stiefel 344
Stier 87, 266, 360, 362, 372
Stifterurkunde 266, 273
Stiftung 328
stilus 327, 329
stipendium 158
Stirnpanzer 298
Stoff 152, 250, 313, 344, 348, 357
stola 344, 348
Storch 120f.
Straße 41, 42, 44, 50f., 55, 79, 95, 99f., 102, 103, 104, 110, 179f., 192, 210f., 214, 230f., 233, 234, 236–238, 243, 246, 253, 259, 262, 268, 272, 277, 286, 297, 305, 314, 378
Straßenbau 116, 210
Straßendorf 179f., 231, 234
Straßenkarte, antike 100f.

Straßenstation 208, 276, 286
Strategie 299
strator 289
Streitkräfte 53, 78, 94, 155, 161
Streitmacht 91, 113, 140, 375
strigilis 331, 336
Stroh 157, 291, 319
Sturzbecher 383
Stützpunkt 50, 69
subdiacon 166
Südmauer 17, 194
Südostecke 29f., 32, 195–197, 201, 221, 259, 314
Südostturm 212
Südtor 15, 194, 259, 261, 277
Symbol 324, 366
Syrinx 333, 337

taberna 180f., 185, 187, 231, 236, 277, 330
Tablett 310, 340
Tabuisierung 354
Tabula Peutingeriana 38
Tafelgeschirr 151, 182, 217, 310, 340, 357
Tagelöhner 346
Taktik 290, 294, 298f.
Tamburin 333
Tannenholzfaß 320
Tapferkeit 123, 300
Tapferkeitsorden 304
Tarnung 295
Taschenmesser 322
Taschenwaage 324
Taufe 117, 251
Techniker 284
tegula 308
Teigware 260, 313
Teller 151, 327, 340, 342, 357
Tempel 27, 28, 97, 212f., 234f., 265f., 268, 272, 312f., 324, 395, 401
Tempelbezirk 135, 265, 267f., 272
Terrakottafigur 361, 371
Terra sigillata 23, 151, 182f., 190, 209, 216f., 230, 250, 310, 314, 327, 340, 357
territorium legionis 104, 108, 135, 214, 217, 259, 261, 267, 309, 313
Testament 62, 111, 233, 327, 356
Tetrarchie 106
Textilverarbeitung 250, 287, 314
Theater 235, 332f.
Therme 203f., 216, 235, 236
Thron 54, 90, 112, 123, 141, 219
Thronbesteigung 88, 126

Thronerhebung 118
Thronräuber 120
Thronstreit 93, 126
Thronwechsel 97
Thronwirren 114
Tiegel 250, 256
Tier 151, 206, 288, 332, 334, 370
Tierarzt 287
Tierknochen 313, 314
Tinktur 345
Tinte 327f.
Tintenfaß 328f., 361
Tisch 335, 340f., 359, 366
Titel 129f.
Titulatur 89
Tod 59f., 76, 92, 109, 111, 117, 127, 146, 161, 166, 212, 217, 219, 289, 339, 370, 372
Todesstrafe 354
Toga 62, 343f.
Toilettenartikel 361
Ton 233, 260
Tonbecher 330
Tonfigur 361
Tongefäß 181, 207, 233, 357, 361, 375
Tonhuhn 371
Tonkrug 188
Tonlampe 308
Tonmagerung 342
Tonware 260, 308, 312
Topf 217, 308
Töpfer 190, 311, 318f., 371
Töpferei 181, 209, 250, 259, 312, 314
Tor 58, 80f., 87–89, 91, 135, 148, 192, 194, 198f., 200, 212, 215, 218, 261, 300, 379
Torgrundriß 195
Torinschrift 387
Torturm 177, 185, 197, 199f., 221, 225
torques 296
Totenbrauchtum 311, 371
Totenfeier 312, 358, 377
Totenfursorge 354f.
Totenmahl 22, 358f., 366
Toter 207f., 251, 316, 326, 343–345, 347f., 354f., 357–359, 361, 366, 379f., 383
Tracht 118, 210, 311, 345, 348, 351, 361, 379, 383
Tracht, nationale 344
Tradition, altrömische 118
Tragödie 332
Tragtier 202

Trankopfer 361
Transport 69, 79, 82, 233, 249, 260, 310, 336, 340
Transportweg 51, 81, 99
Trassenspur 22
Traubenurne 308, 316
Trauer 346
Trauerzeit 358
Treibtechnik 306
tres militiae equestres 279
Treuemünze 93, 121
Triariermanipel 277
Tribun 278f., 282, 285f., 288
Tribunengewalt 63, 88
tribunus 236, 297
tribunus militum 278–280
Tribut 374
tributicius 164
Tributpflichtiger 164
Tributzahlung 51, 116
Trillerpfeife 334, 337
Trinkbecher 151, 308
Triumph 46
Triumphfeier 87
Trompeter 287
Troß 192, 233
Truhe 324
Trunkenheit 347
Truppe 30, 37, 48, 51, 54, 55, 56f., 63, 68, 71, 75f., 80, 82, 83, 85, 90, 91, 92, 93, 95, 97, 99f., 117, 118, 120, 122f., 127, 130, 134, 136, 138, 140, 141, 143–127, 155f., 163, 178, 179, 182, 200–202, 208, 216f., 276, 279f., 280, 283, 285, 289, 297, 313, 332, 373f.
Truppe, pseudocomitatensische 145
Truppenabzug 72
Truppenname 103
Truppenversorgung 116, 217, 287
Truppenverzeichnis 373
Tubabläser 287, 419
tubicen 285, 287
Tuch 343, 351, 358, 361, 367
Tuchmacherei 250
Tuff 315
Tuffstein 81
tunica 278f., 300, 343f.
turarius 312
Turm 32, 58, 80, 88f., 91, 102, 143, 148, 169, 192f., 195, 197–200, 222, 252, 262, 295, 380
turma 277

Turmbau 170
Turnier 299

Überbevölkerung 70
Überfall 123, 140, 164, 213f., 374
Überfall, germanischer 115
Überläufer 91
Überwurf 344
Umbau 68, 169, 197, 221, 235, 291, 373
umbo 291
Umgangstempel 265f.
Umhang 21, 228, 272, 348
Umland 116, 172, 214, 216f., 355
Umsatz 236
Umsatzsteuer 61
Umschlagplatz 79, 313
Unfreier 334
Untergewand 300, 343f.
Unterhaltszahlung 162
Unterkunft 201, 221, 235f., 280, 287
Unternehmer 313
Unteroffizier 97, 169, 204, 278, 280f., 283–285, 288, 297, 411
Untertan 77, 126, 346
Unterwanderung, germanische 146
Unterwerfung 90
urbs aeterna 129
Urkunde 62, 64–66, 327
Urne 23, 207, 209, 308, 319, 356f., 360f.
Urnenfelderzeit 42
Ursprung, germanischer 117, 140
Usurpator 117, 140
Usurpation 112, 126

vallum 91
Vasallenkönigtum 70
Vaterland 88
Veranda 201, 225
Verbrennung 251, 257
Verein 63, 97
Verfassung 37
Verfolgung 138
Vergünstigung 61, 201
Verkaufsladen 180, 235, 237
Verkehrsweg 41, 42, 55, 119, 211
Vermessungssystem 237
Vermögen 61, 324, 339
Verpachtung 85
Verpflegung 99, 113, 297
Verschwörung 121
Versetzung 138
Versorgung 44, 83, 99, 117, 202, 230, 259, 260, 297, 311

Versteckfund 182f., 296, 298, 306
Verstorbener 290, 358–360, 366, 379
Verteidigung 50, 58, 68, 70, 72, 115, 143, 155, 156, 158, 197, 200, 219, 373
Vertrag 51, 140, 146, 155, 219
Vertreibung 77
Verurteilter 338
Verwaltung 85, 105, 108, 109, 126, 129, 136, 171, 174, 202, 218, 234, 275, 277, 297, 375
Verwaltung, militärische 126
Verwaltung, senatorische 120
Verwaltung, zivile 126
Verwaltungsamt 282
Verwaltungsaufgabe 63, 279, 286
Verwaltungsbeamter 62, 96, 235, 325, 343
Verwaltungsgebäude 201, 204, 216, 373
Veteran 62f., 66, 97, 104, 108, 130, 249, 251, 281, 285, 300, 309, 366, 414
veteranus 84, 277
Veterinärpersonal 276
vexillatio 76, 122, 130, 133
via 50, 210
via decumana 277
via praetoria 213, 227
via principalis 30, 134, 141, 192, 214, 217
via principalis dextra 221, 229
via quintana 277
vicanus canabensis 108
vicarius 129
vicus 97, 105f., 179, 181, 185, 192, 230, 233, 248, 250f., 259f., 290f., 298, 310, 314
vicus canabarum 108
Viehzucht 171, 260, 314, 374
Villa 27, 202, 209, 232, 260–262
villa publica 170
villa rustica 152, 209, 217, 259–261, 263f., 296, 309, 313f., 333f., 347
vir illustris 130
vir spectabilis 130
Vita 158, 162f., 166, 374f., 380
Vogel 334, 371
Volk 43f., 50–52, 59f., 65, 70, 72, 77, 113, 138, 156, 165, 167, 178
Völkerstraße 76
Völkerwanderung 91, 160, 170
Volksstamm 57, 126
Volkstracht 343
Vollbürger 66
Vormundschaft 62, 114, 146, 356
Vorname 62, 66

Vorort 169
Vorratsbehälter 177, 319
Vorstadt 104
Vorstoß 375
Votivgabe 228, 256, 266, 286, 348, 371

Wabe 364
Wache 87, 115, 200, 279, 370
Wachstafel 327f.
Wachturm 56, 58, 99, 141f., 216, 248, 252f., 258
Waffe 52, 78, 201f., 205, 225, 250, 266, 287, 289, 292f., 295, 299, 327, 361, 379, 382
Waffenkammer 279, 289
Waffenschmied 291
Waffenschmiede 287
Waffentanzschüssel 151
Waffenwart 283f., 287
Wagen 100, 202, 310
Wagenrennen 332
Wagner 287
Wahlgeschenk 332
Währung 136, 157, 327
Walker 287
Walkerei 250
Wall 110, 295
Wandelhalle 30, 213, 227, 265
Wanderbischof 173
Wandheizung 203
Wandmalerei 203, 226, 237f., 240, 267, 316, 334
Wangenklappe 181, 187, 190, 290, 298
Ware 51, 69, 136, 165, 215, 230, 308–311, 313
Ware, exotische 313
Ware, raetische 203, 316, 330
Wasserarmut 50
Wasserbecken 203, 220
Wassereimer 358, 367
Wasserleitung 205f.
Wasserversorgung 205, 279f.
Wegegott 272
Wehrgang 197, 200, 222
Wehrgehänge 292f.
Weihealtar 315, 390f., 397, 404, 407
Weihinschrift 74, 105, 111, 115, 132, 181, 266, 267, 268, 312, 321, 393
Weihrauch 312f., 356
Weihung 97, 106–109, 113, 115, 268, 277, 328, 389, 400, 402, 404, 407
Wein 233, 236, 310f., 313, 316, 319f., 320, 330, 335, 345, 356, 361

Weinbau 106, 169, 170, 267, 268
Weinbecher 359
Weinbergschnecke 345
Weinfaß 311
Weingott 267, 313
Weinimport 310, 314
Weißer Jura 81
Weizen 313
Weltbeherrscher 91
Weltbeschreibung 165
Weltgeschichte 92
Weltkarte 100
Weltreich 37, 46, 51, 59, 66, 87, 90, 113f., 165
Werkhalle 221, 226, 379
Werkstatt 21, 32, 151, 177, 181f., 190, 205, 235, 251, 308, 314, 316, 319, 371
Werkzeug 205, 233, 260, 295f., 322, 357
Westmauer 193f.
West-Ost-Handel 69
Westreich 126, 130, 146, 159f.
Westtor 177, 185, 193
Wette 330
Widder 267, 272, 360
Wiederaufbau 54, 83, 91, 197, 203, 214–216, 227, 229, 234, 238, 375
Winterquartier 76, 115
Wirt 104
Wirtschaft 136, 217, 324
Wirtschaftsbau 202, 248, 250
Wirtschaftsgebäude 261, 263
Wirtschaftsgeschichte 313
Wirtschaftsoffizier 279
Wirtschaftssystem 59, 158
Wirtshaus 233
Wirtshausbesucher 330
Wirtshausszene 20, 330, 335
Witwe 120
Wohlstand 136, 164, 235, 347
Wohnbau 203, 216
Wohnhaus 30, 177, 180, 185, 187f., 202, 221, 235, 237, 248f., 251, 253, 255, 256, 260, 261, 263, 266
Wohnsitz 22, 51, 73, 78, 119, 181, 206, 209, 234, 238, 244, 259
Wölfin 20
Wolfsloch 196f.
Wolle 250, 313, 343
Wünschelrutengänger 287
Würfel 330, 336, 361
Wurfgeschütz 287
Wurflanze 277, 290, 294, 298
Wurftechnik 299

Zahlung 160
Zahnstocher 340
Zange 250
Zangenbewegung 44, 46
Zapfhahn 330, 335
Zauberspruch 110, 370
Zaun 174
Zeichenträger 294
Zeit, spätrömische 129
Zeitenwende 51
Zeitgenosse 125
Zensus 61
Zentrale 93, 99
Zentralgewalt 375
Zentralregierung 156, 159
Zentralstelle 286
Zenturie 276f., 280–283, 285f.
Zenturio 74, 82, 91, 97, 111, 119, 121, 236, 277f., 280–283, 285f.
Zenturionat 280f., 284, 286
Zenturione 85
Zeremonie 359, 362
Zerstörung 114, 123, 140f., 177, 182, 185, 191, 197f., 200, 203, 205, 212–215, 227, 229, 231, 234, 236, 249, 252f., 265, 316, 355, 380
Zerstörungsschicht 78, 123, 149, 215, 217, 229, 231, 232, 237
Zeugnis, inschriftliches 116, 138
Ziegel 67, 68, 82, 85, 92, 145, 164, 178, 179, 181, 183, 186, 207, 231f., 244, 249, 264, 308, 344, 364
Ziegeldach 149, 199, 204f.
Ziegelei 67, 92, 180, 309, 314
Ziegelgrab 358
Ziegelpfeiler 191, 220
Ziegelplattengrab 209, 358
Ziegelschuttschicht 140
Ziegelstempel 67, 80, 83, 92, 139, 144, 178, 186, 309, 433–437
Ziegelstempel, spätantiker 437
Ziegenleder 291
Ziegler 308f.
Ziehhacke 295f., 303
Zierlanze 294, 297
Zirkel 237, 246, 315
Zimmermann 296, 314
Zinne 196, 199
Zivilbeamter 129
Zivilbevölkerung 119, 134f., 157, 179, 182, 205, 211, 216, 235, 237, 259, 283, 297, 330, 334, 375
Zivilisation 251, 354